杨适文集

杨适 著

②

人民出版社

目　录

哲学的童年

第一编　西方哲学在古希腊从产生到
作为一门独立学科的正式形成
—— 从泰勒斯到亚里士多德

第一部分　哲学的产生问题

哲学的童年

西方哲学发展线索研究

序

　　杨适同志跟我是同事,我们在一处教书,常常一起讨论一些大大小小的问题。他对西方哲学的起源有过相当长期的钻研和思考,并且为高年级学生开过这一方面的讨论课,我也旁听过这些讨论。他的课比较生动,并不是写好讲稿面面齐全地满堂灌,把学生当作抄笔记的简单机器看待,临了一考,照预定的框框打分数完事。他事先就把必要的原始材料印发给学生,要他们仔细看,开动脑子思考,要他们在课堂上对问题说出自己的看法,共同讨论,他自己只作引导,作出的结论也不是硬性的规定,随时都可以吸收青年的思想火花。就是在这样的基础上,他写出了这本新书。可以看得出,这书不是板着面孔的高头讲章,丝毫没有"以此为准"的权威口气。但是他的钻研态度是严肃的,不说没有根据的话,也不下含糊其词的判断。他关心的是如何引起认真的深入讨论,这才是他写书的目的,正像《诗经》上说的那样:"嘤其鸣矣,求其友声。"

　　由于我经常同他讨论,也就享受了优惠待遇,能在出版前就逐章读到他的原稿。先读的确是一件快事,作为第一个读者,比大家早得到一些新知识,早接触到许多新见解,好像早晨打开窗户,清新的空气扑面而来,澡沐着我的旧脑筋,使它不由自主地冒出一些新鲜念头来。可是这样一来,杨适同志派给我这第一个读者一项不可推托的任务,要我把自己的看法写下来给大家看看,作为引起议论的引子。我既然赞成他"求其友声"的旨趣,当然应该首先在行动上予以支持,哪怕说出的话有毛病,成为批评的对象,也是起了引起争鸣的作用。只是我这个人虽然爱好哲学,但为哲学做的工作实在太少,仅仅翻译过一些西方古典哲学著作,知道那么一点点,自己一本书也没有写过,写序难免出笑话。我不想向专家们班门弄斧,只想向青年的同行们请教。因此我不能学过去的少数名流那样,为了应酬而写序。他们可以不用看书就发点冠冕堂皇的高论,拿来应付作者,其实对读者不起任何作用,等于不说。我的目的和作者一样是"求其友声",决不能掩盖自己的无知,只能说一点真正出于自己思想的老实话,争取大家评判。

杨适同志这部书不是什么即兴之作或者应时之作,而是一部认真讨论哲学问题的书。但是读起来并不干巴,没有条条框框,也没有火气和架子,平易近人。哲学虽然研究整个宇宙的根本规律,却并不是高不可攀的世外天书,我们这些世界上的普通人不但可以理解,而且能够感兴趣,因为这种根本规律直接联系到自然的规律、社会的规律和思维的规律,与我们每个人的行动息息相关。有些人说自己对哲学不感兴趣,甚至说自己没有哲学头脑,其实还是有他自己的哲学思想,有指导他行动的基本原则,只是没有意识到这个原则就是哲学罢了。中国人历来重视哲学,尤其在多难殷忧、动心忍性的时代,现实的问题迫使人们不能不深思,区别只在于有的人思考得比较简单,有的人比较深远。我们这个时代是伟大的变革时代,要求我们思考得比以往更加深远。但是,近年来社会上出现了一股思潮,认为哲学无用,只有科学技术才有用,所谓"重理轻文"就是突出的实例。我觉得人们这样想是值得注意的,的确事出有因,但是并不表明中国人真的对哲学不感兴趣,倒是适得其反,正表明他们在认真思考问题,应该说哲学思想空前兴盛的时期即将来到。杨适同志写书正是为这个兴盛而努力。他并没有提出一些定义,画下一些格子,只是从世界上实际发生的事情出发,从中发现问题,分析问题,追寻线索,摸出规律性的东西。这不就是认真研讨哲学吗?

在中国近代史上,西方殖民者的大炮轰到了我们的头上,迫使中国人民深思,引进了西方当时比我们先进的哲学思想,开始走上告别古代的道路。清朝垮了,帝国主义者的炮弹还是往我们头上轰,我们继续深思,找到了马克思主义,开始了现代化的步伐,帝国主义和蒋介石垮了。没有新的哲学思想,当然不会有五星红旗,这是谁都不能否认的。但是现代化的实现不能一蹴而就,我们还要做艰巨的工作,扫除历史带来的污浊。这些污浊是客观存在的,我们还要继续不断地深思,才能前进。我们不久以前经历了那场史无前例的考验,又是深思使我们克服了困难,我们在发展马克思主义。说哲学无用的人其实也是在参加深思的人,他们反对哲学僵化,反对假、大、空,要求实现四个现代化,是完全正确的,是适应时代潮流的,他们不是"凡是派"。但是,深思不能停止,一停止就必定倒退。科学技术很重要,必须克服以大老粗为荣的蒙昧主义,然而离开思想、不要哲学的科学是没有的,正如没有不要科学的技术一样。我们现在需要更加老老实实的科学态度,这种态度本身就是哲学。杨适同志的书努力朝这个方向走,我认为值得我学习。

这部书又是讲西方哲学史的书。研究哲学是不是一定要研究哲学史? 有些人以为不一定,过去的思想家全都有这一方面或那一方面的错误,错误的思想有必要研究吗? 这话初看有理,其实欠妥。人的思想是社会性的,个人的思想并非原子,要依靠整个社会的实践,更要吸收过去思想中的优秀因素,批判其中错误的、片面的、不确切的成分。不弄清过去错误的根源和发展过程,自己只能重犯历史的错误。而且错误常常与正确纠缠在一起,不深入研究其前因后果,常常分不清楚,甚至互易其位。不懂哲学史的哲学家,和不懂哲学的历史学家,都是盲目的。盲目很危险。有些讲哲学原理的人以为学点哲学史知识可以使自己的演讲生动一点,或者显得博学一点。这种看法是把哲学史当成脂粉,而不认识它是哲学的灵魂,应该说不是马克思主义者的态度,用的不是唯物辩证法。我们过去的哲学史研究有些地方用的也不是唯物辩证法,但是被误认为是马克思主义,给人们的思想造成混乱。杨适同志的研究特别着重方法论,是针对着这个重要问题的。

还有些人虽然不反对研究哲学史,却认为不必研究古代哲学。他们重视现代哲学,这是对的。知古而不知今,是脱离实际,正好站在马克思主义的反面,我们过去的研究犯了这个毛病,应当改正。但是,把现实与历史对立起来,片面要求研究现实,用"厚今薄古"的口号反对"厚古薄今",也同样有脱离实际的倾向。现实是过去历史的发展,也是向未来发展的历史依据;现实是实际,历史也是实际,二者是一个实际的发展。把实际砍掉一块,那只是砍掉发展。不要发展的哲学就当然不是马克思主义了。杨适同志的研究与此相反,他讲的是最古的哲学,但不是孤立的哲学,而是哲学的辩证发展,这发展一直延续到现在,还要永远发展下去。这是古与今统一的研究,我认为是现代化的哲学研究,厚今而不薄古。在形式逻辑和辩证法的关系问题上,他下了不少功夫,他讲的其实并不限于古代哲学,更着重的是现代哲学。他对方法论的看法,值得大家商讨。

踏踏实实的科学研究要花费气力,不避艰难险阻,取巧的路是没有的。不但自己研究要付出大量辛劳,就是学习别人的研究成果也不轻松。我读杨适同志这本书，虽然觉得妙趣横生，可是流的汗也不少。他引了那么多原始材料，作了那么多细致而又概括的分析和选择，读时跟着他上下求索已经气喘吁吁，还要不断地往回看看，以防自己的脑子乱套。而且，单单这样做还不够，我还必须作自己的判断，要与其他学者的研究比较比较，仔细想想。这是苦差事，也是乐事。吃苦是享乐的前提，如果我怕吃苦，浅尝辄止，那就毫无所得，尝不到甜头了。研究哲学的人如果不管哲学史，不理实际，两耳不闻窗外事，只管浮想联翩，那当然舒坦得多，但是只能得到空中楼阁，误己误人。杨适同志不是那样做的，他倒是迎着困难上，不惜自找苦吃，把苦涩的外皮一点一点剥开，挖出深处的甘美桃仁。他挖出的桃仁我们也必须细嚼慢咽，一不小心就会囫囵吞枣，成为不知其味的猪八戒，多此一举。古代哲学是比较难研究的，需要先下一番考古功夫，细细爬梳，尽量不遗漏一点材料，然后用现代最先进的手段去伪存真，去粗取精，把它们联系起来，才能恢复本来面目。我觉得这样做才是实事求是的唯物辩证法，急功好利的人也许会看了发笑，他们是智叟，我们还是学挖山不止的愚公吧。

杨适同志还有一方面做法我认为值得参考。他避免门户之见，尽量吸收其他学者的正确成果，在他自己的原则下加以消化。例如讲柏拉图哲学的发展时，他大量吸收了陈康先生的研究成果。大家都知道陈先生并不是马克思主义者，但是实事求是的研究比比皆是，他并不因为陈先生不是马克思主义者而将其摒弃。我觉得这样做并不违背马克思主义哲学的党性原则，只是摒弃了非马克思主义的派性而已。此外他讲亚里士多德的时候也吸取英国学者 Ross 的合理观点，讲概念发展时还采纳瑞士学者 Piaget 的儿童心理学学说。

原稿我看得比较仓促,看后他又作了不止一次修改,因此我希望快点出版,以后再仔细读。我希望大家读一读这本新书,特别是大学生、研究生、专业研究工作者不要轻易放弃阅读的机会,它会启发人们,特别是青年人的思想。它给我们起了一个头,我们读了动动脑筋,必要时也来同作者商讨商讨吧。

王太庆

1985年7月

题　解

　　本书以西方哲学史中若干发展线索问题探究为题,是想标明它不是一部正规系统的著作,而仅仅是对主题所作的某些探讨。

　　要弄清西方哲学史中的发展线索和规律,是一个严肃而艰巨的大工程,是一项集体的事业,需要很多人做长期切实的工作。在这个战线上,主要靠正规部队。而我只是一名游击战士,就自己所见所能,做一点局部零碎的事情,如果对集体的事业多少有点补益,我就心满意足了。

　　这种考虑,一方面是我知道自己学力不逮,另一方面是因为我想这样做可以使我比较灵活机动些,把自己极其有限的能力和时间用在自己比较感兴趣的地方,例如可以不必面面俱到,不必特别注意篇幅比例,不必在力不能及之处做过多勉力而为的事情;有些问题我感到较有意义或新鲜生动,可能会钻进去写得多些,有些问题我还没注意到,或现在还不能深入,或觉得国内其他著作已经说明了问题,我就可以偷懒些,少写或不写,或径直采用别人的成果来谈谈自己的看法。这样做当然会出现许多缺点,如不成比例、挂一漏万、粗疏片面等就在所难免了。所以我应说明这一点,以便事先就求得谅解。不过,由于我的这些探讨本是自己为了理解主题所作的一些尝试,里面仍有内在的思想联系,因此,在不严整中还是有某种统一性的,希望它能对理解西方哲学发展线索有些用处。

　　近年来人们注意哲学范畴史的研究,是很有意义的,因为哲学思想凝结为一些基本概念或范畴,哲学史的基本形态就表现为范畴的演进发展史。不过我觉得哲学史固然表现为范畴史,却不能归结为范畴史,因为通过范畴的发展所表现出来的人类哲学思想的运动和生命,其源泉和根基还是人类本身,是各时代人们的物质生产活动和精神生产活动的现实,所以单独地研究哲学范畴本身的发展,反而弄不明白它的生动命脉。因此,我的这本书虽然实际上以研讨西方哲学思想即范畴的发展线索为中心,却不打算采取单纯研究范畴的形式,也不用这样的名称作为题目。

前　言

　　本书虽然只是试图对西方哲学史的发展线索作一些初步的具体探讨,但由于所围绕的主题重大,指导我研究的观点和方法就成为一个突出的关键问题。

　　通过研究,我越来越深地感觉到马克思主义的观点方法是唯一正确的,是唯一可能揭示这种发展线索的科学武器。这种观点和方法如果一言以蔽之,那就是实事求是,就是历史唯物主义的观点和方法。但是要学到它掌握它是不容易的,需要在实际运用中使理解具体化,需要反复检查改正自己的认识。这里谈一点自己在使用中的初步理解。我把这些理解作为自己研究时的指导,提出来也为了便于得到批评指正。

一、研究西方哲学史的目的何在

　　哲学史同哲学原理不同,它把我们带到历史上许多特殊形态的哲学派别和观点的领域中去,研究它们的具体发展过程和规律性的东西,使我们得到许多具体的知识。但是首先要问:我们为什么要研究它们呢? 我们主要是要学好马克思主义哲学,为什么还要花费这样巨大的精力去钻研那些已经成为陈迹的古老哲学呢？西方哲学的历史离我们更远,这种研究的必要性又在哪里呢?

对这个问题有种种解释,但我觉得也许可以用一句话来回答,这就是:哲学在其本质上离不开哲学史,或者在某种意义上可以说,**哲学本质上就是哲学史**。为什么呢? 因为哲学作为人类追求真理的思维,本来就是一个历史的过程,它的活生生的生命就存在于、展开于历史的发展之中;离开了活生生的过程,就不会有真正的哲学,它就没有生命和灵魂了。历史上的和当代的各种哲学,都是这个生动的思维长河中的一些阶段、环节和方面。马克思主义的哲学也不例外,它之所以具有深刻的真理性,并不是离开人类文明大道的结果,而恰恰是人类以往社会历史和哲学思维史的发展的必然结果,是马克思站在新时代无产阶级的立场上,对人类过去全部发展成果进行批判、继承和改造的结果;并且,它仍然要在人类社会和思想的继续发展中受检验,求发展,才能永葆其生命力。

马克思主义经典作家们一再强调真理的历史具体性,强调他们的学说不是一些抽象的教条。黑格尔深刻地指出真理不是一块现成的铸币。真理不是什么突然出现的、现成存在的、人们一伸手就可以获得并拿来使用的东西;它是历史艰苦发展的产物,其根据深藏在历代人们的劳作之中,因此,只有不畏劳苦的人才有可能深入于它的秘密之中,得到那些宝藏。

哲学理论思维作为历史产物,主要应包括两方面的意义。其一,每一时代的哲学,都是它那个时代的社会现实生活和精神生活(其中包括人们的经济、政治、伦理道德、宗教、科学和文艺等全部生产生活的活动在内)的集中表现,所以哲学被称作时代精神的精华。每一种哲学不论其形式如何抽象,如何高高在上远离它的现实基础,实质上总是不会脱离它所属时代的现实的,那种抽象形式正是现实的高度升华的形式。既然如此,随着每个时代的变迁和演进,哲学总是受到改造,必然会形成一种运动。其二,哲学一经产生之后,它的每一步发展固然都以社会的变动作为现实基础,同时却有自己的相对独立性。因为每一时代的哲学,并不能单纯地从现实社会生活里直接生长出来而不顾先前的哲学成果。它必须从前人已经得到的成果出发,只能以新的历史条件和新的时代精神对旧有哲学加以改造的形式,才能产生和发展起来。这样就形成了同人类实践史相关联而又相对独立的哲学自身发展史,形成了哲学概念和思维方式的内在联系和推移的辩证进展。这就是我们考察任何一种哲学,包括马克思主义哲学在内,都必须有的历史唯物主义的观点。

因此,哲学的本质就在历史中,即使极富于生命力的哲学,如果我们离开历史去看它,它就会对我们只呈现为一堆现成的结论,一些不知其来源的抽象教条,一摊无生命的枯骨;我们对于它内在的生动灵魂就会熟视无睹,食而不知其味;我们在运用它的时候,就会粗暴地肢解和曲解它们,使之成为令人厌烦的枯燥东西,甚至发生对现实的粗暴歪曲。但是这能怪谁呢? 恐怕主要还得怪罪于我们自己。因为问题主要是我们对它并没有好好理解。

可见了解哲学和哲学史的统一,对于我们学习哲学,特别是学习马克思主义哲学,是何等重要的事情。要使我们对马克思主义哲学的了解从抽象走向具体,从单纯知道结论走向对这种结论的本质作生动深入的理解,认真研究哲学史是一个极其重要的方面。哲学本来只存在于社会历史和哲学史的生动运动中,此外更无什么真正的哲学。哲学和哲学史本质上是一个东西,区别只在于哲学原理扬弃了哲学史的外在的偶然的历史事件的形态,以逻辑的形式抽取了它的成果。我们学习哲学原理是极其重要的,但是只有把它放回到历史之流中去,才能真正理解它们。

在研究哲学史上,西方哲学史之所以特别重要,主要是因为它是人类哲学思想发展到今天为止最为完整和系统的一部历史,是马克思主义哲学得以产生的理论来源。我们知道,中国的、西方的和印度的哲学,是世界上影响最大、历史最悠久的三个哲学史源流,此外还有许多民族也有自己的哲学思想,它们都对人类作出了不同程度的重要贡献。我们不能同意西方文化中心论的偏见,因为它不符合事实。我们中国人在直到近代之前的悠久历史里,文化发展始终走在世界的前列,表现了巨大的创造才能和相当深刻的理论能力,中国哲学史上有很多极其光辉的篇章。我们要重新站到世界的前列,不能离开自己的历史,所以一定要批判西方中心论。但这决不等于可以故步自封,相反,为了发扬自己民族的长处,更需要向别人学习。因为中国人固然有长处,也确有不如别人的地方,这也是事实。清末洋务派有所谓"中学为体、西学为用"的主张,以为西方的东西只有坚船利炮是值得学的,至于根本的学术那还是老祖宗传下来的成法好,结果他们形新实旧,并没有得到成功。孙中山学了西方资产阶级的学说,才搞起了中国的资产阶级民主革命。中国共产党人学了西方传来的马克思列宁主义,才取得了新民主主义和社会主义革命的成功。"中学为体、西学为用"的破产,证明了我们不但需要努力学习西方的技术物质文明,而且必须认真地、有分析批判地学习研究西方有价值的科学和哲学成就。马克思主义是我们的指导思想,这就是"体",它原是西方历史发展的产物,当然我们还要使之同中国革命的具体实践结合好,同中国的文化结合好,才能形成我们自己的理论,毛泽东思想就是这种结合的光辉成果。可见我们做哲学史工作的人,对中外哲学史应该并重而不可偏废,而我们主要做西方哲学史研究的,则应提供一些更切实和有价值的东西,来为这个总目标服务。

二、研究哲学史应着重线索的理解

　　哲学史研究所面对的、要处理的首先是无数纷繁的材料,在漫长的历史里出现的许多哲学家、哲学派别和他们的种种观点等材料。研究工作的第一步就是要占有和弄清这些材料,不少哲学史专家对此做了浩繁细致的工作:搜集它们,编译它们,考证辨伪,训诂文字。中国人要研究外国哲学,这类工作尤为繁难,许多学者为此花费了毕生精力。他们的劳动和贡献是值得人们高度尊敬和感激的。没有这种基础工作,一切研究就无从开始,只是空谈。

　　但是,从我们的目的来说,掌握这些材料还不能算作研究了哲学史本身。黑格尔曾相当深刻地谈到过这一点,他说,哲学史不是历史上各种哲学意见和观点的偶然的堆积,真理和错误的简单陈列,这种哲学史只能使人感到空疏无聊,缺乏兴味。① 如果说资产阶级的有些哲学家对罗列现象材料的形式主义做法都不满意,力图找出哲学发展的内在联系和发展规律,那么我们就更不应当开中药铺了。这种做法对于我们学哲学史所想达到的目的不会有多少帮助。

　　哲学史上的各种事实是客观存在的,这些事实之间的联系也是客观存在着的,因而其中有一种客观的必然规律性关系也应当是没有疑问的。不过它究竟是什么,以及应当怎样把它发现出来,却是看法纷纭,莫衷一是,这就涉及哲学史观的问题了。实际上任

---

① 黑格尔:《哲学史讲演录》第1卷,三联书店1956年版,第16—17页。

何研究哲学史的人们,都把自己所主张的哲学看成最合理的,所以都把他以前的哲学看作是向着他自己的哲学观点发展作准备的一些先行阶段。各种哲学家都会按照他自己的哲学观点与方法,来理解和整理以前哲学的发展线索,那本是极其自然的。例如,亚里士多德对古希腊哲学的发展做了一个在当时说来相当深入的总结,这同他的本体论学说和与之相关的四因说等,有着不可分离的关系;而有些比较局限和褊狭的哲学家就缺乏这种能力,只能整理和叙述他那个派别的思想发展。在近代,黑格尔曾提供了一部相当丰富生动和深刻的哲学史著作,那是因为他有一种虽然是唯心的但仍是历史辩证法的哲学作指导。他说,"只有真的哲学概念,才能使我们理解那些根据哲学真概念从事工作的哲学家的著作。"①他的"哲学真概念"是一种辩证的客观唯心主义的精神。他认为这种客观精神是自我运动的,它的必然发展就构成了哲学史的命脉,历史上那些有一定价值的哲学形态都不过是这客观精神借以表现其自身的一些外在形式和情节,所以它们中间就有了内在联系和推移的运动;这种辩证发展的最终结果就是黑格尔自己的哲学,客观精神终于在这里找到了自己的最好表现。黑格尔的唯心主义使他常常歪曲了事实,他把自己的哲学视为哲学史发展的终点也违反了他自己的辩证法。但他终究仍是一位伟大的辩证法家,所以他在哲学史的发展线索中所作的许多深刻发现和阐述,虽然有许多需要批判纠正之处,但总体上至今仍然大大高于在他之后的大多数资产阶级哲学史家们,比如罗素这位现代的资产阶级大哲学家也写了一部西方哲学史,在不少具体阐述中不乏有意义的东西,但由于他只从逻辑分析主义哲学出发,而且到处渗透着

---

① 黑格尔:《哲学史讲演录》第1卷,三联书店1956年版,第4—5页。

他那种英国式的资产阶级政治与历史观点的偏见,整个说来科学价值就逊色多了。同唯心主义哲学家们不同,唯物主义的哲学家的哲学史研究,就有可能更客观一些,他们对历史上的唯物主义传统比较重视,例如费尔巴哈对近代哲学史的研究就是如此。但他那里也没有历史唯物主义,辩证法有一点,然而不多。

这种事实告诉我们一种规律性,即对于哲学史的规律和线索的发现和理解,是离不开研究者的主观能动作用的。哲学史的规律虽是客观存在的,但是它的秘密只有在人们的能动的研究里才会暴露出来,为我们所有,成为我们的财富。在这里,指导观点是否正确,研究能力的发挥有无妥当的方法,或在何种程度上正确恰当,往往有决定性的意义。正如哲学离不开哲学史一样,反之,一定的哲学史规律的发现也离不开一定的哲学,**哲学史在本质上也是哲学**。一切哲学史研究的价值高下,不仅要看它的作者对史料的把握如何,尤其要看作者本人的哲学水平如何。有些缺乏自己哲学头脑的哲学史著作,尽管摆了许多材料,进行了不少排比整理,终究只是知识的陈列展览,缺乏内在的和谐旋律,不能给人们以较大的思想启发。

以往奴隶主阶级的、封建阶级的和资产阶级的某些重要哲学史著作,包含了大量有价值的成分。但是正如马克思在谈到政治经济学研究中资产阶级学者的观点时所说的,“因为资产阶级社会本身只是发展的一种对抗的形式,所以那些早期形式的各种关系,在它里面常常只以十分萎缩的或者漫画式的形式出现。……所谓的历史发展总是建立在这样的基础上的:最后的形式总是把过去的形式看成是向着自己发展的各个阶段,并且因为它很少而且只是在特定条件下才能够进行自我批判,——这里当然不是指作为崩溃时期出现的那样的历史时期,——所以总是对过去的形式作片面的理解。"① 过去的那些哲学史家乃至当代的资产阶级哲学史家们,对以往哲学的研究也不能避免这种片面性。即使像亚里士多德和黑格尔那样伟大的人物,他们力求科学地去研究历史,作出了许多令人惊叹的深刻发现,同样难于避免这种局限。

但是,哲学和哲学史虽然难于弄清,也并不是什么神物。它本是历史的产物,当人类的历史之谜终于被揭破之后,一切理论之谜也终于有可能被人们所揭破。马克思主义作为无产阶级时代的理论,主张历史的唯物主义,主张对全部历史作彻底批判的唯物辩证的理解:"辩证法不崇拜任何东西,按其本质来说,它是批判的和革命的。"② 这就打破了旧时代剥削阶级思想家的束缚,使我们观察事物的方法有可能同事实及其内在本质相一致,高度发挥科学研究的能动性。因此,用马克思主义的哲学观点来研究哲学史,便是唯一正确的方法。但是说它是"唯一正确的",不可作褊狭的理解。我们不应拒绝与排斥过去的或当代资产阶级的学者在研究中某些有一定科学价值的观点与方法,不过它们只有局部的意义,不能成为我们研究的主要指导思想。我们应该经过自己的批判分析来吸取它们,使之成为自己的营养,改造为我们观点方法中的从属的有机成分,才于我们有益。因此,在哲学史研究里,也像在别的事情上一样,我们要坚定贯彻马克思主义哲学的党性原则,也要避免关门主义和宗派主义,使科学事业得到健康的发展。

---

① 马克思:《政治经济学批判导言》,《马克思恩格斯选集》第2卷,人民出版社1972年版,第108页。
② 马克思:《资本论》第一卷第二版跋,《马克思恩格斯全集》第23卷,第24页。

三、对研究中的马克思主义指导原则如何理解

马克思以及恩格斯对以往哲学作过很深刻的批判继承和改造的工作,他们自己的哲学从理论上说就是这种工作的结果。他们对黑格尔和费尔巴哈的分析批判是最为深入细致的,并由此上溯到整个德国古典哲学和从培根、笛卡儿以来全部近代哲学的主要发展,以至希腊哲学,对这些都有重要评述,还有些专著。列宁和毛泽东在研究马克思主义哲学中,也独立地研究过它的某些理论来源,此外还研究了本国(俄国和中国的)的以往哲学,提出了精辟的分析论述。他们的研究工作毫无教条气,总是那样生动地探索,实事求是,鞭辟入里,贯穿了历史的唯物辩证法的科学精神,为我们从事这种研究工作提供了典范。

除了他们,还有一些卓越的马克思主义理论家也作过若干重要的研究,例如普列汉诺夫对于法国唯物论和黑格尔的研究,这些成果也相当深入生动,是我们的可贵财富。

但是他们都没有精力和时间来全力地、专门地从事哲学史的系统研究工作。这个工作便落到后人身上。遗憾的是直到今天,一部真正令人满意的、完整系统的、马克思主义的哲学史著作,似乎还没有完成。苏联人搞了大半个世纪了,有些专题性的哲学史著作达到了相当水平,但是从整体上说,例如六卷本的哲学史也不能令人满意,倒不如说令人颇为失望。一部哲学史本是人类千辛万苦寻求真理而有所洞见的生动的英雄业绩史,应该是最能启人智慧、引人入胜的,但是,如果它只是把自古及今每个值得一提的哲学家都点一遍,都用马列主义的结论去衡量他们一番:哪个进步哪个反动,哪点是唯物主义因素哪点是唯心主义因素,哪点合于

辩证法哪点又是形而上学,或者,把他们的本体论、认识论、社会政治观、伦理道德观等等分类摆出来 …… 好,这一个说完了,再来下一个,又如此这般地评论一番,就这样一个接一个,称赞又指责,人头点完了,哲学史也就讲过去了,这样的书人们读了之后会有多少收获呢? 说实在的,读这类书真还不如去翻翻罗素写的哲学史,更不如去念念黑格尔的,那里虽然谬误百出,毕竟还是活生生的思维,有启发于人的东西。但是,难道这些著作不是满篇写着"马克思列宁主义的观点和方法"吗? 难道运用马克思主义的观点方法还不如黑格尔的更能指导我们对哲学史的理解和研究吗? 人们由此只能产生这样的想法,那就是,这样的一些哲学史著作并没有真正理解和贯彻马克思主义的原则,它们满篇的马克思主义原则只是词句,并没有成为真正生动的灵魂。

我们中国人用马克思主义观点来重新研究哲学史,基本上是从新中国成立后才开始的。在很长时间里,苏联人对我们影响相当大,加上我们自己方面的"左"的干扰(也有右的),所以虽然有不少成绩,但总的进展不是很大。在有了些经验教训之后,近几年来有了转机,开始能自主地较为生动地运用马克思主义原则从事研究了,这是很令人鼓舞的。

这些经验告诉我们,用马克思主义指导我们的研究固然是正确的,但这件事做起来并不容易。

哲学史的研究中,被某些人看作最稳妥保险而又简单省力的办法,莫过于用现成的结论加在古人身上,用今天的观点去裁剪古人,用固定尺寸的鞋子来套古人的脚。这本是一种主观主义和形而上学的方法,某些封建的和资产阶级的哲学史家就是这样做的,可是却被某些人拿来当作自己的方法,似乎只要换上一套马克思主义的词句,就能算是运用了马克思主义的观点方法了。其实,这恰恰是违背马克思主义的,只能损害马克思主义的声誉。因为这种做法既不是唯物主义的(它不是从实际出发而是从结论出发),也不是辩证法的(它没有深入到事物本身的内在联系里去);它研究的是历史,却没有真正的历史观点。黑格尔也知道这是不对的,他说,不要动辄责备过去的一些哲学家,如果我们在他们的哲学里面找不到在他们的文化水平里还没有出现的思想;同时也不应妄加一些结论和论断给他们,虽然我们可以正确地从他们的哲学里推演出来,但那些结论和论断他们自己从没有作过,也没有想到过。"我们只须忠于历史去进行工作,对于过去的哲学我们只应归给它那些直接给予我们的材料。大多数的哲学史都在这一点上犯了错误","太容易倾向于拿我们的思想去改铸古代哲学家。"①黑格尔所批评的这种倾向是值得我们反省的。唯心主义者的黑格尔,在哲学史观的某些方面比有些自认为是马克思主义者的还要唯物主义一点,他可以给我们研究哲学史讲点唯物主义方法论的课,这并不是笑话。

　　一部哲学史是不是马克思主义的,并不在于它有多少马克思主义的词句,完全在于对精神实质的理解运用。马克思主义指导并不在于到处套用结论,而在于使之成为具体研究中的指针。科学里只有实事求是才有成功的希望,一切空谈和武断都没有用处。在研究哲学史中,什么是坚持唯物主义反对唯心主义呢? 那就是应从历史事实和哲学史的确切资料出发去探求它本来的规律性,反对主观主义地套裁改铸历史;坚持辩证法反对形而上学,就应研究历史上哲学家们思想中的矛盾及其必然的推移和转变过程,反对把这些思想孤立地加以陈列的形式主义方法;坚持历史唯物

---

① 黑格尔:《哲学史讲演录》第一卷,三联书店1956年版,第46页。

主义反对历史唯心主义,就应从各个时代的社会实际变动和精神变动出发,来理解那些哲学是如何生根于现实中并表现时代精神的,反对孤立地研究哲学思想概念本身。这样来理解马克思主义的指导,哲学的党性原则和科学性原则才能统一起来。马克思主义本应是贯穿在研究里的生动的科学灵魂,决不应把它变成为一种令人生厌的窒息科学的东西。

所以,真正说来,这还是一个对作为指导思想的马克思主义哲学本身应如何理解的问题。哲学的真理本来就不是一堆单纯的知识,更不是一些名词术语,而是在历史与科学中生长起来的思维方式,以及与这种思维方式互为因果的整体世界观。马克思主义哲学之所以正确有力,因为它是现代无产者在改造物质世界和精神世界中锻炼出来的一种当代最高级的科学思维方式,一种以全部人类历史实践为依据的唯物辩证的思维方式。如果我们学了多年的哲学却没有哲学思维能力,没有学到历史的唯物主义和辩证法的思维能力,而只能记住某些现成的结论,我们就不能奢称自己已经是马克思主义者,因为那些结论固然是马克思主义经典作家们根据事实进行辩证的思考得来,但我们由于还没有学到这种思考,就无法使它在我们自己思想里生根,就不能算作是真正属于自己的东西。那只是贴进来的东西,在使用时也只好贴出去。这样,我们就不会获得马克思主义那种本质上富于创造性的思维能力。所以,要真正学到一点马克思主义的确不易,马克思、恩格斯强调研究哲学的重要正在于此。因此恩格斯有这样的话:

一个民族想要站在科学的最高峰,就一刻也不能没有理论思维。①

　　而哲学史,由于它是人类探求真理所走过的最光荣最艰难的理论思维发展过程,就使人类的理论思维能力经受了各种曲折的锤炼。每种后来的哲学都在前人的基础上,进一步提出问题解决问题,经过反复探索和检查而形成,同时又留下了新课题待后人去解决。所以真理从来都不是突然出现的现成结论,真理不仅仅是结果,而是连同其过程一起存在的。真理是过程,这过程就是理论思维的锻炼成长的历史。恩格斯正是在这种意义上强调了学习哲学史的极其巨大的意义。他说,人人都具有可以进行理论思维的能力。但是:

　　　　这种能力必须加以发展和锻炼,而为了进行这种锻炼,除了学习以往的哲学,直到现在还没有别的手段。②

　　恩格斯这一看法,透辟地指明了我们学习和研究以往哲学的意义和目的,同时也有方法论的意义。如果我们的研究不能发现以往哲学发展的具体生动的曲折过程和线索,便无从锻炼我们的理论思维能力,而这一点正是我们研究哲学史的一个马克思主义指导性原则。

---

①　恩格斯:《反杜林论》旧序,《马克思恩格斯选集》第3卷,人民出版社1972年版,第467页。
②　恩格斯:《反杜林论》旧序,《马克思恩格斯选集》第3卷,人民出版社1972年版,第465页。

四、我为自己当前研讨所拟定的某些方法和规则

上边说了些有关研究的目的和原则方面的想法。我的这些认识是否妥当,有待读者指正。但是我想只谈到这些还是不够的,对我自己来说,即使认为上述考虑有几分道理,如果不能具体地付诸实现,仍不过是些空谈。因此,我想还应该有些比较具体的办法和规则。

我打算研究的对象或主题,它本身有种种实际情况,要求有相应的态度和方法才能得到恰当的处理,这是我首先要考虑的。科学研究有它本身的客观要求,它是严格的,不可违背。但是,还有另一方面的情况:研究者本人受着种种条件的限制,这也是客观存在的事实,也必须严肃地实事求是地加以考虑。这两者有很大的矛盾,怎样处理才能求得一种差强人意的解决,也需要有一些办法。比如,究竟有哪些是我现在可能做到的? 哪些还达不到? 哪些不必或暂时可不必做? 就需要认真检查一番,考虑一番,从而给自己规定一个大体适当的范围、程度、相应的工作方式和准则来。这类问题只能由研究的实际经验来解决,并且对不同的人来说也各不相同,只能由自己解决。因此我回顾了自己的曲折和经验教训,小结成几条可供自己现在遵循使用的方法或规则:

1. 在探求哲学的发展线索时,不应从定义或某种抽象的一般规律出发,而应从以往历史和哲学史的事实出发,从特殊出发。

哲学史的线索或规律,不是凭空出现的东西,也不能从某个一般原理中推演出来。它既然被称作是那些哲学本身的发展规律,就只能存在于那些哲学本身之中,存在于顽强的客观事实即历史上相继出现的一个个特殊时代的特殊哲学的形态之中,存在于它

们之间的特殊的具体联结之中,我们只能凭这些事实把它们固有的线索和规律寻找出来。一切关于一般规律的结论只能产生于对特殊事实研究过程里和末尾,而不应在它的前头。一切科学的研究都是如此,难道哲学史的研究就可以例外吗? 还有,如果不从特殊的即具体的事实出发,人们怎么能进行独立思考呢?

近几年来,人们对日丹诺夫的哲学史定义提出了疑问,进行了一些争论,这是很有意义的。我现在不想对这个定义是否正确本身发表什么意见。但是有一点是明白的:日丹诺夫定义无论是否正确,或正确错误到何种程度,这些也只有靠研究哲学史的全部事实来判定。每个人都可以谈自己对某种一般规律的看法,但如果还没有科学的严格论证,终究只是一种意见而已。问题在于日丹诺夫的定义还缺少这种严格的科学基础,却要求人们必须接受它,这就不好了。在科学上强制推行一种看法总是行不通的,后果总是不好的。即使它相当正确,也要允许和鼓励人们思考、争论和修正,才于科学事业有益,何况那些连自身还没有得到严密论证的说法呢?

所以,在自己的研究中,我将从事实出发,大体上撇开某些人(不管是日丹诺夫或是别人)已经提出来的那些一般"定义"或"规律",如果它们还缺乏足以使人信服的事实和理由的话。这并不是说我认为它们不对,而只是认为我应当保留自己思考事实的科学权利。人为什么非要承认和谈论那些连自己也不明白的话呢? 勉强说去又有什么意义呢? 所以我这种暂时撇开种种"定义"的做法,希望不会被视为企图故意去冒犯某些权威的胆大妄为。而且,既然我在这里只以探讨某些线索这种有限的目标为满足,还没有去讨论总规律,就更有理由希望得到某种理解和宽容,如果它同某些"定义"不那么十分一致的话。因为所谈论的既然不全是同一个东西,差异就是自然的。我请求的宽容,当然不是指可以允许我有随便犯错误的自由;但如果人们能从我的研究根据本身来指正我的错误,可能会更为有益。

应该声明以上所说并没有否认一般规律的意思。我只是不想盲目遵从自称是绝对真理却还没有得到证明的那些意见。特殊和一般本来既相区别又彼此联结,一般来自特殊,特殊需要一般来指导。事实上马克思主义经典作家们已经为我们作出了把特殊和一般结合起来的模范。有理由相信经过集体努力,能够把马克思主义原则同哲学史的具体事实日益结合好,终于导致对于哲学史中包含丰富特殊的一般总规律的发现和阐明。我们应该为此作出长期的努力。

2. 我为自己的研讨范围和方式,也定了一些规则。

我的目的既然只以研究西方哲学里的某些重要线索为限,就有了一定的范围。因此,我应该努力把那些对发展有相当重要性的哲学派别和问题保持在视野以内,并只按这种意义来规定我的研究,此外关系不大的则不必过多涉及。

还有,有些哲学虽然其内容从我们今天来看比较正确可取,但如果它在历史上并无多少创见,大体沿袭前人,那么我就可能少谈甚至不谈它。反之,某些观点现在看来是错误的甚至是非常荒谬的,但如果它是哲学发展里不可缺少的环节,表现了人类理论思维前进中必然出现的曲折本性,我倒可能给它较高的评价或较多的分析。我希望这种做法能得到理解,而不致被视为偏爱错误的东西或忽视正确的东西。科学上是不容许夹杂偏爱之类的情绪的,更不用说偏爱错误是不应该的了。问题在于,人类在寻求真理时并没有平坦的直路可走,有些错误带有必然发生的性质(这类错误与别的不同)并且会成为真理的前导;对于这类错误如果不加认真考察就掉头而走或简单斥责,并不利于我们理解真理,相反只会使我们的理解陷于抽象、片面,缺乏真正的力量。

3.在探讨哲学史发展线索时,需要时时注意抓住各个哲学中的那些基本概念和意义,把它们作为中心环节。

哲学的发展线索或规律,不论是涉及总体的,还是局部的,都只存在于一个个的特殊环节之中,这些环节各自有其鲜明的个性,有其特殊的生命,并按其特殊性格彼此联系和转化。各种哲学,有的单纯些,有的则相当复杂成为一个大体系。但不论多么复杂,每个哲学系统都有它的极少数的根本原理,作为这个体系中各种思想的集结点、中心或最高的理论根据。如果不抓住它们,研究就会堕入烟海,成为无思想的现象罗列了。

一个哲学里的基本概念同它的种种运用发挥有密切关系,不能孤立起来加以理解。不过由于这些运用与发挥毕竟是以基本概念为核心的,所以还要以抓住基本概念为主。如果基本概念搞错了,理解片面或曲解了,没有达到它的本义所应有的深度和范围,或者附加给它以多于它本来的含义,就会在整个理解上失之毫厘,谬之千里。因此应当尽量减少这类性质的错误,在证据不足、把握不充分时宁可存疑或有所保留,避免武断。一般说来,如果弄错了某些具体的运用,虽然也不好,影响总要小些,改正也较容易些；自然这也要视情况而定,不能一概而论,例如有的哲学家的全部思想恰恰只是为了某种具体运用服务的,这时如果忽视了它们就会出大的毛病,就无法理解和弄清这个哲学的特色与基本概念了。不过即便如此,这种运用也仍是以那些基本概念为依据的。所以紧紧把握那些基本概念,总是研究中的最为要紧的事情。

4.为了比较准确地把握一个哲学的基本思想和概念的本来意义,尽量避免外来附加的成分,必须把哲学家本人的表述放在资料依据的第一位,而把别人的评论、解释与发挥等等放在第二位。选取研究根据的材料一般应以原著为主,这是我要遵守的一个重要原则。

一般说来,哲学是讲理由的论证性学问,不是启示性的、武断的或单纯描述性的。历史上的各个哲学家在他们认为有必要提出某种新的思想新的概念时,总得先说说他的考虑和来由,对自己提出来的新概念加以论证,力求给予界说,以确定它的含义,虽然他们的这些说明在清晰程度上各不相同。这些是我们了解这个哲学本来意义的第一手材料。那些他的同时代人和后人对它的解释和评说,不论是赞成的、批评的或加以利用引申的,都对我们理解这种哲学有益。有时候某些较深刻的思想家的评论,常常一针见血,甚至有时比那个哲学家本人的表述还要透彻;有的也能提供出极其重要的旁证材料,所以我们不可忽视这些评论意见和解释证言。不过即使最有真知灼见的评论毕竟也不能代替本人的论述,就更不必说许多评论者常常用自己的看法去附会曲解的种种情形了。所以,一般说来,以原著为主,同时参照那些评论,应是比较恰当的方法,而不应喧宾夺主。只有在原著佚失时,我们才不得不以第二三手的材料为主,那在时间上和种种关系上最接近的和最忠实于原意的转述解释,便成为研究中取材的主要源泉。

但是说到研读原著,却是一件相当复杂和有着重重困难的事情。比较严格意义下的原著研究考证,是少数专家的工作,这里不必去说它。对于我们,如果能从外文标准版本来研究就不错了,但这些书籍现在国内仍然相当缺少,难以都得到。

西方哲学的资料浩如烟海,原著古今文字种类繁多,有的哲学家著述卷帙甚巨,面对这种情况,不少学者都感到困难;我的知识和能力极其微薄渺小,做这种工作犹如一叶扁舟行于浩瀚的大海之上,不得不时时有望洋兴叹的感觉。为了弄清一个问题,常常引来更多的疑难,牵涉一系列新的知识领域,无涯无际;当自己觉得有点进展时,又往往发现自己处于更多的无知的包围之中,于是我清楚地看到自己是十分无知的,衡量一下自己,我只能以可以设法得到的外文(主要是英、德的)原著为主,尽量吸取国内外的有关研究成果(这也受条件限制不能做到比较充分)来进行工作。这种状况同严格的科学要求自然是一种很大的矛盾,因此我可以断定自己将不能避免错误。

虽说如此,我还是希望能尽量在研究中忠于历史上那些哲学的原意。我现在之所以居然还有勇气从事这种研讨,是要感谢那些下过艰苦功夫的先辈和同辈的师友们,他们的鼓励和帮助使我有了某种程度的勇气和信心。

5.为了弄清和理解哲学史上的那些基本思想概念的实质与意义,必须了解它所表现的那个时代的时代精神,知道那些哲学家进行工作的生活与活动的条件。我也应努力做些这方面的研究。

对于哲学和各种意识形态的东西,要从历史里,从每个特定时代的条件里去寻求它的最终根源的说明,这是历史唯物主义的研究原则的绝对要求。所谓纯粹思维的纯粹自身运动,那只不过是一种幻想,是唯心的哲学史观的产物。空中楼阁即使构造得再精巧,毕竟也还是空中楼阁,不是客观存在的东西。我们不能这样去研究。但是要弄清哲学同它的现实基础的关系,也决不是搬用某些历史唯物主义的结论作套语,或罗列一些历史材料与例证可以解决问题的。哲学作为某一时代的最高理论表现,同该时代人们的多种多样的全部生活活动都联系着,这里包括了该时代的经济、政治、法律、军事、伦理道德、科学、文艺和宗教等等的生活,以及这种生活与活动之间的种种错综复杂关系及其合力。所以,要了解哲学的时代实质是不容易的,这种关系相当复杂,有时使人感到很微妙。

恩格斯曾分析过这一问题。他指出,哲学和宗教同别的意识形态相比,是"更高的即更远离物质经济基础的意识形态","在这里,观念同自己的物质存在条件的联系,愈来愈混乱,愈来愈被一些中间环节弄模糊了。"① 这种特点要求我们注意作具体的辩证考察:一方面,哲学虽然离物质经济基础最远,但仍然是受它制约的,有时它同经济基础的联系也表现得相当明显;另一方面,在大多数情况下,经济的作用是通过无数其他环节的曲折的折光过程,才表现到哲学里来。所以恩格斯说,"经济发展对这些领域的最终的支配作用,在我看来是无疑的,但是这种支配作用是发生在各该领域本身所限定的那些条件的范围内:例如在哲学中,……这种作用就是各种经济影响(这些经济影响多半又只是在它的政治等等的外衣下起作用)对先驱者所提供的现有哲学资料发生的作用。经济在这里并不重新创造出任何东西,但是它决定着现有思想资料的改变和进一步的发展方式,而且这一作用多半也是间接发生的,而对哲学发生最大的直接影响的,则是政治的、法律的和道德的反映。"②

考虑到这些复杂情况,我们在力求把握住某个哲学的基本思想或概念的实质时,就需要较精细地全面综合地注意到那个时代的各个方面及其总和。当然在不同的时代,这些因素在影响和作用程度上也各不相同。例如,在古代尤其是中世纪里,宗教往往对哲学影响最大而且直接,近代则逐渐有所减弱,而生产与科学对近

---

① 恩格斯:《费尔巴哈和德国古典哲学的终结》,《马克思恩格斯选集》第4卷,人民出版社1972年版,第249页。

② 《马克思恩格斯选集》第4卷,人民出版社1972年版,第485—486页。

代哲学的影响就显得较为显著或更直接些。这些都要具体研究，简单罗列往往无济于事，对我们的理解意义不大。

在考虑这些影响时，还有一点需要注意：即使这些影响中某一个或几个方面特别巨大，甚至有直接的决定意义，也不能认为哲学就是这些因素的简单直接的照搬和移植。

黑格尔在他的哲学与哲学史研究中，曾提出过一种叫作"时代精神"或"民族精神"的概念，来表示哲学所要给予表现的对象。这个概念在他那里带有强烈的客观唯心主义的色彩和意义，但是也有深刻的地方。所以，马克思能给这个概念以合理的改造与运用，他说过这样的重要看法：

> 任何真正的哲学都是自己时代精神的精华。
> 哲学家的成长并不象雨后的春笋，他们是自己的时代、自己的人民的产物，人民最精致的、最珍贵的和看不见的精髓都集中在哲学思想里。①

时代精神，这似乎是一种含义过于模糊和难于捉摸的东西，但又确实存在着。它也许是一种由时代的各种生活条件的错综整体所形成的人们某些普遍的精神状态或发展趋向。每个时代中不同的阶级、阶层、集团和个人，对于时代的需要在理解和自觉程度上自然有极大差异，有赞成某种趋向和极力反对的尖锐对立，也有主张调和的，等等，但正是这些关系的总和显现出所谓时代精神的动向和意义。一切在历史上有过重要意义的哲学，都是这种时代精神的不同程度或不同角度上的最高理论表现，唯其如此，它们才有自身存在的一定理由、根据和生命力，才被人们看作是那个时代的

① 《马克思恩格斯全集》第1卷，人民出版社1956年版，第121、120页。

精神的精华。因此,时代精神虽然不像别的东西那样含义清晰,仍然是一种可以把握的存在。

所以,在研究一定哲学的基本思想和概念的实质时,我也试图把它所表现的时代精神作为一个中心问题来加以注意。这当然是更加不容易的事,有些问题,由于历史学都难于弄清楚,有些由于自己历史知识的缺陷,还搞不清楚,我就只能存疑,或根据某些材料作一种或然性的估计。这方面的错误或缺点也在所难免,也要请求指正。

6.在探讨了一定的哲学的原意所表现的时代精神之后,就可以进而研究它的内在生命和运动了。这种研究反过来对真正理解那个哲学的基本概念是带本质性的;同时,也就进入了研究哲学史发展线索的主题范围了。我想这是我在本书中工作的真正目的所在。

历史上每一个有意义的哲学形态,都有它的来龙去脉:它是怎样提出来的? 同先前的哲学有什么关系? 这种新提出来的哲学概念能够解决先前未能解决的什么问题? 它自身又带来些什么新问题,其原因是什么? 给他本人和后人提出了什么新任务? 这些问题如果研究明白了,那么,所谓哲学史的发展线索或规律性也就会显示出来。这就要求我们从各个哲学所固有的内在矛盾中探究它们的必然运动。历史上各个哲学本来都有这种内在的矛盾发展,它推动了哲学从一个形态向另一个形态推移转变,形成了一种内在的发展线索,这种发展线索反过来又使那些哲学形式降为整个链条里的各个特殊的环节。于是一个包含特殊的、在运动中把这些特殊环节联系起来的较大的一般性的规律就出现了。

这种辩证的运动发展,是哲学史本来就有的,不是主观地外在附加上去的,问题只在于我们如实地把它们发现和陈述出来。实际上不少历史上的哲学家本人都追溯过他的哲学思想的这种产生过程,说明他为什么认为有必要提出一种新学说、新概念。他们的这种陈述是最值得我们注意的。不过由于他们都不是历史唯物主义者,往往只以思辨的形式来谈论他的这种理由,有的哲学家则往往只以片面的同前人对立的方式来提出这种理由,还有的也谈到了时代的需要,而由于历史的或阶级的褊狭眼界和知识局限使他们不能正确说明这种关系。这些都会在不同程度上模糊发展的真正基础与实质。所以,我们还有必要根据历史事实,在历史唯物主义和辩证法的指导下,作进一步的探讨,在重视以往哲学家本人的陈述的同时,给予实事求是的纠正。

以上几条是我打算采用的研究方法和规则。总的说来,是试图在马克思主义的历史唯物主义和辩证法的指导下工作,而在具体研究中则打算从基础逐步上升,从具体特殊的东西出发,然后一步步地达到较为一般的东西。至于那种完全一般的总体的规律,只能在这些工作的过程里,特别是在给研究作出总结时才能出现,不必仓促行事。

五、关于哲学史分期问题的一些理解

关于西方哲学发展如何分期的问题,是同对发展线索和规律的理解相关的。我的看法如何,也应由研究的结果来确定和说明。但为了叙述上的方便,也不妨先提出一些考虑。

西方哲学史是西方社会历史的一个方面,同历史是基本一致的。不过,那种直接按社会史的划分来确定哲学史分期的办法,却未必十分恰当,因为哲学的历史还有自己的特点,它有一种相对的独立的发展,它在现实历史发展的基础上还有一种自己特有的节奏和运动规律,所以它同社会史既有密切关联,又不尽完全相同。

大体说来,在马克思之前的西方哲学经历了人类阶级社会的三个大阶段。在古代奴隶制时期有古希腊罗马哲学;在封建制时期有中世纪哲学;而在资本主义的上升时期有近代哲学,彼此相应。

从哲学史本身的特点来说,很显然的,从泰勒斯到亚里士多德可作为西方哲学的第一时期,这是哲学从开始产生到它作为一门独立学科正式建立的阶段。晚期希腊的和罗马世界的哲学同上一阶段相比有明显不同的特点,它处于奴隶制社会的中后期,表现了那个历史时代的普遍没落的趋向,并导致了哲学向宗教神学的过渡,所以我想把它划分出来作为第二阶段,这是一个过渡的时期。第三个时期是中世纪哲学,它的特征是不必多说的。接着而来的是又一个过渡时期,即文艺复兴和宗教改革时期的哲学思想,它虽然仍在封建时代,却已是它的没落时期,新的资本主义因素和趋势使近代哲学的精神得以孕育和萌发,这个时期虽然专门的哲学产品不多,我们不必对它作很多讨论,但仍可把它划分出来作一个阶段,即哲学从经院哲学向近代哲学的过渡期。

以上是对古代和中古哲学的大致划分。

第五个时期是近代哲学。由于它的发展迅速,内容极其丰富重要,远远超出以往的全部哲学,成为我们研究的重点和主要部分,所以需要作进一步的划分(附带地说,亚里士多德及其以前的古希腊哲学,也是内容非常丰富重要的,也需作进一步的划分,这里不去说它)。

西方近代哲学到马克思以前,我打算把它们分为三个阶段来讨论。

　　第一阶段是17世纪的西欧各国哲学。这是从培根开端，主要是通过笛卡儿和洛克的推动而蓬勃兴起的各种哲学派别，直至莱布尼茨止。它的主要特点，是对于思维与存在的对立作了明白的揭示，以及通过对认识论的研究来重新思考哲学本体论等各种基本的哲学问题。我想也许可以称之为近代哲学的开创阶段。

　　第二阶段主要是18世纪的法国哲学和英国哲学。在法国，主要有系统的机械唯物主义哲学，还有卢梭的哲学；在英国，有贝克莱的主观唯心主义哲学和休谟的怀疑论。在这个时期哲学发展深化了，讨论的问题集中了。法国唯物主义哲学是这个阶段哲学发展的最主要的成果，是近代意义上的对思维与存在的统一问题第一个有相当严密系统的解答。休谟的不可知论对哲学的发展也起到了非常深刻的作用。卢梭则对法国唯物主义的缺陷进行了有重大意义的批判。卢梭和休谟为哲学向德国古典哲学的过渡，提供了理论上的主要推动力。

　　近代哲学的第三阶段是18世纪末到19世纪前期的德国古典哲学。从康德到黑格尔的哲学巨大进展，主要特点是唯心主义和辩证法，它为思维和存在的对立统一问题提出了第二个系统严密而且内容丰富深刻的答案，不过是唯心主义的；这种根本缺陷导致了哲学重新向唯物主义的返回，费尔巴哈开始了从唯心主义向更高的唯物主义的巨大转变事业，成为哲学向马克思主义过渡的一个重要环节。他本人没有能完成这种转变，没有能达到现代辩证法的唯物主义哲学。只有马克思才提供了对于思维与存在对立统一的真正唯物辩证法的答案，引起了哲学中的根本变革。

第一编

西方哲学在古希腊从产生到作为一门独立学科的正式形成

——从泰勒斯到亚里士多德

一部西方哲学史是从古代希腊人开始的。哲学最初在这里发生，经过蓬勃的发展，到亚里士多德手里形成一门独立的学科。其间经过了约有两百多年的发展，形成哲学发展的第一个高峰；然后到希腊化时期走向衰落，转入了西方哲学的另一时期。本编要研讨的是这第一个时期即西方哲学创立时期的发展问题，包括哲学的产生问题和如何一步步达到比较完整系统的形成的问题。弄清这些问题对于我们理解西方哲学的全部发展具有极大的意义。

古希腊是欧洲文化的摇篮，人类的骄傲。这个小民族在古代世界里创造了那么丰富璀璨的文化、艺术和科学的瑰宝，永远值得后人眷念和回顾。其中哲学的创造尤其占有光荣的地位，它作为西方科学智慧的开端，包含着往后一切发展的胚胎和萌芽，有许多深刻的内容，显示出特殊的魅力和生命力。从这里开始来研究西方哲学思想的内在线索和规律性，是非常引人入胜和富于启发意义的。但是，就像成人虽然都来自儿童却常常不能理解儿童的心理那样，现代人也常常不能理解古代人的思想。我们现代人的生活和教育，使我们头脑里装满了各种有分明规定和界限的思想概念，我们看待一切事物时都用这一套抽象的概念。但是古人和幼稚的儿童类似，他们的生活和观念是朴素天真的，他们刚从原始的混沌状态开始走向区别和抽象，同我们非常不同。所以，我们若用我们今天的思想去对待或要求他们，往往就会弄错，以致破坏和曲解了他们思想的本来面貌。在这里，更加细心和谨慎地对待他们，从历史中如实地考察他们，是唯一可能为我们理解他们的思想带来光明的钥匙。

万事开头难。在科学上或历史科学上，开头的东西初看上去总显得是十分简单的，但实际上并非如此。说它单纯，只是从抽象规定的角度去看的；因为越往后人类对世界万事万物的抽象规定越复杂起来,倒过去看那最初的规定自然就是最简单的了。但是,那最初的思想本身却有原始的丰富性,往往在单纯中蕴含着后来发展的各种萌芽和因素,有它的特别的机制和有机结构。粗心大意的人不注意这一特点,对最初的东西以为一看就知道了,不过如此而已,便一掠而过。然而我们看到真正的科学家却从不轻易放过它们,他们总是对开端的东西不厌其烦地翻来覆去地加以研究。例如,通常看来,原始社会自然是最简单不过的,但是《古代社会》的作者摩尔根却发现它原来也是一种非常复杂的社会结构,那些复杂的婚姻制度及其演进,就是在摩尔根等人加以阐明之后我们也不容易掌握住,然而这些却是理解原始社会各种现象的钥匙。又如,马克思在研究剖析资本主义社会的庞大结构时,也是从它的最简单的细胞即商品开始的,他对商品和形成商品的劳动的反复分析,告诉我们这种简单东西原来是一种极其微妙的有机辩证结构,由此出发才能理解资本主义社会那个整体的复杂体系。他们做出的这种科学范例,对于我们当前的研究是极有教益的。我们虽然不容易做到这一点,总应当试着朝这种方向去努力。

在研究古希腊哲学的最初发生和发展的问题时,我们尤其应该细心,粗枝大叶就会出毛病,或者很容易丢掉一些要紧的东西,这样就往往丢掉了通向后来发展的线索,或者会使一切搅在一起成为一团乱麻,再也难以理清头绪了。

让我们从头开始。研究哲学的线索的第一个重大问题就是:哲学在古希腊是如何产生的?

第一部分

哲学的产生问题

哲学最初是怎样产生的,它的出现在人类思想发展史上有什么意义,这是一个非常重要的大问题。我们很自然地要问：在哲学出现之前人类的思维和世界观是怎样的？它们同哲学有什么本质上的区别和联系？它们为什么要向哲学转变？接着一个问题,这种转变需要一些什么样的必要条件？古希腊人又是怎样有向哲学转变的需要,并获得这种转变的条件的？

要弄清这些问题不容易,但我们仍应努力从历史的基本事实里寻求一个有根据的答案。这是必要的,因为这些问题不仅对于了解整个哲学的发展是一个起点,而且对于理解最初的那引起哲学的特点和实质尤其不可少。如果我们只是就事论事,从泰勒斯的生平与学说本身来讨论哲学的开端,就只能罗列现象,而不可能达到上述的目的。

对这些问题实际上古人也思考过,其中亚里士多德的看法最值得注意,因为作为古希腊哲学的集大成者,他的知识和观察都是相当丰富深刻的,他对哲学产生问题的考察,属于刚刚正式形成的哲学学科对自身起源的内在的考察,包含着比较深切的体会,不是外在的观察所能道出的。当然,他有自己的历史条件、阶级条件和当时知识的限制。我们今天对历史发展的规律性认识得比他清楚,有些历史知识也比他那时的要多,更有历史唯物主义作为研究的指导,就应该而且可能比他研究得好些。所以,我想在探讨哲学的产生问题时,把亚里士多德的有关论述一并给予某些讨论,也是有益处的。

第一章 "哲学"在古希腊的本义

为了研究哲学在古希腊的产生和有关的种种问题,我们要先弄清这门学问在古希腊的本来含义。

我们中国人称之为"哲学"的这门学问,西方人叫作philosophy,这个词就是从希腊人用起的。希腊人把他们的这门学问称作 φιλοσοφία,按词义说就是"爱智慧",据说最早发明和使用这个词的人是毕达哥拉斯[①]。后来西方人又用过"形而上学"(metaphysics)一词来表示哲学这门学问,那是在亚里士多德以后兴起的,近代一些哲学家又倾向于否定这门学问是"形而上学"的含义。虽然如此,"哲学"作为"爱智慧"的意义和用语却一直延续下来,始终保持在西方的哲学和文化传统中。

关于在西方"哲学"的含义和用语的这些变化发展,我们后面再去讨论。这里我们所要研究的是西方"哲学"的最初含义与特点,就需要对它的本来意义有一个比较确切的了解。"爱智慧",对于"智慧"的热爱和追求,这是一个含义相当宽泛不定的概念,因为所谓"智慧"本来就是一个比较笼统模糊的观念,对它的热爱追求就显得更不清晰了。

---

① 见 KirK & Raven, *The Presocratic Philosophers*(以下简略缩写为 P.P.)Cambridge, 1976, p.229,小注 3。关于这个传说和毕达哥拉斯用这个词时赋予它的意义,后来讨论毕达哥拉斯哲学时再谈。

这也许是自然的,因为哲学的对象从来也不会像那些具体的部门科学那样有一类界限分明的事物,较易于把握住。哲学是人们对周围世界和自己的生活的本质与秘密所进行的无穷尽的追问,这是一个充满着希望、探索和困惑的领域,问题永远层出不穷,人们的追求也永无尽时。所以,对于这样的一种学问,用"爱智慧"来加以表达和定义,虽然显得不大确定,真正说似乎倒更加生动恰当,能够表示哲学这种学问的深意。因而人们更乐意以此表达哲学的意义,似乎没有人感到有把这个词(philosophy)加以抛弃的必要。并且,它仍然可以有自己相对确定的意义。

现在让我们来研究一下"哲学"作为"爱智慧"的学问在古希腊的本来含义。在这方面,亚里士多德对于什么是"智慧"所作的分析和诠释,为我们的理解提供了最重要的依据。

亚里士多德在他的《形而上学》的一开始,就试图对所谓"智慧"作出说明,以便确定他所要研究的哲学最初的基本含义。

他首先从人类的求知过程来进行分析。认识从感官的感觉开始;对同一事物的感觉由于记忆,产生出一个单纯的经验;经验的积累就产生了技术和学术。经验是关于个别事物的知识,而技术则已是普遍的知识了。这里已出现了重要的区别:有技术的人比只有经验的人要有智慧些,因为他知道了普遍,也就能知道原因,不像经验"只知其然,而不知其所以然"。他说:

> 我们不认为任何感官感觉是智慧,虽然它们确实给我们以特殊事物的最可信的知识。但它们不能告诉我们任何事物的"为什么",例如为什么火是热的,它们只说火是热的。①

① Aristotle, *Metaphsics* (亚里士多德 :《形而上学》,以下简略缩写为 Met.) 981ᵇ10-13。均按 W.D.Ross,*The Works of Aristotle*,Vol. Ⅲ .*Metaphsica*,Oxford,1908。

可见智慧是在关于个别的经验知识向着关于一般的普遍知识上升时才开始出现的。它不是感性经验，而是普遍知识。

但是一般或普遍的知识是一个过程，有高低的等级区别，因此，有经验的比只有知觉的人要智慧些，有技术的比只有经验的人要智慧些，大匠师比只会操作的工匠要智慧些，而理论的各种知识比生产的各种知识要更合于智慧的本性。①

知道普遍才能解释事物的"为什么"即原因。亚里士多德认为这对"智慧"是本质的，所以他又给智慧下了一个相应的定义：

　　　　智慧是关于某些原因和原理的知识。②

循此继进，亚里士多德就来讨论"哲学"即被认为是智慧本身的知识是什么。他认为这可从什么是"智慧的人"，这些人研究的是哪一类的原因和原理得到说明。那被称作是"智慧者"的人，首先，被认为能知晓一切事物，虽然他不必在细节上知道每件事物；其次，他能懂得困难的东西，因为人人都容易懂得的事物的知识算不上智慧；再者，那些能在一切知识部门里确实知道原因，并能以此教导别人的人，是更有智慧的，因为，那"最高的学科比随附的学科更合于智慧的本性"。③以上几方面是相互联系的：那知晓一切的特征，必定属于具有最高级的普遍知识的人，因为他在一定意义上知道一切隶属于最高最普遍的学术之下的对象；而最普遍的东西是人们最难于认识的，因为它离感觉最远；又，最确切的学术是研究第一原理（本原）的，因为只包含少数原理的学术，比包含仅仅

---

① Aristotle, Met. 981^{b}30-35.

② Aristotle, Met. 982^{a}1-2.

③ Aristotle, Met. 982^{a}17-18.

是附属原理的学术要更加确实；又，研究原因的学术是更可教人的，因为教导人就是告诉人以各种事物的原因。"第一原理和原因是最可认识的，由它们来论证，由它们出发，一切其他事物才被认识，而不能靠附属的那些原理和原因来认识。"①

从亚里士多德上述对"智慧"的层层分析可以看出，古希腊人已经明白认识到哲学有一个本质的特点，这就是，它有最高的普遍性，是对最高原理（第一本原）的认识或知识。"智慧"或哲学，其本质是从个别上升到一般，由感性经验上升到抽象原理，并且一直要上升到最普遍和最高的一般原理才行，只有它才能认识万事万物的原因或本原。所谓原因、原理或本原，都是属于普遍和一般的东西，不是感性的特殊的东西，抓住了它们才能说明一切特殊事物的"为什么"。一切科学即各类学问，都要抓住一般来说明它的对象，而哲学是这种思维方式和形式及其认识成果的最高表现。我们知道，在古希腊，最初哲学与科学是不分的，一切具体门类的学科都是在哲学里孕育和分化出来的。为什么哲学能成为各门学科的先导和孕育者呢？可以说主要就在于这种上升到抽象一般规定的思考方式最初是在哲学中形成的，虽然它本身又以各门科学的成长和成果作为自己发展的营养物。

亚里士多德这里指出的哲学的这个本质特点，是同原始人类的感性思维相区别相对立的。他本人没有研究过或不大了解人类的原始思维是什么样子，他离那荒古的时代已经相当远了，他所看到的只是古希腊人和那些先前的哲学家们是如何从较为单纯的感性知识上升到"智慧"的过程。但是他的分析却启发了我们，使我们找到一种研究的途径。哲学的本质既然如此，它的出现便是人

---

① Aristotle, Met. 982ᵃ1-4.

类从原始思维中摆脱出来所实现的一次思维方式上的大变革。因此，我们要较深入地理解最初哲学的产生及其意义与特征，就应该把它同原始人的原始思维加以对照研究。

这是第一点。

哲学的第二个本质特点在于它同神话宗教的关系。

上面所说的特点，是就哲学知识的认识方式和思维方式来说的。而哲学作为世界观，它的母体和前身则是原始的宗教或神话的世界发生观。最初哲学是在同这种宗教神话的联系和区别中发生发展的，这对于"智慧"和哲学更有本质的意义。

亚里士多德认为，最早哲学家们的历史表明哲学并不是从生产的知识来的，而是从神话发展来的。他说，古往今来人们开始哲理的探求都是由于惊异，从显而易见的困惑，逐步进到对一些重大问题，如日月星辰的存在和运行，宇宙的由来等等感到困惑与惊异，从这里人们想到自己是无知的，因而追求智慧，以求摆脱无知。"因此爱神话的人在一定意义上也可说是爱智慧的人，因为神话正是由惊异所构成的。"①

亚里士多德否认哲学同生产与实用的知识有深刻联系，这固然不对，反映了古希腊的哲学家作为奴隶主阶级思想家那种轻视生产和实用的偏见，但是他强调哲学同神话之间有更本质的关系还是有道理的。因为哲学主要是对世界万事万物和人们生活的总体性问题的疑问和思考，所以它同更早表现这种疑问与思考的神话宗教世界观有更根本的紧密联系，而生产和实用的知识则不必带有这种性质，虽说它们实际上对哲学的产生和发展有更加现实的作用。例如，很容易看到早期哲学家的许多观念，如用水、混沌

---

① Aristotle, Met. 982^b 17 - 19 .

的"无规定者"作为万物的本原,或用"爱"与"斗","心灵"乃至"善"作为说明一切运动与秩序的原因,这些在神话里早已包含着或有其萌芽了。因为当人们想到要用神来做一类事物或世界万物的主宰时,已经不再是就事说事,而是假定其中必有一个原因了。这原因最初便叫作诸神或主神(后来的宗教也是把上帝看作世界最终的原因或本原的)。哲学最初就是从原始的神话宗教世界观里产生的,并且在它的发展的一个很长历程里,常常要回到这里来汲取思想营养,那是很自然的。亚里士多德在谈到许多哲学派别的观点时,经常要追溯它们在神话中的思想来源,^① 这不是没有道理的。

但是,哲学毕竟同神话有根本区别。亚里士多德强调,哲学是人类可以知道的知识,是能说明万事万物的最根本原因或原理的知识。说明原因或原理,这是理性的也即是论证性的知识的根本特点所在,这就把哲学同神话世界观分开了。他明白表示不能赞同那种认为探求根本原理的知识是超乎人类的本性和能力的说法,他批评那些专讲神话的"诗人多谎言",指出哲学是一门人类可以获得的最光荣最神圣的学术。^②

因此,要理解"哲学"在古希腊的产生和本义,我们还需要研究它同神话宗教世界观的区别与联系。

以上我们通过亚里士多德对"哲学"和"智慧"的诠释,可以看到哲学是从历史更久远的原始思维和原始神话里发展出来的,又是对它们的一次大变革。哲学作为人类思想史上新出现的另一种思维方式和世界观,从一开始出现就同它们有了本质差别,不过这

---

① Aristotle, Met. 983^b19-984^a3, 984^b23-32, 1091^b5-15.

② Aristotle, Met. 982^b27-983^a5.

种区别和变革乃是一个曲折复杂的长过程，不能很快完成，事实上，古希腊人甚至在他们把哲学发展到最高点时，也没有完全同它们区别清楚，始终留了一个素朴思维的尾巴，并且甚至转向了更高形式的宗教世界观。可见最初哲学同它们关联的重要。

为了弄清这种关系，以便真正理解哲学的产生和最初哲学的本义，就需要对什么是原始思维，什么是原始的世界观有一个更贴近的了解。下面就来谈谈这方面的问题。

第二章 哲学得以产生的思想前提：
原始的思维和神话世界观

一、原始思维的根本特点

现代的考古发现，已把人类在地球上出现的时间推到了数百万年之前。这样看来，我们的文明史和我们哲学思维的历史，不过只是人类历史长河里的相当短的一小段，在此之前，人类早已产生了语言和思维。这种思维是怎样的？ 原始人类对他们周围的世界是怎么看的？ 这就是本节所要关心的问题。

我们远古的祖先早已不在，他们还没有文字，除了考古所发现的实物遗存，留下来的只是一些无可稽考的传说，探究他们的思想，这在过去几乎是不可能的。现代西方人在对不久前还存在的一些澳洲、美洲和非洲的比较原始的民族进行研究时，对于他们的语言和思维也收集和积累了许多材料，作过某些整理、归纳和分析。这对于我们当前的研究提供了极宝贵的第一手资料和重要的帮助，虽说他们的许多结论与观点我们并不以为是正确的。①

_____

① 我在这里利用了列维——布留尔的《原始思维》(商务印书馆1981年版)中的许多材料，还有汤姆逊的《古代哲学家》(三联书店1963年版)中的一些材料。以下就不一一注明了。

原始部落社会中的人们的思维，与他们的生活方式一样，同我们有非常巨大的差别。这种思维的特点，首先就在于他们的思维十分感性具体，缺乏抽象力或逻辑能力，或者说，它基本上不进行抽象，不知道抽象。

原始人并不像有些人想象的那样是愚笨的，相反，他们是非常矫健敏锐的，他们的聪明有时远远超过我们的想象。例如，他们有一种令人惊异的知觉辨别力和生动的记忆力，能够辨认和记住他们去过的任何地方的地形地貌的细枝末节，只要他们在什么地方待过一次，就足以永远准确地记住它，再去时从不迷路。他们能在草地上、硬地上甚至石头上发现足迹，并分辨出这是哪种动物或哪个部族的人，是男是女。但是，他们在知觉力获得高度发展时却几乎毫无抽象力。这一点从他们的语言和计算能力上看得最明白。

原始人语言最触目的特点，是它特别注意表现那些为我们的语言所省略或根本不予表现的细节，却缺乏甚至根本没有那些概括性、普遍性的词。例如一个原始部族的印第安人想说某人打死了兔子，他就得这样说："人，他，一个，活的，站着的，故意打死，放箭，家兔，一个，动物，坐着的。"其实，我们的这种翻译根本无法真正表现他们的语言，因为他们根本就没有什么一般的人、动物、活着、站着、打死等等的名词和动词，也根本不是像我们的语言那样，用形容词或副词去限定某个一般性的名词、动词来表现特殊。例如他们语言里就没有一个像"打死"的词，只有各种具体的打死的词，故意放箭打死还是用别的方式打死乃是不同的词，这些词非常之多，却没有一个一般的"打死"的词。每一个动词都表现出这个动作的地点、时间、方式乃至动作主体或对象的种种极细微的差别，达到了绘声绘色的效果。非洲埃维人表现"走"的手段有几十种之多：小个子四肢剧烈摇动地走、胖子步履艰难地走、坚定的步伐,踌躇地踱步、有点瘸地走、歪曲头走、挺着肚子走、宁静悠然地走 …… 如此等等,都有不同的语词,却从没有单独存在的一般的"走"这个概念。没有名称表示颜色,只有像乌鸦的(黑)、像沼地污泥的(黑)、像烟熏的(黑)。要在他们那里寻找一般性的概念是困难的,甚至是徒劳的。一切都以某种能把最细微的特点描绘出来的、工笔画式的画面语言呈现出来。所以他们说话,立刻就会再现出一种生动感性的画面,完全不像我们的语言那样,经常是带概括性抽象性的。我们说话力求准确清楚地表达意思和主要之点,舍弃了不必要的细节,他们则力求如画似地说,把一切都表现出来。我们分类,他们个别化。这种区别是很明显的。

在许多原始民族中,用于数的单独名称只有一和二,间或有三,超过这几个数,他们就说"许多","太多"。但是我们不要以为他们智力低下,根本不能计算三以上的数字。他们只是没有抽象的数的观念,不会抽象地计算,却自有他们的计算办法。当他们看到一群人或一群马时,如果总数里少了一个或多出一个,马上就能知道。他们是连同这一群对象的一切特征来记住它们及其准确数目的。

在原始人那里,数还没有同被计算的实物分开。"一"这个词就是一个指头。澳洲、美洲许多土著人在计算"二"以上的数时靠的是视觉和触觉,是用手指着(摸着)身体的各种部位来进行的。表示某个数就靠某个身体部位,其实这还不是数,只不过是帮助记住某个数的方式,因为说出来的只是身体某个部位的名称,不是数的名称。

但是,在非洲约鲁巴人那里,我们已经看到有一种进步。他们知道11至15,是10加上1至5,16至19是20减去4至1,70是20乘以4减去10,等等。这是因为他们经常用贝壳充当货币进行交易,这些贝壳放成5个、10个、20个和200个一堆,在约鲁巴人看来,数就是这些贝壳货币。虽然他们还没有完全抽象的数的概念,但通过这些无须注意其差别的贝壳货币的形象,我们看到在这里已经出现了一种把数逐渐从事物里抽象出来的过程。

原始思维的这种极端感性具体的性质,仿佛是极其丰富的,同时又表示了它的极端贫乏。这是一种尚未分化、没有区别和规定的、混沌一体的感性思维,它只能描绘最表面的现象,不能把握事物的共性,更无法认识事物的内在关联,所以它缺少真正的思想内容。这是它的第一个根本特征。

与此相关,原始思维的另一个本质特征是它的非逻辑性质:它对于人和外物,主体和客体,精神和物质还没有区分也不知道区分,不知道事物之间的因果关系,也不问事物的原因。按列维－布留尔的说法,它是一种"原逻辑思维",一切现象在它眼中只有一种神秘的"互渗"关系。

原始人在遇到那些使他们感兴趣、不安和畏惧的事情时,他们的思考不是遵循我们所遵循的途径,而立刻会沿着他们的不同道路奔去。我们文明人在遇到类似事情时,起初不了解它的原因,但我们总确信其中一定会有某种终于可以发现和说明的自然的原因,我们确信有自然的规律,原因迟早可以找出来;这是理性逻辑思维的根本特点。但是原始人的思维类型则大不相同。他生活于其中的自然界是以全然不同的面貌向他呈现出来的,一切客体和对象都被神秘的互渗关系包围着,这种互渗吸引了他们的全部注意力。

对原始人说来,纯自然的、物理的、客观的东西是没有的,山、河、风、云、雷电、土地不但是他们生活的环境、舞台和生活资料的源泉,同时本身也有一种神圣的生命力,能像人一样秘密地行动,为善为恶。一个人的影子,水中映出的像或画像,都是自己的一部分,能对人起作用。他们的名字具有一种神秘的性质和力量,如果被别人提到就可能对本人成为一种极大的危险,因为名字体现了个人与其图腾和祖先的关系。吃一种食物就意味着同它互渗,与之相通,与之同一。例如食人之风的一个原因就来自于此,他们认为吃敌人的心肝等等就占有了他们的勇敢和智慧。阿比朋人不吃鸡、蛋、绵羊和乌龟,认为吃了就会把怠惰、虚弱、怯懦带进自己身体里去,认为吃老虎、野猪的肉就会增强自己的胆量和勇气。印第安人头戴鹰羽,是因为他们认为这能使人具有鹰的力量,敏锐的视力和智慧。在巴干达人那里,不孕的妻子通常都被撵走,因为她会妨碍果园挂果,多产的妇女必定会使果实丰饶,所以,人有疾病或死亡,在原始人看来也不是什么自然的原因造成的,一定有某种东西的神秘力量在作祟为害。他们也无法分清死人与活人、睡与醒的自然区别,死去的人在他们看来仍然同活人继续在一起,例如在风吹树叶的沙沙声里就可以感觉到他们。梦中的知觉也被认为是确实的东西。

总之,在我们认为现象里有原因的地方,原始人则认为各种感性现象事物中有一种神秘的,有生命的力量在起作用。我们不会相信人可以从山岩里生出来、人是某种鸟兽植物的后代或亲属、火可以不燃烧、死的可以是活的,而原始人却可以从互渗里认为是这样的,一切都是可信的,并没有什么不可能的或荒谬的事情。他们眼中的自然界和感性事物,同我们文明人眼中的这一切都大不一样,永远被一种神秘的互渗力包围着。

这种意识突出表现在所谓图腾崇拜之中。这是一种原始氏族或部族感到自己与某种动物或植物的神秘同一的互渗意识。这些部族都要举行一些神秘的在他们看来是最实用的仪式,这在他们看来具有极重大的意义，在这种仪式和舞蹈中，通过使神经极其兴奋的动作使每个人忘形失神，体会自己同他们的氏族集体、祖先和他们的图腾（某种动物或植物）之间的相通与同一，合而为一。例如，阿龙塔人举行成年礼仪式的时期，把一种叫作"珠灵卡"的东西（一个椭圆形的木块或石块，装饰着神秘的图案）迎出来，那掌握"珠灵卡"的人不停地用手抚摸它，同时讲述着古老时代的蛇的故事，渐渐地感到他和这神圣的东西之间有一种特别的联系，一种彼此沟通的能力，对他们来说，这个"珠灵卡"根本不是一个木块或石块，而是有生命的东西，它同祖先、同图腾有内在联系，同人们一样有情感和力量，用手抚摸它就像安慰它，同它打交道，就能体现种种的互渗关系。因为他们本来就认为自己同图腾、同祖先是同一的，每个人都是图腾和祖先的化身。

从这种意识里自然出现了原始的巫术，也可以说它是最原始的宗教意识，不过最初这种意识和巫术还算不上真正的原始宗教。列维－布留尔提出的一种看法是值得注意的，他不赞成认为原始人有所谓"万物有灵论"的说法。他引用柏惠尔－勒舍的研究结论，认为在这里，"意志"、"灵魂"或"神灵"这些词必须一概放弃不用。如果一定要用什么术语来表现原始人所认定的事物里存在的什么东西或力量，最好用"物力说"这个术语来代替"万物有灵论"。这是有道理的。为什么呢？因为原始意识里最初根本还没有同事物相分离的独立存在的"灵魂"与"神"的抽象观念。那些生命和力量的神秘东西并没有同自然物分开，而是一回事，并且到处存在；而且这种神秘的力量也在他们自己身上，他们的身体和"灵魂"（精神作用）也没有区别开来。一切都是感性具体的，而这一切感性具体东西里都有一种神秘的看不见的力量和生命，并且在相互作用和互渗。那抽象的灵魂和神灵的观念乃是较晚的产物。世界万物和人们自己都处在一种感性的神秘互渗之中,这是原始人最初的世界观。

二、原始思维的历史基础和神话宗教世界观的产生

上面我们归纳了原始思维的两个最本质的特征,即极其感性具体和不知道因果关系的、混沌的互渗意识。那么它们是由什么条件决定的和形成的呢? 了解这种根源,才能知道它以及它会如何向前发展。

原始思维和意识是原始人的思维和意识,这些人的生存条件怎样,他们就有怎样的思维和意识。

原始人生存的第一个前提,是他们以自然的血缘关系形成起来的氏族部落群体。它的最根本的特点,是氏族的任何成员都没有自己单独的存在,正像单个的蜜蜂离不开蜂房一样,个人没有脱离氏族的脐带。这种原始人群最初同动物群没有什么区别,他们到处漂泊以采集游猎为生,后来逐渐学会了畜牧,到学会了农业耕种才定居下来,通过实际的占有自然形成了土地共有制。这一切在开始时都是自然发生的,由于自然界和人类的群体生活都几乎还没有经过劳动和人的活动加以改造,所以原始人也无从理解它们,因而显得只是一些现成地给予他们的存在物。自然界对于这些原始人作为一种不可理解的、有无限威力的力量与人们相对立,它或者给人以生活之源,或者降下灾祸,人们对它的关系就像动物同它的关系一样,因而人们也就只能像牲畜一样地服从或利用自然界的权力。这是一种对自然界和自身的一种动物式的意识。

我们可以看到,这种对自然的意识是受当时人们的社会关系

制约的。因为人们最初的社会关系严格说来还算不上是什么社会关系，它同动物群体里的关系差不多，只是最狭隘的自然形成的血缘和婚配关系，生物性的关系，几乎完全是自然规律所给予人们的关系。因此，人们对自己的这种社会关系也是无从理解的，摩尔根在《古代社会》中推想人们最初的婚姻关系是杂交的男女关系（这种关系即使在现存的最原始的氏族里也找不到印迹了），是连父母和子女之间的辈分都还没有排斥掉的婚配关系。我们现在可以找到可靠踪迹的只是一群直系和旁系的兄弟与其姐妹之间的那种婚姻关系，这也是够原始的了。最初的人群就是由上述这类关系所组成的，可见，在人类初期，不仅个人和氏族、个人和个人之间没有什么区别和分化，就连人群也没有什么分化，这是一种纯自然的动物关系。这种关系必然制约着他们对自然界的关系和意识，反过来，对自然的意识也制约着他们对自己社会关系的意识。一切人都把别人、一切人群都把别的人群看成是同动物、植物等自然物一样的存在，因而也被别人、别的氏族部落看成是这样的东西；反过来，他们也把动物和其他自然物看成同自己（人）是一样的存在，所以原始人把自己看成是某种动植物的后代，把自己氏族等同于某种动植物来进行图腾崇拜，因为动物、植物等等都被看作是某种有灵性的、甚至比人群本身更有力量的东西。混沌的人与人、人与自然不分的关系，动物式的关系，所产生的只能是"纯粹畜群的意识，这里人和绵羊不同的地方只是在于：意识代替了他的本能，或者说，他的本能是被意识到了的本能。"①

　　这种原始的动物式的意识，只是由于生产的发展，才逐步得到

---

① 马克思、恩格斯：《德意志意识形态》，《马克思恩格斯全集》第3卷，人民出版社1960年版，第35页。

改变的。

人类的物质生产有两种：物质生活资料的生产和人们自己肉体生命的生产，这二者密切相关又有区别。在原始社会里，后者对人们的社会关系和意识的发展有更直接更重大的作用，因为他们最初的社会关系是从这种生物的生产中形成的，或者更确切地说，那最初的社会关系本来只是一种生物的自然关系，两者完全不分，只是后来才逐渐区别开来的。原始人群的社会存在关系是在他们的亲属关系的演进分化中逐渐发展的，因此他们混沌的意识也随之发生分化，得到发展。

这种发展的动力来自原始人亲属关系的内在差别和矛盾。因为亲属关系有两种，一种是由血统而产生的血族关系，另一种是由两性的婚姻而产生的姻族关系。这两者关系密切，却又不同，尤其在作用上大不相同。由祖先代代相传而形成的直系和旁系的血族关系，是比较稳定的系统，古代氏族和部落制度的体系主要是由它构成的；而婚姻关系则不是那么稳定的，但它对人类自身的繁殖是直接的生产力，是不可缺少的主要的力量。这二者是有矛盾的：前者是一种保守的形式和力量，后者则代表了一种主动的原则。[①]

在原始社会中婚姻关系发生了一系列的演进。血亲之间的婚配造成在繁殖后代方面的不良后果，这种自然律的淘汰作用，以及原始人对此的逐渐了解，使他们逐渐抛弃了父母与子女之间的杂交，以后又进而排斥了同辈的有血族关系的兄弟与姐妹之间的婚配。排斥群婚制，引起了人群划分为不同的婚姻集团的结果：

---

① 摩尔根在《古代社会》（商务印书馆1971年版）中指出了这种矛盾对立，我觉得是正确的。见该书第3册，第746—747页。

一个群体中的男子不得再从本集团的女子中寻求婚配,女子也同样如此,他们或她们必须同另一集团的女子或男子婚配。于是血缘关系同婚姻关系混沌一体的原始人群就一分为二,形成了比较界限分明的不同的血缘氏族集团,而婚姻在不同氏族和部落集团之间进行。这是人类最初的划分和区别,由此形成了最初的氏族制度。

最初的氏族制度是母权制。因为还不是一男一女之间的婚配,子女只知其母,而父亲则难以确定。氏族按母系相传,女子留在本氏族,而本氏族的男子成年后便到别的氏族中去,同与自己没有血缘关系的氏族的女子婚配。母系制是原始社会大部分时期中的氏族社会制度,它使人类最初同动物群有了分别,开始有新的关系。其间婚姻制度仍在发展,例如,从集团的婚姻,通过进一步的排斥作用,进到不稳定的对偶婚制。最后,由于父权制的兴起和确立才被颠覆,这已到了原始社会的末期和文明的初期了。

父权制代替母权制使氏族制度发生了一次重大变革,这个转变的主要动力已经不是人类自身的生产,而是物质生活资料的生产了。农耕、畜牧和战争提高了男子的地位,当财产开始大量生产,男子想把财产掌握在自己手中并传给自己的可靠的子女的欲望不断增长时,便需否定母系制度,因为母系制度是不能允许有这种情形发生的。父权制家族是在父权之下由其妻子儿女和奴隶所组成的,家长对家族中一切成员都有生杀予夺之权,从而保证他对财产有支配权。于是氏族制便成为父系氏族制(父系氏族中的各个家庭或家族都属于氏族,但家庭中的妻却不属本氏族,还是她原来氏族的人),由于混沌的原始人群在生产中发生了那些最初的区分,他们的意识也开始得到区别的因素,从而有了发展。

我们首先来看看他们图腾意识的发展。澳洲土著传说世界是由鹰和鸦创造的,它俩互相斗争,后来和好了,人们便照鹰和鸦的名称分为两个半分部落。鹰生的女儿和鸦生的儿子婚配,生的儿女叫鹰;鸦生的女儿和鹰生的儿子婚配,生的儿女叫鸦。在他们的观念中,没有比把人们分成两个族外婚集团和按母亲来确定氏系更根本的了。这里他们首先出现的社会观,成为他们宇宙观的出发点。

这种图腾的分类,在新几内亚是按水生动物与陆地动物来分的。在美洲,则显示出对自然物的相似性有进一步认识,氏族的分类是:(1)狼、熊、狗和袋鼠;(2)小甲鱼、泥甲鱼和黄鳝;(3)火鸡、仙鹤和鸡。这比新几内亚把鳄鱼、火鸡、蛇、狗等胞族都包括在陆地动物的胞族之中的看法,表现了某种归纳分类能力上的进步。新墨西哥的朱尼人更进一步,他们分为七个胞族,(1)北方:仙鹤等等;(2)南方:烟草等等;(3)东方:鹿等等;(4)西方:熊等等;(5)天顶:太阳等等;(6)地底:水等等;(7)正中:金刚鹦鹉。这些胞族的图腾同各个方位、季节和颜色相配。朱尼人的创世神话说最初有一个巫士把两对鸟卵赠给新被创造的人类,一对像天的蓝色,一对像地的赤色;从蓝色的鸟卵中孵出乌鸦,飞向寒冷的北方,从赤色的鸟卵中孵出金刚鹦鹉,飞向温暖的南方;人们因此分为两个半分部落,平分了所有的空间和时间(依次继续再分)。朱尼人的图腾观念,已经带上了空间、时间、品质等较为抽象的因素,并加以系统地组织了。这是因为他们已经定居从事园艺,越过蒙昧时代进到了低级野蛮时代,生产已有了一些剩余,这就使分工,包括简陋的体脑分工成为可能。他们的部落已经产生了世袭的和部分世袭的酋长与祭司,受到了以这些人为首的巫术社团的控制。加入这种社团必须通过特殊严格的入社礼,从而构成为一个统治阶级的核心。这个社团主持部落中种种有关狩猎、耕作

的公开或秘密的典礼仪式,保持有关部落历史的神话传说。这些
酋长和祭司已不再参加生产劳动,他们就能从事这些工作,把种种
成长起来的观念,用神话秘密的形式加以组织和演进,如有关各个
方位和数目有秘密性质的观念,已开始逐渐形成。

　　阿兹忒克人又向前走了一步,开始形成了国家,设立官吏,有
了象形文字。他们用四(极)即东南西北表示部落,此外还有三
(极):中央、最高点、最低点,用来表示高级的神灵世界、中级的生
物世界和低级的幽灵世界。这三(极)所形成的垂直纵线便显示了
神的统治,而纵线与横线的交叉点,中央,则具有特别重要的地位,
代表着沟通神灵与人间的酋长或君主。

　　蒙昧时代的动物式的意识,随着生产和部落组织的分化演进,
就这样缓慢地发展起来:当由混乱的杂交群进到母系族外婚制所
形成的氏族结构时,两个互相通婚的族外婚集团的必要划分,使人
们打破了完全的混沌状态,最初意识到世界是一分为二的;然后
再进一步使划分继续演进。另一方面,在物质生活资料的生产中,
人们最初的区别只有性别、年龄等自然分工,只是在学会了农业时
才产生了畜牧部落和农业部落的区分,后来手工业又从农业里区
分出来,生产力才进一步发展起来。剩余产品的出现,使人们开始
能够发生以下重要的分化:在一切部落和氏族内部出现了体脑分
工,以及在这一基础上那些由专门从事管理公共事务和宗教事务
的酋长、祭司、军事首领、贵族和君主等人组成的统治阶级和其余
从事实际劳动的成员之间的划分和对立;部落战争中的俘虏开始
有了新的用途,他们可以生产剩余产品因而被当作奴隶;在氏族
部落之间出现了剩余产品的交换,这种交换反过来促发了部落内
部的交换和私有财产的发生;代替母系氏族制度,出现了父权制
家庭和父系氏族制度。氏族间原来只是为了占有和保持土地资源

等等的纷争所引起的战争,开始变为以掠夺财富和奴隶为目的的活动,本身成为一个生产事业。在野蛮时代,奴隶制已经到处发生了。通过原始社会的这些**不断分化**,人们便逐渐向阶级社会演进。他们**越来越学会区分**人和人,人和自然,把这些加以某种分类,混沌不分的感性表象思维渐渐带上某种初步的概括和抽象的成分,他们的图腾意识和最初的神话也渐渐复杂起来。有分别才注意联系,于是人们开始试图对各种现象作出有联系的描述,猜测它们彼此的关系。例如从氏族和部落的亲属关系中,他们猜测世界万物都有亲属关系,从氏族部落出于某一共同的祖先代代相衍,猜测世界万物必有一个创生它们的共同的神圣的祖先,这是**最早的原因观念**。当然这些猜测只能是极其幼稚的,因为它只能在感性表象的思维中形成,这就是原始的神话和宗教里成长起来的世界观。例如所谓最初的"神"就是某种他们感觉到而又说明不了的原因的观念,在这种世界观里,包含着宇宙的创生说,物活论观念,以及种种拟人化的自然观。这是人类**最早形成的世界观形式**。

三、古希腊哲学同原始神话世界观的关系

以上我们初步探讨了哲学产生的思想前提或渊源,这对我们了解最初哲学的特点和发展规律性有重要关系。

第一,最初的哲学,从思维方式来说是从原始的感性思维而来的,又是对它的根本性变革。这种变革如此重大深刻,就必须经历一番长期的复杂曲折的过程。从古希腊哲学的产生直到正式形成,贯穿其中的一个根本特点是,它必定要遇到从感性具体思维向抽象逻辑思维进步中所展现的重重困难和矛盾,只有在解决这些

矛盾中才能前进。个别和一般,现象和本质,感性具体和逻辑抽象等关系问题,是古代哲学家们时时感到困惑的大问题,他们在建立自己的哲学时,必须加以处理,必须不断寻求新的解决办法,才能表现和发展他们的世界观。

哲学中唯物主义和唯心主义的斗争,辩证法和形而上学的对立,当然从一开始就存在着了,并一直贯穿于发展中。不过,这些斗争在最初是不可能以明白自觉的形态和方式进行的,只能是从潜在逐渐走向某种了解,所以同近代哲学的面貌大不相同。注意到这一点是必要的:在研究最初哲学的发展中,我们应时时注意和揭示其中唯物和唯心、辩证法和形而上学的某种对立,不能因为它们有时只处于胚胎状态、隐而不显便忽略放过;同时也应牢牢地从实际出发,忠于历史,不要把胚胎当做成人,拿现代人的观点去强解古人那些非常素朴的看法,强迫古人用现代人的思想来回答问题。

这里重要的事情是理解古人当时所能达到的水准,理解他们在从原始思维里挣脱出来,每前进一步是何等的艰难。当我们这样去了解他们时,便可见到他们的进步是多么有意义而生动,思维在这种历程中受到怎样的锻炼。我们就可能避免和减少一些过分的苛求和不适当的溢美之词,并使我们有可能深入到他们思想发展的内在线索里去。

第二,哲学作为整体的世界观,它的直接前身是原始的神话和自然宗教的世界观。既然原始宗教神话是哲学的母胎和思想由以发生发展的基地,这种关系就尤其值得注意。

古希腊哲学从希腊神话中孕育和分离出来,它的发展就要与之作斗争又要从中汲取营养,这种深刻而多方面的联系,是我们理解希腊哲学许多实质性方面的一个关键所在。马克思曾这样论述过这种关系：

> 哲学最初在意识的宗教形式中形成，从而一方面它消灭宗教
> 本身，另一方面从它的积极内容来说，它自己还只在这个理想化
> 的、化为思想的宗教领域内活动。[①]

我们是唯物主义的无神论者，不赞成宗教，但是我们是辩证唯
物主义和历史唯物主义者，不能对它采取简单否定的态度。哲学
和宗教都是世界观，区别在于前者以科学的理性思维为主要形式，
后者则是感性的（感情的、形象的）神秘的形态。但是，还有一种区
别，神话宗教有更悠久的历史，并且是从人民的生活和实践中自发
蒸馏出来的（并不是某些统治阶级制造而产生的，虽然他们可以把
它加以利用和改造，使之变为统治群众的精神枷锁），而哲学在以
往文明史里只能在一种或多或少的较狭隘的范围内（有文化知识
教养的、有闲暇的人们中）产生和流行，这种情况决定着宗教往往
比哲学更有力量和影响，无论它的内容是积极的还是消极的都是
如此。因而，在历史的一个很长时间里，宗教固然从哲学里吸取成
果，哲学尤其要从宗教里吸取思想营养，并常常要受宗教的支配。
所以，在研究哲学的发展时，简单地排斥与否定宗教不仅行不通，
常常也损害了对哲学本身的理解。正如马克思所说，哲学固然消
灭宗教，同时在一个很长时间里，它本身就其内容来说，也只是转
化为思想（抽象的思维形式）的宗教，并只在这个领域里活动。我
们需要很好地理解马克思这一论断，并运用到我们的研究中去，因
为它是符合实际的。这当然不是说在这里我们要专门研究神话和

---

① 马克思：《剩余价值理论》，《马克思恩格斯全集》第26卷（1），人民出版社1972年
　版，第26页。

宗教本身，但哲学和宗教二者确有本质的重要关联之处，我们是不应忽略的。我们对宗教要持辩证的批判、否定态度。

就以希腊神话来说，它当然是不科学的、神秘的。它的基本特点之一是拟人化的自然观，把自然万物看成同人一样的能行动、能生殖、有生命、有意志的东西，这是一种把人和自然混沌不分的幼稚幻想的世界观，把自然物神秘化了。古希腊哲学同它的最初分离即哲学的最初发生，就在于把人和自然区别开来，排除拟人观而把自然万物当作在人之外的对象来对待，这是一个极大的进步，由此就产生了一种对自然事物的新态度，产生了就自然本身来了解自然、寻求客观的原因和理由的科学态度和思维方法。但是正因为如此，我们看到最初的哲学主要只能是自然哲学；哲学的第一个行动就在于把那原始的、混沌的、感性丰富的统一世界观加以分解，因而只片面地发展了自然观这一方面。可是人们关心的当然不只是自然，关心自然还是为了人类自己，而本来的神话却是无所不包的，它不仅讲到自然，更重要的是关于社会生活和人生的内容，所以它比最初的哲学更有力量，包含着更全面的因素。哲学在思维方式上已经胜过了神话宗教，但不得不发现自己还需要继续从那里学习和吸取营养，从那里获得某种智慧，并使哲学的研究从单纯的自然转回到研究社会和人生。只是在哲学分别研究了自然和社会和思维之后，它才成长起来，逐渐达到自己的形成。而且，即使到这时它也还不足以完全否定宗教，因为它还回答不了种种深刻的问题，只能让宗教去回答，甚至它本身还导致了更高形式的宗教的产生。——关于这些后来的关系和发展，我们后面再讨论。这里简单地加以提及，是为了使我们有一种全面的看法。这对于我们研究哲学的产生发展本身是必要的。这是第二点。

以上所说的两点，就是我们讨论哲学的思想前提的意义所在。

　　讨论了这些基本特点之后,我们现在就可以更具体地探讨古希腊哲学的产生问题。古希腊哲学的开端,是它同神话世界观的最初分离。如上所述,这种分离是从把自然界从拟人化观点中解放出来,把它看成是在人以外的客观对象开始的。

　　这种因素在神话里已经孕育了。赫西俄德的《神谱》是公元前7世纪的作品,其时已在哲学出现的前夕了。让我们看看它所描述的世界观有什么特征。其中关于世界的创生是这样说的:

　　　　最初出现的是混沌(Chaos)。然后出现的是胸怀宽阔的盖娅(Gaia,即大地),作为万物的永恒的坚实基地;以及阴雾弥漫的冥狱之神塔塔罗斯(Tartarros);还有诸神中最秀美的爱神厄洛斯(Eros),他酥软了众神和人们的四肢,制服了他们的神志。从混沌中产生了埃瑞玻斯(Erebos,黑暗)和黑夜,黑夜同埃瑞玻斯相爱交配,怀孕生下了以太(Aither,清气)和白昼。盖娅首先产生的是闪耀着繁星的乌拉诺斯(Ouranos,天空)来同她自己交配,并把自己团团围住,作为幸福诸神的永久的坚固住所。然后她产生了高山作为宁芙(Nymphs)女神在山林中生活的出没胜地。她还不经甜蜜的爱的动作产生出波涛汹涌的大海蓬托斯(Pontos),然后在同乌拉诺斯交配后,她生下了有深深的漩涡的奥启阿诺斯(Okeanos,水流之神)……等等一系列的提坦神族的众神。①

　　毫无疑义,这种对世界创生的描述还是神话,它把自然现象人格化为神,自然万物的发生常常被拟人地说成是性生殖的行为。但这里也有了新的思想和观察的成分,例如说世界是从混沌中产生的,大地既是神又是万物的永恒基础;许多自然现象有时并非

---

① Hesiod, *Theogony*, 第115—132页,引 自 Richmond Lattimore 英 译 本 *Hesiod*, The University of Michigan Press, 1959, 第130—131页;并参见第24—25页英译文。

性生殖的结果，只是自然事物本身的分化；在许多场合，神就是自然物的别称。这表明在原始神话的发展中，已渗入了新认识，开始越出完全拟人化的框框，寻求对自然界本来面貌的某种解释了。这就为哲学的出现准备了思想因素。

但是，只有到泰勒斯才真正出现了根本转折，才开始从自然本身去寻求万物的根本原因。于是哲学产生了。

以上两章，我们探讨了哲学的思想前提，和由此而来的哲学思想的产生线索。但这一探讨还是绝对不够的。因为人类认识的进步，思维能力的发展，世界观的演变转折等等，虽有线索可寻，但推动这种进步的动力，归根到底并不在认识和思维能力本身。那么这动力是什么呢？这种转变，这种哲学同原始世界现的最初分离，究竟是由什么引起的呢？要回答这个问题，我们必须到现实的希腊人历史基础的发展中去寻求解释。

第三章　古希腊人的世界观向哲学转变的原因和条件

哲学是在人类进入文明时出现的,但是并非一切民族向文明过渡时都会产生哲学。这里还需要有更具体的说明。例如在古希腊的近邻古埃及和古巴比伦等地,虽然比希腊有更悠久的古老文明史,那里早已进入阶级社会,建立了国家,生产有相当的发展,还产生了数学和天文学等等方面的许多观察的与实用的技术和知识,可是那里一直只有宗教神学在演进,并没有产生出真正的哲学和科学来。进一步说,就在希腊世界里,历史上那有名的斯巴达也没有出现过什么哲学。所以,我们不能以泛泛谈论哲学是文明的产物为满足,还应当更具体地寻求哲学得以产生的历史基础和条件。

一、略论亚里士多德的有关说明

亚里士多德对于哲学产生的原因和条件问题有一些考察和认识,大致说来约有三点。

第一点就是所谓的"惊异"。他说:

古今人们开始爱智慧^①都是由于惊异。他们最初从明显的疑难感到惊异，便一点一点地进到那些重大问题上的疑难，例如关于日月星辰的现象和宇宙创生的问题。感到困惑和惊异的人想到自己无知（因此爱神话的人在一定意义上也可说是爱智慧的人，因为神话正是由惊异构成的），为了摆脱无知，他们就爱智慧，因此他们这样做显然是为了求知而追求学术，而不是为了任何实用的目的。^②

哲学的产生必定是人们发现自己对世界和万物原来是无知的，现在他们感到需要探求它的原因了。于是他们提出了问题，并为求得答案而进行思考。这是哲学产生的一个原因。

第二点，是必须有"闲暇"。

在所有这些发明（指有关生活必需品和娱乐的种种技术——引译者注）都已经有了之后，那些不以生活需要和娱乐为目的的学术才被发现出来，它们首先出现在人们最早有闲暇的那些地方。这就是为什么数学的技术创立于埃及的缘故，因为那里的僧侣阶级被允许生活在闲暇之中。^③

"闲暇"，这是人们从事专门的脑力活动的一个必要条件，当然更是离日常实用最远的哲学思考活动得以存在的必要条件。当人们整天都必须忙于谋生的繁重体力劳动的时候，专门的文化科学活动和哲学是没有存在的余地的。闲暇在古代社会生产力很低的条件下，只能是极少数人的特权和专利。奴隶制度所实现的社会大分裂，保证和确立了奴隶主们中的某些成员享有这种特权，例如

---

① 这里"爱智慧"又可译为"从事哲理的思考和探求"。
② Aristotle, Met. 982^b 11-21.
③ Aristotle, Met. 981^b 20-24.

埃及的僧侣便是如此,希腊人里出现的那些艺术家、科学家和哲学家也如此。亚里士多德的这一看法,反映了这种历史的真实。

不过,闲暇虽是哲学产生的一个必要条件,却远不是它的充足条件。埃及的僧侣阶级可以产生出数学和天文观测等等实际知识,可以思考神学和宗教问题,但哲学依然同他们无缘。"闲暇"只是从事头脑中的思考在时间方面的保证,至于在这个时间里去想些什么,按什么方向和方式去思考,那它是管不着的。所以要产生哲学的思考,还需有内在的动力和内容才能说明。关于这一点亚里士多德似乎也有所觉察,因为他说了这样一些话:

> 这个可由事实来加以确证:哲理知识的寻求,是在一切生活必需品和使人舒适安乐的东西都有了以后才开始的。所以显然我们寻求它不是为了任何别的利益,而只是因为人是自由的,他为自己而不是为了别的什么而存在,所以我们把哲学作为唯一自由的学术加以探求,因为唯有它才是为其自身而存在的学术。[①]

亚里士多德在这里强调了哲学是一门"自由"的学问,它之所以产生,是因为寻求智慧的人本身是"自由"的人。这个看法值得注意,因为它包含着古希腊的历史及其思想的一种本质和精神。他虽然不能说清楚这一点,提出来仍然是很有意义的,我们可以把它列为他的看法的又一要点。

所以第三点便是所谓"自由"。

这样总起来说,亚里士多德认为哲学得以产生和发展的条件就是"惊异"、"闲暇"和"自由"。就是说,在古希腊历史上出现了这样的一些以前不曾有过的新人,他们对世界万物发生了疑问,提

---

① Aristotle, Met. 982^{b}21-27.

出了重大问题，从而引起哲理的思考与探求；他们有物质生活的保证和舒适，因而有时间专门从事这种精神的活动，即他们在当时是属于剥削阶级的人们；最后，他们是这样一些奴隶主阶级的人们，不仅享有摆脱体力劳动的自由，而且是具有更深刻意义上的"自由人"或自由民，并且自己意识到了这种自由，因而能够从事自由的思考，提出和发展哲学这门本性自由的学问。

这些看法怎么样？我们需要更切近地批判考察一下。

这里只有第二点说得比较确切。但是如上所述，它的意义仅在于指明哲学只能产生于体脑劳动已经分裂的时代，即阶级社会的形成时期。这一点是重要的，因为它是个必要条件。不过只是外在条件，还不是哲学产生的充分的内在的条件或原因，所以还不足以回答我们面临的问题。

关于"惊异"，他讲得空泛笼统。所谓"惊异"，就是说哲学的产生是由于人们对世界提出了重大问题。这无疑是有道理的，如果不能发现问题和善于恰当地提出问题，哲学思考是无从开始的。不过由于哲学产生的问题显然同神话有别，一定是提出了新的"惊异"问题，否则便无法说明为什么会有神话向哲学的转变。但是这个重点所在，亚里士多德却没有讲明白，因为他只是从形式上来谈所谓"惊异"(说这是人们为了求知而非实用)，所以他所说的"惊异"并没有使哲学同神话区别开来，而是谈了两者的共性。不错，哲学所研究的是一些关于世界万物的根本性问题，不像生产和实用的知识那样只涉及某些具体的局限的问题，但这并不能证明哲学根本与现实无关，而哲学所"惊异"的内容正是根源于全部现实生活的。当古希腊人转向文明，新生活再也不能与旧关系、旧思想并容时，他们才会对世界提出新问题来思考，哲学在形式上的非实用性或高度抽象性，不过是不局限于局部的应用而已，无用之用实为大用。亚里士多德囿于哲学(以至神话)的形式方面的抽象性质,把它说成是同现实生活全无关系的纯知识,这同奴隶社会里流行的鄙视劳动的偏见有关,而那时哲学家比从事实际事务的那些奴隶主阶级的人们更远离实际生活,所以他未能从实质上探求和规定产生哲学的"惊异"究竟是什么,只看作纯粹求知的问题。

因此他说的第一点即"惊异"虽然有意义,却没能真正说明哲学产生的原因。问题不在于形式,主要在于"惊异"的内容。应该研究哲学由此以产生的疑问到底是什么,求知的现实内容与动力是什么,为什么这种新的问题使哲学同神话分离成为必要和可能。

只有他讲的第三点才触及问题的实质所在,可是他讲得更加抽象。不错,自由思考对于哲学是件生命攸关的事情,因为哲学既然是一种新的世界观,就必定要在同神话和宗教世界观的对立中,在同若干万年以来形成的人们的旧传统、旧习俗和种种迷信、偏见的斗争中,才能产生和发展起来。而且,哲学家们在前后相继中,乃至在一个哲学家个人的观点的发展中,都需要有一种自由的批判精神,才能不断地有所突破和前进。没有思维的自由,这一切就寸步难行,绝无可能。所以哲学需要思维自由,它的本性离不开自由思维,因而它离不开从事哲学思考活动的人本身的自由。现在这个条件在古希腊出现了,亚里士多德高度自觉地意识到这一点,并把它说了出来,他所说的"人是自由的",这里的"人"就是希腊人,希腊城邦里的例如雅典的自由公民,而古希腊的哲学家们乃是这些自由民的精神代表。由于这样一些人在古希腊的历史上出现了,才有哲学,并且使哲学成为一种自由思维本身的事业。

但是"自由"同"惊异"一样不仅是形式,它还有一个真实的或现实的内容。因为很显然,如果自由仅仅是形式,例如这社会允许或鼓励他的公民进行自由思考,这固然对哲学的存在和发展是必要的、有利的，却仍然只是一种外在的条件，因为它并不能决定人们自由地去想什么，这种自由思考的结果为什么一定会产生出哲学来，还是没有得到解释。事实上，希腊人的自由和他们的哲学家思考的自由，并不是单纯的形式，它是有实际内容的，并不是纯抽象的而是十分具体的。就拿亚里士多德说的"自由人"来说，就绝不是抽象的人，其中决不包括奴隶、外邦被保护民和妇女，而只是像雅典的有全权的自由公民这样一小部分人。这些人本身就是特定历史的产物，所以，他们所能达到的、所需要进一步发展的自由，也都是十分具体的。

自由，就其本义说，总是相对于某种束缚来说的。当人们感到某种东西成为他的束缚时，他才会想到并要求某种自由；在他实际上摆脱和克服了这种阻碍时，他就实现了某种自由。离开了这种关系，自由就是一个没有意义的词。所以，无论是实际生活的还是思想中的自由，都是特定的、相对的、十分具体的自由，都是在一定历史中发生和解决的东西，有历史的规定性。哲学里的思想自由看上去很抽象玄妙，但是它所要提出来的问题，想要求得的解答，想要摆脱无知的束缚所达到的认识自由（即"智慧"），这些终究只不过是现实历史里的人们要求摆脱某种实际束缚的意识表现。希腊哲学也是如此，它所追求的思维自由，不过是以"自由人"出现的希腊奴隶主阶级所追求的现实自由的主观能动性的表达方式。

亚里士多德是这种人的思想家，他爱这种自由，却不能真正理解这种自由作为奴隶主阶级的自由有历史性或具体的界限、局限，这也是这个阶级的本性决定的。但是问题的关键恰恰在于具体地理解和规定这种自由。

二、马克思、恩格斯论希腊人向文明过渡的特点

马克思和恩格斯认为古希腊人向文明过渡同诸如埃及和巴比伦等等有根本区别,是不同的类型,他们对这种区别进行过精湛的历史唯物主义的研究。这对于我们当前的研究,即为什么哲学在古希腊产生而没有在古埃及等地产生,为什么古希腊出现了"自由民"而在埃及等处不能出现,以及古希腊人的"自由"究竟本质何在,等等,都是极为珍贵的理论指导。

马克思在研究古代史时把各民族的发展加以比较,得到这样一个十分重要的见解:

> 有粗野的儿童,有早熟的儿童。古代民族中有许多是属于这一类的。希腊人是正常的儿童。[1]

他为什么说古希腊人"是正常的儿童"? 这对我们的研究有什么意义?

这就需要从具体的对比中加以理解和说明。关于古代各民族向文明的过渡,马克思恩格斯作过大量的具体的历史研究,指出它们中间存在着一些不同类型。马克思在他的《1857—1858年经济学手稿》里谈到过三种形态,其一是向东方专制主义过渡的类型,其二是古代所有制即古希腊人和罗马人的形态,此外还有日耳曼人的形态[2]。恩格斯在《反杜林论》里把它们主要归结为两类,即两

---

[1] 马克思:《〈政治经济学批判〉导言》,《马克思恩格斯选集》第2卷,人民出版社1972年版,第114页。
[2] 《马克思恩格斯全集》第46卷(上),人民出版社1979年版,第472—482页。

种基本的形式和道路①。他完全知道并赞同马克思的看法,这可从他更晚的著作《家庭、私有制和国家的起源》中看出。那么他为什么又作出关于两条道路的概括呢? 这可能是因为前两种类型在古代历史上最有意义和影响,而日耳曼人的形态的特点可以概括表现于前两类之中,并且日耳曼人在历史上起重大作用,主要是在欧洲奴隶制被封建制所取代的转变时期,那时他们给欧洲的历史发展注入了新的生命力,"使欧洲返老还童"。②所以在研究古代史问题时,我们不必多去涉及这第三种形态,只把前两种类型加以对照也就够了。

这两种形态的重大区别,基本点在于第一种形态所形成的阶级社会所有制,在形式上几乎没有对原来的氏族土地公有制作任何改变,"跟这种形式完全不矛盾"。③因而,它在各种社会关系和制度上,也几乎没有在形式上发生任何重大的变化。

这种形态的基础是许多小的公社,每个小公社在自己十分狭小的范围内实现着手工业和农业的分工和结合,不断简单地再生产出它的物质生活和社会关系,自给自足,难得改变;他们的生活和生产几乎同远古一样,年复一年地继续着。在这些小的公社之上,那代表着全部落的社会统一体,便是天然的最高的唯一的所有者。但是,实际上这社会统一体的公共职能是由少数人保持的,君主、贵族和上层僧侣们由于掌管着全社会的公共事务和神圣的宗教事务,就成了真正的社会主人、全部土地和人民的最高所有者。这些人形成统治的阶级,社会的剩余劳动和剩余产品也就不言而喻地归他们支配。它表现为各种贡赋,以及为颂扬统一体而完成

---

① 《马克思恩格斯选集》第3卷,人民出版社1972年版,第218页。

② 《马克思恩格斯选集》第4卷,人民出版社1972年版,第152页。

③ 《马克思恩格斯全集》第46卷(上),人民出版社1979年版,第473页。

的巨大工程上,有的是为了颂扬现实的专制君主,有的是为了颂扬想象的部落统一体即神,如埃及的金字塔,巴比伦的通天塔,以及各种宫殿和神庙等等。

在这种过渡类型里,社会关系最少变动。因为统治阶级以公有制的体现者出现,并且正是在保持公有制的氏族制度的形式下,把几乎所有的社会成员都变成了自己的支配对象,从而实际上使原始社会变成了奴隶制社会。所以,原先氏族制度的血缘关系所形成的人们的自然纽带,在形式上非但没有遭到破坏和改变,反而由于对统治阶级维护其统治有利而更加强化了。氏族成员的个人始终没有能从氏族的脐带上脱落和分离,因而不能得到自主和发展。这种类型的社会是十分保守的。

"古代的公社,在它继续存在的地方,在数千年中曾经是从印度到俄国的最野蛮的国家形式即东方专制制度的基础"。① 公社和氏族制度曾是原始人自然发生的民主的保障,但它的原始性,又使它蜕变为专制君主与贵族用来奴役氏族部落中绝大多数成员的现成形式和工具。古埃及和古巴比伦早已进入文明,他们建立了阶级社会和国家,也是社会的某种演进,但在几千年里这种社会几乎就像木乃伊那样僵死不动,停滞不前,显示不出人民的活力。这里不能出现希腊那种自由公民;就是在统治阶级里的个人,也不曾得到过希腊人的那种自由,所以他们尽管享有种种特权和闲暇,也产生不出哲学这种新的对世界的看法,以及以个人独立思考为必要形式的思维花朵来。他们所做的,只是对神话和宗教加工使之更加森严可怕,用至高无上的神权来表现和巩固那地上的专制

---

① 恩格斯:《反杜林论》,《马克思恩格斯选集》第3卷,人民出版社1972年版,第220页。

制度。

　　"只是在公社瓦解的地方，人民才靠自己的力量继续向前迈进。"[1] 希腊人在向文明过渡中，瓦解和消灭了原始公社和氏族制度，创造了崭新的社会形式来代替它们，因而解放了自己的物质和精神的生产力，生气勃勃地改变了旧世界，创立了一个新世界（虽然这个新世界也只不过是一种以私有制和阶级剥削和压迫为基础的世界）。

　　马克思指出，第二种形式"是原始部落更为动荡的历史生活、各种遭遇以及变化的产物，它也要以共同体作为第一个前提，但不像在第一种情形下那样：共同体是实体，而个人则只不过是实体的附属物，或者是实体的纯粹天然的组成部分。这第二种形式不是把土地作为自己的基础，而是把城市即已经建立起来的农村居民（土地所有者）的居住地（中心地点）作为自己的基础"。[2] 在这里耕地属于城市即以军事方式组织起来的公社，不像第一种形式那样，公社成了土地的附属物。

　　这里最重要的一点是早已发生了的私有财产："公社财产 —— 作为国有财产，公有地 —— 在这里是和私有财产分开的。在这里，单个人的财产不像在第一种情况下那样，本身直接就是公社财产，在第一种情况下，单个人的财产并不是同公社分开的个人的财产，相反，个人只不过是公社财产的占有者。"[3]

　　马克思反复强调指出，在第二种形式里已经有了同公社财产区分开来的形式的个人财产了。这同第一种形式十分不同，在第

---

[1]　恩格斯：《反杜林论》，《马克思恩格斯选集》第3卷，人民出版社1972年版，第220页。
[2]　《马克思恩格斯全集》第46卷（上），人民出版社1979年版，第474—475页。
[3]　《马克思恩格斯全集》第46卷（上），人民出版社1979年版，第474—475页。

一种形式下只有公社财产没有私人财产,或者说,这两者根本没有区分开来,个人所有的一切都是公有的。这种差别是本质性的,奠定了往后发展中两种类型的全部差别的基础。而这一点是由历史的变动因素造成的:

"单个人的财产在事实上只靠共同劳动来利用(例如像东方的灌溉渠道那样)的可能性越少,纯粹自然形成的部落性质由于历史的运动、迁徙而受到的破坏越大,部落越是远离自己的原来住地而占领**异乡的**土地,因而进入全新的劳动条件并使每个人的能力得到更大的发展 …… 那么,单个人变成归他和他的家庭独立耕作的那块土地 —— 特殊的小块土地 —— 的**私有者**的条件就越是具备。"①

由于出现了个人的财产形式,这种类型的公社同它的各个成员之间的关系,就同第一种类型大不相同了。在第一种形式下,个人只是共同体的附属物(而公社是土地的附属物,都以自然的关系联结在一起不分),而在第二种形式下,公社共同体就成为自由和平等的私有者之间的相互关系、他们对抗外界的联合与保障。这里公社的基础是拥有小块土地的独立小农和他们的相互关系,加上可供共同使用的公有土地。"公社成员的身份在这里依旧是占有土地的前提,但作为公社成员,每一个单个的人又是私有者"。②

在古希腊的英雄时代,情况就是如此。这些私有的公社成员便是后来自由公民的希腊人的前身,他们已是某种程度的自自民了。赫西俄德在《工作与时令》里描写了这种人:氏族部落或城邦

---

① 《马克思恩格斯全集》第46卷(上),人民出版社1979年版,第475—476页。
② 《马克思恩格斯全集》第46卷(上),人民出版社1979年版,第475—476页。

已经以自由民小农及其经济为基础；这些小农有一两个买来的奴隶，他自己也从事农业和畜牧劳动，还经营商业；社会也已经产生了专门的手工匠和商人。

个人的私有财产以及个人为追求私有财产进行的各种活动，一步步动摇和瓦解着原始公社和氏族制度本身。恩格斯说，"我们看到，在英雄时代的希腊社会制度中，古代的氏族组织还是很有活力的，不过我们也看到，它的瓦解已经开始，由子女继承财产的父权制，促进了财产积累于家庭中，并且使家庭变成一种和氏族对立的力量；财产的差别……对社会制度发生反作用；……古代部落对部落的战争，已经开始蜕变为在陆上和海上为攫夺家畜、奴隶和财宝而不断进行的抢劫，变为一种正常的营生，一句话，财富被当作最高福利而受到赞美和崇敬"。[①]

> 私有财产，个人对占有和积累归他所有的财富的那种贪欲，是文明时代从它存在的第一天起的动力，是推动一切活动的唯一具有决定意义的目的。[②]

古希腊人获得了这种动力，并开足了马力向前进。在这一过程中，商品经济的发展和货币扮演了极其重要的角色。

商品交换"包含着随之而来的全部变革的萌芽"。[③]它使私有财产得到了社会的公认和肯定，并产生了货币。"这样一来他们就创造了一种新的社会力量，一种整个社会都要向它屈膝的普遍力量。这种未经它自身创造者的预知并违反其意志而突然崛起的新

---

① 《马克思恩格斯选集》第4卷，人民出版社1972年版，第104页。
② 《马克思恩格斯选集》第4卷，人民出版社1972年版，第173页。
③ 《马克思恩格斯选集》第4卷，人民出版社1972年版，第108页。

力量,就以其全部青春时代的粗暴性使雅典人感到它的支配了。"①

商品交换和货币的发展,使私有财产的存在获得了社会普遍承认的存在形式,使追求个人财富的行为成为公开的、明白的、合法的客观活动。这同第一种类型下的情形全然不同,那里个人是不能有私有财产的,而统治阶级却能在公有制形式和名义下占有一切。同这种极其虚伪的所有制不同,古希腊人的私有制是表里如一,形式符合内容的私有制。而有没有这些形式决不是无所谓的。在第一种形式下,个人的自主发展和这些个人的生产力的发挥是不可能的。而希腊人就有了可能:他们公开赞美这种个人财富,到处追逐这种财富,公开的贪欲刺激他们从事各方面的活动,推动他们去开创一种新的世界。

这一切终于使古老的氏族制度全部崩溃,归于消灭,其中也包括氏族贵族制。希腊人在历史发展中也曾使"原始的自然产生的民主制变成了可憎的贵族制"。② 在古希腊,氏族贵族制虽然不曾达到像古埃及等地那样绝对专制的地步,并曾有过某种进步的过渡意义,终究也是一种蜕变,变得成为社会进一步发展的阻碍。但是,由于它是以氏族制度为根基的,所以现在也随着氏族制度的崩溃消亡而归于消灭。这已到了古希腊和雅典的全盛的古典时期。在雅典,经过多次改革之后,终于建成了一种历史上的新的国家形式:奴隶主民主制国家。这个国家的目的,就是保障个人财富不受氏族共产制传统和贵族们的侵犯,使它神圣化,并为这种财产的加速积累盖上社会公认的政治印章。"现在社会制度和政治制度所赖以建立的阶级对立,已经不再是贵族和平民之间的对立,而是

① 《马克思恩格斯选集》第4卷,人民出版社1972年版,第109页。
② 《马克思恩格斯选集》第4卷,人民出版社1972年版,第165页。

奴隶和自由民之间的对立,被保护民和公民之间的对立了。”①

　　这就是原来捆绑在氏族公社里的成员或在氏族贵族统治下的平民,成长为希腊“自由人”即自由公民的过程。他们终于成为社会经济的、政治的和各方面活动的全权的主人。这是他们“自由”的顶点,然而这顶点也正是它的没落的开始。在希腊社会和这种自由的衰落的诸因素中,它的奴隶制度本身所带来的矛盾是带根本性质的。

　　那是父权制家庭里的家长奴隶制,除了妇女和孩子供他驱使,各个家庭常常已有几个俘掠而来的或买来的奴隶。在当时的生产力下,单凭公社成员的个人劳动是难于形成与积累私有财产的,“人类是从野兽开始的,因此,为了摆脱野蛮状态,他们必须使用野蛮的、几乎是野兽般的手段,这毕竟是事实”。② “他们最初的经济进步就在于利用奴隶劳动来提高和进一步发展生产。”③ 希腊人的私有财产和“自由”,同奴隶制不分,因此掠夺和贩卖奴隶,本是希腊人最重要的“自由”事业;他们的自由的全盛也就是他们奴隶制度的全盛。在雅典全盛时期平均每个成年男性公民占有奴隶18名,还有两个以上的被保护民。

　　以上我们概述了马克思恩格斯关于古希腊历史发展的一些本质性的观点。研究这些论述,使我们能够科学而具体地理解希腊“自由”的含义。

　　(1)古希腊人向文明过渡走着一条与埃及巴比伦式的道路非常不同的道路。这种区别是由许多历史变动的因素造成的,而本质差别在野蛮时期高级阶段已经奠定。希腊人作为氏族成员已经

① 《马克思恩格斯选集》第4卷,人民出版社1972年版,第115页。
② 《马克思恩格斯选集》第3卷,人民出版社1972年版,第220页。
③ 《马克思恩格斯选集》第3卷,人民出版社1972年版,第220—221页。

有了与公有财产相区别的个人财产。这种历史的新动力使希腊人早已开始了从原始共同体中脱离的进程,使这些成员个人有可能获得自主的多方面的发展,因而人民早已表现出比较生动的创造力。

（2）希腊人就从这里开始向文明过渡,在这过程中商品经济和货币的形成发展,起了巨大的历史推动作用。它使私有制得到了客观的明白的社会承认,这些形式就有力地加速了私人财富的积累和追求,加速了个人从氏族公社里分离和独立的进程,终于导致氏族制度的全部瓦解和新的政治国家的建立。

（3）上述希腊人的私有制的发展过程,同时也就是奴隶制的发展过程。奴隶劳动是使希腊自由公民的私有财产以至他们的能力、活动、权力等等得以存在和发展的基础,同时也是使这一切不可避免地走向衰落和灭亡的根源。

这就是希腊自由的历史,希腊人成为自由人的历史。足见这"自由"原是极具体的历史事物,一个活生生的有产生、兴旺和衰落的生命过程。作为自由,它一方面是摆脱原始氏族制度和贵族的束缚;另一方面它又是加在奴隶身上的枷锁,是靠奴役奴隶而维持的自由,本身包含着对立物。这种自由在它兴起和发展中生气勃勃,推动了历史的巨大进步,同时包含着自身否定的种子;当它达到辉煌的顶峰时,对奴隶的奴役也达到了顶点,这时希腊的自由公民完全成了鄙弃劳动的人们,走向了自身的反面,他们既全靠奴隶的劳动为生,在奴隶逃亡和反抗中,希腊的繁荣和自由就不得不没落下去。这时,就该轮到他们自己去尝被别人奴役的滋味了。

三、对于哲学产生问题的大体原则的说明

　　为了弄明白哲学在古希腊产生的意义及其原因和条件,我们作了一层层的追寻,直到研究那作为希腊哲学的本质条件的所谓"自由"的含义。当然,在我们具体考察古希腊哲学的各个环节时,还须运用这些历史唯物主义的分析去研究更多的历史事实才行,我们在后面也打算这样去试着做。但是对于我们在这一部分所提出的问题,现在已有可能在总体上给它一个原则的回答了。

　　既然古希腊人在向文明过渡时同另一类型的发展有实质上的巨大差别,发生了一种使希腊人得以从旧的社会关系束缚下解放的实际历史运动,那么他们在思想和意识形态上的发展也同第一种形态下大为不同,就是十分自然、可以理解的了。哲学为什么不能产生于第一种类型里,而只能出现在希腊? 希腊人为什么对世界提出了新的重大疑问并能一步步地寻求解答,从而使哲学得以产生和发展? 其真正的原因和条件就在这里。希腊哲学不过是希腊人的实际历史运动在思想上的最高的自觉表现。

　　我们首先可以看到,在哲学出现之前,希腊人借以表现他们最初世界观的神话和宗教意识,就同第一种类型的社会下的宗教神话有鲜明的差别。

　　马克思在谈到希腊艺术时说:

　　　　希腊艺术的前提是希腊神话,也就是已经通过人民的幻想用一种不自觉的艺术方式加工过的自然和社会形式本身。……埃及神话决不能成为希腊艺术的土壤和母胎。[①]

---

① 《马克思恩格斯选集》第2卷,人民出版社1972年版,第114页。

　　这个论断也完全适用于希腊哲学同希腊神话的关系。希腊神话所以能成为希腊艺术和哲学的土壤和母胎。是因为它是人民的思想、感情和幻想的产物，在不自觉的思想和艺术方式下，对他们的周围自然界和社会形式本身所作的加工和表现。它作为人民的思想产物，只是因为希腊人的历史条件使他们的人民早在英雄时代就有较多的自主发展，从而能较生动地发挥自己的生产和生活活动的创造力，也就能较生动地发挥自己的想象力，包括思维能力和美感能力。在埃及，宗教神话里建立起来的是让人民感到畏惧的至上神，这同它那地上的等级森严的君主专制是一致的。而在希腊神话里，神灵是多种多样的，有不同的神系，有新的神灵和古老神灵，彼此充满着生动复杂的斗争或联合，尤其是希腊的诸神除了威力过人和不死而外，都与凡人相似，无不具有鲜明生动的世俗个性，他们也有情欲，爱争斗，他们爱吃喝，贪杯好色，有的英武高尚，也有的诡计多端。在诸神中宙斯虽然为王，却远非绝对的权威。在希腊的奥林匹亚敬神赛会和体育竞技里，在荷马和赫西俄德的神话史诗里，都表现了这种情趣，同埃及金字塔的气氛形成鲜明对照，反映出这两个世界迥然异趣的精神。希腊神话确实是只有希腊人才能创造出来的思想艺术瑰宝，是人民的想象，是热爱自己生活并为之战斗的人们对自己和周围世界的形象的幻想。所以它才为人民所喜爱，成为往后希腊人思想发展的源泉和素材。同希腊艺术只能以它为母胎和土壤一样，希腊的哲学也只能以希腊神话里所包含的世界观为自己的土壤，而不能以别种神话或宗教作为自己的思想前提。

　　同样，希腊哲学能够从神话世界观中分离独立出来，得到产生和发展，也根源于希腊现实的发展。如前所述，这种最初的分离，是从摆脱拟人的自然观，把自然看作是在人以外的客观对象开始的。这件事在今人看来好像是再简单不过的了,似乎不值得对它提出什么疑问来。不过这件事在当初却并不那么简单。因为,为什么这样简单的事以前多少万年人类就不知道呢? 而一旦把自然界单独划分出来、摆脱拟人观来加以考察,就事物本身寻求解释的科学思维和论证方式就开始了。可见这还是一种思维方式的根本转折,而新型的不同于神话宗教的世界观也就是由此诞生的。这种根本转变是如何可能的?

这个问题的答案也在希腊人的"自由"历史里 :希腊神话里自然和人格浑然不分的拟人世界观,之所以能转变为单独就自然事物本身来考察,使自然从拟人化的幻想下解放出米,只是因为希腊人在现实生活的发展里已经把自己的自然方面同社会关系方面分离开来。

在原始氏族部落里人们的社会关系同自然关系是不分的,直接是一回事,因为社会关系只以自然关系的形态出现,所谓"氏族"就是一种自然的血缘关系所联系起来组织起来的人群,此外并没有什么别的社会关系。这种情况表现在人们的意识里,就要把人和社会看作只是自然物、自然现象,反之,也要把一切自然物和现象(如动植物等等)看成同自己即人一样的东西。这样形成的世界观只能是人和自然混沌不分,一方面把人自然化,一方面把自然人格化的神话。

但人毕竟同自然物有区别,社会关系也毕竟不是单纯的生物自然关系,只不过在氏族制下这种区别还只处于萌芽状态罢了。当希腊人开始有了同公社财产明白区分开来的单个人的财产时,氏族的各个成员就产生了从他的私有财产和特殊利益中意识到他有自己的某种独立的存在,意识到他同别人,同氏族共同体虽然有亲密关系但也有对立。于是在混沌不分的世界观里就产生了区别的因素。

这种因素在向文明过渡时,由于私有财产在取得商品和货币的形式后迅速发展而增长扩大,它到处破坏、割断和瓦解着古老的氏族公社,使人们从自然的血缘脐带上脱落下来成长为更有自主性的自由个人,因而使这些个人之间的新社会关系也迅速发展起来。这些新的社会关系显然也无法同自然形成的氏族关系并容,它也就一步步摧毁了全部古老的制度。于是我们看到,人们的社会关系终于和他们的血缘的纯自然性的关系清楚地区别开来了。人们之间当然还有种种的亲属关系,但它现在不应再来束缚他们的种种社会关系的发展了,至少不能再起主要作用而只能是附属的了。人们的经济关系现在按私有者之间的商品交换与货币关系来建立;政治关系也应按这些独立自主的自由公民们的民主制来建立,不应再受氏族共同体和天然尊长的贵族们来支配;他们的伦理原则也不能仅仅是爱自己的血缘亲属,而应爱他们的新的社会集体机体,即自己的城邦和祖国,为了它的生存和荣誉而去同一切敌人英勇作战。

这是历史上人们第一次用一种新的社会关系代替纯自然性的社会关系,使原来社会关系同自然关系浑然一体的状态明白划分开来。人们只是在这时才超出了他们自身的自然状态和动物状态,发现自己是同动物和一切自然物不同的更高级的存在。只是在这时,由于人和自然实际上分开了,他们的世界观才能开始自由地对待自然界和他们自己。混沌不分,使自然观处在拟人化的神秘束缚下,也使对人和社会的认识停留在单纯的自然和动物的水平里,现在这些神秘的朦胧的迷雾开始消散了。人们分别地就自然来考察自然,就社会和人生来考察他们自身,开始有了可能。这样,哲学就开始产生了,因为关于世界究竟是什么,它是怎样创立的等等,现在已经可以而且应该用新的方式来提出问题,寻求答案了。

泰勒斯提出世界万物的本原是水,这同神话虽然也有思想上的渊源关系,如亚里士多德所说,古老神话中以海神奥启安诺斯和德修斯为创生的父母,但泰勒斯不以人格化的神而以自然物的水为本原,却是一个根本改变,摆脱了拟人的自然观而就自然本身求其本原。所以公认从他起有了哲学。早期哲学家大都是自然哲学家,因为摆脱旧束缚中的希腊人首先关注的是物质财富,如何从广大的自然世界里尽快得到更多的财富,他们多方面的活动也使他们积累了有关自然事物的大量知识,这些要求和素材汇集到最初进行哲学思考的哲学家那里,他们就把研究自然作为第一项任务,虽说他们并不是只关心自然而不关心社会和人本身。

在以后的发展中,希腊哲学越来越集中到关注人和社会的问题方面,毕达哥拉斯和赫拉克利特已经是这样了,但主要还在希腊古典时代的最盛期和走向动荡和衰落的时期,特别是在雅典古典哲学中,不仅有新的社会关系代替旧关系的巨大变动,新的社会关系本身也带来一系列矛盾冲突:希腊人在新的关系里不断使自己上升为有高度政治经济自由的和有文化的公民和奴隶主阶级,而利益的冲突,商业货币经济对社会伦理道德的败坏作用等等又不断带来新的烦恼,这些都使人们的注意和疑问返回和集中到研究人事本身。

因此,哲学在希腊的产生并非一次的动作,并不是泰勒斯或米利都派就完成了它的产生,而以后只是从米利都派起的单纯思想发展。事实上这种产生本身是一系列的过程,包括自然哲学的种种产生和人生人事哲学的种种产生,它们都是从希腊人的"自由"的现实历史发展中取得真正基础和动力的。当然从米利都派直到亚里士多德,这整个的哲学的产生过程彼此间也有一种思想和概念的前后内在联系和推移的运动,于是这整个的古希腊哲学的产生过程也就是它的形成过程。

希腊人的现实的自由是矛盾过程,它的第一个动作是分离,使新的因素从旧胞胎里分离,使个人同氏族分离,使私有财产从公社公有制分离,从而使新东西得到自由和解放。它的另一个动作则是结合,使分离开来的各种新因素按新方式重新组合起来,使旧事物经过否定和瓦解后那些仍然有用有益的成分被吸取于自身作为有机的环节。这种现实的分离和结合的"自由",在哲学上就表现为思想上的分析和综合的思维自由运动;当对自然和社会的种种事物分别考察以后,重新加以联结也成为必要的事情。于是思维逐渐深化细致起来,原始的浑然不分的思维方式和世界观就为不断分离和组合的思维方式和哲学所代替。人类思维史上的重大变革就这样开始了。

第二部分

原始素朴哲学

从泰勒斯起，希腊人开始有了哲学。最早的哲学是原始素朴的，它还没有真正的逻辑抽象的思维形式，那是从爱利亚的巴门尼德才开始的，所以我们把在此之前的米利都派、毕达哥拉斯和赫拉克利特的哲学划分出来，作为一个阶段来研究。他们的活动时间，在公元前6世纪里直到前5世纪最初的一二十年间。

这三派哲学在极其素朴的形态里包含着十分重要和丰富的种种问题和思想内容成分，构成希腊哲学的最初阶段。它的开端，哲学和科学思想的起点及其发展的思想源泉，需要我们给予足够的重视。希腊哲学里的许多疑谜在这里，需要我们多花费些气力来搞清楚。

我们先来稍为具体地研究一下这些哲学借以出现的历史基础，然后再分别探求它们的思想，研究它们之间在思想上的发展线索。

第一章　希腊世界的形成和希腊城邦制度的兴起

　　希腊人在原始社会末期和向文明过渡中的种种特点,都同他们那种"更为动荡的历史生活、各种遭遇以及变化"有关。它不仅使希腊人有可能发生和东方那些国家不同的私有制经济,而且产生了许多极不相同的社会和政治的结果。一种全然不同的希腊世界和城邦制度的社会政治体制也由此发生,这对于希腊人的思想和哲学的发展,给予了深刻的影响。

　　古希腊人在他们的巨大的历史迁徙、扩张和繁荣的发展过程里,曾经形成了一个以希腊半岛和周围岛屿的本土为中心的,北至黑海北岸,南达埃及沿岸,东至小亚细亚,西达南意大利、西西里、马赛利亚直至直布罗陀的广阔世界。但是同东方王国如埃及、巴比伦、波斯等等不同,它从来都是多中心的。希腊人到处筑城而居,建立城邦,这些城邦最初是聚集在一起的氏族部落,后来演变为新的政治国家,但各城邦间彼此都是独立自主的,虽然不时地也结成各种性质的集团或联盟,却从未形成一个有权管辖全希腊的或某一地区的最高权力或统一国家。每个城邦都有自己的独立和传统,并顽强地保持它,对于企图奴役和并吞它的任何外来势力进行拼死的斗争和反抗。城邦是一个城市连同周围的一片不大的乡村,这就是一个独立的主权实体或国家。在全希腊的各城邦间,联系主要是贸易和文化的交流往来,四年一次的奥林匹亚赛会和共同的神庙(如德尔斐神庙),使他们培养起一种共同的休戚相关的精神和传统,当有强大外敌如波斯人进犯威胁到全希腊人生存时,他们就联合起来对敌,而在平时他们只有这些松散自由的关系。

在希腊人向文明的发展中,这些城邦内部逐渐演变出一种特殊的城邦制政治制度。城邦的权力最初主要属于贵族,通过动荡和变革发展到主权属于它的全体公民。公民们直接地而不是仅仅通过选举代表来参与城邦各种重要事务的管理。这是一种直接民主制,这种民主制在古代当然只能在领土非常狭小的城邦范围里才有可能存在,而这些城邦确实都是很小的。它们的大小同我国春秋时期的小国相近,不超过我们现在的一个县(唯有斯巴达是个例外,它也不曾发展出商品经济制度和民主制度来)。这些有主权的自由公民当然不包括奴隶和外邦来的被保护民,所以这种民主制也只是奴隶主阶级内部的民主制;不过这种城邦制度毕竟给了希腊的广大平民以民主和自由的权利,已足以使希腊同东方埃及型的社会和国家鲜明地区别开来。它保证和推动了希腊公民们从事无所不包的活动,使他们能在政治、经济、军事、文学艺术、科学技术以至思想活动等等方面发挥出巨大的创造才能。在这种城邦制度里,我们看到亚里士多德所说的哲学得以产生的条件,如闲暇,以及从事哲学这门自由思考的学问的自由的人,都出现了。所以这种城邦制度的形成和发展,是我们特别应该注意的。

希腊最早的哲学同希腊世界的形成、希腊城邦制度的初期发展有密切关系。为了了解这些哲学,需要了解这段史实。

考古发掘表明在希腊土地上最早存在的文明是克里特文明。在公元前3000年左右,这里已进入铜器时代,约在前2250至前

1200年间,克里特岛是一个海上帝国的中心,它的政治和文化影响及于爱琴海上诸岛和希腊大陆。其人种与埃及相同,文化受到埃及的重要影响。从它的那些巨大建筑物的风格和统治者的豪华,以及他一身兼任祭司和军事首脑等等来看,这个海上帝国类似于东方王国。

大约在公元前1600年,在希腊的伯罗奔尼撒半岛上出现了早期迈锡尼文明。到了公元前14世纪,迈锡尼的王宫和卫城改建得规模宏大,据考证它已属于希腊血统的人所建立的王朝。

从公元前13世纪起,希腊土地上展现了一幅大规模的民族迁徙的图画。希腊人的一支亚该亚人由北南下,一直侵入到巴勒斯坦和埃及,侵入小亚细亚,侵入希腊本部和爱琴诸岛,建立了许多亚该亚人的国家,并建立了一个亚该亚人的中心王朝迈锡尼王国。亚该亚人的迈锡尼之王直接管辖迈锡尼,同时据说他有一种被其他各地的希腊人的王所承认的优越地位,可以统率他们从事某种军事行动。荷马史诗说"万民之王"阿加门农直接统率的军队有来自迈锡尼大城堡的,还有来自富饶的科林斯、西库昂以及其他二十多个国家的船舶和军队,各个国家各有自己的王。迈锡尼王国的宫殿、城垣和陵墓表明它还有东方王国的某些特征,不过迈锡尼同其他希腊人国家的关系似乎是相当松散的。

上述情况显示出希腊人在历史初期,本来也有与东方王国类似之处,虽然也已经有了某些区别。但是,希腊人的历史还有更多的变动因素。

希腊人很早就有海上殖民、海上贸易和进行海盗劫掠的历史,他们在爱琴海的两岸和诸岛之间,在东地中海沿岸和埃及利比亚之间的海上往来中进行扩张,小亚细亚沿岸和爱琴诸岛早已是亚该亚人的殖民地,亚该亚人的迈锡尼王国在海外进行扩张的势头很猛烈，荷马史诗《伊里亚特》所描写的远征特洛伊之役，就是为了开辟在小亚细亚西北部的移民地和通向黑海的道路。这次战役占领了许多地方，战后就大举向这些地方移民。

这时，另一支希腊人多立斯人又大举连续由北方南下，他们乘特洛伊战役后迈锡尼王国力量削弱之机，占领了迈锡尼的中心地区，焚毁了迈锡尼，并割裂其旧地建立起多立斯人的各个国家，其时约在公元前1056年左右。在此前后，帖萨利亚人也占领了帖萨利亚，建立了爱俄利斯诸国。而未被多立斯人侵入的阿提卡和优卑亚大岛这些原属亚该亚迈锡尼系统的地方，被称作伊奥尼亚。伊奥尼亚、多立安、爱俄利斯便成为有信史时期希腊本土上的三大集团。这名称也运用于他们各自系统的海外移民地，尤其是小亚的爱奥尼亚诸邦。

自迈锡尼王国灭亡后，希腊人中间凌驾于小国之上的最高王权残余就完全消失了，再也没能恢复。从此小邦各自独立，互不统属。唯有多立斯人的斯巴达曾用武力征服了伯罗奔尼撒南部，建立起一个有较大领土的国家，但它的继续武力扩张，在遭到邻邦的拼死强烈反抗时不能得逞，终于不得不停止下来，以后也只能改为同邻邦联盟的政策来扩大自己的势力和影响。

从多立斯人入侵起到公元前8世纪的三四百年间，希腊本土上的文明遭到很大破坏，发展陷于停滞的状态，但是它却在希腊世界的另一部分繁荣发展起来。希腊文明的中心东移到小亚细亚沿岸一带，取得了重大的进展。

多立斯人的入侵大大推进了迈锡尼时代早已进行的海上移民活动。迈锡尼的遗民，一部分被多立斯人征服而成为他们的奴隶（如斯巴达的希洛人），一部分避难于边远山区，另有一大部分则向海外移民，其主要方向是小亚细亚一带，首先是小亚细亚西北部特洛伊战后所建立的"新亚该亚"一带,这是亚该亚人诸国的贵族们的主要避难之地(特洛伊战役的事迹在这里保存下来,后来通过荷马史诗传诵到其他地方);还有小亚细亚中部沿岸一带,到这里的移民多从雅典出发,他们建立了米利都、爱非斯、福开亚、科罗封、萨摩斯、开俄斯等著名城邦,这一带也被称为伊奥尼亚。自然在这次移民浪潮中,也有往别处去的,也不限于伊奥尼亚人,如多立斯人也因斯巴达的内争和为掠夺土地和奴隶进行了海外移民,他们大批南下占领了克里特岛和小亚细亚西南角一带。

公元前两千年代末期到一千年代初期的这次希腊海外大移民运动,加速了向文明的过渡,创造出了很有特色的经济和政治的结果。

这些移民,或因多立斯人所迫,或因内乱和灾祸,或因生产力低下人口过剩生活无着,离乡背井来到海外的异乡土地寻求出路;或因受到新天地美好前景的诱惑,如得到更多的财富来试试身手。这种动荡和冒险的生活,带来了许多新因素和人们关系中的新成分。他们正处在从英雄时代向文明转变中,移民们还是氏族部落的成员,所以在新的移民城市里,最初效法的只能是熟习的旧制度,他们从家乡带去了氏族部落组织,自己的保护神,以及传统和习俗,氏族贵族的世系家谱。这样,在新的地方最初建立的也还是氏族制度和贵族专制的统治秩序。这都是极自然的。然而这些旧传统旧制度在移民过程及其城邦里又迅速发生着变化,也是很自然的。

这表现在许多方面。例如移民海外要乘船远航,占领异乡土地要防御土著居民和海盗的侵袭,必须经历种种的冒险和艰苦,这就使人们中某种同伙的新关系常常会超过血族的情感,选择在品格和能力上可靠的领袖也会代替单纯的传统习惯上的考虑。更重要的,是那早已出现的私有制在新天地新活动中迅速发展扩大了,这些海外殖民点都建立在沿海和岛屿上,海上交通和贸易的必要和便利,使原先以农为主的希腊人很快变为兼营工商业的人们,许多城邦转向了以工商业为主。这种经济活动,使他们同另一些入侵别处的民族不同,希腊人没有向小亚细亚等处的大陆腹地深入扩张去建立有广大领土的国家,而采取了另一种扩张的方式。当一个城市的移民过多或人口繁殖过剩时,一部分人就又乘船去另辟新的移民地,自立门户去了,有时这直接是母邦为了开辟商站,扩大原料来源和市场而进行的。因此这些城邦相当快地不断自行分裂繁殖,进行着二次、三次移民,子邦不久又成为母邦。在移民城邦和本土的各邦之间、移民各邦之间,母邦和繁星般的各子邦之间,以及它们同周围其他许多非希腊人的国家和地区之间,彼此进行着频繁的经济贸易往来。而这种经济活动最为繁荣的地区和中心便在小亚细亚的伊奥尼亚一带,尤其是米利都,米利都城邦在公元前8世纪后半期成为小亚细亚各邦中最大的母邦,由它出发所建立的移民城邦多到七十余个。当时米利都非常强盛,拥有海上霸权,被誉为"伊奥尼亚的骄傲",它成为那时全希腊在经济、政治和文化上最先进发达的中心。

这种大规模的历史变动,海上移民和工商业的繁荣,就创造出了一种与原来氏族制传统十分不同的社会环境和个人,创造出了一个新的富有的工商业阶级来,它反过来又有力地改造着社会和历史本身。到公元前8世纪,这些城邦中的王权就消亡了,或者变得有名无实,残存下来的世袭的王,只有某神象征性的意义和作用。政权归于贵族,这些贵族同新的经济活动却有多方面的联系,所以他们的统治形式也有变化,一般不取寡头制,而是贵族们的议事会的体制,即贵族阶级内部民主的专政制度。这虽然还远非自由民的民主制,但已与东方王国的政治制度有重要差别。在小亚细亚伊奥尼亚的新条件下,希腊城邦制度开始发端了,那里的城邦是在稳定的保守的贵族议事会统治下的各独立主权国家。那种雅典全盛时期的城邦民主制乃是希腊文化中心返回本土后继续演进和多次变革的产物,但其萌芽在早期的小亚细亚伊奥尼亚诸邦这里已经出现了。哲学最早出现于米利都和伊奥尼亚正是以上述发展作为历史条件的。

第二章　米利都学派

如上所述,希腊哲学最初产生于米利都,不是偶然的。米利都是当时伊奥尼亚诸邦中最富庶最活跃的,而小亚细亚伊奥尼亚的文化在那时比希腊本土和各地区都要先进。它的工商业繁荣,新的社会关系、社会活动和城邦制度最先在这里发生和形成;良好的地理位置和广泛的海上贸易交通,又使它同吕底亚、埃及、巴比伦、腓尼基人和他们的文明保持着多方面的交往联系,从而开阔了这里的先进人们的眼界。不过哲学的产生不仅需要有一定的经济和政治的条件,作为一种新型世界观和思维形态,它还需要文化知识,尤其是关于自然的大量实践和观察知识的积累,需要有新的文化气氛和新的思想方式的酝酿准备过程。所以米利都哲学的出现,已经到了公元前6世纪里,这是可以理解的。

一、泰勒斯

泰勒斯(Thales)被人们公认为希腊的即西方的哲学历史上的

第一位哲学家。^①

他的生卒年代已无法详考确证,根据各种文献材料估计,约在公元前7世纪的最后三分之一到前6世纪前半期。据第欧根尼·拉尔修记载,希罗多德等人认为他是腓尼基人的后裔,但大多数人认为他是真正的米利都本地人,并出身于高门望族。他由于从事政治活动和对自然的研究,被称为希腊"七贤"之一,而且据说是第一个得到"贤者"称号的人^②。

关于泰勒斯留下了一些传说轶事,其中之一说,他因为仰望星空而掉进一口井里去了,使在场目击这种情景的一个女仆笑了起来,这意思似乎是说他是个不切实际的科学家。而另一些传说则说他由于有科学知识而远远胜过普通的实践家,例如他预见到一场橄榄的丰收,便事先以低价租进了所有的榨油机,等到丰收时便以高价租出,以此表明他要想发财致富是多么容易。传说他预言了一次日食,他知道从一个塔顶来测量海上船只的距离,还在一次战争中出主意使河水改道,他设法使伊奥尼亚各邦联合起来对付波斯人,在政治上有好策略。还传说他去过埃及同祭司们来往,在那里学到了几何测量的知识。这些都表明他是一位注意科学的观察研究,从事多方面活动有所建树的重要人物。上述一些故事,表示出当时许多人对他的科学和哲学活动非常惊赞而又不甚理解,因而间或报以善意的嘲笑的态度,也许人们当时对于这样一种新

① 黑格尔在他的《哲学史讲演录》里也是这样处理的,不过他在《小逻辑》里又说,"哲学史开始于爱利亚学派,或确切些说,开始于巴门尼德的哲学"(商务印书馆1980年版,第191页)。巴门尼德哲学自有其特殊重要的意义,但黑格尔的这个意见却是不合事实的,是从他那种客观唯心主义出发的意见,这种错误看法使他陷于自相矛盾。
② Diogenes Laertius(以下缩写为 D.L.),I,21-22。引自 R.D.Hicks 英译本,London,1938,第1卷,第23页。

的人物和事业还无以名之,所以称他为"贤人"。

像他这样的人物,又有如此出身和社会地位,在那繁盛的米利都城邦里如鱼得水,能够积极而自由地从事多方面的重要活动,并开始哲理的思考,似乎是很自然的。

他没有留下任何著作,但拉尔修记录了几行据说是他写的诗句:

多说话并不表示心里理解,
去寻找唯一的智慧吧,
去选择唯一的善吧,
这样你就会钳住唠叨不休的舌头。[1]

如果这一记载是确实的话,那是能显示出这位最早哲学家的重要思想特色的。因为这就是要在各种意见里寻求统一和智慧。

泰勒斯的哲学似乎是最简单不过的了,因为它只归结为一个最简单的命题:"水是本原"[2]。但哲学就由此开始了。所以仔细看去,这又不那么简单。

所谓"本原"或"始基"($\alpha\rho\chi\eta$),照亚里士多德的解释,是指这样一种东西,"万物都由它构成,最初都从它产生出来,最后又归于它 …… 那就是他们(指最早的哲学家们。—— 引译者注)所说的万物的元素和本原了"。[3] 本原就是作为世界万物的基础、来源和归宿的东西。早期哲学家认为这是些物质性的元素,抓住了它就能对整个自然界的事物得到一个概括的贯穿的理解和说明。

---

① D.L.I, 34-36. 见 Hicks 英译本第1卷,第37页。
② Aristotle, Met. 983^{b}20.
③ Aristotle, Met. 983^{b}8-11.

　　泰勒斯提出万物的本原是水,主要是基于对水在自然物中和人类生活中的重要性的观察。例如一切食物都有水分,生物的热气都来自潮湿并靠它维持生命,一切植物的种子都有潮湿的本性,而这种本性来自水。[①] 在埃及,尼罗河每年的洪水泛滥给人们带来丰饶的衣食之源的沃壤,那里的人们认为大地是浮在水上的。[②] 泰勒斯很可能从埃及人那里得到了类似的看法,因为他也认为"地浮在水上"[③]并以此解释地震,说这就像船在水上,由于水的运动发生摇摆一样。[④] 也许这种观察同米利都人的海上活动很有关系。同时古老的神话也有这类的看法,如亚里士多德所指出的那样,那些远古的最初对神圣事物进行过思考的人,就把海神夫妇当作创造万物的祖先,而神灵们对着起誓的见证也是水,而人们对着起誓的东西是最古老的最受尊崇的东西。[⑤] 可见,泰勒斯关于水是本原这种极为朴素的世界观猜测,既来自生活观察,也从神话世界观里吸取了思想成分。

　　但是两者不同,这里毕竟是新思想。在神话里已经隐含着一种关于变化着的万物有一个共同的永恒基础和某种原始的物质的观念,但在那里它是以拟人的方式,即神的形式来表现的。神话把世界万物看成是"混沌之神"、"大地之神"、"水神"和"海神"等等的神秘的繁殖物或创造物。泰勒斯则把神话中隐含着的观念第一次用经验中实在的东西明白地表示出来,以一种自然本身里的物质作为自然万物及其生灭变化的原因或本原。而且指明万物不

① Aristotle,Met.983ᵇ20-27.

② P.P.第77页,第70—73条。

③ 亚里士多德:《论天》,见《古希腊罗马哲学》,三联书店1957年版,第5页。

④ P.P.第92页,第90条。

⑤ Aristotle,Met.983ᵇ28-34.

仅要由它产生,还将回归于它(原始神话的世界创生说只涉及前者),这样,就提出了一个用自然本身的东西来说明全部自然的新型世界观。其重要意义,如我们在第一部分里说过的那样,是摆脱了拟人的自然观,第一次把自然同人分开,成为一种可以客观的单纯就其自身来考察的对象,而不附加以人的主观方面的成分。没有这样一种客观态度,科学和哲学就无从开始。

随之而来的是人们思维方式的改变,神话世界观只能比附即武断地叙述神对自然的创造,而泰勒斯已经开始为自己的世界观和本原寻求一种事实的理由和论证的方法。所谓"本原"的本义就指万物的根本原因,而为什么"水"可以作为这种本原,是需要讲出些道理来才行的。既然如此,别人就可以根据新的事实和别的理由来探讨究竟什么是本原才最合适,可以赞成也可以反对泰勒斯的或另一种的看法,来推进这种对本原的理解和认识了。这样,人们就开始踏上了凭事实和论证来说明世界的道路,开始可能摆脱那些神秘、混乱而武断的说法。至于以水为本原这种解释本身究竟是不是正确,或正确到什么程度,反倒不是最重要的事。泰勒斯是首先提出自然界万物的本原是什么的人,并根据一些事实的理由第一次给予了答案。所以公认从他开始便有了哲学。

泰勒斯用水这种具体的物质形式的东西作为本原,因此他的哲学是属于素朴的唯物主义的。哲学的开端是唯物主义,这是很有意义的。哲学最初源于宗教神话世界观,并在长期发展中还注定同宗教世界观有重要深刻的关联,但二者毕竟本质不同,就是因为哲学世界观同科学有内在关系;虽然哲学并不就是分门别类的科学,也不是科学的简单相加的总和,而是一种更高的概括,并且在科学还没有能达到的一切地方,它总试图给以某种解释,因而在一个长时间里不免带有猜测性和各种主观的假设和设想的成分

（因为哲学所要寻求的对世界总体的说明和那种最终的绝对本原，显然不能由有局限性的科学知识和有局限性的思维方法来解答，它只存在于科学的实践的整个发展中，存在于对客观事实和科学成果的总体的系统的理解中，而这一切需要人类实践和认识的长期发展才能得到），但它毕竟是与科学同命运的。没有科学的客观态度和论证性的思维方式，哲学就无从开始，无从与宗教神话相区别。因此，哲学的开端就必定要表现出一种唯物主义的精神来。黑格尔想贬低泰勒斯作为哲学开端的意义，是很不对的。

一种统一的自然观除了要指出它的物质性的原因外，还需要解释万物为什么能运动的原因。据亚里士多德说，泰勒斯对此也有所论及，认为那能引起万物运动的东西是"灵魂"（ψυχή），并说过"磁石有灵魂，因为它吸动铁"的话。亚里士多德评论说，由于人们认为灵魂混杂在万物的宇宙中，也许因此泰勒斯以为万物都充满着精灵。[①] 第欧根尼·拉尔修还记载亚里士多德和希匹亚说过，泰勒斯甚至认为无灵魂的事物也有灵魂，并以磁石和琥珀为证。[②] 从这些报道可以看到，泰勒斯认为自然万物都能运动，并从观察磁石吸铁，琥珀摩擦了可以吸物等现象，推测万物能运动必有一种普遍的原因，这就是它们都有"灵魂"。这种看法似乎来源于原始思维或原始宗教的拟人观"物活论"，但是我们更可认为它也已属哲学的猜测，因为他是从实地观察中得到的想法，是从自然现象中找解释运动的原因，并认为这里所说的"灵魂"并不只是生物或人的"灵魂"，而是一种自然物本身中都存在的东西，可见同拟人化的互渗解释还是有分别的。虽然这本身并非科学的解释，仍然是一种

① P.P. 第93、94页，第91、93条。
② P.P. 第94页，第92条。

与生物的类比中得来的对磁石、琥珀的能力的说法。这里"灵魂"一词，希腊文 ψυχή 本义是"呼气"，被认为是生命和活动的本原。据此许多现代研究者倾向于把泰勒斯的"灵魂"说成是一种物质性的动因，这可能是有一定道理的。

不过，我感到企图在这里把泰勒斯的"灵魂"归结到现代哲学的"物质"概念上来，并据此断定这些观点是唯物主义，或者反之因为他把动因归之为灵魂就断定这是唯心主义，那是不容易的。因为真正说来那时还没有与"精神"分别的"物质"概念，到阿那克萨戈拉的哲学里才出现了比较清楚的精神性的"心灵"（与自然物相区别）的观念，亚里士多德提出"四因"说后，才第一次有与形式因、动力因、目的因相区别的"质料因"，即"物质"的概念，即便如此，由于"四因"都被素朴地当作客观存在的东西，亚里士多德的"物质"概念仍与近代意义下的"物质"含义不同，只是到了近代哲学把思维当作独立的实体来同存在对立时，"物质"概念才明确地建立起来。泰勒斯以水为本原只是一种素朴的唯物主义，这比较易于确定；以至于他所说的自然万物中的"灵魂"，也被素朴地当作一种客观存在物，一种与自然物本身不分的"呼气"或生命活动的原因，它已不是神话中的纯拟人的人格神，也还不是后来唯心主义哲学中的纯精神的实体，但这是否就是"物质"呢？我觉得也不好这样说。因为这"灵魂"在泰勒斯看来也已是某种特殊的、同水这种本原不同的东西了，同磁石、琥珀之类自然物本身也不同。所以，如果我们肯定他以水为本原是素朴唯物主义，那么他要在水之外另外肯定一种"灵魂"，至少也包含着与这种素朴唯物主义不同的成分，或如恩格斯所指出的那样，在泰勒斯这里"已经有了后来分裂的种子"，^① 即素朴的唯心主义的萌芽。我们不能仅仅因为泰勒斯的"灵魂"似乎是指客观存在的东西，就认为他的看法是唯物主义的，因为如果这样的话，那么连柏拉图的"理念"（共相）论也可以称做唯物主义了，因为他认为"共相"是客观存在着的东西。

泰勒斯的万物有灵魂之说是由动因问题引起的。古希腊以至全部西方的哲学史告诉我们，动因问题的最终说明是一件使哲学家们最感困难的事情。因为如果不能用事物自身的矛盾或否定性来说明，最后就不得不求助于能动的精神来推动万物，所以除少数辩证法家（如赫拉克利特）而外，几乎绝大多数的唯物主义者都在动因问题上陷于困境，有的只好转向了唯心主义。泰勒斯的哲学尽管整体是素朴唯物主义的，但在万物动变的原因上由于难以用"水"或其他物质东西来解释，因而他猜测另有一种东西在起作用，这种"灵魂"的猜测虽然来自他对自然物的观察，但这猜测毕竟是认为在自然物里有一种与精神相似而非自然物本身的东西，而这正是把精神与物质加以分裂的萌芽或种子，所以我们似乎可以认为这是唯心主义地解释动因的最初表现。当然我们也不宜把萌芽说成是一棵大树。对于早期哲学家的思想，因为它们极其素朴，所以我们要多分析，估计时又要注意分寸，不宜说得过分。恩格斯对泰勒斯这个观点的看法，便是这种分析估计的范例。

---

① 恩格斯：《自然辩证法》，《马克思恩格斯全集》第20卷，人民出版社1971年版，第525页。

二、阿那克西曼德

从泰勒斯起,出现了一种哲学家前后相继的关系。希腊早已出现了像行吟诗人、建筑师和雕刻家的师承或派别的关系,哲学家们也有与之类似之处,但哲学家们的继承从最初学派起就表现出一个更突出的特征:后人对前辈的承续和共同性并不使自己受束缚,批判和不断创新成为这种继承关系的命脉,这对于哲学的发展是特别重要的、本质性的。米利都城邦为这种发展创造了种种条件,因而出现了米利都派哲学的进展。

米利都本地人阿那克西曼德(Anaximandros)是泰勒斯的亲戚、学生和继承人,他的生卒年代约在公元前611—前547年,小于泰勒斯但可能相差不很大,他的主要活动期在前6世纪的中前期。他是米利都学派里在哲学思想内容上最值得注意的一位人物。如果说泰勒斯因抛弃了神话式的思维与表达方式而赢得了第一个哲学家的称号的话,那么阿那克西曼德则是第一个企图深入细致地去解释人们经验世界的一切方面,并且是思考相当深刻的人。他第一个发明了日晷以测定冬至、夏至和昼夜平分点,第一个绘制出海陆轮廓的地图和天象图。对于宇宙和自然他作了许多解释和大胆的假说,具有明显的科学探索的性质,有些是颇有意义和价值的,例如他说人是从另一种动物变来的,人在最初的时候很像鱼,等等。关于他的生平材料记载留下来的很少,但似乎留下某些著作为后来的希腊人所知,所以他的原著虽然佚失,但通过古人转述仍留下了比泰勒斯要多得多的材料。

这位富于科学探求精神和有较深刻思想的哲学家继续了泰勒斯关于本原的研究,他认为本原不是"水",而是 ἄπειρον,这是他的哲学的基本概念。

希腊文 ἄπειρον 这个词,有"无限"和"无规定"两种含义。以前人们通常把阿那克西曼德所使用的这一概念,按前一种含义翻译和理解为"无限者"。ἄπειρον 是一种物质性的本原,在这一点上大家的看法没有分歧。但对上述两种含义究竟取哪一个对理解阿那克西曼德的哲学合适,近来争论不少。有人认为那时还不可能有"无限者"这样高度抽象概括的思维水平和物质自然观,因而倾向于作别的理解。例如有的人主张把它译为"无定形",我觉得这个看法有所前进。不过我想如果把它理解和翻译为"无规定者",并且主要是指没有任何质的具体规定性的东西(当然还是物质性的),可能会更恰当一些。当然这个问题还要继续研究讨论,因为设法弄清楚 ἄπειρον 的基本含义,对理解阿那克西曼德这个相当有意义的环节,是很有必要的。

在空间上的无限或无规定,即无定形,同在质的方面没有界限或规定,意义是不相同的。阿那克西曼德用来作为宇宙万物原料的 ἄπειρον,不能说全没有空间上的意义,但是首先的问题是,他为什么不满意于泰勒斯的"水",而要另外提出这个 ἄπειρον 来代替?

亚里士多德曾有如下看法,他说:"有些人在那些元素之外提出了这 ἄπειρον,它不是水或气,这样其余的就不会由于它们实体无限而毁灭;因为这些元素是彼此对立的(例如气是冷的,水是湿的,而火是热的),如果其中一个无限,其余的就早已毁灭。但是如上所述,他们说这 ἄπειρον 同那些元素都不同,这样各种元素就能从它产生出来。"[1]

亚里士多德的这个分析,对我们理解阿那克西曼德的观点很

---

[1]　P.P. 第112页,第107条。

有帮助。这是显然的：阿那克西曼德发现要用"水"或某一种特定的物质去解释万物及其生成，是要发生困难的，甚至是根本不可能的，因为水只是湿的、冷的东西，如何能产生出干的、热的东西来呢？如果只用这样一种东西做本原，岂不是非但不能说明万物，反而会毁灭了那些与之对立的事物吗？万物是多样的异质的东西，而用某一种物质作本原则只有一种质的规定性，这一种特质如何能说明多种特质呢？这是一个很大的矛盾。因为这个缘故，他认识到本原不应当是某一个具有特质的元素，而应当是在质上不定的东西。

辛普里丘说，阿那克西曼德"被认为是那些说始基是唯一并且能动和无限（ἄπειρον）的人之一。……很显然地，他是由于观察到四种元素互相转化的途径，因而想到不以其中某一元素，而以另一种高于这一切元素的东西为基质才合适。"①这就是说，辛普里丘也认为，阿那克西曼德之所以既不主张水，也不以气、火、土等元素为本原，是由于想到在相互转化中的事物有质的变化，这是用某一种元素（它只有某一特定的质）不好说明的，因而主张用一种高于这一切特质元素的东西作本原才合适。

阿那克西曼德的 ἄπειρον 是高于各种特质元素的东西，在质上没有特殊的规定性。这是 ἄπειρον 的第一个规定性。

ἄπειρον 的另一基本含义是，它是能动的，它包含着对立和分离的作用。这是与上一个规定含义紧密相连的，对此亚里士多德和辛普里丘也有说明。

亚里士多德说，阿那克西曼德和另外一些人"认为万物是借分

---

① 《古希腊罗马哲学》，商务印书馆1961年版，第7页，第二条。其中对 ἄπειρον 的译法未作改动。

离而从混沌中产生出来的"。①

辛普里丘："阿那克西曼德说,对立物蕴藏在基质之内,基质是一个无限体,从这个无限体中分离出对立物。……'对立物'就是热和冷,湿和干等等。"②

这里引文译作"无限体"的就是 ἄπειρον。它既然是一种在质上没有特殊规定性的东西,那么它怎么能够产生出那些有特质的东西和万物来呢? 它能作为万物的本原靠了什么呢? 阿那克西曼德解决这个问题的思考是:ἄπειρον 虽然没有特质,却在其本身内蕴含着各种对立物的成分,如热和冷、湿和干等等;正因为如此,它本身"无定质",同时又因为内部有对立能发生一种分离的运动,借着这种分离,那些有各种特质的东西就显现和产生了。

亚里士多德把阿那克西曼德的 ἄπειρον 说成是"混沌"或"浑沌",这是很值得留意的。法国的希腊哲学史家罗斑(L.Robin)在他的《希腊思想和科学精神的起源》中也有这种看法。我们知道,古希腊神话创世说中认为世界的开端就是"混沌"(如我们前面所引述的赫西俄德所说,中国古代神话里也有类似说法)。混沌状态的物质,其特点就是质上没有规定性,不像水这些东西过于具体因而只能具有某一特质;但它又并非与万物及各种特质的东西无关,而是蕴含着一切对立和特质的东西,包括那些彼此最不相同甚至完全相反的东西,如希腊人常说的热冷、干湿之类,因而能从自身中创生万物。这种情形有如艾修斯所记述的那样:"他(指阿那克西曼德。——引者注)说出理由来证明始基是无限的(ἄπειρον),因为那化生一切的产生作用应当什么都不欠缺。"③ 这个"什么都

①　《古希腊罗马哲学》,商务印书馆1961年版,第7页,第3条。
②　《古希腊罗马哲学》,商务印书馆1961年版,第8页,第5条后半部分。
③　《古希腊罗马哲学》,商务印书馆1961年版,第8页,第7条。

不欠缺"说得是很好的：正因为如此，它就必须是质上无规定的（因为若只是一种特定的元素，它就欠缺了别的特质了）；正因为它是无规定的，它也就可以蕴藏一切；并且它自身就有了能动性，因为蕴藏着的对立会产生分离作用；这些蕴藏着的对立就借分离作用，从无规定的混沌状态的本原中产生出有各种特质的规定的万物来。所以，我们还可以看到，在他的哲学里包含着较多的辩证法因素，他用不着像泰勒斯那样在本原之外去用"灵魂"之类的东西因。[①]

从赫西俄德的《神谱》中关于创世神话的叙述，以及许多民族的古老传说，"混沌"都是最原始的东西或神，比"水"或水神、海神之类更带原初性。这里又一次显示出早期哲学家在对世界万物的探索中，在遇到难题时常常回到原始世界观去寻求智慧的情形。阿那克西曼德遇到以"水"等等为本原时说明万物殊异及其运动的困难，便从"水"转向了"混沌"，发挥了原始神话中关于"混沌"的蕴义，对它作出了重要的哲学说明，于是就出现了 ἄπειρον 这个新的哲学概念。

从这个概念的考察中，我们可以看到阿那克西曼德的哲学比之泰勒斯的有了重大的进展。它是包含着更多朴素辩证法因素的素朴唯物主义，在抽象性上也大大高于泰勒斯。

从上面的讨论来看，我觉得把他的 ἄπειρον 理解和翻译为"无规定者"，可能比较切近它的原义。它的主要意义当在表示质的方面的无规定性，而不是在空间上或形状上，所以译为"无限"以

---

① 例如亚里士多德也感觉到了这一点，他说："那些在'无限'（ἄπειρον）以外不假定别种原因如'心灵'（νούς）和'爱'（φίλα）的人，就是持这种意见的。……这是阿那克西曼德和多数自然哲学家的共同主张。"（《物理学》203ᵇ，中译文见《古希腊罗马哲学》第8页，第6条。）

至"无定形"都难以表达出它的主要含义。虽然如此,我也不主张完全排斥它有"无限者"或"无定形"的含义,这是因为"无定质"、"无界限"、"无限制"、"无定形"、"无规定"等等,本来是相通的,古人运用时也未作这样一些严密的划分,他们当初对事物中的质、量、空间和时间等等关系都还没有来得及作深入细密的分门别类的研究,因而这些含义也常常会在词的使用中联结起来,引申转化。因此如果过于执着于某一含义而排斥其他,有许多时候就会说不通。我们应当根据不同哲学家的不同时代不同思考,联系在用这词时上下文中的正确意义来具体地加以理解和把握。我们上边的讨论,就是为了具体确定阿那克西曼德用这词时的主要含义。我觉得只要不忘记它在这里所指的主要是质上的无规定者,也就可以了。往后我们还会讨论到这个"无规定者"的重要意义。

联系到希腊人的历史发展,我感到阿那克西曼德的哲学可说是那个时代的精神的一种缩影或一面镜子,原始社会的混沌状态,因内部蕴藏的对立而自己运动发展,并分离开来,出现了生动具体的种种新事物,呈现出殊异的万象世界。阿那克西曼德讲的是自然观,然而正是对希腊人在社会发展中的自己的面貌的另一种写照,或把自己的面貌投影于自然界。只有这种历史时代,人们对自然才能产生这样的理解和想象、思考。

辛普里丘记述说,阿那克西曼德说过这样的话:

> 万物由以产生的源泉,万物又消灭而复归于它。这是"按必然性"发生的。因为万物彼此都得按照一定的时序为各自的不义行为作出报偿。[1]

---

[1]　P.P. 第107页,第103条。

汤姆逊（G.Thomson）在他的《古代哲学家》一书里，把 δίκην καί τίσιν διδόναι 这个短语译作"作出报偿"，因为它本是希腊人用来表示解决敌对氏族争端的方法的用语。汤姆逊认为阿那克西曼德的"作出报偿"的观点原出于部落的意识形态[1]。此外，他还查考到了泰勒斯和阿那克西曼德都属于古代希腊的祭司君主的王族系统出身，他们同古代氏族制度和宗教传统有着深刻的渊源关系[2]。

汤姆逊提供的这些资料是有意义的，可惜他对这些材料的意义似乎阐述得不那么清楚。上面我们谈到阿那克西曼德从 ἄπειρον 中分离出万物的自然观有社会意义，这一点从辛普里丘的引文中可以得到证实；而且这条引文还包含有更多的含义：既然万物从"无规定者"中分离产生，它就必然还要返回到这个本原的混沌中去。因为，万物从混沌中分离固然有必然性，但这种分离又使它们彼此对立、互相侵夺，所以同样必然的是它们又会毁灭，为自己的不义行为作出报偿，以重归那原始的混沌状态。这里是不是表现出了古希腊那个时代的氏族贵族思想家的某种思想特征呢？ 看来是可以考虑的。他们承认了新事物，承认了原始氏族制度发生分化的必然性，并且这些氏族贵族们自身也在变化，如参与了新的移民活动和工商业活动，以及种种正在变化中的政治、文化活动，也在发财致富；但是由于他们同原始氏族制传统的联系更深，对它的衰落抱有留恋之情，加之社会的分化发展是在私有财产的追逐争斗中进行的，它使人们之间的冲突增长，利益相侵，道德堕落，这种种情形，又使他们感到新事物不如旧的原始制度好，不如混沌状态公正淳朴，因此设想一切还应回复于它。当然，对于这些，由

---

① 汤姆逊：《古代哲学家》，三联书店 1963 年版，第 173 页。
② 汤姆逊：《古代哲学家》，三联书店 1963 年版，第 144—146 页。

于我们没有掌握更多的确切材料，只不过是一些估计和猜测罢了。如果这种估计有几分道理，那么应当说阿那克西曼德哲学里也透露出了一点向后看的因素。

　　不过，这里也有比单纯落后要深刻的东西。大致说来，古希腊哲学比较富于一种生动蓬勃的精神，是以向前看为主的，即使那些贵族思想家也多数如此。这一点同我们的《老子》比较一下就可以见到，《老子》书中向后复归的思想是更突出的，它表现了中国古代氏族奴隶主贵族的思想倾向。但即使如此，《老子》仍是中国古代辩证法智慧的最光辉的杰作。这种思想发展中的高度复杂性，是很值得人们留意的。一般来说，比较重要的辩证法思想的创造，没有相当巨大和深刻的历史感是不可能的，而在那时能获得这种历史感的也绝非是一般的人们。在人类向文明过渡的初期，那最早并始终对这种历史变动感受最深的、有多方面的深入比较和体会的、并能进行总结性思考的人，恰恰不是别人，而是那些对古代文化传统有深切关系、属于贵族和王族的人们。陷入贫苦的平民有切身感受却还没有能力和文化水平来做这件事；而那些在变动中得到利益最多的工商业者们，最初时正在兴高采烈地追逐财富，你争我夺，往往还看不到这种巨大历史变动的全部深刻含义，只是在发展中他们才逐步意识到自己也必须做这种研究和理解的工作。既然最早的哲学家们多从氏族贵族的人们里产生，那么它的优点和缺点也是可以理解的。

三、阿那克西美尼

　　阿那克西美尼（Anaximenes）是米利都学派最后一位重要的代

表。他是阿那克西曼德的学生,约小于后者二十四岁,他的生活似乎结束于公元前6世纪最后的二三十年间,主要活动在这个世纪的中后期。关于他的生活和实际活动没有留下什么记载,只知道他写过一本书,其中至少有某些部分后来亚里士多德的门人还见到过,但现在只留下一点点残篇,我们研究他主要也需靠古代文献的报道转述。

据辛普里丘说,阿那克西美尼同他的老师一样,也主张本原是唯一的和无规定的(ἄπειρον),不过他不同意阿那克西曼德说本原是不定的主张,因为他说基质是气 [①]。

希波吕特记载,阿那克西美尼说无规定的气(ἀέρα ἄπειρον)是本原。气的形态是最均匀而又不可见的,只是由于冷和热,成为雾气,或运动成为风,才为我们所知。气通过变浓或变稀而有不同的现象,变稀薄时它成为火,变浓时就是风、云、水、土,乃至石头。那最有影响的产生要素是对立物,冷和热 [②]。

从这些材料可以知道他提出以"气"(ἀήρ)作为本原,虽然不同于他的前辈,却正是从他们的思想演变而来的。他称气为"无规定的气"(ἀέρα ἄπειρον)就表明,他是赞成阿那克西曼德关于本原应当是非特定的质的东西的看法的,不过他又认为只提出"无规定者"又太含糊难以把握,太不确定,所以主张还是某种东西,即"气"。这似乎又在某种程度上回到了泰勒斯,因为"气"毕竟是比单纯的"无规定者"要具体得多的物质东西。但"气"同"水"相比,它所表达的哲学思考又毕竟大不相同:"气"是人的肉眼看不见抓不着的东西,比水要无形象无定质,并且气无处不在,更富于运动,

---

① P.P. 第144页,第143条。参见《古希腊罗马哲学》,三联书店1957年版,第11页,第3条。

② P.P. 第144—145页,第144条。

并更有独立自存的性质,例如水若没有别的东西支持它,就会不停地落下去,而气则似乎无须任何支撑者,到处弥漫。这样,"气"只是在形式中似乎又回到某一种物质,在内容上还是表达了"无规定者"的意义。阿那克西美尼显然是认为"气"为本原,既继承了泰勒斯特别是阿那克西曼德的合理想法,又避免了他们各自的缺陷。

他的一个重要看法,是提出万物及其生灭变化,都是由于热所造成的"气"的稀薄化和冷所造成的"气"的浓缩凝聚而形成的。冷和热、聚和散、浓缩和稀薄,是本原"气"自身所固有的对立运动。这种包含对立、由此产生运动和万物的素朴辩证见解,除了与阿那克西曼德一致而外,还有两点值得注意。其一,既然说到气的"聚散"、"稀浓",就包含有把"气"看作是无数微粒状态东西的想法,气是一个本原,又是无限多的微粒。其二,他用无定质的气的"稀浓"来解释各种质上不同的水、火、土、风、石头等等和万物,这就明显地表现出要用量的变化来解释质的差异的方向。这对毕达哥拉斯哲学有重要影响,对后来的原子论哲学也有启发作用。

最后,阿那克西美尼明确地把"灵魂"解释为"气"或"气息"(呼吸之气)[①],并认为神灵和一切神圣的东西都是由气所生的[②]。这是与泰勒斯不同的,在泰勒斯那里,"灵魂"是同本原"水"和磁石之类自然物本身不同的东西,而阿那克西美尼认为"灵魂"就是"气",神也是"气"所生的东西。这是素朴的"气"一元论的唯物主义思想。也许正因为他感到用"气"既可以解释万物由以组成的质料,又能解释万物生灭运动的动因和质的差别,又能解释灵魂现象,所以才认为以"气"作为本原最合适;这就加强了米利都学派

---

① 《西方哲学原著选读》(上),商务印书馆1981年版,第18页。残篇 D2。

② P.P. 第144页,第144条。

的唯物主义倾向。

四、对米利都派发展的小结性考察

米利都派哲学出现在公元前6世纪里,是古希腊人的历史发展和城邦制度最初兴起繁荣的思想产儿。人的社会关系血缘与自然关系浑然一体的氏族制度在迅速分化,新社会关系的出现和发展使人们对自然和自身能够采取一种比以前较为自由的新态度新方式。米利都处于这最初变化的中心,人们通过多方面活动发现和积累了许多经验知识,便开始就自然本身来说明自然宇宙,以论证方式来解释世界。这样他们的世界观就开始摆脱了神话的宇宙创生说的神秘性和任意性,最初的哲学便诞生了。

最初的哲学是极其素朴的。米利都哲学是素朴唯物主义,并且包含着辩证法的萌芽。

哲学的开端是唯物主义,这个事实具有很重要的意义。米利都派的思想表明,哲学的产生是人类科学思维的最初觉醒,它只面对客观的自然,凭经验观察到的事实来培育和建立自己的思考;从而与神话宗教里的唯心主义幻想正相对立。因而哲学的开端必定要趋向和表现为唯物主义。当然在哲学的往后发展中,由于它初期的素朴性、幼稚和在遇到困难时不可避免的曲折和迷误,更由于人类实践史的曲折性,哲学还与宗教有千丝万缕的联系,还会一再地转向唯心主义,并通过自身中的唯心主义同宗教相互转化,但它同宗教之间的本质差别毕竟从一开始就奠定了,并从此将永不能被抹杀。这是米利都派哲学的一大历史功绩。

这功绩的一个重要结果就是为科学的产生和发展开辟了道

路。大家知道,在古希腊最初科学与哲学不分,科学在哲学里产生并借哲学来发展,这不是偶然的。米利都哲学开始了一种与神话不同的观察和说明客观世界的新方式,在他们的素朴唯物主义里包含着科学思想的基本态度和各种萌芽。他们关于"本原"的猜测,具体说法并不正确深刻,但是要寻求物质性的"本原",即从自然本身寻找它各种现象的根本原因,这思想的核心却是很正确和很符合科学的。可以说,如果没有这样一种自然观世界观及其思维方式,人们还处在拟人的怪诞之说的支配与影响之下,那么最初的科学是无从发生的。各门科学后来才逐渐成长和独立出来,反过来又有力地推动着哲学的前进。

我们应该承认和高度赞扬伊奥尼亚的米利都派哲学的历史功绩。不过我们也要看到这一切还不过是极其幼稚的萌芽,它还只是个婴儿。这是哲学刚刚从原始感性思维里越出时必然带来的特色,而且在一个很长时间里不能摆脱,古希腊哲学的全部发展都贯穿着对那原始的思维方式的艰苦变革。这一特点,我们在米利都派三位哲学家的思想进程中已经可以看到:最初哲学的素朴性,一方面蕴藏着往后发展的无限丰富的可能性,同时又显示了它的极大的原始局限性。

泰勒斯第一次提出了万物的始基或本原问题,已经表现出人类试图在殊异的感性具体事物中寻求一般和统一的东西了。这已经是一种新思想,蕴含着一种对抽象的肯定和寻求,但是在他那里,这种一般的抽象还无法从感性具体里挣脱升华出来,它只能借某一种感性事物"水"来表现它自己。这是一个尖锐的矛盾:要在思维中从个别上升到一般,从感性具体进到科学抽象,可是这一般和抽象仍然只能理解和表述为一个个别,一个感性的东西。这是哲学的思维内容和表现形式之间的矛盾。它推动着从泰勒斯向阿那克西曼德的思想前进运动。

阿那克西曼德显然感觉到了这个矛盾。他发现用"水"或任何个别的、在质上特定的物质作本原,是无法理解和说明万物的普遍性、统一性的,因此本原必须是一种比这些特质的东西更高的东西;这本原的东西要能说明一切质上殊异的万物,它本身就不能是特定的,同时又能包含一切殊异(以不显著的方式包含对立成分,通过对立的分离运动使它们显现出来)于自身之内,这样,他就达到了一个"无规定者"的概念。这显然在思维的普遍性和抽象性上大大前进了一步。

但是这里又面临着新问题。哲学探求的统一的一般的本原,要求一种明确的规定、一种可以牢牢抓住以说明万物的原因,因此它本身不能是模糊的。而"无规定者"这个概念或所指的东西,本义正是没有规定、无法确定,它似乎最丰富,可以包罗一切,却又最含糊不定难于捕捉。他的素朴的意识在这里遇到了不可解决的困难:力图给本原以规定,却恰恰只能以"无规定"来加以规定。这是哲学思维发展中一件很有意味的重要史实。

这个矛盾是怎么造成的?因为最初哲学家只能在最感性具体的范围内转圈子。阿那克西曼德想打破这个圈子,他用质上"无规定者"代替"水"就表现了他力图突破感性的质的范围来说明各种质,但他自己也还在这个范围里面。他不知道万物除了质的规定性之外还有别的规定性,所以只能达到质的"无规定者"的概念;也就是说,他所说的"无规定者"仍然是感性的质的东西,不是抽象一般的东西,只不过它不应有定质或特质。这当然是矛盾。实际上他把这些东西理解成"混沌"的东西,而这"混沌"在古代人及其古老神话里也仍是一种感性的形象,不过它同其他形象相比又似乎最无形象而且更原始。这样,它似乎能满足无规定的规定的要求,并把哲学思维同感性思维协调起来。

阿那克西美尼沿着这种思路前进,把这一点更明白地表述出来。他认为"无规定者"太不确定,难以捕捉,而可以确定的仍然是有质的东西,并且应该为人的经验所直接感性地知道和确定。因此他的思想在某种程度上又回到了泰勒斯,但同时也要把定质和无定质统一起来,这样他就提出了"无规定的气"作为本原。"气"这种感性物质,一方面比水、火、土等显得过于具体的东西要无形象无特殊质的规定,似可满足于阿那克西曼德的种种考虑;另一方面又比"混沌"这种人们不能具体感知的东西要具体得多,可以通过呼吸、风等等感性经验确知它的存在和作用。这样似乎能较好地解决前面两位哲学家思考中的矛盾。

所以,米利都派的思想发展就自然地形成一个否定性的圆圈:它已经在感性具体的自然事物世界里开始寻求其统一性的本原了,但最初,这一般的统一的东西只被看作特质的东西("水"是本原);这是矛盾的,所以又被看作是本身无特定的质、然而又能蕴藏产生一切特质的东西("无规定者"是本原);但无定质还处在感性的质的范围内,且与哲学要求的一般本原应是有规定性的相矛盾,于是又返回到质的规定,并力图把它同否定特质的合理抽象统一起来("无规定的气"是本原)。

这个矛盾当然并没有真正解决:停留在感性的质的阶段里的思维是不可能解决这个矛盾的,寻求本原的探讨还必须继续。只有突破这个范围,在思维的抽象性上更前进一步,开辟出新的天地,才能用新的方式来解决这个矛盾。然而米利都派提出的重大问题(本原问题)和它所遇到的必然矛盾,正是推动哲学继续向前的内在力量。米利都派已经有了就自然本身考察其原因的思想,有用对立面的一致和分离来产生和说明万物的辩证法萌芽,有用

"气"的稀浓来解释世界万物即包含着用数量的变动说明质的殊异的思考成分,从而为后人提供了新发展的思想要素。发展这些萌芽的成分来进一步解决问题,是往后毕达哥拉斯派和赫拉克利特这些人的哲学工作。从这个角度看,米利都派的全部哲学就由一个圆圈缩小成一个点,成为往后发展的一个思想上的出发点。

历史的变动打断了米利都城邦及其哲学的发展。小亚细亚伊奥尼亚的繁荣,在公元前6世纪里不断受到来自邻邦的强大威胁,波斯王居鲁士的力量强大起来,把小亚细亚的吕底亚王国和希腊各邦逐步置于自己的统治之下,唯有米利都还暂时保持着独立。公元前500年即前6世纪的最后一年,米利都联络小亚细亚希腊各邦发动了反波斯统治的暴动,但于公元前494年失败了,波斯军队焚掠了各暴动的城市及其宗庙,屠杀男子,把妇孺劫去做奴隶,而米利都的遭遇最为惨重。它的陷落,在全希腊引起巨大震动和悲痛,成为希波战争的引线,这次战争以希腊人的辉煌胜利而结束,并揭开了希腊古典时代高度繁荣发展的序幕。米利都的陷落,结束了哲学在米利都城邦中发展的历史,不过哲学并没有就此终止,而在更广阔的地区里发展起来。在往后的发展里,米利都派的影响是巨大深远的,这一点我们以后会反复看到。

第三章 希腊历史在公元前8至前6世纪间的变动和新问题、新思潮

一、以本土为中心的地中海上的希腊世界的形成

公元前8世纪以前的希腊世界,主要是爱琴海的世界,包括希腊半岛本土、小亚细亚沿岸和爱琴海上的各个岛屿,那时希腊文化的中心在小亚细亚伊奥尼亚。到公元前8世纪后发生了变迁。

在希腊本土上,因多立斯人入侵所造成的动乱停滞已成为过去,小亚细亚伊奥尼亚的繁荣反转过来影响于本土各邦,它们也走上了工商业迅速发展和城邦政治演进的道路。除斯巴达外,多立斯人的城邦如科林斯、麦加拉、西库昂等等,也同雅典那些亚该亚人城邦一样,由于海上交通的便利,商品贸易经济发展很快,并在政治上于公元前8世纪前后形成了与小亚细亚诸邦类似的贵族制城邦制度,结束了王政时代。唯有斯巴达人走着另一条道路。它是希腊唯一具有较大的内陆领土始终以农为主的国家;斯巴达人在奴役原居民希洛人并长期镇压他们的起义的斗争中,把自己变成了一座严格的军营;为了严格地保持斯巴达人的统一、秩序、纪律和"纯洁",这里用各种办法禁止或限制私有财产和商品交换以及货币的使用,保持着有王的贵族寡头统治。但总的说来,希腊本

土各邦从公元前8世纪起已摆脱了所谓"黑暗时代",而且在这里没有外敌的威胁侵犯,因而在新的道路上获得了稳步的发展。

在公元前8至前6世纪,希腊人进行了又一次大规模的海上移民,从小亚细亚和本土出发,四面扩张,形成了一个以本土为中心的、包括整个地中海沿岸的广阔的希腊世界。

这次大移民同上次有重大区别。前一时期的迁移,包括北方部落南下和海上移民于小亚细亚,基本上属于自发的原始部落的迁徙性质。而这一时期,希腊各邦已进入阶级社会即奴隶制和商品经济的急速发展中,城邦制度正在普遍形成,所以移民便带有明显的经济政治目的和有计划进行的特点。各邦的移民活动,或是为了扩大海上贸易和商品生产,为取得粮食、原料、奴隶和市场,或为疏散多余人口,或为扩张自己的势力和影响。小亚细亚诸邦的移民还带有避难的性质,例如吕底亚的入侵,使福开亚大批人扬帆西去建立"远西"的马赛利亚殖民地,波斯入侵时提奥斯全城人都上船到色雷斯海岸建立了阿布德拉,小亚细亚诸邦避难而走的移民遍布各地和本土,使比较先进的文化和制度得到广泛传播。但不论从小亚细亚出发的同本土的移民有什么不同,都是在新的经济政治条件下由各邦有目的有计划地实行的,而且是大规模的,因而这些海外的新殖民城邦都能很快建立起来,并迅速得到发展。这些新建立的海外城邦在短短的二百年间多达数百个,星罗棋布于整个地中海的各处沿岸。

上述本土上的诸城邦的演变,小亚细亚受外部强敌的威胁进犯,以及这次海上大移民的运动,综合发展,就形成了一个以本土为中心的地中海上的广阔希腊世界。希腊文明中心在东移之后又回到了本土上来。在诸多海外殖民地中,南意大利的"大希腊"和西西里诸邦,由于同本土海上距离很近,关系密切,便成为与东部小亚细亚希腊相呼应的、本土两翼之一的另一重要地区。

二、经济和政治斗争的新发展和新动向

　　大移民所造成的新的广大希腊世界是极其多样化的。那些海外城邦是由历史状况不同的母邦各自在不同的时候和情况下分别建立的,自然各有自己的传统和特色,并且各地的自然资源和交通条件不一,外部条件如周围原来土著居民和竞争对手或敌人的状况也不同,所以各自的发展也不同。但它们又有共通的特点。

　　首先在经济上,大移民加强了希腊的海上文明的特色,海上的贸易交通更加扩大,交往频繁,极大地推动了本土和海外诸邦的商品经济,促成了公元前8世纪开始铸造的贵金属铸币的日益广泛的使用,反过来又加速了商品的生产和财富的积累。

　　迅猛的经济发展使希腊各邦的社会阶级关系和政治关系出现了新变化;新的发财致富的机会和贵金属货币的使用,日益增长的对金钱和财富的贪欲,刺激了冒险事业和创造性的经济活动。于是,在氏族贵族旁边生长出一个新兴的工商业富裕阶层,他们的经济实力不断增长,但在政治上无权;金钱贪欲也大大推动了旧的土地贵族们运用土地、财富和权势加紧对一般平民的剥削,这种剥削是非常粗暴严厉的,例如在雅典就出现了大量平民沦为高利贷债务奴隶的现象。这样在城邦里氏族部落内部的贵族与平民之间的阶级分化和斗争,就迅速发展起来,日趋激化。

　　于是,那取代王政的各邦中的贵族统治制度,在起过一定进步作用之后,就成为过时的东西和平民们诅咒和攻击的对象了。在各城邦中,几乎到处都发生了平民反对氏族贵族的激烈斗争。到

公元前6世纪初,雅典的这种阶级斗争达到了要发生公开暴动的严重地步。"多数人被少数人奴役,人民起来反抗贵族。党争十分激烈"。① 中心问题是债务奴役问题。于是发生了"梭伦改革"(公元前594—前591年)。梭伦"禁止以人身为担保的借贷,一举而永远地解放了人民,他又制定法律,下令取消公私债务,其法案曾以'解负令'闻名,意即人民卸下他们的重担"② 。这次改革还禁止贵族无限制地占有土地,并在人们的政治权利方面用财产标准代替了血缘标准。这些措施削弱了贵族的权势,使沦为奴隶和陷于债务困境的平民得到解放,使新兴的工商奴隶主阶层得到利益。梭伦改革是希腊和雅典历史上的一次重要的社会政治变革。不过它对贵族的打击还是有限的,氏族部落制度在社会组织中仍然很重要,贵族会议仍可否决公民大会的决议,雅典基本上仍是贵族的政治国家。

梭伦改革否定了希腊人以本族人为奴隶的行为,影响和意义是很大的。希腊的经济发展和海上移民等巨大活动,使本邦本族的人力成为宝贵的资源,因此那种变本族平民为奴隶的做法,成为最不得人心的也难以继续下去的事情。梭伦顺人心而进行的这种改革,结束了这种事情,对城邦的经济和政治的发展有很大作用和意义。后来希腊人中间日益发展起来的奴隶制度,基本上是不以希腊人为奴的。也许斯巴达是唯一的一直保持着以原有非多立斯的希腊人即希洛人为奴隶的城邦,因为像科林斯、麦加拉、西库昂等多立斯人城邦,初期虽也以原居民希腊人为奴,到了公元前8世纪之后,这些农奴也逐渐地得到了解放。在绝大多数城邦中日益

---

① 亚里士多德:《雅典政制》V,商务印书馆1978年版,第8页。
② 亚里士多德:《雅典政制》VI,商务印书馆1978年版,第8—9页。

增多的奴隶,主要是通过买卖异族人(包括战俘)而来。这样,建立在奴隶劳动之上的希腊城邦社会就可能成为城邦中全体公民的社会。城邦内部公民之间的阶级斗争,贵族和平民(新兴的工商业阶级在政治上也属于平民的一部分)的斗争,便同他们与奴隶间的阶级斗争区别开来。

公元前8至前6世纪期间,由于经济上的利益冲突,城邦中平民和贵族的斗争,政治上有许多变动和动荡,大体上是贵族统治和早期僭主政治的彼此交错替代,民主制的因素在这些斗争中逐渐得以发展。梭伦改革便典型地显示了这一趋势。但这期间只有个别城邦如开俄斯直接由贵族制变成了民主制,其他所有城邦还达不到这一步。在多数情况下,僭主政治在早期起了这种过渡性的作用。这是因为贵族专制虽然已为广大平民和工商业阶层所憎恶痛恨,但后者还没有足够的力量和能力来推翻贵族制以建立自己的民主统治。古希腊的历史学家修昔底德写道:"当希腊变得更加强大,收入日增,财富空前加多之时,大多数城邦都开始建立僭主政治,而在以前,世袭的王政则以限定的特权为基础。"[1]

僭主本人多出身于贵族,但多数是改革派的首领,他们利用平民对贵族统治的不满和骚动,乘机而起,夺取政权。他们虽然把政权夺到手后加以独揽,并不向平民开放,但他必须依靠新兴势力和下层平民,也要实行一些对他们有利的政策和措施,这就削弱了贵族势力而多少有利于人民的经济、政治发展。例如西库昂僭主奥萨哥拉家族统治期间,贬抑原统治族多立斯人,抬高了非多立斯人氏族的地位;科林斯僭主库普赛洛和他的儿子伯利安德(希腊"七贤"之一)当政期间,进行了一系列的改革,首创向西殖民,镇压王

---

[1] 《世界上古史纲》(下册),人民出版社1981年版,第146页。

族,分配土地给平民,解放农奴,提高工商业的地位,改革货币制度,大力造船,修筑道路,发展海运,奖励艺术、体育和科学,使科林斯成为当时希腊的第一流国家。在小亚细亚,著名的僭主有米利都的司拉绪布卢和萨摩斯的波吕克拉底,他们在反对和抵御波斯人进犯上有功绩,在雅典,梭伦之后出现的庇西特拉图父子的僭主政权,延续了有半个世纪(公元前6世纪中期),他们继续执行了梭伦的政策,维护了梭伦改革成果并进一步削弱贵族势力,使雅典经济有了新的发展,为公元前6世纪末的克利斯梯尼改革铺平了道路。

希腊的早期僭主政治,由于它主要是反对贵族统治的,所以有一定的进步作用,这同后期的僭政是有所不同的。但不论前期后期,僭主政治由于充满着个人野心和个人专制,而且随情势和个人的思想、能力不同而有所不同,有很大的主观任意性,因此同民主制有根本区别。这样,不仅贵族反对它,新兴工商奴隶主阶级在达到自己的一定目的之后也厌恶它,更不用说主张民主制的人们和思想家对它持批判态度了。梭伦就坚决反对庇西特拉图的僭政,并为此终身不再返回他所热爱的祖国雅典。所以我们对于早期的僭主政治,除了适当肯定它的进步意义,也要具体作分析。在哲学家们同僭主的关系上尤应注意这种复杂性。

三、新的社会思想以及宗教意识的变化

公元前8至前6世纪的上述巨大历史变动,在希腊人的思想中产生了重要印记。事实上,发生在前6世纪里的米利都派哲学,固然与小亚伊奥尼亚和米利都城邦更久远的历史发展有关,也同这一时期的新变化有关。而且思想的变动并不限于哲学,甚至可以

说人们在世界观上的时代变化更重要的形态最初还不在纯哲学里面。在社会政治伦理思想中，在神话宗教本身的演变中，更有紧要的表现。梭伦的思想和奥尔菲神秘教的出现，便是这种思想变化的两个重要标志。哲学最初主要在自然观上工作；而对社会和人生的种种看法的发展则另有其表现形式，然后才在哲学里得到表现，这对理解米利都派之后的哲学是一个重要之点。

同泰勒斯和阿那克西曼德同时的梭伦，是希腊"七贤"中特别重要的思想家、政治家和著名诗人，他以其改革活动和品德智慧高尚为后人所称颂。他也出身于古老的贵族世家，带着从远古继承下来的文化传统，同时又由于参加新的工商业活动和新的政治与思想的活动，便处在旧土地贵族和广大平民之间的中间地位，这种人物在当时的历史转变里往往起着十分突出的作用。

把他同米利都的哲学家作一对比是很有意思的：泰勒斯和阿那克西曼德成功地把自然界从人和社会方面划分出去，使之成为独立于人的客观对象；而梭伦作为政治改革家则把社会问题同自然区别开来，要求从人类社会中所特有的道德和正义方面来重新思考社会问题以改革它，建立同原来自然关系下的氏族制度不同的法治社会和道德社会。这显然也是一种新思想，也是一种新的世界观。

亚里士多德在《雅典政制》中报道和论述了梭伦的改革事迹和思想。面对着雅典当时"多数人被少数人奴役，人民起来反抗贵族，党争十分激烈"，尖锐到几乎要爆发内战的地步的社会冲突，最后大家"共同选择梭伦为调停人和执政官"。这是在梭伦写出他的一首哀歌之后的事情。

那首哀歌开头说：

　　我注目凝视，而悲哀充溢着我的心，

这伊奥尼亚最古老的地方竟陷于绝境，——

接着亚里士多德分析说：

在这首诗里，他以仲裁者身份，代表每一方以与对方斗争，而后劝告他们共同停止他们之间方兴未艾的纷扰。梭伦就门第和名誉而言，皆属一等，但依财富和地位而论，则仅属于中等阶级，这不但为其他权威者所承认，而且他自己在一些诗中也证实，那些诗劝告富有者不要贪得无厌：

> 你们这些财物山积、丰衣足食而且有余的人，
> 应当抑止你们贪婪的心情，压制它，使它平静；
> 应当节制你们傲慢的心怀，使它谦逊，
> 不要以为要什么就有什么，我们决不会永远服从。

的确，他常常为内争责难富有者。所以在哀歌的开端他说，他害怕那溺爱钱财和骄傲不逊——暗示着这些便是引起仇恨的原因。[1]

梭伦看到冲突由财富和金钱引起，贵族们为了金钱和财富贪得无厌地剥削压迫平民，使他们大批陷于奴隶的境地。他的改革首先就是要抑制贵族们的这种行为。他虽然用法律的改革解决了当时某些最尖锐的问题，但不得不承认这种对金钱和财富的追求所引起的种种问题是没有止境的，因此社会还需要公道和正义，他在诗中写道：

> 许多坏人是有钱的，许多好人是贫穷的，但是我们决不舍弃我
> 们的正直贤德而去换取财富，因为正直贤德是稳固的，至于金钱是

---

[1] 亚里士多德：《雅典政制》V，商务印书馆1978年版，第8页。

在人间川流不息的。①

　　人们总想用不正当的行为来发财致富；他们彼此明抢暗偷，甚至对于神圣的或公共的财产也不放过，并且没有防备给"公道"（希腊文 δίκη，古希腊的正义女神。——引者注）找到可怕的把柄，她对于一切正在发生和已经发生的罪行总是默默地加以注意，并且及时地、丝毫不爽地加以报应。那时整个城邦就会遭到一种不治之症的降临，不久便会丧失自由，诱发战争和自相残杀的斗争，而使许许多多的人毁灭于他们的青春时代。②

　　可见，在梭伦思想中，正义、公道，是一种应高于一切财富和冲突的力量和标准。它是神圣的，人们的社会道德和法律以它为准绳，人们应当认识到它的惩恶奖善的报应力量，从而抑制自己的贪欲和不义行为，不要去侵害别人，不要贪得无厌和骄横自大。只有如此，社会才能安宁健康，城邦才能团结兴旺。

　　这"正义"或"公道"的要义，在梭伦看来就是要有"节制"。梭伦写道：

　　　　要看到那种唯一维持事物界限的内在智慧尺度，多么困难啊！③

　　"尺度"（μέτρον）一词，据汤姆逊查考，在荷马诗篇里还只有具体的含义，指一根尺竿或计量谷物或油酒之类的量器，到赫西俄德那里已被用来表示一种道德的抽象，有"分量适当"、"有节制"的

____

① 《梭伦残篇》，4，9-12。转引自汤姆逊《古代哲学家》，三联书店1963年版，第258页。
② 《梭伦残篇》，3，10-20。转引自汤姆逊《古代哲学家》，三联书店1963年版，第260页。
③ 《梭伦残篇》，16。转引自汤姆逊《古代哲学家》，三联书店1963年版，第261页。

意思。它渐渐成为希腊人中的新观念，作为正义女神的新形式，其含义有如人们常说的"凡事不可过分"；正义之神掌管着它，来监视和管理人们的行为，使之不超过他们应有的限度和分量。梭伦把它加以强调，用以限制贵族和平民双方，贵族不要过分侵夺平民，平民反对贵族也不能过分；同时大家都要把正义和道德置于财富的追求之上，以保持社会的安宁和健康兴旺。

这是一种承认社会有矛盾斗争，但要求节制这种矛盾冲突的新的社会关系思想。它在当时实际上是有利于平民反对贵族的要求的，但它要求节制、调停、中和，又是不彻底的。它表现了当时既同贵族制有联系又主要倾向于新兴势力的那些人的利益和思想，而梭伦的出身和地位恰恰是这样的。这种思想在当时有很大意义和作用，他的改革的成就更增强了这种思想的分量和影响。这种意识对往后的哲学发生了重要的作用。

现在再略为谈谈另一种有深刻影响的思想发展。在公元前6世纪里从色雷斯发源，传播于本土如雅典等地，再传播到南意大利和西西里的奥尔菲的神秘教义（还有厄琉西斯神秘教，对它我们就不单独谈了），是一种流行于民间的思想运动，由于贫民的文化教养与上层不同，它只表现为一种宗教的运动。同贵族以及向工商业转化的贵族们的思想和世界观大为不同，奥尔菲教义代表着贫苦的下层农民和陷于奴隶状态的平民的思想倾向。这些丧失了土地陷于无望境地的人们，不像正在发财致富的上层（包括贵族和新兴的工商业者们）那样对现世人生感兴趣，他们在苦难中感到人生有如牢狱。既然丧失一切，在鞭打和苦刑中生活，便对现实发生批判和否定的态度，并转向了一种幻想世界，希望在那里能恢复他们失去了的权利；残酷的现实生活使他们把心中唯一的活力和希望变成了一种对"灵魂"的意识。他们认为肉体不过是灵魂的坟墓，只有通过死亡,灵魂才能获救,那时一切人的灵魂都要受到神圣的审判,如果它被肉体腐化得无可救药,就要送到地狱里去受永恒的惩罚;而那尚可救治的灵魂在加以清洗使之洁净后,便能开始新的生活,如果灵魂在世上经过三世都不受肉体的玷污,它就能和天上的快乐神灵同游。因此他们认为生就是死,死即是生;人们必须为自己的灵魂的洁净和光荣而努力和斗争。

　　我们看到,这种教义虽然形式上是原始神话和宗教的继续,但在内容上却是新的。它反映和表现了在新的历史变动中下层人民的思想,在宗教神秘的意识中出现了与肉体相分离的精神性的"灵魂"观念,使两者相互对立,并把精神性的"灵魂"放在世界观的首位。米利都派哲学把自然看成在人之外的独立的客观对象,表现出唯物主义的倾向,而奥尔菲派则把人类看作是可以脱离自然和肉体而独立的灵魂,表现出唯心主义的倾向。奥尔菲教义把灵魂同肉体分别得这样清楚,这是以往希腊思想和米利都派哲学中所不曾有过的。它虽然是唯心主义、宗教神秘的学说,我们却决不应简单否定它的意义和价值。因为,它表现出当时被压迫剥削的下层群众对现实生活的强烈反抗的批判态度;他们的"灵魂"观念,表现出人们在几乎绝望的斗争中所产生的最初自我意识的觉醒:他们失去了现实的物质的一切,包括他们自己的肉体人身,但他们发现自己还是有"灵魂"的,这灵魂是他们不可剥夺的东西,是他们本身存在的最后依据和证明;他们还要通过灵魂的努力和经历来进行正义的斗争。他们使灵魂同肉体分离,这就在哲学之外,在人类思想史上第一次产生了一种纯精神性的存在的观念,这是一个重大的抽象;此外他们强调了人生最重要的事情就在于使灵魂纯洁和净化,这些对后来人们的世界观的发展,包括伦理道德、宗教,以至哲学的发展,都提出了重大的新课题,提供了新的思想元素。

第四章 毕达哥拉斯及其学派

一、毕达哥拉斯派的特色和有关它的疑难

在公元前6世纪最后的30年间,即紧接在米利都派之后,在希腊世界的西部南意大利,出现了毕达哥拉斯所创立的哲学派别。毕达哥拉斯本人是小亚伊奥尼亚的萨摩斯人,中年时才去意大利,他受到米利都派哲学的影响是无疑的,但是他们创立的哲学在精神上和面貌上都同米利都派大不相同。为此历来人们认为他开始了古希腊哲学的另一传统,意大利学派的传统,与米利都派所开始的伊奥尼亚学派的传统相对立。这两个传统以不同的方式对古希腊哲学的发展产生重要而深远的影响,值得我们同样地加以注意和重视。

毕达哥拉斯派的一个显著特点,是他们不仅是一个哲学的科学的派别,而且又是一个宗教的政治的团体,具有强烈而浓厚的宗教意识。米利都派是一些自然哲学家,他们以自然主义的态度和方式专心研究自然事物的世界及其本原,使哲学从神话中分离出来;但是毕达哥拉斯派则主要关怀人生和灵魂的命运,为了这个目的来研究世界和自然事物,研究科学与宗教。所以他们把哲学同宗教交织结合起来。他们不仅是哲学家、科学家,还是宗教家;他们的哲学和科学有浓厚的宗教神秘色彩。

　　许多人以相当厌恶的眼光看待他们的这一特点,但是问题并不能靠这种态度来解决。列宁在谈到毕达哥拉斯时说:

　　注意:科学思维的萌芽同宗教、神话之类的幻想的一种联系。[1]

　　如前所述,马克思也指出了哲学和宗教有一种深刻的关联。他们都教导我们要注意这种联系而不应简单化。只有研究他们的哲学和宗教相联系的历史必然性和意义,我们才能作出适当的分析批评和评价,才能较好地了解毕达哥拉斯派哲学本身。这是第一点。

　　毕达哥拉斯派区别于米利都派的另一显著特点,是他们最早在哲学思维中提出了一些抽象的因素和范畴。米利都派从感性自然事物中寻求统一的本原,毕达哥拉斯派则以抽象的数、“一”和对立范畴作为世界的本原。正如亚里士多德所说:

　　毕达哥拉斯派对本原和元素的看法比那些自然哲学家较为奇怪,其原因是他们从非感觉的东西中寻求本原。[2]

　　这对于往后哲学的发展有巨大意义,后来巴门尼德的哲学就是循着这条抽象化的道路发展的。柏拉图也非常重视这一点。其原因如亚里士多德指出的那样,“他们提出的那些原因和本原,如我们所说,本是可以导向更高的实在领域的步骤,并且比自然理论更适合于这些更高的实在。”[3] 单纯用自然物质作本原和用自

---

[1]　列宁:《哲学笔记》,《列宁全集》第38卷,人民出版社1959年版,第275页。
[2]　Aristotle, Met. 989^{b}29.
[3]　Aristotle, Met. 990^{a}5.

然哲学的理论,是难于解释社会、人生诸问题的;毕达哥拉斯派用
"非感觉的东西"作本原来解释一切,开辟了一种新的说明世界的
方式。

但是这样也就产生了困难和种种混乱。这些非感觉东西的本
原怎么能说明自然界的种种感性事物呢?

> ……他们所说的数学对象除天文事物外,都是属于没有运动
> 的事物。可是他们讨论研究的都是关于自然的,因为他们谈到诸
> 天体的产生,以及观察到的现象中诸天体的各部分及其性质与作
> 用,并用一些本原和原因来解释它们,这就意味着他们同其他自
> 然哲学家一样认为实在正是一切可感觉的事物,包括所谓的"诸
> 天体"。[①]

一方面,毕达哥拉斯派提出了比较抽象的东西如"数"或某些
规定作为本原,即认为它们是最真实的东西;另一方面他们仍同
米利都派自然哲学家一样,认为实在是感性事物。这是矛盾的,而
他们还谈不上弄清楚抽象一般和感性具体之间的关系,因为他们
才刚刚由于提出抽象东西作本原而提出了这种对立。并且,由于
他们仍然像米利都派那样,把本原看作是自然和各种事物由之构
成又归于它的东西,因而他们的哲学就不得不陷于巨大的困难和
混乱之中。最明显的一点就是,为了用"数"等等来构造和说明感
性事物的世界,他们的"数"等等东西本身又是有空间大小的、甚
至是有颜色的可感觉的东西,是万物的质料因:把抽象的东西本
身看成是感性的物质东西。他们把算术中的数和几何学中的空间
形状的量、自然界中的感性物体都混淆在一起;还用"数"等等来

---

① Aristotle, Met. 989^{b}32-990^{a}5.

解释社会人生现象和灵魂等等。他们的哲学解释里充满着牵强附会。人们要想在他们的哲学中找到一种清楚明白、条理一贯的系统,那是很难的。

但是这并不等于说他们的哲学没有多大意义。他们的哲学是原始素朴的哲学,在前进中不能不陷于矛盾、困难和混乱;但他们提出了哲学思想发展中的重要成分和问题,他们的种种困惑和混乱,又为以后哲学的发展提供重要的思考原料,起到了很大的推动作用。

这是他们哲学的又一个特点,这个特点加重了人们弄清它的困难,同时又是人们重视它的又一个理由。这是第二点。

这个哲学是怎样产生的? 毕达哥拉斯及其派别在当时希腊的社会里处于怎样的社会地位中,他们的倾向究竟是反动的还是进步的? 不了解这一点,我们就弄不清这个哲学的根源和意义,也不能恰当地评价它们。在这个问题上历来有不同看法,至今仍然是哲学史研究中的一个争论问题。要想真正弄清楚这一点是困难的,不过我们仍应尽力有所了解,以便作出一个比较可信的估计和评价。这是我们研究毕达哥拉斯及其学派的哲学时应该注意的第三点。

研究毕达哥拉斯派哲学既有重要意义,但如上所述,又有许多内在的和外在的困难。并且除了这些困难,还有一个基础性的困难,就是他们几乎没有留下什么严格意义上的第一手资料可以作为我们研究的可靠依据。

毕达哥拉斯本人没有留下任何原著或原话。毕达哥拉斯团体是一个宗教性的团体,保持沉默和保守秘密不得外传,是他们的一条最严格的戒律。毕达哥拉斯的教导,弟子们必须牢记于心,照着去做,但不能对任何外人去说,再传亦复如此。因此,外人几乎没有办法知道毕达哥拉斯本人究竟是怎么说的,他们只能从这个团体的人们的那些特异的行为举止中去了解和猜测他们的思想。直到许多世代过去,由于种种变迁,这种学说才渐渐透露出来而为世人所知。此外,他们团体的宗教神秘性的另一种很自然的结果,就是把创始人加以神化,把一切重要的思想和发现统统归功于创始人。因此要想严格分别这些学说里哪些是毕达哥拉斯本人的,哪些是门人进一步提出和发展的,这些门人又分别是谁,是困难的,在大多数情况下几乎无法作这种分辨。

我们知道,柏拉图对毕达哥拉斯派学说特别重视,有所讨论,而到亚里士多德才对它有比较具体的论述。这是我们研究毕达哥拉斯派哲学的最为可信的主要的资料源泉。但是,(一)他们离毕达哥拉斯本人也有了一两个世纪之久,也不能分清这些学说中哪些是原初的,哪些是后来的了。柏拉图在许多有关论述中,直接提到毕达哥拉斯本人名字的只有一处,亚里士多德也只有两处,其余则用"毕达哥拉斯派"或"某些毕达哥拉斯派的人"这种笼统的代词来称呼,这种谨慎态度,说明他们当时的研究已经感到有困难。(二)亚里士多德的有关论述也没有全部保存下来,我们有证据知道他确实写过一篇专门讨论毕达哥拉斯主义的论著,但已经佚失了。现存的主要是讨论有关他们的哲学和科学方面的内容,由于人们的研究主要是通过亚里士多德的论述,而又未注意这种材料的佚失情况,所以有人便误以为他把毕达哥拉斯派学说只当做哲学与科学来看待,这对忽视他们学说同宗教的联系也产生了一定的影响。

所以只从亚里士多德留下的有关材料来研究这派学说是不够的,我们还要注意利用别的材料来源。这些材料数量很大,许多是传说,需要有更多的批判才能有恰当的运用。其中,与毕达哥拉斯同时的和最接近的证据是价值最高的,如塞诺芬尼和赫拉克利特残篇中谈到有关毕达哥拉斯本人的地方。不过这太少了。历史学家希罗多德提供的材料也很重要。此外,柏拉图的学生黑拉克里德(Heraclidcs of Pontus),亚里士多德的学生阿里斯多克森(Aristoxenus)与狄卡埃尔库斯(Dicacarchus),由于同后期毕达哥拉斯派人有较多交往,他们本身也在科学上有功绩,所以他们对毕达哥拉斯派的许多论述,值得我们重视。他们的一些论述保存在更晚的从西塞罗直至公元3世纪的新柏拉图派坡菲利及其学生扬布利柯的著述中。这些晚期文献还收集了许多别的传说材料。由于后人按照他们那时的自己的倾向来叙述,不免有更多的附会与曲解,人们认为扬布利柯著作的水平要更差一些。我们在运用他们所说的材料时应该注意到这些情况。

现代学者们由于运用了一些较为科学的方法,在对毕达哥拉斯派的考证和研究中,已经取得了许多重要进展。例如格思里在《希腊哲学史》第一卷里,对毕达哥拉斯派有一个长篇幅的论述,被公认为是现在对他们的最好说明。这对我们当前的研讨是有很大帮助的。但是格思里也认为,由于存在着种种困难,毕达哥拉斯派哲学成为古希腊哲学中最有争议的一部分,尽管人们作出了大量的努力,许多问题必定还是难以弄清楚的。

上面我们列举了研究毕达哥拉斯派哲学所面临的困难和问题。为了探讨这个哲学的意义及其在哲学史发展线索中的地位和作用,我们不得不面对这些困难。问题和情况的复杂性,要求我们在研究中尽可能取谨慎态度。我们希望用这种态度,从比较可信的史料中,力求对毕达哥拉斯派哲学的主要之点获得一个大致可靠的理解。

二、关于毕达哥拉斯及其团体的
阶级地位和倾向问题

在许多哲学史论著里,认为毕达哥拉斯及其集团代表贵族的利益,因而他们学说中虽有科学的方面,但从根本上说来是保守反动的。对这种看法人们是有争论的。它涉及对毕达哥拉斯派哲学的基本估价问题,需要加以讨论。不过由于我们能确切掌握的材料不多,所以在这种基础上的分析讨论不免带有某种程度上的或然性。

毕达哥拉斯(Pythagoras)是萨摩斯人。其父是一位宝石雕刻匠,因而毕达哥拉斯出身于平民。照希腊人的风俗,他很可能随他的父亲学过这门手艺。

他同当时萨摩斯的僭主波吕克拉底是同时代人。在波吕克拉底的统治下,萨摩斯的经济和贸易繁荣起来,还兴建了一些著名工程,城邦力量增强了,当时这里的雕刻艺术也相当发达。可以推测这些发展对毕达哥拉斯是会有影响和鼓舞的。波吕克拉底反对土地贵族,起了进步作用,但作为僭主,也有放荡奢侈和专制粗暴的一面。据阿里斯多克森说,毕达哥拉斯40岁时,因看到波吕克拉底的僭政日益加强,就离开萨摩斯而移居到南意大利去了[①]。他不满意波吕克拉底的僭政是显然的,但究竟出于怎样的原因和考虑却并不清楚。

据阿波罗多洛说,毕达哥拉斯的鼎盛年即40岁在公元前532/前531年[②]。据此推算他大约生于前570年前后。他可能活到了

---

① P.P. 第217页,第256条。

② P.P. 第217页。

七十多岁,因此他基本上是公元前6世纪的人,也许略延至公元前5世纪的最初几年。他的主要活动是40岁以后,在意大利,也就是公元前6世纪最后的30年间。

关于他原先在萨摩斯的生活状况只有一些传说猜测,没有什么可靠材料。他大概学习过米利都派学说,还学过许多有关神话和宗教的知识。伊索克拉底说他去过埃及等地旅行。人们以此说明他的灵魂轮回说等宗教神秘思想是从埃及贩来的,不过这一点现在被认为是有问题的。首先,从事实上看在古埃及的宗教里并没有灵魂轮回的思想,在古代最早有这种思想的是印度人,在希腊则有奥尔菲派。希罗多德的说法,是认为希腊人对酒神崇拜的奥尔菲教义来自埃及类似的崇拜,毕达哥拉斯有与之类似的东西,但他并没说毕达哥拉斯的思想直接从埃及学来。希罗多德还说过这样的话,他说灵魂轮回说来自埃及,被某些人说成是自己的学说,而他不愿指出这个人的名字来。这个人是谁,人们认为希罗多德指的是恩培多克勒,因为他们是同时代人而且可能见过面;如果是指毕达哥拉斯,希罗多德就会直指其名了。伯奈特根据上述事实和他对这些传说的分析,认为伊索克拉底的这一传说不可靠[①]。伯奈特这一看法值得注意。所以,关于毕达哥拉斯去过埃及,从那里得到灵魂轮回说这件事似不能成立。这种思想同希腊人自己的奥尔菲教义才是真正相关的,毕达哥拉斯大概是直接从这里得来的。

毕达哥拉斯所移居的克罗通,是一个由亚该亚于公元前8世纪末在南意大利建立的殖民城邦,其时已有两个世纪之久。克罗通

---

① 见 J.Burnet,*Early Greek Philosophy*,London,1908,第2版(以下缩称 EGP),第94—95页及注1、2。

当时商业繁荣,并以它的医学学派而闻名,如这里的德莫刻底斯当过波斯王大流士和萨摩斯僭主波吕克拉底的御医,毕达哥拉斯移居克罗通的选择,很可能就同他的影响与劝说有关,另一位比较年轻的阿尔克迈翁也很著名,下面会说到他的学说同毕达哥拉斯派有重要关系。

毕达哥拉斯到克罗通后,据说以他的思想与博学很快就赢得了人们的极大尊敬,在这种情况下他开始了一种说教的和使徒式的事业。他收的门徒有三百人,并参与了克罗通和南意大利许多城邦里的政治活动,这是毕达哥拉斯团体和学派的起源。第欧根尼·拉尔修说,他们管理城邦事务如此贤明,有如一种真正的贵族政治。[①] 但他未说明或记述这种政治的具体内容,代表了什么样的利益。

因此,关于毕达哥拉斯及其派别的政治倾向究竟是什么,成为一个虽然重要却又相当模糊的问题。不少人根据毕达哥拉斯反对当时有进步意义的僭主政治,到克罗通又搞了"贵族政治",加上他的学说里有许多神秘的东西,等等,就认为他必定在政治上是代表贵族利益反对改革和民主制的,在思想上基本上是落后、保守和反动的。还有人认为他们在南意大利这块多立斯人传统影响较大的地方得以生根发展,就表现了他们有一种同伊奥尼亚进步文化相反的"多立安精神"(或斯巴达式的贵族专制主义精神),这样就能解释他们何以与米利都派哲学那样不同。还有的强调毕达哥拉斯去过埃及的传说的重要意义,认为这能说明他们具有东方专制主义政治倾向和宗教神秘意识的根源。这些看法相互为证,更加强了上述论断。

---

① Diogenes Laertius,Ⅷ,2-4,R.D.Hicks,英译文(希、英对照本)第2卷,第323页。

　　可是,这些看法都是不牢靠的。上边说过,伯奈特就对毕达哥拉斯去过埃及一事有怀疑,并提出了证据；他还不同意关于所谓"多立安贵族精神"的说法,因为毕达哥拉斯本人本是伊奥尼亚人,而克罗通也不是多立斯人而是亚该亚人建立的城邦。此外,也没有证据表明他喜爱贵族政治甚于民主制。还有,毕达哥拉斯派尊崇的神是阿波罗,毕达哥拉斯本人被克罗通人神化为北方乐土的阿波罗,都表明是属于亚该亚人的传统的。[1]

　　汤姆逊和格思里与伯奈特的看法类似,对于上述观点也持否定态度。他们都指出第欧根尼·拉尔修关于"贵族政治"(aristocracy)的说法,根本无法证明毕达哥拉斯派代表土地贵族的利益,因为这里的 aristocracy 一词只是用它的字面的本义,即"最贤明者的治理"(government by the best)的意思,只是一种赞美之词,并非阶级的政治专门术语。他们这个看法是合理的,人们可参看第欧根尼·拉尔修的原文。[2]

　　除了这些否定性意见,汤姆逊和格思里对毕达哥拉斯的社会地位和政治倾向还提出了另一种正面的看法和论据。

　　首先,他们都很重视赛尔特曼(C.T.Seltman)在本世纪中期新近提出来的一种观点。赛尔特曼对希腊古钱币做过专门的考证研究,有许多有关著作,他认为南意大利最早出现的铸币同毕达哥拉

[1]　EGP,第96—98页。
[2]　见汤姆逊:《古代哲学家》,三联书店1963年版,第280页；以及 Gathrie,*History of Greek Philsophy*（以下缩称 HGP）,Cambridge university press, 1978,第1卷,第175页。第欧根尼·拉尔修的原文,见Ⅷ, 2—4。现引其 Hicks 的英译文如下："...he sailed away to Croton in Italy,and there he laid down a constitution for the Itaian Greeks,and he and his followers were held in great estimation；for,being nearly three hundred in number,so well did they govern the state that its constitution was in effect a true aristocracy（government by the best）."见两卷集第2卷,第173、323页。

斯有不可分的关系,并据此作出了以下论述:

> 居住在萨摩斯的宝石雕刻家内撒库斯生有一位赫赫有名的
> 儿子毕达哥拉斯。他擅长于金属工艺、数学和音乐,又是一位深
> 沉的思想家。他大约是在公元前535年离开本乡前往克罗通的,
> 在那里他设计了一种铸币,创立了一种哲学,建立了毕达哥拉斯
> 的兄弟会。这个集团不久就在好些繁荣的城邦中取得了政权,同
> 时在有些城邦中出现了和克罗通性格相同、只是面貌不同于其他
> 希腊货币的铸币。这些铸币的正面有阳文的国徽,并在一圈圆周
> 形的边纹内镌有城邦的名称,它的反面有同样的图形,只是成阴
> 文的。除了币面有阿波罗的三角鼎形的克罗通币之外,最著名的
> 还有……

这里提到附近五个城邦的铸币的形式。接着他说:

> 这些铸币看来都是在公元前510年以前的三十年当中铸
> 造的。[①]

汤姆逊引了这段话,并反驳了有人认为这些铸币可能出现早
于毕达哥拉斯派的意见。他还说,毕达哥拉斯派认为宇宙上下两
方和中央所处的地位关系是相同的,只是彼此相反,而这些铸币
正体现了这种学说,它的正反两面图形相同,只是一阴一阳,方向
相反。这证明了赛尔特曼的另一说法,即这些铸币象征着毕达
哥拉斯派的对立面统一的观点[②]。汤姆逊从这里得到一个重要看

---

① 塞尔特曼:《希腊铸币一览》,第10—11页。参见汤姆逊:《古代哲学家》,三联书店1963年版,第282页。

② 汤姆逊:《古代哲学家》,三联书店1963年版,第282页注①。

法,即认为毕达哥拉斯派所代表的阶级必定是新兴的富有的工商阶级。^①

格思里很重视赛尔特曼和汤姆逊的看法,他认为,是毕达哥拉斯把统一的铸币引入克罗通和其邻近的南意大利各邦,并设计了这些图样,从而产生了这里的最早货币,这样的可能性是不可忽视的。他说,这些铸币的特别美丽的形式,需要精湛的艺术才能和雕刻技艺,它们突然在这里出现而没有经过一种演变过程,在当时只有一个人的名字适于担任这种角色,这就是毕达哥拉斯,因为他是雕刻家的儿子,有这种技艺,还有无可怀疑的思想和艺术才能。格思里说,毕达哥拉斯几乎不可能与这里显然同时出现的铸币无关,这就说明,毕达哥拉斯的社会地位和实际利益同采用铸币有重大关系,他必定属于对国际市场有经验的新兴商人阶级。

除此之外,格思里还引用了阿里斯多克森的两个记述作为有力的旁证。阿里斯多克森说,毕达哥拉斯"赞美和推动数的研究超过了别人,从商业转向数,并把一切看成数",又说毕达哥拉斯是最早把秤和尺介绍给希腊人的人。因此格思里得到如下看法:可以设想,毕达哥拉斯所领导的"贵族政治"并不单纯是旧的土地所有制形态的,而是同商业贸易有强有力的联系的。^②

在毕达哥拉斯派影响上升的时期,发生过一件事,克罗通的邻邦西巴里斯在人民派领袖泰吕斯的影响下,驱逐了五百名最富有的公民,分了他们的财产。当这些人寻求克罗通的保护时,泰吕斯以战争相威胁,要克罗通引渡这些人。克罗通人开始倾向于交出他们,但在毕达哥拉斯的干预和说服下还是保护了他们。于是发

---

① 汤姆逊:《古代哲学家》,三联书店1963年版,第283页。
② HGP,第1卷,第174—178页。

生了战争,结果在毕达哥拉斯派的米罗的统率下,克罗通的军队取得了胜利。

　　毕达哥拉斯和他的团体影响增长并取得政治领导地位,约有二十年之久。后来克罗通有一个名叫库隆的人,鼓动人民起来反对毕达哥拉斯派的统治。库隆是在财产和门第上居于显要地位的公民,据阿波罗纽斯报道,当时反对毕达哥拉斯的人们来自两方面,库隆代表上层阶级,另一名叫涅农的人代表民主派。这两部分人联合起来反对毕达哥拉斯派,似乎是他们都不喜欢权力集中在这样一些少数人手里,而且许多人都讨厌他们种种奇奇怪怪的秘密。这件事件发生在公元前6至前5世纪之交,使毕达哥拉斯派遭到重大损失。毕达哥拉斯本人可能在库隆事件发生前已离开了克罗通,移居到梅大那丁并死在那里,据说是躲在缪斯神庙里饿死的。

　　后来又过了几十年,约在公元前454年,南意大利又掀起了一场大的反毕达哥拉斯派的浪潮,毕达哥拉斯派集团的集会场所(米罗在克罗通的房屋)被包围放火烧毁,许多毕达哥拉斯派的领袖人物被杀害。此后除少数还留在南意大利外,多数人便迁回希腊本土,在弗琉斯和底比斯建立了他们的中心。

　　这些事件的详情已经难于弄清楚了。格思里认为毕达哥拉斯同情西巴里斯的财富派,也表明他是站在新兴商人一边的[①]。汤姆逊评论说,毕达哥拉斯的反对者来自库隆和涅农两个方面,这说明他是处在这二者中间的地位的。[②]

　　综上所述,我们看到在评定毕达哥拉斯及其派别的阶级地位

---

① 　HGP,第1卷,第177页。

② 　汤姆逊:《古代哲学家》,三联书店1963年版,第280—281页。

和政治立场上，人们意见有很大分歧。由于情况不很清楚，还很难得到准确有把握的结论。但就目前所能掌握的证据来看，那种认为毕达哥拉斯派代表贵族反动的意见，似乎根据还不够扎实，因而结论显得表面和武断了些；看来如果要坚持这种意见，还应该提出一些更加确切和有力的证据。相比之下，汤姆逊和格思里的（以及在某种程度上伯奈特的）看法更有说服力些，当然他们的结论里也包含着推测和估计的成分。

　　把毕达哥拉斯派同商品交换和货币的采用联系起来，对说明他们的世界观主张用"数"作为万物的本原，能提供一种有力的解释，一个必要的历史条件根据。这是我倾向于后一观点的主要理由之一。在前面曾提到过，原始部族的人们在最初关于数的较为抽象的观念的进化，例如在约鲁巴人那里，就同物物交易（用贝壳作货币）有重要关系。阿里斯多克森明白地说毕达哥拉斯"从商业转向数"，是一个要紧的证据；另外他说毕达哥拉斯向希腊人介绍了秤和尺，也是很有意义的，因为如果不是商品交换的实际需要，像秤和尺这些标准的量度工具的出现，其必要性迫切性就不会那么大，所以它们很可能也是从商业行为里发生的。毕达哥拉斯同铸币、秤和尺，以及商业既有这样重要的联系，并在发展这些形式上起过重要历史作用，那么，他能提出"数是本原"的哲学就是可以理解的，至少是一个基本的原因所在。

　　事实上人们对事物和世界的理解认识，决不是单凭思维的抽象力实现的。"质"和"量"这两个最简单的范畴已表明了这一点。马克思说：

　　　　每一种**有用物**，如铁、纸等等，都可以从**质**和**量**两个角度来考察。每一种这样的物都是许多属性的总和，因此可以在不同的方面有用。发现这些不同的方面,从而发现物的多种使用方式,是**历史的事情**。为有用物的量找到社会尺度,也是这样。^①(着重号是我加的。——作者)

人们发现和认识物的规定性,是同利用它们,使之对人有用分不开的,并不是静观的而是能动的实践的,也就是说,是人们利用和改造物的实际历史过程的产物。物的有用性首先同它们的质的多样属性有关,所以发现和认识这些质已经是历史的事情了。认识量的方面更是一种社会的历史的事情。人们对事物的量的注意当然早已有了,但要形成一种社会公认的标准尺度,形成一种关于物的抽象的数量观念,还需要有更强有力的历史实践作基础。这种动力在文明初期的希腊人这里出现了,它就是商品交换关系和货币关系的迅速发展和扩大。因为:

> 作为使用价值,商品首先有质的差别;作为交换价值,商品只能有量的差别。
> 商品交换关系的明显特点,正在于抽去商品的使用价值。在商品交换关系中,只要比例适当,一种使用价值就和其他任何一种使用价值完全相等。或者像老巴本说的:"只要交换价值相等,一种商品就同另一种商品一样。交换价值相等的物是没有任何差别或区别的。"^②

我们看到,在人类还没有学会如何在思维中进行数量观念的抽象时,生活和实践已经通过客观的交换过程使人类学会了实际地把商品物的质和量区分开来。在商品交换里,任何种类的商品

---

① 马克思:《资本论》第1卷,人民出版社1975年版,第48页。
② 马克思:《资本论》第1卷,人民出版社1975年版,第50页。

都只按数量关系的比例而彼此相等,它们的使用价值或质的方面究竟是什么实际上已经撇开了,抽掉了(否则就不能彼此相通相等)。这就是说,数量关系已借不同商品的彼此交换从物品的质的差异里抽象出来,然后人们才在思维中反映出这种事实,关于量的抽象思维力才发展起来。

这种在物里面的质与量的规定的分离,在货币形式中达到了明白的表现。大家知道,钱是没有臭味的,它是摆脱了各种商品的特质的一般商品,因而它只有量的区别。

> 货币结晶是交换过程的必然产物,在交换过程中,各种不同的劳动产品事实上彼此相等,从而事实上转化为商品。交换的扩大和加深的历史过程,使商品本性中潜伏着的使用价值和价值的对立发展起来。为了交易,需要这一对立在外部表现出来,这就要求商品价值有一个独立的形式。[①]

货币是这样产生的,因此:

> 商品的一切质的差别在货币上消灭了。[②]

一切商品的价值都表现为货币的一定的量。于是我们清楚地看到,商品交换的历史活动本身创造了一种抽象物,这是从一切商品物里蒸馏出来的一种抽象的商品:货币。于是人们才获得了相应的抽象的数的观念;因为,对数量的抽象力和抽象观念现在有了一个客观的存在做基础。

---

① 马克思:《资本论》第1卷,人民出版社1975年版,第105页。
② 马克思:《资本论》第1卷,人民出版社1975年版,第152页。

　　按照马克思的看法,这些实际的抽象和认识的抽象,都是历史所做的工作和它的产物。这是真正科学的历史唯物主义的说明。从这种观点来研究人类思维的发展和哲学史是特别有意义的。

　　在探讨毕达哥拉斯派思想时,我们自然不应忽略它的历史基础即古代的商品交换关系同近代资本主义下的商品经济之间的巨大历史差别。发现商品的交换价值的本质是一般的人类劳动,这是到近代资本主义关系已经达到相当发展程度时才有可能的,英国产业革命前后出现的古典政治经济学才基本上完成了这一科学发现。而这在古希腊人那里还不可能达到,其中不仅有科学的思维抽象力发展程度不同的原因,还因为古希腊人那里,商品经济是以奴隶制和奴隶劳动作基础的,而奴隶劳动是不能被社会承认为人类一般劳动的。因此,不同商品怎么能够按数量比例彼此相等和交换,如何能归结为一定量的货币,这件事对于古希腊人来说,必定是一个奇怪而又神秘的谜。毕达哥拉斯和希腊人只能看到现象的确是如此:一定数量的货币可以交换,支配一切有质的差别的物。这事实反映在人们头脑里,使人从注意事物的质转而注意那较为一般的量,认为一定的数量可以支配各种质上不同的物;而同时这种还无法解释的谜也要反映在他们的世界观里,使数带上神秘性。

　　毕达哥拉斯以数为本原的哲学,如上所述,很可能同他与商品货币经济的关系有关。不过他并不是只关心物质财富的人,作为新兴的工商业阶级的思想代表,他还有更主要的关注之处,这就是在当时种种社会生活的对立冲突中,如何寻求一种他认为是最好的解决办法,一种社会秩序和好的生活道路。我们还须从更广泛深刻的角度来探究他的学说的根源。

三、哲学与生活、宗教意识

（1）一种特殊的生活方式与"爱智慧"

毕达哥拉斯派同米利都派不同的显著特点，是追求一种他们认为是最好的生活道路或生活方式。他们是为了这个目的才研究学术的。

柏拉图看重毕达哥拉斯派学说首先是为此。他在唯一提到毕达哥拉斯本人的名字时就指出了这个特点。这是在批评荷马时对比地说出的：

> 即使抛开公众事业不谈，我们听说过荷马在他活着的时候成为某些个人的指导者教育者，这些门徒因他的启发而爱戴他，并传给后人以一种荷马生活方式了吗？ 毕达哥拉斯才是这样的人物。这位导师因此受到热爱，他的后继者至今还在讲着毕达哥拉斯派的生活方式，并显著地区别于其他的人。[①]

赫拉克利特讲述过一个故事。根据这个故事，毕达哥拉斯可能是西方哲学史上第一个发明和使用"爱智慧"即"哲学"这个用语的人。这是很值得注意的和有趣味的一个故事。故事说，毕达哥拉斯有一次同弗琉斯的统治者雷翁谈话，雷翁称赞他的天才和雄辩，并询问他的技艺是什么。毕达哥拉斯答道，他不是什么技艺的大师，只是一个爱智慧的人（哲学家）。雷翁对这个词感到陌生不解，这时毕达哥拉斯就举了一个有名的比喻以释其义。他说，生活就像奥林匹亚的赛会，聚到这里来的人们抱有三种动机：参加

---

① Plato, Repubic 600 B．

竞赛以夺取荣誉的桂冠；来做买卖；单纯地做一名观察者。在生活里，有些人为的是名，有些人为的是钱，可是有少数人作了最好的选择，他们把自己的时间用来思考自然，做爱智慧的人，这就是哲学家[①]。

这也许是"哲学"这一概念的最早的自觉意识和说明。它虽然是一个传说，却很像是真的，没有什么理由来否认它的大体真实性。

从柏拉图对毕达哥拉斯及其学派的理解，以及上面的传说故事，可以认为毕达哥拉斯把哲学即爱智慧本身就理解为一种新的生活态度，是人们所选择的一种比追逐名利要好的生活方式或生活道路。这是他们一切言行的目的所在，他们全部学说和世界观里都贯穿渗透着这种基本精神。

而且我们可以说，在毕达哥拉斯那里，爱智慧或哲学并不是同宗教清楚地区别开来的事情，毋宁说是彼此不分的生活方式和思考活动。不过由于哲学和科学实质上与宗教有别，这种区别因素在米利都派那里已经出现，毕达哥拉斯派实际上更有所发展，所以后人看他们的思想时还是可以把二者加以区别的。但既然他们自己并没有严格分开，而是保持着密切的内在联系，我们在着重研究他们的哲学时，也不可不注意这种联结。实际上他们对世界和生活的看法，更多地还是表现在他们的宗教意识之中，而纯粹科学和哲学的方面只是为了对它作理论上的论证与说明，所以我们的研讨也应从考察他们的宗教意识开始。

（2）毕达哥拉斯及其团体的宗教意识

毕达哥拉斯和他的团体的宗教意识，主要表现在对灵魂不朽的看法上，认为灵魂可以在人的各世里，在人和动植物身体中轮

---

① Cicero, Tusculans Ⅴ, 3, 8.这里转引自 HGP, Vol.I, p.164。

回；而更重要的,是灵魂通过净化可以摆脱轮回而与天上的神灵同在,即神化。简言之,即灵魂轮回说与灵魂净化说。

　　毕达哥拉斯本人主张灵魂轮回说,这件事是相当确实的。因为这有他的同时代人塞诺芬尼的诗句为证。塞诺芬尼说,有一次毕达哥拉斯看到一个人打他的狗,就上前止住他的手臂并且怜悯地说:"住手,别打它啦,因为这是我的一个朋友的灵魂,听到它的声音我就认出了是他。"①

　　黑拉克里德报道说,毕达哥拉斯能保持住他多次灵魂转世的记忆。毕达哥拉斯说他曾是赫尔梅的儿子埃台利德,其父给予他以选择除开不死而外的任何禀赋的机会,他选择了保持住自己无论活着还是死去时的记忆能力。后来他转世成了荷马时代的英雄欧福布斯,常常讲述他的灵魂在动物、植物和人体内漫游时的经历,以及灵魂在冥界里的遭遇。后来他的灵魂进入了赫尔莫梯姆斯,能确凿地讲他前世生活的故事。然后又成为渔夫菲鲁斯,最后才成为毕达哥拉斯,仍保持着以前的那些记忆。②

　　这一传说究竟是毕达哥拉斯本人讲的,还是后来门徒以他的名义编造的,已经无法查明。但它总表现了这一派的灵魂轮回说。

　　坡菲利保存的狄卡埃尔库斯的报道也证实了这一点,而且指出了毕达哥拉斯的轮回说的几个要点:

　　　　他向门徒说了些什么,没有人能确切告诉我们,因为他们保持
　　着那种特殊的沉默。但下面这些是众所周知的:首先,他认为灵魂
　　是不死的;其次,灵魂转移到别种有生命的东西里;还有,事情在

---

① P.P. 第222页,第268条。
② D.L. Ⅷ 4—5.

某种循环周期里会再现,因而没有什么绝对的新事情;最后,一切有生命的东西被认为是亲属。毕达哥拉斯似乎是把这些信仰最早引入希腊的。①

毕达哥拉斯派把一切有生命的东西,包括人和动植物,都看成有亲属关系,这明显地表现出一种相当原始的古老图腾观念。关于灵魂能在一切有生命的事物里轮回的想法,显然与这种图腾意识有关,因为只有在把人和其余生物看成本是一个家族的各种成员时,一个灵魂进入人体又进入禽兽之体才是可能设想的。当然这里也有重大的差别,一个能同具体的肉体完全分离的、单独活动的、不死的灵魂这种观念,在原始的图腾意识里还没有,它是在进入文明后存在阶级压迫的条件下,由古印度人和希腊的奥尔菲派首先发明出来的。

在毕达哥拉斯团体里盛行着种种奇奇怪怪的宗教性的清规戒律,例如,不许吃动物的心和豆子,不要用刀子拨火,不要使天平倾斜,要经常把行李卷好,房子里不要有燕子,床上留下的躺过的印迹必须抹平,不要在剪下来的指甲和头发上小便和行走,等等②。关于这类事情记载甚多,扬布利柯列举出有39条之多。③详细讨论这些东西不仅有困难,对我们也无必要。但我们不妨略举一些以便了解他们的真实用意和思想。其中有些就表现了他们的相当原始的观念。

禁止吃豆子,是他们非常强调的一条,因为据说豆子像睾丸,又像冥界之门,像整个的宇宙,它充满生命,里面有死者的灵魂,

① P.P. 第223页,第271条,并参见 HGP 第1卷,第186页,EGP 第100页。
② 见《古希腊罗马哲学》,商务印书馆1961年版,第33—34页。
③ P.P. 第226页,第275条。

又有说法认为人同豆子同出一源,甚至认为埋在地里的豆子会有一种经历,说它会变成人形,如小孩的头。总之,豆子有这么多重要的意义,同生命、人、灵魂不能分,这样当然就绝对不应该去吃它了。

原始人把一个人的影子、画像、身上掉下的任何部分(指甲、头发之类)都看作同这个人有关,甚至能影响和决定这个人的命运,如果这些东西被敌人所得,就会危害这个人。毕达哥拉斯团体禁止在剪下的指甲、头发上小便和行走,不要在床上留下身体印记,本是这种原始神秘互渗意识的残留。我们知道,后来的各种巫术,也是在这种残余的原始神秘意识里生存和保持的,《红楼梦》第二十五回里赵姨娘让马道婆剪纸人儿扎针念咒,以图谋害宝玉的性命,也属于这种意识在作怪。对此我们并不生疏。

但是毕达哥拉斯团体里的戒律并不只是这些意义,更多的则是些道德意义的教条,这就涉及社会观生活观和灵魂如何修养净化的方面。例如,不要使天平倾斜,这就是要维护正义公平,不应做不义的事;不要用刀子拨火,意味着不要用刺耳的话来伤害别人的感情、挑起争端;燕子爱叽叽喳喳,不要在房里有燕子,就是要求沉默与思考,不应多说话乱说话;而经常要把行李卷好,则意味着要随时准备去旅行,灵魂要随时准备去转入下世或升天。这些就不是单纯的迷信了,而是在神秘戒律中表现了他们对于生活的各种看法。

大体说来,毕达哥拉斯及其团体的灵魂观,是从图腾意识(万物有活力、神秘地互渗、彼此有亲属关系等等)中抽象出来的。毕达哥拉斯派采取灵魂轮回说,不仅是受古老观念的影响,也有自己的用意,因为这些轮回使人的灵魂有可能获得许多的经历与知识。当毕达哥拉斯宣称自己具有能保持这些经历的记忆力时,他的博学多识和智慧就显得是有根据的了。

但是他们宗教意识中的灵魂观的重点还不在此,对于灵魂来说更重要的事情是净化,要上升为纯洁的灵魂,达到摆脱在一切肉体中轮回的神的境界。这被他们视为人的灵魂所能企求的最高幸福。它本是奥尔菲教义的核心,毕达哥拉斯派也认为这是灵魂必须追求的根本目的。

(3)毕达哥拉斯派和奥尔菲派在宗教意识上的同异

我们可以看到,灵魂不死、轮回和净化这些宗教观念,在这两派里都存在着。历来的研究者都认为他们在这些方面几乎完全是一样的。这显然是有道理的。这种灵魂观在希腊人的世界观里是一种新东西,是希腊人向文明的阶级社会演变中,他们的神话宗教本身的一个重要发展变化。

我们在前面谈到奥尔菲教义时已经说过,把灵魂同肉体分离独立出来的观念,虽然是宗教神秘性的,却并不是简单的胡说,而是有深刻社会意义和思想意义的一件大事情。在奥尔菲派那里,它表现了被压迫群众的最初觉醒和自我意识,以及对现实生活和社会压迫剥削的抗议;由于他们追求解放的意愿无力实现,他们就只能诉之于自己灵魂的解放,诉之于一切人死后都要受正义之神的审判。这种宗教观出现后很快传播于希腊各地,我们可以设想它必定对社会各阶级人们的思想是一个震动,迫使人们和各种思想家来认真对待他们提出的新问题,关注社会生活和伦理道德以及人生命运的种种疑问。这当然也给哲学家们提出了重大课题。我们明显看到,这种意识对往后的宗教和哲学的发展有根本性的意义。在哲学史里,许多哲学家常常都要回到灵魂和上帝的问题上来进行探究和讨论,甚而从中吸取智慧的营养和启发,这并不是偶然的,也并非都是反动保守的。问题不只在于形式,还在于它的社会内容。一旦这些观念产生之后，社会上不同的阶级和集团就一定会按照他们自己的利益、感情和愿望来进行解释和加工，赋予它以新意义。例如后来的基督教同原始基督教相比，在社会性质和意义作用上，就由于通过新的解释加工而变得面目截然不同了。

毕达哥拉斯派的宗教意识同奥尔菲教义的关系也是如此，两者形式上的相同，并不妨碍在实质上大不相同，因为他们在阶级基础上本来就不一样。研究一下这种差别，就能更好地理解毕达哥拉斯派思想的实质；同时对我们理解为什么他们要去钻研哲学与科学，也是极其本质的。

这两派崇拜的神灵有鲜明的区别，就是他们思想不同的明显标志。在希腊多神教的神话里有着不同的神系，本来就表现着社会冲突中人们的不同意识。奥尔菲派崇拜的是酒神狄俄尼索斯，他是酒、葡萄和水果之神，形象为一裸体的男青年；奥尔菲派崇拜男性的生殖器，以狂热的舞蹈甚至纵欲为宗教的仪式。毕达哥拉斯派所崇拜的神是阿波罗，毕达哥拉斯本人就被克罗通人神化为阿波罗的降生、北方乐土的阿波罗。在希腊神话艺术里，阿波罗的形象是庄重典雅气派的青年英雄，手里弹着七弦琴，他是希腊文化的保护神，掌管着音乐、预言和医药。这两个神显然代表着不同文化的阶级的教养和兴趣，酒神表现了对原始生命力的崇拜，为民间所喜爱，具有浓厚的朴素粗犷的气息；而那优雅的阿波罗则标志着新兴的文明和文化，体现了上层的、富有的、有教养的阶级的趣味和事业。

这种差别渗透在各个方面，特别明显地表现在关于灵魂净化的理解和实现这种净化的方式上。像奥尔菲派的那种令人神魂颠倒的狂热舞蹈仪式之类，在毕达哥拉斯派这里是没有的。这里的宗教神秘需要相反的方式来实现，即沉默的思考，道德的戒律，以及他们那种特别的科学研究。那位对音乐有研究的亚里士多德的学生阿里斯多克森指出：

> 毕达哥拉斯派用医药来进行身体的净化，用音乐来进行灵魂的净化。①

这同他们崇拜阿波罗的宗教意识正是一致的。他们在音乐里特别看到了他们的理想、和谐；因为音乐正是和谐的体现，并特别能使人的情感和顺并得到升华和净化。他们也高度重视天文的研究，因为在他们看来，天体这宇宙最神圣的存在和表现形式，也是一种和谐。而数和由数形成的和谐，则对这一切和谐提供了最后的基础与说明。所以他们极力从数学、音乐和天文的研究里来体会领悟整个世界和神圣事物究竟是什么，社会人生和灵魂应如何由此说明，并使之改进和净化。正是这种特点，引导着他们去从事科学和哲学的事业。

所以，那造成他们宗教意识的特点的原因，看来根本上还是他们所代表的阶级和文化。奥尔菲派的宗教是下层平民的要求和幻想的表现，而毕达哥拉斯及其派别的宗教和哲学，联系到上节的一些证据，则很可能代表着那个希腊的新兴势力——工商业阶级的利益与幻想。这不仅对了解他们的宗教意识有意义，对于理解他们的哲学同样是有本质意义的。

现在我们来研究他们的哲学本身。

---

① P.P. 第239页，第279条。

四、毕达哥拉斯派哲学的基本面貌和问题

　　毕达哥拉斯派的哲学说来似乎很简单：数是万物的本原。但实际上却相当复杂：包含许许多多的说法，其中有的是很有价值的，天才而又稚气的猜测，有的则牵强附会而武断。要弄清楚他们的这些说法是不容易的，需要花费很多的气力。

　　他们的各种思想或说法互相交错牵扯，为了分别地研究那些要点和问题，我们首先需要对它有一个全貌的了解。

　　关于这一派的哲学方面的思想资料，主要是由亚里士多德提供的。有两段基本论述虽然比较长，但非常重要，是我们往后研讨问题的主要根据，因此我们把它全引出来：

　　　　在这些时候，甚至更早些时候，所谓毕达哥拉斯派曾经从事数学的研究，并且第一个推进了这个知识部门。他们把全部时间用在这种研究上，进而认为数学的本原就是万物的本原。由于在这些本原中数目是最基本的，而他们又认为自己在数目中间发现了许多特点，与存在物以及自然过程中所产生的事物有相似之处，比在火、土或水中找到的更多，所以他们认为数目的某一种特性是正义，另一种是灵魂和理由，另一种是机会，其他一切也无不如此；由于他们在数目中间见到了各种各类和谐的特性与比例，而一切其他事物就其整个本性来说都是以数目为范型的，数目本身则先于自然中的一切其他事物，所以他们从这一切进行推论，认为数目的元素就是万物的元素，认为整个的天是一个和谐，一个数目。因此，凡是他们能够在数目和各种和谐之间指出的类似之处，以及他们能够在数目与天的特性、区分和整个安排之间指出的类似之处，他们都收集起来拼凑在一起。如果在什么地方出现了漏洞，他们就贪婪地去找个东西填补进去，使他们的整个系统能够自圆其说。

例如他们认为十这个数目是完满的,包括了数目的全部本性,所以他们就认为天体的数目也应当是十个,但是只有九个看得见,于是他们就捏造出第十个天体,称之为"对地"。

这些哲学家显然是把数看作本原,把它既看作事物的质料因,又看作形成事物的样式和持存状态的本原。他们认为数的元素是偶和奇,前者是无规定的,后者是有规定的;一来自这二者(因为它既是偶又是奇),而数来自一;而整个的天,如上所述,是一些数。

这个学派中的另一些人说有十个本原,把它们排成平行的两列:规定和无规定(或译为"有规定者"和"无规定者",也有的译为"有限"和"无限"。——引译者注),奇和偶,一和多,右和左,雄和雌,静和动,直和曲,明和暗,善和恶,正方和长方。克罗通的阿尔克迈翁似乎也持这种看法,也许是他从他们那里得到这个理论的,也可能是他们从他那里得到这个理论的。后一种情形是可能的,因为他与毕达哥拉斯同时而稍幼。他说出了一些很像毕达哥拉斯派的说法,因为他曾经说大多数关于人的事情都是成双的;但是他并没有像他们那样明白地规定出一些对立来,而是按照实际上的那些对立来讲的,如白,黑;甜,苦;善,恶;大,小。对于其余的对立,他只是含糊地说出一点胡乱的意见;毕达哥拉斯派则明白地告诉我们有多少对立和哪些对立。

至少我们可以从这两个学派归纳出一点,就是:对立是存在物的本原;并且从其中的一个学派,我们可以知道,这些对立共有多少,以及这些对立究竟是什么。不过,究竟怎样可能把他们的观点归结到我们自己提出的那些原因上去,这件事他们并没有明白而确定地指出来。显然他们是把他们的那些元素放在质料因项下,因为他们说实体是由这些已经产生的元素产生的,并且是由这些元素组成的。①

除了这一大段外,亚里士多德的另一段有关评述也相当重要:

---

① Aristotle, Met. 985^{b}22-986^{a}8.

　　毕达哥拉斯派对本原和元素的看法比那些自然哲学家较为奇怪，其原因是他们从非感觉的东西中寻求本原，他们所说的数学对象除天文事物外，都是一类没有运动的事物。可是他们讨论研究的正是关于自然的各种事情，他们谈到诸天体的产生并观察诸天体的各部分及其性质与作用，并用一些本原和原因来解释它们，这就意味着他们同自然哲学家一样，认为实在正是一切可感知事物以及诸天体中的事物。但是他们提出的那些原因和本原，如我们所说，本是可以导向更高的实在领域的步骤，并且比自然理论更适合于这些更高的实在。可是他们却全然没有告诉我们如果只有有规定者和无规定者，奇与偶，运动是如何可能的，如果没有过程与变化如何会有生灭，天体如何能这样运行。

　　此外，即使我们承认他们的说法，认为空间的大小由这些元素构成，假定这一点得到了证明，还是有这样的问题：物体怎么会有轻有重呢？从他们所假设的和主张的（元素或本原）来判断，他们关于数学体和可感知物体所说的并无不同，因此他们对于无论是火、土还是其他这类物体都没有说出什么来，我想这是因为他们对于特别地适用于感性事物的（原因或本原）没有什么东西可说。

　　还有，说数的一些样式和数本身是自始迄今天上存在和发生的一切的原因，和说世界由以组成的数就是这种数而不是别的数，怎么能结合起来？他们在数的某一地方安置了"意见"和"机会"，在此上下又安排了"不义"、"分离"或"混合"，断言这些都是一个数目，可是这里每一处却已安置了许多由数组成的有广延的物体，因为数的许多样式有着不同的位置组合，——这样，我们必须假定为抽象东西的每一个数目，同物质宇宙里表现出来的数，是不是同样的数呢？柏拉图说这是不同的，尽管他也认为物体和它们的原因都是数，但他认为原因是可理解的数，而物体乃是可感觉的数。[①]

---

① Aristotle, Met. 989^{b}29-990^{a}32 .

　　亚里士多德的这两段论述比较长,包含许多内容,但都是围绕着毕达哥拉斯派认为"数学的本原就是万物的本原"这个中心来展开的。为了把握毕达哥拉斯派哲学的大略全貌和讨论其中的一些主要问题,我们不妨对亚里士多德在这里所说的内容先做一些初步的归纳梳理和讨论。

　　(1)亚里士多德首先指出,毕达哥拉斯派哲学同他们的数学研究有密切关系。

　　毕达哥拉斯派不仅关心宗教问题和社会人生,与此相关,他们也着力地研究了科学。我们知道他们对数学、音乐、天文都有研究,也很注意医学,因此他们也是一些古希腊最早的科学家。亚里士多德在这里强调指明,他们是最早推进了数学这个知识部门的人,他们把"数学的本原"当做"万物的本原"这个根本哲学观点,就是在他们的数学研究中得到的。因此我们要了解他们的哲学,必须了解他们的科学,尤其是数学。

　　但是在这里我们必须特别注意的是,他们对"数"的理解同我们非常不同,他们的"数学"同后来的数学非常不同。亚里士多德已经认为他们对数的看法有许多奇奇怪怪的地方,从我们今天来看就更突出了。可是问题正在这里:在后人视为奇怪和不可理解之处,从历史的角度看当初却是相当自然甚至是必然的。因为他们对数的了解还是极其朴素的,而那时的数学还没有从哲学或一般世界观中真正分离出来。事实上我们毋宁说他们的"数学"也就是他们的哲学,彼此是混在一起的一回事。这就告诉我们,要了解他们的哲学,必须如实地了解他们对于"数"及其特点的本来看法,而不应用我们关于数和数学的看法来对待。否则我们就不可能懂得这个哲学。

　　(2)毕达哥拉斯派为什么想到要以数作本原,来代替米利都派的物质性东西的本原？亚里士多德说,这是因为他们发现数有许多特点,比物质性的本原更能说明事物,不仅能说明自然事物,而且能说明像正义、灵魂之类更高级的事物。

这样,他们就同自然哲学家有了重要区别:米利都派自然哲学家只从感性事物里寻找本原,而"他们从非感觉的东西里寻求本原"。亚里士多德认为,这比自然理论更适合于较高的实在领域,至少是导向说明社会的和精神的事物这种高级东西的一个步骤。这表明亚里士多德认为他们的哲学比以前是有所前进的。

同时亚里士多德又指出,他们仍同自然哲学家一样认为实在是一切可感觉的事物,是自然。在对自然事物作解释时,他们又把数看成是感性的东西,是物质性的东西。

这些对数的非常幼稚素朴的了解和解释,是毕达哥拉斯派说明一切事物的基础。亚里士多德指出这必定会带来困难、混乱和种种牵强附会。

毕达哥拉斯派同米利都派自然哲学的区别和联系究竟怎样,意义何在,如何估计,这是一个重要问题。亚里士多德作了分析比较,对毕达哥拉斯派以数为本原既有赞许也有严厉的批评;他还用自己的四因说加以衡量,认为他们的"数"讲到了质料因,却完全没讲到动力因,同时认为他们用数作为事物的范型,肯定了其中有形式因的因素,这是值得注意的。

要弄清楚毕达哥拉斯派哲学在哲学史上的地位和作用,我们应该着重注意这方面的问题。

（3）通常我们只笼统而简单地说他们的哲学以"数"为本原,但是上述引文告诉我们,他们对本原是什么具体说来却有好几种不同的提法。对此应如何理解？

有一种提法明确说"数"是本原:"这些哲学家显然是把'数'

看做本原,把它既看做事物的质科因,又看做形成事物的样式和持存状态的本原。"

但是,又说他们"认为数学的本原就是万物的本原"、"数的元素就是万物的元素"。这个提法同上面的似乎并不完全一致,用"数学的本原"、"数的元素"代替了上面提法中的"数"。上面提法直接用"数"作万物的本原或元素,而这里似乎是说对于"数"本身还要找出其本原,"数的本原或元素"才是万物的本原和元素。

再者,毕达哥拉斯派又认为一切的数都是由"一"产生的,那么"一"就成为万物和数的最后本原了。

可是,他们又说"一"是由奇与偶、"有规定者"和"无规定者"合成的。那么到底什么是最后的本原呢?

再者,毕达哥拉斯派又提出了十个对立面作为本原,"对立是存在物的本原"。这同以数为本原等等又是什么关系呢?

从这些提法可以知道,毕达哥拉斯派哲学的内容是相当复杂的。对所谓以数为本原我们绝不能只做抽象的了解,否则我们将无法理解这一哲学。

第欧根尼·拉尔修保存了亚历山大·波吕赫斯脱(Alexander Polyhistor)所记载的毕达哥拉斯派哲学基本体系,值得我们拿来参照亚里士多德的叙述[①]:

> 万物的本原是单一(monad or unit,指"单元"、"单位"、"单一"。——引译者注),从这个单一产生了不定的二(undefined dyad or two)作为这个单一的质料,而单一是原因。从单一和不定的二

[①] Conford 在他的 *Plato and Parmenides*(London,1939)第3页中,根据 Wellmann 和 Delatta 的研究,认为 Alexander Polyhistor 的材料来源是与柏拉图同时的,所以给予了较高的估价和运用。

产生出各种数；从数产生点；从点产生线；从线产生面；从面产生体；从体产生可感觉的物体。可感觉的物体有四种元素：火、水、土、气；这些元素都互相转化并结合，产生出有生命的、有智力的、球形的宇宙，以地为中心，地也是球形的，上面栖息着人。……①

要完全弄清楚毕达哥拉斯派的这些说法是相当困难的。但是我们需要对它们有一个相对具体和确定的了解，然后我们对毕达哥拉斯派哲学的评论和批评才不致陷于空谈和无的放矢。对此我们应有必要的耐心，也要花费相当的气力。

下面我们就想围绕着这几个问题，分别作些具体的讨论。

五、以量代质，以数的规定性代替质的无规定性 —— 向普遍规定的世界观和抽象 思维迈进的重要一步

毕达哥拉斯派提出以"数"作本原，有时代给他们提供的多方面的条件和他们自己的考虑。

如前所述，希腊世界中商品经济的迅速而普遍的发展，为人们获得关于抽象的数量观念提供了最大的动力。此外古希腊人还从各种经验里发现数同事物有密切关系，例如人们饮酒时总要把酒和水按一定比例掺和起来；当时的医学认为健康是人体内冷和热、干和湿的比例适当所造成的和谐状态，反之疾病则是由于比例失调；琴弦的长短粗细之分产生了不同的音调，优美和谐的乐音是由不同音调的恰当比例配合而成。毕达哥拉斯派既然同商品经

---

① Diogenes Laertius, Ⅷ, 24-25, Hicks 英译本，第 2 卷，第 341—343 页。

济与货币有密切关系,又同克罗通的医学派别有联系,并非常重视对音乐的研究,所以我们可以肯定,他们必定从当时的这些经验事实和经验知识中得到了丰富的营养原料。

更重要的是,他们是一些政治活动家、道德家和宗教家,关心社会、人生和灵魂等等甚于关心自然事物,这就给他们探求哲学的本原提供了一种新的动力。因为要说明这一类事物,追求一种理想的秩序与和谐,以及灵魂的净化等等,只用些物质性的自然本原像水、火、土、气和冷、热、干、湿来解释就显得很不够和不适合了。这时,他们从经验观察中得到的关于事物和数量关系相关的观念就起了作用。数量关系的规定性似乎可以满足这种新要求,它比较抽象,特别是能组成和谐,支配事物的好坏美丑状态,因而他们想到应该把"数"提升为万物的本原。他们认为这样不仅能说明自然事物,尤其是能说明更高级的种种事物,比米利都派只能局限于解释自然物要好得多。

这种想法引导他们去钻研音乐、天文和数学,力图从中找到有关"数"的种种秘密,以便用来系统地说明各种事物和整个宇宙。

我们都知道数学在全部科学中处于何等重要的地位。它是最基础的一门学科,因为对于各种事物及其关系的研究都离不开数量上的精密规定,数学对形成科学的逻辑抽象思维也有极大的作用。毕达哥拉斯派正是这门科学的最初奠基者,相传毕达哥拉斯本人发现了勾股定理(西方至今仍称之为毕达哥拉斯定理)。他们还研究了种种的数量关系的意义,例如看出音乐中的比例关系和所谓"黄金分割"的线段比例能规定形式美。他们在建立数学科学方面有很大的历史功绩。欧几里得几何学是古希腊科学中的伟大杰作,是古代科学留给后世的光辉典范;但是如果没有毕达哥拉斯派的成就作开端,是很难设想的。

　　不过如上所说,毕达哥拉斯派的数学还没有同一般世界观(包括宗教、哲学)和自然理论分开,它是毕达哥拉斯派特有的哲学。我们只能从哲学的角度才能理解他们的数学理论。

　　由于用"数"这种抽象东西代替米利都派感性的物质东西作本原,毕达哥拉斯派在哲学思想上实现了从"无规定者"到"有规定者"的转变。伯奈特认为,毕达哥拉斯派的哲学贡献在于他们不再谈那些质料的稀和浓,而代之以形式的东西;米利都派主张的是不确定的"无规定者",现在毕达哥拉斯派则代之以形式的"有规定者"[①]。叶秀山同志也赞同这一看法,他认为毕达哥拉斯派同米利都派相反,不再把 ἄπειρον 看作万物及其始基的特点,πεπερασμένον(确定性、有定形性)才是其特性[②]。我觉得他们的意见是有道理的。

　　从人类的认识秩序来看,最早哲学家们在提出万物的本原问题加以思考时,只能从事物的质的方面入手,因为质是事物的最直接的感性的规定。但是把本原规定为质的东西,它就只能是某一种物质东西的质,即特质;用它说明其他有万千殊异的质的事物,就必定会发生根本的困难。因为万物的单纯感性的质,彼此间只表现为差异,不能相通。例如,水只是湿的,如何能同火的干相通呢? 水怎么能成为火以及干燥东西的本原呢? 为了解决这个困难,就要把本原规定为无特质的东西,即"无规定者"。这是想摆脱特质而又无法摆脱的表现。因为所谓"无规定者"就是指质无规定,仍在质的范围内来规定本原:无定质。所以"无规定者"的概念只是表明了这里有矛盾,本身是个否定性的概念:既要规定一

① 　J.Burnet, *Greek Philosophy*, London, MacMillan, 1955, p.44.
② 　叶秀山:《前苏格拉底哲学研究》,三联书店 1982 年版,第 72 页。

个本原,又只能说它是无规定的。这是自相矛盾。

毕达哥拉斯派显然不满意于这种似是而非的解决,他们要求明确的规定性。在他们看来,天上的诸天体及其永恒运动是有规定的,所以完满和谐;社会生活、人生若要有秩序有和谐,人体若要健康,音乐和各种形体或形状要美,都要有规定。因此有规定的东西才是好的,无规定的就不好。既然整个宇宙和万事万物中都有规定性,也都要求规定性,那么它们的本原必定首先是有规定者。因为,如果像米利都派说的那样,本原就没有规定性,它怎么能规定世界万物呢? 没有规定就没有世界秩序,没有美、没有和谐与善,也不会有科学和智慧。

但是米利都派哲学的发展已经表明,单从质上来规定本原,至多只能达到质上的"无规定者";而这种思考是同他们只以感性物质东西作本原不能分的。毕达哥拉斯派看到这一点便另辟蹊径,他们的经验知识和数学研究给他们以启发和理由来想:如果用"数"作本原,就能解决这个问题。因为数量和质不同,它是普遍的,可以精确加以规定的东西,它本身就体现了有规定性;而质只是感性个别的、特殊的,彼此有别的,无法加以普遍规定的东西。

这样一来,他们就超出了米利都派哲学的局限,排除了他们在质的狭小范围内无法克服的自相矛盾。哲学要寻求的本原,本来就指万物的共同根源或普遍的最终原因,因此它要求(1)能抓住万物里的普遍性或统一性,(2)它自身应是有明确规定的东西。米利都派提出的本原未能解决这个问题,它的矛盾导致了毕达哥拉斯派哲学的出现。毕达哥拉斯派用"数"作万物的本原虽然并不深刻,也不很成功,但是却表示了寻求本原需要遵循的新方向,向着普遍性和规定性迈进了重要的一步。

这同时又是人类抽象思维力的一大进步。人们利用和认识自然和万物最初是直接感性的,第一步只是它们的质,这是事物最直接最感性的性质,然后才能逐步发展。事物的量和数,虽然还不是事物内在的本质,而是可以从经验观察到的一种属性,但是它已不是直接感性的东西。它同质结合在一起,要把它分离出来才能把握和认识。因此认识事物的量和数比认识它的质就要困难得多,带有一种较为间接的性质。所以,人最初的抽象力要表现为对事物数量的认识,并凭借数量规定来发展自己的抽象力。这是一个进步,毕达哥拉斯派的哲学就体现了人类向抽象思维发展的过程中所必经的这一环节。而这个哲学的种种缺陷,也显示出抽象思维还只处在数量规定的阶段所必定会有的特点和结果。

因为,事物的数量关系虽然具有普遍性和规定性的优点,并能在某种意义上反过来规定事物的质或性质,但它毕竟不是事物的本质,而且同事物的质游离。数量是事物中比较外在的规定性,在一定范围内,数量变化并不影响和改变事物的质和状态,单纯的数量关系更无法说明像事物为什么能生灭运动这类本质问题。与数量规定相比较,质和本质对事物来说是更要紧的规定:质是同事物作为感性的存在直接不可分的;本质则是事物的内在关系和命脉,只有抓住本质才能说明事物的存在、生灭、运动和发展的真正原因;所以要规定万物离不开质,要规定万事万物的真正原因和根源离不开本质。现在毕达哥拉斯派进到了数量规定而且只到了这一步,一方面它超出了质而前进了,同时也脱离了质,然而它还要说明事物的质;另一方面它还没达到本质,然而它极力想用数量来说明各种本质性的问题;这样他们就处在一种相当尴尬的境地。如亚里士多德所说,他们由于抛开了感性事物的质和物质性的本原,对自然事物特别是运动就说不出什么东西来;他们用数来解释整个自然和那些"更高级的实在",更不免有许多牵强附会的地方。

　　不过他们也自有他们解决困难的办法,而朴素的关于数的认识也使他们能够这样做。事物的数量规定本来是不脱离事物本身的,人们最初关于数量的观念也是同关于事物感性的质的观念结合或混杂在一起的,例如"10"这个数是从手指的数目来的。最初的数学家包括毕达哥拉斯派在内,已经有了比较抽象的数量观念,但他们还不理解这个抽象,因而还常常把这种抽象的数又看作事物本身。毕达哥拉斯派如何解决用数来说明自然事物的问题呢?这办法很朴素,那就是把"数"又说成是感性的东西。这样,"数"这种"非感觉的东西"又成了有形体和有某些感性的质的东西,成了质料,"可感觉的数"。与之相应,数作为"有规定者",同时又把米利都派的"无规定者"即物质东西这种含义吸收进来;于是他们的哲学就出现了一对对立的本原:"有规定者"和"无规定者"。"数"的范型作用和质料就统一起来。

　　另一方面,他们为了说明那些"更高的实在",如和谐,他们也研究吸取了米利都派和克罗通医学理论中的对立面统一的思想,研究了社会生活以及音乐等等之中的对立关系,并把他们的"数"本身也说成是对立面,以及由这些对立所形成的和谐统一体。我们知道,事物和万物的本质就是它内在的对立统一关系。这样,毕达哥拉斯派在自己的数论中又使数带上了对立统一关系的性质,用数这种规定表示了一些本质性的东西和规律。

　　这就是毕达哥拉斯派的抽象思维的水平和成果。它处于认识世界万物的**质和本质之间,既与它们游离**(因为它是数和量的阶段,超出质,又未达到本质),同时**又与它们相联系**(在数本身里带上质和本质的一些规定)。这是他们的哲学非常素朴的地方,又是他们力求超出最素朴的状态又还做不到的表现。他们想用"数"来说明一切,不可避免地要发生种种混乱;然而在这些混乱中,正表现出人类认识世界的探索和进展。他们探讨了数量和质的关系，也探讨了对立面统一这类本质性问题，有所贡献，对后来哲学的发展提供了不少有重要意义的启发。然而这一切探索又被数量规定限制住了，因而只能以歪曲的形态出现。——不了解他们数论哲学的这种特色，我们就无法理解毕达哥拉斯派这种哲学的特别之处及其地位和多方面的意义。

六、数和感性事物的关系

上面已经说过这个问题。但是因为这个问题非常重要，我们还需作些更具体的考察。

黑格尔说，毕达哥拉斯用"数"作为哲学的本原是一个大胆得惊人的思想，"它把一般观念认为存在或真实的一切，都一下子打倒了，把感性的实体取消了，把它造成了思想的实体。"[①] 这是黑格尔出于他自己的客观唯心主义又一次歪曲哲学史事实的例子。毕达哥拉斯用抽象性的数代替了感性的质的东西作本原，但他们并没有取消感性的实体，相反倒把数本身变成了感性的实体；至于说他们的数是什么思想的实体，纯精神的东西，那更是没有的事情，不过是黑格尔自己的想象和附加。

亚里士多德一再指出，毕达哥拉斯派的数既是非感觉的东西，他们又把它看作是可以感觉到的东西，是万物的质料因。他还明确写道：

---

① 黑格尔：《哲学史讲演录》第1卷，三联书店1956年版，第218页。

　　毕达哥拉斯派也相信一类的数——数学的数；只是他们认为数不脱离感性实体，而感性实体由数构成。因为他们从数来构造整个的宇宙——只是并非抽象单位的数；他们假定这些单位有空间的大小。但是这最初的"一"如何构造得有大小，他们似乎未能说明。[①]

亚里士多德还指出，这是毕达哥拉斯派与众不同的特点：

　　所有那些说"一"是事物的元素和本原的人，都假定数目是由抽象的单位组成的，除开毕达哥拉斯派以外；如上所述，只有他们假定数是有大小的。[②]

　　亚里士多德在这里讲到毕达哥拉斯派对数的基本单位"一"是如何理解的问题。"一"这个规定或范畴，在古代哲学史发展上具有极大的意义，以后我们将不断遇到对它的种种认识、分析和彼此辩驳，而这是由毕达哥拉斯派开头的。在古希腊，数是不包括"一"本身的，因为"一"是量度的基础单位，被认为是同受计量的东西不同的东西，它是衡量的标准和出发点[③]，先有了"一"或"单位"（它也是"尺度"），然后才有以它为根据的数。数总是多，因为数总是由许多的"一"所组成的，因此毕达哥拉斯派特别重视"一"，认为它是数的本原，也是宇宙万物的本原。在上面引文里亚里士多德指出，后来的人认为数是抽象的，因为他们把组成数的单位"一"看作抽象的，即纯粹算术中的"一"，摆脱了一切感性的成分和大小。但是毕达哥拉斯派不同，他们认为数是有大小的，因为数的单位

---

① 　Aristotle, Met. 1080^{b} 16-21.

② 　Aristotle, Met. 1080^{b} 30-33.

③ 　Aristotle, Met. 1088^{a} 6-8.

"一"是有大小的。

他们所说的"一"不仅有空间大小的性质,甚至还有颜色:

> 因为颜色是包含在界限中的,实际上就是界限;因此毕达哥拉斯派认为表面(或译"界线"。——引译者注)和颜色是同义语。①

这是何等朴素的观念!一个感性物体为其表面所界限或限定,而表面总有颜色,毕达哥拉斯派就因此把颜色这个感性的质也当做了数和"一"的性质。

他们就是用这种"一"和数来构造世界的。在毕达哥拉斯派的宇宙发生说里,宇宙本来是个"一",即"有规定者";同时还有虚空存在,它是"无规定者"($\alpha\pi\epsilon\iota\rho\text{o}\nu$),类似米利都派所说的无规定的物质如混沌、气的东西。宇宙呼吸围绕着它的虚空,这时虚空即"无规定者"就进入了宇宙,它又是把自然物加以分离和区别的因素。于是"一"就产生了各种数:"一"伸展成为"二","二"就是最初的广延②。"一"是点,"二"是线,"三"是三角形即面,"四"是四面体。这些数就是一切事物及其产生的本原,因为事物的大小量度乃至颜色等等,都在点、线、面、体里包含着了。③

从这里我们可以明白见到,他们所理解的数(和"一")同我们在算术科学中所理解的数,既有相同之处,又大不一样。我们所理解的数是不管它所计算的任何事物的感性性质和空间性质的,但是他们的数有大小形状,甚至就是感性事物和整个自然的宇宙。

① 亚里士多德:《论感觉》3,439ᵃ30。见 P.P. 第251页,第315条英译文。
② P.P. 第252页,第315—318条。
③ P.P. 第253-254页,第319—321条。

他们的数作为点、线、面、体的几何形状,同我们所理解的几何学中的这些要素也既有相同点又大不相同,因为他们所说的"点"即"一"本身也是有大小的,也是感性东西。

可见,在毕达哥拉斯派这里,数按其性质已经不能不带有抽象性了,但它还没有完全从感性事物里抽象分离出来,还同感性性质纠缠在一起。他们的数的抽象观念还拖着一个极大的感性尾巴,还同感性事物混同在一起,表现了原始素朴性。并且我们看到,正是这种素朴幼稚的混同,使他们能够想象凭数来产生万物,构成世界。那作为单元的"一"和各种数就被看作自然宇宙和各种事物,它甚至能够呼吸,像一个有生命的大动物。

因此亚里士多德说毕达哥拉斯派同柏拉图的数论不同,后者认为数是在感觉事物之外存在的,而毕达哥拉斯派"他们说事物本身就是数,而不是把数学对象置于相(通常译作'理念'——译者注)和感性事物之间"。①

"事物本身就是数"——这一概括,表明毕达哥拉斯派的数,还远不是纯抽象的规定,更不是什么纯精神纯概念的思想实体。黑格尔的说法是不符合事实的。

理解毕达哥拉斯派的"数"的这一特点,是理解他们哲学的关键之一。近代许多哲学史家都不同程度地谈到这一点,如蔡勒、伯奈特、罗斑。伯奈特说:"简言之,毕达哥拉斯的学说是:万物是'数'。而除非我们对他们所说的'数'有一个清楚的观念,我们就不可能对他的命题得到有意义的理解。我们现在确实知道,在某些主要场合,早期毕达哥拉斯派是用排列成某种'形状'或形式的一些点子来表示数,并解释其性质的。这无疑是非常原始的,因为

---

①   Aristotle, Met. 987ª27-30 .

最初实际上用骰子这类东西来表示数是普遍的。"①

的确,事物是"数"这个命题,如果毕达哥拉斯派不是把数本身理解为有大小和有某些感性的质的东西,那么,用"数"来构造自然物和世界是没有任何意义的、不可理解的、不能成立的说法。他们实际上作了这种极其素朴的解释。

现在让我们结合这一点来简略讨论一下他们的哲学是唯物主义还是唯心主义的问题。

粗粗一看,"数"既然是摆脱了感性物质的抽象规定,是一种只能由抽象的思维才能把握的东西,那么以它为本原的哲学,便似乎是唯心主义。黑格尔正是这样想的,他认为他们用"数"打倒了感性存在,提出了唯有思想是实体。但是仔细了解就发现情况并非如此。首先毕达哥拉斯派的"数"本身还不是严格的抽象,而还是带感性的存在或物质质料;其次,抽象,即使是最高的抽象,也并不等于唯心主义。科学也要抽象,而科学的抽象则是正确的,例如我们唯物主义哲学所说的"物质"概念,不也是一种抽象和普遍的概括吗? 只有在把思想或精神性的东西当作世界万物的本原或本体时,才是唯心主义。然而毕达哥拉斯派的哲学还是那样原始素朴,还没有把"数"看成是纯思想东西的意思。所以用这种理由来判定它是唯心主义,是不能成立的。

近代学者大多数认为他们的"数"是一种物质性的东西,这是合乎实际的,也同亚里士多德的许多论述一致。但有人据此便说他们的哲学是唯物主义的,这种判断,在我看来似乎更不见得妥当。

因为,毕达哥拉斯派固然把"数"本身说成是有感性性质的东西,甚至直接当作质料或物质,但这毕竟是牵强的。以"数"为本原

---

① J.Burnet, *Greek Philosophy*, London,MacMillan,p.52.

这个原则本身表明,他们世界观的基点已经从物质自身转向了物质的某种形式的规定性,并把这种形式的规定夸大成为根本的东西和全体。大家知道,柏拉图哲学就是因为把共相(即"形式",或译为"理念")当作根本的东西,而成为客观唯心主义者的,而柏拉图的这种唯心主义就是毕达哥拉斯派以及巴门尼德的哲学的进一步发展。古希腊唯心主义的主要形态客观唯心主义,其发端是毕达哥拉斯派。

毕达哥拉斯派把"数"夸大为绝对的东西和本原,并用它作为范型来解释一切,必然产生许多神秘和荒谬的见解。这种情形比比皆是。例如"三"这个数,他们认为是第一个有开端、中间和末尾的数,所以是第一个"完满"的东西;而真正完美无缺的数是"10",因为它第一次包含了单一("1")、第一个偶数("2")、第一个奇数("3")和第一个正方("4"),$10=1+2+3+4$,所以"10"被说成是使一切事物成为完满的、实现了一切的数,是生命的原则和保证,既是神圣的、天上的,又是人间的原则。没有它,一切就会是无秩序的、不确定的、暧昧的了。就是因为这个缘故,他们认为天体的数目也应当有十个,但只有九个能看得见,为了凑足"10"这个数,他们捏造出还有一个天体"对地"来。为了用数解释一切,同一个数,一会儿表示某种自然事物,一会儿又用来表示某个抽象的原则或东西,如"正义"、"机会"等等。从这类说法,可以明显看到用数解释一切是何等的牵强,充满着含混不清和彼此抵牾,神秘而混乱。

列宁指出,"从辩证唯物主义的观点看来,哲学唯心主义是把认识的某一个特征、方面、部分片面地、夸大地、überschwengliches(狄慈根用语,即夸大的、过分的、无限度的)发展(膨胀、扩大)为脱离了物质、脱离了自然的、神化了的绝对。"①列宁的这一论断是深刻精辟的,切中毕达哥拉斯派的问题所在。它不仅对于我们判定毕达哥拉斯派哲学的性质有重要意义,而且对我们考察其他哲学派别都是重要的衡量标准。判别古代哲学是唯物主义还是唯心主义,不能像判别近代哲学那样比较明白容易,因为那时的哲学水平还不能像近代那样把精神和物质明白地对立起来,所以简单套用近代的标准往往就行不通。但这并不等于说我们不能区别或大体区别它们是唯物的还是唯心的,只不过由于它们的表现形式与近代不同,需要我们作更多的具体分析罢了。从列宁的这一指示来看,毕达哥拉斯派哲学基本上属于唯心主义,似乎是较为恰当的。

七、数与对立面及其统一和谐的关系

为了用数和数的元素解释各种事物和世界,毕达哥拉斯派不仅把它们同感性物质联系起来,而且特别注重把它们解释为种种对立的东西,从而赋予它们以更多和更深的意义。这同样也是理解毕达哥拉斯派哲学的一个关键所在,值得我们给予足够的注意。

以对立为本原的思想必定是早期毕达哥拉斯派提出来的,甚至有可能就是毕达哥拉斯本人提出来的。因为亚里士多德说,与毕达哥拉斯同时而稍幼的阿尔克迈翁也持同样的看法,也许他的看法就来自毕达哥拉斯派;不过他不能确定这一点,又说也

---

① 列宁:《哲学笔记》,《列宁全集》第38卷,人民出版社1959年版,第411页。

许是毕达哥拉斯派的看法来自阿尔克迈翁。即使如此,也说明早期毕达哥拉斯派已有了这种观点。因此我们可以认为,以对立为本原的观点不是什么后来衍生出来的、只有附带意义的观点,而是比较原初的基本的观念,与以"数"为本原的思想是紧密相关的。

毕达哥拉斯派明白地规定出十个对立,并且把它们排列成平行的两列。他们提出了一个对立面的表。亚里士多德认为,这是他们比阿尔克迈翁只讲些实际的对立和含糊意见的优越之处。

毕达哥拉斯派提出的这些对立面有什么意义? 哪些是最基本的? 它们之间的关系是什么? 这种排列意味着什么? 同他们所说的"数"和数学理论是什么关系?

让我们具体地考察一下他们的这个对立面的表。为了讨论方便,我们用括号内的字标出它们的两列和十组的次序:

	（正）	（反）
（1）	有规定者（有限）	无规定者（无限）
（2）	奇	偶
（3）	一	多
（4）	右	左
（5）	雄	雌
（6）	静	动
（7）	直	曲
（8）	明	暗
（9）	善	恶
（10）	正方	长方

他们把对立之数规定为10组,显然是为了凑足"10"这个完满之数,因为实际上他们对其中有些对立谈得很少,重视和谈得多的只是一部分。不过这十对对立的内容合起来,总还是表现了他们的整个世界观。粗略地说,这里第2、3组是直接讲数的性质的规定;第4和第10组是关于数的空间性质和状态、形状的规定(第7

组也与此有关）；第5、6、7、8组是关于事物的性质与状态的规定；第1和第9组则具有更高的抽象性；第9组是关于事物的价值和道德方面的根本规定，而第1组才是最抽象最一般的哲学规定。这样整个看来，他们提出这十个对立，就把他们的数论哲学具体化了。数就是这样一些规定，那么以数为本原，也就是以这十个对立为本原了，两者不过是同一观点的不同说法。在把数及其元素解释成这些对立之后，再来说明自然的和社会生活的种种事物就更适合了，就更便于构成一种以数为基础的统一世界观了。

最根本的是第1组对立：有规定者和无规定者。

前边我们已经说过，提出"有规定者"作本原是毕达哥拉斯派的基本哲学观点。米利都派只达到了"无规定者"，而毕达哥拉斯派认为世界及其本原必须是有规定的。不过毕达哥拉斯派并没有完全否认"无规定者"，因为"无规定者"是世界所必备的质料，它作为虚空（在毕达哥拉斯派那里，物质性的质料同虚空或空间等等都混淆在一起，还没有明白区别开来。有如"无规定"的"混沌"）又是使事物或数彼此分离的因素。因此毕达哥拉斯派仍保留"无规定者"，但把它放在"有规定者"之下，第一组里正面的本原是"有规定者"，然后才是它的对立面"无规定者"。

"有规定者"和"无规定者"，有时又叫作"一"（即"单位"、"单元"）和"不定的二"。在他们看来，世界和万物之所以有规定，是因为它们是数，而数之所以有规定，是因为首先有"一"；"一"是一切数得以确立和产生的单位、尺度，它才是"有规定性"的最终根源。所以"一"是"有规定者"的真正体现或化身，"有规定者"就是"一"。感性的东西则是不定的，是使世界、事物和"一"区别分离的因素，所以"无规定者"就是"不定的二"："二"就是分离，对立，表示不确定。这一组对立面的结合，是世界万物（也就是一切的数）

的最终本原。

亚里士多德说：

> 毕达哥拉斯派同样说过有两个本原,但加上了他们的特别说法,即他们认为有规定者和无规定者和单一并非是某种其他事物如火、土之类东西的属性,而是认为无规定者本身和一本身是他们所说明的事物的实体。这就是为什么他们以数作为万物的实体的理由。[①]

这里亚里士多德强调指明,他们是以"有规定者本身"即"一"**本身**和"无规定者"本身作实体或本原的,并且以此同自然哲学家的物质性本原或实体说相比较。这就表明,(一)这一组对立何等重要,因为它相当于其他哲学中所说的实体(本体);(二)由于作为实体的"一"或"有规定者"既是一切数又是万物具有规定性(形式)的本原,而作为实体的"无规定者"能使"一"伸展和分离成为各种数,赋予有规定的"一"、"数"以质料,这样从这一对本原中就可以产生、构造出一切有规定的数和各种有规定的事物了。因此亚里士多德说"这就是为什么他们以数作为万物的实体的原因"。

"有规定者"和"无规定者",这两个本原既是谁都不可缺少的,彼此结合的,同时又是彼此对立的。前者是正面的、肯定性的东西,后者是反面的、否定性的东西。这种对立贯穿在这十组相对的规定中,也就贯穿在一切数、形体和事物中。它最明白地表现在第9组对立的规定里。善与恶(即好与坏)的对立,既是对于道德事情的根本规定,也被毕达哥拉斯派当做对于数和一切事物进行价值评判的基本规定。首先第1组对立中的两个规定就带有善恶

[①] Aristotle, Met. 987ᵃ 13 - 19 .

的对立性质。亚里士多德说：

> 毕达哥拉斯派对于这个主题似乎有一种表面上较为讲得通的
> 看法,他们把"一"放在善的一边。[①]
> 因为恶属于无规定者,而善属于有规定者,如毕达哥拉斯派所
> 猜想的那样。[②]

把"有规定者"和这十个对立中的正面规定都看做"善"的、好
的,而把"无规定者"和各个反面的规定都看做"恶"和坏的,这种
评价,同他们的社会观、人生观和宗教意识有深刻的联系。他们把
善恶当作本原的思想,对后来的哲学尤其是苏格拉底以后哲学发
生了深刻影响。

第2组奇和偶的对立在他们哲学里也比较重要,因为他们通过
数来具体解释事物,而奇和偶是一切数的基本性质,一切数由奇数
和偶数组成。他们以奇数为善,偶数为恶,因为古希腊人中间流行
的看法认为奇数表示幸运,比偶数好。他们还把奇数看做有规定
者,偶数看做无规定者,对此作了他们那种特别的数学论证。亚里
士多德说：

> 又,毕达哥拉斯派把无规定者等同于偶数。因为,他们说,当
> 偶数被置于奇数中为它所限定时,就给事物提供了无规定性的因
> 素。在数里发生的情况便是说明。如果用角尺围着"一"或"不是
> 一"的数,一种形状构造就永远变换,另一种却总是同样的。[③]

[①]　亚里士多德:《尼各马可伦理学》A4, 1096^{b}5。见 P.P. 第240页,第292条。
[②]　亚里士多德:《尼各马可伦理学》B5, 1106^{b}29。见 P.P. 第240页,第293条。
[③]　亚里士多德:《物理学》Γ4, 203^{a}10-15。见 P.P. 第243页,第297条。

图示表明了这种情形。图1是用角尺围着"一",这样产生的图形中的数永远是奇数:3、5、7、9……图2是用角尺围着"不是一"的数,这样每次都加上了一个偶数:4、6、8……这两种图形都可以无限扩展,同时我们知道,他们的数总是用一些点来表示的。他们发现这两种图形有很大区别,图1所形成的永远是正方形,其长与宽总是相等的,而图2则永远是彼此不同的长方形,因为它两边的比例总在改变着:2:3;3:4;4:5……也就是说永远是不定的、无规定的。所以第10组对立,正方和长方,同第1、第2组对立相关。因为正方形是由奇数所产生的,是有规定的,长方形是由偶数所产生的,永远是不定的。

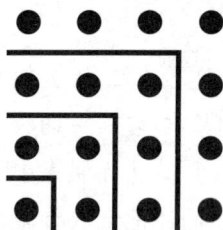
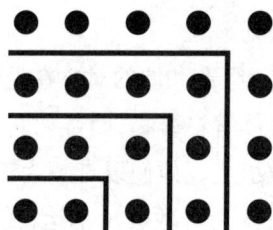

图1   图2

毕达哥拉斯派关于对立是本原的思想,包含着明显的二元论因素。

从毕达哥拉斯派起,古希腊哲学中出现了比较明确的抽象形式的因素。米利都派是感性物质的一元论者。他们所提出的本原是"无规定者"。毕达哥拉斯派超出米利都派而提出"有规定者"作本原,并把它提到第一位的地位,这是一个重要发展。他们所说的"有规定者"虽然还只以数的形态出观,没有达到真正本质的规定,并且由于没有同感性的质料完全分开,没有明白表述为"形式",但实质上已是一种能规定一切的形式东西。

　　强调抽象普遍的形式的规定作用,这对于哲学、科学和人类思维的发展有重大意义,古希腊哲学的主要成就正是沿这条路子发展的。但是把它夸大到成为独立于感性物质和个别事物的地步,就导致了唯心主义。形式同物质究竟是什么关系? 谁是第一性的本原? 古希腊哲学中的唯物主义和唯心主义,主要就看对这个问题如何回答而定。那些把一般的形式看作本原而否弃物质、个别事物和感性自然界的,或用形式来创造、构造自然界和各种事物的各派,属于客观唯心主义;反之,那些以物质和感性自然界或个别事物为本原的,把形式看成是感性事物的形式的各派,则属于唯物主义。

　　毕达哥拉斯派如何呢? 他们把"有规定者"即"一"和"数"的规定作用提到哲学的首位。但尽管如此,他们却没有取消"无规定者"即物质作为本原的意义,而把两者都并列为本原或实体。它们都是不可缺少的,无规定的质料,若没有"数"的形式规定作用固然不能成为世界和万物,"有规定者"若没有无规定者也同样不行,"一"就不能产生各种数,最初的宇宙也不会有空间、质料,不能分离出各种事物来。在毕达哥拉斯派看来,"有规定者"和"无规定者"诚然是对立的,但这种对立只有"好"与"坏"、"善"与"恶"的意义,只是价值高低的对立,并不是本原与派生东西之间的对立。因此我们可以认为他们的哲学是二元论的。

　　这是一种还没有充分分化的原始素朴的二元论,里面充满着各种混乱和动摇。正因为如此,它为后来各种不同派别的哲学都提供了启发的要素。

　　从他们推崇"有规定者"(即数和"一"的形式规范作用)、贬抑"无规定者"来说,他们的主要倾向是客观唯心主义。后来巴门尼德和柏拉图等特别重视和发展了这种倾向,所以毕达哥拉斯派给古希腊的客观唯心主义开了头。

另一方面,由于他们的"有规定者"并不脱离"无规定者","数"不脱离感性的"质","一"不脱离"多","确定性"不脱离"不定性","静"不脱离"动",等等,他们的哲学中又以一些歪曲了的形态包含了许多唯物主义和辩证法的重要成分。

说他们进行了歪曲,是指他们把"无规定者"以及属于这一边的,都贬为"坏"的("恶"的)东西,而且都从属于数。不过这些否定性的属于"恶"的本原,实际上在他们的哲学中具有极大的作用,而且往往比那些肯定性的本原具有更丰富的内容。

例如,属于"无规定者"的"虚空":

> 毕达哥拉斯派也认为虚空存在,认为呼吸和虚空从无规定者里进入了天本身,好像天会吸气似的;虚空区别开事物的性质,它是把连续加以分离和区别的因素。这首先发生在数里,因为虚空区别了数的性质。[①]

天或宇宙(它们本是"一"或"有规定者")只是靠了吸进"无规定者"或"虚空",才分为二,才有三、四……的数,才有空间、地点和彼此区别开来的具有各种性质的事物。如此说来,这"虚空"或"无规定者"的作用岂不是极大吗? 并且,这个"无规定者"岂不是实际上变成了规定者了吗? 因为"区别"和"分离"的意义正是规定。

又如,属"于无规定者"的"多":

在第3组对立中,他们把"一"和"多"都认作本原。"一"固然是根本的,它是世界和万物和各种数的本原,但是"多"也是极重要的,因为如果只有"一"(即单元、单位)而没有"多"就根本不会有

---

① 亚里士多德:《物理学》Δ 6, 213[b]22。见 P.P. 第252页,第315条。

数：数本来是由许多的"一"所组成的,只有一个"一"(即单位、单位,)就不会有数,同样也不会有各种有规定的事物的世界。毕达哥拉斯派看到数和世界万物既不能没有"一"、也不能没有"多",所以把二者都当作本原,这里包含着辩证的因素。他们在古希腊哲学史上第一次提出了"一"、"多"的关系问题,对后世的哲学也有深远的影响。

他们提出来的"多",就是许多的"一",既是数的单位,也是占有空间的点,也是有大小的质料点。这些点子各有自己的大小和界限,又按不同的数目排列成不同形状的东西,并赋予事物以不同的性质,从而构成各种自然事物以及像"正义"、"理性"、"机会"和"灵魂"之类的事物。

这种观点对于后来主张世界本原是"多"的哲学派别是有影响的。如上所述,他们还肯定有虚空存在。他们这种认为世界和万物是许多质点在虚空中构成的并彼此区别的观点,对后来留基波和德谟克里特的原子论,也是有很大意义的,虽说它们之间有着质的区别。

从这个意义上说,毕达哥拉斯派哲学又有着多元论的因素。

再如,第6组"静"和"动"这个对立中的"动"更是个很有意义的范畴。很显然,静止同有规定、单一、统一、形状不变(如"正方")等等是属于同类性质的,而运动则总是同不确定、分离、多、形状变动("长方")等等相关的,所以它们也分属于"善"与"恶";它们在两列中的位置也表明应当是这样的。但是毕达哥拉斯派的素朴的意识,却又使他们得出正好相反的看法。例如他们认为天体之所以是神圣的,就因为它们永恒地在运动;他们最关心的灵魂,其本性也是永恒绝对的运动。亚里士多德说,在灵魂问题上他们同阿尔克迈翁的看法有一致之处。阿尔克迈翁说灵魂之所以不死,是

由于它同不朽的存在类似,永远处在运动中;因为神圣的东西总在不停地运动,如日月星辰①。而

> 毕达哥拉斯的学说似乎有同样的意思;他们中有些人说灵魂是空气中的尘粒,或说是那使之运动的东西。他们谈到尘粒是因为尘粒显然在不停地运动,即使在一种全然静止的地方。②

说灵魂是空气中的尘粒,这是一种非常朴素的说法或比拟。在一线射进暗处的阳光里,可以看到那些尘粒瞬息不停的运动,他们便觉得这能很好地表现灵魂的特点。

从这些思想看,他们显然是把运动、不停的运动,看成是最好、最神圣的性质和规定,那么"动"岂不又应该是属于"善"这一边了吗?

这些情况表明,他们的哲学由于存在着二元论的因素,因而有许多矛盾之处,有许多复杂的成分。注意到这一点,将有助于我们避免理解它们时的简单化。

从他们把对立东西并列为本原来看,他们的哲学有二元论因素;但他们又认为对立的本原是紧密相关不能分离的,它们能结合而构成和谐,因此,他们又主张了对立面可以统一和应该统一。这个观点对辩证法的发展也是有意义的。

我们知道,毕达哥拉斯派最为重视和追求的就是和谐。所谓"数"的和谐是同对立面的和谐不能分的,因为他们的"数"不只是单纯抽象的数量,而且是对立物、对立性质和规定;例如,音乐是由高低对立的音调构成的,健康也是由冷和热、干和湿等等对立成分按一定比例形成的。

---

① 亚里士多德:《论灵魂》,405ª29。见 P.P. 第235页,第287条。
② 亚里士多德:《论灵魂》,404ª16。见 P.P. 第261页,第334条。

　　显然,对立的和谐是一种有规定性。而且,我们也许可以认为它是毕达哥拉斯派哲学中更高级的规定性。因为"和谐"是同"完满"、"美"、"善"属于一类的规定,那体现着完满和谐的"天"、最美最善的形状、音乐、社会秩序、道德和纯洁的"灵魂",是他们心目中神圣的东西,也可说是高级的"有规定者"。它显然不是毕达哥拉斯派设想的那种原初的"有规定者"和规定性,而是包含着原始的"有规定者"和"无规定者"两方面在内的,以及一系列的对立成分和数所造成的新的"有规定者"和规定性。例如,他们的最初的"天"或"宇宙"只是单纯的"一",不是什么由十个天体所构成的和谐的"天"、也不是由各种不同事物所构成的有秩序的世界；后者只是由于原初的"一"吸进了无规定者,有质料有分离,才产生出各种数,各种性质的事物,各种对立,才有可能构成。

　　可见,对立面的和谐或统一,是毕达哥拉斯派哲学中最为重要的思想。真正有内容的规定和事物,人们努力追求的美和善的世界,必须从对立的统一中才能理解和达到。这是合于辩证法的。

　　那么,毕达哥拉斯派哲学到底是辩证法的还是形而上学的呢?

　　从他们明确提出了十个对立,十分重视"无规定者"的区别作用,不确定的变动作用,运动的神圣性质,以及最后以对立面的统一和谐为世界观的根本见解等等来看,他们的哲学无疑是有重要的辩证法因素的。他们对辩证法的形成也作了相当的贡献。

　　不过,他们的哲学实质上仍是二元论的,最初的本原是彼此外在并立的两个东西,"有规定者"最初只能从它外面吸进"无规定者",因此他们的哲学缺乏内在矛盾的理解,缺乏一分为二的思想,因此他们不能说明世界的自我运动。其次,他们把对立及其和谐又归结为数和数的关系,这就模糊了事物的性质的对立和统一,由于数本身只是些静止外在的规定,因而他们也不能说明 — 切事物的生灭运动是如何可能的。最后,特别值得我们提出来加以注意的是,他们只片面地强调了对立面的统一,认为和谐才善,而没有认识到对立面统一中的斗争性的意义。这是同后来的赫拉克利特哲学有本质区别的。

因此总起来我们大概可以说 : 在他们的哲学中,形而上学的性质和倾向占主要地位,但同时也有许多辩证法的因素。这二者在他们那里也处于原始不分的状态中,彼此混乱地交织在一起。所以,我们既要指出它主要是形而上学的,也不应简单化绝对化。因为他们还没有思考过辩证法同形而上学的区别和对立的问题,毋宁说他们还没有发现这种对立。

毕达哥拉斯派由于把数同对立面及其和谐的种种问题联系起来,使他们的哲学获得了许多重要的内容。不注意研究这些内容,我们也不能理解他们的数论哲学的意义。

八、如何评价毕达哥拉斯派的理想
—— 对立面的和谐的社会意义

在探讨了他们的哲学之后,让我们再回过头来考察他们哲学的真正社会意义。

如上所述,对立面的和谐是他们哲学的最高概念。这同他们哲学所追求的真正目的是一致的。毕达哥拉斯派认为哲学的目的是追求一种最好的生活方式,是灵魂摆脱轮回的净化 ; 而净化就是要达到和谐、完美和完善的境界。这种和谐固然要从数学、哲学、音乐、天文等等研究中去寻求说明,但归根到底,它作为一种理

想,还是来自现实的社会生活的,是一定的社会阶级或集团对于社会斗争的一种态度。

有些人认为,毕达哥拉斯派主张和谐而不是斗争,是调和当时的阶级斗争、新旧斗争,因而是为贵族反动服务的哲学。这种说法的许多根据是有问题的,已如前述。现在我们还需考察一下"和谐"观念本身在当时究竟是不是反动的。看来这也是有问题的。

梭伦的政治改革和他的思想就是一个证明。他以"中和"为主要指导思想。他以仲裁者身份,代表每一方同对方斗争,然后劝他们停止纷扰,贵族们应节制其贪得无厌与剥削,解除平民的负担和对平民的人身奴役;平民们反对贵族的斗争也要适当,也不应过于激烈,使贵族得以维护其某些特权。他所主张的"中和"之道,就是凡事不可过分,对立的要求和冲突都应适可而止,即"适度",认为这样的社会才能保持幸福、安宁、发展和秩序。

梭伦本人出身贵族,但经济上属于中等阶级,他的这种主张和改革思想,明显地表现出处在贵族与平民之间的工商业者的利益和要求,这是应予肯定的。这些新兴势力主要反对贵族统治,但又同下层平民不同,因为他们这时已经发展起来,但还无力掌握政权,也不愿下层群众过激的行为造成社会动乱,影响自身的利益。另外,随着商品货币经济的发展,社会的道德堕落也在发展。在这种种社会的对立冲突里,新兴势力应当如何对待和处理? 他们又应当如何自处,使自己那种被贵族和下层平民从不同立场上攻击憎恶的"暴发户"形象能得到改善,并能实现自己在历史上应起的作用? 这些就是摆在新兴势力的思想家面前的大问题。梭伦以他本人的高尚品德和"中和"思想,正好满足了新兴的工商业阶级当时的这种要求,并取得了很大的成功。这种"中和"的思想和实际改革,既是进步的,又是有限制的。它当然不彻底,却非常符合那时新兴势力发展程度的实际状况和需要。

因此很显然,主张"中和"、"和谐"并不一定是保守反动,应该对它作具体分析。在梭伦的时代,它无疑是代表进步的。

梭伦改革还在公元前6世纪初,那么到毕达哥拉斯及其团体活动的这世纪的后期,情况如何呢?

与毕达哥拉斯大体同时而较晚的埃斯库罗斯(公元前525—前456年),可以作为另一个证明人。这位伟大的悲剧作家在其《奥瑞斯提亚》中,以尖锐的悲剧冲突形式,形象地表达了同类的思想。

奥瑞斯提亚的母亲克吕泰美斯特拉,杀死了她的丈夫阿加门农。奥瑞斯提亚为父复仇,杀死了克吕泰美斯特拉及其奸夫,但他同时也就犯了杀母大罪。他求援于阿波罗的庇护,阿波罗让他到雅典娜那里去求助,并听候她的审判。克吕泰美斯特拉的魂去唤醒古老的复仇三女神去追究奥瑞斯提亚。于是在雅典娜主持下展开了双方的生死搏斗的辩论。面对复仇女神怨灵的控告,奥瑞斯提亚申辩说自己杀母是因为她犯了杀害丈夫和我的父亲的双重罪过,所以自己为父复仇是对的。怨灵则援引氏族制的传统权威,宣称克吕泰美斯特拉同她杀死的男人没有血缘亲属关系,因而无罪;而奥瑞斯提亚是母胎所生,血是母亲的,因而犯了杀亲的滔天大罪。阿波罗为奥瑞斯提亚辩护,说母亲不是世系的标准,父亲才是生父,女人犹如旅舍,不过是从族外人受孕生子而已,所以奥瑞斯提亚同父亲才有真正的血缘关系,他为父而报血仇是合情理的。这里,埃斯库罗斯通过氏族伦理中古老母权制和后来父权制的斗争,表现了社会中新旧势力之间的巨大冲突。

十二名审判官投票,双方票数相等,这时雅典娜投下了最后决定性的一票,宣布了奥瑞斯提亚被赦无罪,从而宣告了新的父权制的胜利。同时,面对着复仇女神怨灵的狂怒和报复意向,雅典娜进行了安抚劝勉,答应给她们在雅典得到受人顶礼膜拜的一席之地,劝她们为雅典城邦和人民降福,解决了这一冲突。于是这些代表"正义"的复仇女神就平息了愤懑,成为新兴雅典的重要神灵。

埃斯库罗斯借雅典娜之口,说出了他的社会理想和解决冲突的途径。

在宣判时雅典娜说道:

> 浊泥污水污染了江上清流,
> 江河之水就不能下咽。
> 不要专横、不要放肆,而取中庸是:
> 我教导人民去保持、去重视的道理,
> 不要把畏惧的克制排于域门之外,
> 因为无畏惧的人怎能知道正义? [①]

歌队也唱出同样的调子:

> 有时候,畏惧颇有教益,
> 畏惧始终是心灵的卫士,
> 不得不保持冷静是好事,
> 谁在心中不存畏惧一丝,
> 不论是小人还是全城市,
> 谁个还会凛然敬畏正义?
> 你不赞成拘束的生活,
> 你也不赞成僭主统治,
> 神处处证明中庸的优异,
> 虽则中庸之道形式各异。

---

① 埃斯库罗斯:《奥瑞斯提亚》,灵珠译,上海译文出版社1983年版,第221—222页。

> 这是千真万确的大道理：
> 你不要急躁，也不要迟疑。①

埃斯库罗斯所表达的中庸之道，同梭伦的思想有一脉相承的线索。这种中庸或中和，是主张节制，有限度，不要过分、放肆、走极端；但并非无原则的调和折中，更不是主张维护旧事物反对新事物，而是为新事物的发展开辟前进道路的理论。它强调斗争发展要有适当的分寸，处理社会冲突时要注意恰如其分。由此可见中庸之道还有许多种类，不可一概而论，究竟是反动的还是有进步性的，需看它具体代表什么利益、起什么作用才能确定。

梭伦在毕达哥拉斯之前，埃斯库罗斯在毕达哥拉斯之后。现在我们再来看看那个同他更近的同时代人阿尔克迈翁的思想。艾修斯报道说：

> 阿尔克迈翁认为，健康的保证在于各种力量的"平衡"，湿和干，冷和热、苦和甜，等等。一旦其中之一"专权"就会引起疾病，因为二者之一的专权是毁灭性的。疾病之来，直接由于热或冷的过度，间接由于饮食的过度或不足，……另一方面健康是这些性质有合乎比例的混合。②

这讲的是医学，但从用语和思想来看，却颇带社会意义，人体内各种力量的关系，就像社会对立势力一样，不可一方面"专权"或专制，如果一方面压倒对方，就会产生毁灭性的后果。因此，人体的健康也像社会机体一样在于"平衡"，保持对立面的和谐，有比例

---

① 埃斯库罗斯：《奥瑞斯提亚》，灵珠译，上海译文出版社1983年版，第213—214页。
② Aetius Ⅴ，30，1.见 P.P. 第234页，第286条。

的混合和结合,必须反对一派"专权"。这显然带有一种主张势力均衡的民主气息,是反对贵族统治也反对僭主统治的,但也不赞成平民占压倒优势。

我们前面在谈到阿那克西曼德时也可发现与此同类的思想。

因此我们可以概括起来说,主张对立面的中和、中庸与和谐,是古希腊人在公元前6世纪前后一百多年间兴起的一种新思潮。在梭伦,表现为政治的改革,在埃斯库罗斯表现为新的艺术思想,在阿尔克迈翁表现为新的医学理论,而在阿那克西曼德和毕达哥拉斯,则表现为哲学的思考和关于自然的、社会的、人生的和灵魂的学说与理想。如果我们认为其他这些重要人物的思想是进步的,为什么就单单认为毕达哥拉斯派的"和谐"说是保守反动的呢? 我觉得结论应当是相反的。应该说,这种思想是适合这个时代里新兴势力正在上升但还不充分强大的发展需要的。而且,即使在它足够强大时,也不失为它处理各种冲突时的一种重要的方法。当然,当着需要更有力的斗争才能前进时,对立统一中的斗争这个更深刻的本质方面也会突出出来,并提到首位。我们看到接下去的赫拉克利特就是这样做的。毕达哥拉斯哲学与之相比有质的区别。这种质的区别与其归结为保守同进步的对立,不如说是进步势力在不同时期发展水平和要求上的差别。

第五章　赫拉克利特：原始素朴哲学的光辉顶点

　　赫拉克利特哲学是紧接着毕达哥拉斯出现的。据记载,赫拉克利特的鼎盛年即四十岁在第六十九届奥林匹亚赛会时,即公元前504/前501年间,活到六十岁[①]。他的残篇里谈到了毕达哥拉斯、赫卡泰和塞诺芬尼的思想,而巴门尼德又在哲学诗里把争论指向了赫拉克利特。根据这些事实,我们可以判定他的哲学活动主要时期当在公元前6世纪末至前5世纪最初的20年间,并且很清楚,是在毕达哥拉斯之后,巴门尼德之前。因此,我想把他的哲学放在这里来讨论是合乎史实的。[②]

---

① Diogenes Laertius, IX, 1, R.D.Hicks 英译本,第2卷,第409、411页。
② 研究哲学史必须实事求是,从史实出发寻求哲学思想的内在发展。黑格尔研究哲学史虽然也讲要客观,并注重思想的内在联系,但他为自己的客观唯心主义范畴发展体系所迷惑,把赫拉克利特的哲学放到巴门尼德之后,是不合史实的。因此他所说的哲学发展也是歪曲的。另有一些哲学史出于强调伊奥尼亚哲学和意大利学派的区别,把赫拉克利特放到毕达哥拉斯之前去了,这种不顾及思想的实际发展过程的形式主义划分方式,同样违反了事实,而且淹没了真实生动的思想运动。我觉得这都是不利于研究哲学史的客观发展线索的。

一、研究赫拉克利特哲学的意义和特殊困难

　　赫拉克利特的哲学十分重要、深刻,是古今中外的哲学家思想家们几乎一致公认的。不过它仍然属于最原始素朴的形态,同巴门尼德及其以后的哲学有本质性的区别。米利都学派 —— 毕达哥拉斯 —— 赫拉克利特,这是古希腊的即西方的哲学史发展中实际上存在着的一个圆圈,原始素朴哲学的圆圈。它有明显区别于以后哲学的特色,赫拉克利特哲学是这个圆圈式的发展的终点、总结。我们需要从这个事实和观点上来探讨赫拉克利特哲学的意义,才能给予恰当的分析和评价。

　　据说赫拉克利特写过一本书。它没有保存下来,但留下来有一百几十条残篇,内容还是相当丰富的。在古代最早的哲学家中,米利都派只留下极少的几条残篇,毕达哥拉斯本人的原话几乎完全没有留存,对于他们,古代文献主要只是些报道。但是对于赫拉克利特,古代哲学家和文献编纂家们则因为多引证其原话来思考讨论,所以保存了大量的佚文。我们现在看到的这一百多条残篇,就是从大约前后有一千年间的各种比较可信的古代著作文献中辑佚而成的。这一事实本身就表现了他的哲学在古代为人们重视的情况。

　　对于他的哲学,后人有很多评论,巴门尼德的哲学是在同他争论中提出来的,关于这一争论的意义,我们到下一部分开始时就会谈到。柏拉图很重视赫拉克利特的“一切皆流逝”的思想。亚里士多德认为他属于主张以物质元素为本原的自然哲学家,在一定程度上抓住了他的哲学中素朴辩证法和素朴唯物主义的本质。

　　在近代辩证法兴起时,他的学说重新受到了人们的特殊注意。

黑格尔十分赞赏他的辩证法,说:"没有一个赫拉克利特的命题,我没有纳入我的逻辑学中。"① 不过他是从客观唯心主义立场来看待赫拉克利特的,这就产生了严重的歪曲。拉萨尔写了一本专门评论赫拉克利特的书,由于重复和恶性发展了黑格尔的歪曲,把他描绘成一个十足的客观唯心主义者。

赫拉克利特学说的命运,不仅同它本身的伟大和缺陷有关,也同后来的这些评论者的立场观点和哲学水平有关。只有到了科学的唯物辩证法哲学产生之后,才有可能对这份珍贵的历史遗产作出真正合于实际的评价。

哲学在经历了两千多年的漫长曲折之后,终于又重新发现了唯物辩证法的世界观。当然,这已经不再是素朴的,而是现代的科学的唯物辩证法,这就是马克思主义的哲学。这是一个包含着许许多多小圆圈的大圆圈的发展终点,在总结以往全部思想发展成果的同时,开辟了哲学进一步发展的新时代。于是,它在更高的水平上又重新回到了起点,在这里终点和起点相遇了。

恩格斯就是这样看的。他在论述现代唯物辩证法的理论渊源时,就一直追溯到了赫拉克利特。他指出,原始的、素朴的但实际上是正确的世界观,是由赫拉克利特第一次明白表述出来的。②

列宁对赫拉克利特哲学的高度评价,集中表现在对他的一个重要命题的评语中:"这是对辩证唯物主义原则的绝妙的说明。"③ 列宁对黑格尔和拉萨尔的歪曲十分厌恶,给予了严厉的鞭挞和批判。

① 黑格尔:《哲学史讲演录》第1卷,三联书店1956年版,第295页。
② 恩格斯:《反杜林论》,《马克思恩格斯全集》第20卷,人民出版社1971年版,第18页。
③ 列宁:《哲学笔记》,《列宁全集》第38卷,人民出版社1959年版,第395页。

赫拉克利特的哲学不仅在古代"响彻千年",而且在近代受到高度评价,表明它的地位和价值是很高的。赫拉克利特作为第一流的哲学家是当之无愧的。他的哲学由于原始的幼稚素朴性质必然为后来的哲学所否定和代替。但它本质上又是正确深刻的、唯物辩证的,因而在总体上又高于后来的各种哲学,直至现代的唯物辩证法产生为止。这是它的极其特殊之处。不理解和抓住这一点,我们就不能恰当地了解和说明它的全部意义,也不能恰当地处理它在整个哲学史中的地位。

马克思主义经典作家对他的评价是正确的,但是要把这种原则性的评价变成具体的理解,还需要做非常艰巨的研究工作。

研究赫拉克利特的思想是特别困难的。关于他的生平和有关环境的具体资料极少;他的残篇是从各种不同的文献里辑佚而来的,零碎的,赫拉克利特原书的次序、各条残篇之间的原来联系已无法了解;而最困难的还在于他的思想和表述方式本身:他在感性图画式的形象里,或常常爱在谜一样的格言以至神谕式的语句里表现他那些深刻的思想,双关、暗示、隐喻的手法所在多有,因此他在古代就以"晦涩的哲学家"而闻名。这种思维方式和表述方式,对于我们近现代的人们来说,是尤其不习惯的。若不突破这重重难关,人们就难于在浓雾中窥察到它的真面目。

靠着现代学者们的辛勤劳动,这些困难有相当大的部分已经有所解决,应该说一百多年来这种进展是比较迅速的。第尔斯(H.Diels)最早整理考订了他的所有残篇,为研究赫拉克利特提供了初步的在资料上的科学依据。不过他认为赫拉克利特的这些残篇类似于古代贤哲的格言,不会有什么严格的次序结构,所以他只按残篇的文献出处的字母顺序来编排它们,这些残篇就成为杂乱无章的一堆了。基尔克(G.S.Kirk)在他的《赫拉克利特宇宙论残篇》这一研究著作里,把一部分他认为重要的残篇按哲学思想的内容分成十二组,进行了大量的文字考证、注疏的工作,又进了一大步。在上述两人的研究成果的基础上,格思里对赫拉克利特哲学思想作了比较深入的分析考察,取得了很大成绩。

但是比较起来,卡恩的新著《赫拉克利特的艺术和思想》〔C.H.Kahn,The Art and Thought of Heraclitus(以下引述该书时,缩称为A.T.H),An edition of the fragments with translation and commentary,Cambridge,1981〕一书,似乎标志着研究工作的一个更有意义的新进展。作者大胆地提出一个想法,即这些残篇本来是赫拉克利特自己所写的著作中的,因此应当把它们尽可能地复原为一种原来可能有的整体形式结构,从而使它们构成为一个有联系有思想顺序的整体,这样,它们的意义就可能在上下文的联系中读通和理解,并成为有机总体的思想。这当然是不容易的。为此他更仔细地考察了广泛的古希腊的历史和文化背景,从语源学、语义学、艺术和思想文化的错综联系的角度,逐条探讨了残篇的语言艺术特点和思想结构。这些考证诠释比前人的工作更进了一步,因而也使人感到要更切实可信些。他这个研究的主要成果之一,是对残篇进行了重新编排,使它们成为一部比较有次序的哲学诗篇,包括一个引导性的序言和大致分为三个部分的正文。卡恩的这一尝试是初步的,不免有种种缺点错误,不过比第尔斯以来只零碎孤立地考察各条残篇那种办法总是一大进展,他的想法无疑是合理的,而且有相当的根据。所以我在这里将主要利用卡恩的成果,同时也参照其他人。我们不靠他们的具体研究成果就不能前进,但我们要按马克思主义的科学来运用这些材料,当然不能对他们的成果盲目信从。

在正式进入讨论赫拉克利特的哲学之前,先谈谈他的生平和倾向是有必要的。

赫拉克利特(Herakleitos)是小亚伊奥尼亚的爱非斯本地人,似乎从来没有离开过这里。爱非斯城邦位于米利都北面,在公元前6世纪里它处于吕底亚王国的势力影响之下,后来又受到波斯人势力的影响。在米利都被波斯人毁灭(公元前494年)时,它幸免于难,后来便代替了米利都的地位成为小亚细亚最大的希腊城邦。

关于爱非斯人怎样反对波斯人的统治,这个城邦内部反波斯的和亲波斯的、贵族和平民的、富人和穷人的斗争,我们没有材料。但是这里有反抗是毋庸置疑的,可能由于小亚细亚希腊各邦暴动的失败,爱非斯处于波斯强大力量的支配下,无法明白表现出来。赫拉克利特生活和从事哲学活动的时代,正是整个希腊同波斯决战的准备时期。波斯王大流士在公元前512年占领了色雷斯,已威胁到希腊本土各邦,接着在公元前494年镇压了小亚细亚希腊各邦的暴动,公元前492年又西征希腊,公元前490年曾占领和毁灭了那克索斯和优卑亚的爱勒特里亚,这年九月,雅典人在马拉松战役里击败了波斯军队。于是双方便酝酿着、准备着更大的战斗。公元前481年,波斯人完成了他们大举进攻希腊的准备,同年,希腊各邦也在斯巴达、雅典和科林斯的领导下组成了同盟,准备同波斯人决一死战。从公元前480年开始经过几次大战役,希腊人以少(当时兵力不过十余万人)胜多(波斯军队当时号称数百万人,据近代学者研究实际上总数约在五十万人左右),打败了不可一世的波斯,保卫了自己的生存、文化和光荣。这次希波战争之后,希腊历史便进入了它的古典时代,即向全盛的发展时代。

赫拉克利特就生活在希波战争的这一准备时期,生活在希腊世界向古典时代转变的决定性关口的前夜。我们在研究他的哲学时,无论如何不能忽视这一最重要的事实,虽然他没有在自己的残篇中直接提到波斯人（这是他当时生活在波斯势力统治下无法说出的）。

赫拉克利特出身在一个名门贵族家庭，这是比较可信的。第欧根尼·拉尔修报道说，安底斯泰尼曾引一事来证明赫拉克利特的品格是何等高尚，因为他把世袭的"王位"让给了他的兄弟。[①]如果这是确实的，那么赫拉克利特就是小亚伊奥尼亚最高贵的名门之后，其系谱可以一直追溯到雅典王卡德鲁斯之子安德洛克鲁斯，他是希腊最早海上移民于小亚细亚的著名领袖，爱非斯城邦的创建人。

关于他的生平和生活，第欧根尼·拉尔修说得最多的是他非常孤傲，离群索居，因为他厌恶这个城邦的人们和当时的城邦政治。在残篇中，他咒骂爱非斯人，说不如把城邦交给孩子们去管理；还说这个城邦放逐了赫尔谟多罗是赶走了最优秀的人，而一个最优秀的人抵得上所有的人。

有人根据这些材料和他出身贵族，便认为虽然他的哲学思想有很高价值，但立场仍是贵族的，认为他维护贵族政治，反对奴隶主民主制。这种论断在我看来未免过于简单化和武断。他很高傲，轻视一般人，这大概是事实，但由此就得出结论说他政治上代表贵族反动，却是根据不足的。

我们没有关于当时爱非斯城邦内阶级斗争和党派斗争的具体材料。关于赫尔谟多罗，有文献报道说他被放逐后到了罗马，帮助了那里的人们制定了十二铜表法，只此而已。不过这个事迹不大可信，因为十二铜表法是公元前449年才公布的，时间上相距了几十年，所以我们更难于以此来间接推断赫拉克利特的政治立场。

---

① Diogenes Laertius，Ⅸ，1，6。R.D.Hicks 英译本第2卷，第413—415页。关于"王位"，斯特拉波说明如下："爱非斯城邦的创立者安德洛克鲁斯的后裔仍被称作'王'，享有某些特权，如在宗教性庆典上就座于前席之类。"（见 P.P. 第184页注1）

何况罗马十二铜表法在当时有一定进步意义,如果他的朋友赫尔谟多罗真的对它有过某种影响的话,对判定赫拉克利特倾向反动的论点更加不利。

从留下的残篇里,我们找不到他政治态度反动的确切证据,相反,倒可以看出他是一位敢于向传统的宗教和权威进行挑战和抨击的人,他的辩证法充满着斗争和向上的精神,不是主张倒退或消极无为的。其中有两点尤其值得注意。第一点,他用商品交换和货币来讲万物同"火"这个本原的转化。这明显地表示出他对商品货币经济有认识并持赞许态度。第二点,他提出斗争或战争是万物之父,万物之王,因为斗争或战争使一些人成为奴隶,一些人成为神。这一点我认为是非常典型集中地表现了他那个时代的精神。希腊人的自由是在奴隶制中发展的,他们本来要使别的民族的人们做他们的奴隶,但是现在面临着成为波斯人的奴隶的可怕前景。到底是自由还是被人奴役? 这个问题只有靠斗争、靠决战来解决。赫拉克利特以哲学的形式深刻地提出了这个生死攸关的根本问题,作出了鲜明的回答。

所以,我觉得他虽然以隐居表示了对当时爱非斯人政治生活和精神状态的不满和敌视,并不能说明他主张倒退。实在说来,当时爱非斯人在波斯统治下的政治和社会生活状况,很可能并不是美妙的,因此他觉得只能这样对待他们。这同他在哲学思考中对希腊的历史命运和生活进行积极勇敢的探索,也许正好是相反相成的。因此,这并不能成为我们指责他的充分理由。

黑格尔认为从他开始,哲学家才从公共事务中分离。希腊七贤包括泰勒斯在内是一些政治家、统治者或立法者,毕达哥拉斯搞了一个政治团体,到了赫拉克利特才完全献身于哲学,并为此生活在孤寂之中。据说波斯王大流士曾邀请他去讲他的哲学,他拒绝了,在复信中说:"那样多的世人生活着,对于真理和正义的东西是陌生的,他们由于可恶的愚昧而保持着无节制的和虚妄的意见。但是我呢,由于我已遗忘了一切罪恶,遗弃了跟随我的无度的嫉妒和居高位的傲慢,我将不来波斯,而满足于我的卑微并保持我的素志。"[①] 这个材料虽然不一定可靠,很可能是后人编的,但它同赫拉克利特的所有思想是一致的,表现了这位哲学家的尊严和性格。哲人们的思想同现实的联系很深刻,但正因如此就同当时的环境和世人有尖锐矛盾,因此他们就往往必须同当时的流俗之见和当时的政治适当保持某种距离。赫拉克利特似乎自觉到这一点,便抛弃王位,离群索居,以隐居的卑微和保持自己的素志为自得。

他出身在一个对古代希腊的历史和文化有过重要贡献和影响的、源远流长的名门贵族之后,这对他敏锐地觉察和理解时代的变动、熟悉和领悟远古以来的直至当时的各种思想与文化典籍,是一个重要条件。一般说来,古代人在思想和知识的积累上、文化熏陶上,家族传统的影响作用比近代人要大得多。赫拉克利特能成为原始素朴哲学的光辉总结者和顶峰,除了别的条件,这一条件也是很重要的。因此我感到对于他的出身问题也应当辩证地加以看待。

现在我们就来探讨他的哲学本身。

二、赫拉克利特的"逻各斯"的含义

残篇第一条就提出了"逻各斯"的问题,这是他的哲学的一个

---

① Diogenes Laertius, Ⅸ, 1, 14, Hicks 英译本第2卷,第421页。这里中译文参考了中译本黑格尔《哲学史讲演录》第1卷,三联书店1956年版,第297页。

最基本的概念。亚里士多德和塞克斯都都说这一条是赫拉克利特那本书的开头：[①]

> 这个"逻各斯"虽然常在，人们在听说它以前和听到它时却老是不能理解，一切事物都按这个"逻各斯"发生着，但是我在分别每一事物的本性并说明它如何如此的那些话语和举止，人们在加以尝试时却显得没有体验。另一些人对他们醒着时所做的茫然，就像忘了他们在睡梦中所做的那样。（K1，D1）[②]

古希腊词 λόγος，理解和翻译都是困难的，中文"逻各斯"不过是音译罢了。格思里、基尔克和卡恩等人对它都作过考证研究，发现它有多种用法和含义。格思里从大量希腊古文献中把它的含义归纳出十一种，基尔克和卡恩的考证大体不出这个范围，大同小异。他们指出"逻各斯"是一个含义丰富的多义词，可以理解为：说、言辞、叙述表达、说明、理由、原理；尊敬，声誉；采集、点数、比例、量度或尺度；等等。但在运用到理解赫拉克利特时，他们三位的看法也有些差别。格思里认为赫拉克利特的"逻各斯"的主要含义是：（1）人们所听到的（这是最一般的含义）；（2）规整万物的，类似于某种普遍的规律；（3）它有一种独立于表述它的人的存在。这一概括强调了"逻各斯"作为言辞尤其是作为客观规律的意义。基尔克认为 λόγος 由词根 λεγ 的基本意义"挑出"、"选择"转化而来，指"计数"、"尺度"、"比例"，这一方面含义的原初性质不亚于"表述"、"说明"的含义，并由此进而产生了"系统的公式"以至

---

① 亚里士多德：《修辞学》1407^{b}16；塞克斯都：《反数学家》Ⅶ，132。
② 这里中译文是我根据卡恩的 A.T.H. 中的英译文译来的，见 A.T.H. 第28—29页。"K1"指卡恩编排的残篇第1条，"D1"指第尔斯编排的第1条，两种编号都加以注明，目的是帮助读者自己查考。

"规律"的意义。^① 基尔克这一考察,着重在指明"逻各斯"的含义为"尺度",这对研读赫拉克利特是有帮助的,不过他似乎过分强调了这一含义,带有片面性。卡恩则认为,应该注意赫拉克利特用这个词时有意地利用了它的语义双关性,通过表述的展开来使之获得多方面的意义,因此他强调需要在研究残篇的全部内容中有机地把握其主要含义。我感到这种意见似乎要辩证些,更值得我们注意。

既然残篇第1条是赫拉克利特的书的开头,对照那时的希腊古典诗篇的格式,我们可以把它视为赫拉克利特的哲学诗的开场白。^② 开场白通常都是这样的:"我现在要对你们讲的话是……"因此,这里最初出现的"逻各斯"一词直译只能是"话语"、"叙述"、"报告"等等,它同"听"众相关。但它又是双关的,因为赫拉克利特在这里强调的是人们听了这"逻各斯(话语)"却不能理解,而这个"逻各斯"是"常在"的,因此,"逻各斯"就不仅关系到"听"而且关系到"理解",不仅是听的对象(言辞)而且成了客观的理解的对象:一切事物都按照它来发生和进行,显出"逻各斯"是同人们不完善的理解力(主观的)相对立的某种普遍真理性的(客观的)东西了。于是这个词的含义就转化了,由主观言辞变为客观的规律,然而这时这两种含义仍然保持着原始的统一性。只是到了残篇 K36(D45)(按卡恩的整理,这一条放在导言性的序论的结尾),赫拉克利特说:"不要听从我而要听从逻各斯。"这时"逻各斯"作为"客观规律"的含义才明白地同"言辞"的含义分开来(虽然他并没有使用"客观规律"这样的科学术语)。

---

① G .S .Kirk,*Heraclitus, The Cosmic Fragments*,Cambridge University Press, 1954,p. 38 .
② 参见 A.T.H. 第90页及注58。卡恩引述了赫卡泰和赫西俄德的诗为例,赫卡泰就用了 λóγο i这个词来表示他要说的话。

在这里对照一下老子的用语是很有意思的。《老子》这部我国的哲学文献也是古代的哲学诗,它一开头是:"道可道,非常道。"如译成现代语言,这第一个"道"字显然是双关的,第二个"道"字只能译为"说出来"、"用言辞表达",而这第三个"道"字,作为"常道",含义就明显地向客观的道理或规律转化去了。而这后一含义,在以后的表述中越来越清楚,并不断得到了丰富和充实。这种表述方式同赫拉克利特的有惊人的相似之处,并非偶然的巧合。按古代人的素朴想法,神圣智慧的语言同客观真理是浑然无别的,但同时又感到这二者毕竟不同,哲人们极力想表现这种双重性,于是用语里就出现了多义相关的情况。这种情形是值得注意和留心的。

让我们接着来研究这"逻各斯"的含义。

赫拉克利特用许多方式展现了人们的理解与"逻各斯"之间的矛盾,从中进一步显示出"逻各斯"的意义:

> 不理解,他们听了像聋子。关于他们有俗话为证:在场如不在。(K2,D34)
> 虽然逻各斯是大家共有的,多数人生活着就像他们的思想是一种个人所有的东西。(K3,D2)
> 多数人对他们所遇到的事物不加思考,对他们经验到的也不认识,只相信他们自己的意见。(K4,D17)
> 人们忘了道路通向哪里 …… 对于他们片刻不能离的,他们格格不入。对于他们每天遇到的东西,他们显得生疏 …… 我们不应该像人们睡梦时那样去行动和说话。(K5,D71-3)
> 世界对于醒着的人们是一个和共同的,而对于睡着的人们来说每个人就转入了他个人的世界。(K6,D89)[①]

———————

① 以上各条,均见 A.T.H. 第28—31页。

"逻各斯"是人人随时实际遇到的,不能离开的,大家共有的,这就表示它指的是世界万物的一种普遍的客观的规律。只有认识它并按它行动的人才是清醒的。所以他说多数人对它视而不见、听而不闻、不假思索,就像聋子和睡梦中的人一样;因为睡梦中的人脱离了现实世界这个大家共同具有的东西,只知道个人的主观的梦。

因此问题就引导到如何才能认识和把握这个逻各斯。赫拉克利特认为这可不容易,因为"自然喜欢隐藏起来"①,"它是难以追寻和探究的"②。

赫拉克利特已经看出单凭感觉知识和多闻博见不足以认识逻各斯,即普遍的规律。虽然他承认"从经验中看到、听到和学到的东西,是我所喜爱的"③,并说"爱智慧的人必须真正好好探究许多事物"④,但是,"如果人们的灵魂粗鄙,眼睛和耳朵对他们来说就是不好的见证"⑤。"正如寻找金子的人挖土很多而所获甚少"⑥,"学到很多东西并不能教人以理解",——说到这里,他就对前人进行了批判。他说,如果博学就是智慧的话,那么它就教给赫西俄德、毕达哥拉斯、塞诺芬尼和赫卡泰以智慧了⑦。这口气分明是嘲笑和蔑视的。

他认为荷马被人们当作全希腊最有智慧的人,也同其他人一样被明显东西的认知所欺骗了。荷马在临终前猜不中抓虱子的小

---

① K10,D123。A.T.H.第33页。
② K7,D18。A.T.H.第31页。
③ K14,D55。
④ K9,D35。
⑤ K17,D107。
⑥ K8,D22。
⑦ K18,D40。以上五条均见 A.T.H.第28—85页。

孩子们所说的谜语:"什么是我们看见、抓到而又扔掉的东西? 什么是我们没有看见、没有抓到而又带着的东西? "①赫拉克利特在这里说了一个隐喻:人们看见和抓到了逻各斯或真理的显现,却没有去理解而把它扔掉了;但同时那没有被看到和抓住的"逻各斯",却仍然时时同我们在一起。荷马虽然博识多闻,但并没有理解"逻各斯",所以这个被认为是最智慧的人其实并不智慧。

关于赫西俄德,赫拉克利特说,多数人以他为师,认为他知道得最多,但他却认识不到白天和黑夜是同一个东西②。这也是只知其多(现象)而不知其统一(逻各斯)的一例。

毕达哥拉斯也是如此。他说,毕达哥拉斯进行探究胜过其他人,并从一些组合事物(例如音乐和事物的结构等等。——引译者注)中选择合于他胃口的东西来造成他特有的智慧:懂得很多,却牵强附会。这是他对毕达哥拉斯的数论哲学的嘲笑和评价。

从全部残篇来看,他似乎只对两个人感到满意,赫尔谟多罗是最优秀的人,普列尼的比亚士是最有荣誉的人。他没有谈到米利都的三位哲学家。而对其他所有被古代人们称做最有智慧的人,从荷马直到毕达哥拉斯,他都不满意:

　　我所听到的所有这些人的话语③,没有一个能认识到同一切有

---

① K2,D56。A.T.H. 第39页,并见该书第111页上的说明。
② K19,D17。A.T.H. 第37页。
③ "话语"这个词原文也是"逻各斯",这里只能理解和译为"言辞"、"话语",这是该词语义含混的又一例。

别的智慧① 是什么。（K27,D108）②

在他看来,真正的智慧只有一个标准,这就是认识逻各斯,并且照它行动:

> 不是听从我而听从逻各斯,同意一切是一,这就是智慧。（K36,D50）③

要达到智慧,认识逻各斯,虽然需要知道许多事物,但主要地要靠思想:

> 好好思考(英译文:thinking well。——作者注)是最大的美德和智慧:照真理行事和说话,照事物的本性去认识它们。（K32,D112）④
> 智慧是这样一件事,懂得那驾驭一切事物通过一切的洞见。（K54,D41）⑤

赫拉克利特已经深深感到,单有感性经验和多见博识是不足以认识真理和事物的规律性的,毕达哥拉斯的数量的抽象也不能说明普遍的规律。要认识逻各斯,必须超出这些认识的范围,必须靠思想的作用。他把感性经验知识和思考得来的关于逻各斯的知

---

① "同一切有别"(set apart from all),这个"一切"(all)既可指人,也可指事物。这里可能是说,智慧不是一般人所理解的或具有的;也可能是说,智慧是神圣的道理,与一般事物和现象不同,与感性知识、多闻博识不同。
② A.T.H. 第41页。
③ A.T.H. 第45页。
④ A.T.H. 第43页及注。
⑤ A.T.H. 第55页及注。

识加以区分,把思想当作主要的决定的东西,这是一个贡献,标志着原始素朴的哲学思维方式即将发生的巨大转变快要到来了。但是他对抽象思维的本质和特点还没有真正把握到,所以对思想究竟怎样才能认识逻各斯也没有能作出说明。往后我们会看到,他所说的思想作用只是一种直观的洞察,而且只是在对感性事物的感性思维中对于内在规律的一种领悟和洞见,并且因此常常同所谓"神"的智慧混为一谈。这又表明他仍然处于原始素朴的思维状态中。他还是属于原始的素朴的哲学家。

在谈过他对如何认识逻各斯的方式的看法之后,我们回过头来继续考察他的"逻各斯"。这唯有思想才能洞见的"逻各斯"究竟是什么呢,或者说,"逻各斯"作为普遍的客观的规律究竟是什么呢? 赫拉克利特自己把它理解和概括为什么呢?

他明白地说,"逻各斯"就是"一切事物是一"(K 36,D 50)。这是一个最最简要的概括。

另一条残篇也十分概括地表述了同一意思：

> 要抓住：整体的东西和非整体的东西,接近的和分离的,和谐的和不和谐的,从一切事物而有一〔个事物〕和从一个事物而有一切〔事物〕(from all things one and from one thing all)。(K 124,D 10)[①]

这是一种统一的世界观。赫拉克利特的"逻各斯"作为世界万物的客观普遍规律,可以简要规定为"从一切而有一,从一而有一

[①]　A.T.H. 第58页。括号中的英译文是卡恩的。卡恩把这一条看做赫拉克利特全部思想的最后总结,编在最后,他认为这是赫拉克利特自述的圆圈(起点和终点在圆圈上重合)的体现,可供参考。

切"。要具体了解它的内容和深义,我们需要考察他的宇宙论(自然观)、关于人事人生的学说,以及关于灵魂、神和宗教的看法。但是这里有一点要紧之处是我们现在就应该提出来加以注意的:他所说的"一"或"一切",不是数的概念(毕达哥拉斯式的),也不是事物的抽象共同点(如后来巴门尼德的"一")和差异点(如亚里士多德的"属"下的"种差"之类),而是指感性具体的宇宙"整体"和各个事物的"整体",以及它们的"非整体的东西"这样的观念。从他的原话也可以明白,他所说的"整体"或"一"乃是"非整体"东西或"分离"的东西的接近、和谐或统一;他所说的"非整体"("一切")东西,乃是"整体"东西里的分离、不和谐或区别与对立。因此,"一"同"一切"才是一致的、生动转化的、统一的,否则——如果只是抽象的数、共同点和差异点——它们就无法统一起来。这里已经包含了他的全部辩证法的观点。

下面我们就来分别考察他学说中的具体内容。

三、世界秩序:一团永恒的活火

残篇 K 37(D 30)是赫拉克利特最著名的一段话,列宁评之为"对辩证唯物主义原则的绝妙的说明"。基尔克说:"这是一篇庄严的、精心推敲过的、令人肃然起敬的宣言,它以英雄史诗般的语言显示出它的来历不凡,这种纪念碑式的风格表明它很可能被赫拉克利特视为自己最重要观点的表达。"[1] 我们就从这里来开始讨论吧。

---

① G .S .Kirk,*Heraclitus, The Cosmic Fragments*,Cambridge,University Press,1954,p.311 .

这个对一切都是同样的世界 — 秩序,[①] 不是神也不是人创造的,而是过去、现在、将来永远存在的。它是一团永恒的活火,在一定的分寸上燃烧,在一定的分寸上熄灭。[②]

κόσμον（kosmos）一词,以前人们把它理解和翻译为"世界"（world）,但查考各种古希腊文献,发现这是不妥的。它的本义是"秩序"、"安排",从荷马和赫西俄德直到德谟克里特都把这个词用于军队、政治、音乐等事情的安排配置上。从恩培多克勒使用这词才有"世界秩序"的含义,而明确指"世界"则是较晚的事。因此,在公元前5世纪里用它,只能理解为"秩序"或"世界秩序"。不过基尔克在对勘文本时,认为辛普里丘和普鲁塔克的引文,比起该条正式出处所据的克里门特所录,在κόσμον之后多了一个词τόνδε,这是值得注意的,因为这就限定了κόσμον是人们经验到的。联系到它是"活火"来看,基尔克认为这里的κόσμον τόνδε的含义不只是指事物的"秩序"而是"事物 + 秩序",自然世界及其秩序是一团永恒的活火。[③]格思里与卡恩的看法也大体如此。

因此,在这里,"一团永恒的活火"就有了较多的含义,我们可以把它理解为世界的元素,也可以理解为形成整个世界统一体的秩序的原初力量。[④]人们对此有些争论,但我觉得这两者是可以统一的,这两种意义的并存,既表现了赫拉克利特对米利都派素朴唯物主义的继承,同时也显示了他的新思想。无论如何,这段话说明

---

① κόσμον（kosmos）,对这个词基尔克、格思里和卡恩都详加考证,认为本来含义是"秩序"或"世界 — 秩序"（order 或 world order）。见基尔克《赫拉克利特宇宙论残篇》第311—314页。HGP,第1卷,第455页,A.T.H.第132—133页。

② 这里主要依据了HGP,第1卷,第454页上的英译文。

③ Kirk,*Heraclitus. The Cosmic Fragments*,Cambridge,1954,pp.314、315、317.

④ 参见 A.T.H.第134页卡恩的见解。

他所主张的"一切是一"和"一是一切"里的"一"就是火,"一切"就是万物。这一点是很明显的,而这一点对于我们确认他的哲学属于素朴唯物主义性质是重要的。

亚里士多德把他的"火"同泰勒斯的"水"、阿那克西美尼的"气"并提,认为他主张万物由火这种物质元素所生,是自然哲学家。[①] 亚里士多德的门人台奥弗拉斯特则更明确地解释说:赫拉克利特用火的稀浓来产生万物,又消解它们于火,主张火是万物的基质或实体,因为他说过万物与火交换。[②] 他们都认为赫拉克利特的"火",是同水、气、土一样的物质元素或始基。

这种看法基本上是对的。赫拉克利特另有几条残篇可以为证:

火的转化(τροπαί,卡恩译作 reversals,即颠倒、转折之义。——作者注):首先是海;由海的一半有土,另一半有电火暴风(πρηστήρ,卡恩译作 lightning storm。——作者注)。(K38,D31A)
海(由土)消解而生,按它以前变成土的同样的逻各斯的分寸。(K39,D31B)
万物换成火,火换成万物;犹如货物换成黄金,黄金换成万物。(K40,D90) [③]

我们从这几条来看,赫拉克利特把"火"看作实际存在的、能实际转化为万物的物质本原,这一点是不可否认的。并且应该指出,他对于"火"同"逻各斯"(及"分寸")也作了某种区分,不能完全混同;"逻各斯"和"分寸"是火运动变化所遵循的内在本性或规律,

---

① Aristotle, Met. 984ᵃ5-11.

② H.Diels, Die Fragmente der Vorsocratiker, 22, A 5, Berlin, 1951.

③ 这三条见 A.T.H. 第47页及注。

并非"火"或万物本身。万物是由火转化而生的,并不是"逻各斯"或"分寸"自己变成了万物;正如阿那克西美尼用气的"稀浓"来生成万物,不能认为他主张"稀浓"自己就是万物的始基一样。总之,我们可以认为,赫拉克利特的"火"是物质性的本原,他是继承了米利都学派的素朴唯物主义传统的哲学家。

但是他又同米利都哲学很不一样,台奥弗拉斯特在这一点上未加注意,他的解释是有些不妥的,因为他说赫拉克利特是用火的稀浓来解释万物的生成,而我们在赫拉克利特残篇中找不到他讲火的"稀化"、"浓化"的任何根据,实际上这也是不可能的,因为赫拉克利特所讲的生成转化,完全不是稀浓之类的数量变化,而是对立面的否定的转化。他在讲火生成万物时,用的是τροπαί,"交换"、"生"与"死"这些词和概念。τροπαί一词,在从荷马到希罗多德那里有两种意义,一指战争中的败北,一指一年中太阳运行的转折点如冬至、夏至,因此卡恩把它译作 reversal,即转折点、反转、颠倒等义①。在赫拉克利特看来,火生成万物不是量的变化,而是"火"自身的否定、"死亡"的结果,是向自己反面的转换。(至于量变的作用,他并没有否认,而是在对立面的转化中作为一个必要的成分保持着,这就是"分寸"这个概念。这一点下节再说)不仅火与万物之间如此,万物之间的一切相互转化生灭也是如此。这是赫拉克利特的特殊之处,也是他的卓越之处。

说到这里,我们顺带谈谈在 K37(D30)中的一个问题。那里不仅讲到火的燃烧,还说到火的熄灭。这不是矛盾吗,火的"熄灭"怎么能同火的永恒性并容呢? 然而这正是他的辩证法:

---

① A.T.H. 第71页。

不死的是有死的,有死的是不死的;活是它者的死,死在它者的活中。(K92,D75)[1]

这是同一的……:生与死、醒与睡,年少与年老。因为前者调换为后者,而后者调换又是前者。(K93,D83)[2]

火的永恒存在,正存在于它的生灭、燃烧和熄灭的永恒变换之中。它变成了水、土、气和万物时,它熄灭了,死了;然而,它也就在水、土、气和万物的存在和生命中,得到了自己的存在和保持;随着万物重新回到火,火的永恒存在又得到了明白的表现。

这就是为什么赫拉克利特的"火"首先变成海(或水)的原因。如果按稀浓的解释,火应该首先浓缩为气,然后才能成为水。但是他是按对立转化的逻各斯来看问题的,水是火的反面、对立物,所以火必定要首先转化为水。可见,赫拉克利特虽然同米利都派一样都是素朴的唯物主义,但在运动生灭观上却有显著的重大区别,不可忽视。

小结上述分析,可以认为赫拉克利特的整个宇宙观(这里首先是自然观)是:整个世界及其秩序就是物质元素"火"的永恒运动。火向自身对立面转化成水以至万物,所以"一"就成为"一切",反过来万物又转化为火,所以"一切"又是"一"。这"一"是火,不是毕达哥拉斯的抽象的数的"一"(单位),而是同米利都派看法一致的物质始基。但它也不是米利都派的"水"(显得过于执着于某一特质)、"无规定者"(在质上过于模糊)、"气"(只从稀浓上解释万物的生成)那样的东西,而是一种既有某种质的规定性(有感性具体的存在和形象)、又有不停的变动性(这种质不是那么固定执着

---

① A.T.H. 第71页。

② A.T.H. 第71页。

的）、并能较明白显示出在自身生灭中向对立面转化的东西。这就是火，因为火自己就有燃烧和熄灭的对立性质，换言之，其中就有"逻各斯"。赫拉克利特的逻各斯不是无可依凭的抽象东西，而是"火"的逻各斯，即火与万物的本性；反之，他选中了"火"而不是别的东西作为世界万物及其秩序的本原，也是因为火比其他一切东西似乎更能鲜明地体现这个逻各斯（其他事物里的逻各斯往往是隐藏着的不清楚的）。这样，通过火，赫拉克利特就把素朴的唯物主义与素朴的辩证法内在地结合起来了。

四、对立统一是世界的普遍规律

在初步讨论了他的素朴辩证法的**唯物主义**之后，我们来着重研究一下他的素朴唯物主义的**辩证法**，这就是火与万物的"逻各斯"本身。赫拉克利特的深邃和精华集中表现在这里。

1.对立统一及其形成的动变是普遍的

赫拉克利特在历史上一直以主张"一切皆流"的哲学家闻名。人不能两次踏入同一条河；踏进同一条河的人不断遇到新的水流；太阳每天都是新的①，这些名言脍炙人口。他的世界秩序的统一观，具有鲜明的流动性，同孤立静止的抽象的统一观全然不同。柏拉图和亚里士多德都强调指出他的这一特色。黑格尔说他的贡

———————

① K51（D91），K50（D12），K48A（D6）。A.T.H.第51—53页。

献就在于提出了"变"的范畴来表示"绝对"①。罗素也说:"他所以扬名于古代主要是由于他的学说,即万物都处于流变的状态。"②

"一切皆流",就是一切都处在对立统一之中,整个世界是燃烧又熄灭的永恒的活火,是生动的变化过程。自然界如此,人的生活亦复如此,生和死,醒和睡,年少与年老,上升和下降,曲和直,一切事物都是流动转变的,这些是他最经常举的例子。对立物、对立面都向自己反面转化,在转化中统一起来,这是宇宙和人生时时遇到的,人人不可须臾与之分离的事实,是普遍的真理或规律。

2. 事物向自己反面转化有"尺度"的规定性

上面我们已经遇到了"分寸"这个概念(K37,D30)。"分寸"希腊文 μέτρον,英译为 measure,就是量度、尺度的意思,所以又译作"尺度"。"火"是按一定的"尺度"来燃烧或熄灭的,也就是按"尺度"向自己的反面变去,万物的转化也必须遵循这个"尺度"。

赫拉克利特所说"尺度"的含义,在这几条残篇里说得最明白:

> 太阳不会超出它的尺度,否则正义之神的女使爱林尼就会把它查出来。(K44,D94)③
> 黎明和黄昏的界限是大熊星,大熊星的对面是光辉的宙斯的

---

① 黑格尔:《哲学史讲演录》,三联书店1956年版,第1卷,第300页。
② 罗素:《西方哲学史》(上卷),商务印书馆1982年版,第68页。
③ A.T.H. 第49页。

警卫者。(K 45 , D 120) ①

另一条(K 42 , D 100)也很有关,原话不全,这里按普鲁塔克的转述摘引如下：

> ……时间是在一种秩序中的运动,它有尺度、界限和周期。太阳是这些周期的管理者和监守者,规定、裁断、揭示和照耀着变化并"带来万物的季节",如赫拉克利特所说。②

在古代文明初期,人们为了耕作、航海,通过长期观测积累了大量有关天象、气候与季节运动变换的知识,它同最初的几何学和数学的知识密切相连。毕达哥拉斯从这里吸取了他的智慧,但把数量关系片面夸大为根本的东西,赫拉克利特也认为这种数量关系是极重要的,不过这种重要性只在于它是对于事物向自己对立面转化运动中的一种规定。日和夜、冬和夏,彼此转化而成为同一的东西,而这种转化都有分明的转折点和界限,如某个方位,如夏至、冬至的时间空间点(可以用星辰作为标志)。当着事物运动还没有达到一定数量(如时空距离)即转折点或界限之前,它就不能变成自己的反面或另一种东西,它就仍然是它,具有原来特质的东西；而一旦一定特质的、一定性质和状态的事物在量变中达到了这个界限,它就必定要变为自己的对立物。因此赫拉克利特十分

---

① A.T.H. 第51页。并参见第162页,卡恩注说,黎明指东方,黄昏指西方,大熊星(ἄρκτος)是天极(北方),与之相对的守卫者(warder, 希文 οσρος)只能指大角星(Arcturus,Arkt-ouros)。在赫西俄德的《工作与时令》里,已把大角星当做季节的标志,并限定黎明黄昏。

② G .S .Kirk,*Heraclitue,The Cosmic Fragments*,Cambridge University Press, 1954, p.294 .

注重"尺度"或"分寸"的意义：它是对立物彼此区别的规定者，又是彼此同一的联结者，相互转化的标志者，所以他称之为一切事物运动变化秩序的管理者和监守者。

前面已说过"逻各斯"的一种重要含义就是"尺度"（measure）或"比例"（proportion）。从我们刚刚讨论到的，就可以理解为什么赫拉克利特把"尺度"作为他的"逻各斯"的含义之一。但是如果认为他的逻各斯就等于"尺度"，或认为主要地就指"尺度"，我觉得就不大妥当了，因为这样看就会冲淡、模糊甚至取消了逻各斯主要作为对立统一规律的意义，并且使赫拉克利特哲学的主要之点同毕达哥拉斯的区别，变得很不清楚了。

对于事物的质与量的关系问题，毕达哥拉斯和他的学派已做过研究，有重要发现，他们甚至想到了数和对立面的关系。但是他们把数量规定当做本原，把事物的质、性质、状态以及各种对立的规定和界限、对立面的和谐，等等，都归结消解为数和量；而这种抽象的数量自身，本来既不是事物的质，也不是事物中对立面统一的本质，因而不能运动变化，只是一些静止的规定；因此，他们勉强地企图在数量的基础上解释世界和万物，也无法说明运动。所以赫拉克利特批评毕达哥拉斯的智慧是牵强附会的。现在赫拉克利特重新返回到现实的感性世界，火与万物都有质的规定，同时他着重揭示了万物的质的多样性在本质上只是对立（它们都是"火"向反面转化而不断生成的，万物也彼此在向反面转化中产生），这种种对立，既使万物在质、性质、状态上相互区别开来，又使它们相互联系，在运动中成为同一、统一的东西。

我们看到毕达哥拉斯企图解决米利都派不能解决的矛盾，即如何把不同质的事物归结为一个物质本原（它只能有一种质，或者迫不得已，只能说它没有定质，是"无规定者"），但是他用脱离质的数量来解释并不成功。现在赫拉克利特则相当深刻地解决了这个矛盾："火"作为物质性本原虽然也只有某种质,但若从本质上看,它又包含着自身中的对立面,因而能运动,并能通过运动使自己变成另一种质的东西(水),然后通过不断的对立面转化,成为有万千殊质的事物。质和质之间的不能相通(米利都派),现在相通了,彼此通过转化统一起来了,因而那唯一的本原现在可以与万物一致,这是对立转化中的、运动中的一致。这就克服了米利都派和毕达哥拉斯派的缺陷,使哲学达到了一个新高度。在这里,赫拉克利特是由于抓住了世界和万物中的本质规定(对立统一)才取得进展的:质的规定只是直接的感性规定,量的规定也只是表面的规定性,虽然带上了普遍性,却是外在的;只有对立面转化统一,才透过质和量的直接性进入到事物内部,进入了本质。单纯从质和量上都不能理解运动、生成、统一的问题,只有抓住对立统一的本质,才解决了这些根本问题,并使"质"运动起来,质和量的关系也得到了它本来意义与作用的说明。

　　大体说来,毕达哥拉斯以"数"为本原,他也已经在某种程度上注意到了量与质的统一,他那里"尺度"、"比例"、"限度"的观念也已经出现了。赫拉克利特提出的"分寸"、"尺度"的概念,很可能也吸取了毕达哥拉斯的成果。但是必须注意到,这是一种从相反的角度上的吸取:毕达哥拉斯在数(抽象、静止的)的基础上建立质,建立量和质的统一"尺度"或"比例";赫拉克利特则是在质(从有质的感性事物出发)和本质(从感性事物内在的对立运动出发)的基础上来吸取量的规定性,把量变看作事物向反面转化的质变自身的一种规定,在这种基础上来建立"尺度"。在质变里即感性事物向对立方面转变里,包含着量变,不到一定的程度,质变也不能实现。

既然"尺度"对确定事物变化十分重要,赫拉克利特见到这一点,因此他把尺度作为逻各斯的一个必要的成分。但是它毕竟只是对立统一规律中的一个有机成分,不可像毕达哥拉斯派那样夸大为绝对的主要的东西。它不是赫拉克利特的逻各斯的最本质的部分或中心,中心还是一切流变,对立面的生动统一。

3. "逻各斯"最本质的含义,是指隐藏
在事物内部的对立和斗争

赫拉克利特认为,对立着的事物,日与夜、醒与睡、生与死,等等,是人人每天都见到的,但是人们却不能理解它们是同一的,人们看到的只是杂多,不能认识它们之中的逻各斯。人们也明明见到它们的相互转化,可还是不能理解逻各斯。为什么呢? 逻各斯只靠多闻博见是理解不到的,它的本质不在上述现象之中,也不在质变和量变的关系中,我们所能看到的只是事物变化的外在表现或外在规定。逻各斯即对立统一的真正秘密不在外面,而在事物内部。"自然喜欢隐藏起来"(K10,D123)。逻各斯是隐藏着的,所以只能靠思想才能发现。他说:

　　　　隐藏着的和谐,比明显的和谐更好。(K84,D54)[①]

毕达哥拉斯用数和对立面的"比例"来说明"和谐"。这还只是"明显的和谐",而问题在于抓住和理解那"隐藏着的和谐",它

---

① A.T.H. 第65页。

才是本质,才是足以说明一切的秘密所在。

这隐藏着的和谐是什么呢?　赫拉克利特举出一个例子加以说明:

他们不理解一个事物如何在不和中同自身一致:这是返回自身的和谐,如弓和竖琴中的情形那样。(K78,D51)^①

这里用弓和竖琴表示事物中有一种内在的统一、同一或和谐。一张弓看上去是一个安安静静的统一事物的整体,但实际上它是由内在的对立、紧张和斗争所造成的统一。这种对立是客观存在的,当弓弦力量不足或过大时,它就会显现出来,而弓就立刻被破坏而不成其为弓这样一个统一和谐的事物了。竖琴也是如此,它里面的琴弦绷紧着,它才是琴。宇宙万物都是这样,由于内在的不和而成为和谐的统一体,由于内在的区别对立和由对立产生的紧张与斗争才形成它们自身。这种对立是内在的,外面看不见的:它是一个事物自身里的对立,又由这种对立返回自身,造成这事物自身。赫拉克利特认为这种对立和谐才是更本质的,比明显的对立和明显的和谐要深,是思想应该去加以理解的逻各斯。

粗粗看来,这种内在的对立统一同事物之间的对立统一,似乎没有什么不同,但实际上却有极大的区别。因为对于事物之间的彼此区别和对立,人们可以仅仅把它视为外在的关系;在这种观点下,它们相互的转化和统一,以及彼此间的斗争,就可能只是偶

---

① A.T.H. 第65页。为了有助理解,把卡恩英译文转录于下:They do not comprehend how a thing agrees at variance with itself,it is an attunement turning back on itself,like that of the bow and the lyre。这里译作"不和"(at variance)的希腊词 διαφερσμενον,指"区分开"、"争吵"等义。

然的,而且我们看到了也很难加以理解和说明。但是,发生在一个
事物自身里的内在对立和统一,就是本质的必然的,一旦认识到这
一点,就可以揭示出对立统一规律是事物本身的必然性。例如,弓
的存在和本性只在弓背和弦的对立统一之中,在这里,一分为二是
不可避免的,因为"一"就在"二"里,"二"就在"一"里,须臾不可
分离;对立双方并不是彼此分离独立的事物(同两个事物之间的
对立现象不同),它们只能在彼此统一中存在。它们既然不能像外
在事物那样互不理睬,本性又正好相反,那么它们的统一或联结就
必须充满着、贯穿着彼此的斗争。在内在的和谐后面是紧张不安
和不和谐。

这样,对立统一中的斗争性的意义也就被揭开了出来:斗争
性是比和谐或统一性更深刻的规定。这也是单从事物之间的外在
矛盾里所看不明白的。因为在前者它是必然发生的,而后者里却
并非总是必然的。

由此可见,赫拉克利特强调要认识这"隐藏"的真理是多么重
要:只有深入事物自身中内在的对立统一里去,对立统一的必然
性才能被揭示出来,运动和转化的必然性才能被揭示出来;而且,
只有这样,"斗争"的必然性和它作为事物发展的真正动力的意义
才能被揭示出来。这些都是毕达哥拉斯派的"对立面的和谐"观念
所达不到的。

残篇 K 77(D 125)从反面说明了这个道理:"混合的饮料如果
不加搅动就会分离开来。"[①] 这个例子是有毛病的,但他想说的意
思还是明白的。这就是说,如果一个事物里面的区别或对立没有
运动,没有内在的紧张和斗争,事物就会瓦解而不复成为该事物。

---

① A.T.H. 第 65 页。

因此，"内在的斗争"在赫拉克利特哲学中成为最高的东西：

> 对立冲突产生结合，从不一致的音调里产生出完美的和谐，一切事物都是通过斗争产生的。(K75,D8)[①]
>
> 应该领悟：战争是普遍的，斗争就是正义，一切事物都是由斗争产生的。(K82,D80)[②]
>
> 战争是一切之父，一切之王；它使一些人成为神，另一些成为人；它使一些人成为奴隶，另一些成为自由人。(K83,D27)[③]

毕达哥拉斯已经知道不同的音调造成完美与和谐，但是他不知道对立面的斗争的意义。

赫拉克利特称"斗争"为一切之父，在用语上类似荷马，因为荷马把宙斯称作"人和神之父"。但是荷马完全不理解斗争的意义，赫拉克利特为此点名批评了他：

> 荷马是错误的，他说"要是斗争从诸神和人们中间消失掉就好了!"(《伊里亚特》18章107)因为，没有高音和低音就不会有音乐的和谐，没有雄和雌就不会有动物，它们都是有对立面的。(K81，D22)[④]

赫拉克利特还说，应该把荷马从赛会上赶走，并加以鞭挞(K21,D42)，可见他认为荷马的错误是多么大。他称斗争或战争是一切之父一切之王，用它代替传统里宙斯的神圣地位(或者把它

---

① A.T.H. 第63页。

② A.T.H. 第67页。

③ A.T.H. 第67页。

④ A.T.H. 第67页。

等同于宙斯,即用自己的哲学重新解释了宙斯。见第六节中的讨论。——作者注),充分表明他把对立的斗争看得如何至高无上。同时,我还感到他所说的"斗争"并非什么孤立的绝对的神物,而是指明了它是统一物内在对立所引起的必然关系,所以它的绝对性并没有脱离实际事物和事物中的统一性方面。他用原始素朴的比喻和语言,阐述了斗争是对立统一中的绝对,是万物得以存在、运动、转化和统一的真正原因和动力。这是赫拉克利特对哲学的最伟大的贡献,将永远放射光芒。

K83这条残篇显示出这一光辉思想的时代实质。为什么他能发现事物内在的对立统一规律,为什么他能发现并深刻揭示出其中斗争性的绝对意义? 这不能单用他的天才来解释。这时代希腊人正处在同波斯的生死搏斗中,正面临着到底是做自由人还是当奴隶的命运抉择,正在为此准备着一场决战。生活在小亚细亚爱非斯城邦里的赫拉克利特,目睹了许多邻近城邦中希腊人受波斯残酷镇压和大批人成为奴隶的情形,爱非斯虽未遭屠戮,但受人奴役和支配的实质依然一样。赫拉克利特作为有英雄业绩的名门贵族后裔,不会不深刻感受和思考这个根本问题。一切只能由斗争和战争来解决,这就是希腊人要当自由人的唯一出路。赫拉克利特用自己的哲学集中表现了这一点。很可能正是因为如此,他对荷马主张取消斗争之说才感到那样气愤,如果仅仅是思想观点上有分歧,那么批评和嘲笑也就够了,何至于要说应赶走他鞭打他的话呢!

五、赫拉克利特论生死和灵魂

上面我们讨论了赫拉克利特那些表述得比较明白的素朴唯物

主义（"火"是本原及其同万物的统一）和素朴辩证法（"逻各斯"）的思想。但是只研究这些还是不够的,他还有为数不少的残篇谈到了"灵魂"和"神",而且相当突出。如果不考察这一方面的问题,我们上面所得到的结论就会是不牢固的,在许多地方我们就仍然处于神秘的雾里;特别是由于后来一些唯心主义哲学家对此做了不少文章,这一考察就更显得必要了。它涉及对赫拉克利特哲学的全面认识和基本性质的评价问题。

　　这些问题不能孤立地加以讨论,它不仅关系到赫拉克利特的自然观,更特别地关系到他对社会人生的看法,即伦理道德观和人的生死观。在古希腊时就有人认为赫拉克利特的书主要是讲人的社会生活,而不是关于自然的。第尔斯认为赫拉克利特对自然的兴趣只在最一般的方面,他的真正出发点是"寻找自己",要在人自身的小宇宙里发现同外部大宇宙同样的规律。卡恩对这个意见深表赞同[①]。这些看法是有一定道理的。我们若仔细检查他的全部残篇和思想,就会深深感到他关心社会人生更甚于关心自然,在这一点上他不亚于毕达哥拉斯及其学派。因此,我们不应把他只看作自然哲学家,而应从更广泛的社会生活角度来理解他的哲学。

　　这一节我们先来讨论一下他的"灵魂"学说。他没有对"灵魂"作出界说,我们只能从他的运用中来考察他的看法。

　　他说,"如果人们的灵魂粗鄙的话,眼睛和耳朵对他们就是不好的见证。"(K 16, D 107)从这里的运用来看,"灵魂"不仅具有生命标志的含义,而且具有一种较高的意义,如有思想、有智慧、有道德等等,这两种意义是并存的,我觉得在研究时应该注意到它们的联系和区分。作为前一种一般的含义,我们应从他论人的生死问

―――――――――

① 　A.T.H. 第 21 页。

题中来考察；作为后一种含义，我们还需要联系到他的道德观智慧观来考察。让我们先从前一种含义谈起。

1. 生与死的辩证法

对于人的死亡现象，赫拉克利特是这样说的：

> 死是我们醒时所见到的一切事物，我们睡时所见到的一切是睡〔梦〕。（K 89，D 21）[①]

这句话很难懂，"死"怎么是人们醒时见到的一切事物呢？ 他有一条残篇（K 91，D 75）似乎可以帮助我们理解。不过我们还是先来研究一下他把生死与醒睡联系在一起加以比较的想法，才便于理解这种说法的意义。在他看来，人的生死同醒、睡之间有许多地方是类似和相通的。在第二节里我们已经提到他的一个说法：他把不理解逻各斯的人常常比作睡梦中的人，因为对于醒着的人来说他们有一个共同的世界，在睡梦中的人就脱离了这个共同的世界而只有各人的世界（梦）了。生与死虽然不同于醒和睡，却有许多可以类比之处：

> 人在黑夜里为自己燃起一个光亮，这时他的视力熄灭了。活着，他在他的睡梦中接触到死；醒着，他接触到睡者。（K 90，D 26）[②]

[①] A.T.H. 第69页。

[②] A.T.H. 第70—71页。

　　人醒时可以知道自己原来是睡过的以及睡梦的情形（"醒着，他接触到睡者"）。醒不是睡，但可以彼此转化相通，从而了解什么是睡。同样，生死也相互转化。当然这里有所不同，因为死者不能复生，不能像睡了可以醒似的告诉人们他在死时的情况，因而死就显得很神秘了。但赫拉克利特认为，这两者有类似之处，因为人睡着时，没有清醒的意识，就像死去了一样，可以认为醒、睡的对立转化是人在活着的状态之中的生死对立转化情形，所以他认为人们可以通过自己的睡来理解什么是死（"活着，他在他的睡中接触到死"）。犹如人们常说死就是长眠似的。睡不神秘，死也并不神秘。

　　"人在黑夜里为自己燃起一个光亮，这时他的视力熄灭了。"联系下文，我们可以认为这话既指醒变为睡，也指生变为死，是对这两种状态的描述。在赫拉克利特哲学中，黑夜的生就是白昼的死；黑夜通常象征着睡眠，但更象征着死亡。人到了黑夜进入睡着的状态，他醒时的意识或灵魂"熄灭"了，死了，但同时另一种光亮（即意识或灵魂状态）又"燃起"了，活了，这就是梦境。人由活着的状态进入死亡，也如由白天进入黑夜，由醒入睡梦，或如火由燃烧状态变为熄灭。赫拉克利特在这里有意用了"燃烧"、"熄灭"这些词，显然是要暗示人的生死醒睡同宇宙"火"的运动转化秩序一致。我们知道在他的学说里，火的活的状态就是它的燃烧，熄灭就是火的死；但火死即水生，在水和万物中，火自身的燃烧虽然死了，看不到了，可是水和万物却仍在继续运动变化着，这也同"燃起"了另一种光亮一样，因此万物才能继续运动并复归于火。醒睡与之类似，梦就是睡着的人点燃的另一种光亮，这时他醒时的光亮熄灭了。人的生死也不能违反这个规律。

　　当然，生死同醒睡毕竟不同。人们感到神秘的是人原来的生命和意识状态变成什么了，或灵魂怎样了。赫拉克利特并没有把二者简单等同,并没有说死后还有如做梦那样的意识状态。他只是说,人在睡时原来的意识状态"熄灭"了,变成它的反面即无意识的自然物状态了 —— 当然,睡的人还有梦,因为他毕竟还是活人而不是死人 ——,这对于我们理解真正的死亡是什么,还是有重要意义的。他说:

> 睡着的人们是发生于世界中的事件的工作者和合作者。(K91,D75)[1]

睡着的人自己不能行动,怎么理解他的这句话呢? 他的意思只是说,这些睡者同其他一切自然物一样,仍在无意识地实际地参与着世界的运动。人死了也是如此。

赫拉克利特还说过这样的话:

> 应当把尸体比粪便更快地扔掉。(K88,D96)[2]

他的这句话在古代引起了非常激烈的反对。大家知道,古人们对人的死亡和尸体看得多么重。在古希腊人那里,安葬亲人的尸体是一件十分神圣的大事情,这一点我们从索福克勒斯的悲剧《安提戈涅》就可以知道。赫拉克利特这句话,公然反对和轻蔑地对待了古代宗教和人民风俗中的神圣传统,以致后来人们用编造的故事攻击他,说他死的时候身上盖着牛粪。但是实际上赫拉克利特并不一定是攻击死人蔑视死人的意思,他不过是说,人死之后就成了像粪土一样的自然物,投入到整个世界秩序的生化中去

---

[1] A.T.H. 第71页。

[2] A.T.H. 第69页。

了——这就说不上是什么攻击与轻蔑,人死和人生本来不过是运动着的物质的对立统一中的不同状态。

为什么他说"死是我们醒时所见到的一切事物"呢? 我们可以认为这就是答案:人死了,他活时所燃烧着的光亮或灵魂就消灭了,于是他成为尸体或粪土,成为各种自然物,这时它作为自然物又为自己燃起了另一种光亮,即自然物中的运动变化——这就是我们醒时所见到的东西。所谓"醒时所见到的一切事物",那分明是指现实的感性的万物,而人死后正是成为了这些东西。

这种生死转化观同毕达哥拉斯的灵魂轮回说不同。所谓轮回说,实质在于把灵魂看作是同身体全然不同因而可以分离的东西,身体可以生和死,而灵魂始终如一,所以实际上是说灵魂没有生死变化,只不过是它寄住的躯壳在变化,这种灵魂自然就是一种神秘的存在了。但是在赫拉克利特这里,根本不存在任何不变的东西,连"火"都有生死,灵魂当然也有生死——它就是人的活火的燃烧与熄灭,同身体的生命变成粪土般的自然物是同一过程——,而生向死的转化总是原来状态的自身否定。所以,那种不死的灵魂观,对他说来是格格不入的,他不可能承认有什么永恒自存的灵魂。这是他的辩证的生死观或灵魂观同毕达哥拉斯的形而上学观点的根本区别所在。

2.灵魂就是"火"或"火气"

残篇 K102(D36)说明,赫拉克利特所说的灵魂确实是有生死的,而且它就是一种物质性的东西:

> 对于灵魂来说,死就是成为水,对于水来说,死就是成为土;
> 水由土生,灵魂由水生。①

现代学者们拿这一条同 D31A 讲火的转化(火首先转化为海,再由海变为土)加以对照,发现非常一致,因而一般都认为赫拉克利特的"灵魂"就是"火"或一种"火气"。卡恩争论说,它不是"火"而是"气",但也认为是一种干的热的气,或带着电火的风(lightning storm)之类的气。我在这里不想讨论这个争论。我觉得卡恩正面的看法有些道理,但否定对方看法却理由不足,因为实际上"干热的带火的气"同"火"是相关的,这两种看法可能是并容的。可以说他们都认为赫拉克利特讲的"灵魂"是一种物质性的东西:火或火气。这一点残篇以下几条也可以证明:

> 一个人在喝醉酒时,被一个乳臭未干的孩子领着,跌跌撞撞,不知道自己往哪里走,因为他的灵魂是潮湿的。(K106,D17)
> 灵魂变潮湿时是愉快的,而不是死。(K108,D77)
> 一道光亮② 是干燥的灵魂,它是最智慧的和最好的灵魂。(K109,D118)③

会潮湿或干燥的东西,只能是感性的物质性的东西。最好的灵魂是干燥的,潮湿了虽然醉醺醺地感到快乐却使人变糊涂了。可见,在他看来,灵魂的本性应该是干的和热的火气,受潮就向反面转化。

---

① A.T.H. 第75页。
② "一道光亮"(a gleam of light),指阳光的光线,火焰的光芒等。同 K90(D26)中说的在黑夜里点燃的一个光亮显然不同。
③ A.T.H. 第77页。

　　亚里士多德早就指出赫拉克利特的"灵魂"同他的"始基"是同一的。他写道，"（许多早期思想家，首先是那些思考过灵魂的认识能力的人，都把它同他们的第一本原或始基等同起来。）赫拉克利特也说始基是〈如同〉灵魂，因为他把灵魂等同于 exhalation，由此他得到其余的一切。〈他说这是〉最无形体的和永远流动的。"[①] exhalation，希腊文是 ἀναθυμί，通常理解为"呼气"、"嘘气"，卡恩考证这种意义是卢克莱修和西塞罗在用拉丁文表示这个希腊词的时候带进来的，实际上原义应指"涌起的云烟"或"蒸气"，字头"ἀνα–"是强调上升运动的意思。这一考证对理解亚里士多德的话是有帮助的。从亚里士多德的论述来看，赫拉克利特的"灵魂"也就是始基"火"，一种干热的上升的火气，它最无形体，又永远流动，所以既能转化为"其余的一切"（万物），又能具有"认识能力"。

　　阿那克西美尼说灵魂就是始基"气"，赫拉克利特似乎继续了这个传统，也说灵魂就是物质性的始基，不过是"火"或"火气"。在他看来，人之所以活着有灵魂，这同说人在活着时身体里有"火"或"火气"乃是一回事。这是他的朴素唯物主义的灵魂观。

　　因此，人有生死，灵魂也同样有生死，不过是人这个小宇宙中的"火"的转化，并且与大宇宙中"火"与万物之间的转化相通一致。这种说法当然是极其幼稚的，却卓越地坚持了素朴唯物辩证法的一元论世界观。

[①]　K 113 A（D.A 15），见 A.T.H. 第 78 页。这一条出自亚里士多德《论灵魂》405ᵃ25，并可参见 404ᵇ9。这里是按 A.T.H. 第 259 页上卡恩的英译文形式来译的。

3. 关于最优秀的人死后"升天"的问题

但是问题还没有完结。残篇 K110（D63）谈到人死后"升天"，我们还必得考察一下。这条残篇的句子是残缺不全的：

> ……升天（？）并成为活着的人们和死人（corpses：尸体）的警惕的守卫者。①

这里的语言同赫西俄德在《工作与时令》中的一段话相似。赫西俄德说，由金子造成的人们活着像神，死了像睡着了那样，宙斯使他们成为地上高贵的神一般的人，成为会死的人们的守卫者，让他们在大地上到处周游，监督着正义和罪恶的行为。② 对比来看，可以认为赫拉克利特的意思是，那些优秀的人在死后有一种不同于一般人的命运。一般人死了就成为粪土一类东西，而优秀的人死后则升天，成为管理和守卫着人间和自然的事务的神灵。

这就涉及他的道德观念了。

确实，赫拉克利特明白地把人们分为一般的人和最优秀的人。他说过这样的话："一个人抵得上一万人（引者按：这里'一万人'是言其多，并不是数字概念，实际是说'一个人可以胜过所有一般的人'），如果他是最优秀的话。"这种最优秀的人的标志至少有两个：一是他有智慧，因为知道一切而享有荣誉③④；另一是他的战

---

① A.T.H. 第79页。

② Hesiod, *Works and Days*, pp. 121-123, 252-255. 参见 A.T.H. 第254页卡恩的英译文。

③ K63, D49, A.T.H. 第57页。

④ K85, D28A, A.T.H. 第69页。

斗，"神和人都崇敬在战斗中倒下的人"。① 这是符合古希腊历来对什么是"光荣"的传统看法的：在思想言语上最有智慧的，在行动上最勇敢的，是最受人尊敬的人。同时也完全符合赫拉克利特本人的哲学思想：认识逻各斯和进行斗争（或战争），是最根本重要的事情。赫拉克利特的道德观自然要特别推崇这样的英雄。

人的生死不仅是一个自然物的转化，而且涉及对人们一生的道德评价。在古人看来，人在死后的命运，是正义之神对他们活着时候的言行的奖赏和惩罚，那是不以他们自己的愿望为转移的。如赫拉克利特所说：

> 那在人们死的时候等待着他们的，是他们不曾期待或想象过的。（K84,D27）②

对于一般人来说，死就是成为粪土般的自然物了。但是对于那些英雄则应有所不同：

> 更伟大的死被指定有更伟大的命运。（K96,D25）③

这一条残篇可以印证"升天"之说。英雄的死，虽死犹生，他们变成人间正义的警惕的守卫者。联系到残篇D94和D120说有监守太阳运动尺度的正义之神的女使，或守卫着季节等等变化尺度的大熊星大角星之类说法，英雄们死后"升天"也是变为类似的神或天上的星宿。不过他们主要关注的还是人间的正义，也就是说

① 　K100,D24,A.T.H. 第75页。

② 　A.T.H. 第67页。

③ 　A.T.H. 第73页。

继续并维护他们生前的英雄事业。这些英雄的死后神化,是他们的美德的神圣化。赫拉克利特通过这种想象,宣扬了智慧、战斗精神和正义的道德原则的神圣性质。

这似乎是一种永生的精神性的"灵魂"了,能不能就作出这个结论来呢? 让我们还是在对于他关于宗教和神的看法进行探讨之后,再一并来作出判断不迟。

六、赫拉克利特论宗教和神

赫拉克利特对当时流行的各种宗教派别和仪式取批判和敌视的态度,这是有残篇为证并为后人公认的。

克里门特写道:"赫拉克利特向谁作预言? 夜游巫士、酒神祭司、酒神女侍,传授秘密教的人。"下面的一句话是赫拉克利特原话的引述:

在人们中间流行的神秘教向他们传授不虔诚。(K115,D14)[1]

另一条残篇也是类似的态度:

人们用为祭神而宰杀的牺牲的血涂在身上来使自己纯洁是徒劳的,这正像一个人掉进污泥坑想用污泥来洗净自己一样。任何留意到他这样做的人都会认为他发了疯。他们向神像祈祷,就像

---

[1] A.T.H. 第81页及注。在这条残篇之前的话可能是克里门特(Clement)自己加的叙述,也可能是赫拉克利特的原文。见 A.T.H. 第262页。

对房子讲话一样,不知道什么是神或英雄。(K117,D5)①

　　他反对流行的神秘教派、祭仪和偶像崇拜,但似乎并没有否认神的存在,只是认为人们并没有认识到什么是神,他们那种种做法太低级了,是不虔诚。

　　有些残篇谈到人神之别,似乎更肯定地表明他认为有神存在:

　　　　人的习性没有洞见,神有洞见。(K55,D78)

　　　　在神看来人是愚蠢的,就像在成人看来儿童是愚蠢的那样。
(K57,D79)②

　　　　对于神,一切事物都是美的、善的和公正的,但是人们认为有
些不公正,有些公正。(K68,D102)③

　　可见,神区别于人就在于他有智慧,在智慧上超过一般人。在人们只见到差别和对立的地方,神能见到对立的统一、美和善,或逻各斯。

　　赫拉克利特关于神代表智慧的想法,显然来自传统,同他自己从宗教和神话里吸取到某种智慧也有深刻的关系。例如他说过这些话:

　　　　我寻找过我自己。(K28,D101)

　　　　认识自己,好好思想,这是属于一切人的。(K29,D116)④

————————————

① A.T.H. 第81页。

② 这两条见 A.T.H. 第55页。

③ A.T.H. 第61页。

④ A.T.H 第41页。

这一思想,就来自德尔斐神庙中的箴言:"认识你自己!"我们知道,后来苏格拉底曾从多方面理解和发挥了这条神谕的含义,如关心人事,人应反省他自己,自知其无知,等等。赫拉克利特虽然没有达到苏格拉底的理解程度,但他无疑是十分重视这一箴言的,从其他残篇看他也有一些类似苏格拉底的思想成分,这是值得注意的。

他对这些所谓神的智慧的高度重视和悉心领会态度,在如下残篇里有明白的表示:

> 在德尔斐传神谕的主神[1]不明说也不隐藏,只是暗示。(K33,D93)[2]
> 女巫用狂言谵语的嘴说出了一些严肃的、朴质无华的话语,她的声音响彻千年。因为神通过她来说话。(K34,D92)[3]
> 智慧者唯有一个,既不愿意又愿意被称作宙斯之名。(K118,D32)[4]

智慧来自神,智慧就是神,至于是否叫作宙斯,那是没有什么要紧的。如此说来,赫拉克利特似乎肯定有超人的至高无上的神灵。

但是,他又认为人和神可以互相转化。

在古希腊宗教和人们流行的见解中,神和人的根本区别的最明白的标志是:神是不死的。神就是不死的存在的代名词,反之,

---

[1] 指阿波罗即太阳神。
[2] A.T.H. 第43页。
[3] A.T.H. 第45页,中译文参照《古希腊罗马哲学》,商务印书馆1961年版,第27—28页,略有改动。
[4] A.T.H. 第83页。

"不死的"也就是神的代名词。偶尔涉及某个神灵之死时必须极端秘密,谁若是公然讲出来,就立刻会被视为极大的不敬和犯罪。但是赫拉克利特却明白地宣称:

> 不死的是有死的,有死的是不死的;此生则彼死,此死则彼生。(K92,D62) [①]

简单地说,这就是认为:神是会死的,人也能成为不朽的神。它们也是可以转化的对立面。

他的关于人也可以成为不朽的神的这一说法,我们在上一节已经谈到过。既然他认为人和神的区别在于有没有智慧,这样人就有了转化为神的可能;虽然多数人达不到,但是少数人如果能认识"逻各斯"而成为有智慧的人,或能在行动中符合"逻各斯",如在斗争和战争中英勇牺牲,他们也就同神接近或一致了。这些人的智慧和勇敢的英雄业绩永垂不朽,他们的死就成为不死的,他们就由人升为神。赫拉克利特的这个看法同传统并没有重大分歧。

问题是在另一方面。说神是有死的,这同传统见解和宗教就难以相容了。这怎么可能? 这就同神作为存在物到底是个什么东西紧密相关了。

问题到了这里进入了关键之处。

下面这一条,几乎是对神下了一个定义:

> 神:日和夜,冬和夏,战争与和平,满足与渴求。它经历着变化,如火同各种香料混合时按照每一种香料的气味而得到不同的

[①]　A.T.H. 第71页。

名称。(K123,D67)①

赫拉克利特在这里用火"混合"香料时的情形打比方是不恰当的,相当笨拙的,不过意思仍然很明白:

第一,"神"并不神秘,它就是我们看见的各种感性事物和过程,如昼与夜,冬与夏,战争与和平,满足与需求;这里前两个对立是关于自然事物的,后两个对立直接关系到人事,也就是表示,"神"是自然和人类生活中的一切。

第二,"神"就是这些事物(对立)的统一,万象中的流动,"逻各斯"。

第三,"神"就是万象的全体,或全部世界秩序的总体。作为一切分殊,它就像火转化和表现为万物一样,或如这里的不大恰当的比喻,像火借不同的香料而得到不同的气味和名称那样。这就暗示着"神"的分殊和总体的统一性,还暗示着"神"也就是"火"。

我们这种分析是否恰当? 我想以下几条残篇可以作为旁证:

雷霆② 驾驭着万物。(K119,D64)③
火是满足和需求。(K120,D65)④
推动⑤ 万物的火将辨别和抓住万物。(K121,D66)⑥

---

① A.T.H. 第85页。我在这里的译文按基尔克《赫拉克利特宇宙论残篇》第184页的考证和英译文进行了修订。
② 雷霆也就是"火"。
③ A.T.H. 第83页。
④ A.T.H. 第83页。
⑤ 推动(coming on,或 comes upon),也有(雷霆)"击中"的含义。参见 A.T.H. 第272页卡恩所说。
⑥ A.T.H. 第83页。

从这些条来看，"火"不仅是能动的物质东西，还有"满足和需求"的欲望，有能"驾驭"、"辨别"万物的能动的精神作用，这也同对"神"的描述很类似或一致。从这些残篇结合前面他所反复指出的，我们可以在以上列出的三点之外再加两点，即：

第四，"神"就是火，以及

第五，"神"也就是智慧。它既是我们见到的万事万物及其中的"逻各斯"，也是那能认识一切和认识"逻各斯"的思想，即智慧本身。

简言之，"神"是万物，是"逻各斯"，是火，是智慧的思想。于是，在对"神"的最高的看法上，我们又回到赫拉克利特的全部哲学上来了。他所说的神，其实已经不全同于传统宗教中神秘的神灵，而是经过他的哲学重新加以解释和改造过了的神，哲学的神。它无非就是我们所见到的感性世界及其中的客观规律和对它的认识。

从这里我们可以得出些什么结论来呢？

1. 我觉得应当承认，他把物质世界及其辩证规律，以及对它们的认识，统统称之为"神"，是一种原始的泛神论思想。他在把"神"唯物主义化的同时，也把客观世界及其规律和认识神化了。我们不能认为他对宗教的批判是彻底的。他并没有达到无神论。他不过是用自己的哲学重新解释和改造了神。这同他看重神话和宗教里的智慧并加以吸取，有重要关系；而他这样做时，也就把自己的哲学原则同"神"混为一谈了。

2. 但是能不能由此证明他是一个神学家、宗教家呢？罗素就是这样认为的，他说赫拉克利特"有他自己的宗教"，"他或许会是一位宗教家"①。我觉得这讲得过分了,这种论点也难于为我们接受。因为,首先大家都知道他是一位地地道道的哲学家,他是用自己的哲学去解释神和宗教中的某些智慧,而不是用神秘不可解说的东西来解释他的哲学的。他喜爱的"暗示"、"隐喻"形式上虽有些类似宗教神谕,实质上仍然是哲学的。其次,他的这种对神的哲学解释,从根本上来说是唯物主义的和辩证法的。虽说这种唯物主义和辩证法由于非常素朴原始,带有猜测、直观甚至神秘气味,毕竟不是神学唯心主义,再者,有一点是十分重要的,就是赫拉克利特斩钉截铁地否认了神创世界的观点。

他明白地说世界及其秩序不是任何神所创造的,而是一团永恒的活火。"火"凭自身的燃烧和熄灭的客观规律,通过内在的对立统一和斗争,转化为万物,推动万物永远运动。斗争或战争是创造一切之父,主宰一切之王。他还说斗争创造了神和人。我们知道,"神创世界"乃是一切宗教和神学的核心观念和命脉,但是现在为他所否定了,而且是用最庄严的语言断然宣告出来的。

可见,他虽然在许多地方把"火"、"逻各斯"同神混为一谈,但是在决定性的地方他并不含糊。他毫不迟疑地否定了神的创世作用,他唯一毫不含糊地加以肯定的只是永恒的活火及其逻各斯。所谓神,至多也不过是"火"与逻各斯的代名词,它决不能在此之外还有什么独立的存在,更不能作为"火"、"逻各斯"或"世界秩序"的创造者。

人们稍加注意就不难看到,赫拉克利特的哲学尽管朴素,却有一个深刻完整的说明体系,它不用神也完全可以说明他想要说明的一切。"神"在这里作为一个哲学上的代名词,为他的哲学增添

---

① 罗素:《西方哲学史》(上卷),商务印书馆1982年版,第70、71页。

了覆盖了一层神圣的光彩,但并无多少实质性的意义。不错,他讲神讲得很多,也许比米利都派哲学家讲得还要多,但是米利都派尽管实际上已经提出了同神创世界说不同的世界观,却并没有直接去触动它。赫拉克利特却公然与之决裂,这在古代思想史上还是第一次,不能不说这在当时是一个勇敢的行动。

因此,我想我们虽然应该看到赫拉克利特有神学的杂质,还是应该承认他是一位伟大的哲学家,一位伟大的素朴的唯物辩证法家,而不是一个宗教家或神学家。

在了解了他对神的看法之后,我们回过头来再谈谈他的灵魂观,我想有些疑难可能就比较好解决了。

"灵魂"在他看来就是人里面的"火"或"火气",因此它必然有燃烧和熄灭、干和湿、升和降的内在对立。这是理解一切有关现象的关键。灵魂的肯定状态就是"灵魂—火气"的燃烧、干燥、上升的状态,这是它的好的状态。"灵魂—火气"在燃烧时,人就是活着的有生命的有意识的。但它会受潮,向水汽转化,它就趋向下降、熄灭,当然,这里也有程度之别。喝醉了神志不清,是"灵魂—火气"受潮湿的一种表现,可以认为他把入睡和死亡也看成类似的转化,只是各有"分寸"不同;因此人们可以从自己由清醒到醉酒,由醒变睡来理解什么叫死,因为这道理基本上是一样的。当"灵魂—火气"完全湿了、熄灭了,变成了水,它就死了,人的身体也就死了。这时人就成了尸体,死去了的"灵魂—火气"作为水便同死了的肉体一道成为粪土,参加到自然界的其他变化中去。

智慧和愚昧,英勇和怯懦,这些人们的思想和道德方面的差别,在赫拉克利特看来也是灵魂状态的区别,而且是更重要的区别。他也极其素朴地把这种对立说成是"灵魂—火气"的干湿状态不同:那最优秀的人,最有智慧和最勇敢的英雄们,有最好的灵魂,这种"灵魂 — 火气"就是最干燥明亮的,换言之,最接近于纯粹的火,因此接近于神,能够同逻各斯一致。一般人的灵魂则不那么干燥,所以不能理解逻各斯,即使看起来是醒着,其实同睡梦中状态也差不多。这样,大多数人由于灵魂中潮湿的成分多就向下沉,向水转化,以此结束他们的一生;反之,那些最优秀的英雄们既然灵魂最干燥,就一定会向上升,成为完全纯净的"火"。所以他们的死,虽然身体也是尸体,"灵魂 — 火气"却能"升天",因为天上正是太阳、星辰、光芒等等最纯粹的、最神圣的宇宙火所居住的地方,这些"火"也就是神。因此,英雄们的伟大的死就得到了与凡人不同的另一种命运,他们的灵魂与这些天上的火或神在一起,成为它们之中的一员。

我在这里根据赫拉克利特的思想和某些证据所描绘的复原图,恐怕难免有主观的成分,我的目的只在于提供一种可理解的画面,但愿不致离本来面目过远。我觉得,赫拉克利特的灵魂可以"升天"为神的说法,无论如何解释也仍是带神秘色彩的;但是这种神秘性的"升天"又是物理形象的,"灵魂 — 火气"因干热自然要上升,而所转化而成的神又无非是天上纯净的"火"(天体),如此,这一说法竟然得到了素朴唯物辩证法的说明!!这样,也就为赫拉克利特赞颂智慧和英雄的崇高道德观念找到了一种表现方式。—— 在这里,我们又一次看到了原始素朴哲学的奇妙特色。素朴的原始唯物主义同近代科学的唯物主义有极大的区别,它包含着无数的天真稚气和幻想,许多在我们看来绝对不能容许的矛盾,在他们看来不但可以容许,而且它本身正是由这样的矛盾浑然交织在一起的图画。不注意和研究这种特色,我们就难以真正理解它的本性,就常常容易用现代人的想法粗暴地对待它,或不免加以曲解。

黑格尔对赫拉克利特的曲解便是例子。他虽然再三地要求忠于历史,但是并没能做到这一点。例如,他由于认为赫拉克利特思想深刻,就说对于"火"这个始基我们"不能以粗糙的感性的意义来了解";他还用亚里士多德说赫拉克利特的始基是"灵魂"即"火气"的话,来证明这个"火"就是灵魂,而灵魂就是精神性的东西;并且他还说,由于赫拉克利特的哲学已达到了"变",比巴门尼德的"有"还要更深刻一步,按照他的逻辑学里"有"——"无"——"变"是一个圆圈的模式,因此尽管事实上赫拉克利特哲学早出于巴门尼德,但按"逻辑学"的发展规律仍应放在巴门尼德之后。这些都是明显地不符合事实的,甚至他自己明知不合事实还要强说如此。

这种公然无视事实曲解事实的原因何在呢? 黑格尔说他把赫拉克利特的命题都纳入了他的逻辑学里去了,他这样说时,还自以为是对这位古代伟大哲学家的高度尊重。但正是这一"纳入",暴露出黑格尔也犯了他批评别人时所指出的那种错误,即用今天的观点来"改铸"古代哲学家。他把赫拉克利特的原始素朴的唯物主义"改铸"得面目全非,使之成为黑格尔式的唯心主义,即近代的概念唯心主义了。这样怎么还能做到尊重历史,理解古人的本来面貌呢?

为什么对于赫拉克利特的"火"就不可以从"粗糙的感性的意义来了解"呢? 据说是因为思想深刻。但是原始素朴哲学的根本特点恰恰是从"粗糙的感性的意义来了解"世界,了解其中的规律,了解其中有辩证法,赫拉克利特还了解得很深刻。

为什么必须把巴门尼德放在哲学的开端,公然撇开泰勒斯和整个米利都哲学作为开端的事实和巨大意义呢? 据说是因为哲学只能从纯逻辑的概念开始。但这恰恰是违反事实和哲学思维发展规律的,哲学思想只能从感性世界和感性思维开始,然后才能上升到逻辑思维和对世界进行逻辑的规定。把赫拉克利特的哲学硬要放到巴门尼德之后，是因为黑格尔认为赫拉克利特思想既然深刻就必定是"纯概念"的。但是感性世界和人们的感性生活本来是辩证的，这才是思维辩证法的真实源泉，而最早的哲学家如赫拉克利特就以基本上仍处于感性阶段的思维形式，深刻领悟了这种辩证法。因此他虽然在思维**形式**上还没有达到巴门尼德的水平（逻辑的规定），却可以在思维**内容**上高于巴门尼德及其以后的许多哲学。

为什么亚里士多德明明指出最初哲学家常常把灵魂与物质始基看成一个东西，即可以对他们的灵魂观念作自然的唯物的解释，黑格尔还要强说"火"就是精神性的灵魂呢？这更暴露出黑格尔是用后人的和他自己的观点去改铸古人。

这一切都因为他只承认一种哲学才是真正的哲学，这就是"精神"的哲学，纯概念纯思维的逻辑的辩证法。因此他不能真正理解和深入到所研究对象的特有的生命中去：对于唯物主义，他要攻击；对于唯物主义的辩证法，他就要改铸为唯心主义的辩证法；对于原始素朴的唯物辩证法，则要改铸为逻辑概念的唯心辩证法。

但是历史事实毕竟是顽强的客观存在，终究不能任人摆布。黑格尔在这里的种种做法，恰恰暴露了他的哲学和哲学史观的错误。由于抹杀了哲学史发展中许多巨大的历史差别和界限，他的这些错误在这里暴露得也十分明显。从这里人们应该得到教训，这对于科学地研究哲学史是会有益处的。

黑格尔说哲学史是一种圆圈式的发展，这是对的，也相当深刻。但是实际上并不是他所说的那种圆圈，真实的圆圈比黑格尔的客观唯心主义的想象还要深刻丰富得多。

第六章 小结性的分析探讨：
原始素朴哲学作为一个发展的圆圈
是全部西方哲学史的开端

在以上的研究中，我形成了自己的这样一种看法，即认为三派学说在哲学史发展里占据着一个特别的地位，因而有一种特别重要的意义。可是这一点以前还没有得到足够的注意。我感到对此还需要研究，需要有一个较为明白切实的认识，这不仅对于理解这三派哲学相当重要，对探讨整个哲学史的线索也很重要。我的这个看法可以大体概括如下：

以上三派哲学是希腊历史进入文明后在向古典时代转变时期的精神产儿，表现了哲学最初从原始思维和神话宗教里挣脱和分离出来的运动，同时又与之保持着原初的联系；它们各具自己的特点并彼此对立，而这种区别和对立又恰恰表现了最初哲学思想的内在辩证本性，使它们形成一个相当完整的发展圆圈，因而可以把它们看作一个有机的总体；这个圆圈或总体有着同以后哲学发展相区别的显著特点，因而可以单独地划分出来作为一个阶段；这个阶段乃是希腊哲学以至全部西方哲学发展过程的原始出发点或开端；对于这个原点或开端，我想用"原始素朴哲学"一词来加以规定和表述。阐明这种原始素朴哲学的特点和意义，对理解整个哲学史是一件必要的工作。

一、哲学史"开端"的含义和确定

　　我的这种看法可能会使人感到有些奇怪,而且很容易引起疑问和质难。例如,从泰勒斯起有了哲学,哲学史的开端便是泰勒斯或至多是米利都派,这是很明白的,为什么要一直拉扯到毕达哥拉斯和赫拉克利特呢? 又,如果拉到赫拉克利特,为什么不能再延伸呢? 用"素朴性"来规定这三派哲学也是有问题的。因为古代哲学几乎都有某种素朴性,例如列宁在评论亚里士多德哲学时,就指出这里也有"绝顶天真"、"陷入稚气的混乱状态"和"素朴的"特点和性质。[①] 连亚里士多德都如此,我们凭什么可以用"素朴性"作为标志,把这三派单独划分出来作一个阶段呢? 又,我们如实地一个一个哲学讲下去不是很好吗? 把这三派说成是一个圆圈甚至一个原点,有什么根据和必要呢? 这是不是有意地想模仿一下黑格尔的三段式,把这种模式强加于哲学史呢?

　　我想必须回答这样一些疑问和驳难,然后才好正面来说说我的一些分析。让我们先从"开端"的含义谈起,因为问题是由此引起的。

　　对于哲学史的开端,人们似乎有两种看法。"开端"的概念,通常只被当作一个经验的事实来看待,因此那在时间上的第一个就被认作开端。但是黑格尔提出了另一种看法,他认为"要找出哲学中的开端,是一桩困难的事",并不像初看起来那么容易。开端必

---

① 列宁:《哲学笔记》,《列宁全集》第38卷,人民出版社1959年版,第416、420页。

须是"本原"的东西，"那对于思维是首要的东西，对于思维过程也应当是最初的东西"。又，由于哲学"科学的整体本身是一个圆圈"，"在这个圆圈中，最初的也将是最后的东西，最后的也将是最初的东西"，所以，"最初的东西又同样是根据"，"所以哲学的开端，在一切后继的发展中，都是当前现在的、自己保持的基础，是完全长留在以后规定的内部的东西"。当然，"开端的规定性，是一般直接的和抽象的东西"，"那个造成开端的东西，因为它在那里还是未发展的、无内容的东西，在开端中将不会被真正认识到，只有在完全发展了的科学中，才有对它的完成了的、有内容的认识，并且那才是真正有了根据的认识。"[①] 黑格尔对哲学的"开端"的看法，完全是从他的唯心辩证法出发的，哲学被看作是纯概念自身的辩证发展，因此开端必须是抽象的原始纯概念"纯有"，以便同终点"绝对理念"相呼应。而按照他的历史必定要和逻辑一致、哲学史必定和哲学一致的原则，哲学史的真正开端，就被他确定在巴门尼德那里。

　　这两种看法怎么样？黑格尔强使历史符合他的唯心主义逻辑，违背和歪曲了事实，在这一点上他是很错误的，而前一种观点就似乎比较正确。但是他的观点却也有深刻合理、优于前者之处。他似乎是对开端问题作过认真思考的极少数哲学家之一。他认为，不应当把开端只当作一个经验的事实来加以描述，而应理解开端作为开端的真义，应当从哲学和哲学史的全体中来考察和规定开端。那能够成为开端的最初东西，必定同时是哲学思维里"首要的东西"，可以成为以后全部发展的"根据"和"基础"的东西，虽然在当时它的意义还没有得到发展。因此，开端的东西必定会贯穿

---

① 　黑格尔：《逻辑学》上卷，商务印书馆1974年版，第51、52、56—57页。

于往后的发展中,在后来哲学中得到发挥和进一步的规定,并在哲学更大圆圈的终点上再现它自身。按照这种看法,"开端"就有了一种比较深刻的思想内容和含义。我觉得这是比单纯经验式的考察要高明得多的地方,值得我们吸取。如果我们研究哲学史,只是从泰勒斯起一个一个讲下去而没有思考它们的意义,它们在整个哲学发展中所占的地位和所起的作用,那么虽然看起来似乎符合事实,却只是对事实的现象罗列,其实还没有进到事实的本质和生命中去,并不能算是真正理解了哲学的历史事实。

当然黑格尔也不能算是真正理解了事实,他明显违反了经验事实只是一种外在的表现,根本问题还在于他所理解的哲学和哲学史是客观唯心主义的,因而不可能做到实事求是。对于我们来说,则应按照历史唯物主义即唯物辩证法的观点来重新思考"开端"的问题,应该把经验事实和思想内容统一起来,从客观存在的事实出发,探究哲学思维运动的逻辑(即规律性)和逻辑的起点,使历史和逻辑相一致:讲史不能只罗列现象,而要把最早出现的哲学作为全部哲学史开端的意义阐发出来;讲逻辑不能违背历史事实,因为它只不过是事实本身里所具有的思想意义。

事实上,人类对世界的整个认识过程是这样的:最初,世界对人呈现为一个只是感性的具体整体,或"一个混沌的关于整体的表象";然后通过不断的分析,达到越来越抽象的一般规定,从感性的了解越来越深入到本质;然后认识的行程又得回过头来,直至最后回到最初的出发点,即那个现实的感性具体的整体,但这时它已不再是一个混沌的关于整体的表象,而是一个具有许多规定和关系的丰富的总体了。"在第一条道路上,完整的表象蒸发为抽象的规定,在第二条道路上,抽象的规定在思维行程中导致具体的再现。"^① 因而认识就形成一个大圆圈,通过这种圆圈式的辩证发展,完成认识世界的任务。

马克思所指出的这个科学认识的圆圈,同黑格尔的有关而又本质不同,这是一种完全符合事实的唯物辩证法的认识论观点。对我们理解和研究整个认识史、科学史、哲学史,都有根本的指导意义。

思维史的事实表明,人类把握世界的认识方式必然要从原始的感性思维和神话形式开始,然后进到哲学和科学的抽象思维,达到对现实世界的理论把握和实践改造。这种发展的规律性当然也必定会在哲学和科学本身的发展里表现出来。

哲学的出现,本身就是对最原始的思维方式和神话世界观的否定性突破和变革,所以,即使是最初的哲学也已经包含了科学抽象的基本要素(因此,我想在这里说明,我所说的"原始素朴哲学"一词中的"原始"已经不同于原始人的思维和神话里的那种原始性。这里有质的区别,指的只是在哲学思维范围里的原始性质)。这是我们应当注意的。但是我们也要看到,由于最初的哲学还没有能从原始思维和原始神话里完全挣脱出来,毋宁说还在这个基础上活动,同它们保持着最密切的甚至是最直接的关联,因此这些哲学又确实还是非常原始素朴的。它虽然已经是一种对世界统一性乃至对世界的本质的认识,但仍处于感性表象式的思维的范围里。哲学和哲学史必须从这里开始,从原始素朴的哲学作为开端,而不能一开始就达到抽象的逻辑规定的概念思维。黑格尔以巴门

---

① 《马克思恩格斯选集》第2卷,人民出版社1972年版,第103页,马克思在《政治经济学批判导言》里谈到政治经济学的方法,并批判了黑格尔的哲学幻想。我以为对我们研究哲学史在基本精神上是完全适用的。但很明显,这两者不能简单类比或等同。限于篇幅,我就省去了本来应有的比较和说明,这是要请读者原谅和留意的。

尼德的"纯有"为开端不仅不合事实,也违反了人类认识世界的总规律,违反了哲学思维发展的总规律。实际上巴门尼德只能是下一阶段哲学发展的开端,不能作为整个哲学史的开端。

至于说到古代哲学都带素朴性,那虽是事实,但素朴性也是大有区别的。这三派哲学同巴门尼德以后哲学在素朴性上的差别,同两者在抽象性上的差别一样大。

米利都派的"本原"或"始基"已经带有很大的抽象概括性了。要从感性的万物里找出一个统一的本原,这还不是概括和抽象吗? 但是这本原还只是直接感性的东西,概括抽象同感性具体还完全等同着,没有分开。毕达哥拉斯的"数"超出了直接感觉的东西,是对世界万物更明显的抽象规定,并对后来哲学向抽象思维的发展给予了重大的推动和影响,但是"数"还不是对世界万物的本原所作的抽象,还是外部的现象的抽象规定,巴门尼德的"有"才第一次达到了对本质的最一般的抽象规定。所以,毕达哥拉斯的"数"还不足以使哲学思维进到对世界作逻辑思考的阶段,相反,他的"数"本身还不得不沉浸在感性的质的观念之中,甚至认为数就是感性事物、质料。但是巴门尼德却能借助于"有"这个本质性的规定或概念,把一切感性东西统统抛开,把感性的知识和思维方式统统斥之为"意见",认定真理只在于对"有"这个本质作抽象的逻辑方式的思考与把握。最后,我们看到赫拉克利特是更深刻的,他强调思想才能把握逻各斯,这是世界万物的真正本质所在,即对立统一规律。但是他所说的思想和逻各斯是不是达到了真正抽象的逻辑思维和逻辑规定了呢? 没有,他的逻各斯还在感性的"火"与万物之中,他的思考还在感性表象里转动,打比方。他所说的"一"和"一切"仍然直接就是感性具体的世界总体及其感性的分殊。而巴门尼德的"一"才是同感性东西完全分离了的"有",真正抽象的"一"。

可见,我们这里所说的这三派哲学,虽然已经有了重要的抽象因素,但这些因素仍然沉没在感性思维里,在这里面活动,还没有从这里面独立出来,他们还没有达到真正的逻辑思维。反之,巴门尼德和他之后的哲学,虽然还不同程度地拖着一条感性素朴思维方式的长尾巴,但抽象的逻辑规定和逻辑思维方式,已经成了主要的决定的东西。因此,这一前一后自然有大不相同的面貌。我们说这三派哲学是"原始素朴"的,指的当然不是仅仅作为尾巴和残余的这类性质,而是指感性表象式的思维还是他们的基本特征,这"素朴"是最初的哲学的本性即原始性决定的,必然如此的。

因此,我们就用"原始素朴哲学"来称呼这三派哲学,并把它们划分出来作为一个阶段,哲学史的最初阶段。现在我们就来探讨一下这个阶段作为哲学史"开端"的意义和基本规定。

二、原始素朴哲学作为哲学史的开端,是一个在内容和形式的矛盾发展中所形成的有机总体

实际上,哲学史的开端并不只是一次的动作,它也是一个过程,在这个过程里它辩证地展示为一种有机的结构,从而才能成为后来哲学发展的总的起点或原始出发点。因此,只有研究这个过程和结构,才能使我们对它作为哲学史的开端的含义获得一个比较明确清楚的了解。

那使原始素朴哲学得以辩证发展的内在原因,就是它的思想内容和形式之间的矛盾。

（1）"哲学"与"本原"（ἀρχή）。

哲学的第一个有决定意义的概念是"本原"，对世界和万物用"本原"来加以统一的规定，根本的说明。这是从泰勒斯开始的，从此对本原的探求就贯穿在全部哲学史中。我们周围的世界和万物，包括我们自己的存在、社会关系和思想，包括我们同外部世界的关系，等等，这一切的根本原因是什么？如何加以说明和规定？应当用什么方式加以认识和规定？可以说，全部哲学都是探讨这些问题的，这探讨的过程就是哲学史的全部历程。这一切的核心便是"本原"：万象世界中最普遍的、最原始的、最终的、最基础的原因。可见，"本原"这个规定或思想的出现，确实是哲学里"首要"的、"基础"的、作为一切发展的"根据"的东西。离开了这个规定或概念，就没有哲学，哲学也无从开始。

最初的"本原"观念虽然一直贯穿下来，但它同后来的这个概念十分不同，它只是最原始素朴的"本原"观念。正因为如此，它引起了一系列的哲学思想的矛盾运动，并且首先在原始素朴哲学的范围内引起了一系列的这种运动。所以我们的研究必须从这里开始。

（2）"本原"和哲学的对象——自然界与人类自己的生活——的关系。哲学与宗教。

甲、用哲学的"本原"观念代替古老的创世的"神"的观念，是哲学同神话宗教世界观相分离，使自己得以产生的起点。

当泰勒斯提出以水为万物的本原时，他没有想到这就开始了一场世界观上的深刻革命。

最原始的人们没有"原因"的观念，一切都被看作是感性事物的神秘的互渗作用。所谓互渗，本身就是由事物因果关系引起的意识，但原始人停留在直接的感觉状态里，分不清因与果，也不去分辨它们,因而一切都显得是混沌的、混乱的和神秘的。他们毫无因果观念,并处处同因果观念相反地在思维着。

神话和宗教里出现了"神"的观念,这已是一大进步,因为"神"就是人类最早发生的对因果关系的意识形式。他们开始感到事物似乎必有某种来源或原因,但又根本不知道也无从探求这个原因是什么,便以自己的行为、能力和意识活动来揣度它们,把自己的作用(如祖先产生后代)投射到自然对象上去,给予拟人化的解释,这就产生了自然事物有神作为原因的观念。随着人类社会自身的发展,"神"的观念也得到发展,终于形成了诸神之上有最高的神,创世的神等等观念,形成了早期的宗教意识。但是显然"神"并不是对事物和世界的原因的真正明白的意识,相反,原因的意识还潜藏在"神"的神秘之中,在拟人化的束缚之中。我们至多只能说在"神"的观念里孕育着对原因或万物本原的认识要求或因素,科学的因果观念在它里面是不能真正产生和形成的。

泰勒斯提出了本原问题,也就第一次提出了原因的问题,而且是提出了万物和世界总体的根本原因的问题。这就突破了神话世界观,哲学和科学就从此开始了。

乙、"本原"最初只是"自然",这既是原始素朴哲学得以同宗教分离的条件,又是原始朴素哲学要一再地回到宗教的条件。

要产生因果观念或"本原"观念这种科学思维的因素,第一步必须把人和自然分离开来,使自然摆脱拟人观,就自然本身来考察自然。"自然"这个词,无论中外,本来都是同"人为"、"人工"相对立的意思,即通常所谓"自然而然",自己使然,自己有自己的原因的意思,它表示出人们意识到事物有一种不受人的支配的独立存在或本性(西文中"本性"同"自然"原是同一个词)。"自然"这个词或观念是怎么产生的,是一个值得语言史家和思想史家考察的问题。就我们这里的研究来说,泰勒斯和米利都派已经用哲学表达了这个观念是没有疑问的,因此亚里士多德称他们是希腊最早的"自然哲学家"。

显然,不同于"神"的"本原"观念,只能在摆脱拟人观,就自然说明自然中产生。但人们所关心的对象并不是单纯的自然界,主要还是社会,是人的生活;世界作为总体对象,既包括外部自然,更需包括人自身,人同外部自然的关系。因此"本原"不应仅仅是自然的本原,还应是人们自己的生活和种种事物的本原,是人与自然的关系的本原,这才是真正普遍的万物的本原。米利都派的哲学"本原"观念是片面的。与之相比,宗教神话的"神"的观念倒是全面的,因为它问答了一切事情的根源,虽然它是神秘的。这种情况,决定着米利都派的"本原"观念必须发展,才能成为真正的哲学"本原"观念。

丙、"本原"观念的最初辩证发展:哲学的"神"或"神"的哲学化。哲学独立于宗教的地位的最初确立。

泰勒斯要寻求唯一的智慧,这就是:自然的本原是水。他的学生说这是无规定者或气。毕达哥拉斯显然对这种智慧不以为然,他认为智慧在于一种理想的生活方式,在于人的灵魂的净化,这才是值得人们倾注全力加以热爱和追求的智慧。从他开始出现了"哲学"和"哲学家"(爱智慧的人)的观念不是偶然的。这表明哲学的本质是不能脱离主体的人本身的,它决不是单纯的关于自然的学问。从这个意义上我们也可以说,哲学的开端不仅是泰勒斯和米利都派,也是毕达哥拉斯。

但是对人们自己的生活和心理的科学研究还有待于从头开始。当时有的只是实际的社会生活事实,古老的伦理道德的习俗和传统,史诗的记载,梭伦的政治改革和理想,以及奥尔菲神秘的灵魂观念,而这一切都笼罩在宗教的意识形态之中。于是哲学刚从宗教里分离,又转向了宗教。这不单纯是消极的倒退的行为,也是积极的:它需要从宗教里吸取动力和思想材料,才能使自己建立和发展起来。

赫拉克利特在原始素朴哲学的范围内完成了这个发展。他把自然和人事统一起来,把大宇宙的本原"火"同人的小宇宙的本原"灵魂"统一起来,在认识外部世界的同时"认识自己"。与之相应,他把哲学的"本原"火同宗教的"神"统一起来,要理解哲学就应从宗教里吸取智慧,要理解什么是"神"就必须对它作哲学的解释。这样,一方面他的哲学有一种泛神论的色彩,一方面他所说的"神",只不过是自然物质的"火"和火的逻各斯,不过是素朴唯物辩证法哲学的"本原"观念的别名。

这样,我们就看到在人类最初的世界观变革里出现了一个圆圈:"神"——"本原"——"神"和"本原"的统一(哲学的"神",或泛神论的"本原")。那刚从神话里独立出来的哲学仿佛又倒退到神学去了。但实际上是最初哲学的生成过程、前进运动。因为**第一项**,神话世界观里的"神",原来就表示了原始的自身还不清楚的原因或本原观念,它不清楚是由于把自然拟人化了,可是这种自然与人不分的混沌又使"神"及其蕴含的原因观念具有原始的完满性。打破拟人观和混沌的完满性,就自然本身解释自然,就把潜伏于"神"的观念里的原因观念解放出来,使它明白起来,于是**第二项**,哲学的"本原"观念诞生了。不过这最早出现的"本原"观念不能不带有片面的自然的性质,所以它要成长到能具有原先神话的"神"相应的全面性,就不能不回到宗教神话去得到营养(因为这时科学也刚刚萌发,还无力给哲学以更大的支持)。因此,这种哲学向宗教的返回,只是从形式上看仿佛在后退,其实是哲学的"本原"

观念由片面的自然观向着人事和新的自然与人事的统一的世界观的发展过程,而这种过程在当时必得借向宗教回复的形式才能实现。哲学的"本原"观念,正是通过自身这种否定性发展,解决了哲学的对象问题,使自己得到更牢固的建立,成长为比宗教要优越得多的意识形态和思维方式。这种情形,在毕达哥拉斯派那里表现很突出,到赫拉克利特便到了一个终点,即**第三项**的形式。这第三项的结果是积极的,赫拉克利特庄严宣告世界秩序不是神或人创造的,就表明上述圆圈式的发展终究不是神学的胜利,而是哲学的胜利。

泰勒斯还没有明白说出来的哲学与宗教的分离和哲学的独立存在,到赫拉克利特才明白宣告出来,从这里也可以看出,哲学的开端,作为哲学最基本的中心概念"本原"及其对象的确立,是一个过程。它不是泰勒斯和米利都派完成的,而是这三派的辩证发展所完成的。这里所说的完成,当然只是非常初步的相对意义上的,因为这三派毕竟只是原始素朴性的哲学。但是这个意义是重大的,不可轻视。

下面我们来具体讨论"本原"自身的规定过程。原始朴素哲学对"本原"的具体规定,是抽象思维的因素在原始感性思维里孕育、发展,与之作斗争的过程,但是还没有能真正分离独立出来,并且始终借助于感性思维来活动。这是原始素朴哲学的根本缺陷所在,但也正是它能够在某种意义上比后来的哲学全面、丰富和深刻(在感性的形态里,或胚胎的形态里)的秘密所在。

(3)对"本原"自身的理解和规定,是对世界万物的根本原因由浅入深的认识过程。这里有两个彼此交错的圆圈。

第一个圆圈是"质 —— 量 —— 度"。第二个圆圈是"直接性的规定(质、量和度) —— 间接性的规定(内在本质,隐藏的逻各斯即对立统一规律）——直接性规定和间接性规定的统一（质、量、度与对立统一规律的统一，或感性物质世界及其本原中的逻各斯）"。

甲、"本原"是感性事物和它的感性的质。

开始哲学只能从最直接的感性东西出发来寻求和规定本原。米利都派企图在自然中找出自然万物的统一本原，但自然界对他们来说只是具有感性的质的东西，即对认识说是最直接最表面的东西。因此他们对本原的规定也只能从质开始。这是原始素朴哲学对本原的第一个规定。

但是质恰好是建立在事物的感性区别之上的，质就是事物的感性个别性、差异性，它是把感性事物区别开而不是使它们统一的东西，因而同本原的本性正好相反；因为本原的意义就是要说明万物的统一。这是一个极大的矛盾，这矛盾迫使和推动着米利都派哲学自己否定它自己。

哲学的第一个命题：本原是水。这个命题中的主项和谓项，是用一个"是"字联结成为统一的，这就表明泰勒斯只能用一个感性事物来规定本原，用水的潮湿性这一特定的质来说明其他的质的事物。但是水和它的潮湿性如何能说明火和干燥性质等等呢？可见主项谓项这两端是不相称的、对立的，其实无法统一。所以这个"是"字就转化为"不是"，第一个命题就否定了。第二个命题：本原是无规定者，就说出了这个意思，本原不能是特定的物质或特定的质。但是阿那克西曼德的无规定者本身仍然被认为是一种感性物质的东西。一种感性物质的东西，竟然成为无定质的东西，这本身是一个绝大的矛盾，是难于理解的，而且同本原必定是有规定的根本要求自相矛盾。所以第二个命题只不过是暴露了用质来规定本原的矛盾，它只是个否定性的命题，矛盾并没有获得解决。第三个命题：本原是无规定的气，企图调解这个矛盾，回到有定质的东西(气)又使之具有无定质的特点。这只是似是而非的解决，在用质来规定本原的范围内来回兜圈子，实际上对这个根本矛盾没有解决任何问题。

只有打破和超出这个直接的质的范围才能解决这个矛盾。米利都派虽然没有完成这一突破，但他们的后两位哲学家既然把本原的质的规定变成了无规定，也就为新的探求开辟了道路。首先，"无规定者"虽然本身不显现为任何特质，但为了能生成有各种质的万物，它内部必蕴含能生成各种质的对立：干和湿、冷和热；必定有对立的运动：结合与分离等等。这就为认识从直接的感性的**质**进到内部对立的本质准备了思维的要素。赫拉克利特哲学主要是沿着这条思路发展的。其次，由于"无规定者"或无规定的"气"使本原中的特质被否定，或变得非常模糊，那么用它们的数量上的变化来统一地说明万物的生成和质，就比较容易设想了。事实上也已经提出了"气"的稀化和浓缩来生成万物的思想。这就为毕达哥拉斯派哲学作了准备。

乙、"本原"是数。

于是毕达哥拉斯提出了数的哲学。本原是数，不再在质的范围内兜圈子了。数和量就其本身来说是没有质的差别的同一的东西，是真正质的"无规定者"；然而它又有另一种明确的规定，即数量本身的规定性，这就解决了困惑着米利都派哲学家的那个无法解决的矛盾。

数量本身是同一的有规定的，在这一点上它比质要符合本原的要求。在"本原是数"的命题中，主谓两端的统一性提高了一步。借助于数，认识从感性上升到抽象的运动找到了一个立足点，并把抽象固定下来使它成为事实。这表明，要说明万物的统一，必须有思维的抽象。毕达哥拉斯派的"数"的哲学,开辟了哲学思维沿抽象上升的道路,对后来哲学的发展起了重要的作用。

不过"数"还不是对世界和万物本质的抽象,只是感性事物外在规定的抽象,仍然停留在直接的现象认识范围里面,因为它是紧紧依附于感性事物的一种规定。所以毕达哥拉斯派的哲学只是走向本质抽象中间的一个跳板,它还没有实现本质抽象。

并且还有更尖锐的矛盾。"本原"的本义是感性世界万物的统一根源;因此必须用数来说明感性事物,用量解释质。这方面只能有部分的成功,根本说来是不行的,牵强附会的。数怎么能成为感性事物呢? 只好把数本身变成感性存在物,说成是质料。数怎么能从单一性的东西生出各种特质的东西呢? 只好把数本身变成许多对立面。数是静止的,怎么能说明感性事物的生灭运动呢? 他们提不出解答来。可见,数作为本原看起来似乎很明确而有规定性,进一步考察,这规定性又变得非常含混不清了,也同米利都派一样,陷于自相矛盾和自我否定之中。这里,根本问题还是数并不符合"本原"的本性。"数是本原"这个命题中的"是"也同样转化成为"不是",数和本原的统一,又被它们之间的矛盾所瓦解了。

把本原规定为质和量都不行,然而对世界万物的直接性认识和把握,也只有质、量以及两者的关系"尺度"。因而说明,本原必定在世界和事物的内在本质里,必须超出直接性的规定,深入到内在的、背后的东西里才能解决问题,即进入间接性的规定。米利都派和毕达哥拉斯派也已经接触到这个问题,他们已经不得不求助于质的事物或数里面的对立作用(甚至说"对立是本原")就是证明。可是他们并没有真正给以理解和阐明。

丙、"本原"是自身对立统一的原始物质。

唯有赫拉克利特的哲学,才达到了本质。感性世界凭对立面的转化真正达到了统一,其根本原因在于本原"火"自身中的对立统一。他的哲学命题是:本原是火。但是这个"火"绝不是像泰勒斯的"水"那样只是一个感性的质的东西。"火"是**质**和**本质**的**统一**,这就是说,它既是一种感性物质性的东西,有干燥、燃烧等感性的质,又不是单纯的质,而本质上是自身对立(又有熄灭的本性),并由于这种对立而自身否定,必然成为水,成为有潮湿性的东西。这样,事物的感性的质在表面看来彼此坚执着的对立和区别就消解了,在对立统一和自身否定中彼此转化而生动地统一了。感性世界万物的多样的质不再是彼此外在的杂多,成为统一物的对立转化的结果和表现。米利都派遇到的不可克服的矛盾,毕达哥拉斯并没有真正解决,而由赫拉克利特在本质的高度上解决了。

赫拉克利特达到了事物内部"隐藏"着的本质,但他并没有使本质和感性事物(及质)相分离。他反对毕达哥拉斯把数量抽出来作本原的牵强附会,因为数量规定绝不是感性世界本身。他坚持从感性世界本身出发,从质的规定开始,所以他回到了原始素朴哲学的最初起点;不过他要求把质只理解为世界和事物的内在对立运动和转化的表现。他反对以数为本原,但在火与万物的对立转化(即质变)里,仍然吸取了毕达哥拉斯的发现和有价值的成果,不过他也进行了本质的改造。

毕达哥拉斯提出"数"为本原的目的就是想说明"和谐"、"限度"、"尺度"。他已经从数量关系规定事物的质的"尺度",因此,质、量、度的观念和规定在他这里已经出现了。但是,他是在量上建立质的界限或度的,所以关系是颠倒的。赫拉克利特则相反,在质变(事物向对立面转化)中来抓住量变的尺度,用以作为质变本身的标志和规定。进一步说,他是在对立统一规律的基础上来说明质变,而把量变的尺度仅仅视为转化和质变的一个环节。因而毕达哥拉斯派的那本身只能是静止的量,在赫拉克利特那里,就随整个的本质运动及其外部表现质的变动而成为能运动的规定了。所以,真正说来,"质变 —— 量变 —— 尺度"的辩证法也是他才建立的。这种质变量变的辩证法还是表面现象领域里的辩证法,只有在本质的辩证法即对立统一规律被发现后,它才能得到说明和取得一个恰当的地位。

所以原始素朴哲学从(甲)本原是感性事物及其质,到(乙)本原是数或量,到(丙)本原是对立统一的"火",是两个发展圆圈的交错完成。第一个圆圈是"质 —— 量 —— 度",它又作为直接性的规定被纳入另一个圆圈:"直接性的规定 —— 间接性的规定 —— 直接性规定和间接性规定的统一"。终于达到了质和本质的统一,世界万物的质变量变规律(尺度)和对立统一规律的统一。后一个圆圈是主圆圈,在终点上也同时完成了第一个圆圈。这两个圆圈便重合了。这都是在赫拉克利特那里完成的:他继承了米利都派和毕达哥拉斯派的成果,同时又扬弃了它们,这是一个否定之否定的过程;他在更高水平上又回到了米利都派的出发点,返回到素朴唯物主义,然而是有深刻辩证法的、达到了本质规定的素朴唯物主义。

三、从整个哲学史发展来看原始素朴哲学作为"开端"的意义和它的局限

如上所述,这三派哲学的贡献在于提出了"本原"的观念;逐步解决了哲学研究的对象,即它不仅是外部自然宇宙,而且是人自己这个小宇宙;不仅指物质现象,而且包括社会现象和人的心理

现象（灵魂），初步发现和表述了质量互变规律和对立统一规律，由现象达到了世界本质的把握。这些成果是伟大的，奠定了全部哲学往后发展的基础和中心思想，它贯穿在全部发展过程中；这些成果本质上又是全面的正确的，以致那些否定它的后人虽然在这方面或那方面远远超过了它，却常常在总体上又不如它。例如赫拉克利特所发现的内在对立统一规律、自身否定和自身转化、内在的斗争性的绝对意义，就成了"响彻千年"的绝唱。这种素朴唯物主义的辩证法的意义，一直要到马克思主义哲学才足以完全扬弃它，从这个角度看，它岂不是整个哲学史大圆圈发展的真正起点吗？

因此，这三派哲学是开端，但不是这三派中单独的一个或一个片面的规定是开端，而是：它们的辩证发展所形成的整体是开端。全部哲学史的真正开端就在这里。

但是开端毕竟也只是开端。能够说明它仅仅是哲学和哲学史开端的依据和标志，就是它的原始素朴性，它还沉浸在感性思维之中。赫拉克利特达到了本质的深刻辩证法思维，但这思维依然不是什么纯概念的思维，不是抽象一般规定的逻辑思维，恰恰相反，它只是关于感性东西的洞见和领悟。"逻各斯"还不是逻辑。对立和统一、生动转化、永恒的生灭运动、尺度、规律……这一切只在感性的"火"的形象中，在生与死、日与夜、河水的流逝里直接表现着，甚至那内部隐藏着的本质规律也只能借助于弓和竖琴来理解和表达。他只用暗示和比喻，并不像后人有意地把思想穿上形象的外衣那样，而是他本来还没有达到纯抽象的思维的必然表现。他还只能在图画式的感性思维形式里发展带抽象性的思维内容。这正是他的优点——因为他的思维不脱离感性物质世界，所以是素朴唯物主义，并且是素朴的辩证法。同时这也正是他的根本弱

点 —— 因为他的思维同感性东西还没有分开,没有形成逻辑抽象
的思维,因而还不能对本质作出抽象一般的概念规定,他的唯物辩
证法就只能是极其素朴的,**缺乏理论思维的确定性**,只是一幅笼统
直观的感性世界运动图画,从而必然要被哲学的进一步发展所否
定。不过,这种否定的因素 —— 抽象思维的因素 —— 还是由原
始素朴哲学准备起来了,例如在差异中寻求的"统一"、"本原",
还有毕达哥拉斯的抽象的"数",赫拉克利特所要求的高于经验的
"思想"智慧,"逻各斯"等等,便是这种因素。当抽象思维终于从
感性思维里分离和独立出来时,哲学就进入了下一个阶段。

　　正像古希腊的神话和艺术具有一种永远为人所喜爱而又无法
模仿的魅力那样,古希腊的最初哲学,尤其是赫拉克利特的学说也
有一种原始素朴完满性的永恒魅力。不过哲学毕竟是思维,简单
的模仿既不可能也无必要,但在科学地达到现代唯物辩证法时,却
可以在无可比拟的新高度上重新回复于它。

第三部分

希腊古典时代的
哲学发展

——从巴门尼德直至亚里士多德

第一章　古典时代的希腊人和希腊精神

在这一部分我们要研究的是古希腊哲学中最光辉灿烂和成果最大的发展阶段,或它的主体。从巴门尼德直至亚里士多德——是希腊的古典时代的哲学,是这个时代的精神的集中表现。要了解这些哲学及其发展的实质,须从时代入手,并且始终不要忘记这个时代。

希腊的历史,是以希波战争的胜利为标志进入它的古典时代的。面对强大的波斯人的征服和奴役,希腊人经历了长期的殊死搏斗。这场战争从公元前500年伊奥尼亚城邦的暴动开始,暴动由于力量悬殊而失败了。波斯人接着在公元前492年、前490年西征希腊,打到了雅典附近的优卑亚直至马拉松,在马拉松之战中,雅典军队以少胜多取得胜利,鼓舞了希腊人。在公元前481年,波斯经过充分准备又大军西进,希腊几十个城邦联合起来建立同盟和联军,在雅典和斯巴达的领导下英勇抗击,终于在公元前479年取得了决定性胜利。这是一场决定希腊人命运的生死战斗,因此用它来作为希腊进入古典时代的标志无疑是很有意义的。它保住和发展了希腊人的光荣和自由,锻炼和考验了希腊的力量和精神。

但是希腊人之所以能经受住这种严峻的考验,是以它的内在发展为基础的。希腊人进入它的古典时代还有它的内在基础和内在的标志。

一、希腊文明中心移回本土和雅典与斯巴达的发展

前面说过,在公元前8至前6世纪间的第二次海外大移民运动中,希腊人建立起了一个环绕地中海的广大世界,同时在东方强国的压力下希腊文明的中心已逐渐由小亚伊奥尼亚移回本土。工商业的繁荣和海上交通贸易的发展,使希腊的氏族制度和贵族统治进一步瓦解。于是以本土为中心,希腊社会的经济和政治制度发生了新的变动。

在本土有一些小城邦如科林斯、麦加拉、爱吉那等由于海上交通贸易的便利,工商业首先在这里迅速发展起来,政治上也演变为伊奥尼亚式的城邦制国家。只有斯巴达走的是另一条道路。在那里的多立斯人占据着大片肥沃的河谷平原,又没有良好的海港,所以一直是个农业国家。当科林斯等城邦大搞工商业、向西移民如火如荼之时,斯巴达征服了邻邦美塞尼亚,把那里的希洛人全部变为自己的奴隶,此外还征服了一大片土地,从而使自己生活在安定富裕之中。公元前7世纪中期,美塞尼亚爆发了大规模起义,斯巴达人进行了二十多年的战争才扑灭了这次起义。这场战争大大提高了斯巴达人的警惕,从此,希洛人永远处于严厉的监视之下,而斯巴达的男子从小就生活在严峻的军营生活之中,斯巴达不是一个城市,而是一所大军营。他们认为一切文化艺术都会松弛这种永恒的警惕和严格的纪律生活,从此他们就不要文化,他们过的是军事共产主义的生活,认为商品货币会瓦解这种秩序,从此他们禁绝贵金属在国内流通,交换媒介只用笨重的铁块。斯巴达的陆军成为全希腊最精锐的陆上军事力量,并相应地建立起一套集体主义的、以荣誉重于生命的精神来进行训练和战斗的制度。总之,斯

巴达建立的是一种历史上少见的对征服者和被征服者同样严峻的秩序。它的公民那种不畏个人牺牲的高度集体主义精神,蔑视财富,放弃文化和艺术,以及公餐制度等等,博得了不少希腊思想家和后人的赞美。但是它不仅是奴隶制度,而且还保存着氏族贵族制度的传统,阻碍着社会经济和政治的发展。它不是希腊世界的主流,只是一个特殊的类型。

与斯巴达形成最鲜明对比的是雅典的道路。雅典后来成为希腊文明的中心决不是偶然的。它把小亚伊奥尼亚各邦开始的城邦制度发展到高度民主的城邦制度,显示了它的伟大力量,终于成为全希腊世界公认的最高典范。

雅典在梭伦改革后削弱了贵族势力,民主开始发展起来。经过公元前6世纪中期几十年的僭主政治的过渡,到公元前6世纪末(前509年)发生了克利斯梯尼的改革。这次改革意义重大,标志着雅典城邦民主制的建立。它的一个重大措施是按地区建立社会的基层组织,打乱了原来的氏族部落;通过这些基层组织选举五百人议事会和陪审员,五百人议事会分为十个组轮流主持日常政务;十个选区又各选一名将军成立“十将军委员会”轮流统率雅典的军队;执政官不得连任。这样国家的权力就掌握在更多人的手里了。雅典的一切官员,或抽签任命,或举手表决鼓噪通过,任何人都不得以暴力独揽大权。为防止出现僭主和野心家独揽大权,克利斯梯尼建立了“贝壳放逐法”,每年举行公民大会决定有无应予放逐之人,如果认为有,就在牡蛎壳或陶片上写下他的名字,超过六千票(当时雅典有公民权的人数约有三万多人)就要放逐十年后才许回来。这样雅典就在一个城邦范围内实现了具有显著的直接民主的特点的制度。恩格斯在总结这段历史时指出:“现在已经大体形成的国家是多么适合雅典人的新的社会状况,这可以从财富、商业和工业的迅速繁荣中得到证明。"社会制度和政治制度的基础,已不再是贵族和平民的对立,而是自由民和奴隶,公民和被保护民(外邦人)之间的对立了。[①]

希腊世界的古典时代,是以雅典为中心,主要在雅典的影响和领导下发展的。雅典公民是希腊的自由人和自由精神的典型和集中体现,因为在这里希腊人的民主和自由在一切方面都获得了它所可能有的最高度的发展。雅典的繁荣、全盛到衰落,标志着希腊古典时代的发展过程。

二、雅典帝国的繁荣和伯利克里时代

希腊抗击波斯的主力是雅典和斯巴达。斯巴达陆军是全希腊之冠,在陆地战争中起了主要作用。在温泉关之战中斯巴达二王之一的李奥尼达和三百勇士阵亡,建立了英雄业绩,但没能阻止波斯军队的前进。波斯军队侵入中希腊以至雅典。雅典全城撤走,丁壮登船作战,终于在萨拉米之役一举歼灭了波斯海军主力,扭转了整个战局,迫使波斯人处于守势和后退的境地。次年即前479年,希腊军队又在陆地上击溃了波斯陆军,打死其主将,并在海上歼灭了波斯海军的残余,取得了决定性胜利。战争就转向乘胜追击和希腊的扩张。

这场战争中雅典及其海军起了决定作用,雅典人的牺牲最大,而斯巴达由于内外矛盾,后期退出了战斗,因而领导权就落到雅典

① 恩格斯:《家庭、私有制和国家的起源》,《马克思恩格斯选集》第4卷,人民出版社1972年版,第115页。

手中。雅典掌握了全部制海权，一直战斗到全胜，解放了小亚各邦，这样在战争后期（公元前479—前449年）所建立的各邦同盟实际上便成为雅典的帝国。雅典决定这一同盟集团的对外政策，有时还驻军于同盟城邦，各邦交纳给同盟的贡金实际上也由雅典支配。在希波战争后雅典经济和政治势力迅速发展，除了自己的国库收入，又有一大笔同盟者的贡款，因而既十分富有又有极高的政治地位和尊荣，便成为希腊世界的商业、政治和文化的中心。

这时期雅典的民主派主张继续前进和改革，同亲斯巴达的贵族派发生了尖锐斗争。斗争结果，当政的贵族派领袖西门在公元前461年被放逐，民主派在厄菲阿尔特和伯利克里领导下剥夺了贵族会议的一切政治权利，城邦大权完全分属五百人会议和公民大会以及陪审法庭，这是民主制度自克里斯提尼改革以来的一次最大胜利。厄菲阿尔特不久被刺，雅典就进入了历史上所谓的"伯利克里时代"。在伯利克里领导雅典的时期（从公元前461年直到伯罗奔尼撒战争爆发前的三十年间），雅典的城邦民主制达到了它的全盛时期。

由于战争的胜利和工商业的繁荣，出身异邦的大量奴隶就涌入希腊和雅典的市场，奴隶人口迅速增多。当时雅典人口总数四十万，自由人十六万多，外邦人三万多，奴隶有二十万。在雅典自由人中，第一二等级有四千人，第三等级有十万人，第四等级（贫农）六万四千人。雅典城邦的财富，首先靠的是奴隶的劳动，其次靠外邦人和公民中占多数的小生产者，此外还有同盟各邦的大量贡款。雅典国家有这样丰裕的钱财和力量，就把它用在维持军队和各种有报酬的公职上以及公共事业上。面临国内和同盟范围内日益增多的事务，雅典并不是通过贵族或行政官僚机构来履行自己的职能，而是通过发展自己的城邦民主制来处理的。例如，为了使公民中收入少的阶层能参与国家大事,伯利克里颁布了陪审员津贴。当时雅典法庭的管辖范围遍及于同盟诸邦范围内的各邦间的争议,每次开庭,陪审员人数很多,整个雅典经常有六千名公民充当陪审员,在公民总数约四万人左右的城邦中占据一个很大的比例,这使中下层公民受到了极好的政治教育。雅典民主制并不流于形式,同这类切实的公民政治活动是分不开的。

希波战争后雅典的戏剧艺术进入了十分繁荣的时代,出现了像埃斯库罗斯、欧庇里德、索福克勒斯、阿里斯托芬等伟大作家,他们在剧中说古论今,指名道姓,评论政治、道德等各种问题,成为希腊人的爱国主义、民主主义和民族传统教育的极重要的工具。伯利克里本人也可成为剧中讽刺的对象。伯利克里为了鼓励公民参加一年两度的传统的戏剧节,规定了"戏剧津贴"制度,使公民们能放下工作来看戏。此外,相当部分的国库收入用来"装饰雅典",修建了建筑史上许多著名建筑物,如雅典娜大庙和卫城等,使雅典成为当时希腊最宏伟富丽的城市。这些建筑内外都有各种精美的雕塑、壁画、装饰,成为艺术的典范。

这一切光辉成就都是同雅典民主制的发展不可分的。雅典的民主制鼓舞和支持了它的公民参与了各种政治、经济、文化艺术的活动,使他们成长为希腊最自由的人们,从而使雅典和整个希腊达到了历史上最高的繁荣境地。

古典时代的希腊哲学,正是在这种历史基础和环境中产生出来并得到繁荣发展的。

三、希腊和雅典的衰落

希腊和雅典的历史发展在伯利克里时代达到了全盛。但是我们不能忘记,这种繁荣乃是建立在重重矛盾和对立的基础之上的。在整个希腊,有雅典和斯巴达争霸之争;在雅典,有它与其同盟各邦之间的斗争,有内部的政治派别斗争,更深入地看去,雅典的公民之所以能把精力和时间都用于政治、军事的活动和文化艺术等等的创造,只是建立在剥削奴隶、外邦人和雅典帝国内同盟诸邦的基础之上的。雅典和希腊各邦的民主制度无论多么美妙,毕竟是奴隶主阶级的国家。

雅典公民脱离了当时还是十分艰苦的生产劳动,获得从事政治与文化科学的自由活动的权利,这在古代纯粹是一种特权。这种特权不仅奴隶绝不能有,一般说来非祖居雅典的其他城邦来的希腊人也不能染指。因此在最"贤明"的伯利克里这位热诚的民主主义者那里,也不能不严格限制雅典公民的人数,为此进行甄别,取消了不少人的雅典公民权。这充分表明,这个特权的阶层是不能过大的,否则无法供养他们,可见雅典的民主只是少数特权者的自由和民主。

从公元前431年开始的伯罗奔尼撒战争,是各种矛盾发展的结果,又进一步地发展了矛盾。它是由于雅典的海外扩张与科林斯、叙拉古的冲突,以及同斯巴达争霸而引起的。结果是雅典失败了。雅典的失败除了一些特别的原因(如雅典发生了一次大瘟疫,还有个别将领的投机冒险和无能等等)之外,同盟诸邦的叛离和大量奴隶逃亡(如二万多奴隶工匠逃亡敌方),使雅典的经济生产和财政、军事都发生重大困难,是其非常重要的原因。这些也加剧了内部政治斗争,导致发生政变。这场前后长达三十年的战争,不仅使雅典失败衰落,而且使整个希腊走上了下坡路。往后的一个世纪,希腊的经济虽然还有发展,再也无法恢复其上升时期的景象了。

就在战乱频繁的伯罗奔尼撒战争时期,苏格拉底成为一代重要哲学家,同时还有德谟克里特的重要哲学出现,而柏拉图和亚里士多德的哲学活动则在希腊和雅典的衰落时期。在公元前4世纪崛起的马其顿,击败了反对它的希腊各邦军队,马其顿王腓力统治了希腊,公元前337年的科林斯会议结束了希腊城邦的古典时代。从此希腊人丧失了自己的独立,成为马其顿和后来罗马的属国。

四、古典希腊的自由与冲突所形成的思想特色

显然,古希腊人已经成长为古代社会中比较充分意义下的自由人了。长时期的私有制和商品货币的经济发展和政治演变,早就在瓦解着他们古老的氏族公社旧传统旧制度,使城邦和个人的独立自主性获得发展,但只是到了古典时代,他们才完全摧毁氏族制度及其贵族统治,代之以一种全新的政治社会。以奴隶劳动为基础的城邦自由公民全权的民主制国家的建立,保证了希腊人在各自城邦范围内的高度民主权利,因而也保证了这些公民们从事一切活动的高度自由。在打败波斯等强大外敌之后,消除了对他们自由的外在威胁,于是城邦和个人的自由和创造才能就充分展现出来。他们就以崭新姿态对自己的实际生活进行全盘的改造,与此同时,他们对自己的思想和文化当然也要进行重大的改造。

这是人类历史发展中的一个光辉时刻。在西方历史上,人们能够高度发挥能动性自觉地改造世界和自身的重大时期主要大约

有三个,除了近代的资本主义革命、现代的社会主义革命之外,古典时代的希腊所进行的变革也是其中一次。这几次重大变革自然有不同的本质和意义,但从整个人类历史发展过程看都具有里程碑的作用,都有不可磨灭的伟大贡献,因而都将为人类所永远珍视。

我们所要研究的希腊哲学,直到亚里士多德为止,都是以自由思考的形式表现希腊人现实生活自由的学术。原始素朴哲学已经具有这种特色了,现在随着他们自由地成长,他们的思想和哲学也必然要采取新的形态。古典时代的希腊哲学在面貌上不同于早期哲学,更不同于后来在马其顿与罗马统治下的晚期希腊哲学,其深刻根源可以从这里寻求。因此理解这个时期的自由的本质是关键所在。我们在第一部分里曾对他们的"自由"的历史性作过一些概略的分析,现在我们还需再作一些补充使之更加具体化,这对理解这一时期的思想和哲学发展的实质是必要的。

古典希腊的"自由"显然是建立在许多矛盾冲突之上的,所以它本身包含着、充满着、贯穿着诸多矛盾冲突。

第一,希腊人的"自由"首先是同异族对立的。他们必须反对外来的奴役和侵略,但同时在他们力所能及之处也要扩张和奴役别人。例如对波斯的战争本是正义的自卫,而一旦胜利了也就立即转化为非正义的掠夺。俘虏异族人民为自己的奴隶,劫掠他们的妇孺和财宝,这在希腊人看来同样是光荣正当的英雄事业。

第二,与此相关,希腊人的"自由"是建立在奴隶劳动的基础上的,奴隶主要是异族人(有时也不排斥别的城邦的希腊人)。奴隶在他们看来只是物而不是人。这是又一种对立,而且是带基础性的。

第三,希腊人的"自由"主要是以城邦为本位的。例如雅典的

"自由"只是祖居本邦的公民所能享有的权利,不仅奴隶谈不上有这自由,外邦人也被排斥在外(在本邦人中,妇女也是没有政治权利的);但是雅典公民的自由权利却正是靠奴隶、外邦人、同盟属国的贡款等来供养的。所以这种"自由"也同别的城邦的自由相对立。只是在面临共同敌人时,各城邦才能暂时联合起来;威胁一旦消除,各城邦间的利害冲突就迅速发展和公开化,并导致希腊的内战。

第四,城邦内部的矛盾冲突,个人与个人之间、个人和城邦公共利益之间,充满着复杂的对立。一方面,矛盾各方是统一和一致的:每个公民之所以能享有自由权利全靠城邦来维护保证,所以公民热爱自己的城邦,甘愿为之牺牲自己的利益乃至生命,表现出高度的爱国主义集体主义的精神;而城邦之所以能繁荣有力量,也全靠发挥它的公民们的个人创造才能做基础。但另一方面,这些公民在门第和财富上是很不同的,不同的利益使他们的思想和政治倾向不同,因而在各各发挥其自由权利时必定要产生冲突。

这些矛盾冲突是无所不包的,从财产纠纷、伦理习俗和道德的对立,直至尖锐的党派斗争。一般说来,这些斗争并不是坏事,它使城邦生动活泼充满朝气与活力,推动着社会生活和人们思想的不断更新。自由本来包含矛盾冲突,否则就没有什么真正的自由。问题在于这种矛盾必须保持在一定范围内,就古典时代的希腊来说,最重要的是不能危及城邦的整个利益。这一点在古典时代的上升时期是可能做到的,"伯利克里时代"就是如此,伯利克里领导雅典人巩固和完善着他们的民主制度,从法律、文化、道德和思想上引导公民热爱城邦,安排公民们各得其所地充分发挥其才能来为公共利益服务,使内部矛盾得到了较好的处理。雅典当时成就辉煌,伯利克里成为古典时代希腊最伟大的政治家和时代精神的象征。这并不是单纯个人的成功,而是他恰当地表现了时代的条件和需要。

古典希腊的自由是建立在上述诸多矛盾的结构之上的,这些矛盾冲突既造成了这种自由的发展和繁荣,同时也以它的必然的逻辑注定了这种自由的瓦解和衰亡。一旦内外矛盾激化到无法维持结构的相对稳定平衡时,这种比较脆弱的城邦民主制自由就瓦解了。我们看到,伯罗奔尼撒战争(城邦间冲突)、奴隶大批逃亡(使经济基础动摇)、个人主义的泛滥和城邦内党争的尖锐化,使雅典和整个希腊走上了下坡路,最后终于屈服在马其顿人的外来统治之下。在这种衰落时期,伯利克里式的人物再也不能出现了,只有苏格拉底、柏拉图等人企图为挽救衰败局面作哲学上的思考,在哲学上表现时代。

古典希腊的自由和冲突,造成了这个时代思想发展的几个值得注意的特点。

首先当然是人们思想能动性的高度发挥;其次这种思想能动性的发挥是在争论、交流中实现的。城邦民主制保证了希腊人公开合法地就一切问题自由发表意见,他们的不同利益、倾向的对立又使他们彼此争辩。这些争辩极大地提高了人们的思维能力。因为在争辩中只陈述个人的看法是不行的,必须用理由和方法驳倒对方,论证自己的意见,所以如何判别真理和错误的逻辑思维就产生和迅速发展起来了。

逻辑思维的产生和发展,是古典时代希腊人思想进展的第一个重要事实,具有十分重要的意义。

希腊人在古典时代开始发现了逻辑思维的方式和规律性,并把它运用在一切政治的、伦理道德的和科学的讨论中,凭着它来建立真理和科学(例如几何学是一个典型)。在哲学上从巴门尼德直到亚里士多德也是如此,并且正是靠着这种形式思维的力量,他们把原始素朴哲学的"本原"论改造成为古典时期的哲学"本体"论。

古典时代的希腊人当然仍是关心自然界的,这可以由自然哲学和许多自然科学的重大发展为证。但是他们显然更关心的是改造社会和改善他们自己,研究城邦的政治、法律和道德问题,研究社会的产生和发展的本质和规律,是这个时代最重要的事情。这在古典时代的上升和繁荣时期已经是如此了,公民们的热诚的讨论争辩产生了众多智者的成就。关心人事,以人为中心的思想,在普罗泰哥拉的"人是万物的尺度"这个命题中表现得十分清楚。后来,当各种矛盾冲突尖锐发展,城邦走向衰落的时候,人们更加关心城邦的命运、自由的前途,因而研究社会人事被苏格拉底视为唯一值得研究的学问。人本主义的兴起是古典希腊思想发展的又一个显著的特点。它向哲学提出的重大问题被认为是最崇高的问题,对哲学的发展给予了根本性的推动力。

最后,古典时代的思想发展的重大特点,是对思想本身的反省和自觉。他们在研究自然和社会人事的同时,也开始注意人的思想本身,开始发现思维和存在是有区别的,并研究了感觉和思想这些认识论问题。阿那克萨戈拉把"心灵"突出地提出来作为一个本原是一个重要标志,他的"心灵"那种安排一切推动一切的力量,实在是对伯利克里和那时雅典人的能动力作用的写照。这个思想为后来苏格拉底等哲学家继承改造和发挥,对哲学的发展,唯物主义和唯心主义的进一步分化有重大意义。

不过关于这一点我们也要注意到它和近代的原则区别。近代哲学才把思维同存在完全分离和对立起来,并明确地把这种对立和如何统一表述为哲学的基本问题。而古希腊人虽然也看到了思维和存在有别并讨论过两者的关系,却同时仍素朴地认为思维还是存在的一部分,并素朴地认为思维必定能和存在相一致;他们时常把主观的逻辑同客观的逻辑(客观世界的规律)混淆在一起,甚至看成是一回事。他们哲学中主要讨论的是(思维)应如何规定存在才合适:真实的存在是一还是多,是本质还是现象,是一般还是个别等问题;而不是思维和存在何者是第一性本原的问题,这个问题还没有自觉地认识到,只以一种比较潜在的方式在起作用。这是他们作为古代人思想发展还比较幼稚的不可避免的结果,另外也许同他们的社会是建立在奴隶制基础上的有关。奴隶只被他们当作物而不是人,可是奴隶也有思想;所以思想固然是自由人的,似乎也是物所有的,古希腊人本来就认为万物都有生命、灵魂和思想,这样人和自然物、思维和存在的界限也就难于真正划清。近代资本主义的雇佣劳动制至少在形式上是把一切人的劳动和人的本性平等看待的,所以能认识人的劳动的普遍性,承认思想是所有人具有而区别于物的根本特点,这样思维和存在的对立才普遍得到公认和确立,成为哲学和一切科学中的根本问题。

概略说来,逻辑思维的产生和初步发展,以城邦自由公民的命运为本位的人本主义,对思维和认识问题的重视和初步研究,是希腊古典时代的历史现实给予它的思想发展所提供的几个要素或特点。这些要素对先前哲学起了巨大改造作用,从而产生和发展出新时期的哲学及其特点来。现在我们就来具体讨论这些哲学的发展,研究它的特点和线索。

第二章　巴门尼德和爱利亚派：古希腊哲学发展中的一次重要转折

当巴门尼德撇开了一切感性的东西，只用"有"这个最一般的抽象来规定世界，并论证说唯有这个"有"才是真实的实在时，他实现了哲学发展中的一次重大转折。他无论在观点和思维方式上都提出了新问题：他用"有"这个抽象本质来研究和规定世界，标志着哲学中"本体"论的开始；而他的这一哲学观点是全凭逻辑的概念加以规定，凭逻辑的推理加以论证的，从此哲学对于世界及其本原是什么的探究就再也不能停留在感性具体思维的水平上了，概念的确定和逻辑的证明成为对哲学生命攸关的事情。巴门尼德和芝诺等人的哲学犹如一道关口，在它面前，那最素朴原始的哲学遭到了决定性的失败，逐渐走向衰亡，只有持着逻辑思维合格证的哲学才能继续前进，才有希望在哲学的宫殿里升堂入室。从此古希腊哲学就告别了它的原始素朴阶段，步入了新的发展时期。

巴门尼德如此重要，他和他的学派就值得我们特别注意和研讨。

一、巴门尼德的生平年代和思想来源

巴门尼德(Parmenides)是爱利亚学派公认的主要代表,他的门徒芝诺(Zenon)和麦里梭也有很大的重要性。在巴门尼德之前还有一位塞诺芬尼(Xenophanes),他虽也有些值得注意的思想,但一来他算不上是真正的哲学家,再者第欧根尼·拉尔修说过他虽当过巴门尼德的老师,但巴门尼德并没有追随他,所以我觉得不好说他是爱利亚派的真正创始人。在这一章里,我想主要讨论巴门尼德哲学的意义,同时也谈些芝诺和麦里梭。塞诺芬尼对巴门尼德是有影响的,可以当做后者的一个思想来源简略涉及。

确定巴门尼德哲学出现的年代对我们的研究是有重要关系的。不过关于他的生活年代,史料报道上有些混乱。第欧根尼·拉尔修根据阿波罗多洛的报道说,巴门尼德的鼎盛年在第69届奥林匹亚赛会时,即公元前504—前501年[1]。但这个记述大概是不对的,因为如果是这样,巴门尼德就同赫拉克利特同龄了。可是,巴门尼德显然是以赫拉克利特为主要攻击目标的,而赫拉克利特只攻击过塞诺芬尼,不知道巴门尼德。这个事实显然表明巴门尼德比赫拉克利特晚。

柏拉图提供了另一个说法。他在《巴门尼德篇》中描述了巴门尼德与芝诺去雅典同苏格拉底相会讨论哲学问题的情景,说当时苏格拉底还很年轻,巴门尼德约六十五岁,芝诺约四十岁[2]。虽说柏拉图的对话是为了表达自己的思想编出来的,巴门尼德是否真的

---

[1] Diogenes Laertius, IX, 23, 见 Hicks 英译本第 2 卷,第 433 页。

[2] Plato, Parmenides 127^{a-d}, Jowett, The *Dialogues of Plato*, Oxford University Press, 1953.

去过雅典并无证据,但他对有关人物的年龄讲得如此具体,人们认为不会是无根据的,因而公认这是一条关于这几个人物年龄问题上的可信材料。根据苏格拉底的可靠年代来推算,这次描写中的会见当在公元前450年前后,那么巴门尼德的鼎盛年(40岁)就该在公元前475年左右了。这就比第欧根尼·拉尔修所记述的推后了近30年。伯奈特认为第欧根尼·拉尔修及其所据的阿波罗多洛的记述可能是张冠李戴,把塞诺芬尼的鼎盛年安在巴门尼德头上了[①]。他还认为巴门尼德的哲学诗当写于马拉松之役和萨拉米之役的期间[②],即公元前490年至前480年间,因为巴门尼德在诗中说自己是年轻人。当然要想把年代说得那么确切和确定是不容易的,但我以为伯奈特这个说法大体上说来可能是对的。巴门尼德生活和著述处在希腊向古典时代转变的转折时刻和开始的年代,是没有问题的。这一点对我们了解他的哲学的背景和精神相当重要。巴门尼德生活在希腊世界西边的南意大利爱利亚城邦,这是一个由小亚伊奥尼亚的福开亚人为了避难在公元前6世纪后期才建立起来的新的城邦。第欧根尼·拉尔修说,巴门尼德虽受教于塞诺芬尼却并不是他的门人,而是更倾向于追随一个名叫阿迈尼亚斯的贫穷高贵的毕达哥拉斯派人物。在阿迈尼亚斯死后,出身名门又很富有的巴门尼德为他建了一座祠堂。引导巴门尼德去过一种安详哲学生活的人不是塞诺芬尼,而是阿迈尼亚斯。人们还说巴门尼德是他的城邦的立法者。[③] 照这个记述看,巴门尼德出身是上层富有阶级,并对爱利亚这个新城邦的政治生活有过重要影响。他的学生芝诺既是哲学家也是政治活动家,在一次密谋推翻僭主

---

① 见 EGP,pp.192-193。

② J.Burnet,*Greek Philosophy*,p.64,London,MacMillan,1914.

③ Diogenes Laertius,IX, 23,见 Hicks 英译本第2卷,pp.429-431、433。

的事件中被捕遭到杀害。芝诺生活在希腊古典时代民主制正在取代贵族制和僭主政治的时期。我们虽然难于了解巴门尼德和芝诺的政治活动的确切背景和意义，但至少找不到能指证他们代表贵族反动的事实。斯特拉波说巴门尼德和芝诺是毕达哥拉斯派，可能指的不仅是在哲学思想上受过他们的影响，而且还指政治倾向的一致。这同第欧根尼·拉尔修报道的有类似之处。这些都似乎有利于表明他们有进步的倾向。

从第欧根尼·拉尔修的报道看，巴门尼德思想的主要来源是毕达哥拉斯派，次之是塞诺芬尼。

塞诺芬尼的特点是对传统的宗教神话进行批判，提出了自己的关于什么是神的新看法。他认为荷马以来流行的神话和宗教把神说成像人一样有身体、情欲和各种丑行，是很错误的。这是人们按自己的形象来幻想和塑造神，因而不真实，只是些"意见"。只有他自己的关于神的看法才是真理，可是却不能为一般凡人所理解。这就是：神是唯一的，无论在形体上和思想上都不像凡人，它完全不动，全视、全听、全知，凭它心中的思想就能左右一切。[①]

米利都派否认了神话中把自然拟人化，塞诺芬尼则进一步想否认神的观念本身的拟人化，这是很可注意的。他看出神的观念来自人对自己的想象，用近代的话来说，似乎他已揭示了神不过是人把自身加以对象化和外化的结果。不过，实际上他所发现和加以攻击的，只是人们把自己的感性形象和感性思维加以对象化所产生的崇拜；而他自己所主张的唯一的神，仍然是这种对象化的幻想产物，差别只在于他用比较抽象的思想（这些思想当然还是人

---

① Diogenes Laertius，IX，23，见 Hicks 英译本第 2 卷，pp. 168-169，第 169—174 各条。参见《古希腊罗马哲学》，商务印书馆 1961 年版，第 46—47 页各条。

的思想,不过他以为这不是凡人的思想,似乎就是另一种东西了)代替了感性形象和感性思维,作为这种对象化幻想的基础。塞诺芬尼的这种观点,预示了抽象思维的出现,预示着以后更高级的宗教形态的发生。

这种重视抽象的思想,以及以此批评一般人的"意见",并用它来确立一个唯一的、不动的神的观点,显然对巴门尼德的哲学有相当直接的影响和启发。不过巴门尼德的兴趣不在研究什么是神,而在哲学。

毕达哥拉斯派对巴门尼德有重大影响,这是很可理解的。因为早期各派哲学里毕达哥拉斯派是最重视抽象普遍因素的,数学研究同逻辑思维关系密切,而毕达哥拉斯派是最早从事几何证明之类的研究的人。巴门尼德强调"有"最根本的性质是"一"也明显地表明了这种影响。

一般认为巴门尼德的思想来源就是上述这两个来源,这诚然是不错的;但若辩证地来看,赫拉克利特同巴门尼德的思想联系则更为重要,至少也得说是同样重要,虽说这里主要地是一种否定性的关系。

现代学者们对这一点有些争论。有些人认为不能肯定巴门尼德攻击的对象就是赫拉克利特,因为既没有点他的名字,又没有证据说巴门尼德一定读过他的著作。另一些人则认为巴门尼德批评的唯一对象就是赫拉克利特(如伯尔内)。克朗茨明确地认为,理解前苏格拉底哲学史的基点,是要看到赫拉克利特同毕达哥拉斯、塞诺芬尼等人的斗争,巴门尼德同赫拉克利特的斗争。[①]格思里认为这一点虽无法绝对判定,但从整个思想、所论问题以及若干重要

_____

① HGP. 第 2 卷,第 23 页及脚注 2。

用语上明显相关的对立来看,巴门尼德强烈暗示出他的主要论敌是赫拉克利特,这是无可怀疑的。[①] 大多数研究者赞同这种看法,我也赞同克朗茨和格思里的上述意见。

巴门尼德对赫拉克利特的关系,也是一种批判的继承关系,集中表现在对"逻各斯"的看法上。赫拉克利特已经指出要把握真理或逻各斯主要靠思想,他特别强调了思想的作用而着重批评了只注重感性经验的人;不过他并不否认经验的意义,并且实际上自己仍处于感性思维的总范围内,而正因为如此他能揭示感性现象世界中的辩证法。巴门尼德则认为要把握真理和逻各斯只能凭思想,为此必须完全排斥经验和感性的东西。显然这是接着赫拉克利特的看法来的又是同他根本对立的。强调思维对认识"逻各斯"(世界的规律或本质)的决定作用,这是一致的,巴门尼德继承了这一点。但前一位讲的思想是不同感性经验分离的,后一位讲的则是完全与之分离的;一个仍是感性思维,一个则已属抽象的逻辑思维,有本质的差别。因而他们所确认的真理或逻各斯也就彼此根本对立了:在巴门尼德看来,赫拉克利特所说的辩证法规律如"一切皆流变"只是感性现象的东西,思想对它是讲不清道理的,因而只是些假相,并非真实的存在;所以赫拉克利特所讲的"思想"还算不上是真正的思想,只是些似是而非的"意见"。

巴门尼德反对赫拉克利持,全面来看并非只是反对了他一个人,而是反对了所有的原始素朴哲学。例如他和爱利亚派也批评了毕达哥拉斯派。他们只吸取了毕达哥拉斯派的"一"、"有规定者"的观念和抽象的方面,但对于"多"、"无规定者",以及关于本原同感性事物、同对立面相联系等等观点是反对的,更不必说对米

---

① HGP. 第 2 卷,第 23—25 页。

利都派了。我们不应只片面地看到他们与毕达哥拉斯派的一致之处,而看不到彼此对立的方面。只是因为赫拉克利特的"思想"和"逻各斯"集中表现了早期哲学的原始素朴观点,所以巴门尼德主要以他为攻击的目标。

因此,在研究巴门尼德的思想来源和他同这些来源的关系上,我认为实质所在是他同整个原始素朴哲学的批判继承关系,这种批判,使一种与原始素朴阶段有本质区别的哲学新形态诞生出来。

二、巴门尼德论"研究真理的途径":哲学中最初逻辑思维的出现,以及思维逻辑和客观逻辑不分的朴素观点

第欧根尼·拉尔修说巴门尼德"把哲学分为两个部分,其一是关于真理的,另一部分是关于意见的。""他以理性(λόγοι 即逻各斯这个词。——引译者注)为准绳,宣称感觉是不可靠的。"① 巴门尼德的哲学思考,本质就在于划分"真理"和"意见",把二者对立起来。

巴门尼德在其哲学诗的引导性前言中借正义女神之口,一上来就提出了这个对立:

> 你应当学习各种事情,从圆满真理的牢固核心,直到毫不包含真情的凡夫俗子的意见。意见尽管不真,你还是要加以研究——那些看来如此的事物,在它们经历各种变动时,怎样取得了存在的

---

① Diogenes Laertius, IX, 22。Hicks 英译本第 2 卷,第 431 页。

假相。①

这种对立贯穿于巴门尼德诗篇的全部内容和一切关键之处，成为他立论的基础和命脉。为什么它的意义如此重大？巴门尼德自己是这样论述的：

来吧，我告诉你，只有哪些研究途径是可以设想的。第一条是：存在者存在，它不可能不存在。这是确信的途径，因为它遵循真理。另一条是：存在者不存在，并且必定不存在。走这条路，我告诉你，是什么都学不到的；因为你不可能知道什么是不存在，你也无法说出什么是不存在；因为能被思维的和能存在的是同一个东西。②

那能被言说和思维的必定存在，因为它的存在是可能的，而不存在是不可能存在的。这就是我嘱咐你仔细考虑的，这条途径就是我让你遵循的第一条研究途径。然后你还要注意另一条途径，在那条途径上，那些什么都不明白的人们两头徬徨；因为他们被错误的心灵所指导而无所依凭。他们又聋又瞎，迷迷糊糊。这些没有判断力的群氓，居然相信存在和不存在是同一的又不同一，一切事物的道路都是向反面转化。③

说存在的东西不存在，这是决不能证明的，你要使你的思想避开这条研究途径，别让许多经验所形成的习惯迫使你走上这条路，只用茫然的眼睛、轰鸣的耳朵和那条舌头；而应当凭着理性（λόγος，英译作 reason，或可中译为"理由"。—— 引译者注）来做判断，这就是我所说的论辩的证明。④

① 《西方哲学原著选读》(上)，商务印书馆1981年版，第31页。有的地方据 Burnet, EGP 中英译文略作了改动。
② P.P. 第269页，第344条及 HGP 第2卷，第13—14页。
③ P.P. 第270—271页，第345条。
④ P.P. 第271页，第346条。

这些话表明,巴门尼德认为"真理"只有一个,就是关于"存在者存在"的可以思维、言说和论证的知识。与此相反的是认为"存在者不存在、不存在者存在"的看法,或"存在和不存在又同一又不同一,一切事物都向反面转化"的看法;很明白这指的正是赫拉克利特(因为没有别的哲学家如此明白表述过这一点),以及大体与之相似的朴素意识。巴门尼德说这不是"真理",只是"意见"。他看到赫拉克利特的观点是以对感性事物的经验为依据的,但认为自己已经有能力来否定这种看法,因为他掌握了另一个更有力量的新武器可以否定一切经验,这个新武器就是明确的思想观念和理性的逻辑证明。

巴门尼德在讨论这个哲学主题时,紧紧抓住了"存在"这个概念。他认为"存在"和"不存在"这两个概念是决不可混在一起和加以等同的,只有把这二者断然对立起来,我们才能在思想上确立"存在"这个概念,才能抓住它。

我们看到,他一上来就摆出研究的途径只有两条:一条是存在者存在,不能不存在,另一条是存在者不存在,不存在者存在。这两条途径既是两种世界观,同时也是两种思维方式,这两方面完全结合在一起了。通过这一简明的概括表述,巴门尼德认为就能证明自己观点的正确,而相反观点是错误的,因为一种符合逻辑思维的规律,另一种完全违背了逻辑。他反复说存在者只能是存在的东西,不能是别的,这里实际上已运用了逻辑的同一律 A=A。他说另一种观点主张存在者不存在,不存在者存在,这是绝不可能的,不可想也不可说,所以必定是错误的,这里显然是用了逻辑的〔不〕矛盾律:A 不能是非 A。因为"存在"和"不存在"这两个概念是矛盾的,如果存在者是不存在的,那还有什么存在者可言呢? 所以"存在者不存在"乃是一个自相矛盾的荒谬命题,怎么可以思维和言说呢?

显然,巴门尼德是把逻辑的思维形式和规律作为衡量思想本身以及思想是否具有真理性的唯一准绳。所以在他看来,赫拉克利特的观点和"思想",真正说来是不可思想不可言说的,换言之,它根本算不上是真正的"思想";既然如此,那些借此表述出来的"逻各斯"即关于现实世界的辩证法规律,也算不上是真正的"逻各斯",只是一些自相矛盾的"意见"。

可见,巴门尼德的思维方式同赫拉克利特的根本不同,彼此根本对立。弄清这种对立和转变,是理解巴门尼德及其以后发展的一个关键。

这是最初的哲学中的逻辑思维同感性思维之间的对立。

赫拉克利特用以把握真理的思想还没有同感性经验分离。正因为如此它有一个很大的优点,就是不脱离实际的感性世界;也正因为如此它又有一个根本的弱点或缺陷,就是它还没有把现象与本质真正区别开来。在当时人们的思维发展水平上要做到把现象和本质区别开来是很不容易的,巴门尼德靠什么办法来做到这一点,来抓住世界万物中一个最简单的本质"存在"呢? 他用的是一种相当粗暴的方法,干脆宣称感觉所见的一切现象和事物是"假相",人们的一切感性经验知识和与此不分的思想只是些错误的"意见"。世界真正说来只是本质:"有"或"存在"。与之相关的思想即抽象形式的逻辑思维,才是真正可以明确地说、明确地想、明确地加以论证的关于真理的思想。在这里,感性的东西不仅不需要,而且只会干扰和妨碍人们寻求真理,因此应该完全加以排斥。这当然是粗暴的,甚至可说是相当野蛮的,但是正是通过这种幼稚粗暴的否定,人们才摆脱了几十万年以来的幼稚状态,本质和现象浑然不分的感性具体思维的状态,使最初的抽象逻辑思维得以产生和确立其自身,这却是思维史上的一次巨大的前进飞跃。

所以我们看到,尽管赫拉克利特的世界观在实质上比巴门尼德要正确深刻得多,却不得不因其原始素朴性而遭到否定。尽管巴门尼德的世界观和逻辑思维还极其幼稚粗糙,谬误严重,但他实际上提出了和运用了西方最早的逻辑思维,通过对原始素朴哲学的致命一击,开辟出一条哲学前进的新路。

在这里我们还应特别注意一下巴门尼德的"存在者"或"存在"概念的含义。这不仅对于了解他,而且对了解往后希腊与西方的整个哲学发展都是重要的,因为西方哲学中一直延续下来的"存在"范畴,最早就是由巴门尼德提出、表述和规定的。

在希腊语文里"存在"与"是"原是一个词,因此巴门尼德的 εἶναι 既指"是"又指"有"。这个动词在英文是 to be(单数 is),在德文是 sein(单数 ist)。关于巴门尼德所用的"存在者"一词,原用的 ἔστι 是很难译的,因为它无人称,英文勉译作"it is"(或"that which is"),意指"那'是'('有')的"东西;后来希腊哲学中用 ὄν 来表示它;相当于英文中的 being 或德文中的 Sein,都是由动词直接变来的抽象名词。

这个词有两层含义必须注意。其一是它在表示"有"("存在")时,只有抽象的意义,同 existence 或 Dasein 不同,后者指比较具体的存在。例如黑格尔在其《逻辑学》中就严格区别了 Sein 和 Dasein,其中 Sein 就是巴门尼德所用的"存在"(或"存在者")这个概念,所以中文译作"纯有"或"纯存在",而 Dasein 则指有某些具体的规定、限定的存在,因而译作"限有"或"定在"。这是我们需加留意的一点。

另一层是我们中国人更宜留意的。这就是,西方语言中的这个词既是"有"又是"是",变为名词时就既指"存在者"也指"是其所是者"。他们的思维习惯是在说"是"即肯定某东西时,同时也就肯定了某个对象"有"(存在)了。因此,这同一个词具有了两个相关的含义、用法并彼此相通。这是我们中国人特别不习惯的,也难于译出,因为汉语中"有"和"是"是不同的两个词。"is"作为"是",这个词在一切命题和逻辑判断里原是最基本最单纯的成分,用以表示肯定,它的反面 is not 就指否定。这样,存在与否的问题就同逻辑的是非问题挂在一起了。西语中的这种习惯,是中文中没有的,所以常常使中国人发生理解上的困难。人们若只以汉语的习惯来读西方哲学著作,就会发生读不通或误解的情形。所以,陈康先生在译注柏拉图的《巴门尼德篇》时,宁可把这个词(ὄv)统统译作"是"。他认为这样做会使读者极不习惯,但反而可以迫使人们去注意它的原义。(陈先生认为这里有翻译中的"信"与"达"的矛盾,他主张"信"最要紧,为了求"信"宁可不"达",这一点自然可以讨论。不过由于人们容易望文生义而忽视原义,所以在关键之点上特别强调"信",仍是有道理的。)从这种苦心,我们当可理解这一层含义是何等值得注意了。

　　注意到这些,我们便可想到,巴门尼德用这个词来讲他的哲学观念很可能是大有用心的。因为它作为"有"的含义是最抽象的,就可用来表示整个世界和万物万事里的最普遍的本质:它们都是存在者,都存在着而不是虚无;又因为它指"是",有表示肯定(其反面是否定)的含义,便兼有了逻辑思维中最基本的判断是非的功能。我们看到,他所说的"存在者存在,不可能不存在"这个命题,如用英语表述便是 it is and it is impossible for it not to be,如果我们换一种读法或译法,它就成为"'是(者)'即是'是(者)',它不可能是'否(者)'"。这里我们可以对照一下亚里士多德表述的逻辑思维的公理:"对于任何事物必须有所肯定或否定,一个事物不能在同时既是又不是(a thing cannot at the same time be and not be)。"① 这就是形式逻辑的矛盾律。可见,巴门尼德在使用"存在"这个词来讨论哲学时,同时也已表述出了逻辑思维的基本规律。他把这两者统一起来,加强了自己论证的力量。

但是把哲学上对世界本质或本体的研究和规定,同形式思维的逻辑规律完全等同起来,其实质并不是一个单纯用词的问题。从根本上说,这还是巴门尼德和那个时代的希腊人的思想素朴性所决定的。赫拉克利特的"逻各斯",如我们前面已讨论过的那样,就是多义双关的,它既是言辞、思想这些主观的东西,又指客观世界的规律性。巴门尼德说:"可以被思想的东西和思想的目标是同一的,因为你找不到一个思想没有它所表达的存在物的。"② 他把可以思维的、可以论证的概念和命题,直接当作了客观世界的真实存,原因就在古人的朴素观念中思想和存在还没有对立起来,而是浑然不分的。这种情况几乎一直延续在整个希腊哲学史中,甚至亚里士多德这样伟大的哲学家也没有分清思维和存在,正如列宁所指出的那样:"亚里士多德处处都把客观逻辑和主观逻辑混合起来。"③

不错,人们由对象产生感觉和思想,因而感觉和思想总有它所反映的东西。但是说任何感觉和思想必有与之完全相符的对象,那就只能是唯心的幻想。原始素朴哲学是感性经验、感性思维同外部感性世界浑然不分的意识;这种浑然不分因为是感性的,所以最初弊病不明显,因为感性的经验思想总比较接近现实,例如赫拉克利特甚至正是由这种浑然不分表达了客观世界的辩证规律。

---

① Aristotle, Met. 996ᵃ27-30.

② 《西方哲学原著选读》(上),商务印书馆1981年版,第33页。

③ 列宁:《哲学笔记》,《列宁全集》第38卷,人民出版社1959年版,第416页。

巴门尼德仍然保持着把人的思想认识同外部世界浑然不分的素朴意识,可是他的思想已经是逻辑抽象的思想了,这种浑然不分就暴露出尖锐的矛盾和问题来。他看到感觉和现象是不稳定、不确定的,而真实的世界和真理是不应如此的,因为那"存在"的本质总应是可靠的不变的。为了抓住它,他撇开了感觉经验而唯一诉诸逻辑的抽象。但是他把这种思维从逻辑上把握对象的方式和概念看作了世界本身,于是关于"存在"的思想就被直接认为是指出了一个真实的存在即真实的世界。这里,"思"、"有"浑然不分的同一性的素朴意识,使他把世界看成一个只是抽象本质的"存在者",产生了最早的典型的客观唯心主义。

诚然,一般本质也是客观的,但是它只存在于感性的个别事物之中,存在于现象之中,人们只能在思想里把它从个别和现象里抽取出来,在思想里使之分离,以便专门考察它。不过它们在现实中并没有分离和独立的存在。但是巴门尼德的素朴的思想有同一观,却使他幻想那抽象的"有"独立自存,并且是比感性世界更真实的实在,而感性世界反倒是假相。可以认为,古希腊的客观唯心主义(其特征是把一般、共相当做最真实的独立本体)就是从巴门尼德开始的(在他之前毕达哥拉斯派已有了这种因素和雏形,不过他们的数还未达到本质,还纠缠在感性的质里,他们的思想还未达到真正超出感性经验的抽象水准)。这种唯心主义是以混同思维和对象的想法、信念作前提的。在这里古代和近代的区别在于:近代哲学的唯心主义是自觉地把思维的东西当做真正的实在,而古代的却是素朴的,因为古人还没有看到思维同存在有根本的区别和对立,只是天真地认定思想中能真正确立的必是客观中真正存在的。

概括起来说,巴门尼德的"研究真理的途径"是严格区分"真理"和"意见",即严格区分了逻辑思维和感性思维。这就开辟了一条通过逻辑的思维(即明确的概念、按逻辑思维的规律进行论证的方法)来理解和把握世界的一般本质的哲学研究新方向新道路。哲学超出了感性思维的阶段、原始素朴的阶段,这是一个大进步。但是,这种逻辑思维还是最初步的;特别是这种逻辑思维还根本谈不上理解自己的本性:它同客观世界到底是什么关系? 它自己又是从何而来的? 它的正确性的根源与保证何在,有没有适用的范围限制? 对于这些根本性问题,巴门尼德和他的弟子们还没有认识,或者更明确地说,还没有想到要去研究。"行动在先",逻辑思维最初只是借全盘否定感性的经验、思想乃至感性世界的粗野幼稚的方式,先使自己诞生出来,并且以自己的幼稚的青春活力来运用于世界;然后它才逐渐发现自己造成了无数的困难和谬误,从而逐渐进入到反省自己认识自己的过程。这种对逻辑思维本质的研究,是从巴门尼德以后的一些大哲学家如德谟克里特、柏拉图、亚里士多德开始的,近代哲学继续和大大深化了这种研究,现代哲学仍然在继续研究着这个重大问题,至今没有完结。——从这个意义上说,巴门尼德的功绩是很大的,他的谬误必然很多很严重也是不足为奇的。不了解这一点,我们就不能理解巴门尼德哲学的实质和意义。

三、巴门尼德的"存在"论:西方哲学史上 第一个用纯概念表示的本体论体系

巴门尼德心目中的真实世界,只用一个基本概念来表达,这就是"存在"(即"有"或"是")。他对这个"存在"进行了逻辑的推论

和进一步规定,从而以一种虽然简单粗糙却也是体系的形式,建立起了他认为是真理的世界观。

"存在"有以下几个相互联系的规定:

第一,"存在者不是产生出来的,也不能消灭"。

论证如下:

> 因为你愿意给它找出哪种来源来呢?它能以什么方式、从什么东西里长出来呢?它既不能从存在者里生出,这样就会有另一个存在者预先存在了。我也不能让你这样说或想:它从不存在里产生。因为存在者不存在是不可言说、不可思议的。……所以它必定要么永远存在,要么根本不存在。
>
> 真理的力量也决不容许从不存在者中产生出任何异于不存在者的东西来。因此正义决不松开它的锁链,听任存在者产生和消灭,而是牢牢抓住存在者不放。……因为如果它在过去或将来产生,现在它就不存在了。所以产生是没有的,消灭也是没有的。①

这个论证从形式上看是相当严整的。如果认为存在者有生灭,其来源只能有两个:或者来自"不存在者(无)",或者来自另一个"存在者",但这都不可能。因为它如果来自另一个存在者,就会有两个以上的存在者了,但是"有"和"有"是没有区别的,所以不可能有两个不同的"有"。而如果它由不存在者产生,那更是不可思议的事,"无"中怎么能生"有"呢?

所以"有"就是"有",存在者只是它自身,没有任何产生与消灭,它永远自身同一地坚持在那里,或永远存在着。

第二,存在者是连续不可分的"一"。

理由是:"存在者也是不可分的,因为它全部都是一样的",没

---

① 《西方哲学原著选读》(上),商务印书馆1981年版,第32—33页。

有任何差别，"它是整个连续的"，"它是同一的，永远在同一个地方，居留在自身之内"。①

第三，"存在者是不动的"。②

这是前两条规定的必然结论。因为一种内部不能分割，毫无差别，绝对同一和连续的东西，其内部就不能有任何运动，是铁板一块；同时由于在它外面没有任何别的东西和虚空（这是"不存在"），它也就不可能向外运动，也不能有来自外部的运动。此外产生和消灭已早被排除了。这样，它怎么可能还有任何意义上的运动呢？

真实的世界是"存在者"：它是唯一的、不可分的，没有任何运动和生灭的。——这就是巴门尼德的世界观。

我们不难看出，这个"存在者"只是靠抽象的"存在"概念建立起来的。为了抓住和确立"存在"的概念，巴门尼德认为最根本的是必须把它同"不存在"的概念对立起来，并处处使二者绝对对立起来；这样肯定下来的"存在"概念就必定是抽象的、绝对自身同一的，可是他又素朴地认定这必是客观世界的真实样子，因此真实的存在也必定是绝对的"一"，不能运动、生灭，不能有任何区别和多样性。他说：

> 可以被思想的东西和思想的目标是同一的；因为你找不到一个思想是没有它所表达的存在物的。存在者之外，决没有、也决不会有任何别的东西，因为命运已经用锁链把它捆在那不可分割的、不动的整体上。因此凡人们在语言中加以固定的东西，如产生和消灭，存在和不存在，位置变化和色彩变化，只不过是空洞的

---

① 《西方哲学原著选读》(上)，商务印书馆1981年版，第33页。
② 《西方哲学原著选读》(上)，商务印书馆1981年版，第33页。

名词。[1]

这里第一句话是素朴的思维与存在的同一观。而后两句则表明,他所要肯定的与对象同一的思想和语言,决不是普通人的关于实际感性事物的思想和语言,只是逻辑的抽象思想和词语概念。他用"命运"、"锁链"形容这类思想和语言里的逻辑必然性,日常的感性经验的思想语言反而被他认作是空洞的,因为它们没有逻辑上的明确性、论证的可靠性。

同"存在"论相对立的,是关于现象或假相的世界观。巴门尼德在他的诗篇的第二部分中对后者也给予了讨论说明。他认为对此也应该研究,但目的却只在于揭露它是错误的意见。从这里我们可以更清楚地了解他的思想。让我们看看他的第二部分开头的一段话:

> 现在我结束关于真理的确切言辞和思想。从这儿起来研究一下那些凡人们的意见,且听我的欺人之谈吧。人们在自己心中形成了关于两种形式的说法,认为必不可只说其中之一(在这一点上他们走入了迷途);他们把这两种形式作为现象上的对立的东西加以区分,并给这种区别以标志:一种是清气的火焰,美好而明亮,一切方面与自身同一而与别的东西不同;另一种则正好相反,是漆黑的夜,看上去又浓又重。这种对整个世界秩序的看法是表面的,我把它告诉你,这样凡人的任何看法就不能胜过你了。[2]

巴门尼德说他对感性世界也可作出一番说明,甚至能说得比别人高明,但是他认为即便如此也仍是欺人之谈。为什么呢? 因

---

① 《西方哲学原著选读》(上),商务印书馆 1981 年版,第 33 页。
② P.P. 第 278—279 页,第 353 条。

为他发现只要去解释感性现象,如事物多样性如何统一、生灭运动是怎么一回事,就离不开"多",至少也必得承认有对立的两个东西、两种形式(因为赫拉克利特等已把感性世界和万物概括为对立统一,"一"中有"二",达到了最简约的概括)。然而这在巴门尼德看来是根本不对的,因为只要承认了整个世界有两个对立的东西,存在者自身里就有矛盾了,就无法确定自身的存在了,它作为唯一肯定的东西就不再是"一"和肯定的东西而瓦解了。像赫拉克利特主张的"存在者和不存在者同一又不同一,一切事物都向反面转化",那还有什么确定的存在可言,岂不是一团混乱吗? 所以巴门尼德说,人们在这一点上走入了迷途。因此,即使对感性现象说得再好,也仍然是表面的,是"意见",是欺人之谈。

这样我们就看到,他的世界观被自己的逻辑逼到这种地步,以致不得不完全否认一切感性现实和感性经验。因而他大胆地设想:我们经验所见的感性世界本身就不真,只是假相,与之对立必有另一个真实的世界,这就是纯粹的"存在者",它不能靠感官和感性的思维,而只能靠逻辑的思维来发现和确立。

巴门尼德的存在论,是西方哲学史上第一个从最普遍的本质规定出发,全凭逻辑思维的概念和推理提出来的本体论体系。它立即带来了世界观上的惊人变故:全不顾感性事实和人们的经验知识,宣称这些全是假相与意见,而那唯一真实的世界却是个全无运动生灭和多样性的"存在者"!并且这一切说法,又全是凭着看来是无可否认的世界的"存在"本性以及逻辑上的所谓必然性来证明的!巴门尼德的这种哲学当然是唯心主义的、形而上学的,必然要引起一切素朴意识的抗议。但是,问题究竟出在哪里呢? 人们尽管可以不赞成他的种种结论,但是要反对它,就必须对付这些结论的前提,对付他那种用逻辑武装起来的论证,否则这种反对是无效的。只有比他更强有力的对手才能制服他,这就迫使后来的哲学必须上升到新的高度。

四、巴门尼德的存在范畴是哲学走向科学的起点

如上所述,巴门尼德哲学可以说是西方哲学史上最早的客观唯心主义和形而上学的典型,错误是十分明显突出的。但是,我们却不可以为其中没有真理的成分。如果从量上来看,这点真理的成分真是微乎其微,几乎全被谬误包围着;然而这一点点成分却有着很大的意义,需要我们特别注意。

这一点点真理的成分是什么呢?

由于巴门尼德紧紧抓住了"有"作为对世界的本质的规定,严格区别了"存在"(有)和"不存在"(无),他第一次说出了这个真理:"无中不能生有,有也不能成为虚无。"这虽然是个最简单的真理,但只是到了巴门尼德才给予了逻辑的哲学论证,得到了理论上的确立。世界并不因为现象的变灭无常而成为虚幻,它的本性是自己永远存在。

后人对巴门尼德哲学的许多结论不同意,但上述这一点仍是公认的。这一条站住了就是一大功绩,而这是意义重大深远的。

把世界和万物规定为存在者,这个简要的本质规定,为科学和科学性的世界观奠定了第一块基石,提供了一切进一步研究的理论出发点。—— 这就是这条简单真理的重大意义所在。当然,"存在"范畴在巴门尼德这里还是最初步的,没有进一步加工的,并且是错误严重的。要使之真正成为科学的基石,就必须批判加工。但是巴门尼德毕竟在思想史上第一次提出了这个明确的概念,因

而有一种划时代的意义。

为什么说"存在"范畴的确立是科学和科学性的哲学的起点呢？应该了解：人们认识各种对象必须从感性认识开始，但这还远非科学认识的开始。一般认识的起点和科学知识的起点并不是一回事，我们须将这二者分别清楚。

马克思在讨论政治经济学科学的认识方法时，曾深入分析了人类认识过程的一般规律性。他指出："从实在和具体开始，从现实的前提开始……似乎是正确的。但是，更仔细地考察起来，这是错误的。"这是为什么呢？因为：

> 如果我从人口着手，那么这就是一个**混沌的关于整体的表象**，经过更切近的规定之后，我就会在分析中达到越来越简单的概念；**从表象的具体达到越来越稀薄的抽象**，直到我达到一些**最简单的规定**。[①]（着重号是引者加的）

这里说的是认识对象的第一个行程或阶段。认识最初自然是从客观对象出发的，但这对象当时对认识者来说，只能呈现为一个混沌的总体表象。这时认识的进展就在于，通过分析使对象中的各种成分与环节从混沌的表象中逐渐分离开来，区别出来，并分别地得到考察和规定，从而使认识者抓住关于对象的一些最简单的规定。这些规定是一些"越来越稀薄的抽象"观念或概念，即关于一般本质的规定。于是认识就从现象的表象向本质前进了。这个阶段，认识还没有达到对于对象的科学理解，但为它作了准备，因为它准备了不同程度的带抽象性的规定因素。而一旦达到了"最

---

① 马克思：《政治经济学批判导言》，《马克思恩格斯选集》第2卷，人民出版社1972年版，第103页。

简单的规定"即真正本质的抽象把握时,认识就开始了它的第二个
行程:

> 于是行程又得从那里回过头来,直到我最后又回到入口,但是
> 这回入口已不是一个混沌的关于整体的表象,而是一个**具有许多
> 规定和关系的丰富的总体了**。[①]（着重号是引者加的）

这第二个行程才是科学知识的行程。因为科学的任务不是感
性地描绘对象的感性表象,而是用明确的概念形式和有逻辑必然
联系的概念体系来阐明对象,使之成为"一个具有许多规定和关系
的丰富的总体"呈现于认识者之前。所以这个阶段的特点是"抽
象的规定在思维行程中导致具体的再现"。由此可见,那最单纯的
本质规定的获得,既是第一个行程的最终结果,又是第二个行程的
出发点。它连接着两个行程,又是认识全程中两个阶段的转折点。
没有它,科学就无从开始。

> 第一条道路是经济学在它的产生时期在历史上走过的道路。
> 例如,17世纪的经济学家总是从生动的整体,从人口、民族、国家、
> 若干国家等等开始;但是他们最后总是从分析中找出一些**有决定
> 意义的抽象的一般的关系**,如分工、货币、价值等等。这些个别的
> 要素**一旦多少确定下来和抽象出来**,从劳动、分工、需要、交换价值
> 等等这些简单的东西上升到国家、国际交换和世界市场的各种经
> 济学体系就开始出现了。**后一种显然是科学上正确的方法**。[②]（着
> 重号是引者加的）

---

① 马克思:《政治经济学批判导言》,《马克思恩格斯选集》第2卷,人民出版社1972
年版,第103页。
② 马克思:《政治经济学批判导言》,《马克思恩格斯选集》第2卷,人民出版社1972
年版,第102—103页。

马克思在这里所说的在经济学史上科学的产生过程,对于我们理解各种科学和科学性的哲学的产生,对研究哲学史在原则上都是适用的有效的。

科学史的事实告诉我们,人类在建立各门科学时都走着这样的路。以数学为例,古埃及和古巴比伦人早已从土地丈量、天文观测等活动中积累了丰富的有关事物数量和空间形状关系的知识。但是这些还只是经验的记录,不具普遍性必然性,所以还称不上是数学科学的知识。只是到希腊人那里获得了关于事物的数与形的抽象规定时,例如获得了抽象的单位“一”和数,抽象的几何图形及其抽象要素点、线、面、体等等,以及这些数与形的关系的抽象如等于、大于、小于、比例、平行之类的单纯规定之后,真正的数学才开始出现。并且,这些数学的抽象规定的获得,还要求人们有相当的分析抽象能力,要求一定的逻辑思维的形式和功能作为前提,后者本身乃是更基本的抽象,是科学的一般基础。欧几里得几何学之所以能够成为古代科学里的光辉典范,正是因为它相当完美地具备了这些抽象的简单要素和逻辑思维形式,用严整的逻辑形式论证了几何知识的普遍性和必然性。其他一切称得上是科学的知识,都在不同程度上如此,都经历过类似的发展和转折过程。

既然各门具体科学是这样的,那么以世界总体为认识对象的哲学的发展就更加是这样,当然还要复杂曲折得多。

原始素朴哲学虽然已经与原始思维和宗教神话区别开来,但还没有进入使哲学成为科学的行程,仍属于认识的第一个阶段。它从具体的感性世界开始,这世界对于最早的哲学家还是一个混沌的整体表象。他们力图抓住对这个整体表象的统一理解,提出了“本原”问题,便走上了逐步上升到抽象规定的道路。米利都派以自然界为对象,实际上已把自然界同人分开来加以考察了,但他们所能发现的"本原"还只是感性的事物和它的感性的质,而不是世界万物的真正本质所在,而且他们的数还纠缠在感性东西里,没有完成概念的抽象。赫拉克利特达到了对立统一规律的领悟,但仍然只是感性思维对表象世界的直观洞察,不是用逻辑思维的概念及其必然联结所表示的世界规律性。这些情况说明,他们的哲学还没有达到"最稀薄的抽象"或"最简单的规定",只是为它作了准备。巴门尼德的"纯有"才达到了这一点。

　　"有"("存在")是对于世界万物的普遍本质的真正最单纯的规定,它是通过最单纯的概念或范畴形式得到明确表现和固定下来的。这是人类认识史上第一个与感性表象完全区别开来的抽象规定形式。对立的统一,如事物"是"某种样子又"不是"这种样子的统一,"存在"和"不存在"的统一,等等,固然是对于现实世界生动的生灭、运动和转化的正确说明,但是如果缺乏规定,缺乏概念的明确性,缺乏确切规定之间的必然联结,那就只是感性思维的直观领悟而不是科学知识。这种正确的领悟也很容易变成思想上的模糊和混乱。所以,那代表着最初逻辑思维的要求的、对世界的本质最初作出最抽象的简单规定的巴门尼德,就自然要选中赫拉克利特作为攻击的主要目标。

　　所以,巴门尼德是哲学中的一个重大转折点。从他起,逻辑的思维方式作为哲学与科学中必须使用的方法,才开始出现。他开始了科学地研究世界本质的哲学史行程。世界不再只是一个混沌的感性表象,现在它被看作是一个具有普遍必然性的对象。当然,这种科学的事业在他那里才刚刚发端,距离用科学的概念逻辑体系来再现现实世界还有十万八千里。最初的逻辑思维同再现现实的距离如此遥远,以致巴门尼德不得不把他的所谓"真理"同感性世界绝对地对立起来。他的哲学充满着幼稚和错误,这是由认识的辩证本性和他那个时代的水平所决定的,毫不足怪。

巴门尼德实现了"有"这个抽象,但是他不能理解这个抽象。"有"本来不过是对感性的万事万物中的普遍本质所做的概括。人们接触到一切事物和性质时,第一个表述就是:这"是"什么,这里"有"什么。对于世界和一切东西,我们首先要肯定它"存在",它"是"什么,然后才谈得上对它作进一步的研究和规定。巴门尼德看到这个"有"或"是"是最基本的本质,要把它提升出来,就其纯粹的形态来把握和理解它,这就必须使之同现象分离开来,特别是要同"不存在"这个规定区别开来。最初的逻辑思维要做到这一点,只能靠区别的作用和力量;而这种区别只要强调过分就必定会绝对化。为了把握一般,我们在思想上可以使之与现象分离,但实际上在对象里二者仍是联结的,因此分析之后还要再把这些抽象的规定如实地综合起来;我们不仅应该把"有"、"无"区别开来,而且还应真正地理解"有"到底是什么,对它再作如实的具体分析,这时就会发现"存在"本身也是包含对立的,其中必有相对意义上的"不存在"即否定成分。但这些在巴门尼德那里还做不到。他由于发现自己关于"有"的一系列概念推论都同感性世界不能并容,便陷于幻觉,以为这个"有"必是另一个世界。对于巴门尼德和爱利亚派的这种状况,黑格尔有一段评论是说得很好的:

> 造成困难的永远是思维,因为思维把一个对象在实际里紧密联系着的诸环节彼此区分开来。思维引起了由于人吃了善恶知识之树的果子而来的堕落罪恶,但它又能医治这不幸。这是一种克服思维的困难;但造成这困难的,也只有思维。[①]

---

① 黑格尔:《哲学史讲演录》第1卷,二联书店1956年版,第290页。

事实上许多比巴门尼德晚得多的大哲学家们,也弄不清楚一般同个别的关系,概念的规定和现实事物的关系。他们认为那确定的概念所表现的本质规定既是客观的,就必定会有一种独立于个别事物的单独存在,并且比现实世界的事物更真实。这当然是幻想。但是用抽象的逻辑思维来再现对象时,常常会导致这类唯心主义的幻想,似乎确实是科学和哲学中经常地、一再发生的事实。比如数学中的唯心主义,把全无长宽高的点、全无宽度的线等等抽象规定看成了一切现实形体的真实基础,就是如此。逻辑上对于现实的科学再现,常常使人以为这就是现实本身的产生。哲学更是如此。所以马克思说:

> 在第二条道路上,抽象的规定在思维行程中导致具体的再现。因而黑格尔陷入幻觉,把实在理解为自我综合、自我深化和自我运动的思维的结果。其实,从抽象上升到具体的方法,只是思维用来掌握具体并把它当作一个精神上的具体再现出来的方式。但绝不是具体本身的产生过程。①

巴门尼德同黑格尔相比在水平上当然有天壤之别。黑格尔哲学是辩证法思维的逻辑体系,他把世界理解为运动发展的过程,有丰富的多样规定的有机体系,从而相当深刻地再现了世界和历史。而巴门尼德只知道最初的形式思维,只有一个最简单抽象的范畴,他用这个孤立的规定来推演世界是什么,只能是粗暴地形而上学地毁坏了世界的本来面目。—— 但是他们两人的哲学又是一脉相连的:都是从一般、共相、抽象的本质规定等等出发来逻辑地解释

---

① 马克思:《政治经济学批判导言》,《马克思恩格斯选集》第2卷,人民出版社1972年版,第103页。

世界,并幻想通过这些思想的规定建立起了真实的世界,而不能把自己的工作只看作用思想再现现实的一种方式。从一般本质的规定开始来再现具体,这是科学的世界观应作的事情,但若以为这就是现实本身的产生方式,以为在感性世界之外还有一个本质的世界,则是唯心主义的幻想。

我们应该学习和研究马克思对待黑格尔的分析态度和批判方法,用以对待像巴门尼德这类有重大错误的哲学家。一般说来,指出古人的错误是必要的,因为认识和哲学的发展就在于否定和批判。不过需要的是辩证的否定和批判。简单指责是比较容易的,因为后人懂的东西总要比前人多些,正确的东西也会多些。然而如果只限于此,那是轻薄的。因为后人的知识又正是从前人发展来的,如果前人有的只是一连串的错误,也就不会有你今天的知识本身,那吐向别人的唾沫就落到了自己的头上。

巴门尼德的哲学尽管是唯心主义、形而上学的,但是由于他毕竟为理解世界提出了第一个本质规定,他也就为科学性的哲学研究安置了第一块基石。当然对这块基石还需作加工改造。对巴门尼德的"存在"作批判的加工改造,是后来哲学家的事业,它甚至构成了从爱利亚派到亚里士多德哲学发展中的一条主线。

黑格尔为此特别重视巴门尼德,他认为巴门尼德是西方哲学史的开端,"有"这个范畴是科学的哲学体系的开端,他的《逻辑学》的开端的范畴"纯有"就取自巴门尼德。前边我们曾批评黑格尔不该违背史实说巴门尼德是整个哲学史的开端,但是如果说他心中所指的是限定了的科学地研究哲学的开端,那还是有道理的。——当然黑格尔同时就指出,"有"不是像巴门尼德所说的那样僵死不动的概念,它会由于自身的辩证法立即否定自身,向自己的反面"无"转化,并发展出较高的范畴来。他认为这样的"有"的范畴才能作为自己"科学的体系"的起点。虽然如此,这里毕竟包含着对巴门尼德哲学的历史地位的高度评价。

列宁也认为"存在"范畴是科学认识的出发点。例如他说,马克思在《资本论》里提供了一部真正科学的《逻辑学》,"开始是最简单的、普通的、常见的、直接的'存在':个别的商品(政治经济学中的'存在')"①。一切科学都必须从抓住对象中最普遍的"存在"开始。我们可以清楚地看到,列宁所肯定的"存在",乃是指现实中最普遍的客观实在,是包含着内在必然矛盾的存在,有如政治经济学中的商品一般那样的存在。黑格尔对巴门尼德的"存在"所作的改造是辩证唯心主义的改造;而列宁则教导我们,对它应进行辩证唯物主义的改造。列宁认为经过这样改造过了的"存在"范畴,就是科学和科学的哲学体系的真实起点。这一看法,是马克思主义经典作家对于哲学史上前人成果进行批判改造的又一范例。

五、芝诺和麦里梭的发展的意义

芝诺是巴门尼德的忠实学生和义子,他的特点不是正面发挥巴门尼德的观点,而是通过揭露对立观点中有矛盾的方法,来驳斥对方,为他的老师作辩护。他是哲学史上最早的揭露矛盾的论辩能手,在这个意义上亚里士多德称他是"辩证法的发明者"。

关于芝诺论证的目的和方法,柏拉图在《巴门尼德篇》(127E-128E)中有相当清楚的说明。在讨论中,青年苏格拉底指出,巴门尼德和芝诺"一人肯定一,一人否定多,……看起来所讲

---

① 列宁:《哲学笔记》,《列宁全集》第38卷,人民出版社1959年版,第357页。

毫不相同,然而两人几乎讲同一的事"。芝诺答道,自己所作的论证"是对巴门尼德言论的一个辅助,反对这些着手揶揄他的人:如若万有是一,结果乃是他的言论要遭受许多嘲笑和自相冲突。所以这篇著作反对那些肯定多数事物的人,以相同的还给他们,并且还多些。它意欲显明这点,即他们的假设:如若事物是多数的,要比较一的假设有更可笑的结果,如若人尽量地钻研"。[①]

这个描述,说明巴门尼德的哲学问世后很快就受到了人们的反对和批评。首先集中在它的认"有"为"一"而否定"多"这一点上。对方嘲笑和攻击它有自相矛盾之处。芝诺似乎也感到难以从正面来维护,便以攻为守,攻击对方主张存在者为"多"的观点,也是自相矛盾的,并且更可笑。除此而外,芝诺还有反对运动的论证。他企图证明主张存在者为"多"和"有"运动的观点,在逻辑上都陷入自相矛盾中,因而不能成立,这样就达到了为巴门尼德的论点作辩护的目的。

这些论证究竟怎样,有什么意义,是否真的能达到为巴门尼德辩护的目的? 弄清这些问题是很有意思的。

(一)反对"多"的论证

为了理解芝诺这方面的论证,需要知道他的论敌是谁。从19世纪的唐纳瑞(Paul Tannery)以来,西方学者大多倾向于认为他们主要是毕达哥拉斯派。我们知道毕达哥拉斯派本来就是以"一"和"多"为本原的,数就是由许多的单位("一")形成的。人们认为,在巴门尼德以后的毕达哥拉斯派仍坚持事物是由数即多数的点子构成的,每个点子作为单元也是不可分的存在,但存在者仍然是"多"。芝诺写他的反对多的论著时还年轻,必以这些人作为主要

---

① 见陈康译注:《柏拉图的〈巴曼尼得斯篇〉》,商务印书馆1982年版,第36—37页。

论辩对象,而不是以阿那克萨戈拉等主张存在者性质为多的人为论敌。[①] 这种意见是否全对还可以研究。但我想至少有相当合理之处,因为爱利亚派是所有原始素朴哲学的对立面,他们同毕达哥拉斯派本来是有重要的彼此对立的方面的,而且在南意大利,毕达哥拉斯派的势力和传统也较大,巴门尼德的观点首先而且直接地受到他们的反对,也是容易理解的。注意到这一点对我们理解芝诺论证是有帮助的。

第一个论证(残篇第1、2条)是:

如果有多,事物就会既大又小,大到无限大,小到全无大小。

如果存在者没有大小,它就根本不会存在。因为,若把它加于另一存在物上不会使之更大;因为全无大小的东西不能由于加起来就在大小上增大。那加上的显然是无。同样若把它拿开,另一东西也不会更小,正如加上去不会更大一样,显然,那加上的和拿开的都是无。

但是,如果存在者存在,每一个必有一定的大小和厚度,并且它的一部分必定同另一部分有一定间隔;这同样的论点可以类推于另一部分:它也有一定的大小,有某个部分在它的前头。这样可以一直说下去没有尽头;因为没有一个部分是最后的,也没有一个部分不同另一个部分相联系。

所以,如果有多,事物必定既大又小,小到全无大小,大到无限大。[②]

第二个论证(残篇第3条)是:

---

① 参见:Burnet,EGP,第362-363页;Cornford,*Plato and Parmenides*,London,1939,pp58-61;Guthhrie,HGP,Vol.Ⅱ,pp83-85。

② P.P.第288页,第365条。Kirk 与 Raven 据辛普里丘《物理学》中的几处引文复原而成一整个论证。参见 EGP,第364页(1)、(2)条。

　　如果有多，事物必像它们所存在的那么多，不会更多和更少。
如果像它们所存在的那么多，它们必定是有限的。

　　如果有多，存在的事物是无限的；因为存在的许多事物之间
总会有另一事物，而在这些另外的事物之间还有另外的事物。所
以存在的事物是无限的。[①]

　　这两个论证，前者主要是就存在者的大小来推论的，后者则主
要是就数目来推论的。

　　毕达哥拉斯派说事物是由数即许多点子所组成的线、面、体来
形成的，这些点子是本原，它们每一个是一个"存在者"，作为数的
单位不可再分割，是"一"，作为形成形状和具体物体的基质则是
有空间大小的，甚至还带有感性的性质。这种素朴的看法，混淆了
（1）抽象的数及其单位，（2）空间形状，（3）具体物体这三者的区
别。芝诺向他们提出的问题是：这些"多"的点子（即"存在者"），
每一个究竟有没有大小？ 如果没有大小，那么再"多"也是枉然，
因为本身没有大小的东西合起来还是没有大小，连一条线也不能
组成，更谈不上组成形状和有形体的物体了。另一方面，如果有大
小，那么"多"的点子就会组成无限大的存在物。这里芝诺实际上
还认为只要有大小的东西总是可以无限分割的，所分割的每一部
分仍有大小，这样，总和就会在大小和数目上无限大，按芝诺的看
法这也是不可思议的（巴门尼德认为"有"是有限的，有边界的滚圆
的球体）。芝诺认为，只要肯定存在者为"多"，就必定会遇到其中
每一个有没有大小的问题，而无论有没有大小都必然会导致不可
能的结论，这就证明了对方观点是不能成立的谬误假设。

　　这个论证揭露了毕达哥拉斯派观点的混乱，从这点上说是有

----

① P.P. 第288页，第366条。

意义的,从形式上看似乎逻辑性也相当严密。但是这种"辩证法"是有根本缺陷的,因为它只以揭露对方观点中的矛盾为满足;换言之,它只是以争辩取胜为目的,并没有以探求真理为目的,或如亚里士多德所说:"在哲学寻求知识的地方,辩证法只从事批评。"① 芝诺甚至没有想一想自己用来反对别人的武器会不会同时反对他自己。

后来亚里士多德在评论上述论证时指出:"按照芝诺的学说,如果'一'本身是不可分的,它就是无。因为那加上去不能使一个东西增大,取走不能使之变小的东西,他认为是不存在的,这就明显地假定着任何存在者都是有空间大小的。"亚里士多德表示不能赞同芝诺的这一假定,而认为"一种不可分的东西是能够存在的","因为不可分的东西相加可以使数目变大,虽然不是在大小上变大"。因此他说芝诺的论证水平不高,并且指出,如果照这种办法论证,芝诺甚至也同样反对了他自己所维护的立场。②

亚里士多德的意思是说,像抽象的数的单位这些东西,在某种意义上说,也可以说是存在的,数的多少是由它造成的。但这种存在者乃是一种抽象的存在,同形体或具体物体那种有空间大小的存在不同,前者没有大小而只凭一种单纯的意义而存在,所以每一个是"不可分的一",而后者因为有大小,所以总是可分的。毕达哥拉斯派没有弄清他们的数的单位"一"的这种抽象性质,把它混同于有大小的东西。这个矛盾虽然被芝诺抓住了,但芝诺同样不理解、不承认有这种抽象的存在,因为芝诺说没有大小的东西就是"无"即"不存在"。所以亚里士多德说他的论证水平不高。

① Aristotle, Met.1004^{b}25.

② Aristotle, Met.1001^{b}7-16.

不仅如此,按照芝诺的这个说法,他所维护的巴门尼德的观点也同样是自相矛盾、不能成立的。因为巴门尼德和芝诺所主张的"有"既是"不可分的一",他们又素朴地认为这个"有"或"一"也是有空间大小的。这就是说,他们的"有"同毕达哥拉斯派的数的单位类以,本来已是抽象的存在了,可是他们却仍然把它看成是有大小的存在物,因为按照他们同样素朴的看法,没有大小的东西就是无。这样,实际上芝诺用来反对别人的论点也同样适用于自身,因为如果存在者只是在有大小时才能存在,那么由于有大小的东西总是可以分割的,巴门尼德的"有"也必然可以分割,就会成为"多"而不可能是"不可分的一"了。在亚里士多德看来,芝诺如果想维护"有"是"不可分的一",就必须承认巴门尼德的"有"只是抽象意义上的存在,必须放弃那种把抽象同一的"有"混同于有空间大小的存在物的假定。

可见,芝诺的这个反"多"的论证并不成功,相反,倒是在揭露别人的混乱时暴露出了爱利亚派观点中的自身矛盾和混乱。——从较高的意义来看,这也许正是芝诺论证的一种功绩。

(二)反对运动的论证

芝诺关于运动的问题的论证是更加著名的,因为它把抽象枯燥的理论问题变得生动有趣,非常富有启发性。残篇第4条已经揭示了主题:"运动的东西既不在它所在的地方运动,又不在它所不在的地方运动。"[1]这就是说,运动是矛盾的,因而是不可能的。亚里士多德说:"芝诺关于运动的论证,引起试图解决这些难题的人们的极大烦恼,它们一共有四个。"[2]按亚里士多德在其《物理学》

---

[1] 《西方哲学原著选读》(上),商务印书馆1981年版,第37页。

[2] Aristotle, Physica 239^{h}9, W.D.Ross 主编, *The Works of Aristotle*, Oxford, 1930。

中的记述,这些论证是:

> 第一个论证肯定运动是不存在的,根据是移动位置的东西在达到目的地以前必须达到路程的一半处。
>
> 第二个论证称为"阿基里",要点是这样:在赛跑的时候,跑得最快的永远追不上跑得最慢的,因为追者首先必须达到被追者的出发点,这样,那跑得慢的必定总是领先一段路。①

这两个论证在原则上是一样的,如亚里士多德所说,"都是从空间的某种分割得出不能达到目的地的结论"。② 要运动就必须通过一段距离,但这段距离是可以不断加以分割的,这样这一段距离就变成为无限个段的距离了,而要通过无限的距离是不可能的,所以任何运动都是不可能的。这两个论证的区别,只在于后一个是以戏剧性的动态来表现空间的无限可分割性。

第三个论证是"飞矢不动"。

> 如果每件东西占据一个与它本身相等的空间时是静止的,而移动位置的东西在任何一个瞬间总是占据着这样的一个空间,那么飞着的箭就是不动的了。③

对于这一论证,我们应结合上面引的残篇第4条一起来讨论。

---

① Aristotle, Physica 239^{a}11-17.
② Aristotle, Physica 239^{b}22-23.
③ Aristotle, Physica 239^{b}5-8.

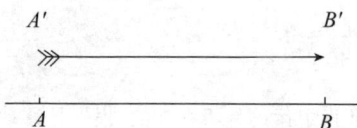

芝诺是说,一个运动着的东西在任何时刻总占据着一个与它本身相同的一定的空间(例如飞矢 A′ B′ 在某个瞬间占据着空间 AB),但是飞矢 A′ B′ 与空间 AB 的长度是完全等同的,AB 绝不比 A′ B′ 稍多一点,这样飞矢在 AB 中就毫无运动的余地可言,在这一瞬间它怎么还能运动呢? 它就静止了。但是飞矢是不能在它所不在的地方运动的,现在它又不能在它所在的地方运动,因此运动是不可能的。换言之,运动是一个矛盾:运动着的物体如果要运动,它必定既在它所在的地方,又必定要超出这个地方,如飞矢既在 AB 之内,同时又必须允许它能越出 B 点,向 AB 之外的地方前进,否则运动就是不可能的。但是这种可能性本身就是一个矛盾。

芝诺说运动是不可能的,当然不合事实。但是我们不能只简单斥责它是谬论。事实上芝诺也不会蠢到不承认感性事物在运动,他是个绝顶聪明的人物。他的问题只是在于:我们能不能满足于感官的确认? 我们能不能在思维中理解和把握运动? 如果我们在思维分析中发现这是矛盾的,而又不能解决这个矛盾(在他看来,矛盾对立是无法统一的),那么我们就不应在思想上肯定运动的真实性,只能把它看作是感性现象中的假相。因此仅仅用感性的事实来批判芝诺论证是不够的,无效的,甚至可以说是文不对题。问题的实质是我们如何用思维的逻辑来理解现实的运动和矛盾。

芝诺揭示了运动本身是矛盾的,这件事本身就是一大功劳。

不难看出这在以前是办不到的,感性思维认为运动和矛盾是自然合理的,并不觉察这里有什么不合道理之处,所以也就没有揭示这种矛盾对立的尖锐性。巴门尼德和芝诺由于考察世界和事物时只凭确定的概念来规定,因而现实中的矛盾就鲜明地呈现于人们的意识和思维中来,芝诺自觉地揭示了这一点。

当然芝诺的结论是错误的。

就前两个论证来说,芝诺的错误在于他片面地强调了空间(以及时间)的无限可分割性(即不连续性),这样运动就成为不可能的了。亚里士多德反驳说,如果允许阿基里跑过一段指定的距离,他就追上前面跑得慢的人了。这就是说,应当允许他超出分割的界限或不连续性,问题就解决了。这里亚里士多德指出了空间还有连续性的一面。

空间和时间本来有连续性和可分割性这样的双重性质,芝诺片面强调了一面;但正由于强调了一方面的规定性,后人才注意到还有另一方面的规定性。人们的认识才深化了一步。

真正说来,像亚里士多德那样只强调连续性也还是不够的,因为这连续性同可分割性(不连续性)这两方面又是什么关系呢?应当进一步指明,芝诺所肯定的无限分割的可能性或不连续性,恰恰是以空间时间的连续性或不可分割性为前提的。因为,只有点、界限而没有连续性的时间空间是没有的,没有整体连续的时空也就无法进行分割,哪里还有时空点或界限的存在呢? 所以,应该指出:芝诺的前提就是片面的,而片面的可分割性是无来由、无根据的,他应当承认无限可分性本来就是同连续性不能分离的,以它为前提的,空间(时间)本来是连续性和不连续性的矛盾统一体。因此芝诺只取无限可分性的一面来否定运动的可能性是无效的。运动既处在一定时空界限的限制之下,又因时空固有的连续性而可以超出这种限制,过渡到时空的另一部分中去,因此运动是可能的。

芝诺关于飞矢不动的论证比起前两个要更深刻些,因为前两个是就运动的时空条件说的,而"飞矢不动"则是在时空条件下进一步讨论了运动本身。

亚里士多德反驳这个论证说,芝诺所根据的假定是时间由瞬时组成,如果我们不承认这个假定,就不会得出这个结论。这就是说,芝诺把时间看成是由一些不可分的时间点所组成的,他用这种时间观作为论证的前提,就使理解运动成为不可能的事了。但是这种看法本身就是错误的。时间点不过是对连续的时间加以分割的界限,作为一种界限的存在它当然是不可分的,但这就不再是现实的时间本身了,它们再多也不能构成时间。任何时间无论它多么短暂也仍然是一个过程,仍然包含着连续性,可以继续分割下去,决不是一个不可分的时间,一个停止了流动的时间。芝诺对连续的时间先加以无限分割,然后又错误地认为这些分割开来的时间,每一个只是一个不可分的霎时,一个时间点,这样飞矢当然也就不能运动了。因为在这样一种霎时里,等于是在一个没有时间的"时间"(实际上不是时间,而只是时间点),一个没有连续、流动和过程的"时间"里,飞矢怎么能超出它所在的地方做运动呢?而且很显然,单纯的"霎时"即不可分的时间点相互间也没有连续性可言,不能过渡。亚里士多德认为芝诺的时间观是不能成立的。时间总是连续的、流动的,我们任意设一个时间点或限制时,它马上就超过了。因此飞矢也就不会在任何"瞬间"变成静止,它也就可以运动了。

我觉得这一反驳是很重要的。不过只说到这里还不够,因为运动的矛盾仍然是真实存在的:飞矢既然在运动,它就总是要在同一个时刻(尽管我们正确地理解到任何短暂的时间也总在连续地流动着)既在它所在的地方,又必须能超出它原来所在的地方。这种矛盾是不能只用时间的连续性来加以消除的。

我认为芝诺这个论证虽然有错误,但他仍然揭示了运动中真实存在的矛盾,这是他的功绩所在,因为问题不是要去否定他的揭示,而在于说明他的这种揭示。芝诺的错误主要是他混淆了逻辑矛盾和真实矛盾。逻辑上的矛盾是人们思想上的混乱造成的,是不符合事实的,是思维中永远不应当有的错误;它与客观事物中的真实存在的矛盾断然不同。其实,反映和表现现实及其固有矛盾的思维并不违反逻辑,决不是思想的混乱和错误,相反,这恰恰是人类逻辑思维的真正任务。巴门尼德和芝诺要求哲学中概念的明确性,要求思想在规定存在时符合逻辑规律不得混乱,这本是他们的贡献。不过他们的逻辑实在说来还只是最初的幼稚的逻辑,它只注意到区别而不知道区别的规定本来是联系的,所以在使概念明确化的同时又使它孤立化、片面化和绝对化了,而这种思维当然同现实无法相符。他们把自己的这种逻辑思维看作最真实的,而他们认为最真实的就是无矛盾的孤立的概念及其对象,这种错误的看法就使他们以为感性现实(多样性、运动、矛盾等)通通不真,而他们的"存在者"("不可分的"、"不动的"、绝对孤立静止的抽象自身同一)由于摆脱了一切矛盾就成了唯一真实的东西。

这里就涉及辩证法与形式逻辑的关系问题。芝诺认为承认真实的矛盾是同逻辑不相容的;我们对此可以回答说:不对,当我们承认和表述真实的运动的矛盾时,并不违反逻辑。因为当我们承认飞矢在同一时刻在一个地方,又必须能超出这个地方时,这里并没有任何混乱;我们并没有说它此时已经超出了这个地方,已在别处,只是指飞矢同时具有一种超出原处的必然的趋势和可能;

同时指明,只是随着连续的时间的流动,它在下一时刻才处于另一个地方,才实际地超出了这个地方。在这里,我们的思想和语言是确切规定了的,并没有任何逻辑的矛盾。——但是,辩证思维并不满足和停留在上述形式逻辑的思维和表述中,因为单说物体在一个时刻在一地,下一时刻在另一地,这只是现象的描述,并没有阐述出运动的本质和必然性来。运动的本质特点仍在于真实的矛盾,即使简单的位移之所以可能,也总是以物体在一地同时又能超出这一地的对立作前提的,如果物体只在一处而同时却没有一种否定现状的力量和趋势在起作用,那么确实它只能是永远静止而不会运动的了。可见,辩证法不违反逻辑,它因逻辑而能更清楚地被揭示出来并加以规定;同时逻辑也应该克服可能具有的孤立片面性,上升到足以表现客观辩证法的水平,这就是辩证法的逻辑思维或思维辩证法了。

　　巴门尼德和芝诺以为他们所肯定的"存在者"是没有矛盾的,这不过是最初逻辑思维的一种天真的幻想。他们攻击感性现象和感性经验的思想有矛盾而不真,其实概念和事物的本质何尝能避免矛盾? 应该说,正是在这里,矛盾才以更鲜明尖锐的形态得到了表现。例如,他们把存在者规定为"不可分的一",同时又认为真实的存在必有空间大小,这不就是深刻的矛盾(因为,任何有空间大小的东西,从空间意义上说必是永远可分的),即现实存在(空间大小性质)同它的抽象本质("一")之间的真实矛盾吗? 又如,存在者作为一个连续的整体,被他们说成是不可分的唯一的东西,但是"整体"如果没有"部分"又何以能称之为"整体"? "连续"的意思也就是可以分割的,如果不能分又何谓连续? 他们还素朴地认为"存在"、"一"是一个滚圆的球体,有边界,既然如此,它的边界之外就会有不是它的别的东西,而其内部也就有中心与边界之分,又何谓"唯一的"、"不可分的"东西？我们从这里可以明白见到，由于他们不承认真实的矛盾，如实地去规定这些矛盾的各方，既明确区别又承认其内在联系，结果他们只能片面地强调一方面，从而使他们自己的思想和概念也不得不处于逻辑的巨大混乱之中。只不过他们自己没有反省，没有自觉到而已。他们暴露别人议论中的逻辑矛盾时，实际上表现了自己的逻辑矛盾，根源就在于他们的逻辑是原始的、片面的。不承认真实的矛盾，就不能使逻辑符合真实矛盾的确切规定性。

所以我们也许可以认为，芝诺论证的哲学意义实际上是出乎他本人的意料的，或者说，是同他的本来愿望相反的。他企图捍卫他的老师的观点，企图通过揭露现实中的矛盾来否定感官世界，但是由于他是用确定的而又是片面的规定和逻辑来驳斥素朴意识的，因而也能够歪打正着地揭示出某些现实中的真实矛盾，揭示素朴意识与原始哲学中的逻辑混乱（他不分青红皂白地把二者混在一起，一律斥之为不真实的），并且实际上也暴露出爱利亚派自己的哲学观点和逻辑思维中的不少错误。这些都给后来的哲学发展提供了有价值的启发因素。

最后我想稍微谈一下麦里梭。他的哲学的基本立场观点与巴门尼德的相同，由于他的哲学活动已处于公元前5世纪的中期稍后，有一些明显的改进和新的动向，值得我们注意。

例如，他认为存在者不仅在时间上永恒无限，而且"它也必定在大小上永远是无限的"。[1] 因为他看到巴门尼德说存在者在大小上有限是有毛病的：有限就是受另一个东西所限的意思，那样

---

① **P.P.** 第299页，第382条。

存在者就不能是"唯一的"了^①。说存在者是唯一的,同说它是在大小上有限,这是自相矛盾的。因此他认为有必要纠正巴门尼德的说法。

又如他认为存在者是"一","它就不能具有体积。如果它有厚度,它也就有部分,那就不再是一了"。^②这一条虽与上边所说(认为存在者有无限的体积)彼此相矛盾,还表现出麦里梭观点中的素朴性,但这两条各自又都比巴门尼德有进展。麦里梭开始意识到,"存在者"作为抽象的本质规定的东西,这个"一"不应与现实的感性事物的世界混为一谈,因为如果它是有体积大小的存在,就必然可以分为许多部分,就不再是"一"了。

但是最值得我们注意的还是他的这一说法:

> 如果有多,这些多的事物必定与我所说的"一"是同类的东西。^③

当然这并不说麦里梭已经肯定有"多"或多样性的事物了。他只是在批评他人的意见时说的这个假定。他说,如果人们认为是真实存在的东西像水、火、气、土,铁和金子,活的和死的,黑的和白的,冷的和热的,硬的和软的东西等等都是存在的,所见所闻所理解的是正确的话,那么这些东西就必须是永存不变的,永远如它们所是的那样存在着。但是人们所见的却都在变化,所以这些见解并不正确,认为事物为多的信念并不正确。—— 我们看到,麦里梭

---

① 参见 P.P. 第299—300页,第384、385、386条。
② 《古希腊罗马哲学》,商务印书馆1961年版,第64页,第9条。
③ P.P. 第304—305页,第392条。这个句子在这段话的前后出现过两次,文字稍有变化。

在这里反复强调的重点，已不是有没有多数事物或物质事物的问题了，而是存在的事物是变化的还是不变的问题。他坚持：凡真实存在的东西都是不变的，只有不变的才是真实存在的。所以他只是强调如果有多，那么这些事物中的每一个也必须是"一"，即始终如一的不变的东西。

　　这虽然不是麦里梭自己的正面主张的观点，而只是有条件的让步，即坚持爱利亚派的某些基本观点下的让步，也仍然是有重要意义的。它标志着巴门尼德的那个最抽象的"一"，绝对排斥"多"的"一"，已经不那么绝对了。我们看到，往后的哲学正是从这里开始打破巴门尼德的铁板一块的"存在"论，开辟了主张世界是"多"的道路的。

　　所以，芝诺和麦里梭固然继续和发展了巴门尼德的观点，同时也开始暴露了巴门尼德的局限和错误，开始了爱利亚派的解体过程。

第三章　古典时代上升时期
各派哲学的交错发展和主要问题

在巴门尼德哲学出现后的大约半个世纪里,许多哲学派别纷起争鸣,形成繁荣局面。这时期的哲学家互相影响,交错前进,线索显得比较错综复杂。因此在我们的研究中首先考察一下他们在时间上发展的大体次序、他们所讨论的主要问题,是有必要的。

古人生平著述的年代,常常是不易确定的。到了公元前5世纪时情况已经好多了,有些人物有了较为可靠的记录,但还有较多人物仍然不易弄清。现代不少学者很注意考证研究这些情况;这是些颇为细致的工作,详细介绍和讨论这些事情要费大量篇幅,而我想节省些篇幅来讨论主要的思想线索问题,所以对往后的哲学家们不打算再一一作这类讨论,但是有一个较为可靠的大体认识对我们仍是个必要的基础条件。格思里在他的《希腊哲学史》第二卷中对前5世纪的哲学家年代问题作了集中研究,吸取了前人的有关成果,并把他认为可靠的事实编成一个年表。[①] 我想可以拿它作一个基础来作些概括的讨论。现把这个编年表译录于下:

---

① HGP, Vol. II, 第348页。

公元前5世纪的哲学（编年）

年代 （公元前）	"前苏格拉底 哲学家"	智　者	其他人	事　件
500— 490	毕达哥拉斯卒 巴门尼德是年轻人 恩培多克勒生 （约前492） 阿那克萨戈拉生（约前500）	普罗泰哥拉生（前490或更早）	埃斯库罗斯的最初作品（前499） 希罗多德生（前495） 索福克勒斯生（前496） 品德是年轻人 伯利克里生	
490— 480	芝诺生？ 阿尔刻劳生（小于阿那克萨戈拉，长于苏格拉底）	高尔吉亚生（前483）	欧里庇得生（前484）	希波战争
480— 470	塞诺芬尼卒	普罗迪科生（可能在普罗泰哥拉之后20年）		
470— 460	阿那克萨戈拉和阿波洛尼亚的第欧根尼在前467年之后著述	安提丰生（大约与苏格拉底同时）	苏格拉底生（前469） 索福克勒斯的最初作品（前468）	阿那克萨戈拉和阿波洛尼亚的第欧根尼注意到陨石降落（前467）
460— 450	德谟克里特生（约前460）	克里底亚生（前455） 安梯丰生（前455）	阿里斯托芬生（前450） 修昔迪底斯 欧里庇德的最初作品	巴门尼德、芝诺和苏格拉底在雅典相会（约前450）

续表

年代 (公元前)	"前苏格拉底 哲学家"	智　者	其他人	事　件
450— 440	麦里梭在萨摩斯指挥海军作战(前441)			图里城创建于前443年,普罗泰哥拉、希罗多德来此,恩培多克勒也可能来此
440— 430	留基波鼎盛年 恩培多克勒卒			苏格拉底与普罗泰哥拉、普罗迪科、希比亚在雅典相见(前433) 伯罗奔尼撒战争爆发(前431)
430— 420	阿波洛尼亚的第欧根尼在前423年之前著述 德谟克里特著述 阿那克萨戈拉卒(前428)		伯利克里卒 (前429) 阿里斯托芬的 《云》(前423) 希罗多德卒 (前425) 柏拉图生(前427)	
420— 410		普罗泰哥拉卒 (前420)		
410— 400		克里底亚被杀 (前403)	索福克勒斯卒 (前406) 欧里庇德卒 (前406) 修昔底斯卒 (?　约前400)	伯罗奔尼撒战争结束(前404) 三十僭主统治 (前404) 民主制的恢复(前403)

续表

年代 （公元前）	"前苏格拉底 哲学家"	智　者	其他人	事　件
400— 390		德谟克里特卒		苏格拉底被判处 死（前399）

这个表所录的事实是不完全的,分法也不能使我们完全满意,但它提供了一个粗略的框架,有助于我们补充加工形成一种轮廓的了解：

第一,在公元前5世纪的最初30年间,毕达哥拉斯、塞诺芬尼,还有赫拉克利特已经去世,标志着原始素朴的哲学已经成为过去。

巴门尼德这时是青壮年,他的哲学出现在这时期的希波战争的决战年代,标志着哲学的一个转折,开始了哲学的新发展时期。

他的学生芝诺和麦里梭在这时期出生。伯利克里这位政治伟人和一批光辉的文学家也生于此时。与之同时,阿那克萨戈拉、恩培多克勒、普罗泰哥拉、高尔吉亚也都在这时先后出生。他们是同时代人,在古典时代的上升阶段都为时代所培育和推动成为各个方面有杰出贡献的重要人物,对古典时代的政治、文化、思想和哲学的繁荣起了历史作用。

第二,从希波战争的胜利（公元前479年）到伯罗奔尼撒战争爆发（公元前431年）的约五十年间,是希腊古典时期的上升时期,这时希腊的政治、文化中心是雅典。经过一段激烈斗争之后,雅典的民主派取得胜利；伯利克里时代（约公元前461—前429年）的30年间,雅典达到了全盛的繁荣,全希腊的思想文化的精华都荟萃于此。

在这50年特别是其中的后30年里,雅典有自己本邦人的伟大政治家和文化群星,但是自己的哲学家还极少。我们知道阿尔刻劳(Archelaos)是雅典人,这位哲学家是阿那克萨戈拉的学生,苏格拉底的老师,不过他的影响显然远不如我们前面提到的那些人。出生于前469年的苏格拉底后来成为一位伟大的思想家哲学家,但在这个时期主要还在向别人学习,开始形成他自己的思想(顺带指出,德谟克里特的出生和活动年代大致与苏格拉底相仿,他们真正形成和宣传自己的哲学约在公元前5世纪的最后30来年间,标志着哲学在古典时代开始走向衰落时的进一步转变和深化)。虽然如此,雅典仍然是全希腊的思想和哲学的中心,这表现在 :(1)希腊各地的哲学家向雅典集中。有的到雅典访问交流,有的长期居住在雅典从事活动。如来自小亚伊奥尼亚的阿那克萨戈拉和来自北方阿布德拉的普罗泰哥拉成为伯利克里的亲密朋友,伯利克里还请普罗泰哥拉为雅典在南意大利新创立的移民城邦图里立法,希罗多德也去过那里,恩培多克勒据说也到那里去朗诵了他的著作。(2)雅典的公共政治和文化生活中的热烈讨论、争辩的需要,吸引了来自希腊各地的思想家们,他们到这里来充当雅典公民们的思想文化教师,从而产生了一批著名的"智者"。

第三,在这种历史基础上,哲学一方面要仍以自然哲学的形式发展,同时也开始出现以关怀社会和人事为主的新哲学潮流。前者以恩培多克勒、阿那克萨戈拉、留基波和阿波洛尼亚的第欧根尼为主要代表,还有后期的毕达哥拉斯派,他们在同爱利亚派展开不断的争论中发展着。后者则以普罗泰哥拉和高尔吉亚为主要代表,发展新的社会学说,提出了带人本主义倾向的和感觉主义、相对主义的哲学,还大大发展了讨论的艺术和逻辑的论证方法。所以这时期的哲学思想有两种类型,两者又有关联。

　　上面三点是比较宏观的事实。关于这些人物先后交错的具体事实,以下几方面材料可以注意。(1)亚里士多德说阿那克萨戈拉虽然年岁略长于恩培多克勒,但从事著述却比后者要晚些。(2)柏拉图在一些对话中记述几次哲学交流讨论的情况和当时一些哲学家的年龄,可作为我们排列他们顺序的主要参考。(3)关于留基波的记载过少,生卒和著述年代都无法确定,我们所能肯定的只是:他的思想是在巴门尼德和芝诺的影响下才能出现的;他是德谟克里特的老师;他对阿波洛尼亚的第欧根尼有些影响,但对恩培多克勒和阿那克萨戈拉没有什么影响,因此也许可以估计他的思想发表在这时期的较晚阶段。(4)一般来说,我们还可以从各个哲学的思想内容本身来判断估计其相互关联和次序。

　　综合上述种种事实,再加上我在下一节将要说明的理由,我想可以把发展顺序大致条理如下:

年代 (公元前)	主要事件和 时期特点	哲学思想发展的顺序和联系
500—480 (5世纪的前二十年)	雅典克利斯梯尼改革后时期 希波战争前480年取得决定性胜利 希腊古典时代的开端	原始素朴哲学作为一个阶段基本结束 巴门尼德哲学的出现标志了新时期哲学的开端

续表

年代 （公元前）	主要事件和 时期特点	哲学思想发展的顺序和联系
480—430 （5世纪的 中间五十 年）	雅典海上帝国的形成 雅典成为希腊政治、文化和思想的中心 伯利克里领导民主制雅典（前461年后的三十年） 希腊古典时代上升阶段	一、自然哲学： 1.巴门尼德 — 芝诺 — 麦里梭 2.原始素朴哲学与爱利亚派的对立与综合的发展（A）：恩培多克勒 — 阿那克萨戈拉 — 阿波洛尼亚的第欧根尼 3.原始素朴哲学、爱利亚派和恩培多克勒 — 阿那克萨戈拉的对立与综合的进一步发展（B）：留基波（下接德谟克里特） 以上哲学由希腊各地向雅典汇集 二、智者的哲学思想： 1.普罗泰哥拉（社会学说和人本感觉主义） 2.高尔吉亚（逻辑，对爱利亚派哲学思想的重要批判） 3.其他智者 三、以上两种潮流的互相影响。以上各派在雅典的综合（年轻的苏格拉底的思想孕育成长的时期）
430—400 （5世纪最后三十年）	希腊的伯罗奔尼撒内战（前431—前404） 雅典的衰落和政治动荡 希腊古典时代开始走下坡路	苏格拉底哲学（下接柏拉图和小苏格拉底各派。柏拉图的青年时期和追随苏格拉底的活动） 德谟克里特哲学（下接晚期希腊的伊壁鸠鲁哲学）

这个轮廓十分粗略，但也许会有助于我们从总体上把握发展。

第四章　恩培多克勒、阿那克萨戈拉和阿波洛尼亚的第欧根尼

一、巴门尼德以后哲学面对的一个重大课题是如何"拯救现象"

人类认识事物和世界的最初重大进步,在于从个别进到一般,从现象上升到本质,从感性的描述发展到进行抽象的规定。我们已经看到古希腊人是如何这样一步步前进的,他们欣喜地赞美自己发现了光明与智慧,但是一旦他们到了巴门尼德哲学这样一个转折点时,却被这个智慧之果怔住了:我们追求智慧原是为了更好地认识我们这个现实的世界,可是却发现另一个与之全然不同的本质世界;它是真实的,而现实的世界倒成了假相。于是那欣喜之情便成了困惑,甚至使人反感失望。我们实际感觉到的事物和世界难道真的没有实在性吗? 我们追求智慧难道就是为了否定这现实的世界吗? 对此,人们不能不提出坚决的抗议。

巴门尼德和爱利亚派对人类素朴的世界观进行了一次颠覆性行动,用本质否定现象,用抽象的形式思维否定经验和感性具体的思维。从本质高于现象,人类认识必须从现象提升到本质的高度来说,这个颠覆是有道理的。但它又很无理,因为这种颠覆行为是

极其片面和粗暴的。把现象和本质绝对割裂,把本质抬上了天,把现象贬为毫不真实的假相,这是非常忘恩负义的;本质原来只存在于现象里,现在它忘记了自己的出身,反过来想把现象一脚踢开,这怎么可以呢? 事实上这也是办不到的:爱利亚派把他们的抽象的"有"同时理解为有大小的东西,这本身也是个证明,这种想法一方面表明他们思想水平还有素朴性,还没有真正把握到本质同现象在思维中的分离;另一方面也证明他们不可能做到完全抛弃现象世界。现象毕竟不是什么可以任人抛弃的东西,它有自己的真实存在性,必须受到应有的尊重。爱利亚派割裂现象和本质,其实还是由于他们所理解的本质非常空洞、贫乏和片面,所以无法用它来表现和把握现象,回不到现象所造成的。爱利亚派的胜利里包含着它的失败,它自身中就有否定自己的因素。

从这个意义看,原始素朴哲学的传统仍然是有生命力的。虽然它遭到爱利亚派的打击,但由于它同现实和现象联系紧密,还有一种健康的本能和趋向可以继续发挥作用。于是在巴门尼德之后另寻出路,重新研究如何解释自然和世界,以求达到拯救现象的目的,就成为哲学继续前进的首要任务与主题。然而与此同时也就改造了原始素朴哲学本身,使它变成了新形态的哲学。

古希腊人所谓"拯救自然"、"拯救现象",就是要求抽象一般重新返回于感性具体,要求本质同现象相一致;这是一种由于思想发展中发生的危机所引起的相反的哲学运动。在古希腊哲学史上,这种危机最显著的有两次,一次是由巴门尼德和爱利亚派引起的,另一次是前期柏拉图和柏拉图派的"相"(或译"理念")论引起的,它们都以割裂一般共相和感性特殊为特征。这两次危机都使哲学碰到大难题,同时使哲学在克服危机和难题中得到巨大的锻炼和发展。因此研究这两次转折实在是理解希腊哲学发展的重要

关键。而这两次转折之间又是有内在联系的,粗略地说,巴门尼德
之后的拯救现象的哲学运动,产生了像恩培多克勒、阿那克萨戈拉
等人的哲学;但在拯救现象和恢复对感觉经验的信任的同时,哲
学家们又发现了感觉经验的主观性、相对性和现象的不确定性。
这时智者们通过对社会问题研讨的另一道路,把感觉中的个人主
观性和相对主义大加发挥,从而造成了另一种相反的思想危机。
于是情况就倒过来了:如何拯救本质,如何寻求、确定和牢牢把握
住变动不居的现象里的那个本质的东西,成了最要紧的问题。苏
格拉底的意义就在于,他在广泛深刻的社会人事问题上进行热烈
的争辩,重新从现象中寻求本质,从个别寻求一般。他的学生柏拉
图继续了这个事业,并以"相论"的建立在更高基础上再现了巴门
尼德式的割裂,产生了"共相"唯心主义和形而上学。随之而来的,
就是又一次更加深刻的拯救现象的运动。首先是柏拉图本人通过
自我批评开始了这个过程,他相当清楚地意识到自己原来的"相
论"中的问题同巴门尼德有类似性,所以他的自我批判也是对巴门
尼德哲学的批判,不过柏拉图只是想靠共相本身的辩证联结来解
决返回于解释现象的问题,这就是他的"通种论";然后,亚里士多
德通过批判柏拉图派的"相论",批判总结以往全部哲学的发展(其
中也包括对巴门尼德和毕达哥拉斯派的重要批判),提出了以实际
个别事物为中心的,力求使一般与个别、形式与质料、本质和现象
统一起来的哲学,终于使古希腊哲学达到了它的最高峰。他虽然
还有许多动摇和重大错误,还是较完整深刻地回答了以往发展的
种种问题。后期的柏拉图和亚里士多德哲学也是对巴门尼德问题
的回答,而且是通过"拯救现象 —— 拯救本质 —— 再拯救现象"
这一巨大发展之后的回答。

　　我以为注意这一发展的规律性是重要的。古典时代上升阶段

的哲学家们乃是这一过程里的一些必要环节。

二、恩培多克勒

巴门尼德之后哲学"拯救现象"的努力,是从恩培多克勒开始的。

恩培多克勒(Empedokles)是西西里一个富庶而活跃的城邦阿克拉加的人。他出身贵族,但父亲是反对僭主政治主张民主的人,他追随父亲,也是一位维护民主制度的战士和领袖人物。据说当人们要推举他为王时他拒绝,因为他宁愿过一种朴素的生活。他在思想上受到毕达哥拉斯派、巴门尼德和赫拉克利特的影响;此外他对生物、生理、天文气象和医学等都有相当的研究和贡献,并擅长修辞,是有多方面知识的人,他的形象有些类似毕达哥拉斯及其派别,既有科学因素也有宗教神秘方面,他写过一本论《净化》的书,谈论灵魂、神和宗教问题。他的哲学主要在《论自然》一书里。我们只来讨论他的哲学方面。

他的学说简单说来是这样的:他认为有四个元素(四根)火、水、气、土,它们是永远存在的,本身没有变化和生灭;但这四种元素可以结合与分离,这就造成了具体事物的生灭和变化;使四种元素和事物结合与分离的是"爱"和"斗",这两种力量或东西也是永存的。

他自己是这样说:

我要告诉你一个双重的真理:在一个时候,一个东西由多个东西结合而成,在另一时候,一个东西又分解为多个。对于会消灭的事物,它有双重的产生和双重的消灭。由于万物的结合,一个东西产生了,又毁灭了,由于事物的分解,另一小东西形成了,又瓦解了。这些事物从不停止它的变迁,在一个时候由于爱一切结合为一体,在另一时候由于斗每一个同其他的分离而产生。……①

在一个时候由多形成一,另一时候又由一分解为多,火、水、土和广阔高深的气,此外还有破坏性的斗,它在任何地方都同样存在着,以及它们中间的爱,它的长和宽是相等的。对于爱,你要用你的心来注视,不要只瞪着眼睛坐在那里瞧,因为她生来就在凡人的肢体里,靠了她,人们才有相亲相爱的思想,并做和睦的工作,因此人们称她为喜神和爱神。…… 所有这些都是平等的,年纪也相仿,只是各有不同的职务和特殊的性格,并在时间的流转中轮流占上风。没有它们别的东西不会产生和消灭。因为若是它们被消灭了就不复存在,还有什么东西充实整体,整体又从何而来呢? 这些元素里没有空无,又怎么会消灭呢? 不,存在的东西只有它们,它们相互穿插,有时成为这种东西有时成为那种东西,但它们仍永远保持其存在(是)。②

从"四根"、"爱"和"斗"里产生出过去、现在和未来的一切事物,包括树木、飞禽走兽、水中的鱼、男人、女人直至诸神,造成无限多样的生灭变化。③ 于是我们看到,恩培多克勒又在一定程度上回到了素朴的世界观,感性万物的多样性和运动变化又恢复了它们的权利和面貌。巴门尼德那种相当抽象的"一"和不运动无生灭的世界观开始被打破了。但是稍稍注意就可以看到,巴门尼德观点的基本核心仍然保持着,并贯穿在恩培多克勒的哲学中,而原始素朴哲学的面貌实际上已经改观了。

---

① P.P. 第 326—327 页,第 423 条。
② P.P. 第 327—328 页,第 424 条。
③ P.P. 第 328—329 页,第 425 条。

恩培多克勒的哲学是原始素朴哲学中唯物主义传统和巴门尼德哲学的对立和综合的一种形式。让我们对它作一些基本的分析。

1. 关于"一多问题"以及如何理解恩培多克勒所说的"多"。

巴门尼德否定现象和现实中的特殊、生灭和运动，有一个基本点，这就是他把"存在者"看作绝对的"一"。这个"一"实质上是由抽象的逻辑概念造成的，但同时被看作是有空间大小的实际宇宙。这就造成了一种可能性，可以不触及巴门尼德本体论的根本逻辑（"有"不能来自"无"、归于"无"，没有虚空，"有"本身没有生灭变化），直接把巴门尼德的"一"这个实存的宇宙本体分为"多"。这样就可以拯救现象了。恩培多克勒就是这样开始拯救现象的努力的，他把巴门尼德哲学中自然实体的"一"这个圆球形的东西，看作一开始就由四根和爱与斗组成的，也就是说，把"一"变成了"多"。这样坚冰就打破了，哲学就开始了新转折。

所以，"一多问题"是巴门尼德之后哲学上讨论的一个重要问题。

恩培多克勒的哲学原则是"多"——人们通常都这么说，这当然是对的。但是我觉得对于主张"多"的观点还应作具体的了解。例如，恩培多克勒所讲的"多"并不是抽象规定或共相的多，也不是主要指数目的多（虽也包含这意思），也不是像后来原子论所说的比较抽象规定了的物质（"原子"）的多，而是指土、水、火、气这些带有**感性性质的物质本原为多**，即，物质"存在"（本体）在质上有多样性。此外他所说的多还是有限的，只规定为四个或四种，再加上爱和斗。如果不作具体了解而只抽象讨论他的"多"，我们就不能真正认识和分析他的哲学。

我以为特别注意到恩培多克勒的"多"的本原或本体是感性物

质东西是重要的。前面我们曾说到最早起来反对巴门尼德的"一"的,很可能是毕达哥拉斯派的人们,不过相比之下,他们用数的"多"反对"一"在影响上显然比不上恩培多克勒;他们的影响只是后来通过原子论和柏拉图哲学的加工才充分显示出来。当然他们对恩培多克勒也可能有影响,不过恩培多克勒并不靠带抽象性的数的"多"来谈哲学。"四根"原是古人熟悉的感性物质本原,水、气、火更直接地取自米利都派和赫拉克利特,爱和斗也是人们经验中和传统神话中大家熟知的力量,在赫拉克利特那里也有渊源可寻。可见在打破巴门尼德的"一"上人们回到更早哲学求助时,恩培多克勒主要是返回于素朴唯物主义这一传统的。"拯救现象"最初的有力行动必须由恩培多克勒这种哲学来表现,不是偶然的。哲学每一次在越来越上升中达到抽象的太空时,总必须落回到最直接的感性现实的大地上来才感到坚实。所以在这种危机发生的关键时刻,唯物主义总要一再显示它的力量;当然在治疗这种危机的同时它也必定要改造和提高它自身。

在克服巴门尼德的形而上学上,哲学最初主要凭借的力量仍然是素朴唯物主义的传统,是从这种观点所理解的"多"。这是很要紧的一点。

但这是不是单纯返回现象、返回原始素朴的唯物主义呢? 不是。因为:

2.恩培多克勒的"多"每一个又是巴门尼德式的存在者,他的本原是不变的本体。

他明白地说:

> 思想短浅的人是多么愚蠢!他们竟以为原先不存在的东西能够产生,存在的东西会消灭和完全毁灭。因为根本不存在的东西

要产生是不可思议的,而存在的东西被消灭是不可能的、闻所未闻的;因为它将永远存在,不管把它放在哪里。[①]

这在思想上乃至语言上都重复着巴门尼德的"存在者没有生灭"、"有不能来自无和归于无"的观点,并把它作为自己哲学的基础。巴门尼德的"一"变成"多"了,但"多"的四根以及"爱"与"斗"每个仍是巴门尼德式的"有",它们永远存在,没有生灭,也没有自身的变化(因为永远存在也就是永远如"是");这样它们作为本原也就带有"本体"论的意义,同原始素朴唯物主义者所说的本原有了重大区别。虽然两者都是物质性的本原,但在原始素朴哲学,本原自身能生动转化为现象,所以与现象是一体;而在恩培多克勒这里,本原则是自身不变的"有"或"本体",只有现象事物才有生灭变化。所以他的哲学中本原(本体)与现象有严格划分,"四根"只能靠混合与分离才形成现象。

这是理解恩培多克勒哲学的另一关键所在。前面的要点使他同巴门尼德相对立而倾向于素朴唯物主义传统,这一要点则使他同原始素朴唯物主义传统对立而同巴门尼德一致。他相信巴门尼德哲学的本体论逻辑,并把它贯彻在自己的本原学说中。他甚至也完全接受了巴门尼德的没有虚空的观点,只因为他也认为虚空就是与"有"绝对相反的"无",因而不可能存在。

显然,恩培多克勒还没有能力对巴门尼德的本体论逻辑的正确和错误作出进一步的分析。他只反对了这种本体论逻辑的一个结论,即"有"只是"一",因而他把"一"变成"多",同时把"多"理解为感性物质的东西;但是除此而外他都一起接受下来加以服从

---

① P.P. 第323页,第414条。

和贯彻,连形而上学也一起接受了。对此我们需加以认真分析,因为他的一系列哲学结论都由此发生了。

巴门尼德关于"有"即世界不能来自无归于无的看法,从最绝对的意义上说无疑是完全正确的,它奠定了哲学本体论和科学世界观的一块基石。恩培多克勒遵循这一观点,在拯救现象时不再只谈现象而注重本体,这也是一种进步。

问题在于对本质或本体如何理解。世界和事物的本质或本体有规定性、常住性,首先是"有"("是");但这种"有"或"是"既有绝对意义的一面(它不会完全变成虚无、不会绝对消灭),又有相对意义的一面。因为"有"是具体的,世界是包罗万象的,其中各事物又各个有其特定的规定,在这个意义上说,它们又各个有其具体的"有"和"无",有生灭变化,这也是必须肯定的。如一个特定的人是有生有死的,这并不违反绝对意义上"物质不灭"或"有不能来自无归于无"的观点,而理解这点就需要有辩证法。赫拉克利特等早期哲学家表述了这种辩证法,事实上他们也没有主张世界会绝对消灭,但是他们缺乏明确的概念和逻辑,还没有严格区分"有"和"无"的绝对和相对的两类含义,因而表述中有许多混淆不清。巴门尼德看到和紧紧抓住了这个缺点批评了他们,但他在强调"有"的绝对意义,"有"与"无"有绝对意义上的区别时,又加以片面化绝对化,否认了"有"的具体性,否认了特殊存在及其相对意义上的"有"和"无"的转化。对本体或本质的片面了解使巴门尼德在作出重大贡献的同时给自己和一切哲学提出了难题,他的本体论逻辑既有高度重要性又带来了形而上学。

恩培多克勒怎么样? 他为了拯救现象已经把巴门尼德的哲学本体"有"从抽象引回具体,解释为物质元素的多,这个新前提开辟了对"有"和"无"的双重含义加以区别,以及重新解释生灭变化的可能性,但是他本人还做不到这一点。他慑于巴门尼德本体论逻辑的威力,几乎完全没有敢于提出对"有"与"无"能否同时作另一种合理的理解的问题,而认为既然"有"绝不能成为"无",四根也必定是绝对的"有"和永远如此的"是"。他所做的事情,只是在四根这些物质本原里贯彻了巴门尼德的本体论逻辑。

这个贯彻本身有重大意义,(1)他指出了物质本原的存在是永恒的。感性事物的世界不只是现象,因为它是由物质元素这些本体组成的,而本体常在。原始素朴的唯物主义还未达到这个论证,因为还没有本体的概念,现象与本体混在一起不分,恩培多克勒指出现象也是有本体的,从而改造了、提高了也就更好地论证了原始素朴唯物主义的世界观;感性的物质世界是永恒存在的,不会因具体现象的生灭而归于无。(2)既然如此,现象中的质也是有本体论根据的,因为四根的四种质也是永存的、确定的。质也不是幻灭的东西,**现在也具有了本体论的意义**。巴门尼德只肯定了抽象的(没有感性的质的)存在,最多只认为它有大小这种空间性的物理属性;原始素朴唯物主义虽要抓住感性的质,但终于认为它由于变化不居无法确定而是"无规定者";现在恩培多克勒由于在运用巴门尼德的本体论逻辑中使四根成为本体,于是四根的质也就同时成了确定的东西,具有本体论上的尊严了。这对于重建唯物主义世界观有重大意义,因为物质是有质的,唯物世界观必须从有感性的质的存在开始。

但是屈从于巴门尼德的本体论逻辑,还不能区别其正确方面和错误方面,使他也把错误思想带进了唯物主义,并且应该说这种错误比巴门尼德本人的还要大些。因为巴门尼德讲的只是抽象的整体的"有"即世界没有生灭,而恩培多克勒讲的已是"四根"这类特定的"有"也不能有相对意义上的"有"和"无",不能有转化意义上的生灭,这当然是更错误的。恩培多克勒紧紧抓住了物质本原(本体)和它们的质,但同时也使它们绝对化和形而上学化了。

用这些不变的物质本体怎么能解释生动变化的感性事物和生灭现象? 用几种不变的特质怎么能解释现象世界中无限多样的质及其变化? 这是一个极大的矛盾。往后我们会看到这里包含着一系列的问题需要解决,恩培多克勒的解决是远远不够的,有许多漏洞,从而推动了哲学后来的不断发展。不过这种解决也还是从恩培多克勒开始的。

3.用"四根"的外在的结合与分离来解释现象的机械生灭运动观。

原始素朴唯物主义者是天然的辩证法家,他们用统一的物质本原自身的矛盾运动来解释自然事物的多样性和变化,但是现在恩培多克勒不能这样做了。因为他同巴门尼德一样,认为任何本原或本体作为"有"是自身永远不变的,没有什么内在矛盾和生灭转化可言。所以想用一个本原来说明现象决无可能,他认为必须代之以"多"元即"四根"才有可能。这样,(1)他在否认巴门尼德的"一"的同时,也否定了原始素朴唯物主义的单一本原,否认了靠一个本原来解释自然的统一世界观。(2)但是"四根"也仍然是彼此孤立各自永远不变的东西,不能彼此转化也不能自身转化为其他感性事物,那么要想用这几个本原来解释现象,就只剩下一个途径,即用它们的外在结合与分离来构造现象了。例如他用二分土、二分水和四分火的结合来产生骨头,诸如此类地解释血液、肌肉、金属等等。这当然是牵强的,包含着许多根本的缺陷(关于这些缺陷,以后我们会一一展开谈到),但是也仍有一定的意义,因为这里又出现了量变质变的关系和规律的思想,对后来的原子论唯物主义提供了启发。

4.既然现象中的各种事物及其生灭现在要靠"四根"的结合分离来解释,那么动因问题就突出出来了。因为这种结合与分离的原因与动力显然在四根里是找不到的(它们每一个只有"存在"和各自的"质",而没有内在矛盾),在"四根"彼此接触中也找不到(它们是各自孤立的),那就只能另外寻求。因此恩培多克勒认为有必要在"四根"之外提出"爱"与"斗"来作为这种动力因,它们也是不可缺的,永远存在的,所以也是本原或本体。

这样,本原(本体)的数目就变成了六个:四个是被动的,两个是能动的。"爱"是"四根"和事物彼此吸引、结合、团结、一致的原因和动力,"斗"(或"恨")是它们彼此排斥、分离、瓦解、对立的原因和动力。它们两个存在于一切物质东西里起作用,但不是物质元素和事物自身的本性,而是另外存在着的两个本原,物质自己不能动,能动者就不能是物质东西。不错,恩培多克勒也说过"爱"是什么有长度宽度的东西,但应该说这只是素朴的尾巴而已,实质上"爱"和"斗"已经是与物质东西有原则区别的精神性的东西了。所谓宇宙之"爱"实际上是从类比人的性爱、友谊等等得来的诸如情欲、情感等等的心理东西。亚里士多德甚至评论说:"如果我们要弄清恩培多克勒的看法,照它的意义来解释而不拘泥于字面,就会看出爱是善的事物的原因,而斗是坏的事物的原因。因此,如果我们说恩培多克勒在某种意义上是把恶与善作为本原,并且是最早提到这一点的人,我们的说法大概是对的,因为一切善的原因乃是善本身。"① 我觉得亚里士多德这样解释恐怕是说得多了一些,他用自己的目的论和道德观念拔高了恩培多克勒;不过他明白认为恩培多克勒的"爱"与"斗"实际上决不是物质性的本原,而是精

---

① Aristotle, Met. 985ᵃ4-10.

神性的东西,还是有道理的。

提出"爱"与"斗"同"四根"并列作本原,明显地标志着精神与物质的区别已经开始提到哲学的重要问题之一的地位上来了。恩培多克勒的多元论实际上已是精神物质二元论的雏形,包含着未来唯心主义哲学的胚芽。

一切唯物主义,只要它不承认、不认识物质自身有内在矛盾作为发展动力,那么动力问题追究下去,就一定要在物质之外求解而导致唯心主义。这一点将为以后哲学发展所一再证明,因为在逻辑上只能如此。

不过这在恩培多克勒那里并非只是坏事,他这样做的结果,也促进了哲学对动因和对精神(心灵)的认真研究。他是在希腊哲学史上最早区别开质料因和动力因的人。从哲学的必然发展过程来看,这些也是重要的贡献。

通过上面四点分析,我们讨论了他的本原学说或本体论思想。这是他的哲学的最基本的方面,但是只讨论这些是不够的,我们还必须着重讨论一下他的认识论观点。

恩培多克勒对认识问题尤其是感觉问题作了重要研究,这对他来说是必要的,因为单用物质性的本原"多"来取代巴门尼德的"一"固然是基本的事情,但这些本原是感性的东西,他所要重建的现象世界也是感性的东西,必须用人的感觉经验来认识和肯定它们;可是巴门尼德在否认现象时已经攻击了感觉的可靠性,认为它不是掌握真理或真实的途径。因此,恩培多克勒要建立感性物质的本原(本体)和现象,是不能简单地回到原始素朴哲学那种对感觉经验的素朴信赖的。必须对它重新作认真的考察,才能恢复它的应有地位,以实现建立新的物质本原论的任务。

他用科学的精神和对自然科学尤其是生物学、生理学和医学的知识,对人的感觉、思想作了认真的观察研究,提出了许多虽然幼稚却十分重要的看法。同以前哲学家只是笼统地谈论这些问题不同,他开始了认真、自觉的研究,这在哲学史上是有很大意义的,他也许是哲学史上真正科学地开始研究认识论问题的人,因此值得我们给予注意。这种研究的起点是感觉。

1.各种感觉都是有效的认识途径

他说:

> 你要尽力考虑每种事物是怎样显现的,不要认为视觉比听觉更可靠,也不要把轰鸣的听觉置于舌头的清晰的见证之上,也不要贬低任何其他感觉的重要性,无论哪种感觉都是一条认识的途径,只要你思考每种事物时照它们显现的方式来进行。[①]

恩培多克勒认为各种感觉功能都有其效力和可靠性,因而在这里也批评了赫拉克利特的"眼睛是比耳朵更确切的见证"[②]的意见;但是这段话的主要矛头显然是对着巴门尼德的,因为后者攻击了"以茫然的眼睛、轰鸣的耳朵和舌头为准绳"的世界观。恩培多克勒明白主张:事物是以能为我们感知的方式存在和显现的,而我们有与之相应的各种感官来认知这些显现,所以只要我们按照这些事物的显现方式来运用我们的感官认识它们,我们的感觉和认识就是可靠的,就能通过感觉认识它们的真实存在。

---

① P.P. 第325页,第419条。
② 赫拉克利特残篇 D101a(K15)。

2．流射说

　　具体来说,他认为感觉器官和对象事物之间有一种流射的相遇或交流关系,感觉就由此而生。"要知道进入存在的万物都有流射"[1]（因为万物都处于连续不停地发出流射的过程中,并由于这种流射而消耗自己归于消灭）。另一方面人的眼睛、耳朵等等内部也有土、火、气、水等等发出流射,并有通道使内外流射相遇。他说,眼睛就像灯笼,有一种精细的结构,瞳孔里有火,周围有土、蒸汽和被帷幕所挡住的水,眼中的火这些东西透过瞳孔向外面流射,外界事物中的土、水、火、气也通过瞳孔这个通道流进眼睛,内外两种流射相会就产生了视觉[2]；凡与各种通道相适应的流射才能通过,才能产生一定的感觉,所以各种感觉器官各司其职,一种感官不能判断另一种感官的对象是什么。[3] 耳朵是一种肉芽,空气振动时打击它产生出一个声音,像钟被敲响一样。

　　恩培多克勒还用一种科学实验来解释人的身体同外界的交流关系。就像一切动物都有呼吸一样,身体内有许多肉管子,它们在表皮上开了口子,血在管子里流动时就会使外界的空气自由出入。这种情形有如一个女孩子玩弄一个铜管计时器（Klepsydra）那样,用手堵住铜管的一端把另一端浸入水银或水里,因为管子里有气,水银和水是流不进来的,把手松开它们就流进来了,放开多少气的位置它们就流进多少来。所以,在人体内管子里血液的流动,当向内部流动时,外面的气流就流进体内来,当血液流回来时,空气又

---

① 　P.P. 第343页,第456条。

② 　见《古希腊罗马哲学》,商务印书馆1961年版,第88页 D84 和第78页第22条。

③ 　P.P. 第343页,第455条。

流了出去。①

3. 思想与感觉是同样的过程

恩培多克勒用同样的素朴方式来讲思想。他说："……（心）生活在来回运动波涛起伏的血的海洋里，这里正是人们称之为思想的住所，因为围绕着人心的血液就是他们的思想。"② 因为血是由"四根"混合而成并且比例最均匀，所以血能最好地感知外界的"四根"而成为主要的感知官能。

这说明恩培多克勒没有真正区分开感觉和思想，把二者素朴地混同了。

4."类似者认识类似者"

他说：

因为我们是以土见到土，以水见到水，以气见到明亮的气，以火见到毁灭性的火；以爱见到爱，以斗见到可怕的斗的。③

台奥弗拉斯特在《论感觉》中说："他（恩培多克勒）关于智慧和无知持同样的理论：智慧是类似的认知类似的（of like by like），

---

① P.P. 第341页，第453条。
② P.P. 第344页，第458条。
③ P.P. 第343页，第454条。

无知则是不类似的认知不类似的（of unlike by unlike），智慧与感知是相同的或十分亲近的。因为他在列举出我们借每个事物本身而认识它们之后又补充说，'因为一切事物都由这些东西构成，并与这些东西相适合，所以人们思想着并感到快乐和痛苦'。"[①] 换言之，恩培多克勒认为，快乐是由于外部事物在其组成部分（元素）和混合的比例上同人的身体（感官、血液）一致，相符；痛苦则是两者不一致，对立。同样，知识是由于相一致，无知是由于不一致。

这也许是对唯物主义认识论的最朴素的说法。我们的感觉、思想和知识必须同外部对象一致和符合。但在恩培多克勒这里，这个正确的想法被说成是：人体内物质元素的成分与混合比，同外部对象的这种物质成分与混合比，是直接地相同或相似的。他把主观感觉和思维同外物的一致，看作纯物理的过程。为什么人能认识对象？ 只因为身体也是四根和"爱"与"斗"组成的，因而与对象能相通一致。这种同一说带有十分机械的性质。

总的说来，恩培多克勒的认识理论是非常素朴幼稚的，因为他把认识过程等同于物理过程，把思想等同于感觉，还有机械论的性质。但他毕竟是最早认真研究了感觉过程和认识的人，而且恢复了感觉在认识实在中的地位，因而有重要贡献。这对肯定唯物主义本体论是一个必要的支柱。同时我们还看到，即使纯物理的机械性的感觉论也会导致它的反面。因为认识现在直接依赖于身体的物质结构如何，如体内各种元素比例是否恰当，混合得是否均匀，通道是否畅通，等等，他以此来解释人们为什么会有不同的感觉和思想，有智愚之分。这样也就导致对作为认识主体的人本身

---

① Theophrastus, De sensu 9（Die Fragmente der Vorsokratiker, 31 A 86）参见 P.P. 第 344 页第 459 条英译文。

方面的研究,并包含着对感觉的主观性和相对性的了解。如亚里士多德所说:"恩培多克勒讲当人改变了自己的条件时,他们也就改变了自己的知识。"[①]

三、阿那克萨戈拉

沿着恩培多克勒的方向发展并加以重大改造的下一个哲学形态,是阿那克萨戈拉提出的。

阿那克萨戈拉(Anaxagoras)是小亚伊奥尼亚的克拉左美奈人,他的生卒年比较确定而且没有什么争议,在公元前500/前499—前428/前427年。他在20岁时离开家乡来到雅典,在这里先后住了有30年之久。雅典是他真正的第二故乡,在这里他度过了最宝贵的时光,形成自己的哲学,影响了雅典和希腊世界。

第欧根尼·拉尔修和斯特拉波说他是米利都的阿那克西美尼的学生,[②] 辛普里丘报道台奥弗拉斯特说阿那克萨戈拉的理论类似阿那克西曼德的,[③] 这说明他的思想有米利都派的深刻渊源。

对于他的同时代人来说,他的哲学的成熟与发表显然不仅在巴门尼德之后,也在恩培多克勒和芝诺之后。亚里士多德说他虽在年龄上略长于恩培多克勒,但在哲学活动上却略晚于后者,[④] 并多次指出他对后者的不满意和彼此的对立之处。他在著述中实际上对芝诺的"一多论证"也作出了自己的回答。他同恩培多克勒一

---

① Aristotle, Met. 1009^{b}18.
② Diogenes Laertius, Ⅱ, 6, Hicks 英译本第1卷, P.P. 第364页, 第490条。
③ P.P. 第383页, 第519条。
④ Aristotle, Met. 984^{a}11.

样承认爱利亚派关于没有"虚空"的观点,似乎还没有想过能否承认虚空的问题,所以他的哲学可能在留基波之前,至少是留基波著作的公开发表之前。斯特拉波还报道说在他的学生里包括阿尔刻劳和欧里庇德。[①] 我们知道阿尔刻劳当过苏格拉底的启蒙老师,而柏拉图在对话中从未说过苏格拉底见过阿那克萨戈拉,虽然苏格拉底读过他的书,对他的"心灵"说有极大的兴趣。可见从师承关系上说苏格拉底同他相隔有一代之久。根据上述情况我们可以大致估计他的哲学活动的时间,他可能是在雅典过了一个较长时间之后才形成和发表自己的哲学的,但还有足够多的时间在雅典从事宣传和教育活动来产生那么多而大的影响,其时约在前5世纪中期偏前的时候。后来他因被雅典人判罪而离去,到了朗卜沙柯,在那里继续他的哲学活动,受到当地人的高度尊敬,最后死在那里。

　　他同伯利克里的亲密友谊是很突出的。第欧根尼·拉尔修报道说,他被雅典人控告犯了渎神罪,因为他说太阳是一团白热的金属,比伯罗奔尼撒还大,他的学生伯利克里为他演说进行辩护,他便被课以罚金驱逐出境了。还有一种说法,是说审判他的人是伯利克里的政敌(实际上是想借控告他来中伤伯利克里),罪名不仅是渎神而且说他私通波斯对雅典不忠,因而被缺席裁判处以死刑。这时伯利克里便上前对人民说,你们是否发现我在政治抱负上有什么过失,人民回答说没有这样的事,于是伯利克里就接着说道:"那么好,我就是阿那克萨戈拉的学生,请你们不要为诬陷所动而处死他吧,我希望能说服你们把他释放。"这样阿那克萨戈拉便被开释流放出雅典到朗卜沙柯。[②] 普鲁塔克也说到这件事,他说:"伯

---

① 　P.P. 第36 4页,第490条。

② 　Diogenes Laertius,Ⅱ, 12-14,见 Hicks 英译本第1卷,第143、145页。

利克里营救阿那克萨戈拉可不容易。"① 在这件事上我们可以看到他们思想上政治上的一致和患难与共的深厚关系。

柏拉图在《斐德罗篇》中通过苏格拉底之口说:"伯利克里在他的天然禀赋之上获得了高贵的心灵,我想这是由于他同阿那克萨戈拉的交往所致,阿那克萨戈拉已经具备了这种品质,他沉浸于自然的思辨中,抓住了心灵和愚蠢的真实本性(这是阿那克萨戈拉谈得很多的题目),从这个源泉他有所得,他能致力于论辩的艺术。"②

柏拉图把伯利克里的高尚品质归功于阿那克萨戈拉的教导,这不是一件小事情。众所周知伯利克里是当之无愧的伟大人物,古典时代(上升时期)雅典精神在政治上的集中体现者。那么阿那克萨戈拉学说的意义不也明显了吗?何况他还培养了像欧里庇德、阿尔刻劳这样一些人物,对雅典文学的发展和哲学开始扎根于雅典都作出了贡献。因此如果我们说阿那克萨戈拉是这个时代的精神在思想上和哲学上的主要体现者,也许并不为过。他的哲学是一个重点。

阿那克萨戈拉的哲学有一些复杂而精深之处,不易理解,所以直至今日仍有不少争论,需要我们认真研讨。

1. 他的哲学与恩培多克勒的同与异

阿那克萨戈拉的哲学主要是"种子"(seeds)或"部分"(portion)

---

① P.P. 第 365 页,第 491 条。
② 柏拉图:《斐德罗篇》(Phaedrus) 270 A,见 P.P. 第 363 页,第 489 条英译文。

说和"心灵"说。他用无限多的"种子"或"部分"代替恩培多克勒的"四根",用更单纯的"心灵"来代替"爱"和"斗"。他同恩培多克勒的一致和区别是突出的,关系最直接最紧密。要了解他的哲学,必须首先了解这种关系。

应该说他同恩培多克勒在基本出发点上几乎是完全一致的。

首先,他们都以"拯救现象"即说明感性的万物世界及其实在性为任务。

其次,他们都主张用"多"来取代爱利亚派的"一"和原始唯物主义哲学中的单一本原。

再者,他们又都吸取了原始唯物主义和爱利亚派的合理成分或内核,即一方面他们把本原的存在理解为物质东西,具有感性的质,另一方面把这些本原理解为确实的不变的本体,他们的"多"都是指永远存在的,有质的物质本体。

再者,他们都用这些不变本体来构造和说明现象,都得用结合与分离来解释生灭运动现象,因而都在物质本原之外引入了动力因。

阿那克萨戈拉以一种更明白的方式说:

> 希腊人对产生和消灭的看法是错误的,因为没有什么东西产生和消灭,有的只是存在的东西的结合与分离。因此,正确的说法是把产生叫作结合,把消灭叫作分离。[①]

这个意思恩培多克勒已经有了,而阿那克萨戈拉更彻底地贯彻了这个看法,他主张用"结合"与"分离"取代一切关于"产生"和"消灭"的观念,根本否认有什么生灭。从这个角度看,他似乎是更

---

① 　P.P. 第369页,第497条。

加走向极端,更加形而上学。

但这只是事情的一方面。阿那克萨戈拉由于彻底贯彻了恩培多克勒的原则来拯救现象,他把"多"(本原是质上有多样性的诸多东西)的原则也就发挥到了极致,并且正是在这个过程中他又重新发现了辩证法;这些就使他同恩培多克勒区别开来,他的前进包含着更深入细致的思考。其结果一方面是形而上学观点的进一步贯彻,另一方面是辩证法的再现,其中有些是相当深刻的。这两方面的并存和相互制约的情况,表现了哲学进展中的高度复杂性,给后人以各种角度的启发;但同时也使他的哲学不易为人们所理解,常常发生误解。—— 所以需要一定的耐心,多多注意对它作具体分析才行。

现在让我们来看看他为什么不满于恩培多克勒的"四根"说,认为有必要提出无限的"种子"来代替它作本原。

"四根"说从两方面看都是不彻底的,与恩培多克勒自己的目的和原则有矛盾。

首先,这四个元素是四个大块还是有无数的部分呢? 显然只能是后者,因为如果只是四大块,就不可能有什么彼此穿插的结合与分离,现象的说明也没有可能。可是在这一点上他自己显然没有说清楚。亚里士多德说过这样的话:

> 那些追随恩培多克勒的人用什么方式讲变化呢? 必定像用砖石砌墙那样。他们讲的"混合"必定由永存的元素以挨近的微粒的方式结合而成,用这种方式产生了肉和一切别的东西。①

这种解释是对的。恩培多克勒自己说过土、火、水、气按照各

---

① 亚里士多德:《论生灭》334ᵃ26,见 HGP 第2卷第149页格里的英译文。

为几分的比例结合为骨头,另一种比例就结合成血或肉等等。[①]
他的流射说更明白地表明"四根"只能以微粒方式存在。这就是
说,在他心中实际上认为"四根"是无数多的部分或微粒,决不是四
个整块的东西。否则上述看法就是不可设想的,逻辑上是自相矛
盾的。

　　既然如此,物质本原在数目上就不应当只限定为"四",而应当
是无限多。恩培多克勒的模糊说法,从巴门尼德式的本体论逻辑
来看是不能容许的;因为一个本体(例如"四根"中的任何一个)内
部没有虚空或空隙(这也是恩培多克勒承认的),那么它就必定是
一个不可分的整体,不能分为许多部分或微粒,所以要么从一开始
它就是无限多个,要么它就是一整块,二者必居其一。

　　所以,阿那克萨戈拉认为本原不是四个东西,"多"不能限为
"四"而必须是"无限多"。这是从本原(物质本体)的数量上说的。

　　其二,更重要的是,只用"四根"即四种特质的东西,能否说明
现象世界中万物的质的无限多样性呢? 只用冷热干湿能不能说明
骨头、肌肉、动植物、金属等等的质呢?

　　阿那克萨戈拉问道:

　　　头发怎么能从不是头发的东西而来,肉怎么能从不是肉的东
　　西而来呢? [②]

　　头发、肉、骨头等等都是不同质或性质的东西,恩培多克勒用
"四根"的不同比例来解释,但是这"四根"每个只有一种特质,混
合起来也还是这几种质,怎么会出现头发和肉这些性质的事物?

---

① 残篇 D96,见 **P.P.** 第 355 页,第 440、441 条。

② **P.P.** 第 378 页,第 511 条。

这是难以说明的。因为头发和肉的质并不同于"四根"的质。那么问题就来了：像头发和肉等等事物的质究竟从何而来呢？如果我们要肯定它们真实存在，不是无中生有，那么我们也就必须假定它们本来就有，在本原或本体中就存在着。因此，本原或本体中本来就应当有无限多样的质。

我们必须记住，对于恩培多克勒和阿那克萨戈拉这些最早从事拯救现象的哲学家来说，最要紧的事情是如何根据本原（本体）自身绝对不变的原理来解释现象事物里：（1）质的无限多样性；（2）我们所见到的质的变化。恩培多克勒的"四根"说不能解决这里面的矛盾。阿那克萨戈拉为此想到物质本原的"多"不仅在数目上必须无限多，而且特别重要的是要设想它们在质上也无限多。这样才能解决（1），即现象事物为什么在性质上有无限多样性。

现在剩下的还有（2），即如何解释我们所看到的事物的质变，具体事物及其性质的生灭问题。这个问题恩培多克勒是用"四根"的结合与分离来解决的。但是如上所述，它连现象中无限多样事物的质的来由也说不明白，在这个问题上就更含混不清了。阿那克萨戈拉比恩培多克勒更彻底，他根本否认物质本原及其质有任何生灭，一切质始终永存。那么人们日常见到的种种变化、生灭，特别是质变又怎么解释呢？例如，如果肉只来自肉（微粒），金子只来自金子（微粒），万物及其质早已现成地摆在那里，为什么我们见到的却不是如此，而是从水和面包里（食物）长出血、肉、骨、毛发呢？因此，其三，他重新解释了结合与分离的含义，赋予了它们以"隐"和"显"的内容，以及对立面不可分的辩证观念。关于这一点我们后面细谈。

了解了他同恩培多克勒的一致和不同之处，我们就有可能理解他的哲学的基本概念了。他的物质本原（本体）是所谓"种子"，但是要理解他的"种子"我们还必须同时理解一个与之相关的概念"部分"（Portion）。我们似乎可以先把这两者看作一回事来讨论，因为它们在许多基本点上是一样的；然后再来谈谈"种子"还有什么特点和意义。

2.阿那克萨戈拉的"部分"和"种子"

他的物质观总的有如下表述：

> 当初万物是聚在一起的,数目无限多,体积无限小；因为小也是无限的。万物聚在一起时,.由于微小,是不清晰的。[①]
>
> 当万物聚在一起还没有分离之前,连颜色也没有显明起来；因为万物的混合,即湿的和干的、热的和冷的、明亮的和黑暗的东西,以及许多的土和无数彼此全不相似的种子的混合,妨碍颜色的显明。这些〔与整体有别的〕其他东西没有彼此相似的。既然情况知此,我们就必须假定万物都存在于整体中。[②]

这里讲的是世界最初还未发生分离时的状态,它是混沌不分的,但已经有了、包含了万物。他所说的万物(a)数目无限多,体积无限小,这种小是不定的, (b)是有各种质或性质而且彼此不同的东西,换言之,具有无限多的质的东西或种子。这些无限多的事物或种子是开天辟地就有的,或更确切地说是永恒存在的,既成的东西。但是它们聚在一起的时候,是显示不出区别的,原因是(a)因为它们太小, (b)因为混在一起还没有彼此分离。在这里我们看

---

① P.P. 第368页,第495条。

② P.P. 第368页,第496条。

到阿那克萨戈拉强调了结合、混合的一个重要意义,这就是它使万物及其种子隐而不显,虽然它们始终存在着。这些始终存在的东西只是靠分离才由隐为显的。(下面我们会看到这个观点对他解释我们所见的生灭现象有极大的意义。)

我们可以明白看到,他的这一套观点,似乎又再现了阿那克西曼德的"无规定者",那个"混沌"的状态。阿那克西曼德以"无规定者"为本原,"混沌"看来什么规定也没有,却包含着一切规定、一切对立,包含特殊的万物,借分离运动把它们产生出来。阿那克萨戈拉采取了这个观点,不过他并不把混沌整体当作本原,而是把无限多的殊异的种子当作本原,这样重点就不同了,无限的种子是既成的永恒存在的东西,是出发点,不是被产生出来的,而混沌不分的整体只是无限多的种子的一种聚合状态。我们必须看到这种原则的区别。

但是话又说回来,在阿那克萨戈拉进而思考和规定这些无限多的本原时,他又在这里遇到了辩证法,这些既定的永远独立自存的本原又变得不那么确定了。于是我们就会看到,这里又出现了向阿那克西曼德回复的情形,这些"部分"或"种子"作为无限者又带有无规定者的某些含义:

(1)本原在数目和大小上的无限或不确定性

事物或本原、存在者,只要它们是物质性的,首先就必定有体积,有大小。存在者必须有大小,但是这大小能否给以规定,使它永远不变呢? 阿那克萨戈拉发现这是不可能的:

> 在小的东西中间并没有最小的,总是还有更小的,因为存在的东西再小也不可能不存在。同样,与大的东西相比也总有更大的。

它同小的东西在数目上一样多,每一个东西本身都既大又小。[①]

大小总是相对的,没有绝对的大或小。事物如此,它们的"部分"以及"种子"也无不如此。我们不能为任何东西规定一个大或小的限度,因为任何大小一旦规定下来,立即就可以超过。所以任何东西的大小不能有最后的规定。因而事物的数量之多是无限的。

阿那克萨戈拉说"存在者再小也不可能不存在",这是对芝诺论证的一个很重要的答复。因为芝诺说,如果有多,存在者就会被无限分割,那么这些多的每一个就会成为无,合起来也就是无,这样"有"就会成为"无",因而是不可能的,所以多是没有的。阿那克萨戈拉指出,存在者的大小本来就是相对的,为什么因为无限分割就成为"无"了呢? 这是没有的事。正确的说法是再小,再分割,存在者(事物)仍然存在,因为它仍然有一定的大小。"存在者"必定有大小,但究竟是多大、多小是不能确定的,而这并不影响其作为"存在者"的资格。所以肯定"存在者",与它是否分割无关,与是"一"还是"多"无关。实际上,由于"存在者"在大、小上可以无限分割,必定是"多"。这是对芝诺的一个有力的正确回答。

(2)对立的质和有对立的质的东西是不可分离的

阿那克萨戈拉认为万物及种子本来就有一切的质,这是既定的永远存在的。同时他也承认这些似乎独立自存的质有对立关系,而且那些一对对的质也同大小一样有相对性,因而不可分。换句话说,彼此又有同一性。他说:

[①] P.P. 第370页,第499条。

在统一的世界秩序中的事物,是不能用一把斧子砍开截断的,
热不能与冷分开,冷也不能与热分开。[①]

他举例说,雪看起来是白的,但雪是冰冻的水,而水是黑的,所
以雪也是黑的。[②] 雪和水,白和黑,在质上既不同又不可分,所以能
够转化。它们既是确定的,同时又因为一致而带有不确定性。

这种对立的统一、同一的思想,同结合与分离的说法相联系,
使他在用本原来说明事物的生灭变化与质变时,能够把它们解释
为已经存在的东西及其性质的隐显状况的改变。

(3)"每一事物中都有各种事物的部分"

以上两点导致他的一个重要结论:

> **在每一事物中有各种事物的一部分**,除了心灵的部分而外(In
> everything there is a portion of everything except Mind)……[③] (重点
> 号是引者加的)

关于他的"心灵"说下面再谈。这里讲的命题是关于他的物质
学说的。这是他的物质观的基本命题。

> 既然大的东西和小的东西在其部分上一样多,所以万物也就
> 存在于每个事物里。它们也不可能孤立存在,而只能是:一切事物
> 都有各种事物的一部分(all things have a portion of everything)。因
> 为不可能有最小的东西,没有东西能孤立或凭自身而成为存在,所
> 以一切东西现在也必定是聚合在一起的,同当初一样。在一切东

---

① P.P. 第381页,第513条。

② P.P. 第381页,第514条。

③ P.P. 第376页,第509条。

西里都有许多成分,而且在分离出来的较大和较小的东西里这些
成分在数目上一样多。[①]

在阿那克萨戈拉看来,我们见到的一切事物都有一定的大小
和性质,因为它们是分离存在的较大东西或较小东西,这是一方
面;但是,因为总有比它更小的东西,所以一定还有更小的东西作
为它的组成部分,这样任何事物不管怎么小也仍然是一种聚合物,
其中有许多部分或成分,而这些成分在质上又彼此不相似。并且
这每一个部分本身也是由许多部分组成的聚合物,这是没有止境
的,因为根本没有什么最小的部分,所以也根本没有最单纯的部分
和东西。万物当初是聚合在一起的,分离使一些事物和部分显现
出来了,它们有一定的大小和性质的规定性;但是在进一步研究
中发现,现在我们见到的任何事物也仍然是由无数的部分聚合在
一起的,同当初一样,世界上只有相对确定的东西和"部分",没有
绝对确定的东西。每一事物和部分里都包含着同它现在的显现不
同的东西、相反的东西,因而与其他事物相通相连,所以说"每个事
物里都有各种事物的一部分"。万物都不能孤立存在,而是彼此包
含着的。

于是我们看到,在客观辩证法和对存在的事物与性质作更具
体的思考推理的作用下,巴门尼德以来的、并为恩培多克勒所坚持
贯彻的"存在者"绝对孤立不变的本体论逻辑,开始发生了剧烈的
变化,即从完全形而上学的观念转向辩证法,带上了辩证本性。阿
那克萨戈拉仍然坚持本原(本体)的"有"和质永存不变,他要以这
种物质本体作根据来构造、解释现象;但他已发现在更精密的考

---

① 　P.P. 第375—376页,第508条。

察下,这种物质本原或本体首先在大小上的确定性并不那么确定,毋宁说不确定性才是绝对的;其次,质的确定性也不那么确定,因为冷热干湿黑白等等也同大小一样,实在不能分开,不能孤立自存,还不如说对立的结合与一致才是绝对的。这样,本原及其各种质的存在虽然是绝对的,但它们的规定性却不是绝对的而只是相对的。每个事物是某种东西,但里面包含有别的东西,这些与之不同的东西也会显现出来,于是这个事物看上去就变化了,变成另一事物了。事物如此,我们所能设想和设定的本原或本体也是如此。绝对不变的本原或本体便开始消解了,流动了,犹如白雪会变成黑色的水那祥。

可见,阿那克萨戈拉所说的"结合"与"分离",其含义也有了变化,既有外在的机械性,也带上了一定的辩证性(如结合不单是外在部分的简单组合,而且是对立的结合)。

但他的辩证观点并不违反巴门尼德和恩培多克勒的本体论逻辑,因为他决没有主张无中生有,相反,一切生灭变化现象只是一事物里已有的"部分"及其性质的显现与否而已。但他的本体带有一定的辩证性质,因而"结合"与"分离"也带有一定的辩证性质,恩培多克勒所不能很好解决的本体与现象的对立,到他手里有了一定程度的解决,因而他的物质学说在面貌上也同恩培多克勒的大不相同了。

但这是否已经全是辩证法化了的物质观呢? 还有没有形而上学的方面或成分呢?

(4)关于所谓"同类的部分"的问题

如上所述,阿那克萨戈拉用来结合成万物的"部分",既单纯又不单纯。就每一个"部分"分离出来看,它有一定大小和性质,例如一滴血液那样,与肌肉、骨头不同,有它确定的质:血。但这一滴血又由无数更小的部分造成,这些更小的部分各个不同,可能是水、火、土、气、骨、肉等等,当然也可能还是更小的血滴;这些更小的多样的质的部分,还可以进一步分为更小的部分,这种进一步分割的可能性是永远存在的,因此可以无限地进行下去。所以任何"部分"既是单纯齐一的,又是不单纯的不齐一的。—— 这应是他的"部分"的本义。但是亚里士多德却把他的"部分"称之为"同类的部分"(ὁμοιμερῆ 或 ὁμοιμέρειαι,英译为 homoeomeries 或 things with like parts),如:

> 　　阿那克萨戈拉 …… 说本原为数无限;因为他说一切事物都由与它同类的部分造成,万物的生灭(如水或火)只是由于结合和分离,此外没有别的意义的生灭,它们都是永恒存在的。[①]
> 　　阿那克萨戈拉和恩培多克勒对于元素持不同看法。恩培多克勒认为物体的元素是火这几种东西,万物由它们造成;而阿那克萨戈拉对此不赞成,他主张元素是同类的实体(如肌肉、骨头等等),而气或火是这些同类的实体和一切别的种子的混合;它们每一个都是所有的同类实体的一种结合,而这些同类的实体是看不见的。[②]

　　所谓"同类的部分",按词义说就是这些元素(或本体、实体)的"部分"与它造成的事物在性质上同类。阿那克萨戈拉不是提出过这样的问题吗? 他问道:肉怎么能来自非肉的东西,头发怎么能来自头发的东西呢? 肉、头发等等不会来自非肉、非头发的东西,这是质不能无中生有的意思;因此,一块肉必定是由比它小的肉的部分结合而成,一根头发也必定由小的头发造成,"部分"

---

①　Aristotle, Met. 984ᵃ13 - 17 .

②　亚里士多德:《论天》302ᵇ28,见 P.P. 第383页,第521条英译文。

必定在性质上与整体事物同类。关于这个意思,卢克莱修说得最明白:

> 现在我们要根究一下阿那克萨戈拉的"同类的部分",希腊人用这个名称来称呼它,我们的语言却无法翻译它。不过就事情本身来说,我们不难用一些话来说清楚他称之为万物始基的"同类的部分"是什么。在他看来,骨头是许多小骨头合成,肌肉由许多小肌肉合成;血液由许多混合在一起的血滴造成;金子由许多小金片造成,土由土的部分造成,火由火的部分造成,水由水的部分造成;其余的一切他也认为是这样造成的,他不同意物体中有空隙,也不承认物体的分割有一个限度……他以为各种事物都混在一起,在混合中,我所看到的只是那为数众多并且靠近表面的事物。①

艾修斯的一段说明也很重要:

> 阿那克萨戈拉断言"同类的部分"是存在物的始基。他认为事物从虚无中产生或消灭为虚无是完全说不通的。我们吃的食物表面看来好像是单纯齐一的,譬如水和面包,可是从这食物却长出头发、筋腱、血管、肌肉、神经、骨骼和其他一切肢体来。因此应当承认,在我们所吃的事物中并存着一切事物,因而一切事物都能由它而增长。所以在这食物中便含有血液、神经、骨骼等等的发生部分,这些部分只能为理性所认识;因为不能把一切都归结到感官,感官只是给我们指出水和面包由这些物质构成,而只有凭借理性才能认识到这些物质包含着部分。因为这些包含在食物中的部分与这些部分所构成的物质是相似的,所以他称这些部分为"同类的部分",并且断言这就是万物的始基,"同类的部分"是物质,安排

---

① 《古希腊罗马哲学》,商务印书馆1961年版,第63页。

宇宙的"心灵"是动力因。[①]

不少现代学者认为这"同类的部分"说带来了一个很尖锐的问题。康福德(Cornford)说，阿那克萨戈拉的物质理论建立在两个前提上，而这两个前提似乎明显地互相矛盾着。一个是同类性的原则，一种自然实体如一块金子，只包含与整体相似的部分并彼此相似，即它们都是金子而不是别的；另一个原则是"在每个事物里有各种事物的一部分"，那么一块金子即使是纯金，里面也包含着世界上各种其他实体的部分。[②]康福德认为阿那克萨戈拉若不是极端糊涂，就不能提出这种自相矛盾的理论。因此，有的学者认为，"同类的部分"说很可能不是阿那克萨戈拉本人的思想，而是亚里士多德及后人以自己的理解附加给他的。其重要理由之一是阿那克萨戈拉本人的残篇中从来没有出现"同类的部分"一词。[③]

我来谈谈自己的一些看法。

第一点，诚然，在阿那克萨戈拉留下的残篇中我们没有找到"同类的部分"这个词，似乎在亚里士多德以后才出现。但是亚里士多德是把它当做阿那克萨戈拉本人的表述来引证讨论的，古希腊罗马后来的哲学家也这样认为。因此我感到恐怕不宜简单地予以否认和排斥，说这不是阿那克萨戈拉本人的观点。

第二点，问题在于他本人有没有这种看法，我以为显然是有的。有不能来自无，某种性质的事物不能来自无，这是他从巴门尼德和恩培多克勒那里继承下来的基本观点，也是他本人坚持的本体论逻辑。这一点决定他的物质观必定有"同类的部分"或"同类

---

① 《古希腊罗马哲学》，商务印书馆 1961 年版，第 67—68 页。

② 转引自 P.P. 第 367 页。

③ P.P. 第 367 页，并参见 Guthire，HGP，第 2 卷，第 281—294 页。

的实体"的观点。肉不会来自非肉(="有不能来自无"),那么就必定来自已有的肉的"部分",即一块肉必定是由许多同类的部分(小肉片)组成的。因此,如果人们看到的是吃了面包和水能长出肉、骨、血来,那么必定在面包和水里已经有了肉、骨、血等等的"部分"了。这是必然的、合乎逻辑的结论。现象的事物同实体(本体)在存在上和质上都是同一的,所以二者能够一致。

第三点,这"同类的部分"的观念与"每个事物都有各种事物的一部分"是否矛盾? 看来是有矛盾的,因为前者强调事物与实体的同一,后者强调它们的差别,强调任一事物或"部分"里有与之不相似的成分。但这个矛盾恰恰是阿那克萨戈拉物质学说本身里必然有的,在他看来是相反相成的、缺一不可的。因为没有"同类的部分",任何事物或"部分"的存在和质就无法确定和造成,就会成为无中生有;而没有不相似、不同类的部分,就无法说明事物有质的变化和具体的生灭现象。例如,肉、骨头要由小肉、小骨头的同类部分造成,因此就必须假定在食物(水、面包等)里已经有了小肉、小骨头等同类的部分。但水和面包呢? 它本身应由与之同类的部分例如小的水粒、面包微粒造成;可是显然,它同时又必须包含造成人体的各种东西如肉、血的成分,这也是必然的逻辑结论。所以"部分"就应当既与整体同类,又应当不同类。这个矛盾事实上是这样解决的,整体中的那些"部分"有与之同类的,也有与之不同类的;但那同类的部分占了优势,所以这整体就表现为某种性质的事物。当整体的各部分分解时,不同类的部分就显现出来;或者当整体中另一种部分占优势时,整体也就改变了原来的面貌。

亚里士多德就是这样看的。他有一段评论,我认为是符合阿那克萨戈拉的本意的,从这里也可理解"同类的部分"的意义并非与阿那克萨戈拉的学说不相容。他说:

　　阿那克萨戈拉提出了一种无限性的本原,即同类的实体和对
立面,而恩培多克勒仅提出所谓"四根"。

　　阿那克萨戈拉主张本原为数无限,可能是由于接受了自然哲
学家的共同看法,认为没有任何东西能来自不存在。正因为这个
理由,他们才说"万物原是聚集在一起的",而如此这般的一类事物
的产生是由于质变,而另一些人则说是由于结合与分离。

　　其次,对立东西互相产生的事实也使他们得出同样的结论。
他们论证说,对立的一方必定原来已存在于另一方之中了;因为,
既然产生出来的一切事物必定或者来自存在者或者来自不存在
者,而来自不存在者是不可能的(这是所有自然哲学家都同意的),
他们就想由此推出变化的真理,即产生出来的事物必定来自原已
存在的事物,不过因为它太小而不能为我们的感官所感知。所以,
他们断言一切事物都在每个事物里混合着,因为他们看到各种事
物都是从各种事物里产生出来的。不过事物,如他们所说,显得彼
此有别并得到不同的名称,这是因为在无数的混合成分中有一种
性质的东西在数量上占了优势。他们说,没有什么事物是纯粹完
全的白或黑或甜的,没有纯粹完全的肉或骨头,所以一个事物的性
质只由它所包含的最多的成分来定。①

　　亚里士多德的分析清楚表明,阿那克萨戈拉的观点完全是按
照"有不能来自无"的逻辑推论的,因此,任何事物不能由与它不
同的实体造成,而必定要由与之同类的部分来造成。但是为什么
我们见到的却是不同事物的质变、转化呢? 对立物(对立面)相互
转化相互产生是事实,对此如何解释? 阿那克萨戈拉的看法是:
对立物的相互转化,只是表明在一方里早已包含了另一方的部分。
我们看到的产生,不过是早已存在的这些实体现在显现出来了;
而原先虽已存在却因为太小,又混合在对方里,不能被我们感官

①　Aristotle, Physica 187^{a}23-^{b}8.

所感知；当它们在混合中占优势时，我们就以为这是某物产生了。按照这种观点，产生和消灭并不是真的质变，对立一方自己也没有变成另一方，只是潜伏在一方中的另一方的显现，只是原先看不见却早已现成地存在着的"同类的部分"潜伏在另一事物里，现在表露出来了。

所以我们看到，阿那克萨戈拉的物质学说虽然有辩证法的因素，实质上又仍然是形而上学的不变论。所以亚里士多德认为他的本原是"同类的部分"和"对立物"。即既讲"部分"同类，性质相同不变，又讲"部分"不纯粹不同类，每个事物或部分里还有与本身性质相反的、不同的东西。阿那克萨戈拉的对立面不分，不是说对立面本来相通为一，如冷热、大小原是连续的一件事情中的两端，因而虽相反而能转化，而是说一方是一个事物，里面已有一个既成的对方事物的成分，如冷的事物里已包含了热的事物的"同类的部分"。这样，对立统一的辩证法关系，就被说成是机械的结合和混合里的包含关系；对立物自身向反面的辩证转化，被说成是一事物内部包含着的其他成分在数量上占了优势。但是，反过来说，那种机械的混合与分离也就带上了一定程度的辩证法意味。所以，在阿那克萨戈拉这里，"同类的实体（本体）"说便同"每一事物有各种事物的部分"即不同类的实体（本体）说并行而不悖。

这样看来，阿那克萨戈拉的物质本体论逻辑是形而上学和辩证法观点的奇妙混合或结合。若干辩证思考相当深刻，而骨子里仍坚持着形而上学的本体不变论；反之，这种不变的本体论又全靠对立的结合统一和相对性的辩证法来达到同现象一致，并深刻改变着那不变的本体自身的面貌。这确实有一定的复杂微妙性，许多人感到理解阿那克萨戈拉相当困难，也许症结就在这里。

芮索尔（M.E.Reesor）认为"同类的部分"指的不是物质本体而

是"心灵"。[1] 他说,那种说"同类部分"是物质实体的看法,只是亚里士多德和卢克莱修的解释,阿那克萨戈拉残篇中并无根据。而残篇中谈到"心灵"则确是看作单纯、独立、不与别的任何东西混合的东西。我想芮索尔的这个说法恐怕是不妥的、轻率的。这不仅因为亚里士多德的论述有权威性,而且阿那克萨戈拉物质理论中显然有"同类部分"的思想,他同巴门尼德和恩培多克勒在本体论逻辑上的继承和一致也会导致这一观点。忽视这一方面,我们就不易认清他的思想支柱里非常重要的一个关键所在。

（5）关于"种子"

现在来谈他的"种子"。在他的残篇里"种子"这个词（ σπέρματα ）和"部分"常常并提,作为构成世界和万物的本原。人们又认为亚里士多德所说的"同类的部分"也就是"种子"。因此人们常常觉得难于分辨。我们上面已经讨论了"部分"和"同类的部分"的意义和关系,现在可以再进一步讨论"种子"的含义了。

我们首先可以看到"种子"和"部分"在许多意义上是相似的。

残篇第4条开头处说到"种子"：

> ……我们必须假定：在各种结合物里包含着许多各式各样的东西,即万物的种子,有各种形状、颜色和气味。[2]

这里讲"种子"同"部分"并无不同,因为它也是结合物的成分或部分,它有形状和感性性质,它本身显然也包含着无数的成分。

那么为什么除了"部分",还要提出所谓"种子"呢？ 它究竟指

---

[1]　Magaret E.Reesor：*"The Problem of Anaxagoras"* , 见 *Essays in Ancient Greek Philosophy* , State University of New York Press .1971, p. 81。

[2]　P.P. 第378页, 第510条。

什么东西,还有什么意义?

费拉斯脱(G.Vlastos)对阿那克萨戈拉时代的哲学和医学著作中的"种子"概念作了考察。当时人们认为种子是双亲体内一切基本构成成分的复合物,而新的有机体就是由种子里的这些成分生长起来的(预成论);种子在一定的环境中按照相似性的原则生长,即种子里的各种成分分别由环境所提供的与之同类的物质材料所营养,一点一点地长大。弗拉斯脱认为阿那克萨戈拉的"种子"只能从这里得到理解,如残篇第10条(即"头发怎能来自不是头发的东西,肉怎能来自不是肉的东西呢? ")就明白证实了这一点。①

显然,对所谓"营养"过程、对所谓"种子"的形成和生长过程的解释,都可以运用"每个事物都有各种事物的一部分"的原则。一个有机体的成长决不是无中生有的,它成长所需的一切"部分"在"种子"里就已经具备,只不过是具体而微罢了。这些"种子"的各种成分,各自从外界如食物中吸取营养,如从面包和水等里吸取与自己"同类的部分",如骨头吸收与之相似的骨头"部分",肌肉吸收小的肉的"部分"等等,便生长起来,于是种子整体就成长为一个动物或植物。另外,种子本身也不是无中生有的,种子和它里面的一切"部分"、成分来自双亲和双亲体内的一切"部分",由它们聚合而成。

"种子"虽然也是"部分"这种实体,但又有它的特殊之处,使它不同于一般的"部分"。在生物学里,"种子"显然比"营养"过程更重要更根本。在阿那克萨戈拉的哲学里,"种子"的地位和意义,也同一般所说的"部分"有别,所以需要另外提出来作为特别重要的本原。

---

① 转引自 HGP,第2卷,第299页。

　　对此,基尔克和瑞文在其《前苏格拉底哲学家》一书中提出了一种看法。他们认为,阿那克萨戈拉的"部分",意义是事物的"一份"、"一小块(片)"、"微粒",但是这种东西在理论上和实际上都无法达到,无法真正从事物里分离独立出来,因为每个"部分"里还有无数的"部分",分割可以永远进行下去而没有终结之时,就像芝诺的"二分法"对任一线段的分割那样。要抓住"部分"这个本原,我们就陷于一种坏的无限追溯之中。但物质不管怎样可以无限分割,却自然地倾向于结合在"种子"里;因此一种物质的自然单位就有了,从这里开始就好说明世界和宇宙。这样他就避免了两难,一方面无限追溯仍然保留着;另一方面这种无限追溯多少能有一个暂时的停留点,使他能建立一个感性世界。①

　　我觉得弗拉斯脱和基尔克、瑞文的上述看法,对于理解阿那克萨戈拉很有裨益。"种子"原是生物学方面的观念,现在被他扩展运用于说明整个世界,不仅说明人和动植物的产生成长,也用来说明宇宙和无机自然,成为一种带普遍性的物质本原或本体的观念。他这样做,可能是感到只提出"部分"还不够,因为"部分"这种东西的相对稳定性太少,因为人们每次以为抓住它时,它立刻由于大与小的辩证法又表现为一个结合物,由于里面还有更小的在数目和性质上无限多的"部分"而瓦解,这样根本就不存在什么最小、最单纯的"部分",也就无法抓住和确定它到底是什么东西。但是按照巴门尼德和恩培多克勒的逻辑,本原或本体自身必须是确定的、不变的"有",从这种"有"才能把握世界或构造世界万物,恩培多克勒和阿那克萨戈拉所要拯救的现象万物才有稳固可靠的基础,才算"从有到有"而不是"从无变有"。所以,如果本原或本体的东

————————————

① P.P. 第377—378页。

西只是这种没有确定性的"部分",用它来构造万物也就显得不可靠不稳固,使人感到难以捉摸。"种子"这种东西就有所不同,虽然它也完全符合"部分"的特征,如它是双亲的一部分,它里面也包含有无限多的成分和部分等等,但是它是一种有机的整体单位,在无限可分的自然事物里有比较稳固的形象,而且人人都对它比较熟悉,它在生物的发展中有一种关键性的重要地位或基础性的意义。所以设想万物都有"种子",似乎比说万物"都有部分"更加好些。例如在"种子"里,一个未来有机体已经具体而微、一切皆备地存在了,所以后来的"有"不是来自虚无而是来自已经有的"有",这是比较清楚、比较有说服力的。可见"种子"说保留了"部分"观念的全部意义同时又比它更好些,避免了单纯的"部分"说那种极不确定难以把捉的缺陷。此外"种子"与成长起来的动植物的同一性也很清楚,其中各种成分都一一相应,都是同类的。"双亲—种子—后代"及它们的各种成分性质都保持着"同类的部分"这种物质本体的连续一致性,它们的差异仅仅是各种成分隐显之别。

这也许就是阿那克萨戈拉以"种子"为万物的物质本原的理由。

小结一下阿那克萨戈拉的物质学说,我们看到他在现象和本体的结合上比恩培多克勒前进了一大步。他处处都力图从现象的合理解释中来规定本体,这样现实的辩证法就要求他对本体也进行辩证的理解,但同时他又力图坚持住巴门尼德和恩培多克勒的确实不变的本体,按照"从有到有"的逻辑来从本体解释现象,所以他的看法就在形而上学和辩证法之间来回运动,他的本体也就在确定性和不确定性之间来回运动。任何"部分"在存在性上即大小和质上有某种规定性,又因无限可分而不确定。为了使这种辩证的不定性有更多的稳定性,"部分"又需要解释为"种子",然而它仍保留着辩证的一切对立成分和不定性。

3. 阿那克萨戈拉的"心灵"说

阿那克萨戈拉提出"心灵"(νõυς),来代替恩培多克勒的"爱"和"斗",这个学说对后来哲学发展有重大影响。

第欧根尼·拉尔修说:

阿那克萨戈拉是阿那克西美尼的门生,是把心灵置于物质之上的第一个人,因为在他那高尚引人的著作的开头就写道:"万物原在一起,这时有心灵出,对万物加以安排。"①

显然,"心灵"是万物即物质东西的动因,它推动万物运动,安排它们有秩序,使它们彼此结合与分离。

我们来看他对"心灵"是如何规定的。

残篇第11条:

每个事物里都包含各种事物的一部分,除了心灵以外……②

残篇第12条:

别的事物都具有各种事物的一部分,而心灵则是无限的、自主的,不与任何事物混合,是单独的、独立的。因为如果它不是独立自存而是与别的某种东西混合,它就要由于混合而有万物的部分;因为我已经说过在每个事物里都有各种事物的一部分;心灵若是同事物混合就会妨碍它,使它不能在独立情况下支配事物。它是

---

①　Diogenes Laertius, Ⅱ, 6,见 Hicks 英译对照本第一卷,第135—137页。

②　P.P. 第376页,第509条。

万物中最精细的、最纯粹的东西,具有关于各种事物的一切知识和最大的力量;心灵支配有生命的万物,无论其大小。心灵也支配整个的旋转运动,它在世界开初引起了涡旋运动。它先从一个小的场所开始推动旋转,然后越来越扩展开来。事物不论是混合的、分离的还是已分开的,全为心灵所认识。一切事物,不论是过去存在的,过去存在而现已不存在的,现在存在的,还是将要存在的,都是心灵所安排的,其中包括旋转运动及其中仍在旋转的日月星辰,以及分离出来的气和清气。旋转运动引起了分离,浓的和稀的、热的和冷的、明的和暗的、干的和湿的彼此被分开了。但在许多事物里现在仍有许多部分,没有什么东西全然与别的分开,只有心灵除外。心灵是完全一样的,无论其大小如何,而其他事物却没有彼此相同的,每一个单独物体是由它包含最多的东西而显现为某种东西的。[①]

残篇第13条:

心灵创始运动时,心灵是同一切被推动者分开的,心灵推动到什么程度,万物就分离到什么程度;当事物被推动和分离时,旋转运动大大加强了分离的过程。[②]

残篇第14条:

这永远存在的心灵,确实也存在于各种别的事物所在之处,存在于周围的物质里,存在于结合与分离的事物中,至今也是如此。[③]

---

① P.P. 第372—373页,第503条。
② P.P. 第373页,第504条。
③ P.P. 第374页,第506条。

　　恩培多克勒要设定"爱"与"斗"作为动因,是因为"四根"除了是物质元素并且是多以外,完全是巴门尼德式的存在者,因而本身不能运动。阿那克萨戈拉的"部分"和"种子"虽然在数目和性质上无限多,并且带上了某种辩证法;但它们的对立面的统一仍然是带形而上学性的,即对立面不可分被解释为任何东西里包含着与之不同的别的成分,对立的一方里已经存在着现成的另一方,换句话说,对立的东西仍然是机械地包含和并存关系。阿那克萨戈拉甚至没有谈到对立双方因对立而有相互排斥的作用,或因对立面不能分而有相互吸引的作用。这样,他就必须为运动,为结合和分离,为现象事物的生灭和秩序另求动因。他提出"心灵"作为这种动因,显然是认为连"爱"与"斗"(即吸引和排斥)也还需要解释,这也反过来证明在他的物质本原或本体自身里没有真正辩证法的对立统一观念。

　　恩培多克勒的"爱"与"斗"已经是带心理因素的力量了,阿那克萨戈拉的"心灵"则更明白地是一种单纯的理智力量,比前者更抽象。"心灵"知道一切,支配一切,推动一切,它创始运动,使万物结合与分离,安排世界万物使之有秩序。它是最精微、最纯粹,不与别的事物混合的独立自主的东西。这是一个真正非感性事物的形而上学的实体。阿那克萨戈拉在反复说明中都强调它和物质东西有根本区别:一切物质东西,不论是感性现象事物还是"部分"或"种子"这些本原,都是混合的,不是真正单纯的,唯独"心灵"才是单纯的,因而是独立自主、不受任何东西的限制和牵累的,所以它能支配一切而不受别的东西支配。

　　当然阿那克萨戈拉偶尔还有一点素朴的说法,如心灵似乎有大些的或小些的之类,但这确实已是微乎其微的残余了。

　　可以说,"心灵"的提出,以一种单纯的形态第一次在哲学史上使精神同物质有了明白的区分。这是很重大的一件事。阿那克萨戈拉之所以能做到这一点,并把"心灵"实际上置于万物之上的主宰者的地位,显然是他那个时代的希腊精神的体现。古典时代上升阶段的希腊人,特别是天之骄子的雅典人,既战胜了波斯和异族,又在城邦中赢得了民主,他们的自由正蒸蒸日上,仿佛有无限的决定力量;他们是独立的、自主的,站在万物之上,能对一切事物作出处置和安排,所以他们的心灵或理智就俨然成为世界和万物的最高主宰了。阿那克萨戈拉所描述的"心灵"的种种特点和规定,不正是雅典的和整个希腊的自由人及其心灵的哲学写照吗?整个世界这时好像都在围绕着希腊和雅典在旋转着。

"心灵"概念的提出对哲学往后发展有很大意义。不过在阿那克萨戈拉本人这里还只是刚刚提出,还没有发展,这是后来苏格拉底既为之赞叹又感到很不满意的原因。其次我们还应看到,这与近代哲学区分精神与物质、思维与存在毕竟仍有巨大的历史差别。在阿那克萨戈拉乃至整个希腊哲学里,精神、思想与物质的区别,是在"存在"之中的区别,它们仍被看作是"存在者"的一部分,虽则是最重要的一部分;或者说,心灵、思维、精神仍被素朴地看作是客观的东西,而没有被看作是同客观存在有根本对立的主观东西。他们讲的已经是主观东西的能动性了,但他们自己仍然把它当作客观东西看待。这也是需要留意的。

4. 阿那克萨戈拉对认识论的新看法

残篇第21条:

由于感官的无力我们不能判断真相。①

残篇第21a条：

现象是模糊东西的一瞥。②

台奥弗拉斯特《论感觉》里说：

阿那克萨戈拉认为知觉来自对立，因为我们感觉不到相同的东西 …… 一个与我们身体冷热相同的东西接近我们不能使我们冷或热，我们也不能认知与我们相似的甜或苦，我们是由热而知冷，由咸而知鲜味，由苦而知甜的，在每种情况下按照我们与外物的差距的程度来感知它们。因为各种东西已在我们身上具备，…… 各种感知都伴随着痛苦，这个结论似乎来自他的如下假定：因为各种不相似的东西接触都产生痛苦，而在持续过久或超过感觉限度时这种痛苦就表现得清楚起来。③

阿那克萨戈拉对于感觉和认识的看法显然同他的"部分"与"心灵"的本体学说密切相关，因而与恩培多克勒有明显的不同和发展。

首先，他已经不像恩培多克勒那样完全信赖感觉了。因为事物都是混合物、复合物，对立的东西总是互相包含着、混在一起，所以凭感觉所能见到的就只是现象，只是事物中由占优势数量的那些部分所形成的外貌，这不是本原、本体或真相，因为某一事物中

---

① P.P. 第393页，第536条。
② P.P. 第393—394页，第537条。
③ P.P. 第394页，第538条。

的另一些无限的成分隐藏在里面没有显现；到它们占优势而显现时，我们就会发现原先所看到的并非真相，但那时所见的也不是真相，因为它里面还有隐含的没有显现的成分。所以感官无力认识真理，它只能看到现象的模糊形象。不过阿那克萨戈拉并没有否认认识真相和真理的可能性，但认为这要靠"心灵"的作用，只有"心灵"能认识一切，因为"心灵"使一切结合与分离，推动和安排它们，使它们成为现象。塞克斯都·恩披里柯说，阿那克萨戈拉曾以实验证明感官能力的不足，他取出白色和黑色的两种液体，一点一滴地把它们倒在一起，这时我们的目力将不能分辨其逐步的变化，虽然这两种颜色的东西本来是分别真实存在的。[①] 对于黑白混合液的颜色，感官只有模糊的色觉，是不同程度的灰色；白色占优势时我们看到的大体是白的，黑的占优势时则大体是黑的，但总不能认识其真相或真实的本原是白与黑两种东西。只有我们的"心灵"才知道这个真相，因为它能把结合的东西加以分离，也能使分离的结合。

可见在阿那克萨戈拉这里，又出了感觉与思想之间新的一轮区分的过程的萌芽。

其次，他似乎也同恩培多克勒一样把感觉当作身体内外物质联系的物理过程，不过恩培多克勒认为彼此相似的或同类的才能认识，而阿那克萨戈拉则认为只有彼此不同或对立的才能认识。他们各有贡献，但也各有片面性，因为真正说来感觉和认识都是主客观之间既对立又统一的过程，对立的原则和统一的原则缺一不可。恩培多克勒以单纯直接的同一性（如"以土见土……"）为原

---

① Sextus Empiricus, *Against the Logicians*, Ⅰ.90.tr.by.R.G.Bary, Vol.Ⅱ, p.47.London, 1935.

则是不妥的,因为感觉和认识必须从差别和对立中才能发生,阿那克萨戈拉用我们的手与外物的温差来说明手对外物冷热的感觉,是有说服力的,并为人人的实际经验所证明。这也是对认识过程的辩证法性质的一种初步了解。但他说差别和对立只会产生痛苦,仍是继续着恩培多克勒的说法,并不适当。

四、阿尔刻劳

我们在本章的总标题里没有列入阿尔刻劳的名字,但是对于他,我们还是需要有所了解,因为他的哲学贡献同其他重要哲学家相比虽然很小,但却显示了一些颇有意义的动向,对我们研究发展线索有帮助。

阿尔刻劳(Archelaos)是雅典人,各种史料都认为他是阿那克萨戈拉的学生、苏格拉底的老师。[1] 所以他可能是雅典本地的第一个比较著名的哲学家,而且处在两位大哲人之间的联系环节的地位。

他的哲学思想有以下几方面值得留意:

1. 据第欧根尼·拉尔修报道,阿尔刻劳是自然哲学家,但也接触到了伦理问题,思考过关于法律、善和正义的事情,并且认为关于正义和卑劣是什么的问题,不是由自然而是由人们的约定来决定的。[2] 希波吕特也说阿尔刻劳认为人和动物不同,建立了统治秩

---

① Diogenes Laertius, Ⅱ,16. 见 Hicks 英译本第1卷,第147页;又见 Simplicius,physica, 27, 23.

② Diogenes Laertius, Ⅱ,16.

序、法律、技艺和城邦之类的事物。①

我们不能确定他的这些看法是他自己提出来的新观点,还是来自在他之前或同时的人文主义思潮和智者。后者的可能性更大,但无论如何,他显示出哲学由注重自然转向注重社会人事的动向,仍是很有意义的。

关于这一方面的材料不多,我们只能说这些。

2. 关于物质本原的学说,辛普里丘报道说,他的第一本原和阿那克萨戈拉的一样,也认为第一本原在数目和种类差异上都是无限的,以同类的部分作为本原。② 希波吕特也说:"阿尔刻劳相信阿那克萨戈拉的物质混合说和他的第一本原说,不过阿尔刻劳认为一开头'心灵'里就有某种混合。"③

但是艾修斯报道说,阿尔刻劳以无限的气(ἀέρα ἄπειρον,与阿那克西美尼的本原同一个词,也可译为无定质或无规定的气)为第一本原,无限的气有浓和稀,前者是水,后者是火。④

这是否矛盾呢? 我觉得可以一致。阿那克萨戈拉把物质本原的数目、大小和性质的"多"都推到极端达到无限时,便由于辩证法本身的作用使这些本原无法清楚地确定,所以提出了万物混合说,"每个事物里包含各种事物的一部分",走向了某种"无规定性",成为无定质的东西了。在这个意义上阿那克萨戈拉又在某种程度上回到了阿那克西曼德的"无规定者"。当然出发点不同,阿那克萨戈拉是从确立各种各样事物的存在和质这个愿望出发的,因为一切不能无中生有,所以本原必定已有各种各样的质的东西存在,

---

① P.P. 第397页,第542条中第(6)点。

② P.P. 第396页,第541条。

③ P.P. 第396页,第542条(1)。

④ P.P. 第399页,第544条。

这是解释一切现象的本体论基础。但是越想分细、分清,结果发现这是达不到的,结论反而是没有最小、最单纯的东西。于是他的学生阿尔刻劳也仿佛又走上了阿那克西美尼发展阿那克西曼德的路,打算用"无限的气"来表示和发展阿那克萨戈拉那个太不确定的本原"部分"和混合说,给予一个有某种规定性的意义,同时仍保留其不确定的无限多样性的含义。

这样一来,本原"多"又趋向于"一"了,同时"稀"和"浓"这种量的原则也又出现了。

3. 与此同时,阿那克萨戈拉的"心灵"说也被阿尔刻劳给予了新的考虑。希波吕特说阿尔刻劳与阿那克萨戈拉不同,认为"心灵"也是混合的。这个报道太简单了,我们难于作具体分析。阿那克萨戈拉认为"心灵"不与任何别的东西(即物质东西和物质"部分")混合,是为了解决动因问题,并把它置于物质之上。现在阿尔刻劳认为它也与物质东西混合,我们可以猜测这很可能也是来自阿那克西美尼的,因为阿那克西美尼认为灵魂也是"气"。另外也可能是"心灵"与物质完全分开,这在他看来解释生物的生命现象有困难。

从这些观点看,阿尔刻劳表示出自然哲学的一个重要动向,即由多元论和二元论重返原始素朴哲学的一元论即统一世界观的趋势。同时他又开始了哲学的重点向社会人事问题转移的趋势。

五、阿波洛尼亚的第欧根尼

我们现在来讨论一下阿波洛尼亚的第欧根尼(Diogenes of Apollonia)。以前各种哲学史著作很少谈到他,有些几乎一字不提,其原因也许是认为他主张本原是"气"又回到原始的水准上去了;还有,台奥弗拉斯特说他的哲学有折中的性质;在他的前后又出了几个大哲人,相比之下似乎显不出他有多大的贡献。但是,实际上他是当时雅典的一位著名哲学家,影响也相当大。近来西方某些学者如格思里、基尔克和瑞文已经开始比较注意研究他了。我以为这是必要的。在我看来,他并不是折中主义者,而是有原则和重要意义的哲学家,代表着希腊哲学发展中的一个必然和必要的环节,因而应当给予适当的重视。

第欧根尼·拉尔修说:

> 阿波罗塞米斯的儿子阿波洛尼亚的第欧根尼,是自然哲学家和一位最著名的人物。安梯斯泰尼称他是阿那克西美尼的学生;但他生活在阿那克萨戈拉的时代。[1]

辛普里丘读过他的书《论自然》,从书中作了若干摘要和转述,为我们留下了有关他的哲学的重要原始材料。辛普里丘还转述了台奥弗拉斯特对他的简要论述:

> 阿波洛尼亚的第欧根尼是专注于这类问题(指对自然的研究)的人们中最年轻的,他著作的大部分是以一种折中的方式写的,在某些方面追随阿那克萨戈拉而在另一些方面追随留基波。他也说宇宙的本体是无限的和永恒的气,由于浓和稀以及安排上的变化,其他形式的事物就产生了。这是台奥弗拉斯特关于第欧根尼所说的话。[2]

---

[1] Diogenes Laertius,Ⅸ,57.Hicks 英译本第 2 卷,第 469、471 页。

[2] P.P. 第 429—430 页,第 601 条。

　　阿波洛尼亚是第欧根尼出生的城邦,但当时同名的城邦不止一个,后来有人认为这是指克里特岛的,也有人说是黑海沿岸的。基尔克与瑞文认为可能是后者,即米利都在蓬托斯所建立的阿波洛尼亚。我想这可能是考虑到他同米利都学派的联系而作的一种猜测。

　　人们说他是阿那克西美尼的学生,但相距有一世纪之久,不可能直接有关,所以大概是指第欧根尼是属于阿那克西美尼这一派的人,也许是再传弟子。不管具体情况如何,我们从他的哲学内容也明显可以看出同阿那克西美尼有深刻联系。

　　他与阿那克萨戈拉属同时代人,但他是自然哲学家里最年轻的,所以不仅比阿那克萨戈拉在年龄上小得很多,大概也小于阿尔刻劳,并且也在留基波之后,因为他承认虚空,这观念便来自留基波。(关于留基波,按历史顺序本应放在第欧根尼之前来讨论,但是因为(a)留基波的思想主要是德谟克里特发挥的,而且这两位的哲学在资料上难以区别,所以我想还是一起放在后面去讨论;(b)第欧根尼虽然接受了留基波的虚空观念,但在他的哲学并没有发生多大作用,甚至可以忽略不计,所以先谈他而把留基波往后放放问题也不大。)

　　第欧根尼当时很有名,为雅典人所熟悉,这可从欧里庇德和后来普鲁塔克、诗人斐勒蒙(Philemon)都曾说到他和他的思想看出;阿里斯托芬在其喜剧《云》里嘲笑苏格拉底时,也借剧中的苏格拉底之口一并嘲笑了第欧根尼的哲学。如果是公众生疏的人,大概不至搬到舞台上作为喜剧的对象。从这一情况,我们也可以猜想他一定在雅典居住过不少时间。

　　《云》剧问世在公元前423年,所以他的哲学著作必写于在此以前一段时间。

根据上述情况,可以认为他是一位来自小亚伊奥尼亚并继承了米利都派传统的人,在来到雅典后又研究和批判吸取了阿那克萨戈拉(以及留基波)的哲学,终于形成了有自己观点的自然哲学,他的哲学形成和发表在希腊古典时代上升阶段的较晚时期,下面我们就来讨论一下他的哲学的几个特点。

1. 研究的出发点必须是无可争辩的

拉尔修记述了第欧根尼著作一开头的话:

> 我的看法是,任何论述(λόγος)的开端,其原则或出发点必须是无可争辩的,说明必须是简明有尊严的。①

第欧根尼的世界观同巴门尼德当然有根本不同,但又是沿着巴门尼德以来的本体论逻辑的思考路线发展的。他主张研究的出发点必须明确无误或无可置辩,然后按一种简洁可靠的路子加以说明,这里显然包含着一种逻辑性思维的要求;正是根据这种要求,他对恩培多克勒和阿那克萨戈拉提出批评,并继续有所前进。所以我想他决不是什么无原则的折中主义者。

---

① Diogenes Laertius, Ⅸ, 57.Hicks 英译本第2卷,第471页,并见 P.P. 第427页,第599条英译文。

2. 无限多样的万物必有一个基本的本体，万物是它的变态或样式

残篇第 2 条写道：

> 我的观点总的说来是这样的：一切存在着的事物是由同一个东西分化而来的，并且是同一个东西。这是明白的：因为，如果在现存世界秩序中存在的事物 —— 土、水、气、火以及在现存世界秩序显现的一切其他事物 —— 都是彼此不同的（这个不同是指它们本性不同），在经历许多变化和分化时没有保持一种本质上的同一性，那么就没有任何办法能使它们彼此混合，它们也不能互相帮动或互相为害，植物也不能从土里生长起来，生物或任何别的事物也不能产生，除非它们是同样的东西才会有上述这些结合。所有这些事物都来自同一东西的分化，在不同时间里变成不同的种类，并返回于同一东西中去。[①]

这个同一的东西或根本实体，第欧根尼认为是"气"。这个"气"既有阿那克西美尼所说的"稀"与"浓"，"冷"和"热"的性质和分化，又具有巴门尼德哲学的本体的本性。第欧根尼·拉尔修说：

> 他的意见如下：气是元素，有无数的世界和无限的虚空。气的浓和稀产生世界。没有任何东西来自非存在，也没有任何东西消失为非存在。地是球状的，在中央支撑着（世界），随着旋转它从

---

① P.P. 第 431 页，第 602 条。

热得以形成，从冷产生凝聚。①

我们看到，第欧根尼的本原或本体观点的确吸取了阿那克西美尼、巴门尼德、恩培多克勒和阿那克萨戈拉，以及留基波的种种成果，但都是有所改造和批判的。

首先，在"一"、"多"问题上，他批评了恩培多克勒和阿那克萨戈拉，认为他们把水、火、土、气或无限多的东西当作本性彼此不同的本体是说不通的。因为如果"多"的东西各自都是本体，即本性全然不同，没有一致的基础，那么就不可能彼此相通或发生关系，就谈不到彼此结合，现象事物及其产生也就不可能了。我们知道这两位哲学家是靠引入外力（"爱"与"斗"以及"心灵"）来说结合与分离的原因的，第欧根尼则看出这并没有解决问题，不合逻辑；因为这些本原或本体的根本前提就是"多"或是彼此无关的东西，那么所谓彼此的结合就没有基础了，引入外力又何济于事。所以，唯一合乎逻辑的途径，就是要假定万物和水、火、气、土等等虽然形态各异，毕竟还是相通的，有一个共同的基础和本体，它们都来自同一本原又能返回于它。于是物质"多"元论又回到了"一"元论。

其次，我们看到他仿佛重新回到了阿那克西美尼的原始素朴哲学，但仔细看去，内容和水平又变化了。第欧根尼是在吸取了许多重要发展成果的基础上重返于阿那克西美尼的。表现在（1）第欧根尼强调"没有任何东西来自非存在，也没有任何东西消失为非存在"，他重申了巴门尼德的本体论逻辑的核心观点，而且正是在这种逻辑的基础上思考问题的。他的"气"首先是"存在"而且是根本的统一的存在，是本体而不是感性现象东西。但是第欧根尼

① Diogenes Laertius，Ⅸ，57，见 P.P. 第432页，第603条英译文。参见 Hicks 英译文（拉尔修，第2卷第471页）。

所要的不是巴门尼德的抽象同一性的"存在"或"一",而是现象的本体,物质里面的统一,多样性的质之中的那个基础。(2)在说明现象这一点上他同恩培多克勒和阿那克萨戈拉是一致的,他并不反对实际存在的事物和质的无限"多",只是认为它们还不是最终的本原或本体。根本的东西还是"一",物质性的统一本原,但同时它本身也包含着多的因素和对立,包含着无限性。这实际上正是阿那克萨戈拉的进一步发展,因为阿那克萨戈拉已经发现他的"部分"无法分离成绝对单纯独立的东西,只能是在大小和性质上都彼此包含的东西,"每个事物都包含各种事物的一部分"也就是说,实际上已经混一了。不过阿那克萨戈拉在理论上还想坚持它们彼此在存在性和性质上的分别存在、永恒存在。第欧根尼完成了这一发展,解决了阿那克萨戈拉本身的矛盾。既然分不清,那就说明它们本来就是同一个东西,质的无限多样的区别在这同一本原里已经包含着,可以在冷热、稀浓等等作用下借无限的气本身的结合分离显现出来,成为现象中的无限多种万物。

第欧根尼的物质一元论,是巴门尼德以来的本体论逻辑和拯救现象要求之间哲学矛盾运动的产物,是解决这种矛盾的一个有意义的成果。返回于阿那克西美尼的是形式,而返回这种形式正是新阶段哲学内在运动的要求,因为借这种形式能在一定程度上解决本质(本体)与现象的对立。

3. 这种基本实体有理智,是"神", 它以最好的方式安排一切

辛普里丘转述说(残篇第3条):

他说如果它(即作为基质的实体)没有理智,它就不可能具有万物的尺度来区分它们,如冬和夏、日和夜,下雨刮风和好天气。其他事物也是这样,如果人们愿意思考它们,就会发现事物都是以一种最佳可能的方式来安排的。[①]

第欧根尼在否认恩培多克勒和阿那克萨戈拉的物质"多"元论的同时,也否认了他们的"爱"与"斗"或"心灵"作为独立本原的二元论观点。这一点在前面论证里已经包含着了,因为多的东西不能凭外力结合,必须自身中有一个共同的物质基础,即同一个物质本原才能成为使它们结合分离的力量;那么在这个基本实体之外假定另有本原如"爱"与"斗"、"心灵"就是不必要的。但是第欧根尼仍然需要承认"心灵"的作用和力量,所以他把理智与物质合一,说理智是气本身具有的。气自身具有阿那克萨戈拉所说的"心灵"的一切作用。

残篇第4条:

……人和其他生物通过呼吸靠气而活着。这对人和生物来说既是灵魂(即生命本原)也是理智,关于这一点本书将作出清楚的说明;如果停止了呼气吸气,人和生物就要死去,理智也就没有了。[②]

残篇第5条:

我以为情况似乎是这样的,人们称之为气的东西是有理智的,所有人都为它所指导,它对万物都有支配力量。正是这个东西我

---

① P.P. 第433页,第604条。
② P.P. 第435页,第605条。

以为好像是神,它达到一切地方,安排万事万物,并存在于各种事物之中。没有任何一个单纯的东西不分有它;但是也没有任何东西平均地分有它;气本身和理智有许多形态。因为它是有许多形态的,较热和较冷、较干和较湿、较静和较动,以及在气味和颜色上许多区别,在数目上无限。虽然如此,一切生物的灵魂是同样的气;这种气比它周围的气要暖和些,但比接近太阳的气要凉得多。然而这些生物的温度也没有彼此相同的(甚至各个人也不会一样);差别不很大,又使它们类似。任何事物彼此完全相似是不可能的,对于分化中的事物来说,是不会变为同样东西的。因为分化是多样的,生物是多样的,数目很多,彼此在形式上、生活方式上和理智上由于区分为多数,不会相像。尽管如此,由于这个同样的东西,它们都是活的,能看能听,并有其他的理智。[①]

第欧根尼把生命和精神作用归于气,说生物一旦停止呼吸 ——“断气”—— 就死了,也就没有感觉和理智了。这表现了他的唯物主义一元论的倾向。但“气”这种物质本原又被称作“神”,能安排一切,并且能把万物用一种最好的方式加以安排,则表现了他的神学目的论倾向或因素。

4.第欧根尼的感觉理论

台奥弗拉斯特说:

第欧根尼把思想和感觉归诸气,像生命一样。因此他似乎认为是由于相似者的作用(因为他说除非万物来自同一东西,它们就

---

① 　P.P. 第435页,第606条。

不能相互作用）。嗅觉是脑子周围的气产生的……（40）听觉是
耳中的气被外面的气推动传到头脑里产生的。视觉是事物反映到
瞳孔上与里面的气混合而产生的。其证明之一是，如果表皮（如眼
睛的表面）发炎，那么里面的气就不能同外面的混合，这时虽然外
物的反射仍然同以前一样存在，也没有视觉了。味觉是舌头被稀
薄雅致的东西产生的。关于触觉他没有给予界说，无论它的本性
和对象。但是在说了这些之后，他试图说什么是比较精确的感觉
的原因，以及它们的对象是哪些种类。（41）嗅觉在那些脑子里气
最少的〔生物〕中是最灵敏的，因为混合得最迅速；还有，如果一个
人通过较长较窄的通道来嗅的话〔也是知此〕；因为用这种途径能
更快地得到。所以有些动物嗅觉胜过人；但尽管如此，如果嗅觉同
气相平衡，混合得好，人的嗅觉就是完善的。……在我们里面进行
感知活动的"气"，是神的一个小部分，这可由常见的事实来指明，当
我们心里想着别的事情时，我们就会熟视无睹、充耳不闻。（43）快
乐和痛苦是这样产生的：当气以一定量同血液混合使它变得轻快
时，是和整个身体的性质相适应的，并渗透于全身，快乐就产生了；
反之当"气"与身体性质相对立并不进行混合时，血液就凝缩变弱变
稠，就产生了痛苦。自信和健康及其反面也与此类似。……（44）思
想，如已说过的那样，是由纯粹和干燥的"气"所产生的；因为湿的
流射物使理智停滞；由于这个理由，在睡觉、饮酒和吃得过多时思
想就减弱了。潮湿消除理智，这可由事实表明，别的动物的智力都
是低下的，因为它们从土里呼吸气并吃比较潮湿的东西。鸟呼吸
纯粹的气，但它们的结构类似鱼；它们的肌肉是固态的，呼吸不能
渗入全身而只停留在肚子里，……植物没有孔道无法接受气，完
全缺乏理智。[1]

第欧根尼有较多生理解剖学知识，[2] 当然他也有许多幼稚的瞎

---

[1]　P.P. 第440—441页，第615条。

[2]　参见 P.P. 第443—444页，第618、619条。

说（如说气的干湿对思想的影响，大体还是赫拉克利特的，又如说到鸟的智力问题，显得十分牵强附会等等）。撇开这些东西，我们还是可以看出他的感觉论同恩培多克勒与阿那克萨戈拉的关系。恩培多克勒主张相似的才能认识相似的，阿那克萨戈拉则认为不相似的才能认识不相似的，而第欧根尼似乎又回到了同类的才能认识的原则。但"气"既是同类的又包含差异，所以他又主张了平衡、对应的混合原则。但是他的说法大体还是相当模糊的，并不清晰，他本人对上述两位哲学家的不同原理也未作出分析批评，我们的考察也只能以此为限。

六、简要的小结

现在让我们稍稍回顾一下从恩培多克勒到第欧根尼这一自然哲学的连续发展，并考察一下他们在哲学史里的地位。

第一，他们开始了拯救现象的哲学运动，整个说来是针对巴门尼德和爱利亚学派的。显然，巴门尼德用抽象的本质和本体否认现象和现实世界，而他们则信任感官知觉和实际存在的感性事物。

第一步，他们是从肯定感觉及其对象的感性的质开始的。这从他们所主张的本原是感性的物质元素就可以明白看出来。恩培多克勒之所以提出"四根"就是为了拯救感性物质的质的多样性以及生灭变化，这就打破了巴门尼德的"一"。为此他特别论述了感觉的可靠性，还说存在的事物就是以感性方式存在和显现的。阿那克萨戈拉主张本原无限，其数目和大小的无限实际上是肯定它们的质无限多。阿尔刻劳和阿波洛尼亚的第欧根尼在返回"一"时，他们的"一"仍是物质性的本原，并包含着质的无限多样性于这个单一本原中。

第三，这种特点决定了他们对原始素朴唯物主义传统的继承性，但又不是简单地回到他们。他们首先必须承认和接受巴门尼德的观点：存在者必定永远存在，既不能来自不存在，也不能变为不存在。因此，他们都是在巴门尼德哲学基本核心的基础上重返于现实的世界观的。这一点同上述第一点同样重要。

第四，作为重返现实世界观的第一步，他们首先只能从肯定和重新认识直接性的感性事物和感性的质开始，并且只能在质的范围里和水平上来对待巴门尼德和爱利亚派。这就决定了他们还不可能有能力来从根本上批判巴门尼德的逻辑。例如他们对认识论问题基本上停留在重新说明感觉问题上，对思维和概念问题还几乎没有研讨；他们对巴门尼德的本体论逻辑，像对"有"与"无"的规定的绝对化理解，还没有批判力，几乎只能全盘接受，没有想过是否在承认其绝对意义的同时可以有相对意义上的了解。因而他们还是完全同意了爱利亚派的存在者全无生灭、永恒不变的形而上学观点，并把这种观点贯彻到他们自己的物质本原说中去了，他们的"多"种本原以及各自的质也都带上了永远不变没有生灭转化的形而上学性，似乎都早已以既成的方式存在并永远如此。原始素朴哲学里的本原和万物以及它们的质，是对立统一、生动转化的，而恩培多克勒乃至阿那克萨戈拉眼中的物质本原及其质是永远存在固定不变的。

这个特点又显出他们同原始素朴哲学的根本差别。他们思想里有牢固的"本体"，同时有形而上学性；而原始素朴哲学里本原同现象还未分清，在生动转化中彼此打成一片，是感性地辩证的。

第五，但是，他们通过现象和现实事物自身的辩证法，仍然不十分自觉地改变着他们的形而上学观念。当阿那克萨戈拉对本原为"多"的原则从数目、大小和质上都发挥到顶点时,他发现任何现象事物乃至可以设想的本原都不可能是单纯东西时,他不得不以结合或混合说来规定本原。换言之,那在质和大小(在古人看"存在者"首先必定也大小)上力图规定下来永远不变的东西,即有规定者现在又成了"无规定者"了。于是,在他的形而上学的本体里充满着、并存着许多辩证法的内容和形式。终于导致使"多"本身趋向于统一,第欧根尼便返回于一个本原或本体,用物质一元论完成了这一发展过程,重新回到了辩证统一的物质观。

第六,恩培多克勒提出"爱"和"斗",特别是阿那克萨戈拉提出"心灵",虽然有时代的要求,但也是他们的自然哲学中形而上学性本身带来的要求。彼此孤立自存的"多"个本原,自身中没有生灭变化的动力,也没有互相作用和结合分离的理由和力量;但没有这种动力就无法解释现象万物和世界的秩序和一致,这样就不得不引入精神性的外力,而随着物质本原说里形而上学观点日益充满着辩证法(阿那克萨戈拉),第欧根尼在返回于辩证的一元论时,也就重新把"心灵"返归于物质。但是第欧根尼的物质一元论本身又带有神学目的论的因素和萌芽,也许他正是靠这种观念完成其气的一元论的。

第七,这样我们就看到一个非常有意味的情况。尽管这几位哲学家在水平上已经与原始素朴哲学家有了巨大区别,但仿佛又把他们走过的路重新走了一遍。我指的是这三位哲学家的发展过程很类似于米利都派的三位哲学家。

恩培多克勒回到了物质本原,四种有特质的元素。这在总体上完全类似于泰勒斯,因为泰勒斯以有定质的某个物质为本原。

而阿那克萨戈拉认为质的多样性是无限的,所以本原不应该只是"四根",即不应该只是特定的。他要追求对无限多的质、无限多样性的感性事物的解释和本原；便发现质本来是对立不分的，存在者的大小和数目也不能确定，必定是彼此包含的；这样规定就变成了难以规定，定质也就导致了无定质。这同阿那克西曼德否定泰勒斯相仿。他的哲学仿佛回到了阿那克西曼德。

最后，第欧根尼仿佛回到了阿那克西美尼，这从内容和形式上看都是非常明显的。亚里士多德说："阿那克西美尼和第欧根尼认为气先于水，是最原始的单纯物体。"[①] 他们都综合了前两位哲学家的学说，把有定质和无定质结合起来，然而都仍然在质的水平上来讨论自然和世界。

"恩培多克勒 —— 阿那克萨戈拉 —— 第欧根尼"再现了"泰勒斯 —— 阿那克西曼德 —— 阿那克西美尼"的发展，是一个值得我们注意的事实。当然这种再现，如前所说，有无数重大的差别，高度不同，深度不同，许多问题的内容和形式也不同，是不应混淆的，但是这是否也说明人类认识世界的某种次序和规律性呢？我以为是需要我们深思的一个问题。

第八，与米利都派的自我矛盾和提供的因素为毕达哥拉斯派的出现作了准备相似，"恩培多克勒 —— 阿那克萨戈拉 —— 第欧根尼"的发展，似乎也为德谟克里特的原子论哲学作了准备。他们为了拯救现象，力图把"存在者"（即"本原"或本体）规定为有定质的东西。但阿那克萨戈拉的"种子"和"部分"已经既有定质又全无定质了，而且为数无限多，大小无限小。第欧根尼便把无限的"气"作本原，"气"既包含无限多的质，自身又单纯化为一种东西，他又用稀浓之类的量变来讲质变了。此外，阿那克萨戈拉还重新发现"本体"的微妙性，发现"部分"由于混合，隐而不显，不能为我

[①]　Aristotle, Met. 984ᵃ5.

们的感官明确认识到,需要借理性才能理解和认识。这些都表明,他们虽然还处于对世界的本体作质的规定的阶段,但已经开始自我否定,并为这种否定作了准备 —— 这些因素的进一步发挥,加上留基波的另一种学说,就导致了不久出现的德谟克里特的原子论哲学。

第五章　智者文化、
普罗泰哥拉和高尔吉亚

一、哲学研究的中心由"自然"
转向"人"的重大变化

　　古典时代希腊哲学发展的又一重大特点,是它实现了从"自然哲学"向以"人事"为中心的哲学形态的转变,使它进一步同原始素朴哲学区别开来。对于这个转变苏格拉底固然起了特别突出的作用,但首先提出关键性思想的人是普罗泰哥拉:他以"人是万物的尺度"这一命题明白揭示出了这一转变。

　　在普罗泰哥拉之前,希腊哲学都是以"自然"(φύσις, nature)为对象的"自然哲学"形态。哲学家们努力探求的是自然的本原或本体(即本质、根本的"有"或"是"),以便说明万物万事的原因。我们应当注意,这里的所谓"自然"主要当然是自然界事物,不过也是包括社会人事在内的,它是指"自然而然"的一切东西。因此,那些自然哲学家(physicist)并不是后世所谓的严格狭义的物理学家或纯粹的自然科学家,因为显然他们并不是不关心不谈论社会人生的人,这一点我们看看毕达哥拉斯派和赫拉克利特便很明白,恩培多克勒等也是如此。较早的哲学家们还没有把社会人事当作与自然事物有原则区别的对象,这是很可理解的,早期历史中的人们素朴地信赖自然世界和自然秩序的永恒存在和至上力量。希腊人的社会制度虽然已在相当快地演进中,但传统仍是极其巨大的势力,而传统总被人们看作是自然而然的东西,所以他们也就素朴地把他们的城邦、社会和人本身看做只是自然的一部分,同一切自然物一样服从自然的秩序和规律(即还没有认清人的劳动、活动,即"人工"、"人为"的巨大意义)。初期的哲学家由神话转向自然,固然是一个极大的进步,但他们心中的"自然"还是混沌不分的,其中各个方面和要素只是逐步在分化着,而社会人事和人本身还没能从这个"自然"里完全分离出来。这种看法的一个结果,就是在自然观上也不能不在某种程度上仍保留着原始的拟人观的残余。阿那克西曼德等用"正义"(这个观念实际上来自社会生活的秩序)表述整个自然的规律,还有不少哲学家用人这个小宇宙来设想和说明自然大宇宙,就表现了这种素朴性。他们先把人看作自然的一部分,然后以此说明自然,这就表明,只要人还没有把自己从其余自然中提升出来独立出来,把二者分清,哲学中素朴的拟人观就不能消除,真正独立的自然观也仍然不能确立。不过要达到这种分离并不容易。

巴门尼德用逻辑的思维方式改造了原始素朴哲学,从此哲学开始学会要明确区别现象与本质(由于仍素朴地把思维逻辑等同于客观现实,那抽象规定的本质便直接被理解成一个客观"存在"物或"本体",于是哲学中的本体论发生了,什么是本体,它又如何与现象相一致,这个使人烦恼的形而上学问题也发生了)。这种思维方式进入哲学是希腊人进入古典时代才能实现的。因为逻辑思维是一种有高度能动性的思维,是人们改造自然和现实的思维,人们不再满足于现实和顺应于自然,而要改造它,便把自己和自己的思想提出来与之对立,这时才会有逻辑的思维出现。可见,人同自然的对立和分离已经以思维的形式表现出来了。但是这时的哲学形态仍未超出"自然哲学"的范围,哲学的对象和中心仍然被看作是自然,是自然的本原或本体。后来恩培多克勒、阿那克萨戈拉等通过进一步研究认识问题触及到了人自身的性质,看到人的感觉等等对于论证什么是"存在"或"非存在"的重大意义,还提出:"爱"与"斗"以及"心灵"是安排万物秩序的动因和决定者,这些都是对人的能动性、人与自然的区别的某种新意识的反映,可是在自然哲学的大框框里,这些仍然只是作为自然的问题来讨论的。只是到了普罗泰哥拉才突破了这个范围,因为他说:

> 人是万物的尺度,是存在者存在的尺度,也是不存在者不存在的尺度。[①]

一种新的哲学形态就宣告诞生了。

一切事物究竟是否存在,如何存在,这个巴门尼德以来哲学中反复讨论的根本问题,现在被一个新的提法所继承和代替了。普罗泰哥拉认为,这个问题是不能离开人这个主体而就其本身、即就自然本身来讨论的。我们凭什么来肯定、讨论和规定世界万物的"存在"("是"什么)和"不存在"("不是"什么)? 这些问题的解决一点也不能离开我们自己,因为问题就是我们人提出来的,世界万物无非是我们人的认识对象,是人通过自己的感觉等等所了解的东西。所以哲学即认识世界是否存在和如何存在的中心乃是人,是我们自己,这才是枢纽和轴心,不研究人和人的认识,别的问

---

① Plato, Theaetetus 152 a 1 - 4, 及 Diogenes Laertius, IX, 51.

题就无法解决。这样,哲学的注意中心就应当从自然转向人,从外部世界转向主体的人本身这个对象,从研究人来看周围的自然与世界。

于是以往的"自然哲学",就被突破和否定了,但是我们不难发现这恰恰又是对以往自然哲学内容的继承和发展;确切些说,这是对巴门尼德以来认为人的认识能力对于规定"有"与"无"、现象和本体有决定意义的思想的发挥与完成。可见,巴门尼德等在哲学中确立逻辑思维的转变,同普罗泰哥拉等在哲学中提出以人为中心的思想的转变,虽然似乎是两个不相干的事件,内在却是相通相连的。两者归根到底都是古典时代希腊人的历史主动性高度发扬的表现和产物。就哲学本身反映时代精神来说,首先是巴门尼德及其以后的各派自然哲学家在思维方式上实现了重大转折;然后普罗泰哥拉和苏格拉底等人则从哲学的对象和重点上进一步实现了重大转折,而后一转折以新形态包含了前一转变的成果。

二、人本主义思潮的兴起和智者

希腊哲学的注意中心从自然转向人事有一种时代的必然性,因为在这时期人们已经普遍地意识到社会人事是与自然事物非常不同的东西。

时代变了。和古典时代相比,以前希腊人的社会进化毕竟还是相当缓慢的。现在大不相同了,传统的自然的血缘氏族制度已被根本摧毁,变成了崭新的奴隶制民主国家;希波战争的胜利剧烈改变了许多关系,使希腊人骄傲地耸立于周围其他国家和民族之上,并使雅典成为全希腊的中心和霸主,造就了雅典帝国的空前繁荣；雅典和与之类似的城邦里民主制度的高度发展保证了它们的公民有政治自由，使他们的个人利益和个人能力得到了充分发挥的条件，问题只是如何使之协调，使个人和城邦一致。公民们积极投身于各种公私事业，自由的公共讨论促使他们自觉，讨论的主要问题自然是各类社会人事问题，从决定和处理各种具体事务如民事纠纷，直至对国家大事如法律、习俗和伦理道德的确定和改变。上述种种的变化，特别是生动活跃的民主生活，当然要深刻改变人们的思想状况。

这些思想变动的特点之一，就是他们开始清楚地看出各种社会人事东西，如法律等等，并不是自然的事物，不是自然而然形成的或按照某种永恒自然法则存在的，而是一些由人们通过自己思考、选择、讨论所决定和设定的东西，某种"人造的"或人们"约定的"东西（νόμός，law，convention）。例如，人们的社会制度、风俗习惯、道德见解到处不同，这是人们清楚知道的事，他们认为这就证明在社会人事上没有什么共同的永恒的自然规律。当时希罗多德这位大历史学家就写下了这种看法，他认为有一位国王堪布塞斯像是发疯了，因为这位国王居然嘲笑别的民族的习俗，似乎唯有他本国的习俗才是自然的。"如果我们让所有的人进行选择，要他们在各种各样的习俗（νόμοι）里挑选他们认为是最好的，那么每个民族在进行考察之后都会选择他们本国的那一种。""只有疯子才会嘲笑这类事情。"①

既然社会事物与自然事物如此不同，它又是大家最关心的，因此这时在自然哲学和自然科学之旁就兴起了另一类研究，起初这是立法者、诗人和历史学家们的事情，后来一批应运而生的所谓

---

① Herodotus iii，38．

"智者"也参加进来,并起着越来越重要的作用。这是些来自希腊各地具有各式各样的知识的人们,他们到处周游,特别是聚集到雅典来,充当公民们(尤其是年轻人)的教师,因为这时雅典的公民正在努力试图在民主制公共生活中显显身手。在公共的讨论里,谁若想在公众面前显露头角,就要具备许多知识,特别是要具有一种能言善辩的本领,为此他们就需要学习,用各种知识文化装备自己。智者们就是适应这种需要而产生的,他们教人以这些知识和本领,并收取报酬,成为公民的职业教师。这种职业使他们格外注意各种社会人事问题和逻辑与雄辩术的研究,并使这种知识文化普及于较多的人们中去。智者在雅典的文化教养发展和社会生活与思想的演变中,扮演了一种非常活跃的特别角色。在伯利克里时代,雅典汇集了一大批这样的有名智者。不过我们并不想一一地谈论他们。普罗泰哥拉是最著名的智者中的一位,照第欧根尼·拉尔修说,他是第一个主张每个问题都有两个互相对立的方面,并用这种方式进行论证的人,是第一个收取学费和第一个采用所谓苏格拉底式的讨论方法的人。[①] 而照柏拉图对话中的描述,他是第一个公开地承认自己是智者,采用了这种名称的人。但是他又不同于其他智者,不像他们只是些教人以各式各样的知识和单纯辩论技巧的教师,而是一位有深刻和普遍思考的哲学家,因此我们主要要谈论他。在讨论他的哲学之前,通过他的形象我们也可以对一般智者的状况有所了解。

　　柏拉图在《普罗泰哥拉篇》对话里,让普罗泰哥拉自己说明智者的特色。他让苏格拉底伴同一个名叫希波克拉底的青年,这青年在听说普罗泰哥拉第二次又来到雅典时,急切地想投入他的门

---

① 　Diogenes Laertius, IX, 51-53, Hicks 本第 2 卷,第 464—465 页。

下学习。在会见之前,苏格拉底问希波克拉底,"告诉我,普罗泰哥拉是什么人? 你们为什么要送钱给他呢?"——"大家都叫他智者","我认为他是个懂得智慧的事情的人,因为他的称呼就包含这个意思。"——那么,"智者的智慧是什么呢? 他擅长的是什么呢?"——"岂不是只能这样回答,他擅长使人善辩的技术?"①

希波克拉底的回答是当时雅典人对智者的普遍看法,即认为他们教人"善辩"。但苏格拉底紧追道:"那么智者使人雄辩地谈论些什么东西呢?"对此希波克拉底就答不上来了。苏格拉底便说,这就是很危险的事了,智者出售知识好像出售灵魂的食粮,你弄不清他的货色就把自己的灵魂托付给他,要么大受其益要么大受其害,岂不危险?② 但是他还是去见他——带着这种疑问和警惕。

苏格拉底带着希波克拉底进到屋里,看见普罗泰哥拉在一大群听众和第一流的智者中间走来走去,像一位奥尔菲似的,他的话使人听得入迷。像希比亚和普罗迪科这些名人也在场。这时苏格拉底向普罗泰哥拉陈述来意,说希波克拉底是本地的名门子弟,希望从他学习,成为城邦里有名望的人;至于是私下同我们交谈,还是也请别人一起来公开谈话,请普罗泰哥拉来考虑。这就引出普罗泰哥拉的一番话来:他称赞苏格拉底虑事周到,他说,因为一个外地人来到一些大的城邦,试图劝说一些优秀的青年抛开他的老少亲朋这些联系,来加入自己的圈子,跟自己学习,这样做的确应当十分小心,因为这很容易引起嫉恨,招致种种敌视和阴谋。但是,实际上智者的事业古已有之。由于害怕招怨,这些人就用各

① Plato,Protagoras 311-312.

② Plato,Protagoras 312e-314c.

种办法伪装起来,有的装作诗人,如荷马、赫西俄德等,有的装作传授神秘教义,如奥尔菲,还有的伪装成体育家、音乐家,但他们都是些大智者,"他们都像我说的那样,采用这些技术作伪装,因为他们害怕怨恨。但是我不这样做,因为我不相信他们达到了欺骗的目的,他们并没有躲过政府里有能力的人物的眼光,虽然一般人并没发觉,只是人云亦云。试图逃避而被人逮住那是可悲和愚蠢的,必定更为人憎恨,因为人们会把这种人当作恶棍。所以我的办法同他们相反,我承认自己是一个智者、教育人们的人。这种公开承认,我认为是一种比隐匿要好的谨慎办法。我已从事这种职业好多年了,我活了很大岁数,比在座的人可算是父辈。我很愿意照你们的愿望同这屋子里的人们一起来讨论问题"。①

智者是时代的新产儿,说是古已有之并不正确,只是个辩解说法。但这种辩解之所以需要却反映出这种新型的公众教师在当时雅典的处境。他们是受老式的人们和旧传统猜忌和讨厌的,因为他们传授和普及的是新知识、新思想和辩论术,对于旧东西起着一种瓦解作用 —— 后来苏格拉底被攻击判罪的罪名之一也是说他是一名智者,就可证明智者们的这种处境。智者们传播了新思想、新文化,这种文化当然有许多缺点和弊病,但当时反映和推动着民主制的政治和社会变革,具有进步的意义。普罗泰哥拉说明了什么是智者,并且勇敢地公开承认自己是一名智者:他是第一个最早使用智者这个名称的人。

然后普罗泰哥拉回答了这样一个重要问题:他要教给人的究竟是什么样的知识。他说,如果希波克拉底到我这里来,他不会受到别的智者给学生受的罪,别的教师让人学算术、天文、几何和音

---

① Plato, Protagoras 316d-317c.

乐等等,这些正是学生们想逃避的。"如果他到我这里来,他会学到正是他需要的东西,这就是,对私人事务作好的判断,把自己家庭搞得井然有序;在城邦里他能学会在言辞上和行为上对公共事务赢得最大的影响。"苏格拉底追问一句:"你是不是意指公民的科学,你答应把人们教育成好公民?"——"是的,这正是我所从事的职业的目的。"①

显然普罗泰哥拉比别的智者更清楚地意识到这个时代的人们的需要,它通过应当培养什么样的公民这个问题集中表现出来。他认为教育的目的是培养人们善于在追求个人利益和参与国家事务中取得成功。这里涉及两种利益,个人利益和公共利益。但教与学双方的出发点是个人利益,因为在关系到国家事务时,教育的任务乃是使个人学会在公共事务中达到自己的成就或显耀。虽说如此,这在当时还是适合雅典的城邦民主制的实际状况和公共利益的需要的。因为在古典时代上升时期,公私利益的对立还没有达到根本性的冲突的程度;城邦正在繁荣与扩张中,它能允许并支持鼓励它的公民们的个人利益发展;而公民们的个人才干的显示发挥正是城邦繁荣的力量源泉。所以,尽管公民们是为了个人利益而发挥其才智,仍有利于国家,他们便被认作"好公民"。

这种教育的目的和内容表现了新的人文主义的文化,它是研究人们自己的公私活动和事务的,只以培养"人"即公民本身为任务。这是智者们的主要事业和贡献所在。

---

① Plato, Protagoras 318 d-319 a.

三、新的社会历史观和"人"观

　　柏拉图对话谈到普罗泰哥拉提出了一种社会历史学说。这个学说实在意义重大，它最明白地表现了普罗泰哥拉对城邦民主制的赞许，甚至可说它为民主制提供了理论基础，值得我们高度注意。

　　这个重要论述是由苏格拉底的问题引出来的。对话中的苏格拉底认为，教人学会政治的智慧、艺术和品德是办不到的，因为政治事情不像别的技术和建筑、音乐、修鞋之类可教可学。例如伯利克里虽然能给他的孩子以一切可能的好教育，让他们学到各种本领，但是他自己获得成功的那种智慧和品德，他却无法教给他们。所以苏格拉底怀疑普罗泰哥拉是否能做到他答应的事，即教育青年学会从事政治。普罗泰哥拉答辩说，政治的智慧、艺术和品德是可教可学的；问题在于如何理解它的根据和途径，他用一种新观点回答了苏格拉底的提问和质难。在详加答复之前他先问大家，他用什么方式来回答好，是以一个长者对他们讲神话的办法，还是用一种理性的论理方式好？大家请他随自己的意，于是他就先讲了下面这个非常值得注意的神话：

　　最初，神用土、火等等元素的混合造成各种生物。当它们产生出来时，神命令普罗米修斯和艾比米修斯把它们装备起来。艾比米修斯对普罗米修斯说，"由我来分配，你来检查吧"。于是他就用各种手段来装备各种生物，有的给予力量，有的能飞快奔跑；有的凶猛，有的弱小则给予自保手段，如能飞翔或钻到地下来逃避危险；为了抵御寒暑，给它们装备了皮毛；还给它们提供各种食物，如草、根、树上的果实，以及给一些动物以别的动物作食料；此外还让它们能够繁殖，以便保存物种。艾比米修斯做了这些，但他智慧不够，忘记了他已把所有的手段都给了野兽，末了对于人就无法再提供什么了。他无法可想，这时普罗米修斯来检查他的工作，发现别的动物都有了适当的装备，唯有人是赤身裸体的，而且没有防身的武器，但是指定人出世的时刻已经到来，普罗米修斯找不到补救办法，就从赫斐斯特（冶金之神）和雅典娜（智慧和技术女神）那里偷来技术与火，把它送给了人。因此人有了智慧来维持生活，但是人还没有政治智慧，因为这是宙斯所有的。普罗米修斯因为偷了火已受到处罚，不能偷到政治的智慧。

这时人已分有了神的属性，高于其他动物了。他们不久就发明了语言，造出房屋、衣着、鞋子和床，学会了农作和畜牧。但只是分散为生，还没有城邦，仍然无力抵御野兽的侵害；有了食物，但还没有治理和进行战争的技术。后来，自卫的需要使他们集合为城邦，但因为没有治理的技术，相互为害又使他们陷入毁灭之中。宙斯担心人类会消灭，就派赫尔墨斯到人间来，把虔敬和正义带来作为治理城邦的原则和人们友好联系的纽带。赫尔墨斯问宙斯，他应该怎样在人们中分配正义，是像分配技术那样只分配给少数能熟练掌握那门技术的人，还是也分配给那些不熟练的人们？宙斯答道：

> 要分给所有的人，我愿意他们所有的人都有一份；因为如果只有少数人享有，像〔别的〕那些技术那样，城邦就无法存在下去。还有，要按我的命令制一条法律：谁若不虔敬不正义，就要处死，因为这种人是国家的祸害。①

---

① Plato, Protagoras 320 d - 322 d.

　　普罗泰哥拉用城邦的人民、特别是雅典的人民的生活事实证明这一说法。在一些技艺方面，人们尊重少数有专长者的意见，但在公民的知识技术上，大家都得用正义和好意见作为指导，这些原则自然必须为每个人所同意，听取每个人的意见，这就是说，每一个人都分有这种智慧品德，否则国家就不能生存。为什么所有的人都相信每个人分有正义和公民美德，还可作进一步证明。在所有其他的才能上，例如吹笛子，某人吹得好而另一个人不行，这是无可非议的；但是在正义和公民美德方面就不同了，无论每个人是否做到，谁如果自己承认是不正义的，就会被当作疯子看待。这是因为人们认为，一切人无例外地都必须以某种方式分有它，否则他就不能算是一个人。

　　根据这一基本观点，普罗泰哥拉论证了政治品德是可以教可以学的。因为人人都在不同程度上分有它，好像是每个人的天性似的，这是基础；并且因为人人都有，就都能做出自己的一份贡献，可以向别人提出劝告。因此，在政治智慧和品德问题上，根本之点是：一切的人都受教于一切的人。其中包括家长对儿童的教导，人们在公私的社会生活接触中受到的劝导，以及奖励和惩罚等等。他认为惩罚的目的是教育，使人以后不再犯以前的错误。这时他进一步答复了苏格拉底的问题：为什么在政治智慧和美德上不一定父能传子呢？这是不足为怪的，因为这本是社会的事情。在一个好的城邦里，没有一个人对于政治品德会是完全的门外汉。比如某个国家里人人都是笛手，那么每个人都会在私下和公共场合影响和教育他的邻人，如果他吹得不好，人们就会责备他，这样尽管在吹笛的技术上人们有优劣之分，大家还是都受到了怎么吹笛子的教育。政治智慧上也是这样，如果我们的邻人都是正义有德的，我学了对我有益，结果我们大家就相互教和相互学到了什么是正义与合乎法律。因为每个人在自己的能力所及的范围内都是美德的教师,我们也就可以说没有教师。谁是全体希腊人的老师呢? 你在哪里也找不到这样一个人。所以在美德这些事情上,谁若超过我们一点点,我们就要感谢他。说到这里,普罗泰哥拉就转入本题,谈到他自己和自己的职业,他说:我想我就是这样一个人,在能帮助别人变得好些这一点上比其他人强些,所以就来当一名教师。①

普罗泰哥拉既讲了神话又讲了道理,以双重方式说明政治的知识为什么是可教的理由。他的教育思想,强调人人都有可以教育的基础条件,强调教育的社会性,即政治和道德是人与人、个人与社会相互依存相互教育的过程和结果,表现了比较生动的民主教育的精神。这种教育思想的基础显然是雅典式的城邦民主制。他为这种民主制的政治和道德作了一个基本的理论说明 —— 这就是他对于"人"是什么的观点。

普罗泰哥拉明确指出人同其他动物有根本区别。(一)动物只有自然的器官,与之相比人还常常不如动物,但人却有智慧和技术。所以人能发明语言,能学会制造生活必需品,从事生产。这样,人就已经优于一切其他动物了。(二)人还能结成城邦和社会来形成强大力量,战胜一切其他动物。(三)要结成社会就有人们的相互矛盾和冲突,因此需要有社会的治理和秩序,即必须解决他们相互间的社会关系问题。这就需要有一种更高的智慧与政治、道德。普罗泰哥拉认为人是具备这种政治智慧和品德的,这种智慧使人能结成社会,因而它是人区别于一切别的动物、优胜于它们的最重要之点,否则社会就无法存在。普罗泰哥拉在这里说出了

---

① Plato, Protagoras 322 d-328 b.

古代人中只有希腊人、而且只有古典时代的希腊人才能说出的最要紧的观点：这种政治的艺术、智慧和品德决不可只归少数人所有，人人尽管水平不同但必须都分有它；只有在一切人都分有它时，社会才能生存下去，否则就会毁灭。显然这是对雅典这类城邦民主制社会的忠实写照，也是对它的基本理论概括。它肯定每个人都有权参与一切公共的政治与社会的事务，并以这种权利作为人的根本本性。这个理论表明，自由的希腊人已经意识到了自己是社会的主人，从而看出自己是高于一切自然物的最高级的存在。"人是万物的尺度"的真正根据正在于这种新的人类自我意识。

当然不言而喻，普罗泰哥拉所说的"人"或"所有的人"及其权利，只是希腊人，特别是雅典这类民主制城邦中的有全权的公民及其权利，决不包括奴隶等等在内。但这里毕竟出现了人的自觉。他的学说是人对于自己的本质特别是社会本质的带科学因素的考察的开端，具有很重要的历史意义。

这种社会历史观和关于"人"的观点，必然引起哲学思想上的重大变化，而普罗泰哥拉则第一次把它变成了哲学本身。

四、普罗泰哥拉的"人是万物的尺度"及其 感觉主义和相对主义

现在我们来讨论他的哲学。

普罗泰哥拉（Protagoras）是希腊北部的城邦阿布德拉人。关于他的活动和思想，我们的主要资料来源是柏拉图；亚里士多德对他也有所论及；此外塞克斯都·恩披里柯从怀疑论的认识论角度也提供了一些重要材料。

关于他的生活年代、活动时期,同其他哲学家的时间先后关系,应该说大体是清楚的。这方面虽有些混乱的说法,但经过蔡勒、伯奈特、格思里等不少学者的考证分析,也已基本澄清。近来叶秀山同志在其《前苏格拉底哲学研究》中又重新提出了这个问题,认为普罗泰哥拉的哲学应在德谟克里特之后,他是后者的学生。但其史料依据仍是第欧根尼·拉尔修的说法以及那些不可靠的"伊壁鸠鲁的信"。叶秀山同志认为柏拉图的对话所述更不可信;此外,他认为普罗泰哥拉的思想必有师承,德谟克里特是他的同乡,因此老师必是德谟克里特。[①] 我觉得叶秀山同志的一些想法还是有意义的,但结论似乎太匆忙。

第欧根尼·拉尔修报道说,据阿波罗多洛的记述,普罗泰哥拉的鼎盛年为公元前444/前441年,[②] 这样其生卒年应为公元前484/前481—前414/前411左右。同第欧根尼·拉尔修对德谟克里特的年代报道比,普罗泰哥拉也要比德谟克里特年长许多。但第欧根尼·拉尔修又写道,"普罗泰哥拉曾从德谟克里特学习过"。[③] 可这句话的根据是什么,他未作任何说明。对此我感到不能作为依据,因为我们稍稍研究一下第欧根尼·拉尔修关于普罗泰哥拉的传记报道,就可知道他的主要来源正是柏拉图的对话;而柏拉图的所有对话中的有关材料表明这是不可能的。如我们前面所引的《普罗泰哥拉篇》所说,普罗泰哥拉比苏格拉底以至当时在场的希比亚、普罗迪科等智者都要年长得多,可以做他们之中任何一位的父亲(317c)。在《美诺篇》中,对话中说到普罗泰哥拉已经去世多年,他活了70岁,从事智者的活动有40年(91e)。我们知道,这

① 叶秀山:《前苏格拉底哲学研究》,三联书店1982年版,第313—316页。
② Diogenes Laertius, IX, 55-56, 见 Hicks 本第2卷,第496页。
③ Diogenes Laertius, IX, 50, 见 Hicks 本第2卷,第463页。

篇对话发生的场景在公元前401之前,由此可以大致估计普罗泰哥拉的年代。的确,柏拉图的多数对话都是表达他自己思想的一种方式,情节并不全合事实;但我们也知道,这主要是在思想观点上,他常常用苏格拉底为角色来讲自己的想法。至于"细节是否十分精确",要看是什么样的事情来定,如果发现有问题而且别有证据,自然可以讨论甚至推翻。但是现在在普罗泰哥拉的年代和活动情况方面,我们并没有发现所述与历史不合之处,也没有别的证据说他会晚到在德谟克里特的哲学活动之后。相反,现在我们所知的一切佐证,都印证着柏拉图的有关记述是正确的。例如,首先普罗泰哥拉是当时一大批智者中最著名的一个,这事实似乎是不可能推翻的,而把这些智者的活动都放到德谟克里特之后去也是不可能的;其次,普鲁塔克报道说,普罗泰哥拉是伯利克里的亲密朋友,一起讨论过问题;而且伯利克里委托普罗泰哥拉去为图利城立法。这些事实也没有理由怀疑和否定,那么怎么能把他放到德谟克里特之后呢? 为图利城立法这件事发生在公元前444/前443年。而一个人要能充当一个城市的立法者,无疑需要有相当高的声望,其学识和经验必须相当丰富并为众所周知,因此人们认为这时他的年岁必在四十岁以上,可能还要再年长些方可胜任。据此一些学者认为他的出生应在公元前5世纪的最初10年间,比第欧根尼·拉尔修及所据的阿波罗多洛的说法可能还要早一点,只有如此,有关他的各种记述才能有一种恰当的说明。我以为这个讲法是合理的。

　　叶秀山同志强调应注意他同德谟克里特有思想联系,这我并不反对。但说有思想联系就是普罗泰哥拉必是德谟克里特的学生,这实在不便苟同。至于说普罗泰哥拉的思想必有师承,我想这并不能成为证据,因为哲学史上许多哲学家并无明确固定的师承的事情是很多的,这并不影响他们继承前人的思想。从上边我们所引的他说的神话,我们可以知道他在自然观上接受了前人的元素说、混合说;他的思想更主要的是来自这个时代的新生活方式和新思潮;而他的认识论中的感觉主义,显然同恩培多克勒以来的研究有密切关系。凡此种种都是他的思想来源,何必专求一个老师呢?

叶秀山同志说:"我们始终认为普罗塔哥拉斯的学说和原子论不是没有关系,而是很有关系。我们想再一次强调,留基波、德谟克里特的原子论是古代希腊奴隶主民主制的哲学概括,只有经过留基波、德谟克里特从宇宙论、认识论的高度上概括,才有智者派把这个个人主义、感觉主义原则在人类社会中的具体运用……"①

我想我也许可以在某种程度上同意第一句话,不过还有待于具体研究才能定,我的意思是说他们之间可能是有某种联系的,但这种联系究竟如何和前后关系还需要有说明。至于第二句话,不免使我产生如下疑问。首先,为什么普罗泰哥拉就不可以对希腊奴隶主民主制作出哲学概括,而只能对原子论作"具体运用"呢?难道"一切人都分有政治智慧"不是对这种民主制的高度概括吗,"人是万物的尺度"不是对此的一种高度的哲学概括吗?为什么只有原子论才称得上是这种概括呢?其二,难道普罗泰哥拉的上述学说不是更自然更明白地表现了时代吗?为什么必须要先"从宇宙论、认识论上高度概括"为原子论,才能具体运用于社会生活,而不是相反的过程呢?先从现实生活和社会学说中认识人本身,把新思想上升为哲学,不是更合于思想发展的顺序吗?事实上哲学中的新思想的发生本来是如此的。就这里的情况来说,表现时

---

① 叶秀山:《前苏格拉底哲学研究》,三联书店1982年版,第316页。

代的人本主义哲学的特点,正在于突破了原先的"宇宙论"即自然哲学;所以很难设想新的哲学概括会首先表现为"宇宙论"的形式;相反,只有在它出现之后,才会引起宇宙论本身的内容和形式的改变。第三,说智者和普罗泰哥拉把德谟克里特已经提出的"这个个人主义、感觉主义原则"加以"具体运用",显然是不妥的。因为德谟克里特的学说根本不能归结为"个人主义和感觉主义的原则"。社会生活中的个人主义倾向和认识论中的感觉主义原则,乃是普罗泰哥拉的特征,德谟克里特并没有赞同或完全赞同,相反,他是给予了批评的。

所以,我想如果说他们"很有关系",那么这关系的顺序恐怕同叶秀山同志所想是恰好相反的。假如顺序是"留基波 —— 德谟克里特 —— 智者和普罗泰哥拉"这样排的,我们又知道智者和普罗泰哥拉是伯利克里时代的人,那么德谟克里特应在何时活动,应与哪些人同时,而比他还要早得多的留基波又应与哪些人同时呢?这些问题必将层出不穷,恐怕是不好办也说不通的。还有:我们知道德谟克里特去过雅典,在那里他知道苏格拉底,但苏格拉底却不认识他。[①] 他与苏格拉底年纪很接近是个事实。如果智者和普罗泰哥拉是在德谟克里特之后那种顺序的话,他也就会在苏格拉底之后了。这就更成问题了。—— 关于普罗泰哥拉的年代问题,因为涉及好多问题的评价,我们不能不作些讨论,就说到这里。

普罗泰哥拉周游希腊,两次来到雅典,同伯利克里交往密切。普鲁塔克所写的伯利克里传中说,他们在一起讨论各种问题。有一次两人花了一整天来辩论究竟是标枪,还是掷枪的人,还是主持竞技的人,要对一个被标枪刺死的人的死负责。这是一种关于法

---

① Diogenes Laertius,IX, 36,见 Hicks 本第2卷,第447页。

律责任问题的重要而困难的分析研究。在这类讨论里伯利克里从普罗泰哥拉得到很大益处,增进了思考和雄辩的才能。伯利克里委托他去为图里立法,也表明对他的政治品德和能力的高度评价和信任。他的命运和阿那克萨戈拉有些类似,后来也被控犯有渎神罪,因为他的著作里写道,"关于神,我无法知道它们存在还是不存在。因为有许多障碍使我们得不到这种知识,一则这个问题暧昧不明,再则人生是短促的。"[1] 他也认为我们能知道和肯定的只是人和人所能感知的各种事物,至于神那是我们不能知道的,也就无法对其存在与否作出判断。—— 这很像是后来休谟和康德的那类看法。为此普罗泰哥拉被逐出了雅典。

普罗泰哥拉和阿那克萨戈拉两位哲学家都是伯利克里的好友和老师,是一件颇有意义的事情。伯利克里这位伟大政治人物是那个时代的象征,因为希腊和雅典的最盛时期就是以他的名字和功绩作标志来称呼的。阿那克萨戈拉以其"心灵"说表现了这时代希腊人的历史主动精神,不过他说的"心灵"还只是一种自然的本原,现在普罗泰哥拉更进了一步,他明白地以"人"作为万物的中心和尺度,并以此提出了民主制的社会理论和与之相关的感觉主义认识学说,更简要确切地表现了这个时代。

他的哲学原则确实是很概括简洁的。"人是万物的尺度,是存在者存在的尺度,也是不存在者不存在的尺度",既谈到自然万物也谈到人事,谈到两者关系和两者关系中以人为主;又谈到哲学中本体论和解决这个本体论问题的途径和标准;因而又谈到了认识论问题。这个命题首先根源于时代和他的社会观,如前所述,他认为人高于动物和自然万物,因为人有技术、智慧,特别是有结成

---

① Diogenes Laertius, IX, 51-52,见 Hicks 英译对照本第2卷,第465页。

社会的政治智慧,所以人能支配和安排万物。所以,人有权力和能力以自己为中心来看世界,这里已包含了新哲学的本体论和认识论原则的成分。

现在我们来讨论一下他的感觉主义认识论原则。柏拉图的《泰阿泰德篇》主要讨论什么是知识的问题,许多篇幅里都涉及普罗泰哥拉的学说。在这篇对话里苏格拉底要泰阿泰德说明什么是知识,泰阿泰德先是列举出各种具体的知识,苏格拉底纠正他,要求他给知识下一个普遍的定义,这时泰阿泰德回答道:一个人知道某个事物是通过感觉到它的途径才知道它的,因此我想似乎知识只不过是感觉。苏格拉底立即指出,这个"知识即感觉"不正是普罗泰哥拉的学说吗? 只是表述方式有所不同罢了,普罗泰哥拉是用"人是万物的尺度,是存在的事物存在的尺度,也是不存在的事物不存在的尺度"这种语言来说的。苏格拉底接着解释这一命题的意思说,那岂不是"任何事物的存在,对于我,是它显现于我的样子,对于你,是它显现于你的样子,而你、我和我们每一个都是人?"比如,"同样的风刮着,我们之中有的人觉得冷,而另一些人不觉得冷,或者有人觉得稍微有点冷,而另外的人感到很冷。……在这种情况下,我们应该说风本身是冷的,还是说它不冷? 或者,我们应该像普罗泰哥拉说的那样,认为风对于那个感觉它冷的人来说是冷的,而对不觉得冷的人来说它就不是冷的?"①

从这一叙述可知普罗泰哥拉在认识论或知识论上持一种感觉主义的观点。事物是什么全凭感知它们的人的感觉而定,这必然会引出一种主观唯心主义和相对主义的认识论结论。不过普罗泰哥拉本人或当时的人们(如恩培多克勒和批评感觉主义相对主义

---

① 　Plato,Theaetetus 151 e-152 b .

的苏格拉底、柏拉图以至亚里士多德）都没有把感觉当作是纯主观的东西，他们只是认为，人的感觉是人体和外物接触的必然结果，本身是客观的；但人人的感觉各异，一个人身体状况改变时对同一事物的感觉也不同，这是一件确实存在的事情，例如一个人在健康时饮酒觉得它是甜的，生病时就感到是苦的。从感觉是对象和主体的接触来看，每一种感觉无疑都是真的，其中之一并不比另一个更真些。但是，既然对同一事物人们感觉不同，彼此对立，那么关于对象还有没有确定的知识呢？这就是一个尖锐的问题了。在对话中苏格拉底并没有否定普罗泰哥拉的感觉学说本身，而是批评他不应把感觉等同于知识，反对知识中的相对主义，所以他认为普罗泰哥拉的学说同赫拉克利特的与恩培多克勒的学说一致，而与巴门尼德的不同。①

其实赫拉克利特并没有主张感觉主义，而是强调思想和逻各斯的决定意义，但他就对象本身讲了对立统一的流动变化。因此在苏格拉底和柏拉图等人看来，也就否认了确定的本质、本体和关于它们的知识，所以他们认为赫拉克利特的学说同普罗泰哥拉的是一样的。

柏拉图把普罗泰哥拉与恩培多克勒联系起来是对的，因为他们在感觉即知识的看法上是一致的。恩培多克勒最早提出了感觉论的知识理论，认为事物的存在与"是"就是显现于我们感觉之中的东西，事物是以可感觉的方式显现它们的存在和是什么的。不过恩培多克勒并未强调感觉的相对性而是强调它的确实性。通过不同的感官，我们可以肯定感性事物确实存在；以此批判了巴门尼德否认感性事物的观点。但他既然认为感觉是人体内的四根等

---

① Plato, Theaetetus 152 e .

等与外物中的同类东西相互流射与混合的结果,那么由于人体内的四根及其组合的改变,人的感觉就必然会随人而异、随时而异;这样他也已经有相对主义学说的萌芽和因素了。而且他也认为知识就是感觉。普罗泰哥拉的感觉主义知识学说无疑主要是继承恩培多克勒的,他把其中的相对主义大为发展了。

　　感觉这东西处于认识的最初阶段,而且它无疑是属于个人的,它随人、随时而异,具有个别性、流动性。因此单用感觉作为知识即衡量对象的准绳是不行的,一定会导致认识中的主观主义和相对主义,导致"公说公有理、婆说婆有理",是非莫辨的弊端或诡辩。如果每个人感觉到的就是事物的"有"、"是"即本质或本体,那么万物就没有稳固可靠的本质("是")和本体("有");因为每一感觉固然当下是真的,但在随时变动中,又成为彼此矛盾和不定的。究竟哪一个是真的,还有没有真理呢? 从这方面说,柏拉图等人批评他是很对的,我们今天也应给予批评。但是我想这种批评,也应当是全面的实事求是的,即应是有分析的。要注意到柏拉图等人的批评虽有道理,但他们的批评有片面性,因为他们在反对感觉主义中贬低和抛开感觉的应有地位与作用,去追求一种与之割裂的抽象的共相知识;在反对相对主义时又走向了绝对主义;其结果并没有真正否定唯心主义,而是从一种唯心主义(感觉的、主观个人的、相对主义的)走向了另一种唯心主义(抽象思想的、绝对主义的共相客观唯心主义),重复了巴门尼德的错误。所以真正说来,柏拉图所犯的错误并不比普罗泰哥拉小,毋宁说还要更大些 —— 当然他的贡献也更大些。我们应当公正地对待他们,看到他们各有片面的真理和错误。后人对于柏拉图,在分析上比较认真,但对于普罗泰哥拉和智者却常常做得不够,只以指责其主观唯心主义为满足,我想似乎不大公允。

事实上普罗泰哥拉的感觉主义认识学说有两个功绩或意义：

第一点是关于认识论理论本身的。应该说，普罗泰哥拉的"知识即感觉"乃是对恩培多克勒以来的认识论成果的发展。为了同巴门尼德否定现象和现实事物的观点相对立，恩培多克勒以后的哲学必须恢复感觉经验在认识中的作用和意义，这个大方向是完全正确的，为"拯救现象"所必需。认识自感觉始，凭感觉我们能肯定现象万物，并肯定存在的事物必是感性事物而不是巴门尼德式的抽象"存在"。普罗泰哥拉明白阐述的思想就包含这一要点，每个人通过自己的感觉经验，就能判定万物存在与否及其性质；我们感觉到的才是存在的，而像神这种"存在"是我们不能感知的，所以我们就不能承认它们的存在，对它只能存疑。对于这一点，我想似乎不能指责它是主观唯心主义；相反，似乎比巴门尼德或柏拉图要正确得多。

问题往往是在一个观点发展到一个顶点时，才会暴露其内在的缺陷。当普罗泰哥拉把感觉的意义给予明白单纯的概括和加以绝对地强调时，感觉本身中的主观性和相对性的方面才充分展示出来。"知识即感觉"在反对巴门尼德时是正确的，但它也是片面的，因为感觉毕竟不是客观的真理标准。真正说来，人的任何认识，不管是感觉或思想，都带有主观性相对性。认识的客观真理性的标准本来不能在认识范围本身里，而只能存在于与认识有关而又原则不同的实践里；在实践中，人首先是一个客观存在物，同周围的客观事物处于一种客观必然的关系之中，因此，在实践中人这个主体本身及其同外物的联结便具有了一种客观的意义，所以人的认识才获得客观的内容和形式，有了客观的检验标准。——这些复杂的问题是直到近代乃至今天仍然为人们反复研讨的，我们不能要求古人就解决这些问题。古希腊哲学家的重要功绩之一是他们最早注意到认识问题,并且也几经反复：先是赫拉克利特、巴门尼德发现了感觉和智慧的区别和对立；到古典时代,恩培多克勒和普罗泰哥拉认真研究和强调了感觉这个环节,而德谟克里特转向重新强调思维,苏格拉底和柏拉图(前期)则认真研究和突出强调了普遍思维,后来的柏拉图和亚里士多德转而探索二者的关系和统一的理解。晚期希腊哲学又在另一种条件下更深入地讨论了许多有关问题。从这种发展来看问题,普罗泰哥拉的感觉主义实在是发展中的重要关节点之一。他在把恩培多克勒的学说加以阐明的同时,也把感觉中的主观性暴露出来,给后人提出了思考批判的新课题。近代的英国经验论从培根、洛克到贝克莱和休谟的发展,也是有类似之处,当然是更深刻更自觉地揭示了认识论中的矛盾,我们承认他的感觉主义有真理性的方面(现象事物被每个人的感觉所证明是存在的,完全不能感觉的东西其“存在”性是可疑的)；同时也要指明其错误方面并着重给予批评(否则就只能停留在感觉的主观性相对性的范围内,无法向更高一级的知识和真理前进)。而且应该承认这两方面都是功绩(在一定意义和程度上)。这样恐怕才是比较公允的,否则哲学就没有发展了。

　　第二点是就这种认识论学说的社会意义来看的。普罗泰哥拉的感觉主义只是他的“人是万物的尺度”的一方面,但由于柏拉图在《泰阿泰德篇》里把这个命题从认识论上给予批判,人们便常常把这个命题只看做一个认识论问题。但实际上柏拉图在《普罗泰哥拉篇》里还谈到了他的社会历史观,我们稍加注意就可看出“人是万物的尺度”同这种社会观的关系,所以真正来说,这个命题既是一种认识学说,又是一种社会观,它是以人本主义的哲学形态对上述两方面的汇总和概括,本来包含两方面的内容。而这两方面又是彼此有关联的,因此我们对他的感觉主义的社会意义也应加以注意。

普罗泰哥拉所说的"人",本是指雅典和其他城邦民主制下的公民,因为它以教人成为好公民为任务,其可能性是以人人都分有政治智慧的禀赋为基础的,这里的"人人"自然是有全权的自由公民。这些公民结合成为城邦社会,但又有个人的特殊利益和特殊见解。所以他所说的人,既有社会集体性的方面也有个人特殊性的方面,不过他显然比较看重于后一方面。罗素说,普罗泰哥拉的学说"被人理解为指的是**每个人**都是万物的尺度,于是当人们意见分歧时,就没有可依据的客观真理可以说哪个对、哪个错"。① 这个说法大体是很对的,但若说普罗泰哥拉只讲"个人主义",丝毫不注意人们的社会性,恐怕也过于绝对了。普罗泰哥拉心目中的人,就其包括全体希腊自由公民来说,仍是有普遍性的,并不是指少数人或个别人;但是对于这些人的本性的理解,他又着重于差别和个体性的环节,即认为各有个人的特殊利益、欲求和意见,因而虽然人人都有一份政治智慧,但是有高下优劣之分。这一点也反映在他的认识论或知识论上。他的主要观点是认为感觉、个人感觉即是真实;因为人人都有感觉,这些感觉都是真实的,所以人人都可以认为自己的意见即是真理。在这一点上,公民们都是平等的,都有发表意见、坚持己见的权利。但同时他并不认为这些意见都一样好,例如病人感觉到食物是酸的,这种感觉对他说虽然是真的,但却是不好的,不如健康的人的感觉,医生的任务就是要使病人的这种不好的感觉变好,变为健康人的感觉。在其他各种知识方面也有同样的情形,所以还是应该承认人有智愚之别,认识有高低好坏的价值区别。这种个人之间的差异、高下,使他们既有个性

① 罗素:《西方哲学史》(上卷),商务印书馆1981年版,第111页。

又能互教互学形成一个城邦的社会集体。

可见普罗泰哥拉的哲学虽然把重点放在了个人及其感觉之上，并显出个人主义、主观唯心主义和相对主义的缺点，但并非那样绝对和极端，那种近代资本主义下的个人主义，即完全同社会相对立的孤立的个人主义意识，和贝克莱式的主观唯心主义，在希腊人这里不能成为普遍的意识，而只能有某种因素。这是因为希腊人虽然也在私有制和商品经济中发展着个人利益和个人主义，毕竟同自己的城邦始终保持着一种血肉相关的紧密联系；这是一种还没有完全从整体中分离出来的个人利益和个人主义。

在古典时代的上升阶段情况尤其是这样，个人主义已经在泛滥，社会中充满着个人与个人、个人与集体的矛盾，但这些矛盾冲突并未达到不能相容的地步，相反，这种个人利益和个人主义还大大激发着公民们的历史主动精神和创造才能，使城邦生活充满活力。这种情况表现在普罗泰哥拉的认识论中，就是人人可以认为自己的想法对，人人可以认为自己的意见是真理，这个根据就是感觉；因为感觉因人而异，所以对同一事物或问题，公说公有理，婆说婆有理就是正常现象，无足为奇，不可强求一律，一切靠大家的讨论来"约定"。可见他的感觉主义相对主义的认识标准或尺度，是为民主制的城邦生活提供论证的。—— 就像后来柏拉图的理念（共相）论是为他那个斯巴达色彩的"理想国"作论证一样。苏格拉底和柏拉图的哲学也是以"人事"或社会问题为中心的。但是"人"（希腊的公民）被抽象化成为绝对的共相 ——"善"，人本身反而越来越模糊不清了，而普罗泰哥拉的"人"则明白地是现实的、感性的希腊人，民主制生活中的生动的个人和他们之间的关系和城邦社会。

*　　　　　*　　　　　*

关于普罗泰哥拉我们就说到这里。总起来说他的哲学有这样几点重要意义：

1. 他使哲学的中心由自然转向社会人事和人本身。这样（A）哲学的对象从无所不包的自然把重点转向了社会人事这个对象；（B）从主要考察人以外的客观对象转向了主体及其意识。

哲学中这个重要转变,到苏格拉底达到高潮,深刻改变了哲学的内容和形式,具有十分重要的意义。

2. 在认识论上,他完成了从恩培多克勒开始的感觉主义,把它推到了一个顶点。个人的感觉成为判定事物存在和性质的尺度和标准,因此认识论上的相对主义和主观唯心主义的倾向大大发展了,感觉主义的内在缺陷也暴露出来了。

3. 与此相联系,在存在论上他走到与巴门尼德相反的极端。巴门尼德只以本质为真实存在,现象全是假象；而普罗泰哥拉只以事物对人的感性显现即现象为真实存在,否认有什么抽象的本质或永恒自在的存在（即本体）。

这两点标志着"拯救观象"、反对巴门尼德的抽象本体的哲学运动达到了一个转折。现在的问题是"拯救现象"的哲学暴露出它也是有根本缺陷的,也不能把握现实和真理。

普罗泰哥拉和智者的思想方式是相对主义和主观唯心主义的,它一方面表现了奴隶主民主制城邦中公民的个人主动性；另一方面也显示出这种个人主动性充满着私利打算和主观随意性,因此智者和他们所教出来的学生只以能言善辩为目的,诡辩成风,是与非全无客观真理作标准。这种社会风气和思想方法必然要走向自己的反面。它的产生是时代的需要,同样随着时代的变化它也要走向消灭。苏格拉底重新开始把哲学引向普遍的本质和本体,从一定意义上说正是普罗泰哥拉和智者本身造成的必然运动。

五、高尔吉亚对巴门尼德"存在"论的逻辑分析批判

在智者中普罗泰哥拉是一位真正的哲学家,而高尔吉亚算不算是哲学家,人们的看法并不一致。但无论如何,他对哲学的发展是有重要和直接的贡献的。智者们用辩论术和逻辑瓦解动摇着各种传统,高尔吉亚不限于此,他还对哲学中的权威进行了这项瓦解工作。从恩培多克勒以来,哲学家们对巴门尼德的哲学进行了批评突破,从拯救现象的立场做了大量事情,但是还没有深深触及巴门尼德哲学的核心,就是那个借逻辑来肯定的"存在"(本体论)及其逻辑自身;现在高尔吉亚开始了这个工作,他似乎是从爱利亚派的逻辑本身出发来否定爱利亚派哲学的第一个人。

高尔吉亚(Gorgias)是一位以演说术、修辞和雄辩而闻名的智者。他是西西里莱奥提诺人,在伯罗奔尼撒战争爆发和伯利克里死后数年时,被母邦派遣出使雅典,在这里他以雄辩和文采大享盛名,后来他游历了许多城邦教授学生,成为很富有的一位著名智者。

他留下三篇作品,其中一篇题为《论非存在或论自然》是谈哲学问题的。它针对爱利亚派提出了三个原则:(1)没有"存在",或"存在者"是不存在的;(2)即使有存在,也是不能认识的;(3)即使能认识,也是无法表达和告诉别人的。[①]

这些论点好像是纯否定性的,把一切存在和认识都完全取消了。后来怀疑派塞克斯都·恩披里柯对此很感兴趣,详加记述,保存下来这份重要的材料。不过这是否真是高尔吉亚正面主张的哲学,还是一个问题。因为智者们固然都带有强烈的怀疑主义气味,

---

① 见 Sextus Empiricus, *Against the Logicians*, Ⅰ, 65。Bury 本,London, 1925。

但那时主要是积极的,它瓦解着旧传统,促进人们的思考,同晚期希腊的消极性的怀疑主义仍有重要区别;高尔吉亚一生既有名声又有钱,不像是一个会悲观厌世或主张一切虚无的人;此外柏拉图和亚里士多德等也没有把这些原则认真地当作一种哲学来对待,否则必定会对它进行分析批判(他们谈论他时只是说他是演说家或"辩证法家")。由此看来,我们似乎不必认为他是一个提出了怀疑论的哲学家。

但有些学者认为他的论证意义只在于炫耀其论辩术,恐怕也有些问题。因为这些论证里确实包含着一些十分重要的哲学观点。有人说柏拉图对高尔吉亚的论证完全保持沉默,还有的认为柏拉图在《巴门尼德篇》里讨论爱利亚派的"一多"问题时只字未提高尔吉亚的反驳,我以为这些说法不大妥当。因为只要仔细研究柏拉图的《巴门尼德篇》,特别是那八个论证中的第一、第二个论证,人们就不难发现,柏拉图在批评巴门尼德观点时虽然没提高尔吉亚的名字,实际上是吸取了和运用了高尔吉亚论证的成果的。高尔吉亚开始了从逻辑本身来否定巴门尼德哲学的工作,柏拉图在其后期在更广泛深刻的基础上进行了这项有极大意义的工作。这种联系是非常值得我们注意的。—— 所以,我们也要对高尔吉亚的论证加以注意。

现在我们就来简要地讨论一下这些论证。

(一)关于"无物存在"的论证。

论证用的是反证法,从设定相反的前提开始,推论其不可能,以证明本命题。

恩披里柯叙述高尔吉亚的论证如下 :"如果有物存在"(εἰ γάρ ἔστι τι,这个"有物"是我们说话方便加上去的,其实不适当,好像添了一个主语,而"存在"成了谓语,真正说来讲的只是"如果存在"。—— 引者注）——"如果存在"，那么它或者是（1）存在；或者是（2）不存在；或者是（3）既存在又不存在。然后他推论这三种情况都是不可能的。[①]

高尔吉亚首先论证（2）是不可能的。[②] 这一点比较容易，因为爱利亚派早已证明过了，高尔吉亚也采取了相似的论证方法，我们就不重复了。最后他又证明（3）是不可能的，[③] 这也是比较容易的。问题的要点在于证明（1）不可能，即"存在者存在"为什么不可能。

对此他作了以下两方面的论证：

A. 如果存在者存在，也只有三种可能：（a）它是永恒自在的、非产生的东西；（b）它是由别的东西产生的；（c）它既是产生出来的又不是产生出来的。[④]

这里，（b）不可能，爱利亚派已经证明过了，（c）是自相矛盾的，也显然不可能，高尔吉亚论证这两点[⑤]并不困难。问题在于证明（a）也不可能。

高尔吉亚说，凡产生出来的东西都有一个开始，所以非产生的永恒自在的东西就没有开始。这样，它就是无限的。然而如果它是无限的，它就不在任何处所。因为，如果它在任何一个处所，而它所在的处所是同它本身不同的，这样，这存在者就被某个东西所围限，就不再是无限的了。那包围者总是比被包围者要大些，但是没有什么会比无限者更大。所以无限者不在任何处所。[⑥]

① Sextus Empiricus, *Against the Logicians*, I , 66 .
② Ibid, I , 67 .
③ Sextus Empiricus, Against the Logicians, I , 74-76 .
④ Ibid, I , 68 .
⑤ Ibid, I , 71-72 .
⑥ Sextus Empiricus, Against the Logicians, I , 68-69 .

那么,它是否存在于自身之内,为自身所包围呢? 高尔吉亚认为这也不行。他说,如果它存在于自身里面,我们就把同一个东西(存在者)变成了两个东西:"地方"和"物体",因为在那里讲的是处所,而在处所里的东西讲的是物体,也就是把两个不同的东西混为一谈,这显然是荒谬的。所以存在者也不能存在于自身之内。

存在者既然无处可以存在,所以结论就是:如果存在者是永恒自在的,它就从来不曾存在过。[①]

显然这个论证是建立在"存在"与时空的区别之上的。存在者总得在一定的时空里存在,然而无限的存在者同时空是什么关系呢? 如果它在某个时空界限之内,它就不再是无限的了;但如果不在某个时空里,它怎么还能存在呢?

我们知道,巴门尼德和爱利亚派素朴地认为"存在"必有在时空中的大小,所以已经碰到了难题:那唯一的存在者究竟是有限的还是无限的? 巴门尼德说它是有限的,是一个圆球状的东西,这显然是不妥的,圆球就有界限,在外面的是不是存在者呢? 所以后来麦里梭说它必是无限的。现在高尔吉亚揭示了这里同样有矛盾,论证了说它是有限和无限都不行,所以这个存在者就没有地方可以容身,也就不能存在了。

显然在这里高尔吉亚用的并不是单纯的论辩术或诡辩,他揭示了"存在"概念有歧义,指出物质(物体)同时间、空间相关而又有区别,提出了一个物理学或自然哲学研究的重要课题。当然他还弄不清这种关系,不能解决这个问题,但是提出这个问题本身就是一件重要的事。

[①] Sextus Empiricus, Against the Logicians, I, 70.

B. 第二方面的论证是就"一多"关系来谈的。

　　如果存在(εἰ ἔστιν)，它或者是一，或者是多；但我们将证明它
既不是一，又不是多；因此存在者不存在。
　　因为如果它是一，它就或者是一不连续的量，或一连续物，或
一大小，或一物体。但是无论它是这几种情形中的哪一种，它总不
是一；因为如果它是一不连续的量，它就是可分的，如果它是一个
连续物，它将可分割为许多部分；同样如果它被设想为一个广延大
小，它就不是不可分的，而如果它是一物体，它就有长、宽、高三种
性质。可是若说存在者不属于上述几种情况中任何一种，那是荒
谬的；因此存在者不是一。
　　可是它也不是多。因为如果它不是一，它也不会是多；因为
多只是许多一的总和，因此如果毁灭了一，随之而来的也就毁灭
了多。[1]

　　存在者既不是"一"也不是"多"，但它只能以或者是"一"、或
者是"多"这两种方式存在，所以存在者就无法存在了。
　　留心的读者不难发现，这个论证(B)同前面的论证在方式上有
些不同。论证(一)有(1)、(2)、(3)三种可能性，论证 A 有(a)、
(b)、(c)三种可能性，但这里(B)只提出了两种可能性。高尔吉亚
避开了第三种可能性，即存在者能否既是"一"又是"多"的问题，
他有意地不讨论这个问题。但我们从他的论证内容来看，他是不
否定第三种可能性的；他已经看出，不管对"存在"作何了解（无论
连续与否，是物体还是只有空间大小的东西），它们都既是"一"，
又是"多"，"一"、"多"不可分。
　　高尔吉亚的这个论证是重要的，他总结了从巴门尼德、芝诺、

---

[1]　Sextus Empiricus, *Against the Logicians*, Ⅰ, 73、74 .

麦里梭直到阿那克萨戈拉的争论和发现,批评了他们各自的片面性和内在缺陷,当然重点在批评爱利亚派。他着重指出,不管我们对存在者作什么样的理解,"一"总归是可分的,是"多",决没有什么铁板一块绝不可分的"一"。但他同样也从逻辑上指出,"多"也蕴涵着"一",即单位,否则"多"本身也无法存在和确立。这个论证已接近于辩证地理解"一"、"多"关系,对后来柏拉图的《巴门尼德篇》中的论证和亚里士多德的有关分析,提供了重要的思想来源。

以上两个论证(A、B)都在于论证"存在"也不能存在,因为它不能以任何必要的方式存在。这就是说,巴门尼德所建立的"有",那个唯一、永恒、自在的存在,是没有的。他们用逻辑方式努力确立的"存在者存在"的命题,也同样可以用逻辑的方式加以摧毁、推翻和否定。这样,第一个原则就论证完毕了。

(二)关于"即使有存在者,它也是不能认识的"原则的论证。

这个命题单从形式上看全然是个不可知论的命题。但是其中却包含着正确而重要的观点,因为论证的基点是分别思想和存在,揭示了巴门尼德把二者等同的那种朴素意识里的唯心主义根本错误。

我以为这个论证很有意思,所以把恩披里柯的有关报道都译引出来:

> 其次必须证明,即使有物存在,它也是不能被我们所知的。照高尔吉亚说,如果我们所想的东西并不存在,那么存在的东西就不〔能〕被思想到。这是合理的;因为,正像想到事物的某个性质是白,白的事物的某个性质就被想到了那样,如果想到事物的某个性质不存在,必然的结论便是:存在的事物的某个性质就没有被想到。所以,"如果想到的事物并不存在,那么存在的东西就不〔能〕被思想到"这个论点,就是一个健全的、完全合乎逻辑的结论。
>
> 但是被思想到了的事物(我们必须首先抓住它们)并不存在,

如我们将予证明那样,所以存在的东西不〔能〕被思想到。

事实上,被想到的事物并不存在这是很明白的;因为如果想到的事物是存在的,那么一切〔能〕想到的事物就都存在了,而且照这个说法,每个人想到它们,它们就都存在了。但这是同感觉相反的。因为若是某人想着有一个飞行的人或一辆在海上奔驰的车子,绝不会因此就有一个飞行的人或一辆车子在海上奔驰。所以,想到的事物是不存在的。

再者,如果想到的事物是存在的,那么非存在的事物就不会被想到。因为对立者有对立的性质,而非存在是存在的对立面;由于这一点,如果"被想到"是存在者的性质,那么"不〔能〕被想到"就会确实成为非存在者的性质。但这是错误的,因为六头十二足的女妖(Scylla)和吐火怪兽(Chimaera)以及许多不存在的东西,都是被我们想到的。所以存在者不是〔能〕被想到的。[①]

从"我们所能想到的东西"决不因此而存在这个正确的看法,高尔吉亚推论出存在的东西就不能被想到或认识,这里是有毛病和错误的。这毛病还是出在古人的思想和语言的幼稚混乱上。在这个推论("If the things thought are not exist, the exist is not thought.")中,thought 即"被想到的",也指"思想",在古人那里是混同的,这在前提中毛病不明显,但到了结论可做两种理解了,一种读法可以是:"如果思想的东西不存在,那么存在的东西就不是思想(的东西)";另一种读法则可以是:"如果被想到的东西不存在,那么存在的东西就不是(能)被想到的(的东西)"。显然,前一种意义的结论是正确的(唯物主义的),后一种意义的结论则是不正确的(不可知论的)。从高尔吉亚论证时举的例子看,他是把正确的推论(如"飞人"是可以设想的但并不存在,所以存在的事物并

---

① Sextus Empiricus, *Against the Logicians* ,Ⅰ, 77-80 。

不是思想的东西)同错误的推论混为一谈了,即把不是思想,等同于不能认识、不可思维了。

高尔吉亚靠混淆词义,从正确推论里引出错误的不可知论结论,当然是不对的(也不合逻辑)。但是,他这个论证的重点显然是针对巴门尼德而发的,而且是很正确有力的,我们应该看到这一点。

因为,巴门尼德论证他那个"存在"的主要依据,就是"思想"或"能被我们想到"。巴门尼德说,思想必有其对象;而我们只能想"存在者存在",不能想"存在者不存在",或"不存在者存在",甚至根本无法设想"不存在者";所以存在者必定存在,不可能有非存在。可见,巴门尼德是把思想或可以想到的东西就等同于客观的对象或存在。高尔吉亚则明确提出,思想的对象、可设想的东西,决不可等同于存在、实际存在的事物;这是完全不同的两种东西,妖怪等等可以设想、可以是思想到的事物,实际上却根本不存在。所以,他从根本上驳斥了巴门尼德的证明,应该说这是用唯物主义反对了唯心主义。他在这样做时,表现了感觉主义的倾向,因为他在批评把思想对象等同于真实存在的巴门尼德立场时,是求助于感觉的:我们实际上从没有看见过什么"飞行的人"之类的东西;这也顺带证明了我们在前面所作的一点分析,即智者们的感觉主义虽然导致了主观主义、相对主义等等,但在反对巴门尼德时却仍然是对的,有唯物主义的意义。

(三)关于"即使存在者可以认识也无法传达给别人"的论证。

这个论证的根据是:我们表达存在物的只有语言,但语言同存在物完全不同,存在物是外部对象,而我们对它的感觉也同语言不同,无法用语言表达。所以语言不能表达存在物。

恩披里柯报道高尔吉亚的论证说:

因为存在物是外部存在的对象,是视觉、听觉和一般感官的对象,而可见事物为视觉所知、可听事物为听觉所知,彼此不能代替,这样,我们怎么把这些事物告诉别人?我们告诉别人所凭借的手段是言辞,但言辞不是实在存在的事物;我们除了言辞(它不同于实在)不能告诉别人什么是存在物。因此,正如可视的事物不会变成可听的,可听的事物不会变成可视的,同样,外部持存的存在物也不会变成我们的言辞;而由于它不是言辞,就不能清楚地传达给别人。①

高尔吉亚也看到外界事物同感觉、语言的联系。但他清楚地发现有原则区别。他的"不可表达"论虽然有错误,同样也包含着重要的真理性的成分:

他(高尔吉亚)进一步说,言辞是由外部对象引起的印象所形成的,即由可感知的对象形成的;因为气味使我们产生了关于这种性质的言辞,颜色的射入使我们产生了关于颜色的言辞。既然如此,那就不是言辞揭示了外部对象,而是外部对象证实了言辞的解释。此外,要说言辞像可见可听事物那样持存着,是不可能的,所以存在的事物也不可能由言辞来说明,否则言辞就像是一种持存和存在的东西了。他说,即使言辞持存着,也不同于其他的持存事物,可见的物体同说出来的言语是极不相同的;因为可见对象是靠一种感觉器官来感知的,而语言是靠别的器官。因此语言不能表现大多数的持存事物,这些事物本身也不能使它们彼此的本性清楚起来。②(这最后一句话似指:语言不能表现感性事物,而感性事物中的可视事物也不能表现可听事物,等等。—— 引者注)

①　Sextus Empiricus, *Against the Logicians*, Ⅰ, 83-85.
②　Sextus Empiricus, *Against the Logicians*, Ⅰ, 85-86.

　　这就是高尔吉亚的三个论证。

　　他在否定性的形式中,把存在和思想、感性事物和语言作了明白的区分,不仅批评了巴门尼德的唯心论,而且揭示了哲学本体论和认识论中的许多重要问题和难点,把语言学问题也提到了哲学高度上来加以考察,这都是很重要的功绩。—— 当然,他的研究还是极初步的,他的不可知论的结论也是我们不能同意的。

第六章　伯罗奔尼撒战争和
古典希腊的衰落

　　古希腊哲学在智者之后，以批判智者的形式实现了又一转折，产生了德谟克里特的和苏格拉底－柏拉图的哲学，进入了它的发展高峰。哲学里的这一转变和发展乃是古典希腊的社会历史和人们精神状态发生巨大变动的结果和表现。公元前5世纪的最后三十年是希腊世界内部爆发激烈冲突和战争的年代，伯罗奔尼撒战争把古希腊人的诸多矛盾推向了冲突的顶点，使之充分暴露出来，新的哲学不过是希腊人对自身造成的恶果的一些自我反省和寻求出路的思想表现。因此我们要理解这些哲学，需要首先对这种时代变动有一个扼要的把握。

一、伯罗奔尼撒战争的性质、起因和结局

　　伯罗奔尼撒战争是希腊历史的转折点，从此希腊就由繁荣走向了衰亡。在这场战争中，古希腊社会固有的各种矛盾 —— 奴隶和奴隶主之间，自由民各阶层之间、两大同盟集团之间、盟主国和同盟国之间的一切矛盾 —— 都展现得十分尖锐和鲜明，并且表明

这些曾经使希腊兴盛起来的动力都有它的反面意义,现在掉过头来要把希腊人自己吞噬和毁灭掉了。希腊社会和希腊人现在陷入无可解救的自相矛盾之中,无休止的纷争和冲突,胜负的不断交替,长期的极其残酷的自相残杀,使希腊人耗尽了自己的力量而看不到会有什么根本解决的希望,看不到自己还会有什么更好一些的前景。这是一场不可避免的无可挽回的历史悲剧。它的一个最突出的结果就是,那古典希腊世界里的天之骄子,那颗古代天空中最灿烂的明星 —— 雅典及其帝国,从此陨落了,人们被自己的创造和创造物毁掉了。从此希腊世界只是还在混下去而已,等待着下一个世纪被外族征服的命运。它在现实的历史发展中已经不能再有多大作为了,然而它在思想上还不甘心于这样的前景,它还在寻求出路、寻求美好的未来。

这场战争的性质。伯罗奔尼撒战争是雅典帝国同伯罗奔尼撒同盟之间的一场生死搏斗,其主导因素是雅典同斯巴达争夺希腊世界里的霸权之争;同时其中还交织着各种其他的斗争:(1)各城邦之间的斗争,包括雅典帝国内的许多属国反抗雅典的统治、起义与雅典维持其统治进行镇压的斗争,斯巴达同它的盟国之间的控制反控制的斗争,以及许多弱小城邦维护自身利益和独立反对外来干涉和奴役的斗争;(2)在各城邦内部自由民各阶层之间、民主派和贵族派之间的激烈斗争;(3)最后,在斯巴达和雅典等国中奴隶的起义、逃亡等反抗斗争。在这些诸多斗争和战争中,奴隶的斗争和起义虽然是正义的,却还不占主导的地位。其余的都属于奴隶主之间的内争和内战;在这中间,雅典的属国反对雅典统治的斗争,弱小城邦反对外来统治和奴役的斗争,还有各邦中民主派反对贵族派的斗争,也具有某种正义性;但是由于这些斗争都从属于两大霸主和集团的称霸斗争,被他们操纵、指使和利用,所以也黯然失色了。因为称霸双方从事战争的目的都是非正义的,这场战争从根本上说来是一场非正义的战争,它长达27年(从公元前431年直至前404年),蹂躏了几乎全希腊的地区,把绝大多数城邦都卷了进来,并贯穿到各城邦的内部生活中去,其残酷和苦难真是难以尽述。

这场战争的起因和根源。这场空前大内战当然不是突然和偶然发生的,有它深刻的经济和政治根源和历史的由来。

领导希腊各邦进行希波战争的本是斯巴达和雅典,但是后来斯巴达人退出了领导,雅典就独占了战争的领导权。雅典由于在战争中牺牲最大、出力最多、领导有力,就把大多数城邦团结在自己的周围,同时在战争的胜利发展中为自己赢得了最大的利益。最初建立的同盟是从事战争的需要,它要求同盟各国出兵力、船舰或金钱,实际上出得起船舰和兵力的主要是雅典和几个较大的城邦,多数城邦就提交款金,于是建立了提洛同盟,同盟金库设在提洛岛上。但随着战争的发展和胜利,这个提洛同盟就转化成了雅典帝国。当时波斯人由于战败和内争迭起无暇西顾,斯巴达正由于希洛人的暴动处于困境之中,雅典则在这个时期形成了一个兴盛的海上帝国,其势力达爱琴海四周的小亚细亚希腊各邦,希腊北部各邦,以及北到黑海,南达埃及,还向西部希腊扩张,建立图里城等移民地。公元前454— 前453年,同盟金库由提洛移至雅典,以前它由同盟国大会控制,现在这个权力被雅典篡夺了,贡金的使用由雅典公民大会来决定,贡金数额由雅典向各邦摊派,出贡金的城邦在公元前454— 前449年由155国增加到173国,到公元前425年后增加了黑海诸邦,达300个国家以上。这笔金额是巨大的,当金库由提洛移至雅典时,存数为8000塔连特,几年后在同伯罗奔尼撒同盟订立三十年休战条约时达9700塔连特的巨额。常年平均贡金总数,在公元前454年后约为400塔连特左右,到公元前431年伯罗奔尼撒战争爆发后达到600塔连特左右(按当时物价计算,一塔连特在公元前5世纪初可购一艘三列桨舰船的船身,公元前5世纪中期,一艘三列桨战舰约需费三塔连特)。其数额比雅典本国的财政收入还要大,在伯里克利时代雅典的本国收入,包括出租劳立昂银矿和阿提卡的圣田,向定居的外邦人收税,奴隶买卖和进出口税款等,可能每年在400塔连特左右,因而还远不如帝国的收入那么重要。

雅典作为帝国的领袖用这笔钱来建造和维护一支强大的海军,支付军队和官员的薪饷,抚养阵亡将士的孤儿。在伯利克里时代,雅典人无论作为城邦集体还是公民个人都从这里得到了很大好处。雅典的第三、四级公民有良好的机会在海外当军事移民而获得优良的耕地(靠侵夺属国的好土地),他们的军事装备是由国家供给的;在国内,常年或部分时间享受国家公职津贴和薪饷的公民有两万人,这些钱都由帝国岁入为主要来源。此外雅典还用这些贡金修建卫城大门和神殿。雅典的经济、政治和文化的繁荣,它的民主制的昌盛,是建立在剥削和统治各个属国和外邦人的基础之上的,而最终则是建立在对奴隶和其他劳动者的剥削之上的。

雅典对于敢于反抗的盟邦常以武力进行镇压。公元前446年优卑亚各邦暴动和公元前440年萨摩斯的暴动是规模最大的两次,伯利克里都以武力进行了镇压。优卑亚各邦暴动被镇压后,其中赫斯替亚居民被赶走,土地归雅典屯田兵士占领,其余各邦则要向雅典宣誓效忠纳贡,规定凡成年男子不宣誓者即失去公民权利,财产也被没收。萨摩斯暴动被镇压后,毁除城墙,交出舰队,赔偿1276塔连特的战费。雅典把自己的制度强加于各盟邦,支持各邦的民主派建立民主制的政府,因此这种民主政治往往成为雅典支配各国的一种形式和雅典扩张其帝国的一种手段。雅典向同盟诸邦派驻军队和官员，要求各邦向它效忠宣誓，把一些重要案件交雅典法庭审理，索取人质，还要求各盟邦代表参加雅典的节庆仪式，伯利克里强调雅典在文化上有高居于各邦之上的领导地位，宣称雅典是"希腊的学府"，凡此种种都引起了雅典帝国的各盟邦的愤慨和反抗。

伯利克里时代的雅典，随着帝国的发展，成为爱琴海地区的政治、文化中心，也是希腊世界与东西方国家及其内部的商业中心，它控制了造船、木材、铁、铜和锡的交易，这些都是和军备有关的物资，其他如粮食、种种原料和产品以及奴隶的贸易也十分兴旺。在和平时期，雅典的收入远远大于开支，因此雅典显得非常强盛富庶和繁荣，它的民主制度和文化艺术得到雄厚财力的供养而非常昌盛；同时这种民主制度又使雅典公民们得到多方面的发展，使雅典有力量、有智慧来治理这个大帝国。

这种繁荣显然是建筑在矛盾之上的。雅典帝国的发展和扩张对于斯巴达和伯罗奔尼撒诸国的利益和扩张打算是一个严重的威胁，雅典虽然在海上势力占优势，但斯巴达人在陆军上仍占优势，有强大力量，伯罗奔尼撒同盟中像科林斯也有相当重要的海军力量和海上利益，冲突不可避免地到处发生着，引起了几次激烈的战争。虽然在公元前451年雅典同伯罗奔尼撒同盟订了五年休战条约，公元前446— 前445年又订立了一个三十年休战条约，但实际上双方在以后的十四五年间都在极力巩固自己的地位，准备新的战争。整个希腊世界在它的古典时代的空前繁荣背后布满了干柴，只待燃起一场大火，这场大火在公元前431年终于全面爆发了。

这场战争的双方，雅典帝国在海上力量和经济实力上占优势，但在陆战上则不如斯巴达及其同盟强大，而且在帝国内部的矛盾冲突方面更甚于对方。斯巴达在公元前465—前455年曾爆发过一次规模空前的奴隶暴动——希洛人和美塞尼亚人的起义。为了镇压这次奴隶暴动,斯巴达不得不向许多国家求援,甚至包括它的宿敌雅典在内,这次奴隶暴动使斯巴达遭到惨重打击。但到伯罗奔尼撒战争之前,这场危机已成过去,斯巴达已恢复了力量。它利用自己的陆军优势进击雅典,骚扰和蹂躏雅典的广大乡村地区,同时发展海军力量,尽量利用雅典帝国内部的矛盾,唆使和支持其属国反抗雅典的斗争。在雅典这一方面,按照伯利克里制定的扬长避短的战略,主要是运用自己的财力和海军优势从海上给斯巴达与伯罗奔尼撒诸国以打击,避开陆上决战,把全体居民集中到城里来固守;这个战略是合乎雅典的实际状况的,雅典在海战中多次获得重大胜利,而伯罗奔尼撒同盟最初获胜有限。但战争初期雅典城中发生了一次大瘟疫,从乡间逃来的难民拥挤在城内,瘟疫传染极快,死人如麻,尸体堆积,人们眼看着田舍成为废墟,城内尸首狼藉,便转而对鼓动他们作战的伯利克里怒目而视,同时在这种瘟疫的恐怖中,人们很快就丧失了对任何宗教和道德约束的尊重,违法乱纪也到处泛滥起来。伯利克里虽然还是赢得信任再次当选为将军,继续担任战争的领导者,但不久也染上瘟疫而死去(公元前429年)。这场瘟疫从公元前430年起延续到公元前426年,造成三分之一的战士死亡和许多人残废,由于瘟疫,居民中死亡残废的还要多,这不仅使雅典的军事实力受到重大损失,而且还败坏了社会道德,此外还使它失去了自己最可靠的和精明能干的领袖,后来的领导人就远不如伯利克里了。他们有时背离了伯利克里的战略思想,在陆战中遭到一些重大失利;另外,在埃及的失败和远征西西里的惨败,也使雅典蒙受了巨大损失。

在长期的互有胜负的战争中,虽然雅典曾取得较多的重大战役的胜利,但是困难却越来越多了。两万余名奴隶工匠逃亡敌方,使雅典的生产和经济大受影响;战争中、后期,同盟诸邦纷纷叛离雅典,使它的军事活动和财政发生了严重困难;此外,各盟邦中贵族派向民主派的夺权斗争也有重要影响,雅典本国在公元前411年也发生过短时间的贵族派政变,这些都从内部削弱了雅典的作战力量。在内外矛盾的压力下,雅典及其帝国终于陷入困境。公元前405年爱格斯波达米之役,雅典海军被歼灭,海港被封锁,海陆两面都被斯巴达包围,次年,雅典终于投降了。伯罗奔尼撒战争以雅典的失败和雅典帝国的覆灭而告结束。

二、在历史变动中希腊人的精神状态的变化

当我们回顾公元前5世纪的希腊历史时,看到的是一幅鲜明宏伟的斗争和战争历史画卷。在战争和斗争中希腊的古典时代兴起了,兴盛了;同样,在战争和斗争中它衰落了。在战争和斗争中历史风云在急剧变幻,社会人生的命运在迅速流徙。正像那位伟大哲人赫拉克利特所说的:

> 战争是一切之父、一切之王;它使一些人成为神,另一些成为人;它使一些人成为奴隶,另一些人成为自由人。

在向古典时代的转变时刻,他预言了整个古典时代的希腊历史发展的逻各斯(道路)。希腊人正是在战争和斗争中创造他们自己的历史和命运的。

在他那个时候,希腊人的斗争精神是充满着向上的激情的,只

有战胜波斯人的奴役和侵略,希腊人才能是自由人,才有自己光明的未来,因此他说:

> 应当领悟,战争是普遍的,斗争就是正义,一切事物都是由它产生的。

"斗争就是正义"—— 这是古希腊人在古典时代上升时期的真理。但是它是不是能继续成为真理呢? 是不是永恒的真理呢? 伯罗奔尼撒战争表明这是有问题的。这个真理现在走向了它的反面,表现为不正义;它带来的不是光明,而是罪恶和毁灭。

真理不是抽象的。希腊人所理解的斗争,赫拉克利特所理解的斗争,乃是特定的斗争,是以那斗争的主体本身的特定利益和目的为基础的。在古代社会里,不是主人就是奴隶,没有别的选择,斗争的目的就是不受别人奴役而当主人,而当主人的意义也就是要奴役别人。事实就是如此:希波战争的胜利,使希腊人避免了成为波斯人的奴隶的命运,成了奴隶主的自由人,使雅典人甚至上升到神的地位;但同时则是奴隶制的大发展,大量的人变成为他们的奴隶,此外许多城邦里的希腊人也成了雅典帝国里的下等人,处于半隶属的屈从地位。所以"斗争就是正义"之说,就是在古典时代的上升阶段,也只有相对的正确性和意义,早已包含着"不正义",充满着"不正义"。这里根本的问题在于利益,而不在于正义不正义;实际上人们是用利益来解释正义。因此问题在于研究他们的利益。

伯罗奔尼撒战争爆发之前,在斯巴达举行了一次伯罗奔尼撒同盟国的会议,这次会议将决定是否要同雅典进行战争。坚决主张战争的科林斯人控告雅典的侵略,极力说服斯巴达不能再迟疑。

科林斯的代表发言说：

"假如关于雅典对整个希腊的侵略,还有任何怀疑或不够清楚的地方的话,那么,我们的责任就是要把事实摆在你们的面前⋯⋯你们自己能够看见雅典已经怎样地剥夺了一些国家的自由,还在计划剥夺其他一些国家的自由,特别是我们自己的同盟国家;因此,它自己已经长期准备,以防战争的不测;否则,它为什么要从我们手中夺去科西拉的统治权呢? 为什么要围攻波提狄亚呢? 波提狄亚是色雷斯最好的军事根据地,而科西拉可以供给伯罗奔尼撒同盟以一个很大的舰队。

这一切都是你们应该负责的⋯⋯ 直到现在,你们不但压制了那些被雅典奴役的人民的自由,并且压制了你们自己同盟国的自由。当一个国家的自由被剥夺的时候,它谴责那个把枷锁加在它身上的国家是对的;但是它谴责那个有权阻止它而不使用这个权力的国家,更是对的 —— 特别是那个享有希腊解放者的光荣名誉的国家。⋯⋯ 我们希望你们不要认为我们是对你们采取非友好的态度在这里说话。我们只是对你们进忠言,正好像一个朋友犯了错误我们向他进忠言一样,是很自然的。真正的控诉,我们要留着对付那些实际侵害我们的敌人。⋯⋯

你们不知道,最可能获得和平的方法是这样的:我们的力量是用来支持正义的,但是我们很明显地表示,我们是坚决地反对侵略的。"

我们看到科林斯人现在主张战争的理由,也是诉诸正义了。它实际上也是一个企图在海上争霸的国家,也奴役着它的一些属国,但它在扩张中同雅典发生了激烈的争执和战争,又打不过雅典。于是这时它控诉雅典对许多国家的奴役,争取斯巴达和其他盟国起来同雅典作战,用利益和正义、解放的美名来说服他们。这些言辞当时具有一定的说服力,只是因为原来正义的旗手雅典,现在确实已经成为奴役和扩张侵略别的城邦的主要势力,因此那些受奴役的、受威胁的国家就有某种理由起来斗争,而科林斯和斯巴达就能以正义者的代表者自居了。

这时正好有些雅典的代表因别的事情来到斯巴达,便要求也在这里发言,使听众不要主张战争而赞成维持现状。他们主要的目的是要表示雅典的强大,提醒人们不要忘记雅典的功绩,论证雅典帝国利益的正当性。雅典代表说:"我们要提到波斯战争……在当时的战争中,我们为着共同的利益,冒着一切危险;你们也分享了这一切的利益;在这次战争所带来的光荣和利益中,你们不要剥夺我们所应有的一份。我们说这些事情的目的不是想向你们要求你们的照顾,而是想证明你们不能仇视我们。我们想向你们说明,如果你们作出错误的决议来的话,你们将来和它进行战争的将是怎样的一个城邦!"

雅典代表接着摆出了雅典在波斯战争中的英勇无畏和伟大战功,常常单独地对付波斯强大进攻,历尽牺牲,取得决定性胜利,这不仅是为了雅典,也拯救了全希腊。他讲这些全是为了证明雅典帝国存在的合理性:

"斯巴达人啊,对于我们在那个时候所表现的勇敢、毅力和能力,无疑的,希腊人是不应当用这样过分敌视的态度来报答我们的——特别是关于我们的帝国。我们不是利用暴力取得这个帝国的,它是在你们不愿意和波斯人作战到底的时候,才归我们的。那个时候,我们的同盟者都自愿跑到我们这一边来,请求我们领导。事物发展的实际过程迫使我们增加我们的实力,达到现在的程度;我们的主要目的是因为害怕波斯,虽然后来我们也考虑到我们自己的荣誉和利益。最后,我们的四周都有了敌人;我们已经镇压了一些暴动；你们对我们失去了过去的友好感情，反而起来反对我们，因而引起我们的疑心 —— 在这个时候，如果我们放弃我们的帝国，特别是当那些叛离我们的同盟者将跑到你们那一边去的时候，那么，很明显地我们是不会安全的。……"

雅典代表说，你们斯巴达人在领导伯罗奔尼撒诸国时，也是安排各国事务以适合你们自己的利益。假如你们在对波斯战争中像雅典一样继续行使领导权的话，也会同雅典一样，并且会在不得人心时同样采取强硬态度来对待同盟者。因此，"我们也是这样的。我们所做的没有什么特殊，没有什么违反人情的地方；只是一个帝国被献给我们的时候，我们就接受，以后就不肯放弃了。三个很重要的动机使我们不能放弃：安全，荣誉和自己的利益。我们也不是首创这个先例的，因为弱者应当屈服于强者，这是一个普遍的法则。同时，我们也认为我们有统治的资格。直到现在以前，你们也常认为我们是有资格统治的；但是现在你们在考虑了自己的利益之后，你们却来谈论什么正义了。但是难道正义会妨碍任何人用强力取得他所能够得到的一切吗？"

这两位代表的争论，都是从各自的利益出发的。但是科林斯人打出了"正义"旗号；而雅典人则证明自己的帝国统治有理，这理由就是它在波斯战争里进行了勇敢斗争，赢得了这个帝国，为自己的利益当然就不应放弃。他不得不承认自己不得人心、四面树敌、镇压盟邦等事实和人们对雅典的许多指责，这时底牌就亮出来了，原来他们真正奉行的准则是弱肉强食：世界上永远是弱者屈从于强者，这是永恒的规律或真理，此外就没有什么正义可言。因此他嘲笑了对方所谓正义的言辞，用自身的强大威胁对方不要轻易地向它宣战，同时还揭露对方的所谓正义实际上也是为了它自己的利益，只要条件许可也会同雅典帝国一样在希腊人中建立自己的霸权统治。

历史发展到这一步,"斗争就是正义"之说已表明只是一个极其相对的命题。凡有对立的利益的地方,双方都认为自己的斗争和战争是正义的,而对方是不正义的;因而每一方就其本身来说"正义"中就包含着"不正义",而不正义又都被自己说成是正义。这毫不足奇,希腊世界本来就是一个多样性的、由私有财产主 —— 奴隶主的希腊人所组成的世界,他们原先由种族、地域和传统的差异而形成的大大小小数百个城邦,现在为各自的利益发展所充实,形成数百个武装起来的战斗集团,各自都在为自己的利益而战斗,为使自己能成为独立自由的、能夺得更多奴隶和财富的、并能奴役别的城邦的主人而战斗。同时,在每个城邦里,各阶层、各个个人也在为自己的利益向别人作斗争。从前全希腊的人民向波斯作战,那么全希腊人都认为这是正义的;现在他们虽然在共同压迫剥削奴隶这一方面一致,认为这也是"正义"的,但是问题在于:那些具有自由人资格的希腊人及其城邦都相互进行争夺和奴役了,谁还代表正义? 不错,在伯罗奔尼撒战争爆发前后,雅典在希腊世界里显得最不正义,因为它此时势力最强、欺人最盛;所以斯巴达人和伯罗奔尼撒诸国能出来标榜正义。但这里实际上已没有多少正义非正义的明确标准可言了。这是一场双方都自称为正义而实际上都没有多少正义可言的战争。希腊人已经失去了道德的准绳。

阿那克萨戈拉的"心灵"说表现了希腊人、特别是雅典人的历史主动精神。但是希腊人的内部纷争表明,并不存在一个统一的绝对的"心灵"。希腊人在反波斯的斗争中曾经有过共同利益和共同的"心灵",它创造了胜利的奇迹,创造了雅典帝国,因此阿那克萨戈拉在哲学中幻想过有一个绝对本原的"心灵"存在;现在希腊人因各自的利益彼此分离了，现实生活说明"心灵"原是属于各个集团或个人的东西，每个人、每个城邦、每个集团都有自己的荣誉、利益和野心。因此，智者们用新学说代替了阿那克萨戈拉的"心灵"说，"人是万物的尺度"相当恰当地表达了新情况。"人是万物的尺度"，而人是各种各样的感性特殊的人们，他们对世界和一切事情怎么看，全看他们各自的利益是什么，各自的兴趣、感觉如何而定。所以他们明白地主张真理只有相对性、主观性，无论是正义、美德，还是世界和事物的存在或不存在，都因人而异，因人们的不同主体条件或主观感受而异，没有什么绝对的统一的客观标准。最后，在这个一切都因人而定、彼此争吵冲突的世界里，唯一判断的标准就是力量了：在现实生活中，看谁的武力、权力、财力、计谋比别人强；在思想的争执辩论里，就看谁比对方更善于言辞，雄辩力比别人强。

普罗泰哥拉和智者们的哲学，包含着对立的斗争和对立双方的能动性；但是斗争已经失去了正义的目的和客观的标准，人的主观能动性也只具有个人主观感觉的性质而成为相对主义的。所以它既是赫拉克利特的"斗争"学说和阿那克萨戈拉的"心灵"学说的发展，又暴露出他们哲学中本来掩盖着的实质和缺陷，表现了希腊人的历史精神本身已经没落下去。智者的主观主义、相对主义和诡辩，表明希腊人已经感觉到再也抓不住生活的更高目标，抓不住历史和世界中可靠的东西了，而这只是因为希腊人自己已经陷入了彼此的利害冲突和无休止的争吵之中。但是希腊人毕竟是已经吃过善恶树上智慧果的人们了。哲学在这时又一次表现了它的力量，它集中了希腊人的最高智慧来进行一次努力，企图为人们寻求一条可靠的出路，来摆脱这充满争吵、道德堕落、无是非、无真理的苦难境地，它要求人们反省。于是新的哲学就产生了。

雅典娜的猫头鹰要到黄昏时才飞翔。古希腊哲学的全盛并不是发生在它的社会历史的全盛时期,而是在它的危机和衰落时期,时代的繁荣为哲学的全盛准备了丰富的思想原料,然而只有危机和矛盾的深刻暴露,才迫使人和要求人作深深的思索,把丰富的思想原料抽象为哲学的概括。古典时代的繁荣和危机,无疑在雅典表现得最集中,因此在这里就产生了苏格拉底和柏拉图哲学的运动;但德谟克里特也是在这个历史背景下提出他的新哲学的,他也在不同程度和角度上表现了这种时代精神的变化。

毋庸置疑,这些哲学家都不可能真正找到希腊世界没落下去的原因,也不可能为希腊人或人类找到一条真正光明的前进道路。这是由他们的历史条件和整个希腊人都是奴隶主自由人的阶级条件所注定的。人类直到今天还做不到完全认识自己、认识必然,还没有能完全走向自由,我们怎能苛求古人? 但是哲学总要寻求光明,寻求人类的自由,总不会甘心于人类的堕落,这正是它伟大的地方。我们关心的不是以前任何哲学家们提出的方案本身,而是他们那种对人类命运的真实关怀和严肃思索。任何伟大的人,他的思想只能从已有的现实条件出发,所以最好最远大的理想终究只是一定历史条件下的产物,本身必有一定的历史限制性。但是他们那种"上下求索"的精神和斗争,却显示了人类的高贵和希望,使人类避免沉沦。古典希腊衰落时期的哲学虽然没能为希腊人找到一条真正自新和解放之路,并不影响它的伟大,它是古代人类留给后人的一份最可宝贵的精神遗产,时时促人深省,呼唤着人们向真善美的境界奋进。批判它和吸取它的智慧,是我们认识自己、认识世界和改造世界的伟大工作中的一个重要部分。

第七章 留基波和德谟克里特的原子论

一、生平著述和思想来源

留基波仍是生活和活动在希腊古典时代上升阶段的哲学家，而德谟克里特已属于它的由盛入衰的转变期。人们通常把德谟克里特也称作"前苏格拉底哲学家"，实际上他同苏格拉底年龄相差无几，很可能比苏格拉底还要小几岁，是同时人。我们把留基波放到这里来讨论，是因为他的材料不多，难于同德谟克里特的区别清楚，而且他所提出的原子论思想到德谟克里特手里才得到重大发展，产生巨大影响，在此之前影响不大。德谟克里特把原子论哲学发展为体系，还研究了广泛的自然、社会和认识问题，是一位大哲学家，古代唯物主义发展的高峰。在唯物主义史上，他第一次给作为一切现象的基础的**物质**提出了一个相当清楚的**物理的 — 形而上学的本体概念**，在理论严整性和确切性上超过前人，因而对于后来唯物主义哲学和自然科学的发展，在长时期里都有重大深远的影响。文德尔班在其著作中认为德谟克里特、柏拉图和亚里士多德是希腊思想的三位英雄人物，与他们的前辈不同，他们都建立了系统体系，对于形而上学的大问题都有最大的成就。[①] 当代学者

---

① W.Windelband, *A History of philosophy*, tr.by J.H.Tufts, New York, 1931, p.99.

仍然认为："原子论在许多方面是柏拉图之前的希腊哲学成就之冠。……即使在柏拉图和亚里士多德以后,通过伊壁鸠鲁和卢克莱修,在希腊思想中仍起着一种重要的作用。"[1] 这是符合哲学史事实的评价。

现在我们来具体谈谈留基波和德谟克里特的简况。

留基波(Leukippos)是古代原子论哲学的创始人,他的生平和年代已不可考,连他的出生地也不清楚,辛普里丘(据台奥弗拉斯特)说他是爱利亚或米利都人,并说这是两种流行的说法;而第欧根尼·拉尔修报道说他出生于爱利亚,但有人说是阿布德拉,还有人说是米利都。前者说他在哲学上追随过巴门尼德,后者报道说他是芝诺的一个学生。[2] 他是德谟克里特的老师。关于他是哪里人的混乱说法,很可能是人们从他的学说提出的猜测,因为他的观点就其唯物主义和自然学说的外观来看同伊奥尼亚传统有关,又显然同爱利亚派关系密切,可能在那里学习过;最后他在阿布德拉住过,在那里教过德谟克里特。他的著作已无留存,但据台奥弗拉斯特派说,被后人列入德谟克里特著作目录中的《宇宙大系统》原是留基波写的。[3] 这一著作发表时间,从阿波洛尼亚的第欧根尼受到留基波影响并为阿里斯托芬的《云》所讽刺来推断,当在公元前423年以前若干年。—— 因此我们可以粗略地肯定:留基波必是生活与活动在古典希腊上升时期的人,大概是芝诺的学生,他接受了爱利亚派的观点又有重大突破与改造,从而提出了原子论的基本思想,并传授给了德谟克里特。

德谟克里特(Demokritos)是阿布德拉人。第欧根尼·拉尔修

---

[1]　Kirk and Raven,P.P. 第426页。

[2]　见 P.P. 第400页第546条及 Diogenes Laertius, IX, 30,Hicks 本第2卷,第439页。

[3]　Diogenes Laertius, IX, 46,Hicks 本第2卷,第457、477页。

收集了有关他的生平和著述的许多材料。据他说德谟克里特自述比阿那克萨戈拉小四十岁；这同阿波罗多洛说他生于第八十届奥林匹亚赛会时期（公元前460— 前457年）是相符的。这样他比苏格拉底要小约十岁。特拉叙洛（Thrasylos）则说他比苏格拉底大一岁。无论如何，他同苏格拉底年龄相近大约是无疑的。据说他去过雅典，在那里认识了苏格拉底，但苏格拉底却不认识他，他自己说："我到过雅典但没人知道我。"[①] 这种情况也可作为他与苏格拉底同时但似乎比较年轻还不引人注意的一个佐证。现代学者们倾向于认为他生于公元前460年。

德谟克里特知识特别渊博。他幼年曾向波斯僧侣和迦勒底人学过神学和星相；后来当了留基波的学生；有人说他也跟阿那克萨戈拉学过，从他的宇宙论和"心灵"说里学到一些东西，但又对他颇有微词。据说德谟克里特曾到处游历学习，去过埃及、波斯、巴比伦、埃塞俄比亚以至印度，得到许多知识，为此花掉了父亲留给他的一笔遗产。[②]

他同毕达哥拉斯派的关系也值得注意。色拉叙洛说他是毕达哥拉斯派的赞扬者，专门写过一部《毕达哥拉斯篇》的著作来颂扬毕达哥拉斯派，他似乎从毕达哥拉斯那里吸取了所有的观念。如果不是年代相隔过久，人们会认为他一定当过毕达哥拉斯的学生。与他同时的雷金的格劳库斯（Glaueus of Rhegium）说他曾受教于一位毕达哥拉斯派人，而冠西库洛的阿波罗多洛也说他曾同费洛劳（Philolaos，后期毕达哥拉斯派的主要代表人物）在一起，得到了他的传授。[③]

---

① Diogenes Laertius, Ⅸ，46，Hicks 本第2卷，第451页。
② Diogenes Laertius, Ⅸ，34-35.
③ Diogenes Laertius, Ⅸ，38.

德谟克里特著述极其丰富,可惜连一篇完整的都没保留下来,现在我们所能见到的只是一些有关伦理道德的残篇。第欧根尼·拉尔修记录了色拉叙洛所编排的德谟克里特著作的目录,其中包括:伦理学多种(内有《毕达哥拉斯篇》);有关自然哲学的多种,如《小宇宙秩序》、《大宇宙秩序》,以及论自然、论人的本性、论理性、感觉和色味形象、逻辑和思维准则等篇;还有讲各门自然科学如天文、气象、声、光与磁现象、动植物、地理、历法,以及几何学的著作;还有论诗、论美、韵律和音乐,以及论语言和文字的著作;此外还有论预言、饮食摄生、医疗、农业、土地丈量,以至论战略战术的多种,最后还有许多单篇的专题论著。[①] 他的确是一位百科全书式的伟大学者。

为此他赢得了人们的极大尊敬。按习俗,谁如果花光了祖产便被认为是浪子,死了都不许安葬在本乡本土,德谟克里特为了表白自己花掉所得遗产是正当的行为,在人民面前宣读了自己的著作,因此他不仅为人们所谅解,而且得到了巨大的赞扬,人们给了他一大笔钱,还为他建了一座铜像,在他活到百岁死去时还给他举行了公众的葬礼。——获得这种荣誉,在古今哲学家中真不多见,但德谟克里特是当之无愧的。

二、留基波:原子论的产生

亚里士多德说:

---

① Diogenes Laertius, IX, 45-49.

　　有些早期哲学家认为"存在者"必然是"一"和不能运动的，他们认为虚空是"非存在"，但若没有独立自在的虚空，"存在"就不能运动，而且也不能有"多"，因为没有东西能使多数的事物分开。①

　　但是留基波想到他有一种理论能与感官知觉相一致，而不必取消产生和消灭或运动与事物的多样性。他向感觉的事实让步；另一方面他也向主张"一"的人让步，即承认如果没有虚空就不能运动。结果他就提出了如下的学说：

　　"虚空"是"非存在者"，"存在者"没有任何部分是"非存在者"；因为"存在者"这个词在严格意义上说是绝对的充实（plenum）。但这个充实却不是"一"，相反，它是为数无限的"多"，并由于体积微小而不可见。这些"多"在虚空（因为有虚空）里运动，并由于结合而造成"产生"，由于分离而造成"消灭"。……②

　　亚里士多德这一叙述，相当清楚地勾勒出留基波学说产生的思想线索。他几乎完全接受了爱利亚派关于"存在"和"非存在"的绝对对立，以及"虚空"在严格意义上是"非存在"（即虚空是空无而里面没有物质、没有东西充实其中）的观点。但他不放弃现象，即感觉事物及其生灭运动和多样性，为此他主要抓住了一点进行修改：这个非充实的"非存在"的虚空仍然是有的，存在的。但就凭这一点他就突破了巴门尼德"存在"论中不能运动，没有"多"等等违反现象事实的错误结论。"存在"作为充实（plenum）的本体，仍保留着爱利亚派本体的含义，但现在可以运动了，可以成为"多"并由于结合分离造成感性事物的生灭和多样性了。

　　留基波承认虚空是有的，这是一个勇敢的步骤。同恩培多克

①　Aristotle, De generatione et corruptione（亚里士多德《论生灭》）325ª2-6. W.D.Ross, *The Works of Aristotle*, Oxford.

②　Aristotle, De generatione et corruption（亚里士多德《论生灭》）325ª22-32.

勒恢复现象的方向一致,但恩培多克勒是直接从感性现象事物出发的;留基波则主要是从爱利亚派的学说本身打开缺口(承认有"虚空"),从而使他们的"存在"由"一"变成为"多",来达到与现象一致的。

不过,或许因为留基波这一学说提出来比较晚,或许人们还囿于爱利亚派的成见(如恩培多克勒和阿那克萨戈拉就不承认有虚空),或许人们一时还没有看出它的重要意义,如阿波洛尼亚的第欧根尼虽然接受了虚空,却并未给予发挥,因而它在当时影响不大。直到德谟克里特手中,才成为系统的理论,发挥出巨大的威力。而德谟克里特所以能做到这一点,有他自己的条件,其中如我们在第四章所说,也有哲学本身发展的条件。当哲学从"恩培多克勒 —— 阿那克萨戈拉 —— 第欧根尼"的进展既取得很大成就又暴露出困难、并为新形态的转变提供了因素时,原子论的优越性也就更显著了。所以德谟克里特的成就有其哲学史的依据,它不全是从留基波来的单行线发展的结果,而是哲学综合发展的转变。

三、本原是"原子"和"虚空"

现在我们来讨论德谟克里特的哲学。让我们先有一个概观,然后分别就若干重点加以研究。第欧根尼·拉尔修写道:

> 他的学说如下:宇宙的本原是原子和虚空;其余的一切东西只是被认为是存在着的。世界有无数个,它们有生有灭。没有东西能从无中产生,也不能消失于无。原子在大小和数目上是无限的,它们处在宇宙漩涡运动中,因而形成各种复合物 —— 火、水、

气、土,这些东西也是某些原子集合而成的。原子由于坚固,是不能毁坏和不能改变的。太阳和月亮由光滑和球形的原子构成,灵魂也是这种原子构成,灵魂就是心灵。我们看见东西是由原子影像撞击于我们的眼睛上面。

一切都由于必然性而发生,涡旋运动是万物形成的原因,他把涡旋运动称作必然性。人生的目的在于怡然自得①,这与快乐不可等同,有些人因为错误的解释把二者混同了,但是怡然自得是灵魂持续地处在平静与有力的状态里,不为任何恐惧、迷信或其他情感所烦恼。他称这种状态为幸福,还给它以许多别的名称。事物的性质只是靠约定而存在的,真正说来只有原子和虚空。上述这些就是他的看法。②

这里概述了德谟克里特的自然哲学(关于本原和现象的理论)、认识论和社会价值观,这几方面相互联系地共同反映了他的时代和他的哲学特点与水平。我们先来看看他的本原说。

显然德谟克里特的本原说来自留基波。亚里士多德叙述说:

留基波和他的伙伴德谟克里特说,充满和虚空是元素,称其中之一是存在者,另一个是非存在者,那充满和坚实的是存在者,空虚和稀疏的是非存在者(因此他们说存在者并不比非存在者更存在些,因为坚实并不比虚空更存在);他们把这二者当作事物的质料因。如同那些以唯一基本实体的变形来造成其他万物、假定稀和浓是这种变形的源泉的人一样,这两位哲学家也说元素间的区别是所有其他性质的原因。他们说这些区别有三种:形状、次序和位置。因为他们说,实在的区别仅仅靠形象、相互关系和方向;形象属于形状,相互关系属于次序,方向属于位置;因为 A 与 N 形状

---

① τελος δ' ειγαι τήν ευθυμιαν, 对于 ευθυμιαν, 格思里认为可译为 cheerfulness 或 contentment, 即愉悦或知足。它比感性的快乐、愉乐要高, 故译作"怡然自得"。

② Diogenes Laertius, IX, 44-45, 见 Hicks 译本第 2 卷, 第 453—455 页。

不同,AN 与 NA 次序不同,与 H 位置不同。至于运动,即事物运动从何处来以及它如何属于事物的问题,这两位思想家也同上述那些人类似,懒于考察而疏略过去了。①

德谟克里特观点很明白 : 只有原子和虚空是本原,原子是充满致密的存在,虚空在与之相反的意义上是非存在者,但它同样是存在的。

这种观点的意义是很大的。

简言之,爱利亚派的"存在",现在分为原子和虚空两种东西了,而原子是无限的多,这就从两个层次上打破了巴门尼德"存在"的唯一性,分化为差异、对立和多的东西。"虚空"完全是超出了巴门尼德概念的,它现在只是相对意义下的"非存在"了,但作为空无一物的空间仍然是存在的,所以本身仍然也是一种"有"或"存在"。由于肯定了"虚空"的存在,原来巴门尼德的单一的"存在者"就分为两大部分了 ;那连续的、充满的存在也能够分离成为"多",即无限多的原子,并靠这些原子的结合分离来形成事物的生灭运动和多样性。但是同时,也在两个层次上保持了巴门尼德哲学的合理论证 :没有无中生"有"的事,"有"也不能归于无。原子和那在相对意义上"非存在"而在绝对意义上"存在"的虚空,都是如此,是不会没有的本原。而在原子这种"存在"中,每一个原子更保存着巴门尼德的"存在者"的全部含义 :它是连续不可分的"一",是自身永恒不变的实体。原子论的优缺点都与这个前提紧密相连。

---

① Aristotle,Met.985^{b}4-19 .

（1）原子（ἄτομος）

"原子"一词是由动词 τέμνω（切割）变为名词（τομή）后，再加上否定词头 α– 而来的，所以"原子"的本义就是不可分的东西。德谟克里特提出这个基本哲学概念不是偶然的。爱利亚派坚持"存在"是不可分的一，认为如不确立这一点"存在"就会消失；芝诺论证说如果存在可以分割，而承认分割为原则就是承认分割可以无限进行，这样存在就会变为无限多，但每一个就会小到几乎没有大小而等于零的地步，那么它们的总和也就等于零了，那就会得出存在等于非存在的荒谬结论。这一论证对古代唯物论者是一个巨大的威胁和难以解决的困难。唯物主义者要承认存在是多，就要肯定分割的原则，那么如何避免芝诺的结论呢？阿那克萨戈拉彻底发挥了存在是多的原则和无限分割的原则，他用辩证法指明大小的相对性，指出不管分割进行到什么程度每个存在者（"部分"）都不会等于零，这是对芝诺论证的重要和有力的回答。但是他的"部分"或"种子"便因此在大小和性质上很不确定，成为难以把握的东西。这种本原观虽然比较辩证深刻，但在古代人看来是不大妥当的，本原自身都不确定，如何能确切地说明万物？ 留基波和德谟克里特提出了原子说，在当时能较好地解决这个矛盾。他们干脆承认有"不可分的物体"，并直截了当地把这种物体称为"不可分者（原子）"。总的世界是可分的，但物体的最小基本单位、部分是不可分的。这样，世界作为"存在者"的确实性就得到了保证，同时避免了爱利亚派的荒谬结论（世界是不动的"一"而没有"多"，世界的存在会由于无限分割而成为不存在），避免了阿那克萨戈拉的"部分"的不定性。

原子是物质性的东西，其本性就是不可分，因而它内部没有空隙、不可入、不能继续分割、没有部分，是个充满的、密集的、结结实实的东西。所以我们看到,它实际上就是巴门尼德的永恒不变的连续的"一"("存在者"),不过是无限多个的、理想的物质的"一"而已。

但是,"原子"同巴门尼德的"一"的联系只是事情的一方面。它还同阿那克萨戈拉以来的发展以及毕达哥拉斯派的哲学思想有关系。

阿那克萨戈拉的"多"的"部分"这种本原,是物质性的东西,德谟克里特赞成以"多"的微小物质单位为本原,显然继承了阿那克萨戈拉;但阿那克萨戈拉的"部分"本身是有各种感性性质的,因而不能确定,并且大小也不定,便又成为"无规定者(无限者)"了。阿波洛尼亚的第欧根尼已经感到需要使之变成某种有确定性的统一的东西,所以提出"气",并以气的稀浓来说明各种性质和万物差异。对此德谟克里特都不满意,他的"原子"比第欧根尼的气更进一步,因为它本身不再带任何感性的性质,只有"充满致密"这个物理的意义,成为一种抽象的或理想的物质基本单位。因此原子之间只剩下形状不同的差别,以及数量、空间中相互关系和位置等等性质。换言之,原子除了是理想的物质单位外,便只有数学的性质了。

原子是物质性的而不是精神性的东西,但它却不是物质的现象,而是物质的本质或本体。留基波说因为微小而看不到,这只是一种朴素的讲法。我们不可用现代人的观点来看这个话,以为小东西也可通过显微镜等等手段看到而认为原子是一种原则上可以感知的现象东西。德谟克里特明白地说事物的各种感性的性质只是"约定的"东西,真正存在的只是原子和虚空,这就把现象和原子明确区分开来。原子不是感官可以认识的现象对象,而是属于真理即理性才能把握的对象,因为感官可知的东西总是永远可分的

（阿那克萨戈拉已经证明了这一点），永远达不到最小的单位；而德谟克里特所假定的乃是绝对不可再分的物质单位，这只可用理性去把握。他用原子的数学性质（形状、位置、次序和彼此的结合与分离）来讲万物的生成变化和各种感性的性质，使本原同现象相沟通。这种哲学，同毕达哥拉斯派以多数的"一"（点子）来构造万物和各种性质是非常类似的。

因此，德谟克里特在巴门尼德、阿那克萨戈拉的成就和矛盾的基础上，发展出了一种新型的唯物主义学说。他使唯物主义第一次摆脱了以往所有唯物主义学说的那些感性的色彩和因素，达到了相当抽象概括的物质概念。在这个过程中，他又在某种程度上回到了毕达哥拉斯派哲学，再度以数量说明质，不过其单位不再是数的"一"或与感性物质不分的"有规定者"，而是抽象的物理学 — 哲学的物质单位 ——"原子"。于是我们看到，从"恩培多克勒 —— 阿那克萨戈拉 —— 阿波洛尼亚的第欧根尼"到德谟克里特的原子论的转变，在新的历史条件下，在比较明确的唯物主义基础上，又再现了原始素朴哲学由米利都派向毕达哥拉斯派发展转变的特征。

（2）虚空

同不可分的"原子"相比，"虚空"也许是原子论哲学中更具创造性的概念。"存在"并不比"非存在者"即虚空更实在，虚空这种"非存在"同存在者（原子）同样存在，这是对爱利亚派的一个大胆的挑战。赫拉克利特早已说过世界万物既存在又不存在；爱利亚派为了肯定存在，绝对排除了非存在，使运动生灭成为不可能的事；现在原子论者又在一定程度上回到了赫拉克利特的观点上来，重新肯定了世界（"有"）既有"存在"又有"非存在"，但这是明确具体的：这就是原子和虚空。既不像赫拉克利特的笼统，也否定了爱利亚派对"存在"与"非存在"的绝对化形而上学见解(爱亚利派由于绝对化,把虚空这种相对意义的"不存在者"看成了绝对的不存在);于是第一次出现了明确的具体的(即相对的)意义的"非存在"概念。爱利亚派的"存在"的合理核心("存在"还是有其绝对的意义,不会来自虚无变为虚无)仍然保持住了,但对它的绝对意义却不可作绝对化的理解,因为内部还是有区别和对立的:这绝对的"存在"正是由于有相对的"存在"(原子)和"非存在"(虚空)作为自己的必要成分,它才是真实的存在;铁板一块的爱利亚派的"存在"及其形而上学,从根本理论上被打破了,从而才能解释万物生灭运动的世界。因为虚空对于分割是必要的条件,对于运动也是必要的条件;没有虚空,原子之间没有空隙,无限多的原子就不可能分离存在,世界也不能区别为万物,原子挤在一起也无法运动。

(3)关于运动的问题

留基波和德谟克里特都肯定原子在虚空中运动,它们彼此结合,形成一种旋涡运动,从中产生出世界,日月星辰和火、水、气、土以及万物来。万物的生灭都是原子的结合与分离的运动造成的。因此他们主张世界万物处于永恒不停的运动变化之中。

但是正如亚里士多德一再指出的,他们并没有说明运动的原因,忽视了运动从哪里产生的和怎样属于事物的问题。[①]

这个批评我以为是值得重视的。

德谟克里特只是肯定了原子在虚空中运动的必然性,这当然对,但是的确未能从原子和虚空本身来说明这种运动必然性的根源和理由。显然,虚空只是原子能运动的外部必要条件,而无法说明运动本身,因为在虚空中事物可以运动也可以是静止的;而原

① Aristotle,Met. 985ᵇ19,参见 Met. 1071ᵇ31,De caelo 300ᵇ8。

子自身,因为内部不可分,也不能有内在的运动源泉;这一点巴门尼德也早已论证过了。德谟克里特的运动观,基本上是原子在空间中的机械位移、外在的排列组合等等,缺乏真正的对立统一的运动观。这是他的学说的根本缺陷。仔细看去,这种根本性缺点的原因还在于他们并未能真正摆脱爱利亚派的"形而上学"存在论的束缚,原子依然是巴门尼德式的"存在"。他们的哲学只是在极其有限的意义上回到了赫拉克利特的"存在"与"非存在"的统一;而在对"原子"的规定上,其逻辑思维仍是巴门尼德的形而上学式的,没有回到辩证法。—— 这当然是不能苛求于古人的。要真正在科学上和理论上理解物质自身有运动的源泉,并且用严格的逻辑形式加以说明,是不容易的;这一点我们从近代的原子论者仍抱形而上学观点,18世纪的法国唯物论虽坚持物质自身能运动也仍然不能加以说明,就可以明白。

因此,德谟克里特仍然求助于"灵魂"。

亚里士多德叙述说:

> 有些人说引起运动的东西主要和首先是灵魂;他们相信本身不动的东西是不能引起别的东西运动的,所以他们认为灵魂属于运动东西的类型。因此德谟克里特说灵魂是一种火或热的实体;他所说的"形式"(即性状,德谟克里特也常用 ἰδέα 这个词来讲原子的形相 —— 引译者注)或原子为数无限,对那些球形的原子他称之为火和灵魂,并且把它们比作空气中的尘粒,在窗口射进的阳光中可以看到它们迅速运动着;…… 球形的原子是灵魂,因为这种形状的原子最适合渗透到一切地方,自己运动着而使其他一切运动起来。这就意味着灵魂是动物身上引起运动的东西。因此他们把呼吸看作生命的标志。……[1]

---

[1] Aristotle, De anima, 403^{b}28-404^{a}10. Ross, *The Works of Aristotle*, Oxford, 1931.

德谟克里特说,灵魂和心灵是一回事,它必是原始的不可分的物体,其原始的运动能力必定是由于粒子的精细和它的原子形状所造成;他说在各种形状中球形是最能运动的,这就是火和心灵的原子的形状。①

这种能自己运动从而能推动其他一切运动的东西,即动因,实际上是从阿那克萨戈拉的"心灵"说来的,阿那克萨戈拉也说"心灵"是万物中最精细的东西。不过阿那克萨戈拉把"心灵"突出提出来放在万物之上,作为与物质本原并列的另一本原,而德谟克里特认为它也是一种原子即物质本原中的一种,不过是球形的精细的原子而已,并未当作在原子和虚空之上或与之并列的本原,因此德谟克里特的哲学是唯物主义的物质一元论。这是我们必须区别清楚的。可是另一方面也表明,这里实际上并未真正说明问题,因为把灵魂说成球形的原子只是一句空话而已,只要它还是原子,内部不可分,就仍然不可能自己运动,也无从取得推动其他东西的力量。所以他的"灵魂"原子说并没有多少科学和哲学的理论价值。它只表明,原子论者自己也感到动因问题还没有解决,陷入了既要求助于另一种力量即精神东西又不愿意承认它是非物质的东西的矛盾状态。事实上,凡是不能用辩证法理解物质自身的动因的哲学,终归只能到物质之外另求动因,这是逻辑的必然,问题只是隐显程度大不相同而已。德谟克里特是相当鲜明的唯物论者,他不打算到物质之外去找动因,不过他也并未能在物质的原子中真正说明动因。

---

① Aristotle, De anima, 405ᵃ 10-13.

四、德谟克里特的认识论学说

关于这方面我们知道他写了许多著作,可惜没有留存,像他在其他方面的大量著作一样。不过古代哲学家们似乎对他的认识学说 —— 包括论感觉、论感觉和理性的关系、什么是知识等等 —— 相当重视和注意,所以文献中还是保存了许多有关的记述和评论。其中有些是一致的,也有很不同的记载和理解,需要讨论。

（1）论感觉是"影像"和"身体的变形"

台奥弗拉斯特 :

> 照德谟克里特说,视觉是由影像产生的。对此他有独特的看法。因为他认为视觉并不是直接在瞳孔中产生的,而是在眼睛和对象之间的空气由于眼睛和对象的作用而被压紧了,就在上面印下了一个印子,因为从一切物体上都经常发射出一种波流。然后,这空气由此取得了坚固的形状和不同的颜色,就在湿润的眼睛中造成了影像,因为很紧密的东西是不能接受东西的,而湿润的东西则能被穿透。……眼睛里面要很柔软,使眼睛里面的脉络很直、很空、很湿润,以便脑子和脑膜能很顺当地接受影像。[①]

台奥弗拉斯特还说了他关于听觉的类似说法。

艾修斯的报道也说 :

> 留基波、德谟克里特和伊壁鸠鲁主张感觉和思想是由钻进我们身体中的影像产生的 :因为任何一个人,如果没有影像来接触

---

① 台奥弗拉斯特 :《论感觉》§50,《古希腊罗马哲学》,商务印书馆1961年版,第102页。

他,是既没有感觉也没有思想的。①

这就是说:形成感觉必有对象对于我们身体和感官起作用。他采取了恩培多克勒的"流射"说的基本思想,但不像"以土见土"那样简单化;即不是以我们的原子直接感觉到流进来的原子那种简单说法。因为他认为感觉到的只是事情的质、现象,原子是感觉不到的。他认为外物的流射造成影像,影像就有了颜色和形状了。我们感官接受的是"影像"—— 这也是唯物主义反映论的思想(虽然许多说法仍很幼稚)。

但感觉不单是外界对我们的作用,从根本上说,乃是在这种客观作用下造成的我们主体的改变:

留基波和德谟克里特说感觉和思想都是身体的变形。②

这是客观的外物作用于我们物质的身体和感官所形成的实际改变,但却显示出感觉的主观性和相对性来。台奥弗拉斯特说,德谟克里特谈到感觉的相对性,例如对于一个人来说是甜的,对另一个来说则是苦的。"由于人们的条件和年龄的不同,感觉主体的结构就改变了,从这里就清楚看到人们的身体状况是他的感觉印象的一个原因。"感觉随身体的条件变化,"同一对象有时能产生相反的效果,而相反的对象有时能产生同一效果"。③

"感觉是身体的变形"。这是一个很有道理的正确说法,它既

---

① 艾修斯:《学述》Ⅳ,8,10,《西方哲学原著选读》(上),商务印书馆1981年版,第50页。

② 艾修斯:《学述》Ⅳ,8,5,《西方哲学原著选读》(上),商务印书馆1981年版,第50页。

③ Theophrastus,De sensu § 63,64,67。见 HGP,第二卷,第438—439页。

肯定了感觉有客观的源泉和依据,同时指出感觉必有主观性相对性。这个看法在恩培多克勒那里已经有萌芽和因素了(普罗泰哥拉也类似),德谟克里特则讲得更清楚和明白。

问题在于:德谟克里特是否停留在感觉上呢?他是否承认我们能认识客观的真相?

(2)论感觉和理智的关系

关于上述问题,报道是有分歧的。

亚里士多德说,德谟克里特认为感觉所知的现象是真实的:

> 德谟克里特把灵魂和心灵全然等同了,因为他认为现象就是真实。[1]
>
> 由于他们(德谟克利待和留基波)认为真理就在现象里,而现象是对立和无限多样的,所以他们设定原子的形状为数无限。因此 —— 由于组合的变化 —— 同一事物在不同的人看来似乎是不同的、有矛盾的:增加一点成分它就变换了,单纯结构上的位置变换也使它显得全然不同,如"悲剧"和"喜剧"两个词都是由同样的字母组成那样。[2]
>
> 很多别的动物从同样的对象得到和我们相反的印象,甚至每一个人对同一对象的印象似乎也不是永远相同。这些印象中间哪些真哪些假是无法确定的,因为一个并不比另一个更真,反之亦是。因此德谟克里特说,要么是没有真理,要么是我们见不到真理。总之,这是因为他们认定知识就是感觉,而感觉是身体的改变,所以他们说我们感觉到的现象必是真实的。[3]

按照亚里士多德的说法,德谟克里特的认识论和知识论同恩培多

---

[1]　Aristotle,De anima 404ª25-29.

[2]　Aristotle,De generatione et corruptione 315ᵇ9-15.

[3]　Aristotle,Met.1009ᵇ6-15.

克勒是一样的,甚至同普罗泰哥拉的一样,认为认识只是感觉,现象就是真理,一切知识都是相对的;人们无法认识真正的实在或真理。这么说来德谟克里特就成为一位主观主义、相对主义的怀疑论者了。

但是晚期希腊罗马的怀疑论哲学家塞克斯都·恩披里柯的详细报道与此不同。他手里还掌握着德谟克里特的原著材料;而且他的立场也使他的有关报道相当可信,因为他总是力图从古人那里汲取一切有利于怀疑论的说法,所以不大可能给德谟克里特附加什么"形而上学"、"独断论"的东西。此外还有些别的有相当权威的报道评论可作旁证。现在我们引出恩披里柯的一些报道:

> 某些自然哲学家,像德谟克里特,取消了一切现象,而另一些人像伊壁鸠鲁和普罗泰哥拉则主张一切是现象……①
> 柏拉图和德谟克里特认为唯有可理解的方是真实的;不过德谟克里特的理由是:在自然中本来不存在感性的东西——因为组成万物的原子所具有的本性中没有任何可感觉的性质——而柏拉图的理由是:感性事物永远处在变化中,没有确定的存在。②

照恩披里柯的意见来看,德谟克里特对什么是真实和真理的观点是同普罗泰哥拉相反的,而同柏拉图却是类似的,虽然两人的根据不同。他并不主张现象是真理,而是主张唯有理智把握的原子与虚空才是实在和真理。

这同上述亚里士多德的说法显然是矛盾的。哪一个对呢? 让我们再仔细看些原始材料。塞克斯都·恩披里柯写道:

---

① Sextus Empiricus,*Against the Logicians*,Ⅰ,369。R.G.Bury 英译,London,1935。
② Sextus Empiricus,*Against the Logicians*,Ⅱ,6-7,并参见Ⅱ,56。

德谟克里特在一些地方〔论述要〕取消感官所知的现象,并断言现象都不是真理而只是意见,在存在的事物中,真正存在的是原子和虚空;因为他说,"甜是约定的,苦是约定的,热是约定的,冷是约定的,颜色是约定的;真正说来只有原子和虚空。"……

在他的《确证》中,……他说:"我们实际上认识不到确实的东西,所能认识的只是依照身体的结构而变化的东西,那些进入身体和印在上面的东西。"……

在他的《论形式》中他说:"人应当从这一规律知道他离实在很远";又说,"这一论述也指明我们对于任何事物没有真知,而每个人的意见是改变着的";还说,"这就很明白,要想知道每个事物真实本性那是不实际的。"

在上述这些话里,他几乎否认了一切理解力,但即便如此,这指的只是感官的认识力,他挑出来加以攻击。而在他的《规范》中,他说有两类知识,一种是感觉的知识,另一种是理性的知识;他称靠理性得到的知识是"真正的"知识,在真理的判断中是可信赖的,而称感官的知识是"假冒的",认为它在辨别什么是真理时不能避免错误。他的原话是:"有两种形式的知识,真正的知识和假冒的知识;属于后者的是视觉、听觉、嗅觉、味觉、触觉;而真正的知识则与此不同。"因此真正的知识比假冒的知识优越。他接着说:"当着假冒的认识在变得非常精微的领域里不能再看,或者再听、再嗅、再尝和得到触觉时,〈就必须求助于〉另一种更精细的〈工具〉了。"因此,按照他的看法,也是认为理性才是标准,他称之为"真正的知识"。不过第俄提谟(Diotimus)常说,德谟克里特认为标准有三种,即:对于不明显的事物,认识的标准是现象,因为如阿那克萨戈拉所说(而德谟克里特在这一点上称赞了他),现象是〔原来〕没被看见的东西被看见了;研究的标准是概念,"在各类问题上,我的孩子,出发点是要知道研究的主体究竟是什么";而在选择取舍上的标准是感情,我们感到喜爱的就选取,感到不快的就躲避。①

这段记述是很宝贵的,因为恩披里柯摘录了不少德谟克里特著作的原话,而且相当清楚地抓住了德谟克里特的全面想法,因此我们不厌其详地都译引过来。人们从德谟克里特在《确证》和《论形式》中的话,很容易产生错觉,以为他把认识只看成是感觉,并否定有什么真正的真理,至少是主张人认识不到真理。亚里士多德关于他的认识论的说法似乎就是从这里来的。但是恩披里柯从他的《规范》一书看出情况并非如此:德谟克里特的上述说法,只是攻击了感觉认识,认为它不足以认识实在,没有真理性;但他并没有否定所有的认识和真理知识的存在,而是肯定了凭理智所得到的认识,认为这是可靠的"真正的知识"。关于第俄提谟的说法,那是从另一角度讲的,但也可作为旁证。因为三种标准的第2种,即概念,它是研究的标准,显然属于理智的知识。另外德谟克里特也没有完全否认感觉和现象的意义,因为他同从感性现象出发的以前的唯物主义者如阿那克萨戈拉一致,主张在感性事物存在与否的问题上,仍应以现象即它们的感性显现为标准。只是在看见了某个东西时,我们才能肯定它的存在,所以感官所知的现象也是一种认识的标准。至于生活和实践中的取舍标准,同这里关系不大就不必说它了。

可见恩披里柯说德谟克里特在知识和真理问题上与普罗泰哥拉不同,而与柏拉图有一致处,是有理由的。

第欧根尼·拉尔修也有这样的说法:

---

① Sextus Empiricus, *Against the Logicians*, Ⅰ, 135-140.

德谟克里特否认质的存在,所以他说:"意见讲的是热和冷这些东西,但是实在的东西只有原子和虚空",并说:"对于真理我们不知道什么,因为真理藏在深渊中。"①

第欧根尼·拉尔修把德谟克里特的这一看法同柏拉图、赫拉克利特并论。意思是说,他们都是肯定有真理的,不过真理难寻,一般人只停留在感觉经验中就认识不到它。我感到这个说法大概是对的。德谟克里特说"我们不能认识到真理"时,这个"我们"指一般人、大多数人,是不包括他自己的;否则他就不必讲"原子和虚空是真实的本原"了,因为无疑他认为这就是真理,而他和留基波是把握了这个真理的。

普鲁塔克有一段记述,在我看来是很重要的:

柯罗特(Colotes)批评德谟克里特,首先是因为他说每一事物既是这又是那,这就陷入混乱中了。但事实上,他绝没有说过一事物既是这又是那,而是:他(德谟克里特)因为普罗泰哥拉这样说而向普罗泰哥拉这位智者宣战,并用许多确切的论据反对了他。柯罗特想也没想到这就误解了这位哲学家的语言"存在并不比非存在更存在"("the thing exists no more than the not-thing"),在这句话里德谟克里特把物体叫作"存在"(thing),把虚空叫作"非存在"(not-thing),指出它们都有其自然(本性)和实在性。②

普鲁塔克比恩披里柯讲得更明确:德谟克里特不但不是相对主义者,而且正因为普罗泰哥拉的感觉主义相对主义而反对了他。

---

① Diogenes Laertius, Ⅸ, 72。Hicks 本,第 2 卷,第 485 页。
② Plutarch, Adv.col. 1108 f. 引自 HGP,第 2 卷,第 461 页上的英译文。

（3）从"拯救现象"又转向"拯救本质"的动向

如上所述,德谟克里特的知识论开始了希腊哲学发展中认识论的又一转变。这是很值得我们注意的。他同苏格拉底和稍晚的柏拉图一起,又从现象转向本质,从感觉转向理性的认识。

格思里相当敏锐地指出了这一点。他认为,德谟克里特的工作始于一种衰落的气氛中,需要说明为什么探求真理会陷于无望的状态以及怎样找到出路。普罗泰哥拉否认在认识外部世界上有任何标准,只满足于在各个人的主观所见的世界的比较里所达到的一种集体的主观性的世界,这对特殊的城邦社会里的人们有相对的和暂时的有效性;但个人的主观世界由于互相矛盾也无法确定,而用来检验我们感觉是否正确的逻辑规则,也同感觉一样成为任意的东西。德谟克里特的任务就是要在这种环境下,重建被"地震"所动摇瓦解了的真理大厦。所以他的目的同主张经验的自然哲学家不同:"有着拯救实在的时代哲学目标。"他反对了普罗泰哥拉,不过他也同其先辈一样要对付爱利亚派的挑战。留基波也主张用逻辑来作判断,这是同巴门尼德一致的,但认为逻辑自身应与现象相一致。所以德谟克里特在认识论上也有感觉论的方面。不过他认为那构成感性事物的真正实在原子和虚空是不能感知的。但尽管如此,这些第一本原仍是感性世界的一部分,因为感性事物正是由它们集合而成的。"对于德谟克里特来说,并不存在本体世界和现象世界的对立"。所以格思里说,塞克斯都·恩披里柯认为德谟克里特否认和取消现象、主张只有可理解的东西存在,其含义与柏拉图、亚里士多德派不同;只不过是讲了原子论的基本观点,即可感觉的性质乃是我们身体的变化所造成的主观印象,唯有原子与虚空是客观存在,它们可以由心智推论而知,不能直接由感觉而知。①

我赞同格思里的这种分析和判断。从恩培多克勒以来的自然哲学，主要是以"拯救现象"为目标的，为此主要诉诸感觉；这一发展到了普罗泰哥拉达到了顶点，其结果是现象虽然得到了拯救，但本质和实在却抓不住了，甚至成为不可能认识和肯定的东西。因为感觉被强调成为认识的唯一根据和标准，虽然对批判巴门尼德的思维对象或如"飞行的人"之类的主观幻想有意义，它本身的相对性和主观性也得到了充分的暴露，这就造成了真理的危机，普遍的思想混乱。于是哲学就开始了另一种相反的转变过程：从"拯救观象"转而以"拯救实在"为任务。

这一过程是由德谟克里特和苏格拉底开始的，苏格拉底的事业为柏拉图所完成（作了普遍的哲学概括）。因此，德谟克里特和柏拉图在哲学上便有了一致之处。但是两人毕竟又有根本的区别和对立。德谟克里特是唯物主义者，他并不认为理智所认识的是同现象完全分离的东西，而是构成现象事物的原子和虚空这种物质实在。而柏拉图（前期）则认为现象与实在是两个完全分离的世界。因此，柏拉图认为要认识实在（"共相"）就应弃绝感觉和现象，而德谟克里特虽批判感觉主义却并不否定感觉有意义。

从这一角度，就可以理解伽仑（Galen）在《论医学经验》的残篇中所作的论述：

> 德谟克里特在说了"颜色是约定的、甜是约定的、苦是约定的，实际上只有原子和虚空"，从而贬低了现象之后，又让感官用下面的话来反对理性："无聊的理性，你从我们这里取得了论证以后，又

---

① HGP，第2卷，第455—456页。

想打击我们！你的胜利就是你的失败。"①

德谟克里特已经看到,理性认识归根到底还是来源于感性经验的,要了解原子和虚空这种实在还是离不开现象；不过唯有理性才能透过现象(通过思考推理)认识实在,单凭感觉是办不到的；因为感觉停留在现象上面并且有主观性相对性,理性才能撇开这种主观性而理解那客观的物质实在。所以他恢复理性、恢复实在,并不是回到巴门尼德那里去,而是同他有原则区别的。这里感官反对理性的戏剧性语言,听起来正是反驳巴门尼德的。而柏拉图则实际上向巴门尼德返回了,所以这个话也适用于批评柏拉图。

这一点应该说是很重要和有价值的。不过德谟克里特似乎还讲不清楚感觉和理性的辩证转化关系。他的知识论、真理论还很素朴,但他提出的基本原则却是非常正确和有意义的。这是古代唯物主义的认识论的最大成就。

五、德谟克里特和他的时代

德谟克里特的哲学思想并不限于他的自然哲学和认识论方面；从他的著作目录可知他非常关心社会的伦理道德和政治等问题,现在留下的二百多条残篇基本上也是这方面的东西。但是对于这方面我们却不能详加讨论。因为这些残篇有两个问题,一是不尽可信,其中约130条是从斯托拜欧(Stobaeus)的集子里搜集而来的,还有80条来自17世纪时的一个手抄本《德谟克拉特格言》

---

① 《西方哲学原著选读》(上卷),商务印书馆1981年版,第51页。

（The Golden Sayings of Democrates），由于许多条与斯托拜欧所辑的相同，人们认为这位 Democrates 可能就是 Democritus。这就有了一些问题。二是残篇中不少是些老生常谈和处世经验，显不出多少哲学智慧；有些虽然有意义但也不足以形成一种深刻的体系性的观念。既然情况如此，我们就难于过分地认真对待。看来这是个有待进一步发掘资料和对现有残篇进行甄别考证的事情，只有这方面有所突破才能作新的考虑。在此之前，恐怕只能根据某些比较可信的材料作一些宏观上的估量。

这种大体的估量对于理解德谟克里特哲学的时代意义还是很有益的。

我们可以肯定的大致有如下几点：

（1）如上所述，德谟克里特是非常重视社会问题研究的，有大量言论著述。这些著作中第一部以《毕达哥拉斯篇》为题，我们也许可以猜想毕达哥拉斯对他的影响，并不限于数论哲学的自然哲学方面；毕达哥拉斯的主要思想是对人生、社会政治和道德的追求和关心，这方面可能对他也有重大影响，使他感到共鸣或受到启发。

（2）前面我们引的第欧根尼·拉尔修的报道，谈到德谟克里特主张人生行为的目标应是灵魂的怡然自得，这是可注意的。这种怡悦的状态，是比感官的快乐更高级的，它指灵魂持续地处在一种平静有力的状态中，不为恐惧、迷信和其他情感所干扰，这就叫作幸福。我们可以看出，这种人生观、道德观显然同前一时期有所变化。在希腊古典时代的上升繁荣中，人们经济利益和思想政治生活都处于一种扩张状态，有矛盾但不十分尖锐，所以人们普遍地注重感官享乐、金钱荣誉、喜爱纷争辩论，并不感到有很大烦恼。但随着内战的爆发，城邦中矛盾和危机的增长激化，社会心理就自然发生了改变。从前使人感到快乐幸福的事情,现在常常成为引起许多烦恼的根源,于是德谟克里特就感到有摆脱这类快乐和烦恼另求一种生活境界的需要了。——我们知道后来伊壁鸠鲁大大发展了德谟克里特的这一方面,把它当做了哲学的重点。伊壁鸠鲁哲学出现在希腊被异族征服的时代,是这种苦难的哲学表现形态之一,所以伦理问题自然放到了首位,这是与德谟克里特不同的。但德谟克里特也感到了希腊衰落的最初趋向了,所以他想在动荡和纷争的时代给人寻求一个稳定的精神支柱。永恒自在的原子,知识中的理性标准,似乎就是这种东西;凡感性的性质和现象都只是相对的、个人的、主观的、沉浮不定的;但是并非一切都如此,我们应该在这些观象里努力把握住深藏着的实在,在感官苦乐之上把握理性的真理,这样人生就有了可靠根基,无须为现象所迷惑、为恐惧或迷信而担惊受怕,而生活在一种较高的平静有力的幸福之中。

(3)德谟克里特称事物的感性性质(如颜色、冷热之类)是"约定的"。这听起来是有点奇怪的,但实际上是指感觉和感觉所知的一切有主观性、相对性、人为性。前一时期的思想家和哲学家都说,社会事物是人为的、约定俗成的,而这些又是(按普罗泰哥拉)由个人的感觉作基础的,所以德谟克里特就把感觉和现象也说成是"约定的"东西,就像人们用的语言文字是"约定的"[①]一样。简言之,这里的"约定的"一词,与"人为的"同义。

前一时期的思想家哲学家区别了"自然的"和"人为的",比较起来他们更多的是赞扬了"人为"和"约定"的东西;但是德谟克里特则表现了相反的趋向:约定的东西是不可靠的,表面的,唯有

---

① 《古希腊罗马哲学》,商务印书馆1961年版,第106页。

自然的东西(原子和虚空)才是真实的。

这也许是他以"自然哲学家"见称的原因,虽说实际上他并非完全是原来意义上的自然哲学家。

我想仅此几点也已表明,他的哲学同上升时期的哲学有了重大变化。他不是"前苏格拉底哲学家",而是与苏格拉底同时的、同样表现了时代转变的哲学家。当然两人的表现方式、深刻程度大不相同,因而形成的哲学形态不同,这是要由他们所处的具体环境不同来说明的。

第八章　苏格拉底对于"善"的哲学追求

　　与德谟克里特在阿布德拉致力于原子论哲学的同时,在古典希腊的心脏雅典发生了另一种新的哲学运动和追求,苏格拉底和他的学生柏拉图把希腊哲学推向了另一个高峰。他们在人类精神生活的领域里第一次建立起一座相当宏伟的关于真善美的理想的宫殿。这理想是一种唯心主义的学说,水中月、镜中花,就其本身来说不可能变成现实;但它又有它的伟大之处,因为它显示出人类精神中一种不可遏止的热烈追求,具有一种震撼人心的力量,从而引起了希腊哲学的全盘改造。

　　苏格拉底(以及柏拉图)哲学中的伟大和错误,都是希腊世界特别是雅典的重大历史变动的产物,让我们就从这个角度开始我们的研究。

一、苏格拉底所自觉的使命与他的命运

　　苏格拉底的哲学是同他的生活和实践融为一体的,而他个人的命运则是同雅典的命运不可分的。他为了祖国追求善的理想,而他的祖国则用死刑酬劳了他的贡献,成全了他的哲学。这场悲剧深刻展现了他的哲学的内容和深度。

苏格拉底(Socrates,公元前468— 前399年)是雅典公民,父亲是雕刻匠,母亲当助产婆。他出生和成长在雅典帝国最繁盛的年代,早就对哲学有强烈的志趣。最初他跟阿尔刻劳学习过自然哲学,读过许多先前哲学家的著作,其中阿那克萨戈拉的"心灵"说曾唤起过他极大的注意和兴趣 ;他也向不少著名的智者如普罗泰哥拉、教授雄辩术的普罗第柯求教过,同他们讨论各种事情,这对他研究他所关心的社会人事问题,学会思考和论辩的艺术有很大作用 ;此外他还学习过诗歌音乐等多方面的知识,被公认为是一个有全面的和高度的文化教养的人。

在他的中年,三十多岁时爆发了伯罗奔尼撒战争,此后他目睹了雅典及其帝国的崩溃和覆灭的全过程,以及战后的动荡和耻辱。在这场战争中,他参加过三次战役,冒着危险在战场上拯救过同伴的生命,表现了英勇的爱国精神。

但是他对于祖国雅典的热爱和作为一个公民对国家的义务感,更主要的是表现在另一种实践里。这就是他的哲学实践 :整天到处找人们谈话,讨论问题。这些讨论中贯穿着一个最严肃的主题,就是要引导人们追求和认识道德的善,以这个原则批判一切不义的事,改造人的灵魂,达到拯救国家的目的。关于这一点他在一段自白里说得非常集中和明白 :

> 雅典人啊!我尊敬你们并且热爱你们,但我将宁可服从神而不服从你们,而且只要我还有生命和气力,我就不会停止哲学的实践和教诲,劝勉我所遇到的你们之中的每个人,照我的方式对他说 :你,我的朋友,伟大、强盛和智慧的雅典城邦的一个公民,你只专注于积累大量钱财和猎取声誉,却毫不关心和留意于智慧、真理和灵魂的最大改善,难道不以为是羞耻吗? 如果这人说 :是啊,可我是注意的呀!这时我就不离开他,也不让他走开,而要来回地盘问他 ;

如果我发现他并无美德,只是口头上说他有,我就要责备他忽视了最宝贵的东西,倒把无价值的东西看得非常重要。我要把这些话反复地对我所遇到的每一个人去讲,不管他年青或年老,是公民还是外邦人,但是特别要对你们这些公民们说,因为你们是我的同胞。要知道这是神的命令,我相信,在我们国家里再没有什么比我对神的服务是更大的好事了。因为我所做的事情只是到处去劝说你们,不论老少,不要只考虑你们个人和财产,首要的事是要关心灵魂的最大改善。我告诉你们,金钱不能带来美德,而只有美德才会带来金钱和其他一切好事,包括公共的和私人的好事。这就是我的教义……[1]

他把自己比作一只牛虻,这只牛虻是神赐给雅典的礼物,目的是要用它来刺激这个国家,因为这个国家好像一匹骏马,但由于肥大懒惰变得迟钝昏睡了,所以很需要有一只牛虻紧紧地盯着它,随时随地责备它、劝说它,使它能从昏睡中惊醒而焕发出精神来。[2]

这就是苏格拉底所自觉到的他的使命,他把它理解为神赋予他的神圣使命。这种使命感和对这种使命的自觉认识与研究是他的生活与哲学的全部宗旨所在,它成为他的哲学的出发点和中心。关于这一点,我们在后面要一再地进行讨论,但是在这里我们还是先接着谈他的生活史和他的命运。

苏格拉底说,他这样做会使睡大觉的人感到十分恼怒,要踩死这只牛虻,但因为他的使命不可违,所以他虽冒死而不辞。他真的实践了这个使命,果然遭到了这种命运。

苏格拉底给自己选择的任务不仅是在军事行动的战场上为祖

---

[1] Apology (《苏格拉底的申辩》),19 d-20 b。B.Jowett, *The Dialogues of Plato*, Vol.1,Oxford, 1935。

[2] Apology, 30 e-31 e。

国献身,最主要的是在思想的战场上为祖国献身。对祖国的爱正在于对它进行道德批判。在这个战场上,他表现了更为深刻的勇敢精神。

在政治事件的考验中,他显示了刚直不阿的品德。

公元前406年发生了一次要处死海军十大将军的重大事件。

这一年雅典海军在海战中取得了很大的胜利,但因风暴未能收回阵亡士兵的尸体,雅典人民就大怒而控告了十大将军。法庭上争议不决,便由五百人议事会来审议。当时苏格拉底正轮到担任五百人议事会的主席,面对着狂怒喧哗的群众和许多威胁恐吓,苏格拉底全然不顾,成为唯一坚持要依法办事、反对把不合法的提案付诸表决的人。可是他只值班一天,第二天另外一人当主席,提案就表决通过,海军将领含屈而死了。这是发生在雅典的民主政治下的事情。

公元前404年,雅典的贵族们在斯巴达支持下建立了三十僭主的寡头专制有八个月之久。在三十僭主当政期间,他们到处抓捕民主派政敌进行镇压,进行暴虐统治。有一次,他们召集苏格拉底和别的一些人参与抓人事件,苏格拉底不为裹胁,加以拒绝,这件事使他遭到三十僭主的仇视,勒令他不得继续讲学,还要加害于他,只是因为三十主僭不久被推翻,他才避免了一场灾祸。这表明他对贵族专制也无所畏惧。

他对民主政治和贵族政治都持独立不依的态度,是从道德原则出发的。在他看来,为人从政都必须以正义为准绳,雅典之所以陷于无穷的纷争、分裂和灾难之中,都是因为人们只顾追逐金钱名位,丧失了正义之心和美德。所以不管是什么人什么政体,只要言行不合正义,他都是要批评和反对的。他这样做自然不会给他个人带来任何好处,而只能招致各方面的人的仇视。因此他虽逃脱了三十暴君的迫害,却在民主制恢复时遭到了杀身之祸。

公元前399年,他被人控告犯有败坏青年和信仰新神的罪状。在法庭上他不畏惧、不求饶,侃侃而谈,申辩自己的所作所为是正当的,这当然不能得到宽恕。他被判处死刑,朋友们打算营救他逃离雅典,但他也拒绝了,因为他认为自己应遵守雅典的法律,他和国家之间有神圣的契约,这是他不能违背的。所以他十分自觉和从容地接受了死刑,在临终前仍同朋友们讨论哲学问题,在时间终于到来时,他安详地喝下了毒酒,用自己的生命和哲学实践报答了祖国,终年69岁。

*   *   *

对于苏格拉底之死,历来大多数思想家和哲学家们常常认为这是雅典人做了一件伤天害理的事情。三十僭主都没敢害他,却在恢复了合法的民主制政府和自由的时候成了阴谋的牺牲品。但是黑格尔不赞成这种看法,他认为:"我们在这里不应当满足于认为苏格拉底是一个卓越的人,他受了冤屈等等;在这个控诉里面,是雅典的民族精神起来对抗那个对他们极其有害的原则。"[1] 第一点,苏格拉底认为附在他身上的、吩咐他言谈行事的那个神意或神谕,实际上不再是人们以前所认为的那种外在设定的东西,而是一种内在的意识或道德新原则,"这种内在的确定性无论如何是一种新的神,不是雅典人过去一向相信的神;所以对苏格拉底的控诉完全是对的。"[2] 第二点,关于"败坏青年"的控诉也"并不是

---

[1]　黑格尔:《哲学史讲演录》第2卷,三联书店1956年版,第92页。

[2]　黑格尔:《哲学史讲演录》第2卷,三联书店1956年版,第96页。

没有根据的,而是有充分的根据的。"①因为,在雅典人和希腊人看来,子女和父母处于一体的直接伦理关系之中,而任何第三者的中间干预破坏了这种一体感,当然被他们看作最坏的事。但苏格拉底同青年的谈话,常常正起着这种作用,促使了青年人对他们的父亲的厌烦和不满。——关于这一点,我们前边谈到智者的时候已经看到了,苏格拉底的这种破坏作用会是更大更甚的。——总之,"苏格拉底从两个基本点上对雅典生活进行了损害和攻击;雅典人感觉到这一点,并且意识到这一点。既然如此,苏格拉底之被判决有罪,难道还值得奇怪吗?"②

苏格拉底在当时情况下应被视为有罪,或者这只是阴谋诬陷,这是问题的一个方面。黑格尔接着谈到苏格拉底在遭到死刑方面的责任问题,他认为这也是不可避免的,苏格拉底有自己的责任。按照雅典的法律,被判有罪的人有自己规定刑罚的自由,这是相当人道的民主制的措施。当然这不是任意的,首先,被判罪者应承认自己有罪,可以交付罚金或放逐。但是苏格拉底拒绝选择接受哪种刑罚,因为他根本拒绝认罪。"我们佩服他有一种道德上的独立性,他意识到自己的权利,坚持不屈,既不变其操守,也不承认自己认为公正的东西是不公正的。他因此冒着被判处死的危险。他拒绝向人民表示他愿意服从人民的权力,这是致使人们将他判处死刑的原因。因为他不愿给自己定刑罚,因为他蔑视人民的司法权力,所以他的命运是处死。"③

"苏格拉底伤害了他的人民的精神和伦理生活;这种损害性的行为受到了处罚。但是苏格拉底也正是一个英雄,他独立地拥

① 黑格尔:《哲学史讲演录》第2卷,三联书店1956年版,第99页。
② 黑格尔:《哲学史讲演录》第2卷,三联书店1956年版,第101页。
③ 黑格尔:《哲学史讲演录》第2卷,三联书店1956年版,第102页。

有权利,拥有自我确信的精神的绝对权利,拥有自我决定的意识的绝对权利"。人们也许会说,这种命运并不是必要的,"然而我们必须说,是通过这一结局,〔苏格拉底的〕这个原则才得到它的真正的荣誉"。①

这是一种古典的悲剧冲突,"并不是好像只有一个是公正的,另一个是不公正的,而是两个都是公正的,它们互相抵触,一个消灭在另一个上面,两个都归于失败,而两个也彼此为对方说明存在的理由"。②后来雅典人对判处苏格拉底一事表示了后悔,因而也就是承认了苏格拉底的伟大和他的原则,但这也只是表明雅典人自己的精神已经有了转变。

上述黑格尔的看法,一反前人对苏格拉底之死事件的单纯道德评价,我想是较为深刻而且有启发性的。他是从精神发展的历史性冲突的高度来评判这事件的,这种评判并没有降低苏格拉底,相反更突出了苏格拉底的原则的意义,指出雅典人民的精神在发展中的必然曲折与痛苦的历程。他的分析在我看来比别人的要好些,是因为那种对这一事件只从伤感和义愤出发的看法,并没有注意到苏格拉底同他的国家和人民之间如此深切的血肉一致,为什么会表现为无法调解的对立,当然也就更谈不上深入进去研究和把握它的实质和范围了。然而悲剧的意义正在这里。在历史上,新的较高的原则在提出来时总显得是破坏性的,因此冲突经常是不可避免的,志士仁人常常遭到厄运。对于这类事情人们议论纷纭。但是同其他这类事情比较,由于雅典是古代最民主的、文化最高的国家,法庭上的辩论和判决都是公开进行、依法从事的,所以

① 黑格尔:《哲学史讲演录》第2卷,三联书店1956年版,第104、105页。
② 黑格尔:《哲学史讲演录》第2卷,三联书店1956年版,第106页。

在这里发生的这一悲剧,更要求人们从较高的历史角度来评判。那种由于道德义愤而把这一事件说成是阴谋陷害的看法,实际上是把一种历史性的精神冲突降成为一幕可有可无的、也许不会发生的闹剧或丑剧。

　　但是黑格尔的上述分析显然也是不能令人满意的。他企图从历史高度来看这件事,但他把历史本身只归结为精神的矛盾冲突史;所以苏格拉底的命运在他看来本身就是历史发展中最深刻的本质所在了,此外再无须研究其根源了。因此,他对这一事件的评判实际上是就事论事,即就思想冲突来讲这件事的冲突,并没有真正深入到历史里去,因为历史毕竟是现实的而不是抽象精神的东西。比如,黑格尔说这一事件是由于苏格拉底代表着新的道德原则,同雅典人的精神与伦理生活相对抗,于是事情的全部实质就被归结为"道德"与"伦理"的历史冲突上去了。对于黑格尔时常喜欢谈论的这类主题,我们这里暂且不必评论。但是用这种精神冲突作为历史的根本实质,终究是相当荒唐的,恐怕就是苏格拉底再生,他本人也不能赞同吧。因为苏格拉底在紧紧抓住"正义"去反对他所认为的"不义"时,固然显得只是在谈思想和精神,他认为靠道德能拯救人的灵魂和国家是唯心主义观点;但即便如此,他也并不是认为只在反对一种抽象的伦理和精神。实际上他也没有打算否定雅典人的伦理生活,或打算用另一种神来代替原来的神,他要批判的"不义"他自己说得明白,就是人们只顾个人,只追逐金钱、权力、声誉之类的事,这就是说,他实际上触及到了雅典历史和生活中的现实问题和现实基础。他虽然没有也不可能去批判认识雅典的奴隶制度、私有财产和帝国的统治这个现实基础本身,却已看到生根于这个现实基础上的种种实际生活和人们意识中的弊端,他用"不正义"来表述和批判它们。只是在这种批判中,他才不得不同时牵涉伦理方面和信仰方面的种种问题。可见,苏格拉底受审处死这一事件的实质,并不在于抽象的"道德"与"伦理"的原则之争,而在于现实的矛盾。

二、略论苏格拉底道德哲学的特点和时代实质

对于苏格拉底这样的人物,我们不能用理解一般哲学家的方式去理解他,那是不够的。在历史上,所有的重要哲学家都有自己的贡献,有的思想精辟,有的知识渊博,有的以分析精到见长,有的善于综合构成体系;这些都能在不同程度上、不同方面上给人以智慧和启发。但是苏格拉底和他的学生柏拉图却有所不同,属于另一种哲学家,他们并不限于在某些方面教人以智慧,而是单刀直入地要求哲学抓住人和他们生活本身的本质,教导人们对自己要有一种彻底的反省和自觉,从而认识和改造他自己,改造生活和他们的世界。所以他们教导的不是单纯的知识和局部的智慧,而是要给人生和哲学灌注新的生命,震撼人的全部心灵,使之摧毁旧我寻求自新,这样就引起了人类思想精神和哲学的全盘改造。

这样的哲学家总是出现在人类历史的重大转折的时候。历史是人类自己创造的,可是他们在积极地创造自己的历史时还不认识这个创造的规律本身,只是到了他们碰了钉子,到了他们受自己的创造物所奴役而陷于灾难的时候,他们才想到自己是不是犯了错误,需要重新认识他们自己和他们的活动本身,试图找出支配历史的深刻变动的规律性来,以便为人类找到新生的路。于是一个批判反省的时刻就到来了。在这时候,人类思想的活动比任何时候都更紧张、深入和有力,一代大哲人就是在这时候出现的。近代

的卢梭和康德就是这种哲学家；马克思则是更高层次上的这种哲学家；我们这里要研究的苏格拉底也是这样的哲学家。当然他们的水平是不可同日而语的，因为他们所处的历史条件、面临的问题和哲学家的主观条件完全不同，自然制约着他们的哲学在内容和形式上有不同的限度。

他的哲学的重大意义和这种哲学的唯心主义性质，在他对自己使命的自觉里都已包含着了。但是我们在作具体内容的讨论之前，还需要对他的哲学的实质再作一点讨论。因为上面我们主要是从苏格拉底的主观方面谈到他对自己哲学使命的自觉和坚持，但是要理解他的主观自觉，以及这种主观自觉的意义和局限，我们还需要着重从客观方面，即放在现实基础上来加以研究。

在理解苏格拉底哲学上，真正的困难在于理解他所主张的"善"或"正义"的现实基础究竟是什么。他所说的正义和不义、善与恶，不仅讲的是道德和精神性的东西，而且对这种东西好像很难给它们找出现实的基础。关于这一点，我们可以作个对比就清楚地显现出来了，例如，近代资产阶级在革命时期也提出了一些道德和政治的口号，他们用"正义"和"自由"、"平等"来攻击"不义"、"专制"与"特权"，这里的现实基础还是比较明白的，所谓正义、自由、平等无非是资产阶级的利益和制度的理想的代名词，而不义、专制和特权则分明指的是封建制度的统治。但是苏格拉底的所指是什么呢？

唯物史观认为人们的存在决定他们的意识，因此对于任何思想和哲学，我们都可以而且应当指出它的社会现实的根源。这是科学地理解一种哲学的绝对要求。但是具体地如何去做，却是一个大问题。为了给苏格拉底的哲学找出现实的基础，以前在某些想用马克思主义研究哲学史的文著里，常常把苏格拉底说成是一

个代表奴隶主贵族利益的思想家,其理由是他的哲学是唯心主义
的,而唯心主义总是代表反动阶级利益的;论据是他攻击了雅典
的民主制度,并且是被这个民主制判罪处死的。这种说法的简单
化和武断的毛病,已经有许多人批评过了,它是研究工作中过"左"
影响的一种结果和表现。我认为这个批评是对的。如前所述,苏
格拉底并非只批评了民主制的所作所为,也反对过贵族僭主的行
为;此外,雅典的民主制固然处死了他,但不久又处罚了控告他的
人,以此表明了它对这件事后悔了;显然,如果他真是贵族利益的
代表者和民主制的死敌,就不会发生这样的事。所以上述说法在
论据上是说不通的。关于这一点,似乎不必多说了,因为许多人现
在已经抛弃了这个说法。但是我想我们也不宜用简单化对待简单
化,因为上述说法还是想给苏格拉底思想找出一个现实基础来的,
只是方法不对,所以结论错了;如果因为简单化的说法错了,我们
就放弃了说明的任务,回到就思想论思想,或者只满足于泛泛而谈
和枝节之论,那我们也并没有多少前进。

在给一种思想以现实的说明时,人们习惯于用他们自以为最
明白、确定和固定的东西和概念来说明,在我们的哲学和社会科学
教科书上提供了许多这类的概念,如各种社会形态、阶级、制度等
等,人们以为把一种思想联结到这些东西上就明白了,说明了。这
在许多场合下是对的,也还容易做到。例如我们说洛克是英国资
产阶级革命时期代表英国资产阶级利益反对王党复辟的哲学家,
马克思恩格斯是现代无产阶级的革命思想家,等等。但是在有些
场合就不大容易这样去做了,例如中国封建社会那么长,有一个很
长时期既没有同残存的奴隶主的斗争(它已经过去了)、新的资本
主义因素也还没有产生,在这时期各种思想和哲学应从哪里找根
源呢? 古希腊也如此,这里奴隶制社会制度没有改变,新的封建社

会因素还没产生。因此就想到把阶级划分的原则进一步引申为阶层划分的原则,如封建社会中的大、中、小地主论,希腊史上的工商奴隶主、贵族奴隶主之分等等。这种划分在说明问题上也有相当重要的意义和作用,是可以肯定的。不过这种方法从根本上说却有一种致命的缺陷,就是容易忘掉和忽视了生动的历史运动本身。我们决不是要否定阶级(以及阶层、派别等等)的分析,没有这些我们就不可能作现实历史的考察;问题只在于这些要素 —— 社会形态、阶级、阶层、派别、制度等等 —— 本是在历史中产生、变化的。我们必须把它们放到具体历史运动里来具体考察这些要素,而不应当把它们从历史里孤立出来对待,那样就无法理解历史,也无法理解这些要素,我们在说明历史上的某种思想或哲学时,就会显得相当生硬牵强,甚至会搞出错误。上述对苏格拉底的看法就是一个例子,在这个问题上,形而上学的简单公式显然完全套不上、失败了。

这里的问题出在把古希腊历史中的两个阶层、两个派别抽取出来,脱离了历史的发展来考察。所谓工商业奴隶主和民主总是进步的,而贵族奴隶主及其政治派别总是反动的说法,就是这种方法的结果。按照这种方法和它演化出来的模式来看苏格拉底和柏拉图,自然难免会产生上述那种简单化的结论。

我们前面已经说过,这类说法不那么合乎事实。但是退一步说,即使苏格拉底和柏拉图主要批判了民主制,那又怎么样呢? 柏拉图确实曾表现过较多的贵族阶级的政治思想色彩,我们能否断定他的哲学就必定是反动倒退的贵族哲学呢? 希腊的、雅典的民主制难道就总是进步的吗? 难道谁要批评它就一定是反动的吗?

我认为如果总观一下希腊史的发展过程,再具体分析一下苏格拉底所处的时代转变的具体条件,我们就不会得出上述结论,而会得出一种非常不同的甚至相反的结论。

希腊的特别是雅典的民主制度,在希腊历史的发展中起过极其巨大的进步作用。可以说,希腊的古典时代,雅典的伯利克里时代,就是以它作为根本的内在标志和推动力量的。民主制度的繁荣把雅典推上了全盛发展的顶峰。但是我们也不会忘记,雅典的民主制度也就是雅典人的帝国制度,即雅典公民们共同统治奴隶和其他希腊城邦与人民的国家形式。在雅典城邦内部,这种民主制度就是雅典公民即奴隶主自由人各阶层和个人之间争权夺利、瓜分剥削果实的政治形式,以及相应的各种社会生活的形式。这种民主制是靠雅典帝国的扩张和剥削来喂养的,它的任务就是用民主的方式把雅典公民组织成为一个对奴隶和大多数希腊人进行统治的阶级。所以它在发挥自己的历史作用、把雅典人上升到历史高峰上的同时,也就扼杀了其他城邦和人民的自由发展。可见这种民主制决非什么单纯光明与进步的东西,它也是奴役和邪恶的渊薮。这一点希腊人早已感觉到了,当雅典人用民主制来扩张势力、得到无数的贡献、财富、权力、荣耀和文化享受,因而热烈赞颂自己的这种制度和光辉成就时,整个希腊世界都已经在怨恨、指责它了;那些被雅典统治的属国尤其怨声载道,他们以起义表达了对雅典统治的仇恨。

雅典的民主制是希腊史发展到顶点的政治形式和伟大动力,随着希腊历史转折的到来,这种政治形式也走向了它的反面。它在希腊世界中已经失去了光彩。

当然,希腊的贵族统治制度是比民主制要更加落后的东西,因为它在一个城邦里面还多了一层枷锁,即贵族寡头对其他自由民的压迫。从这一点上说,雅典还是比斯巴达之类国家要先进得多。可是当着雅典帝国统治着希腊世界大部分、气焰远盛于斯巴达时,人们的仇恨当然还是集中在雅典人身上而不是在斯巴达人身上,而且许多城邦指望斯巴达打败雅典来解救他们。在这种情形下,斯巴达人反而能够以一种公正节制的姿态出现,并给自己的贵族制度涂上一层使人尊敬的色彩。这是一种历史的误会,似乎斯巴达的制度比雅典的还要好些,然而在当时的具体历史条件下却又是不难理解的。这种误会不久也渐渐消失了,雅典帝国覆灭后斯巴达人称霸一时,它在各邦到处支持贵族派复辟,并且斯巴达人自己不久就迅速腐化,内争激烈;于是人们才进一步体会到这种制度并不比雅典的好,甚至更恶劣些。希腊奴隶制社会整个地衰落了,它的民主制和贵族制一样也都再也没有多少活力,一起过时了。

这种错综的变化对苏格拉底和柏拉图是有影响的。他们在寻找雅典和希腊的灾难和没落的原因时,自然要涉及对政治制度的批判。苏格拉底对雅典的批判涉及民主制的许多方面,但我们并没有多少根据说他是由于倾向贵族政治才这样做的。柏拉图一度倾向于斯巴达的制度,以为是救治国家的办法,后期在事实教训下也有所改变。但不管怎么说,我们都很难说他们批评民主制度的缺陷就必定是贵族反动。举例来说,我们今天对资本主义的民主不也要批判吗? 谁能说这种批判就是主张倒退或法西斯主义呢(尽管确实也有主张法西斯主义而反对资本主义民主的党派和个人)? 在资本主义制度终究已经走向没落的时代,批判它的民主制度是必然的、必要的。那么在雅典及其帝国的民主制走上顶点,充分暴露出它的奴役人的罪恶本质时,为什么就不能给予批判呢? 从这个意义上说,苏格拉底和柏拉图的思想不也具有某种进步意义吗?

可见,在给历史上的某种思想和哲学寻找现实的说明时,想简单地找一种固定的格式并不是最好的办法,我们应该把它放到历史的运动里作具体的考察。苏格拉底的哲学和他的道德理想并不是真的没有现实基础的东西,不过这现实基础并不是一种单纯的要素、死板的框架,而是希腊历史的带根本性的转折本身。这个巨大转折引起了雅典人和希腊人的深刻思索和对自己的深入反省。苏格拉底就是这种自我反省的集中体现者和领头的人。他用自己的哲学表现了这个时代的变动和希腊人自我反省的精神需要。

人在上升时期、青春年代是很少会作深刻反省的,一个民族也是这样,有时候他也会问问自己是否有错误,但那是为了更好地达到一个现实的目的,占有世界扩张他自己,而不大会想到自己追求的那个目的本身会有什么问题,不大可能反省自己会有什么根本性的错误。雅典人和希腊人是沿着私有制的商品经济和奴隶制、社会政治的城邦制和民主制的道路发展的,这条道路符合社会发展规律,大大促进了生产力和希腊人的创造才能的发挥,因而在先前的千百年中他们生气勃勃前进着,经过英雄时代进到了它的古典时代,终于达到了它的全盛。但是当雅典人终于感到心满意足的时候,他们突然发现他们自以为抓住了、达到了的目的原来是一场空,他们亲手创造的世界现在颠覆了他们自己,他们的产物把自己给毁了,以前一直视为豪迈正义的事业现在显得那样使自己难堪。到了这个时候,一种痛彻入骨的悔恨和反省才不可遏止地开始,它来得很晚。

这一点,我们看看伯利克里的一篇演说就可以知道。在伯罗奔尼撒战争爆发的第一年的冬天,雅典为它的阵亡将士举行国葬,伯利克里在典礼上讲话。在这时候他对雅典的帝国、民主制度、经济的繁荣、文化的昌盛、人民的勇敢、智慧、正义和忠诚的品格,仍然那样自豪,保持着全部的信念:

在我们这块土地上,同一民族的人世世代代住在这里,直到现在;因为他们的勇敢和美德,他们把这块土地当作一个自由国家传给我们。无疑地,他们是值得我们歌颂的。尤其是我们的父辈,更加值得我们歌颂,因为他们除了他们所继承的土地之外,他们还扩张成为我们现在的帝国,他们把这个帝国传给我们这一代,不是没有经过流血和辛勤劳动的。……

我要说,我们的政治制度不是从我们邻人的制度中模仿得来的。我们的制度是别人的模范,……我们的制度之所以被称为民主政治,因为政权是在全体公民手中,而不是在少数人手中。解决私人争执的时候,每个人在法律上都是平等的;让一个人负担公职优先于他人的时候,所考虑的不是某一个特殊阶级的成员,而是他们有的真正才能。……在我们私人生活中,我们是自由的和宽容的;但在公家的事务中,我们遵守法律。这是因为这种法律深使我们心服。……

现在还有一点。当我们的工作完毕的时候,我们可以享受各种娱乐,以提高我们的精神。整个一年之中,有各种定期赛会和祭祀;在我们的家庭中,我们有华丽风雅的设备,每天怡娱心目,使我们忘记了我们的忧虑。我们的城邦这样伟大,它使全世界各地一切好的东西都充分带给我们,使我们享受外国的东西,正好像是我们本地的出产品一样。

在军事上,

我们所依赖的不是阴谋诡计,而是自己的勇敢和忠诚。在我们的教育制度上,也有很大的差别。从婴提时代起,斯巴达人就受到最艰苦的训练,使之变为勇敢;在我们生活中没有一切这些限制,但我们和他们一样,可以随时勇敢地对付同样的危险。这是有事实可以证明的。我们的勇敢是从我们的生活方式中自然产生的,而不是国家法律强迫的;我认为这些是我们的优点。……

我们爱好美丽的东西,但是没有因此而至于奢侈;我们爱好智慧,但是没有因此而至于柔弱。…… 在我们这里,每一个人所关心的,不仅是他自己的事务,而且也关心国家的事务:就是那些最忙于他们自己事务的人,对于一般政治也是很熟悉的 —— 这是我们的特点:一个不关心政治的人,我们不说他是一个注意自己事务的人,而说他根本没有事务。……

如果把一切都结合起来考虑的话,我可以断言,我们的城邦是全希腊的学校。①

这篇演说当初发表时,必定会深深打动着雅典人的心,我想苏格拉底也不例外。是的,雅典人有一切理由为他们的国家感到自豪,伯利克里的演说相当深刻地总结了雅典人的光荣历史和光辉成就。我们看看苏格拉底,他身上的那种对祖国的爱和忠诚,勇敢正直和智慧的品德,特别是把国家事务当作自己唯一事务的特色,不正是雅典国家和它的民主制度的产物吗? 他正是在伯利克里的政治教导下成长起来的一代,而且是个典型。但是,我们也看到,伯利克里的这篇演说里只有自信,并没有任何真正的反省意识。在这里雅典帝国的一切扩张、剥削和对属国的统治,都被说成是雅典的光荣,是正义豪迈的事业;而他在这样说时他是很真诚的,并不虚伪:一个帝国主义的民主主义者的真诚。但是不久之后,那个在对雅典的热爱和忠诚上一点不亚于伯利克里、并且正是在伯利克里的教导下成长起来的苏格拉底,却对雅典的一切重新审查批判了。伯利克里的演说 —— 雅典的自豪自信;苏格拉底到处找人谈话 —— 雅典的自我忏悔和重新认识他自己。这两者一前一后,表现了在伯罗奔尼撒战争中雅典精神面貌的深刻改变。

① Thucydides Ⅱ,36-41。中译文见《伯罗奔尼撒战争史》,商务印书馆1961年版,第129—133页。

在战争爆发前,雅典已经在希腊世界的许多地方受人咒骂和指责了,但是这对雅典人自己还没有多大影响。可是现在战争打到门口来了,各种困苦、挫折、艰难、报复也跟踪而来,现在轮到雅典人自己受惩罚了,事情就开始起了变化。自信心开始减退了,以前一直认为是正义的好事,现在显出它是没有多大意义和价值的,甚至是不义的了。在现实的灾难里,雅典人里出现了一种相当普遍的道德和智慧的危机。

例如,在大瘟疫发生的年月里,雅典开始出现了空前的违法乱纪的情形。修昔底德亲历了这场灾祸,他记述了当时雅典人的普遍精神状态。"一般人都承认,光荣的和有价值的东西只是那些暂时的快乐和一切使人能够得到这种快乐的东西"。这就是说,每个人都只顾追求眼前的暂时的利益和享乐,什么光荣、什么道德都无所谓了。"对神的畏惧和人为的法律都没有拘束的力量了。至于神祇,他们认为敬神和不敬神是一样的,因为他们看见好人和坏人毫无区别地一样死亡。至于违反人为的法律,没有一个人预料他能活到受审判和处罚的时候;每个人都感觉到对于他已经下了更为沉重的判决,正悬在他的头上,他想在这个判决执行之前得到一点人生的乐趣,这是很自然的。"①

这只是道德堕落的一种表现,它的流行反映了雅典人已开始丧失了自己的那种自信心和尊严。战争激化了各种矛盾,雅典人变得更加凶残暴虐,他们对敢于反抗和起义的属国镇压十分残酷;在城邦内部,那种私有者的个人主义也失去了节制,汹汹然到处泛滥起来。在失去了伯利克里这位忠诚精明的领袖之后,政治上党争激化,政客们哗众取宠、用诡辩争权夺利等等行径,也越加

① Thucydides Ⅱ, 53。中译文见《伯罗奔尼撒战争史》,商务印书馆1961年版,第141页。

变得使人厌恶；智者们教给人的哲学和雄辩本领，越来越沦为只是一种诡辩的工具。

雅典在战争中的失败和这一切精神上的变化，苏格拉底都亲身体验到了。作为一个热诚的爱国者，他不能眼看国家就这样沉沦下去；作为一个哲学家，他要思索雅典没落的原因，来为它找到拯救之路。但是，他能找出什么原因呢？第一，雅典没落的原因显然不在于它不够强大，因为在当时的希腊世界里，哪一个城邦能比它更强大呢？第二，苏格拉底也无法认识那些使雅典陷于灾难和没落的真正现实基础——奴隶制和与之相关联的私有制，以及在此基础上形成的城邦之间的、自由民之间的必然对立。这是无论苏格拉底思想多么深刻、追求真理多么热诚也达不到的，因为他是雅典人、希腊人，而雅典人、希腊人终究是古代的奴隶主的民族和人们，所以他们的苏格拉底无论如何也不会想到，他们的这种经济基础和政治基础本身就有问题。

因而苏格拉底只能从种种恶果里看到精神方面的弊病，只能从思想上找原因。而这一点他的前辈已为他提供了准备：阿那克萨戈拉的"心灵"是安排万物的唯一力量的学说，早已使他倾心；伯利克里时代的雅典繁荣是人们高度发扬能动创造力的结果，在这里，人们的忠诚、正直、勇敢、智慧，特别是伯利克里一类伟人的政治美德，显出了极大作用；这一切本来就给苏格拉底以深刻印象，也是雅典人一直如此看的。因此在前后对比之下，苏格拉底就自然地以为雅典盛衰的根本原因乃是道德，即人们精神和道德由好变坏了，人们现在丢掉了正义和美德，才遭致大祸临头。所以出路在于正人心。

但是他也不能满足于往日的那种道德了。因为他已经亲眼见到种种的不义正是从雅典人以往视为光荣正义的事情里发生的，他就无法再完全回到伯利克里的那种自信上去了。于是,他以为发现了一件最重要的事,这就是:人们以前其实还没有认清什么是真正的善、正义与美德,而是把美德同一些实用的目的、个人的目的——如追逐金钱名位等等——混在一起,而这一点就连伯利克里那样的伟大政治家也是如此的;所以人们抓不住真正的善和正义,常常把不义也当作了正义。同时他也以为发现了人们在自以为有智慧时,其实并没有智慧;那些自称为智慧教师的智者也不知道什么是真正的善和真理,他们只知道人人各有自己的真理,这样也就没有什么可靠的真理。因此,他认为要拯救国家,首先就必须研究和弄清什么是真正的善和正义,才能批判和扫清各种似是而非的所谓道德;而要分清正义和不义,就必须研究和寻找什么是真理的标准和达到真理的道路。这就是他的哲学事业或使命。

显然,这是唯心主义,而且不能不是唯心主义。因为雅典及其帝国的衰落是客观现实基础上矛盾冲突的必然结果,而苏格拉底无法认清这个现实基础,所以他不可能找出真正的原因,也就找不出拯救雅典的道路。这就决定了他的哲学寻求只能走唯心主义的路。

我们应当指出它的这一方面,但这并不妨碍它仍然是人类发展中的一笔伟大的思想财富,哲学发展中一个极其深刻的环节。因为它毕竟不是一个平庸的没落者的无谓挣扎和无聊空想,而是古代一个极伟大的英雄民族在不可避免的历史转折悲剧中的自我反省和自新的追求,因而还是包含着许多深刻的东西。当然在这里"深刻"一词是具体的有限度的,带相对性的。因为他们不可能"深刻"到具有唯物史观的程度,他们认识不到自己社会必然要没落的规律,也认识不到自己只配有这种命运,但是他们意识到了自己原来的思想行为充满了不义和罪恶,决心反省和批判自己,努力追求一种较高的理想,这本身确有非常深刻的意义。谁若是只看见它的错误和局限就轻视它的价值,就不能理解哲学的灵魂。严格说来,在阶级社会里有哪一种思想或哲学能完全避免阶级的和历史的局限与错误呢? 更广义地说,人类过去、现在和将来的任何一个特定时代所创造的思想、文化、科学和哲学,有哪个能完全摆脱历史的局限和错误呢? 人们只能从相对的认识中走向绝对的真理,这是永恒的命运。哲学里的活的灵魂,就在于人类在历史实践里永不满足于自己的现状与现实,要批判改造自己和现实来为自己的未来开辟道路。这里思想的自我批判反省总是一个极其重要的环节。因为,历史固然有客观规律,但它毕竟是人类在能动地表现自己之中创造出来的,要通过人的精神这个环节来运动,所以在这里有两个因素都带有本质的意义:第一,人能不能在历史中自觉地观照他自己,认识他自己;第二,这种认识究竟能否真的实现,即认识到人自己的历史的客观本质,从而使理想与客观规律相一致。这第二个环节是在马克思发现了唯物史观时才真正开始的。古代的苏格拉底自然达不到而且相距极远,但他是第一个环节的真正开端,这是他的哲学的伟大意义所在。人类要真正认识他自己是不容易的,这一点就是我们今天还是深切感受到的。马克思建立了唯物史观,开辟了人类科学地认识自己、认识历史和世界的新阶段,但也仅仅是开始,我们时刻可以发现我们对自己的认识还差得很远,还有无数的东西没有认识,所以失误和挫折还要经常发生。可见真理是难以把握的,人类今天和将来还要永远去做这个大题目。这样看来,我们又怎能过分苛求于前人呢? 虽然如此,人总要努力,因为如果没有自省、自察和理想,人和人类是不会有任何希望与前途的。所以哲学的道路虽然漫长而艰难,总是光荣的永远不会停止的事业。从这意义上说,苏格拉底开辟了人类精神生活的一个新境界,永远值得我们纪念和借鉴。我想,在研究苏格拉底哲学追求的现实历史基础时,这也许是我们能够得到的一点启示。

三、研究苏格拉底的某些困难和我们的处理方法

　　研究苏格拉底有些困难,我们需要弄清楚他有哪些观点,这些观点只属于他而不属于后人;但是他本人没有写过任何哲学著作,他的哲学活动只是到处同人谈话,因此要了解他就得全靠旁人的记述。我们的主要材料来源是柏拉图和克塞诺封,但后者以文学见长,哲学理解力却不高,所以实际上我们主要只能靠柏拉图。柏拉图对他的老师留下了大量生动和深刻的报道,这当然很珍贵,但大家知道,在他笔下的苏格拉底是加过工的,在多数情况下正是柏拉图自己,他把自己的思想融化到苏格拉底的形象里去了,界限是难以分清的。这就带来了困难。所以常常出现这种情形,有些人讲苏格拉底时实际上把柏拉图的也讲进去了,而在讲柏拉图时又回过来把苏格拉底的也讲进去了,搞得看不出有什么基本区别。

　　但大多数的研究者还是认为可以作某种基本的区分的,根据主要有两点:

　　1.柏拉图的对话有早期、中期和后期之别。人们倾向于认为那些早年写出的对话,如《苏格拉底的申辩》、《克力同》、《普罗泰哥拉》、《高尔吉亚》和大、小《希比亚》篇,是他对苏格拉底回忆的较为忠实的记述,这些可作为我们了解苏格拉底的比较可靠的材料。中年以后,柏拉图的思想逐渐成熟,这时和以后的对话中的苏

格拉底,就成了柏拉图自己思想的传声筒了,不好再用作研究苏格拉底的依据。

这个看法是有道理的,对我们很有益,但是这只有一种大略的划分上的意义,因为柏拉图从苏格拉底出发的发展过程很难一刀切,所以即使那些早期对话也很难说就不渗进他自己的新想法。这个标准在涉及某些具体观点时往往并不十分确定。

2. 亚里士多德对于苏格拉底和柏拉图的区别有一个论述,对我们的研究是非常重要的:

> 有两样东西完全可以归功于苏格拉底,这就是归纳论证和一般定义。这两种东西都是科学的出发点。但是苏格拉底并没有认为这些共相或定义单独存在,而另一些人却认为它们是单独存在的,并且把它们称为理念。①

这里所说的"理念"(εἶδος, ἰδέα,或译作"相"),就是柏拉图和柏拉图学派的根本哲学概念,他们主张理念、共相有一种同个体事物相分离的独立存在。亚里士多德指出,这个"理念"来自苏格拉底的一般定义,但苏格拉底却没有认为一般定义能够单独存在。亚里士多德还写道:

> 我们在上面已经说过,苏格拉底以他那些定义激起了理念论,但是他并没有把共相与个体分离开来;他不把它们分离开来,是正确的想法。从后果看,这是很明白的。因为没有共相就不可能获

---

① Aristotle, Met. 1078ᵇ28-32,这里用了《西方哲学原著选读》(上),商务印书馆1981年版,第58页的中译文。

得知识,可是把它们分离开来就引起了人们对于理念的异议。[1]

亚里士多德这一看法应该说是相当可靠的。他本是柏拉图的弟子,在柏拉图学园里学习研究了二十年之久,必定熟悉种种事实和情况,后来他独立出来的主要原因就是由于他有这种"异议",他反对把共相同个别东西分离开来。他从这个立场就能相当敏锐地觉察到苏格拉底同柏拉图的重要差异,并认为苏格拉底在这一点上想得比较正确。可见他的这一判断必有根据,并且是经过反复考虑后说出的。

但是有的研究者却不顾亚里士多德的这一论断,硬说苏格拉底已经提出了"理念论"。我以为这是轻率不可取的。提出这种看法的同志并没有讲出像样的论据来否定亚里士多德的论断,而亚里士多德的论断是合乎思想发展的。严格说来,我们在区别苏格拉底和柏拉图时,这是一个唯一的理论上的标准,别的只是估计、推测而已。

所以,我们应当把"理念论"的哲学当作是柏拉图的,不要把它混到苏格拉底的哲学里来,随之而来的许多其他方面也就可以作大致划分了。

不过,由于柏拉图的理念论毕竟是由苏格拉底的思想所引起的发展,所以在这个发展过程中他们两人的思想还是有许多水乳交融难解难分之处。例如关于灵魂不死、知识即回忆等等观点,关于"辩证法"的求知方法等到底属于谁,就是一些很难分清的问题。因此我们要想从柏拉图对话里确切划分出一个完全是原来面貌的苏格拉底,大概是无法办到的事,我们只能满足于一种相对的大体

---

① Aristotle, Met. 1086^{b}2 - 6, 中译文亦见《西方哲学原著选读》(上), 商务印书馆 1981 年版, 第 58 页。

的划分。在研究苏格拉底时,我们无法避免会把柏拉图的思想或成分,至少是那些较早期的成分带进来。这样虽然不那么合适,不过既然是无法避免,我们就要承认这个事实。另外,承认这一点对我们的研究目的来说也不十分要紧,因为我们要研究的是哲学发展的主要线索,而从苏格拉底到柏拉图本是一个有机过程。我们有了基本的区分,也就可以了,在不能区分时不去勉强区分有何不可呢? 总之,我们研究的苏格拉底,不免会有柏拉图的思想渗在里面,实际上是在研究"苏格拉底 —— 柏拉图"哲学运动的第一阶段。这种情况和我们相应的处理是应该承认和指明的。

四、人生和哲学的要义是认识人自己,而人自己的本质是灵魂的"善"

古希腊德尔斐神庙里铭刻着一条据说是神谕的箴言 :"认识你自己 !"它是一条道德命令,又以朴实无华、言简意赅的形式,说出了深刻的哲理。这条箴言同哲学一直有不解之缘,启发了无数哲人的智慧和思索。我们不知道它的起源,也许是远古以来希腊人长久历史生活经验的体会,最初以神的智慧的名义(即宗教的形式)凝结和表达出来。确实,人无论在实践上和思想上首先关怀他自己 :因为他们把周围的自然界当作自己生活的场所和来源,他们关心世界还是为了他们自己。但是人认识自己可不容易 :原始人是把自己和自然不加分别的,而人本来是自然的一部分 ;不过他又是自然的最高部分,能占有和改造自然,具有意识,做自然界的主人 ;而且人有自己的历史,他在自己的历史性的改造活动中又不断改变自己,创造自己。所以人认识他自己是科学和哲学的长期工作。当希腊人开始抛弃神话的拟人自然观、从事自然哲学和自然科学的研究时,意识才逐渐把人和自然相区别。在这之后,古希腊人对自己的认识便循着两条路进行：一种是把人看作自然的一部分,用各种物质元素(火、水、土、气等)和自然性质(冷、热、干、湿等)来解释人体及其感觉、欲望和思想的形成,解释人的行为,这是当时的医学派别和自然哲学家们所主张的,他们对灵魂也努力作自然物质性的解释,如把它说成是"气息" —— 这是一种素朴唯物主义的研究道路。另一种是从人们的社会生活和矛盾冲突中产生的,从一开始就接续着宗教神话的传统而带着强烈的宗教道德气味,奥尔菲派的灵魂(净化、得救)的学说就是如此,他们所讲的"灵魂"充满着正义和不正义的对立等等道德内容,同自然哲学家们讲的大不相同,但相当深刻地表现了人的自我意识,表现了人的精神实质。这给毕达哥拉斯以巨大影响,他和他的学派关注人生和灵魂的命运,给哲学的最初形成以深刻的推动。赫拉克利特也许是第一个明白地表示要按德尔斐箴言研究哲学的人,他说他寻找过他自己,这种寻求发现了一个伟大的真理：斗争(或战争)是万物之父万物之王,它使一些人成为神,一些人成为自由人,另一些人成为奴隶,正义就是斗争,具有这种智慧和品德的人的灵魂是最纯净的火,它不朽并能升天成为神。他的素朴唯物主义和泛神论的形式,把德尔斐箴言同毕达哥拉斯派的灵魂净化学说相结合,总结了希腊人自己的历史经验,号召他们用战斗创造自己的未来,预示了古典时代的到来。在古典时代的上升阶段,智者们发展了人文文化,他们的关心主要已经在人的社会生活方面；不过那时希腊人尤其雅典人正在扩张他自己,还不能作深入反省,他们在物质利益和享受中把自然哲学和唯物主义学说大大发展了,同时也为自己有伟大的"心灵"而骄傲,在这种背景下,智者们论证了人们的民主权利和个人感觉、个人利益、彼此对立与争夺的合理性，把阿那克萨戈拉的"心灵"特殊化。既然人的本质在他们看来只是物欲和个人的感觉，是一种最直接性的东西，所以他们不大可能激发人们深刻思考"认识自己"的严肃意义。

　　真正赋予"认识你自己"这句箴言以较深哲学意义的人是苏格拉底。从他开始，关怀、研究和认识人类自己就成为哲学的最中心的主题，并不断起着激动人心的作用，看一看文艺复兴以来的近、现代西方哲学吧，不都是以苏格拉底的"认识你自己"的哲学思想作基本出发点吗（请看卢梭的《论人类不平等的起源》、康德的三个"批判"、费尔巴哈《基督教的本质》等）？ 西方思想文化和哲学里的人本主义或人道主义就像一条基线一直贯穿下来，至今不衰，而且更广泛深入地在发展，这决不是偶然的。当然它有一个发展过程。人类应当认识他自己，每个时代的每个民族、国家乃至个人都应当认识他自己，这大概是一种永恒的自然的要求吧，但究竟能认识到什么程度，却不能全由主观愿望和努力来定，因为它必定要受人们自身的历史发展水平和科学知识与思维水平的制约，这是不能苛求的。我们的任务是给予历史唯物主义的分析，恰当估价他们的地位和意义，以便为我们今天的人类社会和个人认识我们自己的事业汲取经验教益。

　　就我们现在要讨论的苏格拉底来说，他无疑是一位开创性的人物，因而特别值得重视。他和柏拉图哲学的一系列基本特征都是从这里发生的，所以要研究他们的具体观点，也得从这一点开始。

　　通常人们说苏格拉底的特点是，使希腊哲学从自然哲学转到以研究人事为中心的轨道上来，这话虽没有错，却不算准确；因为我们知道智者（特别是普罗泰哥拉）已经做了这件事，甚至在某种意义上毕达哥拉斯、赫拉克利特也模模糊糊地这样做了。这不能算是苏格拉底的创造，他是接着这些前人来的；不过他在批判智者中把这个问题提到了新的高度，最严肃地把"认识自己"即研究人事的任务放到哲学面前。他认为普罗泰哥拉其实并没有认识人自己，因为人之所以为人不在于他有感觉或感官的欲望，而在于人有灵魂、思想，追求善，真正的善乃是灵魂中道德的善、纯粹的善。所以对于人来说，认识自己的本质在于善，致力于自己灵魂的净化和最大改善，才是他们最要紧的事情。但是大多数人却不理解这一点，对自己无知还自以为知，因而沉溺于不义和灾难之中不能自拔。哲学的目标就是要唤醒人们认识他自己的这个本质。因此黑格尔指出，"智者们说：人是万物的尺度，这还是不确定的，其中还包含着人的特殊的规定；人要把自己当做目的，这里面包含着特殊的东西。在苏格拉底那里，我们也发现人是尺度，不过是作为思维的人；如果将这一点以客观的方式来表达，它就是真，就是善。"①—— 苏格拉底把德尔斐神庙里的这句箴言，变成了一整套新的哲学观念的拱心石和出发点，真正变成了哲学。

克塞诺封记述说，苏格拉底经常到人多处找人谈话，"他不像大多数其他的哲学家那样争论事物的本性是什么，猜测智者们称之为世界的那个东西是怎样产生的，天上的每一件事物是由什么必然的规律造成的，而是努力指出，选择这种思考对象的人是愚蠢的。他常常劈头就问他们，是不是认为自己对人事已经知道得很透彻，所以进而钻研那样一些沉思的题目，或者质问他们，他们完全不管人事，而对天上的事情加以猜测，是不是认为自己在做本分

---

① 黑格尔：《哲学史演讲录》第2卷，三联书店1957年版，第62页。

的工作"。①

从前雅典人和那些智者、自然哲学家们喜欢高谈阔论天上地下的各种事情,那在雅典兴旺繁荣时是很自然的。但是现在还说这些就太没意思了,多难之际人们还不该想想自己本分的事吗?苏格拉底经常谈的是什么叫正义什么叫不正义,什么是明智或不明智,什么是勇敢或怯懦,什么是治国之本,什么是善于治人者的品质,等等。②

他在年轻时曾学过自然哲学,但后来觉得这是不行的,思想改变了。他以自己服刑为例说明自己改变了哲学观点的理由。按照自然哲学家的办法,一切事情都要用物质性的原因来解释,但是我现在坐在牢里,这难道可以用我有身体,这身体是由肌肉包着骨头,外面有皮肤构成,有弹性能弯曲,因而能坐在这里,等等,来作为原因和理由吗? 这类原因就是举出一万个也不行,因为真正的原因只是雅典人认为惩罚我比较好,而我认定留在这里服刑比较好。因为我这团骨肉是可以跑到别处去的,但我并不这样做,宁愿选择了做比较高尚比较好的事,遵守国法在这里服刑。可见在人事问题上 —— 苏格拉底认为 —— 真正的原因不在自然、物质方面,而在人的心灵、灵魂,在你把什么认作"好",认作合乎道德:"这一切中间,的确有一种严重的混淆,没有分清原因和条件。诚然,如果没有骨肉,没有身体的其他部分,我是不能实现我的目的的;可是说这样做是因为有骨肉等等,说心灵的行动方式就是如此,而不是选择最好的事情,那可是非常轻率的,毫无根据的说

① 克塞诺封:《回忆录》I.1,10-13。《西方哲学原著选读》(上),商务印书馆1981年版,第60页。
② 克塞诺封:《回忆录》I.1,15-16。《西方哲学原著选读》(上),商务印书馆1981年版,第61页。

法。这样说是分不清什么是真正的原因,什么是使原因起作用的条件。"①

人是有思想的动物,"人为万物之灵",他的一切行为都受一种有目的的思想支配,因而有高度的能动性,高于一切自然物和别的动物。所以在解释人的本性上,单纯自然的唯物主义虽然有道理,总是绝对不够的;只有在达到历史的唯物主义以后,才使唯物主义地理解人和人的一切成为科学。在此之前,人们还只能用精神、灵魂等来解释自己的能动性,就不免陷入唯心主义,而且这些唯心主义常常比单纯的自然唯物主义对人的解释显得更合理,这也是必然的不可避免的。苏格拉底因此站在唯心主义一边,以往的自然哲学只有阿那克萨戈拉的"心灵"说深深打动过他:"我听说有人在阿那克萨戈拉的书里读到过,心灵是安排一切的原因。我听了觉得很高兴,认为这个想法很可赞许,我想如果心灵是安排者,它就会把一切安排得最好,把每件特殊的事物安排在最好的位置上;我认为任何人要想找出任何事物产生、毁灭和存在的原因,他就必须找出什么样的存在、行动和遭受的状态对这个事物最好。"②苏格拉底对阿那克萨戈拉不满只在于他还是个自然唯物主义者,没有真正贯彻和发展"心灵"说。苏格拉底发展了他的这个唯心主义方面。哲学是研究万事万物的真正原因或本原的学问,苏格拉底认为在人事这个最要紧的问题上自然唯物主义的种种说明不解决问题,唯有心灵的安排一切的能动性才是真正的原因,而心灵总是按照"好"的目的来安排一切的。他把人事上人的目的性思想能支配人的一切行为和改造、安排周围事物的作用,看做最终的

---

① Plato,Phado（柏拉图《斐多篇》）,98 c-99 d。

② Plato,Phado,97 c-d.

原因,并推而广之说明整个自然界,就形成了目的论唯心主义哲学。

苏格拉底把"目的"提升为哲学的根本范畴是有重要意义的。因为人作为能动的主体,他的全部实践都是通过有意识的目的来进行的,所以"目的"同人的生活、利益、实践、他们同自然的关系以及他们彼此间的社会关系都最紧密地关联着,成为贯穿他们的各种意识(感情、意志和理性思维)和行为里的一个中心环节,抓住它就抓住了人的精神能动性的根本点了。但是这种精神能动性的环节,其内容和基础还是人的客观的能动活动即客观实践;苏格拉底当然不能理解这一点,他只看到"目的"对人的实践的精神能动作用,便以目的本身作为人事和万事万物的基础,颠倒了物质和精神之间谁是第一性谁是第二性的关系。这就决定了他的哲学只能是唯心的。不过他的目的论哲学是客观唯心主义,而不是主观唯心主义的。

这是可以理解的,因为苏格拉底明白见到,当时雅典人追逐的是种种个人和小集团的私利,为了金钱和权力等等争夺攻讦,忘了国家的利益,换言之,只有个人目的而丢掉了国家目的,所以他认为人们通常所抱定的目的和追求的"好",其实是好坏(善恶)不分,并不是真正的善,这样他们就很容易陷于不义和罪恶。而智者则把这些个人的特殊的目的与行为变成理论,说人人都以自己的感觉作为衡量一切的标准是正当的,是唯一的真理。苏格拉底批判这种理论,指出如果以个人的感觉作为真理和正义的标准,实际上也就没有任何真理和正义可言了,因为每个人的感觉都是彼此不同的,以此来确定的目的和"善"的观念就一定会彼此对立,即使是同一个人在不同场合下对同一件事的感觉也会不断改变,那还会有什么被大家公认的普遍的真理、正义和善的目的呢? 建立在个人感觉之上的特殊目的和所谓真理,只是一种相对主义和主观主义的东西,结果必定要否定真理本身。苏格拉底认为要拯救国家,必须肯定有一个真正的善,它是与特殊相反的普遍,与相对相反的绝对,与主观相反的客观东西。

这里,(1)苏格拉底是为了改造人们的实践行为而要求改造人们的"目的"和"善"的观念的;(2)但他认为只要抓住了"目的"本身就能改造现实的人们的实践,这是唯心主义;(3)他认为在人们的目的之中,有特殊的、相对的、主观的目的和所谓普遍的、绝对的、客观的目的之分。前者不是真正的善,必须给以批判否定,以便寻求和确立后者。这就是要用客观唯心主义代替主观唯心主义。

苏格拉底和后来柏拉图所建立的客观唯心主义哲学,是西方哲学史上影响最大最深远的客观唯心主义体系之一;往后的客观唯心论,只有黑格尔哲学能与之并列于同样的高度和同样的重要地位上。它们在哲学的发展上起着双重的作用,既是唯心主义的大发展,也是人类哲学思维力的大发展。

为什么说苏格拉底和柏拉图哲学是哲学思维的巨大发展? 在苏格拉底之前,希腊哲学已经走过了很长的道路,主要以自然哲学的形式,研究了世界万物的本原,从特殊中找普遍,从现象中求本质。现在雅典由于它有高度发展了的古典时代的文化成就,又遇到了盛衰转折中种种尖锐鲜明的矛盾冲突,便使哲学发展表现出了一种与前不同的新形态。人们将注重点移到他们的社会生活方面来,看到思想、心灵、目的等精神性的东西对现实和实践的巨大能动作用,因而对世界的理解更生动、丰富和复杂起来。而要给这一类对象找到本原或根本原因,就更需要一个艰难的过程,也要经历由感性具体到抽象一般的认识发展道路。在哲学中它是通过从普罗泰哥拉到苏格拉底 —— 柏拉图的发展来实现的,在普罗泰哥拉这里,人事和人本身是感性具体的、特殊的东西,苏格拉底不满意于此,他要求找到统一性普遍性。所以从苏格拉底开始的雅典哲学,必须把以前哲学家们在研究自然时所做过的一切,在研究社会人事方面几乎**重新再做一遍**。由于研究的对象的重点变换了,由于后者是在雅典的社会文化成果之上,在过去哲学的已有成就之上(特别是智者们的活动和已有的抽象逻辑思维能力的发展)进行这一种工作,所以这种哲学的新发展比起过去要深入、具体、丰富得多,以致以往的哲学相形之下显得非常简单粗浅。亚里士多德所谓苏格拉底的重要科学贡献 —— 归纳论证和寻求一般定义,正表现出了这一本质性的特点。从前哲学家们实际上也在归纳,在寻求一般(特别像巴门尼德的"有"),但是只是到了苏格拉底和柏拉图(以至亚里士多德),才有意识地仔细地研究了从特殊中归纳上升到一般的认识道路,研究了寻求定义或共相的方法。所以严格说来,"归纳论证和寻求一般定义"是苏格拉底才开始的事业。这对哲学的认识论、方法论的发展给予了极其重要的影响,同时影响到本体论(即如何确定什么是本体)本身。

然而这种贡献同时也是唯心主义的大发展,包含着根本性的错误。这种错误的历史和阶级的根源前面我们已经谈过了,此外还有认识自身的根源。因为认识的对象主要是人事,而人的根本特点是有思想,他们的行为都赋有目的,所以在人们还不可能有唯物史观时,他们对这种对象的认识几乎必定要走向唯心主义。这在阿那克萨戈拉和智者身上已经表现出来了:阿那克萨戈拉虽是自然哲学家,以素朴唯物主义倾向为主,但他提出了"心灵"推动与安排一切的学说,否则就无法说明当时雅典和希腊人的活动与成就,他的哲学就无法与时代相适应。这就说明单纯自然的唯物主义不足以解释人事。智者如普罗泰哥拉的感觉是真理标准说,原是从恩培多克勒来的,恩培多克勒认为感觉是人体与外物中物质元素流射混合产生的,可见本是一种唯物主义学说;但智者们研究人事时,恰恰就把这种感觉变成了单纯个人主观性的东西(这同贝克莱说感觉是主观自身的主观唯心主义不同。智者同恩培多克勒一样,认为感觉是流射的结果,但各人的身体状况不同,同一人身体内部也不断改变,所以感觉有个人特殊性、相对性、不确定性或主观性,这里主张的是:感觉从结果上看有主观性质,而不是从来源上说它是主观的)。人是靠思想、目的来行动的,但这思想与目的仅仅是由个人一时的感觉来决定的:这就是普罗泰哥拉和智者对人事的哲学解释。苏格拉底在研究人事上并没有改变那个大前提,即人事是人凭思想和目的来造成的;区别只在于他认为对于心灵和目的,决不可用感觉或特殊的个人主观想法来加以规定,而应当用一个与之全然不同的绝对的善来规定。

"目的"虽然是精神性的东西,它也和物质性的东西一样有现象和本质、个别和一般的区别,在这里同样需要由现象、特殊进入本质和一般,所以苏格拉底的想法并不是没有道理的,问题在于他所想抓住的一般和本质究竟是什么,它存在哪里?

这里问题的关键在于这个一般的本质 —— 善 —— 同人们的特殊的目的具有什么样的关系。人们本来是具体的、是各种个人、他们的各种集团、阶层、阶级、城邦、民族等等,这些人们在各种不同的历史条件下从事各种活动,所以他们的目的是各式各样的;但是正是在这些特殊的目的里有普遍的东西,而任何普遍的目的也只能存在于特殊之中,包括人们特殊利益和目的的彼此冲突之中。例如一个国家,是由它的许多公民、阶层、派别等构成,这些人们各有自己的利益和特殊目的,并为此而活动着,但是又有统一和结合的必要,以便抵御外敌或调整内部的相互关系,这时占统治地位的阶级或阶层的利益就以国家普遍利益的代表者出现了,相应地就确定为国家的目的,它以法律、正义的名义被宣布为大家的共同思想与目的。这是人人都能见到的实际情形。可见要想在特殊里寻求普遍,从现象进到本质,就既要否定特殊和现象,又不能脱离现象和特殊。

按照亚里士多德的说法,苏格拉底在寻求善的定义时,并没有认为这个共相是同个别相分离的单独存在的东西。他认为这是可赞许的,把善、美、真理看做完全与个别分离的"理念"论是柏拉图的特点,那就出毛病了。我想亚里士多德的说法是有道理的;但我又以为这毛病的根子还是在苏格拉底身上。柏拉图的理念(共相)论的客观绝对唯心论并不是违背苏格拉底的思想的,毋宁说正是苏格拉底唯心主义追求的完成。

不错,苏格拉底的哲学研究,常常表现为谈话讨论以没有结果而告终;柏拉图早期对话几乎都有这种特点。在这些对话里,苏格拉底从不说他自己认为的真正的善是什么,他只说我对此无知,要别人提出定义,然后一一加以驳斥否定,指出他们所说的都是特殊的,或自相矛盾的,以此引导人们研究那个一般的绝对的善,却没有正面作出自己的结论。从这点来说,他还没有得出一个单独存在的一般的善,这大概是事实。可是,从他对特殊的东西都加以否定和驳斥来说,最终也只能导出柏拉图的"理念"来。

例如苏格拉底要找出的"善"是为了拯救国家,如果所追求的普遍真的不脱离特殊,也就不应完全排斥人们的种种特殊的利益和目的,而应该把指导国家的"善"或"正义"规定为国家里种种利益的总和与统一(其中包括对立与对立的调节等)。但是苏格拉底完全不是这样来考虑问题的,他坚决认定,一切同特殊的个人与集团相关的,同物质利益、人们的感觉欲望相联系的目的,都绝不可能是真正善的。他对雅典没落中暴露出来的人们行为中的罪恶和不义看得太深了,不能再回到伯利克里所颂扬的雅典国家观念以它为理想了,对智者学说也完全失望完全拒绝了,这样他所要追求的善,就必定要由于排斥一切特殊的利益和目的,向抽象的太空里上升去。他同柏拉图理念论的区别,实际上只是程度的差别。

柏拉图在《斐多篇》里借苏格拉底之名讲了这种客观唯心主义的一些重要之点,这里虽然已是柏拉图自己的理念论思想,无疑也包含着苏格拉底的基本思路,而且正是以发挥苏格拉底的思想的方式来谈理念论的:

> 苏格拉底(以下简称为苏):有没有一个绝对的正义?
>
> 西米阿(以下简称为西):确实有。
>
> 苏:有没有一个绝对的美、一个绝对的善?
>
> 西:当然有。
>
> 苏:但是你用眼睛看见过他们吗?
>
> 西:确实没有。
>
> 苏:或者,你用别的任何身体感官知道过它们吗? ……
>
> 苏:那些对它们有最纯粹的知识的人,只凭理智知道它们的每一个,在思考中不把视觉或任何其他感觉带到理性中来,只用纯粹的理智来寻求每个纯粹东西的真理。那么岂不是只有这样的人 —— 他尽其所能地摆脱眼睛、耳朵以及整个身体,认为这些感官只是些扰乱的因素,它们同灵魂结合就妨碍了灵魂获得真理和知识 —— 才适合于达到关于真实存在的知识吗? ①

接着苏格拉底讲了一大段真正的哲学家对这些问题的看法和表述。大意是:爱智慧就是要达到真理或真实,但只要灵魂同身体相混合就达不到,因为有身体就要吃食物,就有爱欲、贪婪、畏

---

① 　Plato, Phado, 65 d-66 a.

惧、无穷的幻想和愚蠢,就要为了肉体的需要爱金钱,就要进行党争、斗争和战争。这样就没有时间献身于哲学,即使有闲暇来思考,也总是受上述物欲的干扰、破坏、糟蹋和阻碍。所以经验证明,要想得到纯粹的知识我们必须离开肉体,让灵魂自身来看事物。这在我们活着的时候是办不到的,只有在死后才能做到。[①]

这种把追求善同摆脱人的肉体和物质世界,弃绝一切物质需要与欲望、感觉看作一回事,甚至认为只有在死后才能达到的观点,说明了这种哲学的唯心主义达到了何等登峰造极的地步。所谓"客观的"绝对的善,真理和美,只存在于人死后的世界里,神灵和纯粹灵魂的彼岸世界里。这种所谓世界的最终真正原因,哲学的本体 —— 善,给后来的宗教神学 —— 基督教神学准备了基本的思想前提。苏格拉底和柏拉图的这种唯心主义,相当深刻地表现出雅典和希腊奴隶制社会的危机和不能解决的矛盾,所以他们对自己社会、国家和人们命运的关怀、批判和理想追求,也只能有这样的唯心主义命运。苏格拉底本人为了哲学遭致死刑,他个人的命运同雅典历史的命运交织在一起,更使他加强了这种唯心主义的信念:死就死吧,这样我的灵魂就能终于摆脱这罪恶的现存物质世界,摆脱一切阻碍而见到真正的善,这是我可以自慰的。柏拉图在《斐多篇》里的思想和表述,同苏格拉底的实践相符,我想本质上是适用于苏格拉底的。

这就是苏格拉底的"认识你自己"的基本思想。它规定了(1)苏格拉底的哲学是道德哲学;(2)哲学的本体是精神性的最高的善;(3)这种心灵的善,不是现实的特殊的人们的目的或从肉体感官欲望来看的"好"(或"善"),而是普遍的"善",纯理智所把握的纯粹

[①] Plato, Phado, 66 b-67 b.

的"善",不是相对的善而是绝对的"善",而在苏格拉底看来不是主观的善,而是一种客观存在的"善"。所以这哲学是客观唯心主义目的论;(4)这"客观的"善不可能存在于感性物质世界里,也不能通过肉体感官来知晓,只能存在于神的世界里,只能由摆脱肉体的纯粹灵魂来知晓和达到。所以这种哲学就通向了一种新的神学。雅典人控告苏格拉底信奉新神是合乎实际的;(5)不过它的主要形式并不是神学而是哲学,真正的善、真正的美借以达到和论证的根据是理性和真理,美德本质上是知识,因此苏格拉底提出了"归纳论证和一般定义"的方法,后来柏拉图把它发展为他特有的"辩证法"和"理念"论。关于前四点我们已经谈了不少,下一节我们就来专门讨论一下第(5)点的有关问题。

五、苏格拉底的方法

1.美德是不是知识

苏格拉底认真严肃地把哲学的主题规定为道德问题,哲学研究的目的就是要认识和达到真正的善。这种主题上的变化影响了哲学的方向,同时也给哲学提出了许多棘手的问题。这里第一个要碰到的问题就是:美德究竟是不是知识? 如果它是知识,我们才能以理性的方式去研究它认识它论证它,才能对它进行哲学的探究;如果不是知识,就不能以上述方式来认识它,或者只能另求途径。

远古以来人们就形成了种种伦理道德的规范,它以父辈教训子女的方式世代相传,或者以神的诫命的方式表述,具有无上的权威性。"不可杀人!""不得偷盗!""要敬重父母,不可忤逆!""打仗要勇敢,不许怕死怯懦!"这些道德都是用命令的形式表示的,并不是对事实和道理的知识性的陈述。人们可以有知识也可以无知识,但都要有道德,知识问题都是可以讨论的,但道德命令却不容有异议。现在苏格拉底感到对人们习惯的传统伦理道德有必要进行反省了,他把道德问题提到哲学或智慧的高度来重新认识,这本身就意味着要把它同知识联系起来。由于在苏格拉底之前,古希腊人在科学和哲学上已有长期发展,而这种发展主要是以理性和逻辑思维方式的成长为特色的,所以理性和逻辑思维同哲学一样渐渐在人们思想里取得了受人尊重的权威性。不过以前它还没有闯入道德这个更为神圣的领域,一旦闯入还是要受到极大的抵制和敌视;同时哲学本身也遇到了美德是不是知识这个必须回答而又不易回答的问题。在柏拉图的《普罗泰哥拉篇》、《高尔吉亚篇》、《美诺篇》、《泰阿泰德篇》和《国家篇》等多篇对话里,在不同场合,苏格拉底都从不同角度一再提出这个问题来探讨,并且始终未作出清楚明白的"是"或"否"的回答,就表现了这一点。

在《美诺篇》里,苏格拉底同美诺讨论美德是否能够教给人的问题,苏格拉底说,人人都知道唯有知识可以教人,这样就把能否教人的问题先变为美德是不是知识的问题:

苏格拉底(以下简称为苏):如果美德是一种知识,美德就是可教的?

美诺(以下简称为美):当然。

苏:那我们对这个问题很快就得到结论了:如果美德具有这种本性,它将是可教的,否则就不能?

美：当然。

苏：其次的问题是：美德是知识，还是另一类的东西？

美：是的，这似乎是依次该讨论的问题。

苏：我们不是说美德是一种善吗？ —— 这是一个确立了的假定。

美：当然。

苏：那么，如果有某些善是同知识相分离的，美德也可能不是一种知识；但如果知识包括了所有的善，那我们认为美德是一种知识就会是正确的？

美：对。

苏：美德是使我们善的东西吗？

美：是的。

苏：而知果我们善，我们就获益；因为一切好（善）的东西都是有益的？

美：是的。

苏：那么美德是有益的？

美：这是唯一的推论。

苏：现在我们看看那些有益于我们的东西的例子。健康、力量、美和财富，诸如此类的我们称之为有益的？

美：对。

苏：可是同样的东西也会在另一时候对我们有害，你不这样想吗？

美：是的。

苏：那么，那使它们有益或有害于我们的指导原理是什么呢？ 岂不是当它们被正当运用时有益，当不正当地运用时就有害？

美：对。

苏：其次让我们考察一下灵魂的那些善：它们是节制、正义、勇敢、敏悟、记忆、一种高尚的生活方式，如此等等？

美：当然。

苏：这些东西若非知识而是别的东西，有时就有益，而有时就有害，例如，缺乏善的意思的勇敢，岂不只是一种鲁莽？当一个人没有理性时他就被这种鲁莽所害，但他有理性时，他就受益？

美：对。

……

苏：总之，所有那些灵魂企图的和承受的东西，当灵魂处于智慧的指导之下，结局就是幸福的；但如果灵魂处于愚蠢的指导之下，结局就相反。

……

苏：这岂不是对人的本性普遍为真吗？一切别的事情都系于灵魂，而灵魂自身的事情则系于智慧，如果它们要成为好（善）事的话。……

苏：这样我们就达到了结论：美德既整个地又部分地是智慧？

美：我想你说的是很对的。[1]

但是，苏格拉底并未断然肯定这一结论。因为按照上面的结论，美德是知识，那它就是可教的，那么我们就可以设想，通过一种教育就能造就"善"的人，使国家获得益处。但是谁是美德的教师呢？谁能教给人以一种不会有错误的真正的善的知识呢？[2] 既然没有这样的人（苏格拉底认为自己也不是），那么作为前提的上述结论本身就还是有问题的。

确实苏格拉底对"美德即知识"未下最终的判定。但他显然是想得出这个结论的，否则他对善的全部哲学研究（包括进行归纳论证和寻求定义）就都没有意义了。不过他感到还有困难，我想可能有两个原因。其一是他毕竟还没能给普遍绝对的善制定出一个知

---

① Plato, Meno, 87 c-99 e. 见 jowett 本，*The dialogues of Plato*，第 1 卷。

② Plato, Meno, 87 c-99 e. 见 jowett 本，*The dialogues of Plato*，第 1 卷。

识上的定义（后来柏拉图用善的"理念"，亚里士多德以最高的"形
式"、"现实性"和"不动的第一推动者"、"最终目的"等才勉力为
它制定出客观唯心主义的思辨定义）。其二是他认为"唯有神才
是智慧的"，"人的智慧是很少价值或没有价值的"[①]，真正的善是
神的智慧和知识，人只能追求它，只有在死后成为纯粹灵魂时可能
达到它。可见在他看来"美德是知识"只有在神那里才是真正现实
的，因而他自己或人间的智慧还不能完全解决这个问题。后来柏
拉图和亚里士多德继承发展了他的这一想法，使哲学导致神学的
结局。

　　道德是不是知识的问题，从苏格拉底起直到今天，在西方思想
史哲学史里一直是个有争论的重要问题。现代西方哲学中的一种
重要思潮，从康德的严格区分知识和道德信仰的观点出发，主张道
德绝非知识，并反过来否定以道德哲学作为哲学的拱心石的观点，
认为哲学只是关于经验和逻辑分析的科学知识，必须把道德人生
问题和所谓最终原因与本原的问题（即所谓"形而上学"）排斥于哲
学之外；与此相反的另一重要潮流，则继续着苏格拉底和康德的
基本思想，坚持认为只有人生和道德问题才是哲学的本义与主流，
那些只讲经验和所谓逻辑分析的科学哲学算不上是什么真正的哲
学。但实际上道德是不是知识的问题，归根结底乃是一个人类能
不能科学地认识自己（包括自己的社会、历史、生活、命运、冲突，以
及表现它们的意识形态如道德、意志、情感、美等）的问题。这是一
个人们最关心而且不得不关心的根本问题，当人们有了知识与科
学时也必得首先关怀这个问题（其实人的一切知识与科学都是人
在自为的实践中创造发展出来的，自然科学必定是为人自己的命

<hr />

① 　Plato，Apology，23a.

运和前途服务的）。不过知识和科学一旦真正进到认识人自己的
这个领域，特别是在它想触及那些最敏感、最涉及人们利益和历史
性冲突的本质时，它就遇到了最大的风险和艰难：它必须下炼狱，
所以被人视为畏途。不经过炼狱就无法得到这种真理的知识，而
且即使下炼狱也未必就能得到：要知道人自身的秘密是太难了。
但是，哲学的真正光荣不就在于此吗？ 苏格拉底和康德这样的伟
大思想家的真正价值和感人之处，就在于他们把社会人生的问题
（他们以唯心主义的方式认定主要是道德问题）提到哲学的中心，
当作哲学中最崇高的主题；但他们并没弄清和解决这个问题，因
而又对社会人生与道德的问题能否成为科学知识不断动摇，终于
把它推到信仰或神学里去。唯有马克思才以唯物史观的科学，给
这个问题提供了一个明确的答案，从而开创了人类思想史和哲学
史的新纪元。现代哲学中的存在主义一类哲学思潮和逻辑分析主
义一类哲学思潮，是一对孪生子，它们的分离反映着资本主义社会
和历史的深刻矛盾，因而各有自己的发展成果和长处，也各有自己
的根本缺陷；而唯有马克思主义才是对的。不过马克思主义必须
发展，不应停滞不前，更不应比马克思本人当时取得的成就与水平
还远远不如。把社会历史和人生的一切变成科学知识，仍然是人
们的根本任务，哲学的根本任务。今天想继承哲学史全部遗产和
精华的哲学工作者，尤其是想做一个名副其实的马克思主义哲学
家的人，只有为此努力并做出成绩时，才配得上这样的称号。

2. "自知其无知"和苏格拉底的方法

为了追求真正的善，弄清什么是美德，苏格拉底到处同人谈

话,在这种谈话中发展出所谓"苏格拉底的方法"。他从不说自己对美德有一个什么看法或定义,而总以承认自己无知的态度,向那些被认为或自认为有智慧的人求教,请他们说出什么是正义、勇敢和美德等等。在他的对话者提出了一种定义之后,苏格拉底就举出一些事例,揭露这个定义在运用于这些事例时显得不恰当或不充分,于是对方只得承认自己的定义不当有错误,并不得不提出新的定义。苏格拉底则盘根究底,继续从各方面来揭示这些定义仍然是不适当的,这样讨论和认识就不断深入和上升了,同时迫使对方承认自己对于美德到底是什么并没有弄清楚,即承认自己是无知的,还需要对此作进一步的研究。

　　例如苏格拉底让人说出什么叫正义,于是对方列举说,正义就是不说谎话,不欺骗人,不偷窃别人东西。苏格拉底就问,我们对敌人进行偷袭,能说是不正义吗? 还有,如果我的朋友有自杀的念头,这时我偷走他的剑阻止了他自杀,这种偷窃是否合乎朋友之道和正义呢? 这就指出了上述定义的有限性和不足,或不当。柏拉图在《美诺篇》里,介绍了这种谈话方式的一个典型例子。苏格拉底问美诺什么是美德,美诺说这是没有什么困难的 : 男人的美德是如何治理国家,有利于朋友和有害于敌人 ; 女人的美德是管理家务 ; 各种年龄和生活环境中的人都有他们的一种美德,"有无数的美德,因而对它们不难有各种定义"。苏格拉底嘲笑说,我多么幸运,我只问你要一个美德,你却搬出了一窝来,正像我问你什么是蜜蜂,你搬出了一窝蜂来那样,但是蜂之为蜂是并不管它们的区别的。我要问你的是包括一切道德在内的普遍的道德,即美德之作为美德的共同本性,而不是那些彼此区别的东西。美诺承认这一点,同意应该有一个适用于一切美德的定义,于是他又提出美德就是正义。但是苏格拉底接着问,你是不是说"美德只是一种美德？"美诺承认，除了正义，像勇敢、智慧、节制、豪爽等也是美德。苏格拉底说，这样我们就又一次陷于同样的情况了，在寻找美德时，我们找到了许多美德，却没有能找到那个贯穿在这一切美德之中的共同的美德，那个关于美德的普遍的定义。[①]

苏格拉底的这种求知方法是最值得我们注意的。因为他对什么是真善美几乎不曾提出什么确定的看法和定义，他的哲学的实质表现在他的追求和探索的过程中，其结果主要是形成一种相当生动、能启发人深入思考的归纳方法。这是他对哲学思维发展的重要贡献，对后来发生了极其重要深远的影响，柏拉图的"辩证法"就是这种方法的进一步完善和提高。

苏格拉底方法显然有如下几个特色：

（1）它的**实践方式**是同人谈话，通过提出问题回答问题反复诘难、盘根究底的办法来探求真理和知识。所以人们称之为"**问答法**"，我想这是符合事实的。这种方法的优点是较少武断（至少仅就方法来说是如此），它通过揭示对话者观点或提出的定义中的自相矛盾，来迫使对方不断否定他自己原先的看法，启发他一步步地明白自己本来是无知的，应该有所反省以便进一步求知。求知应从困惑开始；破除盲目自满是求知的第一步，并应贯彻在求知全过程中。所以否定和批判原有知识，以及对一切认识和知识都取批判态度，对于求知是极其本质的事情。苏格拉底吸取了智者们在论辩中运用的这种方法[②]，加以改进，其要点在于引起对方思想中的自我矛盾，这样对方的思想发展提高就显得不是外力强加的，而是他自己思想的必然的生动发展了。这是符合思想发展规律

[①]　Plato，Meno，71 d-79 e.

[②]　Diogenes Laertius，LX，51："普罗泰戈是第一个主张一切问题都有两个方面彼此对立的人，他第一个用这种方式进行论争。"见 Hicks 英译本，第2卷，第463页。

的、有辩证法性质的方法。

（2）这种方法也即是苏格拉底的"**归纳论证和寻求一般定义**"的**认识方法和逻辑方法**。它从现象、个别和特殊出发，通过问难，揭示那种把一般定义归结为个别、特殊的东西的看法是不妥的、有矛盾的，从而引导人们的认识逐步排除一般定义中那些与共性不相干不相符的特殊成分，向本质和普遍性前进，最后达到一个最一般的定义。我们看到在他以前古希腊哲学的发展也经历过的这种过程，现在在他这里以更自觉的方法表现出来了；或者说，前人在长期摸索中由特殊进入普遍的思维经验，凝结成为方法表现出来了。这对人类思维的发展是有重要意义的。

（3）按照苏格拉底的看法，这些最一般的关于正义、勇敢、善等的知识和定义，并非人们主观任意的观念，而是客观存在的绝对东西和神的知识，是人在投胎出生前原来灵魂所具有的本性和知识。所以它本来存在于人们的心灵里，犹如胎儿在母腹里一样，但是人们为肉体和感官所迷惑忘记了它们，把它们同感性个别的事物混杂在一起，因而是非模糊颠倒，抓不住它们和真理。现在通过苏格拉底的这种谈话方法，就把杂质清除了，这样真正的善等的知识就显明出来了，回忆起来了，就像一个胎儿从母腹里产生出来了一样。那么，苏格拉底的方法的作用也就像助产婆帮助胎儿出生一样。苏格拉底的母亲是一个助产婆，他以助产术来形象地比喻自己的方法。"我的助产的艺术在许多方面像她们的，不同的是我注意的不是女人而是男人，我要照顾的是他们进行思考的灵魂而不是他们的身体。…… 人们常责备我问别人问题而我自己并没有才智来对讨论主题有所断定，这是很对的 —— 神让我当一名助产婆,并没要我生孩子。"①

所以苏格拉底的方法又叫作"精神的助产术"。它同神学、同**灵魂回忆说**相关,就这方面说无疑是客观唯心主义的神秘谬说;但就真理毕竟有其客观实在性,人们求知的过程不应是主观随意的,而应是通过否定错误的认识、粗浅的认识来追寻正确的、深入的客观真理来说,也有它的某种富于启发性的价值。

苏格拉底的方法在哲学史上有其重要意义。在哲学史上多数学者认为古希腊的"辩证法"的真正建立者是柏拉图,苏格拉底的方法还算不上是真正的"辩证法";有人说苏格拉底只是实践了"辩证法",柏拉图才使之成为理论体系,也有的认为苏格拉底只是一种"辩驳"的方法,还未达到"辩证法"后来所具有的那种全面深入的意义。对于这些看法,我是赞同的。不过我想尽管如此,有一点还是可以肯定的:没有苏格拉底的方法,柏拉图的"辩证法"就是不可想象的。在苏格拉底的方法中已经包含着后来柏拉图"辩证法"的核心和许多最基本的要素。

我们这里用的"辩证法"一词,同现在通常用的该词含义不同。在柏拉图和古希腊人那里,"辩证法"(dialectic, ἡ διαλεκτικη)一词原是由介词前缀 δια (through, out of, 即"通过"、"来自"之义)和名词 λεκτικη (conversation, 谈话)复合而成。柏拉图说:那知道如何提问和回答的人叫作辩证法家。② 可见在古希腊"辩证法"的最基本的含义是通过谈话问答来寻求知识和真理的方法。尽管它在柏拉图手里才获得了充分的发展,成为具有丰富的方法论和本体论内容的东西,甚至成为哲学的代名词,因而主要应算作柏拉图的

---

① Plato, Theaetetus, 150 b-d.

② Plato, Cratlus (《克拉底鲁篇》), 390。 "And him who knows how to ask and answer you could call a dialectician? —Yes; that would be his name."

东西,但是苏格拉底确实已经实践了它,并在哲学实践中赋予了它以最重要的意义,具有相当高度的对它的自觉。如果我们不同时也指出这一方面,恐怕是不公正、不妥当的。

苏格拉底的方法,在当时给他自己招致了大量的仇视和敌人。他的谈话有"讥讽"(irony)的特色,常常搞得对方出丑无地自容,这当然要得罪很多人,而这些人本来是很自傲以为自己很有学问的。人们说苏格拉底总是假装自己无知,这样自己就安全了,专攻别人。这里,说他主要从事揭露人们的无知和错误,这是对的,苏格拉底的方法确实主要是批判性的否定性的;肯定性的建树,正面的回答,常常没有。不过说他认为自己无知是"假装"的做作伎俩,我以为并不妥当。因为"自知无知"不仅是一种求知的具体方法,也是整个苏格拉底方法的实质和思想基础。

所以在讨论了他的方法之后,我们对他的"自知无知"还要稍稍谈一谈。

在《申辩篇》中,苏格拉底讲述了他从事哲学实践的方式的思想由来。他说他的朋友凯勒丰曾到德尔斐向神冒冒失失地提出了一个问题:有没有人比苏格拉底更智慧。女祭司传下神谕来说:没有人更智慧了。苏格拉底想我没有什么智慧,神为什么要这样说呢,这话是什么意思呢? 为了检验神谕,他就找以智慧著称的人谈话。首先找了政治家,结果发现尽管很多人说他智慧,他也自以为智慧,其实并不智慧。心里就想,尽管我们谁也不知道什么是真正的美和善,我还是比他好一点,因为他无知还自以为知,我无知却知道自己无知,在这一点上我还是比他高明一点。这就激起了敌意树立了敌人,但为了把神谕的意义找出来,他又去访问那些诗人和工匠们,发现他们也有同样的毛病。苏格拉底说他发现名气大的人恰是最愚蠢的,而那些不大受重视的人实际上倒比较智慧些比较好些,不过他们在重大问题上自以为有智慧时还是有类似的错误。"所以,我就代表神谕问自己:你情愿像原来那样,既没有他们的智慧也没有他们的无知,还是愿意既有他们的智慧也有他们的无知?我向自己和神谕回答道:还是像我原来那样好。""旁观者总以为我既然指出别人缺乏智慧,自己一定是有智慧的。其实,公民们,只有神才是真正智慧的,那个神谕的用意是说,人的智慧没有多少价值,或者根本没有价值。看来神谕说的并不真是苏格拉底,他只是用我的名字当作例子,意思大约是说:'人们哪!像苏格拉底那样的人,发现自己的智慧真正说来并无价值,那就是你们中间最智慧的了。'"①

在这里苏格拉底辩明他自以为无知并不是假装的。对此我觉得还是可信的。历来的哲学家时时被人们讨厌敌视,因为他批判世俗之见,标新立异。苏格拉底因为老是戳穿人家的老底,又不说自己的意见,就特别为人所恨;人们说他假装自知无知是很自然的。但实际上他说这个话还是实在和真诚的,因为他确实还说不出他想追求的真善美到底是什么,而且按其神学观点也只能如此。他讲的"自知其无知"固然有求知必具谦逊态度之意,却也是他那种客观唯心主义哲学中神学因素的必然之义。在他看来,唯有神才有智慧,人没有智慧,只能在承认自己无知时才能去追求真正的智慧,但只要人还是活着的肉体的人,就永远达不到这种属于神的真正智慧。

所以,人应当永远自知自己无知,这个命题有两方面的意义和作用:(1)它能促使人们自省,从承认无知而受启发去不断求知。这就推动了认识的辩证发展,苏格拉底方法中的确有这种认识的

---

① Plato, Apology, 21a-23c.

辩证法因素,它教导人们在认识中不要武断、自满,不要停顿和浅尝辄止,寻求绝对真理的道路是无止境的过程。这种积极的意义在后来一直起着推动人们认识发展的作用,我们应给予充分的评价。(2)它又是消极的,因为他既然把真知放到彼岸神的世界里,宣称人是不能达到的,这就限制了人的认识能力,给一种新的神学开辟了道路、准备了论证;同时这也要影响到对认识过程的看法。虽然苏格拉底并没有明确地把个别和一般、特殊与普遍、相对和绝对、现象和本质绝对对立起来,如同后来柏拉图那样,但他既然已经把所谓真理即真善美看作属于神而不属于人的,也就包含了这一切割裂的基本因素,这些割裂也就只待发展和明白说出来罢了。苏格拉底和柏拉图所追求的真善美,虽然是从研究人事出发的,最终只是天国里的东西,是客观唯心主义的幻想。这种哲学最终必然要导致神学,这也是我们应当看到的。

第九章　所谓小苏格拉底各派的哲学

苏格拉底之后到希腊被马其顿征服,其间希腊哲学的最重要成果自然是柏拉图和亚里士多德的,但与之并存也还有另一些新起的派别,即犬儒派、居勒尼派和麦加拉学派。这些派别各以苏格拉底思想的某一片面作为自己的原则,同时也吸取了别的哲学的某些内容形式,从而以一些片面抽象的漫画式的形态发展了苏格拉底哲学中的成分,借以表现他们时代 —— 希腊没落以至灭亡的时期 —— 人们的思想面貌和精神状态。人们称之为"苏格拉底派"或"小苏格拉底派"严格说来并不很恰当,因为苏格拉底生前并没有建立什么团体和学派,只不过有一些景仰他的人时常围绕在他周围,从经常的谈话中学到他的某些思想和倾向,而这些人往往原来也受过别的一些思想和哲学的影响,在苏格拉底死后他们就按照各自的理解来讲哲学 —— 自然常常也以传播苏格拉底的思想为名。他们的思想中也有些很值得注意的东西或成分,所以后来长入或转化为晚期希腊哲学,晚期希腊哲学的三个大派别是由这里发展而来的。他们同柏拉图和亚里士多德之间也有某些关系。因此,我们在讨论柏拉图和亚里士多德之前需要简略地谈谈他们。

一、犬儒派(Cynic)

第一个作为犬儒派出现的是安提斯泰尼(Antisthenes,约公元前446—前366年),他是雅典人,不过母亲是色雷斯人,所以他不是纯血统的雅典人,为此受到过某些歧视。他跟高尔吉亚学习过修辞学,后来他接触苏格拉底感到得益甚多,就带着自己的门徒一起来做苏格拉底的学生,每天从毕莱欧港步行数里到雅典来听苏格拉底讲学,从苏格拉底身上他学了刚毅,仿效其对感情的漠视,从而开始了所谓犬儒派的生活方式。① 据说他是第一个规定什么是命题(肯定判断)的人,他说一个命题就是提出"一个事物是什么"。②

他写过不少作品,被认为是一个有高度教养的高尚的人。他的思想主要是认为一个人有美德就够了,生活越简单贫困越好。他一再说,"我宁可成为疯子也不追求感官的快乐"。有人问该同什么样的女人结婚,他说,"要是她漂亮你别娶她,要是她丑你就报之以深深的爱"。他认为美德本身就足以保证幸福,除了苏格拉底的那种品格力量以外什么也不需要了。他认为美德是一种行为,无须说一堆话或作多少研究,有智慧的人是自足的,在公共生活中只受美德的规律的指导,而不是受人为的法律指导的。③

我们看到苏格拉底在追求道德的善时对感性东西的批判态度,被安提斯泰尼片面加以发展了。他认为要得到善就应抛弃人们生活中的各种现实享受和快乐,而这也就被他认作是善,至少是

---

①　Diogenes Laertius,Ⅵ, 1-2,Hicks 英译本,第2卷,第3-5页。

②　Diogenes Laertius,Ⅵ, 3,Hicks 英译本,第2卷,第5页。

③　Diogenes Laertius,Ⅵ, 3, 11,Hicks 英译对照本,第2卷,第5、13页。

善的主要表现形式。—— 这就导致一种放荡不羁的禁欲主义。他这种思想似乎表现了雅典和希腊的进一步没落给人造成的失望心理和愤世嫉俗的消极情绪,一种十分异样反常的趣味。他曾说,当人们不能区别好人和坏人时,国家就要灭亡。他还常常劝说雅典人应当议决驴子就是马,大家说这是荒谬的,他回答说:"可是你们中间的那些将军也没有什么训练,不过是推选出来的。"[①] 这反映出他对当时雅典和希腊的社会政治感到无望的不满情绪。这种情绪到处弥漫着,例如当有人对他说,"许多人都称赞你",他就说,"为什么? 我做了什么错事?"[②]

这种把常人认为好的、美的、快乐的、值得赞美的东西都加以抛弃,来达到一种自足或自以为"善"的生活方式和情绪,发展到了极端就成为矫揉造作。他们自以为这就是"善",以此为荣,其实是空洞无物的;在这种否定一切现实享乐和荣誉的背后,如果说有什么意义的话,那就是对现实的消极态度,玩世不恭。真正说来,这不是苏格拉底的基本精神,苏格拉底对现实不满和批判是为了想改变它,追求一种救国理想,而犬儒派似乎连这理想也放弃了,所以只转向个人的善。所以苏格拉底活着时对安提斯泰尼就有所讽刺,当安提斯泰尼翻开外衣露出撕破的洞时,苏格拉底对他说:我从你外衣的破洞里看到了你的好名之心。[③]

安提斯泰尼经常在名为"白犬"的运动场里同人谈话教学,于是就有了"犬"和"犬儒"派这个名称,安提斯泰尼本人也得到了"纯种的犬"这个绰号。这派人用这名称表示他们学派的发源地,也用来象征他们那种道德上的警觉性,老是像猎犬似的吠叫,而人

---

① Diogenes Laertius, Ⅵ, 5, 8,Hicks 英译对照本,第2卷,第7、9页。

② Diogenes Laertius, Ⅵ, 8.

③ Diogenes Lae rtius, Ⅵ, 8,Hicks 英译对照本,第2卷,第9页。

们也用这个名称表示他们那种生活方式。这种特点在安提斯泰尼的继承人西诺卜的第欧根尼(Diogenes of Sinope)那里表现得最突出和著名。

第欧根尼从母邦西诺卜被逐来到雅典拜安提斯泰尼为师。关于他,有许多故事和奇闻。他蔑视一切生活享受和名位,住在一个木桶里,所有的一切是一身褴褛的衣服,夜里当被子盖,一根棍子,一个讨饭的口袋,一只喝水的杯子,靠这些他四处为家而生活着,同人谈话。他看不起一切人。据说一次他在晒太阳,亚历山大大帝站在他面前对他说 :"你可以向我请求你所要的任何恩赐。"对此第欧根尼答道 :"走开,别挡住我的阳光。"[①] 当人们问他在希腊什么地方见过好人,他说,"哪里也没有好人,只有在拉栖代孟(斯巴达)有好的儿童。"[②] 有一次他到柏拉图家里,用污秽的脚踩那华美的地毯,并说 :"我践踏了柏拉图的虚荣。"柏拉图答道 :"第欧根尼,你用似乎不骄傲的样子表现得多么自傲。"另一种说法是,他说,"我践踏了柏拉图的骄傲",而柏拉图回报说,"是的,第欧根尼,你用的是另一种骄傲。"[③]

这种摒弃一切生活享受、文明,看不起一切人、一切快乐,只以贫困和禁欲主义为最高快乐的生活方式和精神状态,在第欧根尼身上达到了顶点。他有一次看见一个小孩用手捧水喝,觉得很受启发,就连喝水的杯子、讨饭的碗也扔了。

犬儒派哲学不管他们自己认为多么好,却掩盖不了它的虚假性。因为他们尽管要弃绝生活享受和文明,用最简单贫困的生活方式显示他们有精神自由,但他们毕竟还要吃饭,而他们是绝不会

---

① Diogenes Laertius, Ⅵ, 38.
② Diogenes Laertius, Ⅵ, 27.
③ Diogenes Laertius, Ⅵ, 26.

去劳动的,于是他们就只好像狗似的对向他们扔骨头的人摇尾巴。他们成了一群肮脏的恬不知耻的乞丐,有的后来的犬儒派甚至在公共市场上举行性交,完全同狗一样。所以他们夸耀的独立性和自由,其实是依赖性,作为奴隶主阶级的人们和思想家,他们一点也没有脱离这个产生种种罪恶的奴隶制社会基地。他们的意义只在于显示这个社会已经是多么没落无望,从而造成了这种畸形的哲学和玩世不恭的消极反抗者。犬儒派哲学主要出现在雅典,不是偶然的,后来它也传布到希腊其他地方。这种禁欲主义哲学,后来演变为斯多葛派哲学,并影响到基督教,虽然形态有变化,但都明白地表现了古代奴隶制无可挽回的没落。

二、居勒尼派(Cyrenaic School)

居勒尼学派在形式上同犬儒派是正好相反的。他们也追求善,也把善看成只是个体的主观的东西,但是他们认为善就是个人的享受与快乐。寻求快乐和愉快的感觉,就是人的天职和最本质的东西。

这一派的首创人和领袖是在非洲的希腊城邦居勒尼的阿里斯提波(Aristippus,约公元前435—前350年)。他慕苏格拉底之名,在来到雅典之后向他学习,交游甚久。据第欧根尼·拉尔修说,"他能使自己适应各种地点、时间和人们,能在无论什么样的环境中扮演适当的角色"。因而他在狄奥尼修的宫廷里比任何别人都要受宠爱。他总是从现存的事物里得到快乐,而不去费力追求某些还实现不了的享受。因此犬儒派的第欧根尼称他为国王的哈巴狗。① 有一次第欧根尼洗菜,看见阿里斯提波走过,就对他喊道:"你要学会做你的饭菜,你就用不着向国王们献殷勤了。"阿里斯提波还口道:"你要是知道怎么同人们交往,你就用不着洗菜了。"② —— 这很能表现他同犬儒派思想的对立:犬儒派要抛弃一切快乐和享受,而居勒尼派则把个人的享受与快乐看做有理性的人所应追求的唯一东西。他寄生于人,但要靠理智随机应变,有一次狄奥尼修向他啐了一口,他忍受了,人家责备他时他说,渔夫为了捕一条小鱼还不惜让海水溅在身上,我要捕一条大鱼岂不应忍受? ③

　　塞克斯都·恩披里柯指出,"居勒尼派主张感觉是标准,只有感觉才是可理解的不会错的,而引起感觉的事物却不是可理解的或必然的。因为 —— 他们说 —— 我们感觉白或甜,是我们能够无误和无矛盾地说出的,但是产生这感觉的对象是白或是甜,这是不可能断言的。"④ 因此,人们谈外界事物是没有意义的,对这些事物人们只有一种共同的名称,所以也没有什么人类共同的真理标准,每个人只有自己的特殊的感觉。所以居勒尼派认为感觉所欲达到的东西就是目的,他们说,痛苦的感觉是恶,而快乐的感觉是善。"因此,关于一切事物,感觉的存在就是标准和目的,我们遵循它生活,注意证据和校正 —— 求证据要联系到别的感觉,求校正要联系到快乐。"⑤

① Diogenes Laertius, Ⅱ, 66,Hicks 英译对照本,第1卷,第195页。
② Diogenes Laertius, Ⅱ, 68,Hicks 英译对照本,第1卷,第197页。
③ Diogenes Laertius, Ⅱ, 67,Hicks 英译对照本,第1卷,第197页。
④ Sextus Empiricus, *Against the Logicians*, Ⅰ, 191,R.G.Bury 本,第2卷,第103页。
⑤ Sextus Empiricus, *Against the Logicians*, Ⅰ, 200及191-200之间的叙述,Bury 本,London, 1935,第109页及之前几页。

因此,居勒尼学派的基本原则是感觉,感觉是真和善的标准。哲学的目的是个人为自己寻求快乐的感觉和满足。这其实是同苏格拉底哲学的追求相反的,是接近于向智者的哲学回复的,不过他们说这也就是"善"。后来的居勒尼派又强调感觉也还需用理智来指导,因而直接的感觉、作为感觉的感觉是无足轻重的(泰奥多洛,Theodoros)。① 另一居勒尼派赫格西亚(Hegesias)也把快乐当作目的,但是他否认有幸福的可能性,因为他认为身体为许多痛苦所侵扰,灵魂也同受折磨,幸运常常消失,所以幸福和快乐不能实现。② 阿里斯提波所想抓住的享受的"善"、感官的快乐,虽然也流行过一阵子,终于烟消云散地幻灭了,变得只好以对现实感觉的漠不关心或不动心的态度为满足。也许希腊世界在公元前4世纪里奴隶制经济曾一度繁荣是它能够产生和流行的因素之一;但同时称霸战争连绵不断,各邦内争不休,毕竟使希腊再也不能恢复到前5世纪中期的盛况,并且终于无可挽回地整个衰败下去甚至灭亡,又注定了这种哲学的自我否定。于是阿里斯提波那种同犬儒学派异曲同工的不知耻的个人享乐主义,也为较清醒而理智些的不动心的快乐主义所代替。后者到晚期希腊就为伊壁鸠鲁哲学提供了重要的思想来源。

三、麦加拉学派(Megarian School)

前两派主要讲人生道德的哲学,甚至我们可以认为只是两种

① Diogenes Laertius,Ⅱ,98,Hicks英译对照本,第1卷,第227页。
② Diogenes Laertius,Ⅱ,93-94,Hicks英译对照本,第1卷,第223页。

人生态度或生活方式,没有多少哲学思维。把这些人生态度和生活方式提高为哲学学问,是后来伊壁鸠鲁派和斯多葛派的工作。麦加拉派把苏格拉底的"善"同爱利亚派的"有"结合起来,提出了一些有逻辑意义的论证或"诡辩",对哲学思想方式的发展有一定作用,值得较多的注意。对于它,以往的哲学史著作中大多只一笔带过,黑格尔不同,他看到这派思想里若干有价值的东西,在其《哲学史讲演录》里给予了比较多的讨论分析。我感到他的见解较为深入可取,所以想以他的说明作基础谈谈有关问题。

这一派的创始人和首领是欧几里得(Euklides),但不是那位数学家的欧几里得。他是麦加拉人,据说在伯罗奔尼撒战争中麦加拉同雅典处于敌对状态时,他为了能听苏格拉底的谈话与之交往,常常冒着危险乔装打扮潜往雅典。第欧根尼·拉尔修报道说,在苏格拉底死后,柏拉图等人离开雅典到麦加拉他那里去避祸。但他除了同苏格拉底、柏拉图的交往外,也专心研究了巴门尼德的著作,并以一种问与答的方式来进行论证,所以他的后继者们被称作麦加拉派、争论家,后来还被人们称做"辩证法家"。

> 他认为最高的善是真正的一,虽然它也有许多名称,如智慧、神、心灵等等;但是一切与善相对立的东西他是不承认的,他宣称这些是不存在的。[1]

这是麦加拉派哲学的根本原理:单纯的善,它是唯一的、同一的真理。他们同苏格拉底一样把善看作普遍的本质、绝对的存在,但苏格拉底并没有否认那些特殊的善还有相对意义的存在,麦加

---

① Diogenes Laertius,Ⅱ,106,Hicks 英译对照本,第1卷,第235页。

拉派则把苏格拉底对特殊东西的批判和否定发展到完全否认它的存在。他们这样做时，是把爱利亚派唯有"有"（"一"）存在的原则引进来同苏格拉底的"善"结合了，因而把苏格拉底的"善"作了客观唯心主义的绝对抽象。同时也把爱利亚派论证"多"是不存在的方法引进来了，用以否认其他一切的存在。麦加拉派的论辩大抵都是这种性质，所以人们称之为"辩证法"或诡辩。所以黑格尔说："麦加拉派是最抽象的，他们死盯着善的定义不放。麦加拉学派的原则就是单纯的善，单纯形式的善、单纯性的原则；他们把善的单纯性的主张与辩证法结合在一起。他们的辩证法，即是认为一切确定的、有限的东西都是不真实的东西。麦加拉派的任务是认识规定、共相；这个共相，他们认为是具有共相形式的绝对，因此绝对必须坚持共相的形式。"①

我们在讨论爱利亚派哲学时已经看到，他们想肯定的"有"因为只是一个最普遍的、摆脱了一切特殊的共相，因而是极其空洞的，只有"一"是它的带肯定性的本性，而这只是对于"有"是"有"的抽象同一性的表述；此外如"不动"等则都是些否定性的规定，而这些只不过是对于"有"是"有"、不是"无"的另一种表达。所以他们哲学的比较生动有价值的地方更多地表现在他们的逻辑论证中，特别是反证法中，他们发展了逻辑思维，提出了一些迫人深入思考的问题或难题。麦加拉学派似乎也是这样，他们对"善是'一'"，是唯一的存在，本身并没有说出多少东西，我们也没有看到他们留下什么有关的正面论证；他们引起人们注意的、留下来的主要是一些反证。

属于麦加拉派的欧布里德（Eubulides，米利都人）和斯提尔波

---

① 黑格尔：《哲学史讲演录》第2卷，三联书店1956年版，第114页。

（Stilpo,麦加拉人）是两位著名的人,前者约与亚里士多德同时,后者活动在亚历山大大帝及其死后亚历山大的将军们内讧的时期,已在希腊被征服之后。我们来谈谈他们的论证和思想。

欧布里德提出的一个著名的论证叫作"说谎者"：如果有一个人承认自己说谎,那么他是在说谎还是说真话呢？ ①

这是一个"悖论"。按照逻辑的排中律,一个命题或者真,或者假,二者必居其一；一个对象（主词）不能有两个对立的谓项同时并存。但是,对于一个承认自己说谎的人,我们却不能将"说谎话"、"说真话"这两个相对立的谓项中的任何一个归于他。我们如果给予一个简单的答复,如"他是在说谎",或"他说了真话",那都是不行的。唯一的办法就是放弃判断。欧布里德的目的就在于说,对于任何特殊的事物,非单纯的东西都无法下判断和获得肯定的认识。

麦加拉派还提出过不少类似论证的例子：

"你是否已经不再打你的父亲了？" —— 如果你回答"是的",那你就是承认你曾打过你的父亲；反之你若回答"不是的",那你就是还在打他。可是实际上两者都不对,因为根本没打过他。

"隐藏者" —— 我问你,你认识你的父亲吗？ 当然认识。那我再问你,有一个人藏在帷幕后边,你认识吗？ 不认识。可是那幕后的人正是你父亲,可见你不认识你所认识的。

诸如此类,看起来似乎是相当无聊的语言游戏。严肃的人们常常讨厌它,认为是一种浅薄的机智,我们中国人尤其不喜欢它,先秦时所谓"名家"曾研究过语言概念用法问题,也提出过这类论

---

① 西塞罗：《学园问题》第4卷,第29章。转引自黑格尔：《哲学史讲演录》第2卷,三联书店1956年版,第121页。

证,向来被视为卑卑不足道的小伎俩,"不入流"。但是这看法却是片面的。

黑格尔说:"然而希腊人却重视单纯的言辞,重视一句话的单纯处理,正如重视事物一样。如果言辞与事物相对立,那么言辞要高些;因为那没有说出来的事物,真正说来,乃是一个非理性的东西,理性的东西只是作为语言而存在的。""希腊人异常爱找出语言中和日常观念中所发生的矛盾——这是一种文化,这种文化把形式的语言(或语句,或抽象的因素)当作对象,并且意识到它的不精确,或甚至指出其中所表现的偏颇,使人们意识到,并且借此使其中所存在的矛盾暴露出来。"① 这个评论在本质上是正确的。

黑格尔当然知道,我们(一切人)都是重视事物甚于单纯言辞的;那么,为什么他认为希腊人异常喜爱钻研言辞发现其中的矛盾是很有意义的一种文化呢? 为什么他说"如果言辞和事物相对立,那么言辞要高些"呢? 我想这是因为,人虽然最重视的是事物,但人要想把握住事物及其本质必须靠理性的思想,而理性又唯有靠语言形式才能存在,才能表达事物,这样语言问题就不再只是单纯的语言问题,而是关系到人能否用理性来把握事物的问题了。黑格尔说言辞甚至比事物还要高些,意思就在这里:因为当人们离开语言来讲抓住事物及其本质,只是空的没有意义的,我们不能凭感受、意谓之类来理解事物,必须靠理性的逻辑和语言,可是人们日常的语言总是很不精确的,常常有许多自相矛盾和模糊混乱,靠着这种语言人们虽然也能大体交流思想,只要对方大致了解我的意思就算了,但在需要确切地理解事物时,就发生了困难,出现种种问题。在生活中我们不是常常看到这类事情吗? 当要确切

---

① 黑格尔:《哲学史讲演录》第2卷,三联书店1956年版,第118、119页。

地判决一个法律案件时,当科学家认真要弄清他们所研究的对象、表述其原理时,当着人们严肃地进行讨论寻求真理、寻求事物的本质定义时,通常的语言就常常显得全不中用了,它的含混和歧义或自相矛盾之处就会到处暴露出来,阻碍认识的进行;这种情况反过来也证明着我们的理性思维还不清楚,还没有把握住事情的实质。在这时,尽可能精密的言辞的制定,就往往成为有决定意义的事了;这就是说,需要把语言本身作为对象提到面前来研究,用逻辑给它以重新的分析批判和改造,从而制定出更精密的语言形式,如果没有这种语言,人们更精确的理性思维就不能形成、存在和发展。可见,这样的一种"文化",即非常重视和喜爱语言问题和逻辑问题,原是对发展人类的理性、发展科学和哲学极其重要的事情。我们看到,当代的西方哲学里有些派别又一次把这类问题提到了首位,悉心钻研逻辑分析和语言分析的课题,决不是单纯的枝节之论或无谓的琐屑小技,它虽有片面之处,却仍是有相当重要意义的事,它标志着现代人类社会生活和科学思维新发展的迫切需要和理性的又一次飞跃前进的需要。

就麦加拉学派而言,他们的哲学目的是想把握住真正的善,这个他们认为唯一的存在或真实的东西。这一点应该用逻辑和语言表述出来。真理、唯一的实在必须是确定的、单纯的,既然如此,它就必须合乎逻辑的无矛盾律、同一律和排中律,对它的判断就必须是确定的;是即是,否即否,一个命题或者是真的,或者是假的,一个对象不能有两个对立的谓项,人们表述用的语言也必须如此。反之,如果语言中出现了不可避免的悖论,逻辑的混乱,那在他们看来,这就证明了所说事物本身是不真的。在上述论证的例子里,麦加拉派想说明的是什么呢? 这就是:人们通常所讲的特殊事物、所得的种种特殊的认识与知识是不真的,所以不能给予单纯明白的答复。说一个人是"说谎者",但"说谎者"不会老说谎的,他也有说真话的时候,当他承认自己说谎时,这种矛盾就最明白地暴露出来了。说我们"认识"一个人(或一个事物),但这指的不是一个不定的一般的人,而是**这一个人**,如果**这人**隐藏在幕后就成了不定的一般的人了,这时我们就得说"不认识"他了;这里"认识"和"不认识"的矛盾就表现了一般和个别的矛盾,当一般的不定的人恰好就是**这**一个别的人时,这种矛盾就尖锐暴露出来了。可见一般、普遍是同个别、特殊对立的,彼此是互相扬弃的。这个例子就在于指明我们的思想,语言要通过一般("人")来述说个别(你的父亲这一个特殊的人),但是在这样做时,你并不认识这个一般,所以你也不能真的认识和表述这个个别,当你以为认识了这个个别时,在你的认识里还有不认识的因素和方面,所以语言中出现了自相矛盾。

斯提尔波明白讲到这个意思。他说,那断言**人**存在的人,其意之所指**不是个别的人,不是这个人**或**那个人**。因为那说到"人"的人,为什么指的是这个人而不是那个人呢? 所以他也没有说到这个个别的人。[①] 这里讲的是"这一个"与共相的对立,"人"是一个共相,不是指这一个人,这一点虽然大家都知道,但人们说到"人"时,观念中指的常常还是"这一个"。然而斯提尔波说,**这个人是根本不能说的**,我们的语言所能表示的只是共相,一般的人,所以"这个人"(在我们的语言、理性和思维里)是不存在的,因为我们无法用语言确定地表示个别特殊的事物。另一例子也是同样的意思,他说"菜"不是显现在我面前的这个东西,菜,因为已经存在了千万

---

① Diogenes Laertius, Ⅱ, 119, Hicks 英译对照本,第1卷,第247页。

年了；所以**这个**菜不是菜。[1] 也就是说，"菜"当我们用言辞表达时已是一个普遍的东西，是共相的存在，并不是眼前这棵白菜之类的"这一个"，所以在我说**这棵白菜**的时候，我所说的和想的不是一回事，我说的乃是共相的一切的菜，并不是**这棵**白菜；我肯定的只是"菜"的存在，眼前的这棵白菜并没有得到肯定，所以它并不存在。

由于斯提尔波只肯定共相有其独立的存在，所以他努力去揭示一切特殊东西、日常语言和观念中有矛盾。个体的事物都有许多规定性，这些规定是彼此不同的，而每个规定性是一个共相，这样个别事物就不能存在不能言说了。例如我们说"一匹马在跑"，但"马"和"跑"是不同的，怎么能连在一起呢；说某人是好的，但"人"是一个规定，"好"是另一个规定，这两个东西怎么能连在一起呢？因此，斯提尔波说：不能用不同的谓词来称谓同一对象。

所以我们不能说这个人是好的和这个人是一位将军，却只能简单地说，人只是人，好只是好，将军只是将军。我们也不能说一万个武士 …… 而只能说，武士只是武士，一万只是一万。[2]

一切逻辑的规定、概念和表述它的语言，都只能是事物中的共相。它来自特殊的事物，但为了确切把握特殊事物它又对特殊进行了分解与抽象，扬弃了特殊；正如解剖学家为了认识人体，把有机的人体分解成各种成分、要素如骨头、筋络、肌肉、神经、血液 …… 那样，当把各种成分分别加以规定时，解剖学家以为这才把握住了本质的东西，可是这时他发现再来把握这整个特殊的有机体变得困难了，它瓦解了，再也结合不起来了。麦加拉学派同爱

---

[1]　Diogenes Laertius, Ⅱ, 119, Hicks 英译对照本，第1卷，第247页。

[2]　普鲁塔克：《反科罗底》第22章，第119页。转引自黑格尔：《哲学史讲演录》第2卷，三联书店1956年版，第130页。

利亚派一样全力想抓住普遍的共相,从而推进了逻辑;但他们的逻辑也还是最初的逻辑,它把逻辑中的同一性、无矛盾性简单和单纯地发展了,从而同经验发生了尖锐冲突。因为特殊的事物、经验事实本身里是充满矛盾的统一的,所以这种逻辑就同经验发生了冲突。但是二者都有自己存在的充分理由:人们要确切理解什么时必须不自相矛盾,这是一个绝对的要求,否则就会是混乱、思维不清;而客观存在的特殊事物总是殊相与共相的对立统一,各种对立规定的结合。正是这种冲突构成了我们人类认识进步的重大推动力之一。在这点上我们现代人同古代人面临着同样的问题,当然水平大不相同,比他们提高多了。问题在于:我们如何用确切的无混乱的无自相矛盾的思维和语言,来正确反映和表现事物本身中的客观存在的矛盾统一。这也许是一个永恒的难题。在这问题上,我们不能满足于一般地谈论辩证法。辩证法如果是真理,它就必须包含严格的形式和逻辑性的要求,而不应是模糊的思想和语言,否则它也不能确立自身,人家要批评它就是必然的;当然辩证法又不能停留在形式逻辑的要求上。这是当今想坚持辩证法的人们的重大任务之一,应该说目前的状况还不能使人感到完全满意。只有经得起严格逻辑检查过的辩证法,才能前进并确立它自己。

斯提尔波的思想,是坚持共相、同一性的逻辑,他使一切特殊的东西解体,揭示了其中有矛盾。他的论点和结论,同我们的"名家"的"白马非马"、"离坚白"之类的论证颇为类似。对于我们中国人早已产生过的这类思想和论证,我想我们也应给予足够的注意,这是一笔颇有意义的遗产。

麦加拉派的"谷堆论证"和"秃头论证"也是很值得注意的。一粒谷子能否造成一堆? 少一根头发能否造成一个秃头?——

不能,再来一粒或一根如何? —— 还是不能。但是再来一次又一次,终于造成了一堆谷和一个秃头。这最后加上的一粒或减去的一根造就了谷堆或秃头,但这是开始时人们所否认的。开头的命题是一粒谷子不能造成一堆,结果是加上一粒就造成了一堆。这是矛盾的,然而彼此对立的东西(一粒和一堆)又成了一个东西。理智不承认量和质的统一,但是生活和事实却证明二者是统一的,可以过渡的。

在这里我们又一次遇到了在爱利亚派那里见到过的情形。正是由于坚持了逻辑的普遍性和同一性,不承认思维中的矛盾,却发现和揭示了现实和特殊中的矛盾统一规律(虽然在麦加拉派那里同爱利亚派一样,他们都不承认这个客观规律,并因此否认了客观实际事物的存在)。因而它从反面提出了极有意义的问题:如何用逻辑来把握和说明实在的辩证法法则。

麦加拉学派对柏拉图的逻辑思维发展和理论是有作用的。柏拉图在思想进展中也曾转向巴门尼德和爱利亚派,他也想用逻辑方法确定一般共相如善、正义等等的定义,他的理念论包含着巴门尼德哲学的核心:唯有共相、本质才是唯一独立的存在,并把理念同现象、特殊割裂开来;不过他不像巴门尼德和麦加拉派认为唯有一个"善",而是肯定有许多的共相或理念,组成一个理念世界。后期的柏拉图终于发现这里有问题,需要再一次拯救现象。在这个思想发展中,他经常同麦加拉派的哲学有关联。这也是麦加拉派意义的一方面。麦加拉派的哲学论辩,对晚期希腊的怀疑论哲学来说也是一个重要的思想来源。

第十章　柏拉图前期的"相论"哲学

柏拉图哲学的基本核心是顺着苏格拉底来的,当然又有他自己的特色和新的发展。所以我想在第八章里关于苏格拉底所说的,也就是关于柏拉图的一个导言。在谈到柏拉图本人的哲学时,我想首先应研究一下他如何继承了苏格拉底的使命,并添加了哪些他自己的新特点。这就需要概略了解和分析一下他的时代、生平和思想的发展。通过这一分析也就说明把他的哲学划分为前期和后期的必要性。

一、柏拉图的生平和思想发展

柏拉图(Plato,公元前427—前347年)出生在雅典一个古老的名门贵族家庭,他的母亲是梭伦的后裔,父系家谱可以追溯到古雅典王卡德鲁斯。在这样高贵的家庭里他自小就受到了当时可能有的最上等的教育和教养。他曾致力于学习绘画、写诗和写悲剧,这对他培养高尚情操和文学素养有很大意义。有一首诗,是他献给年轻的同伴阿斯特尔(Aster,以星取名)的:

星儿瞧着你,阿斯特尔,

啊!但愿我是星空,

那我就可以凝视着你

以千万只眼睛。①

这是很富于美的想象力的。柏拉图年轻时曾一心一意想
献身于政治。他学习过许多古代哲学家的著作,在跟克拉底鲁
(Cratylus)交往时,他特别钻研过赫拉克利特的学说,有相当深入的
理解,后来成了苏格拉底的学生。传说在他被引见成为苏格拉底
的学生的头一天晚上,苏格拉底梦见有一只天鹅来到膝上,很快羽
翼长成,唱着动听的歌飞翔了。② 这个美丽的传说,表示了人们对
他们的师生关系和对柏拉图的深深爱慕和尊敬。此外,柏拉图也
同智者们和其他文化与政治的名人来往,增进了见识和才能。第
欧根尼·拉尔修说,他的哲学思想吸取了赫拉克利特、毕达哥拉斯
派和苏格拉底的学说,"他对感性事物的看法同赫拉克利特一致,
对理智的看法与毕达哥拉斯派一致,而在政治哲学上同苏格拉底
一致。"③ 说得虽嫌简单化了一点,却是很对的。

他是在伯罗奔尼撒战争期间出生和长大成人的。他参加过三
次战役,表现勇敢。在雅典帝国覆灭时,他正是个二十来岁的青
年,目睹了这一场历史性的悲剧。由于他活到了八十岁高龄,又得
以亲眼见到另一个帝国的兴起,这就是马其顿王腓力的帝国,它终
于统治了希腊,从而结束了希腊人的独立自由发展的历史;后来
腓力的儿子亚历山大又进而征服了一个更广大的世界,而在这两
大帝国之间,则是希腊城邦间彼此称霸的不断战争。柏拉图生活

---

① Diogenes Laertius, Ⅲ, 5, 29, 见 Hicks 英译对照本,第1卷,第281、303页。

② Diogenes Laertius, Ⅲ, 5, Hicks 英译对照本,第1卷,第281页。

③ Diogenes Laertius, Ⅲ, 8, 见 Hicks 英译对照本,第1卷,第283—284页。

在这样一个希腊的衰落时代,虽然在公元前4世纪里,奴隶制的希腊经济还比较繁荣,但整个说来,希腊人在政治和历史上已经不再能有什么大的作为了。生活在这样一种时代环境里,有志于改革政治、又是苏格拉底学生的柏拉图,对于祖国的盛衰变迁和这过程中暴露出来的各种社会的、政治的以及人们道德、思想上的弊病,自然有敏锐深切的感受;他也像苏格拉底一样,对它的原因和出路何在深加思索。

此外,他由于出身和社会地位不免在思想上带有较多的贵族阶层的印记。这一方面使他对雅典民主制的政治与社会生活方式中的毛病更敏感,同时也使他的思想发展更带曲折的性质。

上层阶级,那些富有的贵族及其子弟,在雅典帝国和它的民主制度上升和盛极一时的时期,也曾同民众一起表示过拥护。但当时也有矛盾,因为平民们参与政治事务和争夺权力,总会使那些先前处处显得优越和高贵的人们感到不舒服,他们对民众和民主派领袖们的作为常常心怀轻蔑和不满,对他们的缺点也看得特别的清楚。在雅典同斯巴达发生冲突和战争时,民主派的领袖们(如伯利克里和后来的克利昂等)一向都坚决主战,而贵族阶层的人们就不大热心,因为雅典帝国的主要受益者是平民和比较穷的人,他们愿意为帝国而战,但打仗对富有的上层却往往不是很有利的,对他们的财产和生活方式有相当大的威胁;此外斯巴达人的贵族统治制度显然也更合他们的脾胃,所以他们常常对战争持温和态度,或主张和平解决,甚至明里暗里同斯巴达人通气。这些矛盾随着雅典在伯罗奔尼撒战争中困难越来越大和失利,变得日益尖锐起来。战争后期他们就搞过一次政变,说明这种对立达到了多么严重的程度。

雅典的贵族派对民主派的批评虽然不无合理之处,但是事实证明他们所建立的统治并不能够做到比民主制好一点,而是更加恶劣得多。当雅典战败后,他们在斯巴达人的支持下似乎得到了机会,就建立起了三十僭主的贵族寡头统治,这三十个僭主里有两个人就是柏拉图的亲戚,克利提亚(Critias)和卡尔米德(Charmides)。我们也许可以设想这是柏拉图施展他才能的时机,但事实是他的幻想破灭:因为三十僭主统治下的专横暴虐招到人们的痛恨,其所作所为的不义比民主制下的那些弊端有过之而无不及。

它也受到了苏格拉底的抵制,所以柏拉图没有卷入这个贵族政府的政治活动,他所感到的只是失望。而这个寡头政府很快也就被推翻了,雅典又恢复了民主制度。然而不多久,在民主制下又发生了审判和处死苏格拉底的事件。这些挫折和打击使柏拉图对于雅典当时的政治,无论是民主制还是贵族制,都失望了,他感到这里处处都充满着不义、罪恶和丑行。

当时政治生活中普遍存在和流行的政治观念如何? 在《美诺篇》里写到苏格拉底要求一位名叫美诺的青年给美德下一个定义,美诺说:“要回答你的问题是不难的。一个男子的美德,就是知道怎样管理国家,并在管理国家时使自己的朋友得到利益,使自己的敌手受到损害,还要留心别让自己蒙受损害。”[①] 这是一个很典型的说法,政治就是从个人出发损人利己。在《高尔吉亚篇》里记述了另一个青年的想法,他认为一个人虽然最为不义却可以成为快乐的人,如马其顿的阿尔契劳那样,这个人谋害了许多至亲,却为自己夺到了王位。[②] 柏拉图愤于这种流行的不义的政治言行,不愿

① Plato Meno, 71 e Jowett,*The Dialogues of Plato*,第1卷,Oxford University Press, 1953.

② Plato,Gorgias, 417 d-472 d,Jowett,*The Dialogues of Plato*, 第2卷,Oxford University Press, 1953.

再参与这种肮脏的活动了,后来他在《国家篇》中借苏格拉底之口道出了自己的想法:"一般说来,政治家没有人是诚实的,也没有什么为正义而战的斗士。一个人若是要为正义而战和拯救正义,那就会像一个置身于野兽之中的人那样,他既不愿意参与他们的罪行,又无力单独抗御他们的暴力,因此他就会于国家于朋友无益,徒然地糟蹋了自己的生命而对己对人都做不成任何好事情,他不如保持自己的平静,走他自己的路。"①

柏拉图不愿直接参与政治活动了,但这并不等于从此他不再关怀政治,正如上述引文接下去所表示的,他认为那离开政治活动置身于平静中的人,是怀着"善的意愿和光明的希望"的,从事哲学固然是伟大的工作,"但还不是最伟大的,除非他能发现一个适合于他的国家;因为,只有在这样的国家里他才会有更大的力量,成为他和他的国家的救星。"②柏拉图懂得要改造社会国家必须通过政治,而现在的问题在于如何改造政治本身;在他看来只有真正的善才能使人们的灵魂和国家的政治变得纯洁和合乎正义,所以他为此集中转入了哲学的研究。

这些都说明柏拉图是沿着苏格拉底的基本思想来发展的。他是苏格拉底使命的忠实继承人,不过他所处的主客观条件同他的老师有所不同,他是在更加复杂的环境里通过很长时间从事这个活动的,所以在思想的内容和形式上也更加曲折、深入和丰富。

在苏格拉底死后,他离开了雅典,先在麦加拉住过一段时间,然后去埃及和居勒尼旅行,后来又到南意大利,在这里他更多地研究了毕达哥拉斯派的学说与活动,特别是实地观察了这些哲学家

① Plato,Republic,496 b-e,Jowett,*The Dialogues of Plato*,第2卷,Oxford University Press,1953.
② Plato,Republic,496 e-497 a.

们是如何治理国家的（例如当时阿启泰在塔仑托的政府），这是他非常关心的事。公元前388年，他第一次来到叙拉古，结识了年轻的狄翁（Dion），很赞赏他的品德和才能。由于狄翁是叙拉古僭主老狄奥尼修的姻亲，柏拉图就想到他那种以哲学理想来改造国家的打算似乎有了用武之地。但他和狄翁的计划很快就破产了，这位僭主不能容忍他们。柏拉图被送上一艘斯巴达的船，作为一个战俘送到与斯巴达结盟反对雅典的阿吉那的奴隶市场，幸而遇到一位居勒尼的朋友，由他出了赎金才获救回到了雅典。

经过这十年来的游历和挫折之后，约在公元前387年，他在雅典建立了一所学园，从此以一名教师和作家的身份专门从事哲学的研究和教育事业，写作他那些哲学对话的著作。但那种想实现一个正义之邦的希望，仍然时时萦挂于怀并未泯灭。公元前367年老狄奥尼修死后，他的侄子小狄奥尼修继位，在狄翁的劝诱下，柏拉图以为新君年轻可以教诲，使之成为他实现其理想的工具便欣然再度前往西西里。但这一次并不比上次幸运些，小狄奥尼修只是学得一些装潢门面的词句，骨子里依然如故，由于思想冲突，狄翁被放逐，柏拉图也好不容易得到自由返回雅典。四年之后，小狄奥尼修又一次邀请柏拉图前去，为了调解狄翁同他的关系，柏拉图只好第三次再去西西里。但狄奥尼修这个暴君梗顽如故，他不仅拒绝狄翁回国还没收了狄翁的财产加以拍卖，同时还要加害于柏拉图。幸而靠阿启泰以塔仑托人的名义作了有力的干涉，柏拉图才逃脱了险境。以后狄翁回国同狄奥尼修进行夺权斗争，在略有进展时却被同伙的人（此人是狄翁在柏拉图学园中学习时的同学）暗杀身亡。柏拉图三次西西里之行的经历，特别是他所寄予厚望的狄翁之死，还有这凶手竟是他的学园中另一门人，等等，无疑对于他是巨大的打击，给他造成了精神上的深深的创伤。他想实际上试验和推行他的政治哲学的打算都落空了,成了破灭的幻想;但是已经垂暮之年的柏拉图那种追求理想的精神并没有松懈和削弱,他还要继续研究,继续从事教育和著述。在八十一岁上猝然去世时,他正在写作《法律篇》。

柏拉图企图以哲学改造国家,拯救雅典和希腊的社会,如我们在第八章中已经分析过的那样,只能是水月镜花,所以他所受到的挫折和失败并不足怪。不过这种失败也给他以一定的教益,对他的思想发展有重要作用。他虽然不能因此就认识到希腊奴隶制社会和国家的本质和衰亡的根本原因,却也认识到他过去政治哲学中的贵族偏颇之见是有错误的,因而他的思想到了后期有了一种明显的转变。

柏拉图的前期思想,集中凝结在他从早年写起主要完成于中年时期的巨著《国家篇》中。它的主要目的在于提出一个合乎正义的国家理想,和讨论研究怎样实现的条件和方法。他认为要实现这个正义之邦,关键在于统治者必须是哲学家;因而着重讨论了对哲学王的教育问题,讨论和论证了关于什么是正义和真善美的理念,以及如何认识这些理念的方法即"辩证法"。按照这篇对话的想法,国家中的公民应分为三个等级:普通的农民、工人和商人;兵士;监国者。普通人是第三等级,他们只有一种职能,那就是服役,供养兵士和监国者,只有一种美德,那就是服从。兵士的美德是勇敢。只有最少数的监国者是统治者,他们凭智慧发号施令,治理国家,并把具有各种职能的等级安排得各尽其本分,保证国家的统一和秩序,这就实现了正义。这就是他所定义的"正义":各等级或国家中每个人都做自己的事情而不干预别的阶级的事务,整个城邦就是正义的。所以美德就是:智慧、勇敢、节制以及使各等级各尽本分不相干扰的正义。柏拉图认为这种等级的划分不是完全世袭的,各等级中的儿童也可以由于优劣而提高或降低其等级。虽然如此,我们也可以清楚看到这决不是什么民主制,而是一种修正了的贵族制的国家蓝图。

为了保证这个国家的统一,特别是保证统治者和兵士阶级的良好教育和纯洁性,《国家篇》强调统治阶级不得有私有财产,他们要住在一起,一起用餐,手中不得持有金银、货币或金银的餐具和装饰品。下层阶级才许有个人财产,但也得保持适当限度,以免贫富冲突危害国家。为了培养统治者能治理国家,柏拉图主张对教育要实行严格的检查制度,从母亲和保姆照养儿童时起,就只许给孩子讲官方规定的故事,不许孩子看到邪恶的东西,连荷马的诗都不准讲述;吕底亚和伊奥尼亚的音乐也要被禁止,因为前者表现了愁苦,后者是靡靡之音,只有多利亚和弗吕吉亚的音乐可以允许,因为前者表现了勇敢而后者表现了节制。他甚至认为政府可以用谎话来欺骗国家和人民,只要编出来的谎话和神话对"正义"和治国有好处。

不必多说,柏拉图的这种理想国虽然以哲学和智慧为形式,实际上不过是斯巴达人已经做过的事情,是对斯巴达贵族统治国家的制度进行哲学加工的产物。它不仅仍是十足的奴隶制国家,而且是极其专制的体制,其专制甚至要渗透到每一生活和思想教育的细节中去,从而取消一切个人在经济上、政治上、生活上和思想发展上生动活泼发展的可能性。其整个精神恰恰是同希腊人的全部历史发展 —— 从英雄时代直到古典全盛时代 —— 相反的。所以,它并不能使我们感到满意。我们所能说的只是:它是柏拉图在批判雅典的罪恶时物极必反的产物。柏拉图在早年和中年时所看到的、感受最深的是雅典由盛转败中所暴露的种种社会与国家的弊病,是民主制的弊病,那时他对斯巴达的贵族制度还有许多幻想是自然的,他本人的贵族出身和教养加强了这种倾向。

但是,后来,在伯罗奔尼撒战争中得到胜利的斯巴达人也很快表现出腐化的情形了,斯巴达不久自己也陷于严重的内争和内战之中;另外,在许多城邦里,那些为斯巴达所支持建立的和复辟的贵族僭政,也处处暴露出比民主制下的弊端更令人憎恶的面目来;而柏拉图本人的三次西西里之行的失败,正是他在《国家篇》中想通过培养哲学家作统治者来改造国家的贵族式幻想的失败;以上这些事实和严重教训使他的思想发生了一定程度的重要改变。

在他后期写的《政治家篇》和《法律篇》里,表现了他的一些新看法。《政治家篇》中认为,君主政治、寡头政治和民主政治等都可以按照法律或不按法律来起作用;如果实行法治的话,他认为民主政治不如贵族政治,而贵族政治又不如君主政治,因为他认为那规定各部分人之间关系的法律,在集中于少数人或一个人手中时运用会比较准确;但如果不实行法治的话,那么个人专制和寡头统治就最坏、最残暴,而政权掌握在多数人手里的民主政治则为害最少,因为民主政治中各种力量彼此混合对立,能够使各种有害的趋向彼此抵消。这里他转向法治虽然仍是唯心主义,而且仍保留着贵族色彩,但显然也明白看出了贵族统治或君主政权的恶劣方面,看到民主制度有其重要的优点,稍为现实些了。在《法律篇》里,他已不再谈哲学王的教育和他们的统治了,因为《国家篇》里所说的那种哲学王实际上是无法找到或造就的,而且会使法律变成没有意义的东西。《法律篇》认为比较好的办法是把君主政治和民主政治,自由与权威结合起来调和起来,以便在法律的最高权威之下来实现国家的统一和统治。

*   *   *

本书不打算多谈柏拉图的政治思想,这里简略涉及,是因为了解他在政治观点上的改变,对认识他在哲学上的变化有帮助。柏拉图哲学在前期和后期是有重大变化的,这有他哲学思想内在的发展过程,但也同他在政治观点上的变动有关。

近代柏拉图的研究者认识到他的哲学有一个发展过程,前期和后期有很重要的区别。这是一个很有意义的进展,对我们理解哲学发展线索的人来说特别值得注意。大家知道,柏拉图的哲学是"理念论"(以下用"相"和"相论"这个译法代替"理念"和"理念论"的译法,理由后述),但是这个理论在柏拉图本人手中已有很大变化这件事,却长时间未被人注意和研究说明。陈康先生曾致力于这个问题,他有力地论证了柏拉图是"勇于自新的","他在老年以一种范畴论代替了那个'同名'的'相论'",即柏拉图前期在《斐多篇》和《国家篇》中的"相论"后来变成了"通种论";这个转变的关节点是《巴门尼德篇》,完成于《智者篇》。[①] 英国学者罗斯也有一个重要看法,他指出"在早期对话中,柏拉图的主要目标是确定'相'的存在,而从《斐德罗篇》到《菲力布篇》这个时期,他的主要目的是发现和确定'相'之间的联系的重要性,这样说大致是不错的"。[②] 我觉得这两个看法是很对的,从不同角度谈了一个问题,都指出前期相论和后期相论(即"通种论")的重要区别。我在讨论柏拉图时把他的哲学加以区别来讨论,就是想阐述一下这种认识,以讨论哲学发展线索的问题。我想在讨论他在哲学思想中的变化时,应注意到同他的社会政治观点变化有关:一方面,他的社会改

---

① 陈康:《柏拉图的〈巴曼尼德斯篇〉》,商务印书馆1944年版,序第3页,绪论第7页(见商务印书馆1981年重印版,第7页,第20—21页)。

② W.D.Ross, *Plato's theory of Ideas*, Greenwood Press, 1951, p.241.

革理想不管有些什么改变终究还是幻想,因为他不可能真正触及社会经济基础这个根源,只停留在具体的政治体制的问题上研究,与之相应,他在哲学上也是如此,不论前后有什么样的转变,也仍然是客观唯心主义。但另一方面,我们看到他在哲学上的转变毕竟是一个很重要的进步,他发现自己早期把共相完全孤立起来彼此分离、并同个体事物分离,是有毛病的,他作了自我批判,转向了把这些共相(以几个最高的"相"即"种"为标志)重新结合起来以拯救观象的思考,提出了后期的"通种论"观点。这从理论上说是他看到前期"相论"中有不可克服的困难的结果,但哲学上的思考总有其实际的或实践的源泉,决不是纯粹思辨造成的。我想,这同他后来得到许多现实的教训是分不开的。现实教训使他对希腊奴隶制的国家政治制度的看法不像以前那样片面,而变得比较实际了一些,可能起到了相当要紧的作用。

　　柏拉图一生写了大量著作,现有的三十多篇对话和书信,有少数可能是别人的伪作,大多数是可靠的。近代学者认为要了解柏拉图,就必须找出他的这些作品在写作上的顺序;为此,人们进行了相当复杂和精细的研究,虽然还有些分歧,已能排出一个大体的次序。可以认为,他最早写的那些对话,是为了保存对苏格拉底的纪念的,因而主要是记述了苏格拉底的思想与活动(在第八章里我们已说到过,《国家篇》的第1卷也应属于这个时期)。其次是他自己的思想成熟和形成时期的著作,这是最多的,其中《美诺篇》、《斐多篇》和《国家篇》(除第1卷外的绝大部分)可视为这时期的代表作,主要是提出和论证了他的"相论"(理念论)哲学,还有《斐德罗篇》、《泰阿泰德篇》和《会饮篇》等也很重要。最后是他的晚期作品,《巴门尼德篇》可作为向晚期转变的一个标志,这时期的重要对话有《智者篇》、《蒂迈欧篇》和《法律篇》等,它们对前期的思想作了重要修正,提出了"通种论",在一定程度上克服了"相论"中的孤立静止的形而上学,发展出了一种较高的辩证法 —— 这是哲学史上有重要意义的一件大事情。因此,我们在理解柏拉图时,应该区别他的前期与后期。

二、柏拉图哲学的思想来源

在谈过时代和生平经历对柏拉图的影响之后,我们还应研究他的前人对他的思想影响,即他的哲学借以形成的那些思想来源。亚里士多德是这样说的:

> 在上述各派哲学之后出现了柏拉图的哲学。他在很多方面继承了这些思想家,但有不同于意大利学派的特点。因为他年轻时熟悉克拉底鲁和赫拉克利特的学说,即认为一切感性事物都永远处在流变中,不能有关于它们的知识,这些观点他直到晚年都是坚持的。而苏格拉底则致力于研究伦理问题,不管整个的自然界,只在伦理事情里寻求普遍,并且是第一个把思想集中在定义上面的人;柏拉图接受了他的教导,但认为定义的对象不是任何感性的事物而是另一类的实体,理由是感性事物总在变化,对它们不能有一个一般定义。他把这另一类东西叫作相(εἶδος 或 ἰδέα);并说感性事物与此不同,它们是由相来命名的,因为众多事物分有了相而与存在的相同名。这里只有"分有"这个词是新的,因为毕达哥拉斯派说事物的存在是由于"模仿"了数,而柏拉图说事物的存在是由于"分有"了相,换了一个词。但是这个对相的分有或模仿到底是什么意思,他们并没说清。
>
> 此外他说在感性事物和相以外,还有数学对象,占着中间的地位,它由于是永恒不变的而与感性事物不同,它由于彼此类似而与

相不同,因为相自身每一个是单一的。

由于把相作为其他一切事物的原因,他认为相的元素是万物的元素:"大"和"小"是物质的本原,而根本的实在是"一";因为靠着分有"一",由"大"和"小"得到了那些相即数。

他同毕达哥拉斯派一致之处在于他说"一"是本体而不是对别的东西的表述,还在于他说数是其他事物实在性的原因,这是他和他们一致的。但是他提出一个"不定的二",把一个"无规定者"变成由"大"和"小"构成,是他的特殊之处;他还认为数的存在与感性事物不同,而毕达哥拉斯派说事物本身就是数,不把数学对象放在相与感性事物之间。他同毕达哥拉斯派的区别在于他认为"一"和"数"是同事物分离的,他引入了相是由于他研究了定义的公式问题……①

按照亚里士多德的看法,柏拉图哲学同毕达哥拉斯派的关系是最密切的,继承了他们的大部分观点。在《形而上学》里,亚里士多德在讨论柏拉图及其学派时,总是把他们同毕达哥拉斯派联系起来研究彼此的同异之处,就贯穿了这种看法。同时,亚里士多德也指出柏拉图受到另外两个来源的重要影响。其一是赫拉克利特,柏拉图从早年就熟悉了他的关于感性事物永远在流变的学说,并一直坚持到晚年;这方面的影响主要是否定性的,即由此得出了对感性事物我们不可能有真正知识或定义的看法。其二是苏格拉底,他那个从伦理事物中寻求一般定义的想法和方法,教导了柏拉图;不过柏拉图认为感性事物不能作为定义的对象,一般定义的对象是另一种与感性事物完全不同的东西,对于这种对象柏拉图称之为"相"。而柏拉图关于"相"的种种说法,同毕达哥拉斯派的"数",有最密切的联系。

---

① Aristotle, Met. 937^{a}29 -^{b}32 .

　　这里有些疑问不免会提出来,第一点,对柏拉图哲学影响最大的应是苏格拉底,为什么说是毕达哥拉斯派? 第二点,这里完全没有谈到爱利亚派的影响,但实际上这影响是非常重要的。

　　关于第一点我想是这样的。亚里士多德当然完全知道柏拉图同苏格拉底那种最深刻的关系。但是既然柏拉图把苏格拉底那个还未与个别相分离的一般定义、共相变成了独立分离的"相",他就与苏格拉底有了区别。在这一点上,赫拉克利特的学说从反面对他建立"相"起了作用;而从正面来说,则是由于吸取了毕达哥拉斯派和爱利亚派学说的结果。罗斯(W.D.Ross)评论说:"柏拉图主义的整体方面显然是毕达哥拉斯主义的一个发展。甚至'相论'也很像毕达哥拉斯派的学说。"例如感性事物的存在是由于"模仿"数,等等。① 我想罗斯的说法是对的。实际上毕达哥拉斯派在许多根本点上非常吸引柏拉图。首先,毕达哥拉斯是哲学史上最早以关注人的生活方式和道德、政治问题、灵魂净化与不朽著称的哲学家,这本身就是使柏拉图最感兴趣的,这与苏格拉底的学说最为契合,所以可以融合在一起。其次,毕达哥拉斯派的"数"本原说,也是柏拉图以前哲学里最有抽象普遍性的本原学说之一。当然,我们应该说巴门尼德的"有"或"一"更抽象、更普遍,柏拉图也深受影响,这可从他在《巴门尼德篇》等对话中对巴门尼德的高度尊敬看得相当明白。但是,柏拉图虽然在实质上受巴门尼德深刻的影响,包括以"有"或"一"为本体和那种逻辑思维方式在内,在哲学的形态上却更类似毕达哥拉斯派而不是巴门尼德。这是因为柏拉图所主张的真实存在的"相"并不是只有"一"个,而是"多",是一种"一"——"多"的系统;另外,柏拉图虽然否认现象和感性

_____

① 　W.D.Ross,"Introduction : Aristotle's Metaphysics",p.xlv.

事物的最终的实在性,却仍然力图找出"相"同它们之间的联系,如"分有"说等等,而不像巴门尼德和爱利亚派那样简单地否认现象就算了事。因此,柏拉图的哲学就更像毕达哥拉斯派而不像巴门尼德,至少从形态上看是如此。最后,数学这门科学在希腊有了长足的发展,它的抽象性和逻辑证明的确切性,引起了人们巨大的尊敬和兴趣,在各门科学中,似乎只有数学才是完全凭抽象思维来建立、并已得到无可怀疑的证明的。柏拉图想在哲学中追求达到真正可靠的知识,可以作为他最好和最有力的支柱的自然是数学,这一点我们可以从柏拉图对话中经常见到;① 而数学的研究一直是毕达哥拉斯派(到柏拉图时代他们已经从事这种研究一个多世纪了)的一件主要工作。这些理由自然使柏拉图最倾心于毕达哥拉斯派,而他这样做同苏格拉底的哲学基本路线并不矛盾,恰好是统一的,而且有助于他从苏格拉底出发进一步达到建立"相论"的目的。

至于亚里士多德为什么没有谈到爱利亚派对柏拉图的影响,罗斯认为可能是他认为柏拉图从克拉底鲁和苏格拉底那里已经学到了爱利亚派的学说;此外也许是他忽视了柏拉图受到麦加拉的欧几里得的影响,柏拉图在苏格拉底死后到了欧几里得那里,而欧几里得是个爱利亚派,② 这可能是对的。不过我想无论亚里士多德讲到与否,柏拉图受到巴门尼德的深刻影响总是无疑的事实,"相论"本身的特点和柏拉图的《巴门尼德篇》就证明了这一点。对此我们会一再谈到。

柏拉图哲学尤其是他的"相论"以苏格拉底、毕达哥拉斯派和

---

① 如 Meno 82b-85b 所示。

② W.D.Ross,"Introduction : Aristotle's Metaphysics",p.xlviii.

巴门尼德为主要思想来源,已如上述,这是他作为肯定的东西加以继承和修正的。但是他当作否定的东西给予批判的智者派,特别是赫拉克利特,应该说也是他的哲学思想的重要来源。一般说来,某种重大哲学的产生,固然需要有其正面的先导,更需要有它的对立面。柏拉图的哲学上的对立面还是智者们的感觉主义、相对主义、主观主义的诡辩,他继承了苏格拉底对他们的批评并大为加深了,这表现在他的大多数对话中都离不开对他们的论战。为了批判智者,尤其是为了建立以"相"为本体的哲学,柏拉图对赫拉克利特的学说作了研究和批评。我感到研究一下他对赫拉克利特的态度是非常有意义的:亚里士多德说他青年时就熟悉了赫拉克利特的学说,直至晚年也保持着这一观点,就说明他是多么重视赫拉克利特;柏拉图的"相论"同他接受赫拉克利特学说紧密相连,他完全承认一切感性事物是处于流变之中的看法,不过由此得出相反的结论,即既然如此,那就不可能对感性事物有真正的知识,后来柏拉图思想有了转变,他发现了自己的"相论"有无法解决的困难时,又转向了辩证法 —— 柏拉图是古希腊最早在抽象的共相里发现了辩证法的伟大人物,比黑格尔早两千多年,从而开始了在共相和概念中研究辩证法的哲学史新篇章,这是在更高层次上向赫拉克利特辩证法回复的开端。因此对于柏拉图晚年仍坚持赫拉克利特学说的这一说法,我感到似乎有一种新意可循。柏拉图对赫拉克利特从没有像对智者们那样轻蔑和全盘否定过。我们还不如说,柏拉图对现实的感性事物的世界的看法,完全是同赫拉克利特一致的,只是因为他的哲学主要抓住共相,因而必须批评赫拉克利特;而当他真的达到相论哲学时,他又终于发现还必须在某种程度承认和恢复赫拉克利特的观点。从这个意义上说赫拉克利特的辩证法对柏拉图并不是单纯对立的东西,毋宁说也是一个正面的思想来源。

《克拉底鲁篇》无疑是从已经建立起来的"相论"的立场上写的。在这篇对话中,柏拉图让三个对话者(苏格拉底、克拉底鲁和一个智者的门徒赫尔谟根尼)讨论语言的性质问题。给事物定名或称谓,这是立法者的要务,更是哲学家们用来认识和规定事物的形式。赫尔谟根尼主张事物的称谓是人们随意约定的,这代表了智者的主观主义相对主义看法,苏格拉底指出,照这种说法就取消了一切真假的问题了。苏格拉底认为克拉底鲁说事物的名称是由事物的性质而来的看法是对的。[①] 事物的名称是对事物的形相的一个图画、模写,这样名称就会由于是否符合事物的性质而有真假之别。[②] 但是照赫拉克利特的学说,我们却无法给事物以任何名称与称谓:

> 苏:我不否认那些给事物以名称的人是在万物都处于运动和流逝状态的观点之下来给它们命名的;这是他们的真实看法,不过我想,这是错误的意见。……告诉我,有没有某些永恒的善、美之类东西的本性?
>
> 克拉底鲁(以下简称克):我想确实有。
>
> 苏:那么让我们来研究一下真正的美这个对象。我问的不是一张面孔是否美这类问题,因为所有这类事物看来都在流逝之中;而是问:真正的美是不是总保持它的根本性质。
>
> 克:是的。
>
> 苏:如果它继续不能为我们抓住,那我们怎能用这种或那种称谓于它? 我们岂不是只好缄默,不能用口中的词语来说"如此这般"?

---

① Plato,Cratylus, 390e.

② Plato,Cratylus, 430d-431c.

克：无疑是如此。

苏：那么怎么会有一个真实的东西总不在同一状态里？因为如果一事物在某一时刻保持同一状态，那至少在这一段时间里它不会经历变化；而如果它保持同一，处于同一状态，它就决不是一个运动或变化的主体，因为它不会同它的原来形式不同。

克：它不会。

苏：它不会被任何人认为是不同的东西；因为要是在观察时它变成了另一个东西，有另一个本性，人们就不能得到任何关于它的本性或状态的认识，因为我想，我们对于已经知道没有任何状态可言的东西，是没有什么知识可说的。

克：对。①

最后，苏格拉底说，关于流逝的学说或永恒本性的学说哪个是真理或者更真实些的问题，是一个难以决定的问题。②—— 整个对话是以此告终的，并未作最后结论。但整个倾向是要加以否认；因为柏拉图这时要建立永恒不变的"相"和对于"相"的知识。对话的安排表明，他认为赫拉克利特的流逝说对于确立不变的共相和知识，在破坏性上同智者的观点类似，智者是从人的感觉相对性即从主观认识方面否认把握事物确定性的可能的，而赫拉克利特则是从客观事物的对立统一和运动方面否认这种可能性的。

不过话说回来，柏拉图在讨论一切个别事物、感性现象时，仍完全承认了赫拉克利特学说的正确性。例如在《斐多篇》里，他说到"万物的普遍对立"，"有对立的一切事物都由它的反面产生"（70e以下）。在《会饮篇》里，他让苏格拉底深刻阐发哲学的本质是"爱情"时，揭示了爱是一种介于有和缺乏、富和贫、有知与无知

① 　Plato, Cratylus， 430d-431c.

② 　Plato, Cratylus， 440b-c .

之间的东西,所以有一种不断前进上升的运动与追求。这里面都
深刻贯穿了赫拉克利特的辩证法学说。因此他在《克拉底鲁篇》末
尾有那样一种说法。他为了建立相论,不能不批评赫拉克利特,但
解决的办法毕竟不是简单否定流逝说,而是认为它只适用于感性
现象,而不适用于真实存在的相和关于相的知识;换言之,将它贬
入较低级的领域。后来他觉察到如果相只是孤立分离的东西,完
全同巴门尼德的"有"那样的话,那么"相"和"相论"本身也无法存
在,这时他又重新转向了辩证法,那被贬的赫拉克利特学说也重新
获得了新的意义,其中若干因素又被吸取改造,渗透到"相论"本身
里来,从而产生了通种论的哲学。可见,柏拉图对赫拉克利特学说
的关系是相当深刻复杂的,包含着一种曲折的发展过程。如果不
给予必要的注意,我们对柏拉图就不容易有恰当的理解。

三、真实存在的本体是普遍者:"相"

沿着苏格拉底哲学的路前进而又超出它,从而形成柏拉图自
己的哲学的基本标志,如亚里士多德所说,是他把苏格拉底所寻
求的一般定义,变成了与个别事物分离而单独存在的东西,并称
之为"相"(εἶδος, ἰδέα),他把这个"相"当作世界万物的原因或本
体。这样,柏拉图关于"相"的学说就成为他哲学的核心。"相论"
是他的哲学的本体论,它是与柏拉图的认识论、方法论交织融合在
一起的,也是同他的关于灵魂和神的学说交织融合在一起的。我
们要研究他的相论哲学,就得涉及这些方面,但首先还得抓住他的
"相",从这里入手。

1. 关于 εἶδος 一词的翻译和原来字义

对于柏拉图所用的这个术语,现在中文通常译作"理念",这是不恰当的,已经引起了对柏拉图哲学的许多误解。陈康先生对此提出了异议,主张给予纠正。他指出,把柏拉图的 εἶδος、ἰδέα 译作"观念"、"概念"、"理念"都是不对的。因为译作"观念"是把这个词等同于英文中的 idea 了,但是英文词 idea 指的只是人的主观的观念,英国经验论哲学用 idea 指人们的感觉经验观念,与柏拉图的 ἰδέα 完全不是一回事。译作"概念"也是不当的,因为在西方哲学史上至少到亚里士多德还无所谓"概念"(与英文 conception 相应的希腊词)出现。译作"理念"同样是不妥的,因为"念"字在中文里指的是主观的意识,柏拉图虽然在有的场合(如《斐德罗篇》263 e,《泰阿泰德篇》184 d)有这种用法,但大多数情况下或通体来看却不是这样的。陈康认为这个术语的意义颇难翻译,不如译出这个同的原来字义。在希腊文中,εἶδος、ἰδέα 是由动词 ἰδεῖν 变来的抽象名词,εἶδος 是其中性形式,ἰδέα 是其阴性形式,ἰδεῖν 的意义是"看",由它变成的名词即指"所看的"。所看的是形状,进而转指内部的性质。因此,陈先生主张把这个术语译为"相"。[①] 汪子嵩同志重申了这个意见,他说 :"过去将这个字译成'观念',现在译成'理念',说它是'理想'、都突出它是主观的东西,不符合原意。…… 将这个字译成'形'或'相'比较恰当一些。"[②]

---

① 　见陈康译 :《柏拉图的〈巴曼尼得斯篇〉》注 35,商务印书馆 1944 年版,第 23 — 24 页。

② 　汪子嵩 :《古希腊哲学中关于一般和个别的问题》,《外国哲学史研究集刊》(4),上海人民出版社 1981 年版,第 22 页。

我认为他们的意见是重要的。柏拉图这个词指的是客观存在的东西，并不是人们的观念或思想，这是一个对柏拉图哲学的最基本的知识。我们用什么中文词来翻译，都必须不违反本义；现在尽管用"理念"一词来译已经普遍流行，但弊病很大，造成了许多人对柏拉图哲学基本意义的重大误解，所以我认为越是流行造成的误解就越大，越需加以纠正。亚里士多德在柏拉图以后也用 εἶδος、ἰδέα 这个词，中译为"形式"是比较恰当的，其意义是与"质料"相对立的"形式"，与柏拉图用这词所赋予的哲学意义有所不同，但有相通之处。英国人把亚里士多德这一术语译作 form，译柏拉图这词也大多作 form，便显出两者有联系。我想可作为参考。我觉得陈、汪主张译柏拉图用的这个词作"相"是比较好的主意；因为中国哲学里本来有"共相"、"殊相"一类用语，并不很生疏。既然 εἶδος 原义指形相，柏拉图拿来作专门哲学术语时指一般或共相，那么译作"相"就是贴切的。而且"相"字也容易让人理解它同亚里士多德的"形式"有关联又有区别。并且最重要的是"相"这个字易于表明柏拉图用来指的是客观存在的普遍，并不是指人们主观的观念或思想概念（虽然这个"相"只能用普遍概念才能把握）。柏拉图哲学不是主观的唯心论，而是客观唯心论。

由于这个词的翻译关系到柏拉图哲学定性的问题，所以我不打算在本书中沿用"理念"或"理念论"的译法，而采用"相"和"相论"的译法。尽管读者在开始时不免很不习惯，我也只好请求谅解，我想只要注意这种译法的理由，用用也就会习惯起来的。

2."相"是事物的根本原因或本原

柏拉图前期的相论,主要可以用他的《斐多篇》和《国家篇》中的论述为代表。"相"之所以成为柏拉图哲学的核心概念,是因为他认为"相"是世界万物的根本原因或本原。

在《斐多篇》里,柏拉图让苏格拉底谈了"相"的主要意义。"我要告诉你,我一向研究的那个'原因'到底是什么东西。…… 假定有那样一些东西,像美本身、善本身、大本身之类。要是你承认这一点,同意有这些东西存在,我相信我就能给你说明是什么,就能向你证明灵魂是不死的。""我想,如果在美本身以外还有其他美的东西,这东西之所以美,就只能是因为它分有了美本身。…… 我不知道,也看不出还有什么别的巧妙原因。如果有人向我说,一件东西之所以美,是因为它美丽的颜色、形状之类,我是根本不听的,因为这一切把我闹糊涂了。我只是简单、干脆、甚至愚笨地认定一点:一件东西之所以美,是由于美本身出现在它上面,或者为它所分有,不管是怎样出现、怎样分有的。我对出现或分有的方式不作肯定,只是坚持一点:一切美的东西是美使它成为美的(by beauty all beautiful things become beautiful)。"①

这里讲的美本身、善本身、大本身,就是一些"相",美的"相"、善的"相"、大的"相"。柏拉图认为假定和承认有这些相存在,就足以解释一切具体的美的事物,好(善)的事物,大的事物之所以是美的、善的、大的事物的原因了,其典型的表述就是这句话:一切美的东西是由于美(美的相或美本身)使它成为美的。

---

① Plato,Phaedo, 100b-d,中译文参见《西方哲学原著选读》(上),商务印书馆1981年版,第72—73页。

哲学的根本任务是研究万物的原因,最根本的原因或本原。柏拉图认为万事万物之所以具有如此这般的种种性质,成为如此这般的种种事物,原因就在于有如此这般的"相",它们分有了这些"相"才成为它们。他认为这些"相"是存在的,而且比特殊个别的事物更真实地存在着,是万物的真正原因或本原。

3."相"的根本含义是普遍者

"相"作为世界万物的根本原因,柏拉图给予了许多的规定和说明,如"相"是最真实的存在,是绝对不变的东西,是万物追求的目的,是最高级的认识的对象,是与我们所看到的感性世界完全不同的另一世界,是最神圣的东西,是灵魂凭回忆得到的知识的对象,是最高级的科学即"辩证法"才能认识的对象,等等。这些无疑都是我们应当予以注意和考察的。但是,我们首先需要抓住的是最基础和中心的规定,否则我们就会堕入烟海。这个最基础的和中心的规定,不是别的,就是:"相"是普遍者。其他一切的说法都是靠这个最基本的规定来建立和说明的。

"相"为什么能被看成事物的本原? 因为它有普遍性,它是事物中的普遍性质和本质。

这是很明白的:柏拉图的"相"本是苏格拉底所寻求的那些普遍的善、正义、美一类的东西,它是靠从特殊中归纳得来的一般定义所确定的对象,只是现在变成了一种独立自存的东西。这就是说,它不过是同类的各个具体事物中的共性。从语言上说,它是同类个别事物的共名,所以后来亚里士多德批评柏拉图派时说,那些主张"相"的人,不过是在原来的事物之外加上了一个同名的东西。[1] 例如从许多美的事物里归纳出一个普遍的美来,就把它叫作美本身,美的"相"。陈康指出,柏拉图在《美诺篇》讨论了认识论问题,其看法是:基本的认识是定义;定义就是从多中指出一来,这个一就是多的"相";为什么能从多中指出一来? 因为万有本身是"一"——"多"的系统。例如圆的木头、圆的石块是"多",其中有"一"共同的东西即圆形;而圆形、方形等是"多",其中又可指出形状这个"一"来。知识就是寻求"一"——"多"系统中的"一",发现其中的"一",达到对万有的系统的认识。[2] 这里讲的也即是从个别和特殊中归纳寻求普遍的东西。"相"的最根本的意义就是普遍者。

关于"相"的各种别的意义都是从这一点生发出来的。如为什么柏拉图认为"相"才是最真实的? 因为它是绝对的,可靠的。这又是为什么呢? 归根到底是他认为普遍的东西才是绝对的、可靠的,不像感性的个别特殊事物那样总在不断变化,总是不纯粹的相对的东西;所以"相"是最真实的。把"相"看作万物追求的目的,也是由于它的普遍性。从柏拉图所继承的苏格拉底观点来看,人的一切行为都受善的目的的支配,而善就是一切人事中普遍追求的普遍者、共相,把它引申扩大为整个世界观,就是世界万物都以这个最高的普遍者 —— 善的相 —— 为目的。可见,"相"作为普遍者的规定是它的最基础的规定。

---

[1] Aristotle, Met. 990^{b}6.

[2] 见陈康:《柏拉图曼诺篇中的认识论》,《哲学评论》杂志第六卷第二、第三期,民国二十四年。

4.略论"相"作为客观存在物的问题

　　柏拉图把普遍、相看作最真实的客观存在,与个别事物相分离的独立存在物,得到了客观唯心主义的哲学结论,这无疑是错误的,关于这一方面后面要着重讨论。但是人们在批判时,有时连普遍的东西确实有其客观存在这一点也忘记或忽视了,以为一讲共相客观存在就是客观唯心主义,这就出现了偏差。用这种方法来批判柏拉图,或这种简单化的批判本身,常常使批判者本人和学生们也搞糊涂了。事实上柏拉图在肯定共相有其客观存在这一点上,甚至他在认为共相比个体事物更真实这一点上,是包含着重要的真理的;他的错误只在于他不懂得一般和个别的辩证关系,在力图抓住普遍者,强调它的意义时脱离了个别事物,走到了极端,还不理解普遍只能存在于个别特殊之中的道理。但是,我们辩证唯物主义者不应片面地批判他,我们认为客观的存在归根到底是感性具体的事物和由它们组成的世界,但同时我们也承认这些事物中有普遍的共性确实客观地存在着,这些共性决不是我们主观幻想的产物,我们只能认识它们而不能创造它们。所以柏拉图肯定共相客观存在并不是错误。问题在于我们认为共相的存在方式与个体事物不同,它只能存在于个体事物之中,是个体事物及其相互关系中固有的;而柏拉图却认为共相可以与个体事物相分离地独立存在,是一种在个体事物之外、之上的东西,有一种同个体事物类似的独立的存在方式,个体事物之所以有共相只是因为分有了这种东西,这就颠倒了共相与具体特殊事物的关系,走向了客观唯心论。后来亚里士多德对这一点进行了批判。其次,说共相比个别事物更真实,也并不是全无道理的。"当思维从具体的东西上升到抽象的东西时,它不是离开 —— 如果它是正确的(注意)——
真理,而是接近真理。物质的抽象,自然规律的抽象,价值的抽象
等等,一句话,那一切科学的(正确的、郑重的、不是荒唐的)抽象,
都更深刻、更正确、更完全地反映着自然。"[①] 科学地认识世界必须
靠普遍性的东西,靠抽象所达到的客观规律、客观本质这类对象,
不能停留在个别事物的表面现象上。柏拉图的"相",还算不上是
多么科学和正确的抽象,他发现了普遍者这个东西感到欣喜,却不
理解这种普遍原是不能离开感性特殊事物的,因而他犯了绝大的
错误。康德批评他说:"一只敏捷活泼的鸽子自由飞翔时,把空气
分开,感觉着空气的抵抗力,它也许会想象在真空里将飞翔得更轻
快些。正是这样,柏拉图离开了给知性以如此严格限制的感觉世
界,驾着'相'的羽翼冒险超出了那个世界来到纯知性的真空里。
他没有注意到费尽了力气也还是没有前进一步 —— 因为他根本
没有遇到抵抗力。"[②] 的确如此。但是柏拉图虽然没有正确解决如
何把握普遍东西的问题,却看到了唯有设法正确地去把握它才能
达到真实,他把这个问题以一种全新的方式提出来,这本身仍是一
个大功绩。

5. 略论柏拉图"相论"的肯定性意义

人们对柏拉图的"理念论"作了许多批评,这当然是必需的,不
过如果我们不首先理解它,特别是理解它的肯定性的意义,那么批

---

① 列宁:《哲学笔记》,《列宁全集》第38卷,人民出版社1959年版,第181页。

② Kant,Kritik der reinen vernunft(康德《纯粹理性批判》)B8-9=A5-6.Band Ⅲ der
  Theorie-werkausgabe,Immanuel kant,Werke in zwolf banden,Frankfurt, 1968。

评就不容易得到真实的结果。实际上他的"相论"在哲学发展上是一个重要的里程碑。

我们前面(在讨论巴门尼德时)已经说过,人们认识事物都经过由特殊到普遍,再由普遍回到特殊的过程:科学的真正起点是从抓住具体事物中的一般规定算起的;从感性具体上升到一般规定只是它的先行阶段,还不是科学地说明事物的行程。因为只有一般规定、普遍的东西,才能接触到事物的本质、原因、规律等等,才能产生带有必然性的逻辑思维,才能产生科学。所以把普遍抓住,是认识事物整个行程中的转折点。从这个观点来看,柏拉图以"相"(普遍者)作为哲学的本原是十分有意义的。他以前的哲学一直在走从特殊上升到普遍的路,这从一开始就在寻找一个万物的统一本原就显示出来。但是实际上他们却把他们要寻找的普遍东西规定为水、火、气之类特质东西,或感觉所规定的东西(那些自然哲学家和智者就是这样想的),另外有些人前进了许多,如毕达哥拉斯派提出了"数",巴门尼德甚至提出了最普遍的"有"。但是我们必须说,不仅那些特质和感性的东西不能表达普遍,就是"数"和"有"也还不足以真正表达普遍,因为"数"终究只是事物在量的方面的一般规定,而巴门尼德的"有"或"一"也只是最高普遍者之中的一个;更重要的是他们尽管达到了相当高的一般规定,却都还没有自觉到把普遍者本身当作本原,他们还没有赋予本原以一种纯粹的普遍者的形式,所以他们只研究了"数"和"有"这些个还是很有限的普遍者,没有把普遍者本身作为对象进行深入系统的考察研究。与之相应,像巴门尼德和爱利亚派虽然已经进行了逻辑思维,却没有可能自觉地把它作为对象来研究,发展逻辑思维的科学。柏拉图才自觉到这一点,他把**普遍者本身**当作万物的原因,**他的"相"无论在内容上和形式上都是普遍的东西**,是对普遍者所作的自觉明白的表达。因而他把普遍者本身作为哲学的主要对象加以认真的研究，从各方面给予论证和规定，提出了相当系统的看法；与之相应的是他对于认识论，特别是对于逻辑方法开始了认真探讨，提出了他的"辩证法"，由于柏拉图的这一贡献，亚里士多德才能建立起逻辑科学来。由此可见，尽管柏拉图没有能够真正弄清普遍本身（他割裂了一般和个别），但他第一次自觉到必须用普遍作为说明一切个别的根据，却是哲学发展中的一件大事，它标志着古希腊哲学在认识世界的过程中，终于实现和完成了从个别特殊的东西向普遍共相的过渡和转变，这是"相论"的历史功绩。

四、柏拉图前期"相论"对普遍者的
理解是形而上学的

英国著名的亚里士多德和柏拉图学者 W.D. 罗斯在1951年发表了一部《柏拉图的相论》的著作，在书的末尾处总结其讨论时写道："柏拉图在他的早期对话中，主要目标是确立相的存在，后来写《斐德罗》到《菲力布篇》的时期，主要目标则是断言了探讨相与相关联的重要性。"[①] 这个看法我觉得是中肯的，与陈康的研究结果基本相似，表达得更加简洁。它包含着对柏拉图前期哲学的肯定和批评两个方面。确立相的存在，就是把普遍者提出来作为万物的本原，这本身就是大功劳，关于这一点我们在上面已经谈过；现在我们应着重分析一下另一方面，即前期相论的缺点方面。

这是容易理解的：柏拉图前期既然主要任务是抓住和确定相

---

① 　Ross, *Plato's Theory of Ideas*, Oxford, 1953, p.241.

的存在及其本原意义,他的注意力自然全在使普遍者从特殊里区别开来,而不是把它们联系起来。如果不得不涉及两者的联系时,他只能用"分有"说之类的假设先搪塞一下,这种情况从《斐多篇》可以看得很清楚,那里说"相"是事物的原因,它作为原因对事物的作用方式是出现在事物上或为事物所"分有","至于这种方式"究竟是怎么一回事"我不能确定"。[1] 以后他才感到这是个困难的问题,在《国家篇》中,他把相说成是个别事物的模型,提出了"模仿"说,如说木匠靠"床"的相造出一张张个别的床来,哲学王根据国家的相("正义"等等)来治理国家;加上了一个第三者"工匠"来沟通相和个别事物的关系。这说明他还想用改进"分有"说来解决普遍和特殊的关系问题。后来他终于感到这种"分有"说或"模仿"说有不可克服的困难,在《巴门尼德》篇中对此作了一定的自我批判。这个例子说明,柏拉图前期的确是由于要全力抓住和确立相,就突出了普遍同特殊的对立,而未能深入考虑二者之间的同一和联结。这必然带来一系列的问题。

前期相论的突出之处,就在于柏拉图处处把普遍和个别对立起来,达到了绝对割裂的地步。在他看来,具体事物都是在不断运动变化的,只有相才是永恒不变的;具体事物都是包含对立,或由对立的东西组成的,因而总是相对的,不确定的,相则是纯粹的、单一的、非组成的、不可分解的,因而是绝对的。所以,所谓"存在"就有两类,一类是"相"和"相"的世界,这才是真实的存在;[2] 一类是感性事物的世界,现象世界,因为这些事物分有相,就有其存在的一方面,但它又是有对立的,总在运动中,所以是处在存在和不存

---

[1]　Plato, Phaedo, 100 d.

[2]　Plato, Phaedo, 77 a.

在之间的东西,算不上是真实的存在。[①]

　　显然,柏拉图在确立"相"的存在时,又一次走着巴门尼德确立"有"时走过的路。普遍者、本质是存在的,但其本性又与个别的、特殊的感觉事物显得如此处处不同,并且尖锐对立,那么它存在于哪里呢? 柏拉图也同巴门尼德一样,还不能理解它只能存在于个别事物之中这种存在方式,因此他只能设想它们存在于另一世界,即与感觉事物的世界完全不同的世界,"相"本身构成为另一世界。这个世界的存在是我们感觉不到的,只能靠理性的"辩证法"才能认识。所以柏拉图在认识论上也又一次走着与巴门尼德基本相同的路,把人们的认识区分为"真理"和"意见"。关于个别事物,因为它是相对的变化的,我们不能有知识,只能有感觉和意见。关于"相"我们才能有真理的知识,但这种知识只能凭理性的逻辑力量而不能由感觉经验得来。在这里,毕达哥拉斯的灵魂不死与轮回的学说和数学推理对柏拉图起了启发作用,柏拉图拿来充实和论证自己的认识论和相的存在本体论;他认为灵魂是同"相"一类的单纯东西,灵魂不死,它原来生活在相的世界里,所以对"相"有真理的知识,只是在降生到感性世界为人时忘记了这种知识,现在的任务就在于回忆起这种知识,就可以理解"相"是真实的存在了。柏拉图认为感觉经验可以帮助和促进我们的回忆,但真正的回忆过程只是理性的作用。在《斐多篇》里,他以一个从来没学过数学的童奴在启发诱导下能自己解决一道几何学难题为例,来证明这种回忆说。我们看到,这种所谓灵魂回忆说同另一个相的世界真实存在说是一件事的两种表现,实质上都是从对普遍的东西如何理解的问题上发生的。

---

① Plato, Republic, 479 b-d.

　　从客观对象来说,事物中的普遍和本质是看不见摸不着的,不是以感性对象的方式存在的。但它又确实存在着。可是人们素朴的意识当然只知道一种存在,这就是感性的事物的存在。现在要想把握这另一种存在,就感到了困惑,因为它的确不是感性的存在物;那么它是什么样的存在呢?

　　柏拉图和巴门尼德弄不明白,就只好把它们看成另一种世界的存在,陷入了客观唯心主义的神秘幻觉之中。

　　从主观认识来说,既然感觉经验认识不到普遍和本质,唯有靠理性思维和逻辑的力量。但是理性和逻辑在本性上同感觉不同,这种能力本身又是从何而来的呢? 它不能由感觉说明,对古人来说也是一个神秘的东西,因而柏拉图把它看作是神赐的、灵魂本来具有的能力,陷入了先验论。

　　这些都表明人类在理解普遍的东西和理解自己的理性逻辑思维方面遇到了困难。这个问题是不容易弄清楚的。近代的经验论和唯理论者,康德、黑格尔,以至当代的哲学家们还在不断地研究它,虽然进展巨大,也远不能说已经搞清了这个问题,困难还很多。马克思的哲学为科学地解决这个问题提出了关键性的观点,但要真正系统地加以说明,解答各种难题还须继续努力。从这里我们就可以理解柏拉图犯错误几乎是有必然性的,因为他才刚刚抓住普遍者作为对象,第一次把普遍者以纯粹的形态同一切感性个别东西明确划分开来;这划分是功绩;同时为了划分,自然注意在对立而不是在统一上,所以他弄不清楚普遍的存在究竟是怎么回事原是极其自然的,离开理解人的逻辑思维能力的由来更相差十万八千里。这并不是说我们应当原谅和忽视他的错误,相反,只有批判它才是正确对待它的态度,但是为了批判我们首先就应对他的错误原因作出认真的考察,这样的批判才是有益的。问题的实质在于：(1)普遍的东西究竟以什么方式存在？(2)我们的理性认识能力、逻辑思维能力和它的形式、规律究竟是从哪里产生出来的？整个哲学史的发展告诉我们，对于这样严肃重大的问题，想简单地用物质存在第一性，认识起源于感觉等等来回答，几乎从来都是不够的。

柏拉图的"相论"不仅是地地道道的客观唯心主义，而且在前期的那种(相论)形式里，形而上学性也是十分突出的。

这情形也同巴门尼德和爱利亚派那里发生过的情形极其类似。哲学最初要把握住纯粹的普遍东西，必须凭借思维抽象力的分离作用，从个别事物的多样性统一中把那些性质分离开来，以便就其纯粹的形态来考察它们。所以普遍的东西或一般规定，不仅显得同个别事物完全分离，而且各种不同的普遍者也显得是彼此完全分离的，不如此就不能一一加以确定。所以柏拉图这些"相"，都是一些抽象自身同一性的东西，如"善本身"、"美本身"、"大本身"，它们各自都是凭自己来规定自己，自己肯定自己，自己在确立自己的存在。它们每一个都是巴门尼德式的"存在"，即孤立、绝对、永恒不变的东西，A=A。它们是完全纯粹的，不包含任何别的东西或对立面的，因而不会变化，没有生灭，不与外界别的事物和别的"相"相联系。具体事物的美，总还有丑的方面，因而运动变化不确定；美的相就只是美，不带任何的丑，这就确定了、绝对了，同时它也就只是孤立的东西了。柏拉图同巴门尼德的区别只在于，巴门尼德的"存在"只有一个，而柏拉图的相是很多的，包括各类事物的共名，事物中各种性质的共名；但具体事物及其性质是无限多的，"多"中之"一"的"相"也就无限多了，不过每一个"相"就其自身而言仍是绝对纯粹的，自身同一的、不可分的、静止的、孤立的"一"、就像德谟克里特的"原子"那样。柏拉图与德谟克里特都把巴门尼德的唯一的"有"打碎成为多,而多中的每一个还是那个"有"或"一";区别只在于德谟克里特的"原子"是具有空间性质的物质存在,而柏拉图的"相"是一些单纯的普遍性质和本质。"相"是普遍者的原子或最抽象单纯的要素。

人类的理论思维必须从抽象的一般规定开始。摆脱了杂多的感性材料,思想才抓住了一个牢固的支点,站在一个好像是比较稳固的基地上。例如几何学就必须从点、线、面、体、数目这些抽象的直观要素开始,绝不能从一棵树,一块长方形的石块这些感性东西开始。这些要素就是普遍者的原子、元素,每一个都是单纯的抽象自身同一的东西。"是即是,否即否",不可混淆。这样才有清楚的思维,思维才能开始工作。所以抽象的普遍,抽象的自身同一,对于对象进行抽象的分离,是一切理论思维在把握感性事物的性质和本质时的一个伟大力量。但是开始人们还不理解这种抽象分离的活动本身的本性,看不到自身的合理界限,以为这是绝对的。结果就一定要导致形而上学。爱利亚派已经遇到了难题和人们的抗议,柏拉图也面临着同样的难题和抗议,"相"本来是为了说明事物的原因而提出来的,可是那绝对不变的另一个世界的"相",怎么能成为我们看见的感性世界里事物的原因呢?"分有"说是有困难的。此外,柏拉图还因为两个原因陷于自我矛盾之中:第一,他的"相"不像巴门尼德的"有"只是一个而是很多的,这就面临着这样的问题:"相"与"相"之间有没有联系?柏拉图的"相"是"多"中之"一",逐级上升,有一个系统,其最高的相是善;照这种看法,"相"与"相"之间就应当而且必须有联系,包括高级的"相"同低级的"相"有联系,同一级的"相"之间的联系等等;可是他又认为每个相都是自身孤立的、绝对纯粹的。第二,柏拉图是沿着苏格拉底的道路寻求和确立"相"的,"相"被看作是同类具体事物追求的目的。按照这种目的论的想法,只有"善"、"美"这些相才能成立,"恶"和"丑"之类否定性的普遍者就不能成为目的,它们是不是也有"相"呢? 如果没有,那么"相"作为了一切普遍者的基本意义就动摇了。

正是这样一些问题推动着哲学思想的继续前进,而最先发现这些矛盾和向前进的人恰恰是柏拉图自己,即后期的柏拉图。但是,对于这个转变,我们到下一章再去讨论吧。现在我们还是注意他这时期的主要目标:如何确定"相"的存在。关于"相"的存在的本体论和认识论上的大致要旨我们已如上述,现在我们来考察一下他的"辩证法"。

五、柏拉图前期的"辩证法"
—— 获得抽象的普遍者(相)的逻辑方法

我们在讨论柏拉图以及其他古代哲学家时,必须把他们的"辩证法"同我们所理解的辩证法区别清楚,绝不可以混为一谈,正如我们在说到形而上学一词时,必须把我们今天赋予这个词的意义同以前哲学家们赋予它的意义区别清楚一样。我们今天对辩证法和形而上学这些概念的看法,基本上是从黑格尔开始的,马克思主义哲学赞成黑格尔的这种看法,加上了唯物主义的改造。古人则不知道这种区别和含义。如我们前面所说,古希腊人用"辩证法"一词本来是指通过提问和回答,即反复辩难来寻求真理的方法,后来在哲学发展中又不断增加了它的含义。我们现在要讨论的对象是古希腊人自己所理解的"辩证法",至于它同我们今人所了解的辩证法有什么关系的问题,必须在把古人自己的意思弄清楚之后才能讨论。

通过谈话、问答、反复质难来寻求知识和真理，这是真理借以得到生动发展的途径，本身就很有意义，并且蕴含着逻辑思维及其形式和规律得以存在和发展的可能性。它是古希腊人的产物，是他们作为自由人在相当高度的社会民主生活的环境中才能出现和繁荣发展的东西。它也有一个发展过程。

从早期哲学家来看还没有这种方法，他们的学说大多只是些天真朴素的论断，没有逻辑的证明。他们靠的是直接的观察，进行联想类比，然后对本原进行猜测，或用一些神话和比喻来阐述自己的观点，加强自己结论的力量。他们很少有什么严格的讨论辩论，而且对这样一些猜测性的看法也无法进行什么严格的讨论，所以巴门尼德对原始素朴哲学是轻蔑的，称他们的学说只是些"意见"而已。巴门尼德开始了概念的逻辑思维，对"有"进行了论证，芝诺用逻辑批驳了主张多和运动的观点，这里已经出现了相当严格的运用逻辑方法进行讨论辩难的形式。据第欧根尼·拉尔修记述，亚里士多德称芝诺是辩证法的发明者，[1]虽然人们对这一点表示怀疑，我想还是可以在宽泛的意义上这样说的。"普罗泰哥拉最早主张任何问题都有两个方面互相对立，最早用这种方式进行论证。"[2]他对这种方法有了进一步的自觉，这也是智者们普遍采用的方法。第欧根尼·拉尔修还说："他也是最早引入所谓苏格拉底的讨论方法的人。"[3]可见苏格拉底的谈话法是直接从普罗泰哥拉和智者们那里学来的，其背景则是雅典自由民的生动活跃的民主制生活。但苏格拉底的方法更加著名，因为他在全部哲学实践里广泛深入

---

① Diogenes Laertius, Ⅶ, 57, 见 Hicks 英译对照本第 2 卷，第 373 页。
② Diogenes Laertius, Ⅸ, 51, 见 Hicks 英译对照本第 2 卷，第 463 页。
③ Diogenes Laertius, Ⅸ, 53, 见 Hicks 英译对照本第 2 卷，第 465 页。

地运用和发展了这种方法,并且用以寻求真理,在目的和内容上都用来批判智者的诡辩,使谈话法真正变成了寻求真理的方法。

不过苏格拉底还是这种方法的实践家,爱利亚派和普罗泰哥拉等人也是如此,他们都不曾自觉地把这种方法作为对象来专门进行研究,而首先这样做的人是柏拉图。在这个意义上,柏拉图才是"辩证法"的真正创始人。"辩证法"(dialectic)这个词在古希腊哲学文献中出现,最早就在柏拉图的对话里,并且在柏拉图那里具有最高的地位,常常作为哲学的同义语来使用。第欧根尼·拉尔修说:"早期哲学只讨论了一个主题,即物理学(自然哲学),苏格拉底加上了第二个主题,伦理学,柏拉图加上的第三个,即辩证法,这样就使哲学完善了。"①

柏拉图为了确立"相"这个普遍的东西,从苏格拉底的方法中发展出了或开始系统地研究制定出了辩难中应该遵循的逻辑方法,这对哲学又是一个重要的贡献。同时这种"辩证法"也和他的"相"的本体论一样,具有客观唯心论的特点;在前期的"辩证法"里还具有形而上学的特点。

现在我们就来看看他自己对他的"辩证法"的一些基本规定的阐述:

(1)"辩证法"是问答法。

那知道如何提问和回答的人,你称他是辩证法家吗? —— 是的,这是他的名称。②

柏拉图的"辩证法"是从这个词的原义发展出来的。

---

① Diogenes Laertius,Ⅲ, 56,见 Hicks 英译对照本第1卷,第327页。
② Plato,Cratylus, 390c .

（2）"辩证法"研究的对象是"相"，它是关于如何"获得绝对存在的真理"的科学。

在《斐多篇》和《国家篇》里柏拉图一再说"辩证法"要加以说明和达到的对象，是绝对的"美"、"善"等之类的相而不是变化的具体事物，如美的人和马等。[①] 这是很容易理解的，但这一点却是柏拉图"辩证法"最本质的所在。它产生了一系列的基本规定并影响于方法本身，并且随着他的"相论"中对"相"的理解变化，他的"辩证法"也获得更多的含义和发展。

（3）"辩证法"是纯理性的知识或科学。它靠"假设"逐步上升到最高的本原或第一原理，"从相出发借助于相而达到相"，无须任何感性东西的帮助。

柏拉图再三强调，获得知识和真理的"辩证法"过程必须抛弃和排斥一切感觉和感性事物，因为关于这些，人们只能有"意见"而决不能有"知识"。[②] 所以我们看得很明白，所谓"归纳论证"，在"多"中寻求"一"或"寻求一般定义"的方法，与近代经验论者如培根所说的那种"归纳法"完全不同，在柏拉图（以至在某种程度上苏格拉底也一样）那里，从"多"中求"一"完全靠的是理性自身的力量。在柏拉图"辩证法"中，"划分"和"假设"的方法具有重大的意义。

在《国家篇》中他有一大段集中的论述。他首先认为有两个世界，一个是可知的世界，一个是可见的世界。按真实程度来说，前者是原本，后者是摹本。然后他进一步按这个原则把这两个世界再划分。在可见世界中，除具体事物，还有它们的影子、肖像之类的东西，这是比具体事物更不真实的。在可知世界里也分为两部

① Plato, Phaedo, 78 d-e ; Repubic, 537 c-d .

② Plato, Republic, 537 d, 475 e-480 d, 等等。

534

分,一部分是数学对象,另一部分才是最真实的相。他把对象这样
划分为四种,既是本体论的划分,也是为了说明认识的不同等级。
对于可见世界的东西他认为谈不上有什么真正的知识,我们不必
说它。现在的问题是,对于可知世界的两种对象我们是怎样获得
知识的,如何肯定这种知识及其对象?

柏拉图认为数学的对象,如各种数、几何图形等等,它们的特
点是有可以看见的形相的,不过实际上我们心里所想的这些形或
数,如三角形、圆、直线、奇数、偶数等等,并不是指具体事物中的形
和数,而是一种普遍的抽象的东西,即相。柏拉图从这里提出了
"假设"的学说,他认为,这些数学对象同可见世界的具体事物有关
系,但是又不是来自具体事物的。只是心灵把这些具体事物当作影
子,想到要"假定"数学对象的存在。这些是靠"假设"得来的。数学
对象是"假设"的真实存在,它比具体事物及其中的形与数更真实。

数学从这些假定的存在出发,就可以进行理性的逻辑推论,达
到所要证明的结论。它已经无须感觉事物的帮助,只靠思想进行。
但是这些假定的数学对象,是靠大家公认来确立的,它并不超出这
个假定,来问一问这些假定和对象本身如何证明有真实性。所以
数学和它的对象还算不上是最真实的知识和对象。

最后柏拉图谈了如何认识最真实的"相"的问题,这就全靠理
性自身运用"辩证法"的力量了。这种"辩证法"是什么呢? 它用
假设和假定的东西,但并不停留在它们上面,不把它们作为第一原
理或本原,而仅仅把它们当作假定的东西,还要对它们加以论证说
明,这样就逐步上升,直到最高的原理和本原,最真实的知识和存
在。因此,在这个过程中的那些不断上升的"假定",就形成一系列
的阶梯,理性一步步踏着它们终于超出一切假定而达到最高的东
西。然后,就要回过头来,逐步下降,用最高的原理和本原来说明

和规定那些较低的原理和东西,这时原先的假定就由于最高的原理而得到根据、得到说明或纠正,成为可靠的真实的知识和存在。柏拉图说,这里无须任何感觉东西的帮助。简言之,上升是凭借假定的不断前进,而下降则是用最高的相一步步确切规定所有的相,但都是"从相出发凭借相而止于相"①。

柏拉图在这里所说的"辩证法"的上升和下降的过程,包含了后来逻辑上归纳和演绎方法的一种模糊的轮廓和萌芽。但是我们必须注意的是,在柏拉图这里,这全部的"辩证法"过程都没有感觉经验的东西作为它的成分,只是纯理性思维的过程,不仅下降的演绎过程是从相经过相达到相(与之相应的是纯概念的推演过程),而且上升的归纳过程,从"假定"出发经过"假定"而达到最高的原理和本原,也是这样的过程,差别只在于在上升过程时我们由以出发的和作为阶梯的普遍者和关于它们的概念,还没有得到真正的说明和证明,因而只能作为"假定"存在,待到获得最高原理之后,它们才能在下降的过程中一步一步地得到真正说明,从假定变为真正的相。

这种上升和下降的过程之所以可能,并且能有秩序地进行,是因为柏拉图对相进行了划分。蔡勒指出,柏拉图的相是多数的,最初是一些特殊的相(注意:不是指个别特殊的感性事物),实际上是从经验事物中得来的抽象,然后一步步地由特殊上升到一般,由低级的一般(相和相应的概念)上升到较高的一般。因此,每一个相和概念是绝对自我存在的东西,同时又有一种相互依存的关系,即低级的分有高级的,低级的以高级的相为自己的本质,这关系就

---

① Plato,Republic,509d-511e.

是"种"与"属"的关系①。在《斐德罗篇》中柏拉图谈到要致力于划分和概括的事,并称有这种艺术的人是"辩证法家"②。"种"和"属"是相对的,划分就是从最高的相即最高的"种"开始,逐次向下,每一个属又作为它的下面的属的种再次划分,一直到最低的确定的属,为数无限。但最低的特殊也仍然指的是相,不是感性的事物,因为感性事物没有定义可言,不是共相的东西。这一层一层的种属关系,就把全部的相组成为一个系统。每一个相都在这系统中有一定的种属关系,靠这种关系得它的定义。柏拉图提出了一种"二分法",它以对象有无某一属性作标准,把它分为两类,然后取其一,再如此划分下去,直到获得某个相的定义为止。在《智者篇》中柏拉图举了一个例子,如何命名或定义"钓鱼"的技艺,办法就是划分 :"在一切技艺中的一半是获得,在获得的技艺中,一半是征服或由暴力获得,它的一半是猎取,猎取的一半是猎取动物,猎取动物的一半是猎取水中的动物,它的一半是捉鱼,捉鱼的一半是攻击,攻击的一半是用钩子捉鱼,然后再分一半,这就是用钩子把鱼从水下面拖上来这一种技艺。这就是我们要寻求的定义 ……"③这种划分办法当然还相当原始粗糙,但表现了柏拉图最早企图从逻辑上把事物和概念整理为一个完整系统的努力。亚里士多德后来提出的严格的"定义"说,即定义是"种 + 属差"以及凭种属关系建立的三段论式演绎方法,就是对柏拉图上述努力的进一步发展。柏拉图强调逐级划分的方法,反对智者从一个原则一下子就跳到所要说的东西,而不说出中间的步骤。他认为只有逐级划分,在思维过程中,无论上升的归纳或下降的演绎,都必须遵守一定的秩序

---

① E.Zeller,*Plato and The Older Academy*,London, 1876,pp.271-272.

② Plato,Phaedrus, 264e-266b.

③ Plato,Sophist, 221a-b.

和步骤,才能避免思想混乱和诡辩。

关于他的"下降的"演绎法观点我们就说这些,而关于他的"上升的""辩证法",即通过"假定"来上升的归纳,还需再加注意。

> 这就是我采用的方法:首先我假定某个我认为是最有力的主张(希腊文 λόγος,英译为 proposition 或 postulate,主张、假定、命题、定理、公理之意。—— 译者注);然后,我肯定凡与之相符合的就是真的,无论是关于原因还是别的什么;而与之不符合的,我就认为它是不真的。①

提出假设,形成明白确定的看法或命题。这是假设方法的第一步。

但更重要的是必须给它以证明,这是第二步:

> 如果有人要〔用某个假定〕抓牢你,你不必在乎他,或者直到你能看出由此得出的结论是否彼此一致时,再答复他。②

假设是否真实,可以从它推出的结论来考察,如果推出的若干结论彼此矛盾,或结论同前提矛盾,那么作为前提的假定就不能是真的;只有在结论不发生矛盾时,这个前提才可能是真的。我们知道这是从芝诺起就使用了的逻辑方法,同时在几何学中也广泛得到了运用。柏拉图把它总结为重要的方法,吸取到他的"辩证法"中来,这是逻辑上的同一律和不矛盾律的运用:我们所有的确信必须彼此一致,不允许发生矛盾。

---

① Plato,Phaedo, 100a .
② Plato,Phaedo, 101d .

但这还不够,不矛盾的要求,只是假设为真的必要条件,还不是它得以成立的充分条件。例如前面所谈及的柏拉图对数学对象的看法就是如此,数学对象是大家公认为正确的假设、公设,尽管它在推出结论时都能自圆其说,没有矛盾,但它也还只是假设。因为这些假设的东西本身还需要有更高的理由来说明它为何存在,为何真实。这是假设法的第三步:

> 当你需要进一步对这个假定给予说明时,你要用同样的方式假定某个更高的主张,它是你以为可以找到的最好的说明,直到你达到一个满意的停靠点。[1]

要说明某一假定,就要提出一个新的更高一级的假定,这样就形成了上升运动,一个往上升的阶梯,不可越过每一步,而其中每一步都要用推出结论看是否会发生矛盾的方法来加以检验。寻找更高一级的假定的方法,仍然是寻找你认为是对原有的东西最好的说明,即理性的追求的作用。如此不断进行,直到找到一个最终的说明即最高原理,最后的本原为止。

这种归纳法显然靠的全是逻辑思维,因为在这里提出假设,验证假设,都靠思维的主动作用,遵循的是思维规则,没有感性事物和感觉经验参加,也完全无须它们。在人类科学思维发展中,假设的方法有极其重大的作用与意义。恩格斯说:

> 只要自然科学在思维着,它的发展形式就是假说。一个新的事实被观察到了,它使得过去用来说明和它同类的事实的方式不中用了。从这一瞬间起,就需要新的说明方式了 —— 它最初仅仅

---

[1]　Plato, Phaedo, 101 d-e.

以有限数量的事实和观察为基础。进一步的观察材料会使这些假说纯化,取消一些、修正一些,直到最后纯粹地构成定律。如果要等待构成定律的材料纯粹化起来,那么这就是在此以前要把运用思维的研究停下来,而定律也就永远不会出现。①

恩格斯是在更高的基础上来讲假设方法的,他指出假说是由新的事实同原来观点的矛盾所引起的,它要靠进一步的观察实验来证实和纯化,而柏拉图谈假设,则完全否认了感性事实和感性实践活动的意义,把它看成是纯思维的活动,验证假设只看前提推出结论时能否前后一致、自圆其说,就是个明证。但是他是最早从哲学上考察假设方法的,而假设方法的确也是以理性思维的能动性为本质的,所以这仍是他的重要贡献。归纳法不应脱离感性事实材料,但单纯事实枚举的归纳法,纯经验主义的归纳,终究是不能成功的。这里必须有理智的作用,必须飞跃,才能把握现象中的本质,个别中的普遍,真正的普遍东西不是现象的罗列,一定要靠人类理性思维的能动作用才能被我们所认识和把握。

(4)"辩证法是一切科学的顶石(toping stone of the sciences),在它们之上,没有别的科学能比它更高"②。

柏拉图一再指出,"辩证法的科学"比在它之下的各门科学清晰,虽然各门科学都研究可知的存在,但它们只以假设作为原理,却不上升到更高的原理和第一本原③。"辩证法,唯有辩证法,才一直达到第一本原,它是唯一的这样一门科学,要废除各个假定以便

① 恩格斯:《自然辩证法》,《马克思恩格斯选集》第3卷,人民出版社1972年版,第561页。
② Plato, Republic, 534 e.
③ Plato, Republic, 511 c-d.

使自己获得可靠的基础"①。

他看出各门科学和哲学都是研究普遍的东西,都是靠思想而不是靠感觉来进行的。区别在于"辩证法"的科学(这里就是"哲学"的同义语)是研究最高原理的,而其他科学只能停留在假设上,因此必须要由哲学才能得到说明,也必须靠哲学来指导和规定。这就是说,哲学和其他各门科学相比,不仅在研究的对象和原理上不同,而且在研究的方法上也不同;它们有一致之处,但哲学比其他一切科学都要更高级,更真实。柏拉图的这个看法,对后来亚里士多德提出"第一哲学",明确地把哲学从其他一切科学中划分出来形成一门独立的学问,起了重要的作用。

(5)"辩证法"是神赐的,是灵魂回忆起原有知识的方法。

柏拉图说,"辩证法"是"神通过一位新的普罗米修斯之手赐给人们的一个上天的礼物,在赐给人们时带着一道闪光"②。又说,它是不死的、能多次再生为人的灵魂在另一个世界中早已得到的关于存在的一切知识的回忆过程③。他在这样说时,一再引用了毕达哥拉斯派的关于神、灵魂的学说和数论哲学,以及数学的纯推理思维过程。这当然是十足的唯心主义。他所说的"一道闪光",就是**理性的思想**闪光,或者像诗人、艺术家们常说的"灵感",它好像是不知从何而来的一种领悟,却光芒四射,所以他又说这是另一位普罗米修斯从天上带给人们的神的礼物,同普罗米修斯带给人的"火"类似。这是思想的火花,比物质性的火更神奇。柏拉图发现了这种神奇的东西,为之惊奇狂喜,却无法理解它的由来,因而只能归之于神赐。对于这种唯心主义,我们能说什么呢? 显然不能

---

① Plato,Republic, 533 d .

② Plato,Philebus, 16 c .

③ Plato,Meno, 81 c .

采取简单否定的方法。我们不能用机械唯物论和单纯经验论的方法来对待这个问题,而需要作艰苦的研究,弄清**人类理性**和**逻辑能力的来源**。柏拉图虽然是错的,但他提出了一个大问题,留待后人去解决;两千多年来人们一直在为此努力,一步步深入和接近于这个问题的解决,但迄今为止还不能说已经完全弄清楚了。这本身也是柏拉图的一个贡献,值得我们严肃地对待和注意。

(6)"辩证法"是划分的方法,也就是说,是抽象知性思维的抽象分离的方法。这是前期柏拉图的"辩证法"的一个重要特征。

如上所述,柏拉图的"辩证法"是为了认识和把握普遍即"相"的。前期柏拉图的主要目的是为了确立这些"相",在这个过程中,他主要靠的是划分法,特别表现在二分法上:首先把世界划分为感觉事物的世界和普遍者的世界;然后在普遍者中划分数学对象和一切的相;然后在一切的相中划分特殊和一般,属和种,并且一级一级地划分,成为一个系列的安排,以便给每个相下定义即确定它们,这样就有了最高的本原,次一级的原因,再次一级的……规定,直到最接近于感性事物但又决不是感性事物的最特殊的"相"、最底层的属为止(它仍然是"普遍",可以确切规定的"存在",不像感性事物那样因包含对立面而不断运动变化)。

柏拉图用的这种方法,就是**分离**;在分离中划分各种事物的明确界限,以便思维牢牢地抓住它们。他第一次全面地考虑到如何抓住一般的规定,揭开了人类思维发展史上的一个新篇章,标志着一种新的思维方式的正式诞生。这种思维方式,照康德、黑格尔以至恩格斯所赞成的看法,属于人类思维中的"知性"阶段。

"知性"思维方式的特点,黑格尔表述如下:

就思维作为知性来说,它坚持着固定的规定性之间的彼此的差别,以与对方相对立。知性式的思维将每一有限的抽象概念当作本身自存或存在的东西。

知性的活动,一般可以说是在赋予它的内容以普遍性的形式。不过由知性所建立的普遍性乃是一种抽象的普遍性,这种普遍性与特殊性坚持地对立着,致使其自身也成为一种特殊的东西了。知性对于它的对象既持分离和抽象的态度,因而它就是直接的直观和感觉的反面,而且直接的直观和感觉只涉及具体的内容,而且始终停留在具体性里。①

黑格尔说,知性所把握的东西是抽象的普遍性,因而同感觉的具体相对立。但认识必始于从对象中理解其特定的区别,"在这里,思维是作为分析的理智而进行,而知性的定律是同一律,单纯的自身联系。也就是通过这种同一律,认识的过程首先才能够从一个范畴推进到别一个范畴。"② 例如,只有抓住事物中的形,获得抽象普遍的几何图形的规定,我们才能从事几何的研究,从一种图形进到另一种图形,形成有严格同一性的思考和推理。所以黑格尔认为,我们必须首先承认知性的权利和优点,无论在理论和实践里我们都需要知性,否则就不会有坚定性和规定性。③ 可见,分离和抽象,是我们思维获得普遍的东西、一般的规定所必需的活动和方法。从这里起,人们的认识活动才从感性阶段提升到理性思维阶段,才能开始有科学,因为从这里起思维才有了一个牢固的立足点和活动的出发点。

但是这种理性思维还不是真正的"理性"即辩证的思维,只是"知性"的思维。它片面地强调了分离,每一个普遍规定的"A=A"式

① 黑格尔:《小逻辑》,商务印书馆1974年版,第172—173页。
② 黑格尔:《小逻辑》,商务印书馆1974年版,第173页。
③ 黑格尔:《小逻辑》,商务印书馆1974年版,第173页。

的自我存在,因而,(1)同感性世界的事物完全对立割裂了;(2)这些普遍的规定每一个都孤立起来,彼此割裂了。所以它否认了现象,回不到现象,再则,在进一步理解相与相之间必然会遇到的关系时,也发生了严重的困难。

　　大致说来,柏拉图在前期的"辩证法"中,同他的"相论"本体论观点一样,表现了同巴门尼德几乎完全一样的形而上学特征。但柏拉图的相由于是"一"——"多"的系统,由于他接受了毕达哥拉斯派哲学的影响,由于他的"分有"说(在解释相和感性事物的关系上)有难以克服的困难,因而他自己逐渐发现必须继续前进,后来果然在实际经验和思想更加成熟的晚年有了一种转变。

第十一章　柏拉图后期在哲学上的
变化和"通种论"

　　前期柏拉图提出"相论",是为了确立普遍共相的存在,作为万事万物的原因或本原。随着这个任务的实现,原来"相论"中所遇到的困难就日益暴露出来,积累着要求解决。当柏拉图年事渐高,经验更加丰富,思想更趋成熟时,他就试图探索用新的方式来改进"相论",从而引起了后期思想发展中的重要变化。

　　前期"相论"中问题很多,但根本点可以归结为二:(一)"相"与感性个别事物相割裂;(二)"相"与"相"之间相割裂。这种割裂的根本特征是同巴门尼德哲学极其类似的,就(一)来说,割裂了"相"与个别事物来肯定"相"是唯一真实的存在,就发生了一个是否承认现象的现实世界和如何说明它的问题,柏拉图前期"相论"同巴门尼德的"有"一样遭到素朴意识的抗议,再一次产生了"拯救现象"的大问题。而第(二)点也与此有关,把一个一个的"相"看做单纯自身同一(即"A=A")的结果,造成了"相"与"相"之间的分离割裂,而这种割裂必然要造成理解每一个相本身的困难,理解"相"与"相"的关系上的困难,即"相论"本身的困难,而"相论"本身的不完善,必然使得用"相论"来说明现象事物更困难,甚至完全不可能。因此重新检查原来的相论加以改造和"拯救现象",就成为摆在他面前的迫切要务。

柏拉图在哲学上转变最明白的和关键性的讨论和论证,见于他的《巴门尼德篇》,尔后完成于《智者篇》等对话中所提出的"通种论"形式里。所以这两篇对话是我们必须讨论的。此外,我觉得《会饮篇》也非常值得留意,它大概写于柏拉图五十岁上下时,[①] 很难具体确定其年代,也许仍属于前期哲学的大范围内比较偏后一些,但这篇对话不仅对我们理解柏拉图整个哲学追求的精神十分重要,也表现出哲学观点上的某些重要变动,所以我想先从这里讨论起。这是一种试探性的研究,妥否自然要请指正。

一、哲学的真谛是"爱情":凡人对不朽的真善美的爱情和追求及其方式

在柏拉图的所有对话里写得最美的一篇,我想莫过于《会饮篇》了,这里没有政治的说教,也很少抽象的思辨,通篇讨论的主题是:什么是"爱情"。《会饮篇》以一种人们在饮宴上对爱情的赞颂和讲神话的优美的表现方式,展现了人们对爱情的不同看法,进行讨论。历来的诗人、文学家、美学家都很喜爱这篇对话。我在这里不打算专门讨论柏拉图的美学思想,而只想研究其中的哲学观点,但是哲学同美的研究本来是不能分的,《会饮篇》也并不是单纯讲美学的著作,中心还是哲学,是谈人们热爱和追求美、善和真理的一篇生动而深刻的哲学对话,讲出了柏拉图对哲学的真谛的理

---

① 见1953年Oxford出版的由编者(Jowett,还有许多学者参加编辑工作)所写的关于《会饮篇》介绍与考证性的导言。*The Dialogues of Plato*,第一卷,第501页。编者认为《会饮篇》当写于公元前385—前371年间,其时柏拉图应在42—58岁之间。

解。这一点从它的整个形式也可以看出来：《会饮篇》是对苏格拉底形象的又一个庄严的塑造和纪念,但同以前在《申辩篇》、《克力同篇》和《斐多篇》里的塑造相比,显得更高大和优美,以前这些对话中的苏格拉底形象是感人的,但还有压抑感,他还面对着许多怀疑；而在《会饮篇》中的苏格拉底则充满着昂扬的积极精神,他的思想生动深刻而且完全有信心作为凡人要上升到绝对的真善美境界中去。柏拉图在五十岁左右时又一次重新纪念和塑造苏格拉底这位哲学上的神人的形象,可说是他以此表达了自己充分的哲学信念和继续前进的力量。其中最引人注意的是有一种新的思想,即辩证法的思想。这种思想是要在哲学的追求中,重新把感性世界同相世界、凡人(有死的)和不朽联结起来。《会饮篇》表现了一种同纯粹抽象地讨论彼此割裂孤立的相十分异趣的精神。

（1）"爱"之神是真正的哲学家,他本身不是真善美,正因为缺乏它们、需要得到它们才爱才追求它们,他是处在贫乏和富有、无知和有知、丑和美、恶和善之间的,人和神之间的存在。

在饮宴中几个人——对"爱神"发表了赞颂之词,说得天花乱坠,最后轮到苏格拉底。他认为这些颂扬虽然富丽堂皇却并不实在,如阿伽通说爱神的本质尽善尽美就是个典型。苏格拉底问道："爱情"有没有对象？ 必定有。爱的时候是否已经得到了这个对象呢？ 必定还没有。那么"爱是针对某个对象的,而这个对象是人现在还没有得到的"[1]。并且爱的对象显然是美而不是丑的东西,可见,"爱是缺乏美,现在还没有得到美的"[2]。同样,善的也是美的,所以爱也就是缺乏善的[3]。这时,苏格拉底就指出阿伽通说爱

① Plato,Symposium，200e.
② Plato,Symposium，201a-b.
③ Plato,Symposium，201c.

神至美的意见是不能成立的。

驳倒阿伽通的说法之后,苏格拉底接着以转述一位曼提尼亚女巫第俄提玛的话的方式,用半神话的叙述正面发挥了对"爱情"或"爱神"看法。

爱神缺少美和善,但也绝不是丑和恶的,而是介于真知无知、美和丑、善和恶之间。[①] 因而也是介于有死的人和不朽的神之间的[②]。

第俄提玛讲神话,她说爱神不是神也不是凡人,他是贫乏神从丰富神那里受孕而生的儿子,所以他总像母亲,贫穷而粗陋,又像父亲,所以总追求美和善,他勇敢又机智,热心追求智慧,永远是一个爱智者、哲学家。他处于永恒的流动之中,所以永远不穷又不富。

> "真实的情形是:凡是神都不是哲学家或智慧的追求者,因为神已经是智慧者了;任何智慧者都不再求知。无知者也不求知,因为无知的毛病正在于尽管不美不善却沾沾自满:他不觉得自己不足,没有求知的欲望。"——那么,谁才爱智慧呢? ——"他们是介于二者之间的,'爱'就是其中的一位。因为智慧是最美的东西,而'爱'就是爱美的;所以,'爱'是一位哲学家、爱智者,而作为爱智者就处于智慧和无知之间。"[③]

(2)"爱情"的行为方式就是在美的东西里孕育生殖,以便使好的东西永远归自己所有,达到不朽。

柏拉图认为凡是人都有追求美好事物的欲望,但不是所有的

---

① Plato,Symposium, 202 b.
② Plato,Symposium, 202 d-203 a.
③ Plato,Symposium, 204 a-b.

人都能成为哲学家。正如一切手艺都使事物从无到有,是创作,但我们并不称一切手艺人都是创作家,而只称诗人是创作家一样。①

讲了这个伏笔之后,第俄提玛又从一切人都有的爱的本性讲起,从身体的爱再讲到心灵的爱。她说,人到一定年龄,身体里本性就要发生一个迫切的欲望,要男女结合进行生殖,"这是一件神圣的事情,因为孕育和传代是有死的凡人中的不朽的原则"。② 生育不能在不和谐中进行,丑同神圣事情是不能和谐的,只有美的才与之和谐。所以生殖力在遇到美的对象时才焕发精神,怀胎生子,否则就感到痛苦无味,宁可不生殖。可见,爱只是对美的爱,要在美中生殖,生殖则是为了不朽,"因为对于凡人来说,通过生殖,生命才能绵延不朽。从上面说过的爱是要永远得到好(善)的东西这个断定来看,所有的人都必然要在意欲善时意欲不朽:因此必然要得出结论:爱是追求不朽的。"③

同第(1)点包含着对立统一的运动观一样,第(2)点同样是充满辩证法的。进一步提出问题:"爱情的原因是什么呢?"④ 动物为了生殖也都害着恋爱病,为了匹配和保护幼仔,它们同强者战斗,忍受饥饿痛苦甚至牺牲也在所不辞,如果说人由理性驱使,那动物也如此是为了什么呢? 这原因和本质就在于"爱是爱不朽的","每个可朽者都尽其可能要成为永存不朽的,这只能靠生殖才能达到,因为生殖总是留下新的一代来接替老的。甚至于同一个个体生命中也是一个接替过程而不是绝对同一的:一个人被称作同一个人,可也处在年轻和年老之间,在这期间每个人都被看作

---

① 在希腊语言中,"诗"这个词的原义是"创作"、"创造"。
② Plato,Symposium,206 c.
③ Plato,Symposium,206 e-207 a.
④ Plato,Symposium,207 a.

是有生命的同一体,却经历着不断地新陈代谢的过程,他的头发、肌肉、骨头和整个身体都总是在变化着。这不仅对身体是真实的,灵魂也是这样,它的脾气、性格、意见、欲望、快乐、痛苦、畏惧,在我们每个人那里都不是保持不变的,而总是生了又灭。更使我们惊奇的是这对科学也是一样真实的,不仅某些科学在我们心中产生,另一些消灭,我们对它们不同样看待,而且每一门科学里也有同样的命运。'回忆'这个词就包含着知识离去被遗忘和由回忆再生和保持;知识好像是同一的,但实际上是更新,照这样的规律一切暂时的东西被保持住,却不是绝对同一,而是取代,陈旧的可朽东西让位于另一个新的类似的存在 —— 不像神圣的东西整个地永恒地同一。苏格拉底,凡是可朽的身体或任何可朽者都是以这种方式分有不朽的,此外就不可能。"①

柏拉图对话中的这一大段,可说是继赫拉克利特之后的又一个辩证法的宣言:对立的统一,永恒的运动,生生不息的新陈代谢,不仅存在于自然界,而且存在于人的精神和知识之中,存在于他自己的"灵魂回忆说"中,存在于他的哲学追求中;只有神灵才能除外。

在上述论述的基础上,第俄提玛把"爱"的说明引向深入。一般的男女只知道身体的生殖,"但有生殖力的灵魂 —— 世上有些人在心灵方面比身体方面更富于生殖力,长于孕育心灵所宜于孕育的东西,这就是智慧和美德。一切诗人以及各种技艺的创造者称为发明者,就具有这种灵魂;但最伟大美好的智慧是关于治理国家和家族的,叫作节制和正义。"② 这些人是英雄人物,他们生育

---

① Plato,Symposium, 207c-208b.
② Plato,Symposium, 208c-209a.

的子女比一般肉体的子女更美更持久,留下不朽的光荣,如荷马、赫西俄德等大诗人,如斯巴达的吕柯库斯,雅典的梭伦,他们生育了伟大作品和希腊人的法律。

最后就来谈那"爱情"的顶点、更伟大和隐秘的一种。这就是哲学了。

(3)哲学是对永恒的真善美的"爱情"追求,以及达到它们的阶梯式的道路。

> 凡想依正路达到这个境界的人,从小寻找有形体美的为伴,如果他为正确的教育者所引导,首先从爱仅仅是单个的美的形体开始,从中就会孕育出美的想法;接着他就会觉察到此一形体之美与彼一形体之美相类似;这时他若不是愚蠢到不能认识一切事物中的美是同一的,就会追寻到美的一般形式;理解到这一点,他就会爱一切美的形体,不再把热情只专注于某一形体上,而会把它看作渺小的东西。第二步,他会想到灵魂的美比外形美更可珍贵,如果一个美的心灵在外形上并不美观,他也会满意地爱慕于他,从中找出或孕育出使青年人获益的思想,直到思考和认识制度和法律的美,理解这些美都属于一个家族,而单个人的美是微不足道的;在认识制度之美后他受引导就可进入学问,看到广阔的领域都充满着美,这时他就不再奴隶般地只爱一种美,只爱某一个别的美的青年、成人或制度,像一个奴隶那样卑微狭隘了,而是被引向了美的大海之岸进行沉思观照,在无穷尽的对智慧的爱里,孕育出许多优美崇高的思想道理,增长起巨大的力量,最后,他终于看到一门单纯的科学所揭示的景象和境界,这就是涵盖一切美的学问。[①]

这就是哲学,柏拉图相论中的相世界:

---

① Plato,Symposium,201a-d.

当他达到顶点时,就会突然看见一种奇妙无比的美。这种美首先是永恒的,不生不灭,不增不减。其次,这种美不是从一方面看美,从另一方面看丑,或在某时某地某关系上看美,而在另时另地另一关系上看丑,也不随人的看法而异,也不是指一面孔、一双手或某些身体的其他部分之美,或任何言辞、知识之美,或任何个别事物如一个动物之美,无论它在天上、地上或任何别的地方;而是绝对的、独立自存的、单纯的、永恒的美,它赋予一切其他的美的事物及其生灭的各种美以美,但它自身并不经受增减和变化。[①]

总结起来说:

在真实美的影响下,那从世间的事物开始感受到美的人,是能上升到顶点的。爱的追求的真正秩序,或引导的次序,是从世间的各种美攀登到另一种美,这只需要按以下步骤来进行:从一个事物的美进到二,从二进到一切美的形体的形式,从美的形体的形式进到美的行为,从美的行为进到学问,直到从美的学问达到我上面所说的那个科学,它只以绝对的美作为自己的对象,这样最后他就懂得美的东西只是由于它自身。[②]

这种悟彻绝对美的生活方式是比人的其他一切生活方式都高的,在这样的人看来,什么黄金、美服、美少年等等都微不足道了。达到了这种绝对美,美就不再是些影像而成为真实。这样的人就能孕育哺养出真正的美德,与神为友达到不朽,达到凡人所能达到的不朽。[③]

从这一论述,我们可以看到在《会饮篇》中柏拉图前期"相论"的基本特征并未改变,但也有了变化。那最高的本体仍然是永恒

① Plato, Symposium, 201 a-d.

② Plato, Symposium, 211 b-c.

③ Plato, Symposium, 211 d-212 a.

绝对的真善美之相,它凌驾于万事万物,赋予一切感性事物和较低级的特殊的相以美和善。但认识它必须从感性个别事物即可变化的、有对立的、相对的东西开始。而且种种形体的、灵魂的、制度的美,作为特殊的相,也不是绝对的东西了。绝对的"相"只出现在最后最高的层次和境界上,在此之前,人的认识及其对象,从感觉个别事物的认识直至各门学问及其对象,都带有辩证法的性质,它们是变动的有相对性的。哲学及其研究途径是从低到高,从感觉事物到特殊的相再进到真正绝对的普遍的"相",也是一个辩证法的过程。

柏拉图前期"相论"中一切的"相"都是自身绝对孤立的,因此"相"与"相"分离割裂,并同感性事物分离割裂,这种形而上学观点现在开始打破了,"相"从各种感性事物中被找出来,而各种特殊的"相"也不再是绝对的东西,辩证法的因素渗透进来取代了形而上学,于是相论哲学就变得生动起来了。但哲学仍是对于绝对不变的真善美之相的"爱情"和追求,要引导人进入神的境界,所以从根本之点来说还是客观唯心主义的和形而上学的。

二、《巴门尼德篇》中柏拉图对自己前期相论的批判,以及前期"辩证法"的发展

柏拉图"相论"的重大转折,主要表现在他的《巴门尼德篇》中。这篇对话是柏拉图全部对话中最难懂最富思辨性的,但包含着最为重要的哲学思考成果。黑格尔称之为"柏拉图辩证法最著

名的杰作","真正辩证法的详细发挥"。[①] 陈康先生在研究这篇著作中取得了重要成果,指出它是柏拉图从《斐多篇》和《国家篇》中的"相论"转变到晚期"通种论"(见《智者篇》)的转折点。"通种论"的基本观点是认为"种"(最高的相)不是孤立分离的而是相互结合的,从而否定了原来相论中孤立不变的"相",转向了共相的辩证法。陈先生还认为,"黑格尔的《逻辑学》在内容方面至今仍是后无来者,如若它有前人,那就是柏拉图的《巴曼尼得斯篇》"。[②] 足见这篇对话在哲学史上有何等意义。陈先生的译注《柏拉图巴曼尼得斯篇》发表于40年前,最近商务印书馆已重新校订再版;另有一篇专论《论柏拉图的〈巴曼尼得斯〉篇》(原由德文写成,由王太庆同志译出发表在《外国哲学》第一期上)。我在这里打算依据陈先生的研究成果对《巴门尼德》篇的主要思想作一概述,同时我也参考了康福德的《柏拉图和巴门尼德》这一专著(F.M.Cornford, *Plato and Parmenides*, London, 1939),目的是希望对柏拉图的哲学转折有一个扼要的理解。陈先生的中译有些难解之处,拟参照有关的英译本略加改动。

在柏拉图早期和中期的对话里,通常领导谈话的中心人物都是苏格拉底,但在后期对话中,如《巴门尼德篇》、《智者篇》、《蒂迈欧篇》、《克利底亚篇》、《政治家篇》和《法律篇》等篇中,情况有所改变。在《巴门尼德篇》里"苏格拉底"只作为一个接受批评和指导的青年出场,而领导人物是德高望重的"巴门尼德",另一位比较重要的人物是"芝诺"。角色的分配是:"芝诺"是本来的巴门尼德和芝诺的爱利亚派观点的表达者,他出现在全篇的开头;然

---

① 黑格尔:《哲学史讲演录》第2卷,三联书店1956年版,第216页。

② 陈康译注:《柏拉图的〈巴曼尼得斯篇〉》,商务印书馆1982年版,序,第14页。

后青年"苏格拉底"发表意见,他是柏拉图前期"相论"思想的表达者;而全篇对话的领导者"巴门尼德"则以老前辈的资格和口吻,通过对青年苏格拉底的问难批评了这个相论,引导他作新的哲学研究,并以八组推论的示范提出了一种新的"相论":所以这里的巴门尼德才是后期的柏拉图本人的思想表达者。全篇从芝诺起,表明柏拉图的"相论"最初是从爱利亚派的逻辑思维方式出发的,但有改进。而柏拉图后期"相论"的思想,在对前期相论的自我批判中,实际上也对历史上本来的巴门尼德和爱利亚派进行了深入的批判,可是这项工作却分配给"巴门尼德"去做,这看来似乎是不适当的,为什么这样写呢? 我想这可能是由于这项工作具有高度的逻辑思辨性质,而这种逻辑思辨从历史上说是由巴门尼德开端的,柏拉图自觉地把自己的工作看做他的这种思维方式的继续,所以用他的形象,表现对他的纪念和高度尊敬。

（1）对前期相论的驳难和批评

《巴门尼德篇》显然分为前后两大部分。从129a到135c,主要讨论苏格拉底的相论。通过讨论,苏格拉底摆出了自己的观点,即对柏拉图前期相论作了一个集中的表述;同时在批评下暴露出它的根本弱点和困难,受到否定,这就是第一部分。

整个讨论是由芝诺宣读他的论文引起的。芝诺论证了爱利亚派的一个基本观点,存在是"一"而不能是"多"。论据是如果它是"多",那么存在的各个部分之间就会既"类似"又"不类似",这是不可能的。

苏格拉底对此提出了不同看法,认为必须区别现象和相(共相)两种情况。他说,具体的感性事物是可以彼此既类似又不类似的,并不足怪,因为它们可以既分有"类似"之相又分有"不类似"之相,这样它们就可以同时在某种程度或方式上既有类似的性质又有不类似的性质；凡具体事物都可以分有彼此对立的"相"，这里并没有什么矛盾和荒诞之处。①

我们知道，历史上的巴门尼德和爱利亚派是不顾现象的，从"有"是"一"就否认了现象事物是"多"，这一点遭到人们普遍的抗议。"苏格拉底"针对"芝诺"的"类似"与"不类似"不能相容的说法，提出现象事物与相不同、可以"分有"不同的相的观点，用以摆脱芝诺论证所提出的困难，达到"拯救现象"的目的。

苏格拉底认为，只有相才是绝对的，彼此不相容的，不能相互结合的：

> 如果有人能证明绝对的类似会变成不类似，或绝对的不类似会变成类似，在我看来，倒真正是一件怪事。……如果他对我说，绝对的一是多，或绝对的多是一，我将真的感到困惑。其他一切也如此：要是我听说本质或相本身有对立的性质，我将惊骇。

这两种情况是不同的：

> 如果有人说木、石之类东西既是多又是一，我们会说他讲的是某物有一也有多，并不是讲一就是多，或讲多就是一，那么他讲的并不荒谬而是真的。但如果有人先把我上面提到的相分离开来，如类似、不类似、一、多、静、动等等的相，然后说这些相可以容许结合在一起和分离开来，我将十分惊异。②

这里表述了苏格拉底（即柏拉图前期"相论"）的基本观点。相作为抽象的一般、"普遍者"，每一个是绝对孤立的存在、单一纯粹

---

① Plato，Parmenides，129 a-b .
② Plato，Parmenides，129 b-e .

的共相,这里是同爱利亚派的"存在"近似的;不过相很多,而且有对立的相,所以他想用这些相被具体事物"分有"的办法来解释现象界既有一也有多等等,保持赫拉克利特对感性事物的辩证法观点,说明这些事物可以包含对立,进行生灭变化和运动。

苏格拉底虽然用"分有相"的说法勉强解释了现象,但他的相论本身仍是形而上学的,他认为对立的"相"不能结合,只有分离,按逻辑的矛盾律,非此即彼,对立者不能统一。对立统一只存在于感觉事物里,因而并没有得到真正的承认;因为个别事物中的对立统一,只是由于它分有了本来是绝对孤立的相,这些对立的相只是外在并列于个别事物里面。这种绝对孤立的"相"的观点,是他那时哲学的根本点,所谓分有,相反的在具体事物里的结合,只不过是为了拯救现象而设想出来的、迁就现象的说法,从理论上说并没有任何根基。于是问题就深入了一步:对立的相、彼此分离的相本身能否结合? "苏格拉底"表示"困惑",就表明柏拉图写这篇对话时已感觉到了这个问题是更根本的,就把这个问题提了出来。

巴门尼德称赞苏格拉底在论证上的进展,同时指出他的论点是:①把"相"同分有相的感性事物分离开来;②肯定有一种与我们所知道的类似不同的绝对的"类似"之相,以及"正义"、"美"和"善"之相。[①]接着就向他提出了一系列的问题:

a.有没有离开我们和其他一切人的"人"之相? 以及"火"、"水"之相?

这是一个要害问题,即究竟有没有与感性事物相分离的"相"? 一切具体的人之外还有一个"人"吗?

苏格拉底答道,我常常对此犹豫,不知道"相"是否应包括像

---

① 　Plato,Parmenides, 130b.

"人"、"火"、"水"这类东西。①

我们知道柏拉图前期认为"相"不仅包括像"善"和"美"这类抽象普遍者,而且也肯定感性东西的种类有相(如《国家篇》中说到"床"的相)。而在这里他暴露出自己原来也是有疑惑的。因为这是很难理解的,与素朴的健全意识不能相容。

b. 再者,像头发、污泥等等无价值的东西,有没有"相"?

这是针对柏拉图所继承的苏格拉底的目的论而提出的问题。苏格拉底说,决不能说这些东西也有"相",这太荒唐了。但是他承认这个问题有时曾使自己感到不安,害怕会毁了自己的哲学,所以采取了回避的态度。巴门尼德说,这说明哲学还未抓牢你,你还年轻,到哲学抓牢你时,你就不会再轻视这些甚至是最低贱的事物了。②

这是对前期"相论"中目的论思想的批判。按照这种目的论,只有美和善这类有价值的东西才配有真实的存在,而丑恶低贱的东西不配有真实的存在,所以前者才有"相"、后者就没有"相"。"巴门尼德"指出这不是哲学的态度,哲学讲存在、本体,不能凭人们以为它有无价值或价值的高低来定。柏拉图前期"相论"还有不合真正的"普遍者"之处,这一点揭露出来了。

c. 然后巴门尼德对苏格拉底的"分有"说提出了一系列的质难。"分有"本是一种含糊的说法,现在要弄清它的含义,困难就显现出来了。

首先,分有者分有的相是整个的,还是这个相的一部分? 苏格拉底认为是分有了整个的相。那么,同一的相就会作为整体存在

---

① Plato, Parmenides, 130c.

② Plato, Parmenides, 130c-e.

于许多彼此分离独立的事物里,岂不是它同自己分离了吗? 对此苏格拉底用"白天"和"帆篷"打比方来解释:"白天"是同一的,又同时在许多地方,仍保持原样,并不和自己分离。巴门尼德问,一张帆篷遮在许多人上,是整个地在每个人上面,还是每个人上面只是它的一部分,不同的人上面是不同的部分呢? 是后者,那么相本身就成为可分割的了。因此分有者分有的只是相的一部分而不是它整个。这样相就是可分的,与相的单一不可分性相矛盾了。

从这里立即出现了逻辑上的矛盾:许多事物分有"大"的相的一部分而成为大的,但"大"本身分成了部分,每一部分必小于全体,那么"大"的部分就小于"大"之相了,这是荒谬的。同样分有"等"的一部分,这一部分小于"等"、分有"小"的一部分,它比"小"更小,那么"小"与之相比就成为较大的。这怎么可能呢? [①]

这种讨论从我们今天来看好像是没有意义的。因为普遍和个别的关系,并不是像分一个具体东西那样。但要知道古人的思想本是素朴性的,柏拉图把相作为普遍的东西提出来,实际上却不理解普遍者的存在方式,仍把它当作一个事物;"分有"说本来就带有这种素朴性,通过问难就表现出来了,而且暴露出理解上所发生的困难。所以苏格拉底对自己的观点进一步动摇了。

其次是所谓"第三者"的论证:巴门尼德指出,我们是怎么肯定有一个"大"之相的呢? 是因为我们见到许多物件大,所以想到有一个"大",它是从许多大里面概括得来的。但是这样就有了两个东西:感性事物里的大和"大"之相,这样在两个大之上,岂不是又能得到一个它们共同的"大"来? 这个"第三者"的"大",是可以无穷类推的。这样"大"之相就会是无穷多了,又同相的单一性

---

① Plato,Parmenides, 131a-e.

矛盾了。①

　　这个论证的根据还是因为把"相"素朴地看做在感性事物之外、却与感性事物一样有其单独存在的一个东西所造成的。这正是前期柏拉图相论的错误的要害和认识根源。这一点同前面的（a）点一样，都涉及一些根本问题，后来亚里士多德批判柏拉图及其学派的相论时，抓住了这些问题并深入了。首先发现和提出质难的原来还是柏拉图自己，这是值得留意的。

　　还有，如果把"相"只看做思想，每一个相只是一个思想，能不能避免上述困难？——这个问题的提出，表现了柏拉图曾想过用概念的唯心主义来代替客观的相的唯心主义，他有过这种尝试或念头：把"相"看成是一个客观存在独立存在的东西会引起一系列的难题，那么把"相"看做一种心中的思想，它们只在心中分离独立存在，并不是在客观上真有独立存在，岂不是就能避开这些困难了吗？这问题的提出是有重要意义的，因为"相"是通过我们的思想抽象力所认识的事物的共相、本质，所以要想弄清"相"与感性事物的关系、"相"与"相"的关系（包括它们是怎样分离、在什么意义上分离，又如何结合、联系在一起等等），必须深入研究我们的思想认识过程。后来亚里士多德对此有所研究，取得了虽然仍是初步的却很有意义的进展。但是在《巴门尼德篇》中，这问题提出来立即就被否定了。巴门尼德立即针对苏格拉底的这一想法进行了反驳：思想难道没有对象，是无所思的思想吗？当然不是。所思的是"有"不是"无"，是思想认为在一切事物里真实存在的东西、"相"，但"相"本身不能是思想，否则事物"分有相"就成了分有思想，事物就会由思想构成了；此外，我们也不能说一切事物都在思

---

① 　Plato，Parmenides，132a-b．

想,更不能说它们是思想却不能思。①

这一批评表明柏拉图同历史上的巴门尼德一样,都是主张客观的"存在"(共相)的唯心主义者而不是概念和思想的唯心主义者,不仅同笛卡儿的"我思故我在"这种主观"思想"的唯心主义观点不同,也同黑格尔的客观"思想"的唯心主义不同。柏拉图唯心主义仍然素朴地坚持思想之外的客观东西才是真实存在的,不过他认为这是共相、普遍的东西。所以他只是略为接触到这个问题,很快就放弃了把"相"说成是思想的假定。

d. 对"模仿"说的否定。

青年苏格拉底的相论已受到了两个大的打击:"分有"把单一的"相"分成许多部分,这个困难无法解决;每一个"相"同每类个别事物对立,必造成"第三者"也无法解决。顺带想到用把"相"说成是思想的办法也行不通。于是苏格拉底尝试给他的相论以一个新的解释,希望能避免以上两个难题,这就是所谓"模仿"说(见柏拉图在《国家篇》中的说法)。他说,这比前面的说法要合理些:这些"相"好像是模型,确立在自然里,其他事物是它们的摹本,因此所谓"分有"就是酷似它们。

巴门尼德追问:个别事物类似相,那么相必定也类似这些个别事物,两方面就都有"类似"的性质了,这样,在个别事物的"类似"和这个相的"类似"性质之上,岂不是又出现了一个"类似"之相,而两方面都分有它或类似它? 并且,新的"类似"之相岂不必将无休止地出现? 换言之,这里岂不仍然要出现"第三者"?

因此,把"分有"解释为"模仿"无济于事,必须放弃。②

---

① Plato,Parmenides, 132 b-c.

② Plato,Parmenides, 132 d-133 a.

e. 相论最大的困难是：如何能确立"相"与感性事物相分离的另一种存在。

在133a–b，巴门尼德小结了上述讨论，指出："你可以见到，要区别出'相'自身的存在困难是多么大。"接着他说："但是你还只看到困难的一小部分，全部的困难还在于，每一事物的单一的'相'怎么能同其他事物分离。"

巴门尼德说这会造成许多困难，其中最严重的困难是：我们和任何一个人都同意，"相"没有一个存在于我们感性世界里。因此人们认为认识不到相，如果你不作详尽的证明，他们是不会相信的，你也没办法向他证明他是错的。

苏格拉底承认这一点，由于认为"相"是绝对的，而感性事物是相对的，自然人们不好理解"相"。

巴门尼德分析了这个观点。这里有两个世界：绝对的相世界，相对的感性事物世界。"因此，这些'相'作为'相'存在，只在它们的相互关系之中，它们的本质靠它们之中的关系来规定，与摹本无关，与存在于我们世界里的，我们给它们以这种那种名称的东西无关。我们世界里的事物虽然与那些相有同样的名称，也同样相互关联，却不是和有同样名称的那些相相互关联，而是感性事物只同感性事物相关，与相无关。"例如："假定一个人是主人或奴隶，显然他不是一个抽象的'主人'之相的奴隶或一个抽象的'奴隶'之相的主人，而是人与人的一种关系。主人之相的抽象只能靠与奴隶之相的抽象的关系来确立，反之亦然。但是，我们熟悉的事物对那些相并无能力发生作用，相也不能对我们熟悉的事物发生作用；因此相只属于它们自身，并只在它们的相互关系中得以建立,同样我们所熟悉的世界里的事物也这样。"①

　　苏格拉底承认这说法有理,巴门尼德就进而谈到知识的问题。既然相的世界独立于我们的世界之外,关于这些绝对东西的绝对知识就成为我们不可能认识和达到的了;因为我们只能认识我们世界中的事物(在其相互关系中认识),相世界是与我们的世界隔绝的。另一方面,那能对相有绝对知识的神也就只能认识相(在其相互关系中认识),并且也就不能认识与过问我们人间的一切事物了。②

　　这个结论从两方面看都是对柏拉图前期相论的致命打击。第一,建立相论,就是为了人去寻求绝对的真、善、美等的相,用来说明我们世界中万物的原因,现在证明相是不可知的,而且同我们的世界没有关系,那么建立相论就没有任何意义,而且对我们来说也是完全不可能的事情。这是最致命的一击。其次,说神不能认识和治理我们的世界,这对希腊人来说几乎是最无法接受的,也同柏拉图本人的神学观点完全背离。"巴门尼德"说,这些困难,只要我们把各个相规定为绝对单一的存在,就不可避免,而且还远不止这些。③

　　的确困难还不止于此。因为把每个"相"孤立起来成为绝对的"一",结果将不仅使"相"与感性世界割裂,而且所谓"相"与"相"的关系 —— 如巴门尼德所说而苏格拉底所承认的,每个相也是在同别的相的联系、对立中才能确立其存在的 —— 也不可能;因为绝对孤立的此一相也不能同彼一相有任何关系,而从这一点将推论出每一个相自身也将不能存在。关于这一点,正是后面要着重

---

① Plato,Parmenides, 133b-134a.
② Plato,Parmenides, 134a-e.
③ Plato,Parmenides, 135a.

说的。

可见,在《巴门尼德篇》中,柏拉图对自己以往的相论作了相当严厉的反省,揭发了它的种种混淆不清和困难,追查了根源。从以上各点来看,最要害的问题是:有没有与感性事物相分离的独立自在的"相"? 有没有与我们世界相分离的独立自在的相世界?(见 a、e)与此相关的是"分有"和"模仿"说不能成立(c、d),其原因也在于假定了"相"是一种虽与感觉事物同名却完全是另一种独立的存在物。其次,是批评了前期相论中用目的论观点来确定相的做法(见 b)。还有,是也否定了把相说成是思想的考虑(亦见 c)。但另一个要害问题,即相与相之间的彼此孤立,在这里尚未作深入检查。这些自我检查和批判,都有其意义,我们可以认为,柏拉图已经发现了前期相论最致命之处,是把相与感性个别事物割裂开来。

这是很可贵的。

但问题该怎样解决呢?

(2)柏拉图在哲学转变中打算遵循的基本原则和方法

a.不可因为前期相论的缺陷就否定"相",但是需要对相有新的理解。巴门尼德在揭露批判了苏格拉底相论的种种问题之后说:

> 然而如果人们因为顾及刚才讲的这些困难和其他类似的困难,就否定事物的相,不承认各种个体事物有它们自己的有规定的相,这些相总是同一的,那么他的心灵就没有东西可以作为支柱了,并且这样他将完全毁灭了研究哲学的能力。我想你似乎尤其注意到了这一点。①

① Plato,Parmenides, 135 c.

这里译作"研究哲学的能力"是意译,原词是 διαλεκτική μέθοδος 即"辩证法"(dialectic)。陈康注释说:这个术语始于柏拉图的《国家篇》(533c),该词在柏拉图哲学中和在亚里士多德、康德、黑格尔哲学中意义都不同;它相当于我们现在所谓"哲学",更精确地说相当于现在哲学中的所谓万有论(即本体论)和认识论部分。因此翻译如上。[①] 英译为"the power of reasoning",[②] 甚或译为"the power of speaking logically",[③] 也是意译,即"理性(或论证)的能力",甚或直译希腊词为"有条理地说话的能力",因 διαλεκτική μέθοδος "辩证法"本义就是谈话法。

从《巴门尼德篇》这段话可以看出,柏拉图认为原来相论虽然错误严重,但不可因噎废食,连"相"也否认了。没有它,我们的思想就没有确定的东西作为支点,就会成为一团混乱,不能合逻辑地说话、讨论问题和研究哲学。不过这些相虽然是同一的,却是"事物的相"、"个别事物所具有的它们自己的有规定的相",请注意,这里讲的已不是与个别事物相分离割裂的"相"了。

应该说,这是后期柏拉图相论里"相"的概念的一个带根本性的转变。不过柏拉图在这里并没有进一步加以研究说明,只一带而过,他似乎还没有弄清"相"究竟以什么方式存在的问题(即普遍只能存在于个别事物之中,并无脱离个别的单独存在这个道理)。但他既然认为"相"是个别事物所具有的东西,应该说已经迈出了十分重要的一步。

简言之,以每类个别事物中的"相"(带普遍性的规定性)代替那与个别事物分离的"相",这是柏拉图相论发展中第一个带原则

① 陈康:《柏拉图的〈巴曼尼德斯篇〉》注141,商务印书馆1982年版,第102页。

② 见 Jowett, *The Dialogues of Plato*, 第2卷,第680页,Oxford, 1953。

③ 见 George Buiges, *The Words of Plato*, 第3卷,第417页,London, 1850。

性的改变。

b. 必须重新研究思维方式,即运用"相"从事推论的"训练方式"。

接着"巴门尼德"谈到研究哲学必须进行训练。这实际上就是引导人去解决第二个原则问题,即相与相之间是分离还是结合的问题。巴门尼德认为这是一件非常细致、严密和繁重的工作,必须制定一整套训练人们从事这种推论的方法。因此,他先指出"苏格拉底"以前还不懂得这种研究方法,而不懂得它就无法得到真理:

> 巴:那么你怎样研究哲学呢? 如果你还不认识这些相,你向何处转移呢?
>
> 苏:现在我确实弄不清楚我应走的路。
>
> 巴:是的,苏格拉底,我想,你在试图确定美、正义、善和各个相时,原来还没有经过充分的训练。我注意到你的不足,…… 把你引向哲学的推动力确实是崇高和神圣的;但是有一种大家称之为闲谈的、时常被人们视为无用的艺术,你应趁年轻时从中训练你自己,否则真理将会逃避你的把捉。
>
> 苏:这种训练的本性是什么,请你谈谈好吗?
>
> 巴:这就是你听到的芝诺的运用方式。同时,我把这一点归功于你,你对芝诺说,你不允许讨论问题时把可见事物混杂进来,而只应谈思想的对象和可以称作相的东西。
>
> 苏:这是因为,我想用这种方法来说明可见事物既类似又不类似或有其他性质,就没有什么困难了。
>
> 巴:很对。[①]

这一段话表明:第一,柏拉图认为自己以前的哲学论证方式

---

① Plato, Parmenides, 135 c-e.

还不够严密,需要重新研究并精密地制定;第二,这种方式是以
爱利亚派的芝诺的论证方式作基础的,这里有逻辑的严格训练的
开端;第三,肯定了苏格拉底和自己原来追求善、美和各种"相"
的努力是崇高神圣的;而且自己原先的方法也有比芝诺更进一
步之处,这就是在哲学讨论中只从普遍者出发,只讨论相,别掺进
感性的杂质,必须讨论纯粹可以由思想(论证)把握住的东西;
然后再把它用到感性个别事物中去就不难了(关于这一点,前面
129a–130a 中已经讲过)。这表明,后期柏拉图在肯定"相"与个
别事物相联系的基础上(这里只是笼统地谈到),把重点仍放在对
"相"本身的研究上、放在纯粹逻辑思维的论证中。他认为这才是
最重要最困难的工作,一旦弄清楚了纯粹的规定性(普遍者、相)是
什么,如何既彼此分离又能彼此结合,那时再理解感性事物中的相
反性质如何结合,就再不会有困难了;而如果对"相"与"相"的关
系、"相"本身还没有在纯逻辑的论证中弄明白,就夹杂些感性事
物进来(有如芝诺的"飞矢不动"之类),那会把研究进程弄乱而得
不到明确的结论,问题反而不好解决。

　　这是我们很宜注意的一点。后期柏拉图和后来的亚里士多
德,都对相论作了批判性的分析,但解决问题的重点和方向、方法
却有所不同。亚里士多德把重点放在普遍的"形式"只能存在于感
觉个别事物之中来研究"形式",他已经捉摸到普遍者的存在方式
的秘密(一般只能存在于个别之中,我们只能在思想上使一般与个
别分离,实际上它并没有独立分离的存在形式),所以表现出唯物
主义的倾向;他对柏拉图相论的批判是唯物主义对唯心主义的批
判。后期柏拉图对自己前期相论的批判,虽然发现了问题的要害
是"相"与个别事物的分离,但只初步地(或泛泛地)认为"相"应
是个别事物所有的"相",还没有理解这些"相"的特别存在方式;

而把重点放在研究"相"和"相"如何既分离(区别)又彼此联结的逻辑关系上,认为这个问题解决了,说明现象与"拯救现象"的任务也就能随之解决。因此,后期柏拉图发展出了关于"普遍"即本质的辩证法思想,但未能达到对"普遍"作唯物主义的理解;亚里士多德才达到了这一点(虽然也未搞清楚,还在动摇)。但是应该注意,后期柏拉图的辩证法并不因此就似乎不重要了。不是这样的,因为它第一次使"普遍"规定、实际上也就是纯概念及其对象开始运动起来了,而使这些规定运动起来却是一件最难的工作,与人们从感性事物中直观到运动的辩证法有质的不同。这是黑格尔式的逻辑概念辩证法研究的真正开端 —— 巴门尼德的"有"也是开端,但"有"在他那里是僵死的、形而上学的绝对,他否定了这种绝对的普遍者自身能运动;而柏拉图才开始使抽象的普遍者成为能运动的,有具体性的东西,即包含对立面的东西 —— 从这一点来看,后期柏拉图对哲学发展的贡献是前无古人的,有着十分伟大的意义。

c.这种思维方式(或训练方式)是:对于一个"相",必须从正反面提出最全面的假设,进行最仔细的周密的反复推论检查,才能弄清这个"相"本身。

> 巴:如果你要进一步训练你自己,就不仅要想到假定某个相存在(是)会有什么样的结果,而且要想到假定它不存在(不是)会有什么样的结果。
>
> 苏:这是什么意思?
>
> 巴:我的意思,可用芝诺关于"多"的假设作为例子来说。你不应只研究:假定"多"存在,那么,"多"对于"多"自身和对于"一"有什么结果,以及对于"一"相对于"一"自身和相对于"多"有什么结果;而且也要研究相反的假定:如果"多"不存在,对于"一"和"多"相对于它们自身和相对于对方有什么结果。再如,假

设"类似"存在或不存在,在这两种情况下对于"类似"和对于他者
(即"不类似"。—— 作者注)相对于它们自身和对方会有什么结
果;然后同样地再研究"不类似"。这方法同样适用于研究"动"和
"静"、"生"和"灭",以及"存在"和"非存在"。总之,当你假定某
个东西存在(是)或不存在(不是),或它以什么方式存在(是)的时
候,你必须研究,相对于它自身和相对于你所选择的任何其他的东
西 —— 对每一个单独的,对几个,对全体 —— 会有什么结果;然
后,若是你要得到唯一能引导人获致关于真理的令人满意的洞察
的完备训练,你还必须再考虑:其他的东西相对于它们自身和相对
于你所选择加以研究的主体,会有什么结果,先假定这个主体存在
(是),然后假定它不存在(不是)。①

　　关于这里所说的训练方式,陈康在注释中曾细致地加以分析
列举,他区分出这段话讲了三种训练方式,其中最繁复者一套达十
多种推论研究。我在这里不重复,只想指出两点:第一,它是柏拉
图"辩证法"中由假设进行推论以检验假设本身的方法论的发展。
第二,它的特点是全面精密,尽可能从正反各方面对主题作反复的
研究审查,避免片面性。这种细密使人感到极其烦琐冗长,其思辨
性也使人生畏。但它是人类的逻辑论证方式中最早提出来的一种
最全面细致的形态,仍然十分值得注意。柏拉图充分自觉这种论
证方式的意义和困难,指出这是"一件繁重的工作","重大的工
作",可是"大多数人不理解,唯有通过这种研究一切的迂回曲折过
程,心灵才能获得真理和智慧"。在苏格拉底和芝诺的请求下,巴
门尼德进行示范,他表示自己这样老了,还要游泳穿过这样广阔的
论证的海洋时,也不禁感到畏惧。② 这"巴门尼德"也就是老年的

---

①　Plato,Parmenides，135e-136c.

②　Plato,Parmenides，136c-137b.

柏拉图自己。

（3）改造相论的关键是论证相与"相"必须结合，不可割裂地孤立存在。这既是对柏拉图本人前期相论的批判改造，也是对巴门尼德和爱利亚派哲学的根本批判和改造。

a. 讨论主题是历史上巴门尼德的"一"。

在137b中，对话中的巴门尼德说，他对于这种训练方式的示范工作，可以从他自己的假设开始，即对巴门尼德哲学的"一"（即他的"有"）开始，假定"一"存在（是）和假定"一"不存在（不是），来考察会有什么结果。

柏拉图选巴门尼德的"一"来讨论，并非单纯地举例，包含有较深的含义。"一"是一个最普遍的"相"，在希腊哲学史上一直有重要地位，是从巴门尼德（更早是毕达哥拉斯）起哲学家们讨论得最多的东西；而且"一"最能表示单纯性、同一性、规定性；它也是柏拉图相论中最重要的一个范畴。因此，对"一"这个"相"进行讨论，就概括地讨论了从巴门尼德以来哲学对普遍者的全部基本观点。其中，核心的问题是普遍者究竟是彼此绝对孤立的，还是彼此结合的？因此，实际上就讨论了对普遍者以往那种孤立静止的形而上学观点是否真的能够成立的问题。从推论结果看，这种形而上学观点必须否定，必须代之以相与相的结合的辩证法。

对话以"巴门尼德"讨论自己全部哲学的前提"一"这个假定开始，让巴门尼德否定了他自己本来的哲学基础，同时也就否定了柏拉图前期的孤立的相；然而这种否定恰好是通过巴门尼德和爱利亚派以及柏拉图"辩证法"即逻辑论证来实现的。这真是一件别有一番意义的事情：思维的智慧之果，使思维本身陷于困境；然而解救思维于困境的，还得靠思维自己。柏拉图和后来的黑格尔都特别研究了这种规律性。这既是唯心主义的思辨（因为抛开了一切经验和经验对象），同时又是极重要的贡献（因为真正搞清问题还得靠抽象知性思维上升到辩证思维）。

《巴门尼德篇》的第一部分至此结束，下面就是第二部分，即讨论"一"存在或不存在的八组推论。它们是整个对话中最坚实的逻辑推论部分。

这八组推论非常复杂，陈康先生和康福德对它进行了详细研究，弄清了许多问题（对有些地方见解不尽一致），某些疑难还有待继续研究，我在本书里不打算细致讨论所有这些问题，我想只讲讲主要之点，并只谈谈八组中的前两组论证。因为前两组论证不仅是最重要的，它们所占的篇幅也超过了八组推论全部的一半。理解了前两组推论，后期柏拉图相论的基本思想也就可以明白了。[①] 当然，就是对第一、二两组推论，在本书里也只能作一个扼要的介绍和分析。

b. 如果对相作孤立的理解，结果它就不会有任何性质，不能存在、不能言说、不能认识，因而必定否定了相本身。

第一组推论的前提是假定："如果'一'存在（是）。"这假定的含义，首先是"'一'不是'多'"。[②] 这虽然只是一句话，却是最关键的：肯定"一"（如果"一"存在、有"一"）的意思，就是指它不是"多"；"一"同"多"相分离，这两个"相"彼此对立、孤立存在。换言之，整个推论就是从孤立的"一"开始，看它会得出些什么结果。

蕴含在孤立的"一"里有什么含义，通过推论就显现出来了：

　　1."一"没有部分（因为部分就是"多"），所以它也不是整体（因为整体是部分组成的）。

———————————

① 有兴趣和精力的同志，请再看陈康所译注的书和所写论文。

② Plato，Parmenides，137c．

2．"一"没有开端、中间和末尾（因为这就是部分）。

3．"一"没有界限或规定（因为它没有开端和末尾）。

4．"一"没有形状。因为它既没有圆的性质（圆有边），也没有直的性质（直线有端点和中间）。

5．"一"不在任何地方。因为它如果在别的东西里就会被包围而彼此接触，但"一"无部分、无界限；它也不能在自身里，因为如果在自身里，它就既是包围者又是被包围者，自己分成两个东西了，但一只是一，并不是二。^①

6．"一"既不能运动也不能静止。

不能运动。因为：（1）不能自身变化；因为如果它自身变化，它就不是自身孤立同一的"一"而是"多"了；（2）不能位移：不能作旋转运动，因为"一"无中心也无部分；它不在任何地方，又如何能改换地方；它也不能进入任何东西里，因为进入一个东西有历程，得一部分一部分地进去，而"一"没有部分，整个地进去更不可能，因为没有历程是不可能的。因此，"一"不能变动。但也不能静止。因为"一"不在自身里，也不在别的东西里，它永不在同一个东西或地方，怎么能静止？

7．"一"既不同于别的东西，也不同于它自身；又，"一"既不异于它自身，也不异于别的东西。

为什么"一"不能同于它自身？因为"一"与"同"的性质不一样，相同的东西并不是一个东西。（两个东西才有"同"）。同样"一"也与"异"的性质无关，所以"一"也不是"异"的东西。

8．"一"既不"类似"也不"不类似"它自身和别的。因为有"同"的性质才类似，而"同"是与"一"分离的。如果"一"离开了是"一"而另有别的性质，它就要成为"多"而不只是"一"。"一"也不能成为"异"的，那样"一"也会成为"多"而不只是"一"了。所以它既没有"类似"也没有"不类似"的性质。

9．"一"既不"等于"，也不是"不等于"自身和别的。因为讲"等于"、"不等于"（大于、小于）必须有计算单位。但"一"没有

① 请参见本书第五章末一节所讨论过的高尔吉亚对此有关的论证。

"同"的性质,也没有"部分",所以它对自身和对别的都没有计算单位。结果必定是如此。

10."一"不能和自身和别的有同一年龄,也不能年少些,也不能年老些。

因为"一"根本不具有"同"、"等于"、"类似"之类性质,也不具有"异"、"不等"、"不类似"的性质。

11.因此"一"根本不能在时间里。

12."一"不能在过去、现在和将来存在(是)。西方语文中 to be 即"是"或"存在"只有三种形式:过去式、现在式、将来式。现在"一"不在任何时间里,所以它不能有这三种形式的"存在"或"是"的任何一种。

因此,这里得出的结论,就是"一"不存在。这个推论的结果同前提假定"如果一存在(是)"正好相反。

在 141e-142a 里指出:"一"不能分有存在,"一"完全不存在。"因此,'一'不能作为'一'存在;因为如果它已经存在,那它就已经分有了存在。但是如果〔上面〕这样的论证是可信的,'一'将既不存在也不是'一'。"

13.因为"一"不存在,所以关于"一"就没有名称,没有以它为对象的言论、知识和感觉。①

这就是第一组推论:从绝对孤立的"一"出发,推论结果是这个"一"本身的自我否定和全部毁灭。

"但是,关于'一'所说的这一切能够是真的吗?"——"我想不"。② 这表明,柏拉图决不同意这一切推论演绎的结果,即是说,不可毁灭"一"之相及其应有的各种性质;那么也就是说,必须否定这一切结论的前提,否认把"一"看作绝对孤立的相这种假定。

---

① 以上从假定开始的第一组全部推论,见:Plato,Parmenides(《巴门尼德篇》),137c-142a。

② Plato,Parmenides,142a.

这是后期柏拉图对自己原来的形而上学观点的否定,也是对历史上的巴门尼德和爱利亚派的形而上学观点的否定。

c. 对任何一个"相"必须把它同别的"相"(对立的相)结合起来理解,并使这个相里包含种种对立性质的"相",这个"相"才是真正存在的,我们才能对它有知识。

第二组推论的前提假定,字面上与第一组推论完全相同。但推论结果同第一组的正好相反,其关键在于对这个假定作了完全不同的理解。

> 现在让我们再一次回到原初的假定上来,看看用进一步的观点能否对问题获得新见解。—— 我很乐意。
>
> 如果"一"存在(是),我们将研究出一切可能的结果?—— 对。
>
> 那么,让我们从开端着手:如果"一"存在,"一"能存在而不分有"存在"吗?—— 不可能。
>
> 那么,"一"就有了"存在",但它的"存在"不是与"一"同一的东西;因为如果是同一的,就没有了"一"的"存在","一"也不能分有"存在",因为"一存在"这个命题就等同于"一是一"了。但我们的假设不是"如果一是一,会有什么结果",而是"如果一存在(是)"。我们的意思是说,"存在"(是)的含义与"一"并不相同。当我们把这二者简单地结合在一起时说"一存在",就等于说"一分有了存在"。对吗?—— 很对。[①]

我们应充分注意柏拉图在这里的新发现。当人们或以往哲学家说"一""存在"时,心中常常以为只是肯定了"一",只讲到了"一"这一个范畴或东西。历史上的巴门尼德和爱利亚派就是如

---

① Plato, Parmenides, 142 b-c .

此,他们的"存在"与"一"完全同义而毫不区别(前期柏拉图说"相
存在"时,也只是以为肯定了"相",未想到"相"与"存在"或"是"
含义并不相同)。但实际上"一存在"讲的是一个命题、一个判断,
主项是"一",谓项是"存在",而这两者本来是含义有别的,现在它
们在一个命题里彼此结合起来了,或是说,"一"分有了"存在"。
两千年后,康德发现,一切科学知识和哲学的命题,必须首先是先
天综合判断而不是分析判断,必须先有先天综合判断,才能得到有
定义内容的概念,然后才能从中进行概念自身的分析,作出先天
分析判断。后期柏拉图实际上似乎也觉察到哲学基本命题具有
这种主谓项彼此不同又结合在一起的本质特征,同时也把这种假
定的命题当作应具有普遍性必然性的知识来考察;不过他没有研
究这种普遍性必然性(即"先天综合"性质)的来源。黑格尔更深
刻地指出,任何命题,主项与谓项都是差异的统一,决不是形式的
"A=A"的同一;从来没有人把单纯的同语反复(例如:什么是花?
花是花;什么是正义? 正义就是正义。等等)当作知识。后期柏
拉图也发现,"如果一存在(是)"这个命题的意思,决非"一是一"
(第一组推论只强调"一"不是"多",也就是说一是一,不是任何别
的),而是主项"一"和谓项"存在(是)"的结合,所谓结合并不是混
同,而是彼此有别的东西和含义的结合与统一。任何一个事物,一
个相,一个普遍者,都不是绝对自身孤立的,而是同别的互相联结
的,同时在联结中仍保持着它自身同别的东西的区别。这是一个
真理,只要我们一说话就表现出来。问题在于对任何命题作分析,
差别和对立的统一,不仅是感觉世界中的事实和规律,也是普遍或
共相里的事实和规律,也是思维和逻辑中的普遍规律。

　　这一点,从以下推论中显现出来:

1."一"有部分,它是部分的整体。

因为,如果"存在"是表述"存在着的一"的谓词,"一"也是"一个存在"的谓词,而"一"和"存在"不同,都是我们假设的同一个"一个存在"的谓词,那么这个主词"一的存在"就是整体,而"一"和"存在"是它的部分。①

2."一"就是"二"、是"多"。

存在着的"一"永远有"存在"和"一"两部分,那么它永远互相包含着,"一"不能缺"存在","存在"也不能缺"一"。因此"一"和"存在"这两部分中的每一个又分为"一"和"存在",这是永远可分的,因为说"存在"时总包含着"一",同样说"一"时永远包含着"存在"。——这样,"一"就永远会变成"二",以至无限"多"。

从这里得出的结论是:"一"永远不是"一",它自身永远在消逝。②

3.从另一角度论证"一"是"多",是"数"。

让我们换一个角度……在思想中只考察"一",如我们所说,这"一"本是分有"存在"的,试着想象它与它所分有的是分离的。那么这个抽象的"一"是"一"还是"多"呢?——我想是"一"。

让我们看看:那"一"的"存在"岂不必然地与"一"不同?因为"一"不是"存在",而被认为是"一",只不过它分有"存在"。——是的。

如果"存在"和"一"是两个不同的东西,这并不是由于"一"异于"存在"它才是"一",也不是由于"存在"异于"一"才是"存在",而只是由于"异"它们才相互区别。——诚然。

所以"异"既不同于"一",也不同于"存在"。③

这一推演同上面一点实际上都是从"一"与"存在"这两个

---

① Plato,Parmenides, 142 d.

② Plato,Parmenides, 142 d-143 a.

③ Plato,Parmenides, 143 a-b.

"相"既相联结又彼此区别出发的。但这里讲得更清楚。"一"总是分有"存在",或结合着"存在"这个"相"的,但是：我们可以而且应该在思想中仍把这两者分离开来,把每个相从它与别的"相"的结合中抽象出来。单从每个"相"自身的抽象来看,它是自身同一性,并不是由于与他者相异；但从各个"相"彼此区别分离来看,它们就都有"异",由于"异"。这样就在"一"、"存在"这两个"相"之外,又从它们的关系中(彼此结合中必定保持着区别)引绎出"异"这个相。

于是,整个讨论从肯定"一"开始(如果"一"存在),引绎出"二"("一"和"存在"两个相),再引绎出三("一"和"存在"的结合中有分离或区别,即"异")。一生二,二生三,由三就生出数来。

首先我们说一和存在,一和异,存在和异时,每次都说了"二"。而它们各自都是"一"。加上去就得到了"三"。再,"三"是奇数,"二"是偶数,就有了"奇"和"偶"。再,有"二"就有二乘二,有"三"就有三乘三；还有二乘三或三乘二。因此就有了偶倍奇数、奇倍奇数、奇倍偶数和偶倍奇数：就有了数。[①]

这种企图由"一"演绎出各种数的想法,渊源于毕达哥拉斯派和柏拉图以前的希腊数学研究。这几种数的集合,对于形成全部自然数系还是不够的(有间断),不过想通过演绎来得到全部正整数的想法仍是一个有意义的重要尝试。

数是"多"且分有"存在",因此"存在"就分为数的每一部分,包括最大的、最小的和各种大小的"存在",比万物的多还要多,"存在"在数中区分为无限多。而"一"总是附在"存在"的每一个单独部分上,因此"一"自身也分裂为数量方面的无限的"多"。

---

① Plato, Parmenides, 143 c-144 a.

"所以,不仅'存在的一'是'多',而且与'存在'有别的'一'自身也必然是'多'"①。

4."一"有规定(有限)又无规定(无限)。

因为部分是整体的部分。"一"作为整体,它是有规定者(有限的),因为整体包围着部分,而包围者即限定者;但"一"(有"存在"的)是"一"又是"多",部分无限(无规定),所以"一"又是数的无限者(无规定者)。②

5."一"有开端、中间和末端。

因为"一"是有规定者(有限)的整体,就必有这三者。③

6."一"有形状,分有任何形状(直、圆以及这二者混合的任何形状)。④

7."一"在自身里,也在其他的里。

在自身里;因为"一"是整体又是部分,部分总在整体里为它所包围,"一"的部分为"一"的整体包围,所以"一"在"一"自身里。

在其他的里:因为"一"作为整体不能在部分里(比部分大),那么它就必然要在其他的里。⑤

8."一"既运动又静止。

"一"在它自身里,永远在同一地点,所以静止。"一"又永远在其他的里,永远不在自身同一里,就永不静止而总在变动。⑥

9.由此推论,"一"对自身既同又异,对其他的也既同又异。

这里提出了万物(各种"相"),毕同毕异、每一个相自身也既同

---

① Plato,Parmenides, 144 a-e .
② Plato,Parmenides, 144 e-145 a .
③ Plato,Parmenid es, 145 b .
④ Plato,Parmenides, 145 b .
⑤ Plato,Parmenides, 145 c-e .
⑥ Plato,Parmenides, 145 e-146 a .

又异的思想。① 并且指出：“同”作为绝对的相与“异”作为绝对的
相是对立的,因此“一”是“一”,“非一”是“非一”;但“非一”作为
与“一”不同的“非一”,它们各种性质又相同,它们又是“同”、同一
的东西,这样,在都具有“同”上,“一”与“非一”又相同了。②

10.“一”既类似又不类似它自身和其他的。③

11.“一”既接触又不接触它自身和其他的。④

12.“一”既等于又不等于它自身和其他的。

这里论及“大”和“小”之相。

“小”是什么,它在哪里? 如果在“一”里,它或者是“一”的整
体,那它就等于“等”了,不行;或者是“一”的一部分,但这样它还
是“等”于这一个部分。这样,“小”就不能存在于任何东西里,除
了“小”自身就没有一个是小的;同样“大”除了比“小”大些外,也
不比任何东西大,因为如果“大”存在于任何东西里,它就不比它
大,而会有别的比“大”更大了。⑤

这实际上是否认了绝对孤立的“大”与“小”之相的存在。

“一”里面没有大和小,它就不能超出自身,也不能为自己超
过,而与自己等同。但“一”在自身里,它包围自身所以比自身大,
它被自身包围所以又比自身小。“一”又在别的里,所以比其他的
小,其他的又在“一”里,所以又比其他的大。因此,“一”既等于自
身和其他的,又比它自身和其他的大些和小些。⑥⑦

13.“一”分有“存在”,所以分有“时间”。

“存在”是在时间中过去、现在和将来的“是”或“存在”,一分

---

① Plato,Parmenides, 146 b-d.

② Plato,Parmenides, 146 d-147 b.

③ Plato,Parmenides, 147 c-148 d.

④ Plato,Parmenides, 148 d-149 d.

⑤ Plato,Parmenides, 150 a-d.

⑥ Plato,Parmenides, 150 e-151 b。

⑦ 请注意:这里又回答了高尔吉亚否认“存在”的驳难。

有"存在",就分有时间,与之联结。①

14."一"永远变得比自己年老些、年少些。

时间永远在前进,"一"随时间前进,就会变得比自己年老些,而当初的时候它就变得年少。②

但年老些了或年少些了,其持续的时间是相等的(相同的);从这点说,"一"又并不变得比自己年老或年少。③ 这时间本身并无变化。

关于"一"同"其他的"比较既是又不是变得年老和年少些,论证很长(152e—155c),这里不介绍了。

15.从以上论证,推出一个重要的结论:"因此'一'过去、现在、将来存在,并且过去变化、现在变化、将来变化。"④

16.因此,对于"一"我们有知识、意见和感觉。

因为,"一"同过去、现在、将来存在的东西和属于它们的东西相关联,对这些我们有知识、意见和感觉,所以对于"一"我们可以命名、表述,并且凡属于其他的一切东西都属于"一"。⑤

第二组推论至此结束。

第二组推论所假设的前提,在字面上与第一组一字不差,但由于理解不同,得出了完全不同的结论。这个结论很值得注意的,就是使相论同感觉世界、现象一致了,因此柏拉图说关于"一"我们不只能有知识,而且能有**感觉**和**意见**。从前相论中真理知识和感觉意见,**相世界**同**现象**的绝对分离割裂取消了,"**存在**"与"**变化**"、"**绝对的同一**"与"**对立的统一**"的绝对分离割裂也取消了。这一切,在柏拉图看来,**关键在于要认识到相与相是联结**的,在联结中

① Plato,Parmenides,151e.
② Plato,Parmenides,152a-e.
③ Plato,Parmenides,152e.
④ Plato,Parmenides,155d.
⑤ Plato,Parmenides,155d-e.

当然仍有区别,但联结、统一是根本的("一存在"表明"一"根本上不能与"存在"割裂);区别和分离也是必须强调的,不强调统一中的区别,就成了混同,也就没有联结本身了,不过这区别不是绝对的,**每个"相"自身**也不是单纯同一而是包含**内部的区别和差异**的。

后期柏拉图这种论证,还是从"相"出发,而不是从感性个别事物出发的,因此整个说明过程是从普遍出发走向特殊和个别。"相"、普遍者被当作根本的东西和原因,这仍是客观唯心论。而且,这些推论基本上是唯心主义的思辨过程,牵强附会之处比比皆是,这也是唯心主义的思辨方法;可是在这种思辨里却经常讲出一些深刻的概念和共相的辩证法,否定了形而上学观点,这却是可贵之处。——黑格尔的《逻辑学》也有与之类似的特征,当然,在其成就与谬误上,水平都远远超过了柏拉图的《巴门尼德篇》,这是很有意思的。

《巴门尼德篇》深刻揭示了柏拉图相论的前后变化,同时他先前的逻辑方法即"辩证法",也从形而上学式的,变成了辩证法(今义的辩证法)式的,例如"假设"的方法就是如此。这样,人类的逻辑思维就发生了深刻改变,对于概念、判断和推理,都不能单用抽象同一律、矛盾律来观察,而要在区别的联结中对它们重新加以审查、推敲和加工琢磨,但同一律、矛盾律的要求仍然包含着,不过要服从必然的辩证联结,当作研究这些复杂联结中的必要成分。

但柏拉图还提不出下面这样的问题:把"相"与"相"绝对分离开来的逻辑方法根源何在? 把它们又联结起来的逻辑方法其根源或根据何在? 这两种方法各有什么样的合理运用范围,彼此又是什么关系? 他只是素朴地把"相",以及"相"与"相"的关系当作纯客观的东西来考察,偶尔才涉及思维的抽象,更谈不到从人类的实践来探讨逻辑规律。这些只能由后人来研究了,我们还不能期望和苛求他来做这些事情。

三、在《智者篇》里的后期柏拉图的"通种论"

  学者们都指出,《智者篇》是柏拉图晚期的一篇纯"形而上学"的著作,它写于《巴门尼德》和《泰阿泰德篇》之后,并且同《菲力布篇》、《政治家篇》关系密切,可能是一组对话(参见 Jowett 编译的《柏拉图对话集》第三卷中有关《智者篇》的导言,以及 W.D.Ross《柏拉图的相论》中有关说法)。陈康先生明确认为柏拉图在哲学上的转变始于《巴门尼德篇》,完成于《智者篇》。《智者篇》的确有这样重要的意义,我想这可以从许多方面来说明,而最重要的是它以一种相当全面地批判讨论各派哲学的方式,提出和论证了"通种论"的观点。于是一种来自先前相论又与之有显著区别的本体论和方法论就正面建立起来了。《智者篇》是后期柏拉图哲学的集中表达,我们需要给予高度的重视。

  这一篇对话在形式上同前期对话大不相同,甚至同《巴门尼德篇》相比也有显著区别;这也表示了它在内容上进入了崭新的阶段。它几乎没有任何时间、地点和场景。又,其中"苏格拉底"成为无关重要的人物,我们看到在《巴门尼德篇》中他已退居于次要的受批评指导的地位了,而到了《智者篇》里,他只开头出现了一下,在推荐"泰阿泰德"来同主角对话之后,就不再出场了,而且就是这样一个"苏格拉底"也只是个闪烁其词的对象,被说成是"年长的苏格拉底的同名人"。[①] 还有一个重大变化:在《巴门尼德篇》

---

① Plato, Sophist, 218 B.

中,"巴门尼德"取代了前期对话中"苏格拉底"的主导地位,到《智者篇》则更进了一步,由一位"爱利亚的外邦人"取代了《巴门尼德篇》中的"巴门尼德"的主导地位,他是巴门尼德的学生,但对巴门尼德点名进行了驳斥和批评。

《智者篇》中的这些形式安排上的显著变化,我想是颇有意义的,是思想内容上的重大变化的明显标志。它表明:《巴门尼德篇》是柏拉图对自己前期相论的批判,因此"苏格拉底"(他在柏拉图前期对话中一直是相论观点的代表)降到受批评指导的地位上。而要批评"苏格拉底"必须请出一位更有威望的老前辈哲学家来,选"巴门尼德"是有理由的,因为历史上的巴门尼德是肯定共相和进行逻辑论证的最早著名权威,不过我们也看到这样选择也有不适当的一面,因为对前期相论的批评不可免地已涉及历史上的巴门尼德本人。所以在《智者篇》中不再请"巴门尼德"当主角了,"爱利亚的外邦人"这个无名氏可以更充分更自由地表达后期柏拉图自己的想法,因为这个形象既能表示柏拉图仍坚持共相和逻辑论证,又可以批判巴门尼德本人。此外,随着《巴门尼德篇》批评自己前期相论的任务大体完成,现在需要做的是站在更高的角度上全面批判各种哲学以建立一种新的哲学理论 ——"通种论"。在这种情况下,"苏格拉底"在双重意义上都不必再出场了,他既不必再以代表前期相论的身份出现(因为这个自我批判已大体完成),更不便充当"通种论"的发言人(因为比"苏格拉底"更高的"巴门尼德"都不合格)。至于《智者篇》对话没有确定的历史场景,也是很可理解的。因为,《巴门尼德篇》的场景同对话的思想内容已经难于相符,显得相当勉强,这里就更难编造了。干脆取消场景,倒更便于自由地讨论纯思辨的哲学问题。

由于《智者篇》中的"通种论"重要,我们就需要对全篇对话的思想发展作一了解。

1.通过批判研究什么是"智者",提出了全篇的主题:"不存在"是否在一定意义上也是"存在"? 或者说,"有"与"无"是绝对相反的,还是也在一定意义上彼此相通?

这篇对话以"智者"为篇名,就表明柏拉图这篇对话是以智者为自己的主要论敌的。不过这篇对话不像以前那样就各种问题来同智者辩论,而是要给他们作一个结论,下一个定义,因此主要是研究智者及其思想的实质。

对话首先讨论智者及其技术是什么,外邦人以给"钓鱼"下定义为例表述了"二分法",然后以二分法来确定什么叫智者,说他们是用言辞和争辩教人以获取报酬,即出售心灵食粮的人。但智者同哲学家不同,心灵要靠美德和知识才能净化,有如身体要靠医药、体育来净化那样,但是智者只是装着知道一切知识却没有真知识。"当一个人说他知道一切,并能在很短时间里用一点代价就能把这一切知识都教给别人,岂不是开玩笑吗?"就像绘画和雕塑的艺术造出关于真实东西的肖像,能欺骗孩子那样,智者的技术是对于理性的一种模仿术,年轻人听到这些就信以为真,以为说这些的人是最有智慧的。但是随着时间的过去,人们接触到了许多真实的东西,先前的许多意见就改变了,于是就发现原来智者是些制造赝品的人,讲的只是关于真实东西的影子、肖像、现象、幻相或假相。①

柏拉图一生都在反对智者的所谓"智慧"或"知识",现在的问题是如何弄清他们的思想实质或根据。

"外邦人"说,这是一件困难的事情,"因为,一个事物怎么能

---

① Plato, Sophist, 233-236.

显得如此而并不如此,一个人怎么能谈论某个事物而它并不真实,这总是而且至今仍是一个很使人困惑的问题"。这里有矛盾,因为,"讲虚假东西存在的人,是公然说不存在者存在。这个情况包含在虚假东西的可能性里。"①他说,巴门尼德是反对这种学说的,他一生都在反复讲:"你要使你的心灵远离这一条研究的途径,因为说不存在者存在是决不能证明的。"但是照巴门尼德的看法,我们连"不存在"这个词也是不能说的,因为"不存在"与"存在"无关,它不是"存在",也不能作"存在"的谓语,也不是任何东西(因为任何东西都有存在),所以"不存在"就是绝对不存在的。我们不能容许任何人说不存在的东西。②

但是这样一来,我们还怎么能驳斥智者呢? 他就仍然躲在他的洞穴里,③未被触动。实际上智者确实在说些东西,尽管所说的并不真实,按照巴门尼德的观点,真实的意思指真的存在,不真的就不存在,那么影子和肖像就不存在了,但事实上它们却是存在的。"外邦人"说:真奇怪! 狡猾的智者迫使我们完全违背了我们的意愿,承认了"不存在"的存在。④

这里出现了矛盾或悖论,它迫使人们必须重新考察巴门尼德的哲学前提。"外邦人"于是说道:请不要把我看作一个忤逆者,我必须检验我的父亲巴门尼德的哲学,并试图证明,在什么意义上"不存在"存在,以及"存在"不存在。⑤

请注意:这里通过研究智者的思想基础,进到对巴门尼德基

① Plato,Sophist, 236e-237a.
② Plato,Sophist, 237a.
③ Plato,Sophist, 239c.
④ Plato,Sophist, 240c.
⑤ Plato,Sophist, 241d.

本观点方法的考察,揭示出了全篇对话的主题:"存在"和"非存在"(亦即"有"与"无","是"与"否")是不是绝对对立的? 如果不是绝对对立或排斥,那么它们在什么意义上可以彼此相通或联结?

后期柏拉图把这个问题明确提了出来,具有极大的意义。它是古希腊哲学中的一个关键所在,一系列的本体论问题和逻辑方法问题都与此相关,有赖于它的解决而定。柏拉图要想评判各派哲学,评判自己以前的哲学观点和建立新的观点,都离不开考察和解决这个难题。他终于充分自觉到这一点,标志着哲学发展中的重大一步迈出去了,"通种论"的核心正在于此,它是为了解决这个问题而建立的。所以我们必须对这个问题本身给予足够的注意。

如我们前面所说,古典时代希腊哲学的开端是巴门尼德的"存在"论哲学。它的全部思想核心,就包含在"'存在者'存在,'不存在者'不存在"(或"是即是,否即否")这个最单纯的原理或命题之中。这既是本体论又是逻辑:从前一种意义来说,世界是"存在者",一个最普遍的共相,因此建立了一种同以往"本原"有别的哲学"本体"学说;从后者来说,逻辑的以同一律、不矛盾律为基础的抽象思维方式开始得到确立,并有力地显示出论证力量。这两方面都开辟了哲学发展的新时代。但显然这个原理或命题又包含着根本的缺陷和错误:从本体论上它只抽象肯定了"存在"这"一"个东西,否认"多"和一切现象事物;在逻辑上它把普遍者抽象地规定为绝对不变的孤立的东西,形成了极端形而上学的概念和思维方法。所以,后来的哲学发展,既离不开它的正确方面,又不能不同它的错误方面作斗争。然而这是多么困难和艰苦啊!这第一步是恩培多克勒和阿那克萨戈拉做的,他们恢复了感性事物和感觉的应有地位,以物质元素的"多"突破了巴门尼德的"一";但他们对巴门尼德的上述原理丝毫未敢触动,不敢承认有任何的"非存在",因而随之不敢承认真正的运动变化。第二步,留基波和德谟克里特勇敢多了,他们肯定了"虚空",并说"虚空"虽然是同"存在"即"原子"对立的"非存在",但它也是存在的。这样,巴门尼德的"存在"与"非存在"的绝对对立开始也被打破了。不过我们同时也能明白看出,这只是从物理学的角度开始的突破,留基波和德谟克里特并没有进一步由此探讨逻辑概念和思维方式本身,没有改造巴门尼德的逻辑,所以巴门尼德的本体论中的形而上学观点并未深加触动。这表现在他们把"原子"仍规定成巴门尼德式的"存在",即绝对自身孤立的不可分的"一"。以上哲学家的功绩是拯救了现象,他们实际上指出了巴门尼德认为不真实的(不配称为"存在"的意见世界)本是有其存在的,但在思想上仍牢牢束缚在"存在者"与"非存在者"的绝对划分上,不敢触及"非存在者"究竟有什么意义,只抓住"存在",不过用新的假说来加以改造充实。

事情到了智者才实际上完全改变。智者只讲现象和感觉,不谈什么共相,他们实际上认为存在的只是感觉中的东西。高尔吉亚更明确地揭露巴门尼德所说的"存在"并不存在,因为人们感觉不到它,凭思想也无用,思想的对象(即共相)可以只是幻想;这种"存在"也无法认识和言说。因此,他们同巴门尼德哲学是完全对立的,一方面认作"存在"的,另一方面说这正是"不存在",反之,一方面认作"不存在"的,另一方面说这才是"存在"。可见智者特别是普罗泰哥拉和高尔吉亚完全否定了巴门尼德的原理:从本体论角度看,他们以感觉的对象(现象)否定了抽象的共相(本质);从认识论上,他们以感觉否定了抽象思想;但从方法论上,他们却继承和发展了逻辑论证,揭露了巴门尼德的"存在者存在"是自相矛盾的,不过他们的逻辑由于没有确立共相作为概念和推理的可靠基础,虽然驳斥别人时颇有力量,自身却没有多大建树,陷入相对主义、怀疑主义、主观主义和虚无的单纯否定性之中。

于是苏格拉底和柏拉图进行了另一哲学运动,他们针对智者进行斗争,重新确立普遍者的真实存在,批判和否定智者以现象和主观感觉为存在的标准的哲学,认为智者所肯定的都是"非存在",颠倒了"存在"和"非存在"的关系。当柏拉图循苏格拉底寻求一般定义的路线达到相论之后,他的哲学就越来越回复于巴门尼德去了。前期相论的基本核心观点再现了巴门尼德哲学特征是明白的:"相"同感性事物割裂,"相"与"相"割裂,每一个"相"就是一个绝对自身同一的孤立的"存在"。这种本体论同所谓"辩证法"一致,他的"辩证法"在前期也主要是以"是即是、否即否"的抽象同一性为依据的逻辑方法。当然,相论哲学同巴门尼德哲学相比在普遍性和逻辑方法上更加发展,是在更高水平上的再现。

但是,随着这种回复,矛盾也就以更尖锐明白的形态再现了。这矛盾表现在两方面:第一,柏拉图面对着的是巴门尼德以后各派哲学的发展,后面这些人对巴门尼德的批判揭露是不能漠视的。因此,柏拉图以其相论再度全盘否定现象的本体论也必定要遭到人们和一切哲学家的普遍抗议。第二,柏拉图前期相论也有几点十分不同于巴门尼德之处,如巴门尼德的"存在"即共相只有一个,而柏拉图的"存在"或共相是多数的;巴门尼德置现象于不顾,而柏拉图一方面割裂了相与现象事物,又因为把相当作现象事物的原因而必须寻求其联系。因此柏拉图的相论包含着比巴门尼德更多的矛盾。如果完全照巴门尼德的孤立的逻辑思维方式,"相"与个别事物的联系就完全不可能,"相"与"相"的"一"——"多"系统的联系也完全不可能。在还未完全明确地回到巴门尼德观点时,柏拉图前期相论中包含的自相矛盾还不完全明白,一旦明确下来,这种自相矛盾也就充分暴露出来:《巴门尼德篇》就是对此的意识。柏拉图发现,这两类联系是绝对不可避免的,也是真实的存在和知识所不可避免的,否则就会毁掉相和相论本身。

于是,柏拉图走到了一个根本转折点上,他首先在《巴门尼德》篇中对自己作了解剖和批评,主张坚持共相和逻辑的明确规定性(这里包含了肯定巴门尼德和自己的关于分离的观点),同时主张了和研究了共相同个别事物的联系,"相"与"相"的结合。现在他要进一步研究自己以前对各派哲学的态度,而首先就是对待智者的态度。他坚持对智者的批判,认为智者所主张的存在和道理都是些虚假不真的东西,但是这时的柏拉图却已能从反面看到一个重要的事实或真理,这就是不仅在存在领域里有不存在者(如原子论哲学家看到"虚空"也是存在的那样),而且在知识的领域虚假的意见、论证或思想也有其"存在";换言之,被巴门尼德认作"不真实"、"非存在"的东西是普遍地确实地也有其"存在"的。说关于"不存在"既不能想也不能言说的观点,已被事实证明并不恰当。但是这样一来矛盾就尖锐了:我们怎么还能批判揭露智者的错误和根源呢? 因为,如果我们承认"不存在者"(包括虚假的意见和知识)也都是"存在",那岂不是一团混乱吗? 这样还有什么逻辑可言? 反之,如果仍说"唯有存在者存在,不存在者绝对不存在",岂不完全违背了事实,而且同样陷入自相矛盾之中(它会毁灭"存在"和相自身)?

因此,各种问题和矛盾都汇集到一点上来了,这就是如何对待巴门尼德的基本原理和逻辑的问题,把"存在"与"非存在","是"与"否"对立起来固然有巨大意义,同时绝对化了就出了毛病,看来,对这个问题必须重新研究。巴门尼德的逻辑究竟是在什么地方出了毛病？

《智者篇》比《巴门尼德篇》站得更高，就是因为抓住了"存在"与"非存在"、"是"与"否"的关系这个带根本性的问题。这是希腊以往各派哲学（巴门尼德以来）和柏拉图本人的哲学中的根本问题，从本体论和逻辑两方面看都是如此。柏拉图以前研讨过的种种问题，包括共相与现象事物的关系、"相"与"相"的关系、知识和意见的关系、哲学真理和智者诡辩的关系，等等，化繁为简、追根溯源，都在于此。这个问题最尖锐的表述形式就是一个看来是荒谬的悖论——"不存在者存在"——应如何解决？（1）巴门尼德说不存在者绝对不存在，已经证明是错的；（2）智者把不存在者说成就是存在，也是错误的；（3）他们都错，该怎么办？柏拉图认为，出路就在于确切弄清楚在什么意义和方式下"不存在"也有其"存在"，同时并不违反逻辑的规律。

这就是《智者篇》的总问题或主旨。在探究这个极其困难的问题的答案中，柏拉图把前期相论变成了"通种论"，把前期带有绝对孤立性质的逻辑（前期"辩证法"）变成了带辩证法性质的逻辑（后期的"辩证法"）。

2.在对各派哲学的全面考察中进一步批判巴门尼德和自己的前期相论，同时坚持反对唯物主义，以确立晚期柏拉图本人的哲学立场。

问题已经提出来了，但柏拉图认为还不能直接进入具体的讨论，因为问题复杂，牵涉到许多哲学观点，要弄清它不容易，所以他还要先对各派哲学进行一番考察。

他借"外邦人"之口说，我们从小就听到各种说法，有人说本原有三个，有的说是两个，而爱利亚派说万有是一。他说，伊奥尼亚人（应指米利都派、赫拉克利特派等）和西西里人（应指毕达哥拉斯派和恩培多克勒等)主张存在是一和多,分离与结合使一变成多、而多又成为一,还有产生和变化。接着他说:"告诉我,泰阿泰德,你懂得他们这些表述的意义吗? 当我年轻时,总幻想自己对'非存在'这个词已经很懂了,这正是我们现在讨论的主题,而你看到我们现在已赋予它以怎样确定的含义。① 可是真正说来,我们对'存在'和'非存在'的意义并没理解。例如,那些把冷、热或别的两种东西当作本原的人,他们是否认为这两者和每一个都是'存在'? 如何理解'存在'一词? 它是在两个本原之上的另一本原吗? 那样本原就是三个而不是两个了;因为你不能认为只是两个本原中的一个存在而另一个不存在,而是两个都存在。那么回答就很清楚,这两个本原将融合为'一':'存在';所以主张万有是一的人所主张的'一'就是'存在'。"②

柏拉图追溯了巴门尼德的"存在"范畴的产生经过,"存在"原是从主张多种本原或两个本原中抽象概括得来的。但是对它应如何理解? 巴门尼德的理解是否正确呢?

a. 对巴门尼德的质难和批判

柏拉图以主张两个本原的哲学家向巴门尼德提出质难的方式,来讨论巴门尼德所主张的"一"。他们会说:"从这里起我们就陷于困惑了,请你在谈论'存在'时让我们弄清楚你的意思。因为无疑你总是最先明白你自己的意思的,而我们也以为懂了你的意思。不过我们现在感到很困难,请对我们从头解释这件事,不要在我们完全不理解你时以为理解了你。"③

主张本原或存在为"二"或"多"的人会提出如下问题要求

① Plato,Sophist,243 b.
② Plato,Sophist,243 c-244 a.
③ Plato,Sophist,244 a.

回答：

①第一个问题：你说的"存在"是什么意思？ 答：是"一"，唯有"一"存在。那么，如果"一"与"存在"等同，能否给这同一东西以两个名称？ 这就难于回答了，因为断言除"一"无他的人，如容许有两个名称就可笑了，并且不能容许给"一"以任何名称，他不能对"一"的本性作任何说明。因为名称同事物是有区别的，包含着两个东西。如果把名称与事物等同，那就取消了事物，而名称就没有对象成为空名。而如果说名称是某个东西的名称的话，那么必然结论就是：名称是一个名称的名称，不是关于任何事物的名称。那么，"一"只同一种东西有关系，就是说，只同一个名称有关系。①

这里是揭露巴门尼德所说的"存在"，连"一"的性质和名称也不能有，因为"存在"和"一"就是两个东西或名称，已经是"二"了。其次，名称与事物是有别的，这也是"二"。其三，如果合一，或者就取消了事物，那留下的名称也不能存在；如果只抓住名称，那么，名称只与名称相同一，"一"这名称或性质只同"一"相关而与"存在"或事物无关。如果只抓住"存在"，那么这"存在"因为不能有任何名称表述它，它就没有任何性质，不能对它有任何说明，连"一"也不能有。

这一点是《巴门尼德篇》中第一组推论的继续。"存在"如果是绝对同一的东西，它同"一"也不能结合，同任何名称、性质都不能结合。对于它除了最空洞的同语反复："存在者存在"之外，是什么也不能说、不能想的。

②其次，"整体"同"一"是等同的还是不同的呢？

巴门尼德说"存在"、"一"是一个圆球，从中心到各边距离相

---

① Plato，Sophist，244 b-d．

等。那么"存在"就有一个中心、末端和许多部分了,"一"就是许多部分的整体。那么就要问:这还是绝对的"一"吗？ 绝对的"一"就是绝对不可分,但它又有许多部分,这不是矛盾吗？ 为了免去这种矛盾,或许这样辩解,"存在"作为"一"和"整体"是因为它有"一"的性质。或者只好说,"存在"不是一个"整体"。然而这两种回答都很难成立。不错,"存在"在一定意义上有"一"的性质,但上面已证明"存在"与"一"不是一回事,因此,全体就多于"一"了。另外,如果"存在"不是"整体",那么它作为一个绝对的整体岂不就失去或缺少了自己的本性,缺少了"存在",变成了"非存在"？ 还有,如果"存在"与"整体"各有不同的本性,全体就变得多于"一"了。如果"整体"全不存在,一切上述困难依然照旧,并且还有新的困难。因为一切进入存在的东西总是进入存在的整体,否则就不能说存在物的本质和产生;此外,没有整体哪里有任何性质和数？ 因为任何一种数目必定是这个数的整体。还有无数的困难。①

　　这一段揭露了巴门尼德把"存在"说成绝对的"一"时自相矛盾,因为他把"一"又说成为"整体";却主张"一"绝对不可分、没有"多"而只是"一"。但"整体"的意思就是指有部分,有"多"。

　　柏拉图进一步分析了这个矛盾,指出"存在"的"一"只能是"整体"的意思;如果否认"整体"的意思,就会使"存在"变为"不存在",就会没有任何存在物、性质、数等等和数不清的困难。"一"只是"存在"的一种性质,且与"存在"不同;"存在"也有"多";"存在"是一和多结合而成的"整体"。从而进一步否定了把"存在"理解为绝对孤立的"一"的观点。

---

① 参见 Plato, Sophist, 244 b- 245 e。

这里柏拉图的观点同《巴门尼德篇》里的第一、二组推论也是相关的。他显然认为，"存在"作为"一"，这个"一"决不是孤立绝对的"一"，而应理解为"整体"——既是"一"也是"多"，是一分为二，分为多，又是二、多结合为一，这样"存在"才有数，有各种性质，否则就没有这一切，最后"一"自身也不能存在，"存在"自身也不能存在、不能言说了。

在对巴门尼德的"存在"概念进行了质难之后，"外邦人"指出：对"非存在"的理解，同"存在"一样也是很困难的。① 研讨便更全面地展开了。

b. 对唯物主义者的批评

"外邦人"说，在这问题上的斗争，好像巨人和诸神之间的战争似的。唯物主义者牢牢抓住坚实的物质东西，认为只有摸得到的、用手抓得住的东西才是存在的，把存在或实在与物体看作一回事，他们否认有非物体的东西存在，反对有可知的非物体的"相"真实存在。他们认为物体是分为小块的，并确认这些小块是存在的，但不是"存在"，而是生成运动的。他们论证说这是真理。②

于是首先对唯物主义者的主张进行批评分析。柏拉图承认他们是很有文化的，而且说我们对事不对人，只是为了寻求真理。如果他们讲得不够，我们还可以照论证规则帮助他们。

问难如下：是否承认有物是人？人是否有灵魂？那么灵魂也是某种存在物？ 是否承认这些灵魂有的正义有的不正义，有的智慧有的愚蠢？ 这些都是应当承认的。但这样我们就承认了正义和不正义、智慧和愚蠢等等存在了。它们是可以看见摸到的，还是

---

① 参见 Plato, Sophist, 246a。
② 参见 Plato, Sophist, 246a-c。

看不见的呢？ 对于灵魂，唯物主义还可以说它有一个身体，但是像正义、智慧之类的东西没有形体，关于这些如果你再问他们，他们就不至于敢再否认其存在，或主张存在都是有形体的了。①

　　柏拉图区别灵魂和正义之类东西，说前者有身体，后者无形体，并不恰当。灵魂是身体的功能，而正义和智慧等也不能离开人和物质事物，它们都是物质东西的属性、作用、共相。当然它们也存在着，不过不能有脱离物质东西的存在。简单化的唯物主义者说有形体的物质东西才存在，否认了看不见摸不着的共相、思想、作用的存在是不对的。但柏拉图在肯定这些东西的存在时，把它们同物质东西并列，即主张了它们是与物体分离的另一种独立存在，却是错误的。

　　柏拉图接着说，让我们进一步讨论这个问题，只要他们承认有非形体的东西，哪怕只承认它们是存在中最小的部分也行，他们就必定要承认自然中既有形体的也有无形体的，它们都是"存在"。这样他们就能接受我们关于存在的本性的一个看法，"我的看法是：任何一个有影响他物的力量的东西，或被他物影响的东西，无论作用的时间多么短暂，作用和效果多么微不足道，都有真实的存在。我认为，关于存在的定义简单说来就是能力。"②

　　对话中的泰阿泰德认为唯物主义者会接受这一看法，这对他们是很好的建议。而"外邦人"说，我们同他们一样，也许有一天会改变看法，但现在可以认为这是对他们合适的理解。③

　　《智者篇》同唯物主义的论辩就到此为止。柏拉图对他们的态度已经不像从前那样敌对，而变为一种比较友好的态度，只是认为

① 参见 Plato,Sophist, 246e-247c。

② 参见 Plato,Sophist, 247c-e。

③ 参见 Plato,Sophist, 247e-248a。

他们有不足之处应加以补充,对他们主张对立统一和一切皆变动流逝也未加批评了;他说对"存在"可定义为主动和被动的能力,显然包含了辩证法的对立面结合和在彼此作用中联系的观点,同巴门尼德的孤立绝对的"一"不同。这一点值得特别注意。

c.对"相的朋友"的批评 —— 柏拉图对自己前期相论的进一步的自我批判

接着"外邦人"转向同"主张相的朋友们"的讨论。他说,他们主张区别"存在"(真实的实在)和"变化",通过物体(身体)和感觉接触变化,通过思想接触真实的实在;这种实在被肯定为永远同一不变的,而生成变化是变动的。这同方才给"存在"下的定义是矛盾的:我们认为"存在"是作用或被作用,来自相互接触的一些要素中的某种能力;但"相的朋友"否认这个关于存在的原义的真理,他们说作用和受动只适用于变化,却没有什么能力可适用于存在。[1]

"那么他们说的有没有些道理呢?"——"有的,不过我们的回答是,我们需要更清楚地弄清他们是否承认:灵魂是知的,而存在或本质是被知的。"——"他们无疑这样说。"——"那么,知和被知,岂不是作用和受作用吗? 那么知的(灵魂、心灵)和被知的(存在)就处在运动中了,因为在静止状态下的东西是不能受作用的。"[2]

"天哪!我们能相信运动、生命、灵魂、心灵不在完全的存在里吗? 我们能想象存在缺少生命和心灵,以一本正经的毫无意义的僵死的状态存在着吗?"——"容许这种想法是可怕的,外

---

① 参见 Plato,Sophist, 248 a-c。
② 参见 Plato,Sophist, 248 c-e。

邦人。" ①

在"存在"中不可能否认生命、心灵和灵魂,并且说灵魂是绝对不动的也是不合理的,因此结论必定是,"存在"的意义包括运动以及被推动者。②

柏拉图的这一观点,是特别值得重视的。他把"存在"同"运动"、"变化"结合起来了,"存在"离不开运动,没有运动就不会有存在,不会有作用和被作用,不会有思想、心灵。从前把"存在"与"变动"(being 和 becoming)绝对对立割裂开来的观点根本改变了,不再看作两个绝对不同的世界了。同时请注意:柏拉图恰恰是通过认识过程、心灵的活动过程来达到辩证法的,因为人的精神的本性就是活动、追求,或如《会饮篇》所说,是对善、美和真理的"爱情"。柏拉图是**通过精神的活动**达到**辩证法**的。从前赫拉克利特的"流变"说被认为只适用于感觉事物的世界,它不是真实的存在,唯有不变的"相"才真实,现在柏拉图发现把"相"看成僵死的无生命无运动的存在是可怕的见解,于是"变动"与"真实存在"之间的鸿沟就拆除了。原来**运动变化是一切存在(包括有形物体和无形体的心灵、思想、共相两方面在内)共同具有的本性**。但是柏拉图发现的重点同赫拉克利特不同,赫拉克利特讲的是感性事物永远流变,而现在柏拉图发现的是心灵和共相也是永远流变的。《会饮篇》中的辩证法思想,在这里显然成为基本的论据,同时更有所突破,在《会饮篇》,追求最高的美和善的活动或"爱情"是运动过程,随之低级的共相、科学认识也运动起来,新陈代谢,但最高的"相"仍是绝对的、永恒不变的,而在《智者篇》这最后的一点也突破了:

---

① 参见 Plato,Sophist, 249a。
② 参见 Plato,Sophist, 249b。

详细论证请看下面关于最高的"种"的相通运动。249b所说的是一般结论,已表达了包括"通种论"在内的柏拉图关于"存在是运动的"总的观点。

但这并不等于柏拉图抛弃了原来相论中合理的成分。这种批判不是全盘否定。

所以接下去就讲到另一方面:

"如果我们同意一切都在运动,按照这个观点,心灵也不能存在。"——"为何?"——"你想,如果没有一个静止的原理,同一的条件、方式和主题还能存在吗?"——"不能。"——"心灵如果没有这些如何能存在,能在何处进入存在?"——"不能。"——"那么,我们就确实必须以一切可能的办法,反对取消知识、理性和心灵的人,并且要敢于确定事物。"①

柏拉图注意到,讲存在是运动的,也不可绝对化到取消任何静止、同一和持存的原则,否则一切知识也会成为不可能。而知识的可能,不仅需要作用与受动(即运动)的原则,也需要知识的对象(存在)中有静止的原则。两者缺一不可。这是反对智者的,也是反对像克拉底鲁那样把运动绝对化否认任何静止的人的。

因此,哲学家是最真实地尊重这些性质(指心灵、知识等等。——引译者注)的人,他不可能承认主张整个世界是静止的人们的观点,无论他们主张整个世界是"一"还是别的多种方式;同时他也完全不理睬那些主张全在运动的人的观点。就像孩子请求给他东西时说的话:"把两个都给我",哲学家在他定义存在和万有时也要把可变动和不可变动的两者都包括在内。②

---

① 见Plato,Sophist,249b-c。
② Plato,Sophist,249c-d.

两者都要,但是"现在我们才开始看到研究存在的本性的真正困难"。①

"静"和"动"完全相反,但都存在。那么这两者是否都运动? 不能这样说。两者是否都静止? 也不能这样说。那么, "存在"就成了第三个东西,具有与两者都不同的性质了,它下面包括"动"与"静"二者,那么"存在"就不是动与静的结合,而是同二者都不同的东西。照此看来, "存在"按其本性就既不运动也不静止了。—— 这样,我们心中关于存在还有清楚确定的观念吗? 因为凡不在运动的必静止,凡不静止的必运动,可是如上所述, "存在"却处在这两种情况之外,这可能吗? 这是绝对不可能的。②

柏拉图肯定存在是运动的,但同时认为原来相论主张相(存在)是静止的也是一个必要的原则,运动不能是绝对的。但"动"与"静"对立,在抽象中不能并容,因此"存在"与二者有别,它又不同于二者。这表现了持相论观点的人还保留着彼此界限分明的"相"与"相"的分离区别,这是需要的。然而这观点的绝对化又使"存在"独立于"动"与"静"之外,成为一个不可理解的东西。可见问题还未解决,批判原来相论和寻找解决办法的研究还需深入。

如何深入研究? 柏拉图认为,除了研究"存在"还必须研究更困难的"非存在",理解这两者的困难是相关的,所以如果其中一个多少弄清楚些的话,另一个也可望有相同的情形。③

d. 对麦加拉学派的批评

柏拉图接着转向批评另一些人,虽未点名,其观点实际是麦加拉学派的。

---

① 　Plato, Sophist, 249 d.

② 　Plato, Sophist, 250 a-d.

③ 　Plato, Sophist, 250 e-251 a.

让我们研究,如何用许多称谓来表述同一事物。例如说到一个人,我们说他有颜色、形状、大小,美德或恶行,在所有这些以及成千上万的其他说法中,我们都不仅说他是一个人,而且把善和无数的属性归于他。用同样的方式,我们开始假定为"一"的任何事物都被我们给予许多称谓而表述为"多"。——"很对。"——因此我们给开始了解事物的人无论他是老是少都提供了丰盛的东西。因为,再也没有比论证一不是多或多不是一更容易办到的事了,那些人的伟大之处就在于他们喜欢禁止我们说一个人是善的,他们坚持说人就是人,善就是善。也许你遇到过这种人,他们的兴趣就在于此,他们常常年纪不轻,其贫乏枯燥的思想全放在他们自己这种惊奇的发现之中,并且他们以为这就是智慧的顶点。[①]

关于麦加拉派思维方式的特点,我们在第九章里已经讨论过,他们坚持爱利亚派绝对孤立的共相,把形而上学方法变成诡辩,达到了几乎什么话都不能讲的地步:除了最简单的同语反复之外什么都不承认,因此不能用任何谓语来表述一个主语或东西。柏拉图极其轻蔑地嘲笑了这种所谓的"智慧",以至认为无须再加分析和驳斥了,因为这种智慧同主张绝对无知没有两样。然而这恰恰也正是对巴门尼德和柏拉图前期相论中固有的本质缺点的进一步揭露和批判,因为把同一律等逻辑思维方式绝对化,只会导致这样的恶果。这是一幅漫画,通过这幅讽刺画表明,这样的逻辑将毁灭一切知识、言说和逻辑思维自身。

3.“通种论”的提出与论证

a.通种论的提出

在一一讨论了各派哲学后,"外邦人"归纳说:我们考察了思考过存在的本性的人们的每一种看法,现在我们要向他们提出如

---

① Plato,Sophist,251 a-c.

下问题：第一，我们能否拒绝给存在以动和静以及其他对立的性质，因为它们不能结合，不能互相分有？ 第二，或者，我们应该把一切都认作可以彼此相通？ 第三，或者，我们应该认为某些〔相〕可以相通，而另一些却不能？ ①

　　这三个问题其实是一个问题的三种可能的答案，这个问题就是："存在"之相与"动"与"静"以及其他对立之相是否相通，各对彼此对立的相是否相通，最后，"存在"与"非存在"是否相通，以及它们在什么意义、程度和范围内或者分离或者相通，以什么方式相通。柏拉图认为，第一个和第二个答案都是不对的，问题需要具体地加以研究和确定，唯有第三个答案才是正确的。这第三个答案的具体论证就是"通种论"。

　　我们应该把这里的问题提法，同这篇对话开始讨论智者的定义时所提出的问题加以对照。这两种提法实质上是一致的，前面集中在"存在"与"非存在"如何区别和联结的问题上。这里则扩展为相与相的关系问题上，它是前面问题的进一步具体化，最核心的一点还是"存在"之相与"非存在"（它也应该存在，即有"相"）的关系。但是只有在问题涉及除"存在"之外的别的相时，这核心的问题才能讨论和解决。因为这里提出的问题，才是"通种论"的基本提法。

　　甲、首先检查第一个假定。检查办法还是看它会推论出什么样的结果：（1）如果"存在"与"动"和"静"不能相通，"动"和"静"就不能分有"存在"，结果这两个里哪一个也都不能存在了；各种学说、包括主张一切皆动的，和主张一切皆静的，还有主张把存在看作不变的"相"（种类）的学说，都被否定了。因为所有这些学说

_____

① 　Plato, Sophist, 251c-d.

都给"存在"加上了一种表述,这是与这个假定矛盾的。还有,照这个假定,"存在"里也没有混合,所以也不能再说万物由结合而成为一、由分离而成为多。(2)从这个假定里会推出这样一种最可笑的结果来:那些人自己要提出论点论证,却禁止人们称谓任何东西,因为表述一个东西就要给它加上一个谓词,而这就是这个东西(主语)分有了另一个东西,受到了另一个东西的作用。这些人自己也不得不使用像"是"、"同他者"、"分离"、"在自身中"等无数的言辞,无法抛弃讲话里的联系词,因此,甚至无须别人再来驳斥他们,他们自己就是自己的论敌。①

这里柏拉图总结性地批判了形而上学的绝对分离说,其中概括吸收了在《巴门尼德篇》中的批判成果。绝对的分离和割裂,必定要毁灭"存在"、"相"、一切知识和哲学,甚至毁灭逻辑和语言本身。

乙、再考察第二个假定:一切"相"都相通能否成立?

这也是不可能的。理由很简单,因为这就会推出"动"本身就会静止,"静"本身就在运动的结果来。② 这显然是自相矛盾和荒谬的。柏拉图否定了这一假定,表明他看到逻辑的同一律、不矛盾律仍是必须遵循的。否则我们就不能有正当的思维和论证及知识,只是一片混乱。

因此,只剩下了第三种假定。柏拉图认为,它是每一个想真正弄清答案的人所要采取的。研讨这个假定并加以证明,就形成了柏拉图后期的"通种论"哲学。

b. "辩证法"与"通种论"。后期柏拉图对"辩证法"的新发展

---

① Plato, Sophist, 252 a-c.

② Plato, Sophist, 252 d.

第三种假定是唯一正确的,要研究和弄清它必须有一门科学。柏拉图说,就像字母有的能联结,有的不能联结,而元音可与一切字母联结,弄清这些是文法知识。又如确定高音和低音的联结也要有知识,即音乐家的知识那样。要知道"相"的各个种类哪些能结合哪些不能,也需要有一门能给予说明和论证的科学。它是一门在各种科学中最高的学问,即"辩证法"。①

　　"难道我们不应当说,按照种类进行划分,这种划分既不使相同的变成相异的,也不使相异的成为相同的,是辩证法的科学事业?"——"我们应该这样说。"——"那么,的确,能够正确划分的人就会清楚看出,在分散多样的中间有一个普遍的相,而许多不同的相包含在一个更高的相之下;反之,一个相结成一个单纯的全体,并遍及于许多这样的全体;而许多相只以分离和孤立的状态存在着。这就是关于分类的知识,它规定着这些种类在什么情况下彼此相通,在什么情况下不相通。"②

这里所说的"辩证法"无疑同前期的有许多一致之处,如:它是研究"存在"和"相"而不是感觉事物的(讲"种类"而不讲个别事物),它凭借的是种类的概念即理智的思维而不是感觉经验,它注意分类即划分方法,把"存在"的"相"当作"一"——"多"系统,以及对假设进行理性的逻辑推论检验,等等。但是也已经有了值得注意的动向和变化,这就是:在划分种类时,既要看到相与相的对立、区别和分离,又要看到它们在一定的情况下彼此相通,并且这些相通被当作"辩证法"应注意的重点。其实,柏拉图的相由于是多数,又是逐次的"一"——"多"系统,所以原先相论中用来规

---

① Plato, Sophist, 253 a.

② Plato, Sophist, 253 d-e.

定"相"的方法，就包含着按种和属来定义的萌芽（后来亚里士多德提出的"定义公式"："种＋属差"，其思想就来源于此，柏拉图的一多分类系统和二分法即其最初形式）。这种规定方式，即有确定性，即每个相与别个相有明确区别，保证了它的自身同一性；又同巴门尼德和麦加拉派的同语反复式的自身同一规定不一样，其中包含着每一个"相"（种类）与其上各级的"相"和其下各级的"相"有一种几乎是必然的联系（当然这要求种类划分的恰当和准确作前提），因为每个"相"自身正是在这种联系中才被规定的。此外，还有一个种之下的两个属或几个并列的属之间的关系，例如在"存在"之下的"动"与"静"，又如在主奴关系中的"主人"之"相"与"奴隶"之"相"，它们既彼此对立又彼此在对立中得到规定，这些"相"之间显然也有既有分离又有联系的关系。但前期柏拉图过于强调每一个相的自身绝对同一性，如"美"本身、"善"本身、"大"本身、"小"本身，因而那"相"与"相"彼此联系或相通的方面未加注意和发展，以致重蹈巴门尼德的覆辙。现在他终于觉悟到这是不对的，麦加拉派从反面惊醒了他，他自己遇到的困难也促进了思考。而当他发现确定的"相"必须摆脱绝对孤立的状况以寻求彼此相通之处，又不可乱加联系以致造成混乱时，他才清楚看到在划分种类的方法里，本来包含着解决问题的钥匙。"划分法"又一次被提出来作为"辩证法"，但已有了新意。

在253e–254b，柏拉图又一次明确指出了智者和哲学家的对立。"辩证法"只属于纯粹和真正的哲学家。智者只凭感觉来研究，活动在"非存在"的黑暗之中。哲学家正相反，靠理性的论证和"存在"的相，但由于活动在过分的光明之中，也像在黑暗之中一样，因为多数人的灵魂在神圣的景象中丧失了视力。（这些话黑格尔后来学习和运用得多么相像啊！）柏拉图说，我们下面要更充分地考察什么是哲学家,而智者也清楚地不能逃脱我们的考察,直至我们对他们获得一个满意的认识为止。

c.几个最普遍和重要的"种"是否相通和如何相通

现在来考察第三个假定,即有一些"相"相通而另一些不能,有些"相"只与少数的"相"相通而另一些能与许多的"相"相通,还有的"相"能与一切的"相"都相通。但在继续研究时,可以选少数被认为是最重要的相,而不要讨论所有的相以免数目繁多造成混乱;我们考察这几个最重要的相的本性及其彼此相通的能力,以便研究存在和非存在,即使我们不能完全弄清楚这两个相,也能在研究所及的范围内有些正确的了解。[①]

柏拉图说,最主要的种(genera)首先是"存在",以及"静"和"动"(注意 : 他在这里并没有提出"非存在"来,因为巴门尼德和柏拉图以及大多数哲学家都只承认"存在"的本体,原来都不承认有"非存在")。"静"和"动"如前所说是彼此不能相通的,但它们都"存在",所以都与"存在"相通。这样首先确定了三个种,它们是大多数哲学家的本体论所肯定的范畴。

但这三个种每个都与其余两个相异,而与自己相同。这样就出现了"同"和"异"这两个词。现在要问 : "同"和"异"是什么意思? 它们是与前三个种不同的新的种吗? 抑或只是无意中说到前三个种之一?[②]

甲、对"同"与"异"这两个种(相)的规定。

柏拉图对"同"与"异"的研讨,我以为是很需留意的。如果说前三个种主要具有本体论的意义的话, "同"(the same)与"异"(the

---

① 　Plato, Sophist, 254 b-d .

② 　Plato, Sophist, 254 d-e .

other）就更多涉及了逻辑问题。没有对"同"与"异"的进一步规定，"通种论"将不可能建立。让我们来看看他是怎么说的：

> "动"与"静"既不是"异"也不是"同"。——怎么说？——不管我们给"动"和"静"以什么共同的称谓，都不能是（"异"与"同"）二者之一。——为什么不能？——因为那样"动"就静止，"静"就在运动中了。只要我们以（"同"和"异"）这两个来称谓"动"和"静"中任何一个，另一个就不得不变为自己本性的反面，因为分有了它的反面。①

这里的意思是说，如果"动"和"静"是"同"（或分有了"同"），那么"动"就同于"静"，反之亦然，这是错误的，所以不是"同"。另一方面，如果"动"分有了"异"，"动"就异于自身而成为"静"，反之如果"静"分有了"异"也就成了"动"，这同样是不行的，所以两者都不是"异"。

> 可是两者仍确实分有了"同"和"异"？——是的。②

这里看来是矛盾的判断，但实际上并不矛盾，因为角度和关系不同。"动"或"静"或每一个相就自身而言是"同"（同一性），所以分有了"同"；就"动"不是"静"、"静"不是"动"的区别关系而言是"异"，每一个相都"异"于同它自身相"异"的相，所以它们又都在同其他东西的对待关系上有"异"的性质，分有"异"。可是这种含义不可同另一种情况混淆："动"和"静"的相互关系不能是

---

① Plato, Sophist, 255a.

② Plato, Sophist, 255b.

"同",它们或任何一个相自身关系里不能有"异",否则一切的相或种就没有确定性了。所以总起来说,"动"和"静"既有"同"与"异"的性质,又不能有"同"与"异"的性质。关于这一层分析,后面柏拉图要讲到,这里他未分析,因为这里的目的在于表明"同"与"异"是同"静"与"动"有区别的种,虽有关联,却不是一样的"种"。"我们不能说'动'是'同'或'异',也不能说'静'是'同'或'异'。"

接着讨论"存在"与"同"的区别,这是因为"动"和"静"都是"存在"的,但不是"同",否则"动"和"静"又会等同了。① "同"是与"存在"有别的种或范畴。

那么"存在"与"异"是什么关系呢?

柏拉图说:有两类东西,一类是凭自身而存在的;另一类只在同某些东西的关系中才能说它们存在,所谓"另一类"即"其他的东西"(the others)乃是相对于自在的东西而言的。所以,"异"(other)乃是相对于"另一个"(即"异者",the other)的词。如此说来,"存在"与"异"就有极大的区别:如果"异"和"存在"适用于这两类东西的话,就会有一种"异"者它不异于异了。(即异者不同其他东西有相异的关系了。—— 作者注)。然而我们已经知道,异者必定是对某个不同东西(即"异者")的关系。② "我们还要说,'异'这个种是贯穿于一切〔种或相〕之中的,因为每一个种都异于其余的,但这并不是由于它自身的本性,而只是因为它分有了'异'的相。" ③

柏拉图在这里区分了两种存在,一类是自在的存在,一类是

---

① Plato,Sophist, 255 b-c .
② Plato,Sophist, 255 c-d .
③ Plato,Sophist, 255 e .

与他物相关意义上的存在。前者是自身关系(自同)的存在,无待于他物;后者是对他物的存在,有待于他物。所谓"异者"必是异于异者的东西。但我们通常所指的"存在"是自在的存在,因此与"异者"有别。可是"异者"不也存在着吗? 一切事物、一切相不都是在关系(异于与其异者)中存在吗? "存在"都有自在和与他者关联这两方面,所以这两方面都不是绝对的绝对,从存在者不是绝对的虚无而言,它是绝对自在的;从存在者作为整体又分为多而言,多中的每一个就既自在又只是在同别个相关中存在的,这里的自在就不是孤立绝对的自在,而同时又是异于异者的存在了。这个伏笔的含义,在下面讨论中将起关键的作用。

在对"同"与"异"的上述考察中,可以看到这两个种都不能与上面三个种混淆,彼此有别,所以现在该研究的就是五个最高的种了。但同时已看到它们中间有的有很大的相通能力,有的则小些,或有的地方不能相通。下面就以这五个种为对象,进一步研究它们之间相通与否的问题,从而进入"通种论"的核心部分。

乙、"通种论"及其"辩证法"的精义,是要弄清共相或概念的确定性(坚固性)和普遍灵活性的关系,直至达到弄清"非存在"在什么意义上是普遍"存在"的原理。

现在柏拉图就来逐个研究这五个种。

首先研究"动":(1)它绝对异于"静",不是"静"[①],这是对"动"的第一个规定,通常都是这样认定的。(2)"动"分有"存在","动"是"存在"的[②],这是又一个规定,"存在"包括"动"与"静",所以"动"是"存在"中的一个,这两者有相通之处。(3)"动"异于

---

① Plato,Sophist, 255 e .

② Plato,Sophist, 256 a .

"同",不是"同";然而它又是"同",分有"同" ①。

　　因此我们必须承认这个命题:"动"既是"同"又不是"同"。无须惊异。因为当我们运用这些称谓于"动"时,是从不同的观点上看的,我们说它是"同"是指它对自身的关系来说的,它分有了"同";而我们说它不是"同",是因为"动"与"异"相通,因而它与"同"割断了,不是"同"而是"异";所以说它"不是同"也同样正确。②

"动",从其自身看因为是"动"所以是同一性的东西,即是"同";然而从它与别的相的区别来看,它异于"静"等等,所以有不同一性,相异性,它异于异者,即是"异"或"不是同"。这两个说法都对,但是这是从不同角度考察的结果。柏拉图用分析的方法,确切指明貌似自相矛盾的命题其实并不自相矛盾,从而指出矛盾是真实的,并不悖理。在《巴门尼德篇》第二组推论里,我们看到他总是指出"一"既是什么又不是什么,实际上也是从不同角度和观点上论证的。辩证法常常被某些人认为是思想混乱的概念游戏,诡辩家故意地主观运用辩证法,把人思想搞乱,也败坏了辩证法的名誉,但是柏拉图则不同,至少他已充分意识到辩证联结必须以概念明确、推论合理为前提(他当然还不可能完全做到这一点,但总力图这样做)。事实上,矛盾是客观存在的,在相和最高的种里,在概念里也如此,但这不是概念不清思想混乱的矛盾,相反,是在对概念进行深入分析规定时必然发生的,并且同样可以确切说明和证明,这种深入一步的研究说明,就表现为有不同的角度和观点,

① Plato, Sophist, 256a.
② Plato, Sophist, 256a-b.

并且这些角度和观点本来来自对象自身和它与别物的客观联系之中。这一点《巴门尼德篇》尚未明白指出,现在在《智者篇》里指出来了。指出这一点的根据,是对于"同"与"异"这两个普遍范畴的研究,这实际上是指明了一种逻辑方法。

由"动"既是"同"又"不是同",柏拉图推出一个重要的结论:如果"动"可以在某一观点下分有"静",那么称"动"为"停止"也不荒谬。①

这听起来是荒谬的,但为什么能这样说呢? "动"异于"静"而自身相同,从自身相同而言,"动"就是"动",**它不变成别的**,岂不"停止"了吗? 因为不变、自身相同的意思就是停止、静。所以"动"在某种特定的意义上也分有了"静",是"静"。

可见,原先(1)的规定也不是绝对的,在特定的意义上也与"静"相通。柏拉图讲这点当然只是从概念上说的:"动"这个概念只要确定下来,这确定性本身就包含着静的意思。人的一切概念都要有确定性,都有相对静止的成分,否则就不会有任何明确的概念或共相。通过"动"这个典型和特别触目的貌似荒谬,柏拉图指明了这个特点:"这样一种'种'的相通是依据它们的本性的"。②

继续研究和规定"动":(4)"动"是异于"异"的(理由前面已说明);由此推论"动"既是"异"又不是"异"。随之而来的下一步就是,(5)"动"是否异于"存在"? ③

"动"与"存在"不是相同的种,各有各的含义,它们的相互关系是相异的,但"动"又存在,分有"存在",因此"明显的结论是:

① Plato,Sophist, 256 b .
② Plato,Sophist, 256 c .
③ Plato,Sophist, 256 c-d .

‘动’由于分有‘存在’而真的是‘存在’,但也真的不是‘存在’。”①
柏拉图由此得出如下重要的看法：

> 因此,“非存在”必须在“动”以及任何种类里存在着。因为
> “异”的本性在它们里面,使它们每一个异于“存在”,因而〔它们都
> 成为〕“非存在”。所以我们可以用同样方式对于所有这些都真实
> 地说：它们不存在；但是,就它们都分有存在而言,它们都是“存
> 在”,都存在着。
> 因此,每一种类都有许多的“存在”和无数的“非存在”。
> 而“存在”自身可说是异于其他的种的。由此推论,“存在”
> 就是“非存在”,就它相关于许多别的存在者而言。因为“存在”不
> 是这些种类,它自身是一个种,而与之相异的种类在数目上是无
> 限的。②

这就是说,就种与种(即相与相)的自同和彼此相异而言：“存
在”即“存在”,是一,它不是多,不是任何别的种或相。但同时其
他的多数的种和相又分有“存在”(也异于“存在”这个最高的种)。
所以“存在”之相同其他一切之相,彼此既同又异,就其同而言,
“存在”是多,是一切的相和其中每一个,可是同中仍保持着异,
其他一切的相又不是“存在”,那么“存在”是其他的相这个命题,
就成为“存在”是“非存在”了。反之亦然,这一切其他的相与“存
在”有别(“异”),不是“存在”,然而又都分有“存在”,它们存在
着,那么“非存在”是“非存在”这个命题也就变成“非存在”是“存
在”了。
这样就证明了“存在”与“非存在”也是相通的。在一定的意

---

① Plato,Sophist，256d．

② Plato,Sophist，256d-257a．

义上，"存在"就是"非存在"，而"非存在"就是"存在"。并且这并不荒谬："这个结果是无可争辩的，因为这些种的本性就使它们彼此相通。如果有人否认我们得到的命题，那就请他从我们前面的结论开始讨论，然后他才可以进而对由此而来的结果提出异议。"[①]

从这个证明，柏拉图进而分析和规定了"非存在"的含义。他说：

> 当我们说到"非存在"时，我想我们说的并不是什么与"存在"相反的东西，而只是不同的东西。—— 这是什么意思？ —— 当我们说"不大"时，你会认为指"小"而不会是指"相等"吗？ —— 不会。—— 因此，如果有人说否定就是指相反，我们不应承认。否定词"不"和"非"加在实词上，只含有与之区别的意思，或者更恰当地说，它只同后面实词表示的东西相区别。[②]

这是对"非存在"、"不存在者"所下的逻辑定义。这个词在巴门尼德看来是绝对与"存在"相反的，是绝对的虚无，根本不存在，所以不能想也不能说。后来大多数哲学家都接受了这种观点。后期的柏拉图终于从概念上弄清了它的相对性的含义：所谓"不存在"、"非存在"可以有另一种意义，即它是有别于"存在"这个相的概念，即一切其他的相、种类的存在，各种带有不同程度的特殊性的东西。它们不是抽象的"存在的相"，带有特性，所以不是"存在"，然而它们都分有"存在"，是整体（"一"）的"存在"中的各种分殊，而整体恰是由这些部分组成的，所以它们又都是"存在"。柏拉图认为，否定词"不"、"非"不是绝对地否定、割断与所指对象

---

① Plato, Sophist, 257a.

② Plato, Sophist, 257b.

的联系,恰恰是指明有联系,即与所指对象**有区别关系**的东西。例如,"不大"并不是对于"大"的绝对否定,只是指同"大"(些)有别的性质(相等或小些)。同样,"非存在"的东西不是绝对否定其存在,只是同"存在"之相有别的其他的相或东西而已。这就是"非存在"的相对意义,所以它仍与"存在"相通,它也有其存在。

"非存在"只是异于"存在"之相的东西,所以它也是"存在"的。这是最关键的结论,解答了本篇对话的基本问题,是对于"种"与"种"、"相"与"相"相通问题的最高和最普遍的回答和证明。

黑格尔说,"柏拉图的辩证法进一步规定的乃是独立自存的共相。共相又表现为各种形式, …… 柏拉图的最高形式是'有'与'非有'的同一:真实的东西是存在的,但存在的东西并不是没有否定性的。于是柏拉图指出,'非有'是存在的,而单纯的、自身同一的东西分有着对方,单一分有着复多。"[1] 这是很对的。黑格尔抓住了柏拉图《智者篇》的精义,继承和重新大大发展了这个辩证法哲学。

d. 哲学史上最早的具体(辩证)否定观

上述论证过程的真正依据,就是对于"否定"作了新理解:否定不是绝对相反或排斥,不是对被否定者的全盘否定,与之割断一切联系。它的意思只应理解为"异",同被否定者有区别,因此,否定总是具体的否定,特定的否定,同某个东西有别的另一规定。所以"非存在者"也是"存在","否"也是"是"[2]。

柏拉图接着发挥了这一"否定"观,指出一切否定都如此,所

---

[1] 黑格尔:《哲学史讲演录》第2卷,三联书店1956年版,第212页。

[2] 请注意,如我们在前面讲巴门尼德时早已说过的那样,这里的"存在"、"有"、"是"本是一个词(to be 或 being)。所以我在译文中加着重号的"是"均可读作"有"或"存在"。

以"不美"只是异于"美"及其本性的东西,同"美"一样都是真实存在的,^①"正义"的否定"不正义"等等也同样如此。一切与某种东西(相、种类)有区别("异")的东西及其本性,都同对方一样有其真实的存在。^②"这就是智者迫使我们寻求的那个'非存在'的本性。"^③

> 我岂不是可以有信心地说:"非存在"具有确实的存在,并有它自己的本性? 正如"大"是"大"、"美"是"美","不大"是"不大"、"不美"是"不美";同样,"非存在"也被发现是有的,是"非存在",也应被看作是在许多种类的"存在"中的一个种。泰阿泰德,我们对于这一点还有什么疑问吗? ——"完全没有了。"^④

这个由智者当反面老师所逼迫而认识到的真理,就是"非存在"(not being,即"不是")也是"存在"的,也是"是"。即是说,否定也是一种肯定、规定。—— 这是一个极为重要的见解。近代的斯宾诺莎在说到他的哲学中与实体有别的"样式"时,提出了一个著名的命题:"一切否定都是规定"。再往后,黑格尔把否定即规定或肯定发展成为最普遍的辩证法根本原理,并获得了极大成功。柏拉图虽然离黑格尔的辩证法还很远,但他是第一个指明**否定**是**特定的否定**的人,**否定总是针对某一个东西所作的区别**,因而在区别时必然与之相关联,这不能不说是他的一个巨大的历史功劳。他的"通种论"里的辩证法虽然还很抽象或有很多局限,但已经突破了形而上学的思维方式,使辩证法进入了逻辑思维,并得到了相

---

① Plato, Sophist, 257 d-e.
② Plato, Sophist, 258 a.
③ Plato, Sophist, 258 b.
④ Plato, Sophist, 258 b-c.

当成功的证明，就表明这种否定观的高度价值；因为若没有这种对于否定的具体认识，通种论就是完全不可能的。

4. 对巴门尼德的再批判和对思维过程辩证本性的研究

a. 对巴门尼德基本原理的总结性批判

文章做到这里，就可以对巴门尼德的基本命题作一个总结性的批判了。柏拉图指出：上述研究的结论早已突破了巴门尼德给我们的研究所划分的范围很远了，因为他说，"说'非存在'存在是决不能证明的，你要使你的思想在研究中远离这条途径"。而我们不仅证明了"非存在者"存在，而且说明了"非存在"是以什么形式存在的。[①] "非存在"（或"不是"、否定）就是"异"或"异者"，而"异"是在一切东西的相互关系中存在的，所以一切东西在相异之中都是"异者"，都存在。所以我们可以大胆地宣布，"异"的每一个部分，不论同"存在"（或"是"、肯定者）怎样对立，它也正是"存在"的一部分：这就是我们称之为"非存在"的东西。[②]

那么，对巴门尼德所说的绝对的"不存在"、"无"怎么办呢？

柏拉图写道：

因此，人们不要以为我们大胆肯定有其真实存在的"非存在"是"存在"的反面。因为，对于是否有一个"存在"的反面，它可否存在，可能不可能定义的问题，我们早已向它告别了。[③]

柏拉图的话实际上是宣布了巴门尼德所说的"非存在"乃是一个毫无意义的东西或词，所谓"存在的反面"，就是绝对不存在，绝

---

① Plato, Sophist, 258 c-d.
② Plato, Sophist, 258 d-e. 这里是对原文的解释。
③ Plato, Sophist, 258 e.

对不能说,绝对不能定义,绝对没有规定或意义的词。既然如此,还讨论它做什么呢？ 可见,柏拉图否认了这种形而上学的"不存在"概念,指出,唯有具体的否定,一定意义上的"不存在",即有其存在的"非存在",才是真实的概念,才能对它进行研究、讨论。这真实的"不存在"或否定就是"异"或"异者"。万相毕同毕异,它们都存在,但由于彼此都相异,所以每一个又都是它的异者的"异者",即它的异者的否定或不存在。所以每一个相都是具体的存在者或具体的肯定、规定；这规定就是由它同别的相的区别来指明的,否定里包含着对别的相的联系,所以也是规定。

巴门尼德和麦加拉派只知道绝对的对立,简单地讲是与否,有与无,不懂得具体地研究共相和概念,所以只会同语反复,结果既不了解存在也不了解非存在,既不了解具体真实的肯定,也不了解具体真实的否定。柏拉图在《智者篇》里,以通种论和辩证法彻底批判了他们,宣告了形而上学的逻辑的破产,代之以辩证的具体的思维逻辑,同时吸取和改造了巴门尼德逻辑上的合理成分(概念的确定性、分离性和论证方式等),开始了人类思维方式上的又一次飞跃。

b. 真实的矛盾辩证法同通常的矛盾观(特别是智者的"辩证法")的区别

柏拉图用通种论(种或相的真实的对立统一观)阐述了辩证法,这种辩证法既同巴门尼德、麦加拉派相对立,同时也是同通常意义的矛盾观有本质区别的。矛盾的辩证法在人们通常意识中,常常以从这一观点来看某种东西如何,从另一观点看又如何这种方式表现出来,但是这只是外在的不相关联的指出。如前所说,柏拉图在确切指明真实的矛盾时,也必须根据概念的本性来从不同角度指出矛盾,但是他不仅是从概念本性出发(同日常意识只从感觉、表象和偶然东西出发讲矛盾不同），更重要的，是认为概念（共相）的本性不仅有从不同角度看的矛盾方面，还有这些不同方面的本质联结或相通。所以真正的辩证法，其本质在于认识分离、对立与相通、统一不可分割，必须在分离中把握相通，在统一中保持区别。这是日常的矛盾观达不到的。

在智者那里，某种形式的辩证法得到了恶性的发展。他们说，没有什么真正独立存在的东西、稳定明确的规定，一切都随感觉和一时的利益而定，风对这个人是冷的，对另一个人可以是不冷的，当你肯定什么时，他马上就可以从另一方面否定这一点。所以他们特别强调一切都矛盾对立，一切都变化，而且随主观感觉而变，都是相对的，没有真正的"有"和"是"，没有真正可以肯定的东西和思想、意见和知识 。这是主观的、相对主义、怀疑主义的辩证法。而柏拉图要建立的是关于客观共相的有确切规定性的知识和辩证法。所以柏拉图认为必须同智者的辩证法作斗争。

他说，"如果有人像一个变戏法的发明家那样，喜欢翻来覆去一会儿从一个方面、另一会儿又从另一方面进行论证，那我们就要对他说，他的能力的运用并没有什么价值"。这是因为他只是随便地外在地在做这件事，有时从一个意义上指出事情的一方面，然后又随意地指出另一方面，否定了前者，还又继续这样做下去，彼此并没有什么内在本质的联系。"因为耍把戏并不是真正的才能也不是真正的难事。只有我们才能告诉他另一种高尚和困难的研究。"[①]

真正的研究必须抛弃上述做法。要仔细地逐个地审查论证的每一步骤，在讨论的对话中要从对方本来的观点出发进行理解和

---

① 　Plato, Sophist, 259 b-c .

反驳,如果只是提出同对方不同的看法,这并不是对他的真正驳斥。① 可见,对于研讨讨论或思维言辞的看法里,也有孤立、割裂的方法和"通种论"方法的对立。通常人的意识和智者的论辩就属于前者,各种不同的矛盾看法只是一个一个轮流出现,互相否定,它们只有分离而没有联结。柏拉图针对这种讨论方法说,那种把一切存在的东西都分离开来的做法,对于受过教育的或有哲学思想的人来说是粗野的、幼稚的和没有价值的,它会最终取消一切理论的论证,因为只有靠概念之间的结合联系,我们才能有讲理的讨论过程。②

因此柏拉图注意到必须把通种论的思想用到研究"言谈"(discourse,即言辞、讨论、对话、研究)本身里来,或运用到原来意义的"辩证法"(谈话法)本身里来,以便给"讨论"本身规定一种正确的方法。

他提出要给"言谈"或"讨论"下定义,规定它的本性。③

"我们可以说'讨论'也是'存在'中的一类",否则"我们将不会有哲学"。④ 那么,这里有没有"非存在"? 按照通种论讨论的结果,必定是有的。这一点很重要,因为,"如果在前提中没有'非存在'的部分,那么一切就必定都是真的了。只有'非存在'也有一部分,错误的意见和言辞才是可能的。因为对于思想和言语来说,'非存在'指的就是虚假。"⑤

虚假的是骗人的,而智者就活动在这领域里。我们必须承认

---

① Plato, Sophist, 259 c-d .
② Plato, Sophist, 259 d-e .
③ Plato, Sophist, 260 a-b .
④ Plato, Sophist, 260 a-b .
⑤ Plato, Sophist, 260 c .

这些错误的骗人的意见、思想和言辞的存在,否则我们就没有可以与之斗争的对象,就根本抓不住它了。但智者否认有虚假存在的可能性,他论证说,因为"非存在"根本不能有任何"存在",完全是没有的,所以没有人能够想或说出虚假的思想或意见来。①

柏拉图肯定"讨论"或"言谈"中有真的("存在")和假的("非存在")之分,同时强调指出这两者也是相通的,假的意见("非存在")也是"存在"的。这个观点具有很重要的意义和作用,因为这是一个基础。

从这个基本观点出发,柏拉图首先指出了巴门尼德的根本原理("非存在"是完全没有的)恰好成了智者诡辩的防空洞,因为如果根本没有"非存在"那就根本不会有虚假的意见和思想,智者们无论说些什么就都成为真的了。

其次,只有从这个基本观点出发,才能弄清楚智者诡辩的错误方法的根源。现在就需要进一步用这个基本观点来研究语言、思想、意见等等的本性,看看虚假为什么能存在,它与真理是什么关系,即如何既有明确的区别,又有相通之处(即与"真的"相异的相关存在)。柏拉图说,这样研究之后,我们就能逮住智者,把他关在这里面了,否则我们只能任他逃脱。②

这种研究对智者好像是照妖镜,同时也能更清楚地阐述辩证法思维的进程的本性。

c. 理性思维的辩证联结方式的初探

柏拉图首先研究语言中的联结方式。一个句子是一个名词和一个动词(即主语和谓语)的联结,最简单的句子如"一个人在学

---

① Plato, Sophist, 260 c-d.

② Plato, Sophist, 260 e-261 a.

习",只有两个词相联结。句子是思想和意义的单位。但句子有的真,有的假,这是因为有的主词和谓词能够联结,另一些则不能联结,联结了也没有意义。举两个句子来说:"泰阿泰德坐着","泰阿泰德在飞",其主词相同,但两个句子性质不同,第一个说法对泰阿泰德是真的,第二个则对他不真。假就是异于真,把不存在的事说成是存在的。所以第二个说法中,主词和动词的联结乃是一个真正的虚假言辞。[1]

可见,言辞的真假在于主谓项联结是否符合于存在,符合存在的联结就是真,而讲了不存在的联结的就是假。真和假是有明白划分的。但正如"不存在"是异于"存在"的,也有其存在一样,假的言辞是异于真的,所以它也是有的,是一种真正的虚假言辞。这样,真和假就有了联系和关系,彼此相通又相互区别对立。所以我们可以抓住虚假的、并且对照真的、存在的情况给它以揭露和批判。智者的诡辩和骗术也就无法逃脱了。

关于思想、意见、想象的本性,在研究了言辞之后也就同时解决了,因为 —— 柏拉图说 —— 思想不过是无声的自己对自己谈话的过程,意见是对言辞和思想的同意和否认,而想象不过是把感觉与意见联系起来,所以它们也同言辞一样,有真,也确实有假,有同样的关系。

*　　　　　*　　　　　*

关于《智者篇》中的思想,我们就谈到这里。总起来说,它在批判智者、巴门尼德和各派哲学中,进一步发展了《巴门尼德篇》的新

---

① Plato, Sophist, 261 c-263 d.

思想,达到了建立通种论哲学的新阶段。

它最突出的成就,就是突破了逻辑思维以往发展中的孤立、绝对的形而上学束缚,进入了共相和概念的辩证法。所以柏拉图原先的"辩证法"获得了新内容和新形式,或者更确切地说,用辩证法的新思想新因素改造了原来的成果,在运用中使之带上了新特点,变得具体生动起来,同时仍保持着(或加深了)规定的确切性。

柏拉图在共相和概念的领域里,在某种程度上吸取了赫拉克利特的辩证法因素,产生了最初的共相和概念的辩证法。这是后期柏拉图的一大功绩。人类的逻辑思维为什么必须要上升到辩证法阶段? 辩证法为什么能符合逻辑? 对于这样一个极其困难和复杂的问题,人们一直还在研究着。我想,认真研究《会饮篇》、《巴门尼德篇》和《智者篇》的人,将会从这里得到许多教益和启示。这是柏拉图思想中最有价值的部分,因此我在这里作了比较多的评述。

但是这只是后期柏拉图哲学思想变化的一方面。种或相的相通,目的还在于说明现实的世界和事物,但能不能达到这个目的呢? 又如何达到这个设想的目的呢?《巴门尼德篇》里提出的最根本的问题还是相与感觉事物的分离割裂如何解决,通种论只是作为解决这个问题的一个环节或组成部分提出来研究的;并且那里申明决不可放弃"相",换言之,整个通种论的基本立场决没有改变,"相"仍然是最真实的"存在"或本体。"通种论"不过是"相论"客观唯心主义的新形式。那么,这种新的理解下的相或种如何与现实世界或现象相通,也只能用客观唯心主义的方式去解决,这也就是必然的了。

只有在了解了柏拉图如何用通种论解决"拯救现象"之后,我们才能对他的后期哲学的总面貌加以确定,从总体上来把握柏拉图哲学。

第十二章　柏拉图及其学派同毕达哥拉斯主义的日益融合和神创造世界说

一、柏拉图哲学的最后形式

1.《蒂迈欧篇》的神创世界说

在《智者篇》之后,柏拉图晚年还写了《菲力布篇》(Philebus)、《蒂迈欧篇》(Timaeus)等对话篇,最后,还有《法律篇》。在《蒂迈欧篇》和《法律篇》(特别是它的第十卷)里,柏拉图叙述了一种神创世界的学说。这种神学的宇宙发生论,对后来罗马世界里的新柏拉图主义以至整个欧洲中世纪都有很大影响。在中世纪的长时间里,西方人所知道的柏拉图几乎仅限于《蒂迈欧篇》这一篇。这种情况主要是由后来历史的需要和基督教教会的统治造成的,却也表明柏拉图的哲学符合了这种需要。柏拉图哲学的客观唯心主义到后期更加发展,导致了一种更加精致的、比希腊先前的宗教神学更高的神学。

我们不想多谈他的神学,我们关心的是他的哲学。不过他的晚期哲学的全貌正是通过这种神学世界观来表现的,因此我们还要简略地谈谈《蒂迈欧篇》里的思想。

这篇对话的主角是一位毕达哥拉斯派的天文学家蒂迈欧,他论述了神怎样创造世界的历史,其大旨如下。蒂迈欧说:

我们首先要分清什么是永远如是没有变化的东西和永远变化没有所是的东西。前者是凭理智和理性来把握的、永远处于同一状态的东西;后者则是靠感觉和意见而不用理性来了解的东西,它总在流逝,不是真正的存在。被创造的一切必有原因。造物者的工作,只有在按照一种永恒不变的模型来造物时,他的作品才是完美的,而从被造出的模型再加仿照就不完美了。

世界是永恒自在的,还是被创造的? 我的答复是:可见可触的物体即感觉事物的世界是创造出来的。感觉事物是被创造的,所以必有原因,这原因就是万物之父;人们虽然早已发现他是神却并不认识他。而要认识他,必须研究这位工匠创世的模型是哪一种,是不可变的模型,还是已被创造出来的事物的形式? 每个人都会看到,神用的必是永恒的模型,因为世界是最好的创造物,而神是原因中最好的原因;而要说他是照已造出的模型来创世乃是大不敬的。[①]

神为什么要创造世界? 他善,没有嫉妒,愿意使万物像他自己。他看到整个的可见世界在无秩序中运动,就给它们以秩序,认为这样比较好。他是最好的。所以认为可见事物中有理智的比无理智的好,便把灵魂置于身体里。他把整个世界按照自己的意志造成最好的秩序,使它变成一个活的、有理智的大动物,其中包括

---

① Plato, Timaeus, 27 d-29 a, Jowett 本, *The Dialogues of Plato*, Vol. 3, Oxford, 1953, pp. 715-716。

人、动物,一切可见的生物。[①]

可以看得见摸得着的有形物体是由四种元素造成的,由火造成可见的,由土造成可以摸到的,两者之间有气和水。神把它们结合为事物,用比例来形成最好的结合物,凭数形成形状和体积。神把水和气置于火与土之间成连比(火:气=气:水=水:土)。从这些元素里创造出世界上的物体,使它们在比例中得到和谐。[②]

下面在具体说过各种创造后,蒂迈欧说,神在不可分不可变的存在和有形物体这类存在之间,安排了第三类的中间的存在,它有"同"和"异",它使每个不可分的东西同那些组合而生的东西结合在一起成为物体。神把这三种成分混合,把难以联结的、相异的东西及本性用力量使它们成为相同的东西。当他混合这三者并从这三者造成单一时,神又把整体划分为许多适当的部分,每个部分是"同"、"异"和"存在"的复合。划分出1、2、3、4、9、18、27等各种部分并构成比例。[③]然后谈及日、月、星辰和时间的产生。

关于时间,他说,创世的看到他创造的生物在运动和活着时感到喜悦,在喜悦中他决定要使仿照的东西尽可能像原本那样永恒存在,但永恒的存在的本性完全加于生物是不可能的,因此神给天以秩序,给永恒以运动的影像,他造成这个运动着的永恒的影像是凭借了数。这影像就是时间。在天被创造出来之前没有日、夜、月和年,神造成天也就创造了这些时间的一切部分。过去和将来都

① Plato,Timaeus,29a-31b,Jowett 本,*The Dialogues of Plato*,Vol.3,Oxford,1953,pp.717-718。

② Plato,Timaeus,31b-32c,Jowett 本,*The Dialogues of Plato*,Vol.3,Oxford,1953,pp.718-719。

③ Plato,Timaeus,35a-36b,Jowett 本,*The Dialogues of Plato*,Vol.3,Oxford,1953,p.721。

是被创造出来的时间的种类,我们无意识地把它们归之于永恒,是说错了话,这些只适用于运动的感性事物。①

蒂迈欧说,火、水、土、气本身不能说明世界怎么会开始有秩序的,有人设想发现它们在没有神的条件下一起存在的状态。但是"我认为神用相和数来形成它们,它们的本性才如此"。这四种元素是物体,每种物体都具有体积,而每个体积都必然为其表面所限定;而每个直线组成的面都是由三角形组成,而一切三角形都由两类三角形而来,一种是等腰直角三角形,另一种则是不等腰直角三角形,前者只有一种形式,后者则形式不定(无规定,无限多),从这两种直角三角形就构成了火同别的元素。②它们是一些不同的正多面体。然后蒂迈欧用这些正多面体的不同形状和数的关系来谈四种元素和事物的性质、相互关系和运动等。③

《蒂迈欧篇》的结束语说道:这样世界就有了可朽的和不朽的动物,充满着它们,并变为一个可见的大动物。相当于一个可见的、可感觉的神,他是理智的神的影像。④

我们极其简略地介绍了《蒂迈欧篇》中的几点主要说法。从这里我们看到,在晚期柏拉图这里已经产生了某种向抽象的一神论思想的发展,这种神学世界观经过后来的新柏拉图主义,成为基督教的主要思想来源之一。这种神学观点虽然荒唐,骨子里却还是他的哲学,我们可以看出,这里相论的基本观点丝毫未变,永恒不

① Plato,Timaeus, 37c—38b,Jowett 本,*The Dialogues of Plato*,Vol.3,Oxford, 1953, pp.723-724。
② Plato,Timaeus, 53c-54b,Jowett 本,*The Dialogues of Plato*,Vol.3,Oxford, 1953, pp.740-741。
③ Plato,Timaeus,54 以下,Jowett 本,*The Dialogues of Plato*,Vol.3,Oxford,1953,p.741 以下。
④ Plato,Timaeus, 92c,Jowett 本,*The Dialogues of Plato*,Vol.3,Oxford, 1953,p.780。

变的才是唯一真实的存在,感性物质世界只是"模仿"的影像,被创造的东西,不过也还是加上了"通种论"的因素,认为有一种东西分有"同"与"异",处于不变的与可变的之间以沟通二者。此外,这里还用数和形来构造元素和物质东西,这原是毕达哥拉斯派的观点,现在也吸取进来了。这篇对话由毕达哥拉斯派的一位人物来担任主角,不是没有意义的。

《蒂迈欧篇》(以及《法律篇》、《菲力布篇》)告诉我们,柏拉图哲学的最后形态的一个显著特征,是把哲学变成一种神创世界的神学世界观。我们要问:他的哲学为什么最后一定要表现为神学呢? 为什么他在有了通种论的重要进步之后要落到这样的结局? 还有,他的哲学同毕达哥拉斯派究竟关系如何,为什么他达到了相论以后的通种论的水平之后,还要同相当原始的毕达哥拉斯主义进一步结合呢?

2. 亚里士多德对柏拉图及其学派的认识

要理解柏拉图哲学最后的发展,单研究《蒂迈欧篇》是不够的,还应研究《法律篇》和《菲力布篇》,但这也不够,还必须研究亚里士多德对它的认识。因为,亚里士多德在柏拉图学园里从事研究工作达二十年之久,这时期正是柏拉图思想发展的最后阶段,他又是柏拉图本来最器重的学生,所以他不仅能从柏拉图写成的著作里认识柏拉图哲学,而且听到了柏拉图的许多口头教导,并能在同柏拉图本人、同学园中其他同事们(即柏拉图派)的讨论中真切地把握要义。因此,他的有关记述是很可靠的材料。此外,由于他逐渐同柏拉图及其学派发生了分歧,这自然使他要更仔细深入地考察分歧之所在和问题的实质,因此他的记述就不是现象罗列,而是富于思想性和分析批判性的论述。所以,我们要了解柏拉图应该特别借助于亚里士多德,通过他,我们对柏拉图晚期对话中的思想线索和实质才能搞得更清楚些。

亚里士多德清楚地揭示了晚期柏拉图及其门人的哲学的另一个最显著的特征,这就是相论哲学同毕达哥拉斯派的数论哲学的紧密结合与一致。

他在《形而上学》、尤其是第一卷(Α)和最后两卷中(Μ、Ν),反复指明柏拉图及其学派同毕达哥拉斯派是最相似的,在各种主要之点上都继承了他们,只有些具体不同之处,"相"常常就是"数",并像毕达哥拉斯派用数解释感性事物那样用"相"即"数"作类似的解释。关于这一点的主要意思,我们在本书第十章第二节里开始讨论柏拉图哲学时引用的亚里士多德一段原话,已经大体讲出来了。关于这种具体的说明,我们下面各节再来讨论。这里我们先指明亚里士多德所讲的柏拉图哲学的特征,是极为重要的。

亚里士多德批判柏拉图及其学派时,总是把他们的相论同数论结合起来批判,这使许多读者感到十分难懂和头痛,因为毕达哥拉斯派的数论哲学本来就非常复杂奇怪、牵强附会,柏拉图及其学派的"相 — 数"学说就搞得更加神秘晦涩了。但是亚里士多德不是平白无故要这样做的,而是对象使然。我们当然没有必要深入那一切繁冗的细节,但有一个基本的把握仍是必要的,否则,我们将既不能真正理解柏拉图,也不能真正理解亚里士多德对他的批判。人们常常把这两者都了解得过于简单化了,恐怕是对哲学史研究不利的。

我们找出了柏拉图哲学最后形式的两个相联系的特征。那神学形式的特征,不仅有哲学思想的原因,还有当时希腊社会没落时期人们精神状态和精神需要的原因,以及宗教传统的作用。关于后面这些因素,我们在介绍苏格拉底和柏拉图所处的时代和他们的经历时已经谈到过,这里不必多说了。所以我们可以着重研究柏拉图后期哲学本身的发展的内在要求这一方面。而这一方面正是以同毕达哥拉斯派学说发生关系、日益融合的形式来实现的。所以,我们在具体讨论这种"相"与"数"结合的哲学观点之前,有必要先讨论一下为什么他有必要在建立通种论之后,要同毕达哥拉斯主义更加紧密结合的原因。

二、柏拉图同毕达哥拉斯派学说的关系的发展过程

柏拉图在自己的思想发展中,一直同毕达哥拉斯派学说有重要的联系,这不仅是事实,而且有几点是很容易理解的。在下述各点上他们几乎完全一致:

首先,毕达哥拉斯派最关怀的是人的生活方式问题,灵魂的净化、道德的善、社会的正义与种种和谐等等始终是他们念念不忘的研究主题。作为苏格拉底学生的柏拉图,关怀的东西与他们几乎完全相同,所以他在《国家篇》中对毕达哥拉斯给予了崇高的评价。他从自己的历史使命感出发,对毕达哥拉斯派的事业和思想有深刻的共鸣,这是他从以前别的学派那里难于找到的。

其次,毕达哥拉斯派用抽象的数来说明一切,包括自然事物和各种社会的、抽象的事物,如正义、灵魂与和谐等等,也是很合柏拉图的口味的。当然柏拉图达到了更高更普遍的抽象,并不满足于单纯的数。可是这种思考方法,这里面的客观唯心主义因素,还有关于灵魂的转世与回忆,以及通过净化达到至善的神的境界等宗

教神学观点和认识论因素,是苏格拉底和柏拉图所喜欢和需要的,许多早就被他们吸取了。

还有,毕达哥拉斯派致力于数学的研究,并用数学解释了音乐、天文以及医学,都获得了成就。数学在希腊科学中一直具有领先的关键的地位,其中的逻辑被人们公认为是普遍、必然有效的,因而数学被当作人有理性的能力和形式的最好证明。这对柏拉图的追求又提供了一个有力的支持和鼓舞,他常常从数学中寻求自己逻辑思考的依据,从中汲取力量。

这些都使柏拉图重视和尊敬毕达哥拉斯派,同它亲近。但是,在他前期建立相论时同它又有区别和矛盾:

首先,"相"的抽象普遍性当然在水平上高于他们的"数"。"相"是事物性质和本质的抽象,并有更普遍的形式,而他们的"数"尽管被他们赋予了某些本质的内容,毕竟在形式上只是事物数量方面的规定,并且他们还认为"数"也是感性的质的东西,这在柏拉图看来就比较低级了,甚至不能允许(指说普遍者是感性东西这点而言)。所以柏拉图在《国家篇》里把"数"看作比"相"要低一级的可知东西,处于相与感性事物的中间。它还不是最真实的存在,它的存在还需由相来说明。

在这一点上,柏拉图更接近于巴门尼德而不是毕达哥拉斯派。

其次,柏拉图的"相"是"多"而不是只有一个,这似乎又接近于毕达哥拉斯派而不是巴门尼德。可是,前期相论所要追求和确立的相,如绝对的善本身、美本身、大本身、小本身,是一种绝对的东西,而那时的柏拉图对绝对的东西只有形而上学的绝对化理解,这就是永恒不变、绝对的自身同一、绝对的孤立性,因此他在这时的本体论和逻辑的核心观点上可以说完全是巴门尼德式的,并反对对抽象共相作任何辩证法的了解。赫拉克利特的学说只适用感性事物,决不适用于知识。这种观点,使柏拉图同毕达哥拉斯派一个核心思想发生了格格不入的矛盾。因为毕达哥拉斯派主张数和万物都是对立统一的,一切"有规定者"都与"无规定者"相通,对立的东西有和谐。这就涉及抽象的普遍者、规定、确定的存在是否彼此联结的大问题,但前期柏拉图恰恰只是靠分离和孤立化来确立相,确立相与感性事物的区别,确立每一个相同别的相的区别。

所以我们看到,在柏拉图前期,固然有同毕达哥拉斯派一致之处,也有差别和对立,因而总的不能过于同毕达哥拉斯派靠拢,而带有更多的巴门尼德色彩。这不一致之中,有的有合理之处,因为"相"比"数"的普遍性高得多,有的则并不合理,这是因为前期相论过于持孤立分离的形而上学观点造成的。

这种情况到柏拉图发现自己前期相论的错误之后,就发生变化了。相与相的联结现在得到了证明,原来与毕达哥拉斯派数论中的对立统一观点之间的鸿沟就基本上消除了。这是第一点。第二,摆在柏拉图面前的更主要的任务,还是如何打通原来完全割裂的相与感性事物的关系。"通种论"只是这个总任务里的一个环节,现在通种论建立后就该来解决这个主要问题了。在这时候,柏拉图发现毕达哥拉斯派在这个问题上仍然可以做他的老师,只是要加以新的解释与说明就行。

为什么这时的柏拉图实际上已接受了赫拉克利特的许多基本思想,并在概念中建立了不少有价值的辩证法思想,却不能走向他而走向了毕达哥拉斯派呢? 这理由是明白的,柏拉图虽然认识到把共相同感觉事物割裂是他原来学说中的最大错误和困难,却仍然是个坚决的客观唯心论者。他仍然坚决主张唯有共相才是最真实的存在,绝对可靠的存在,只有从相出发才能有知识,才能找到联结相和感觉事物的道路。因此,他的结论是"决不可抛开相",不能从感性事物出发来寻找这个问题的解决。—— 这是同后来的亚里士多德正好相反的。在柏拉图看来,这是他决不能在自己的相论中承认赫拉克利特原理的理由,因为赫拉克利特是唯物论者,主张从感性世界本身寻求一切对立分离东西的统一与结合。

柏拉图这种想法自然只能是幻想。但他认为毕达哥拉斯派的办法倒是可取的,因为他们从数与形里产生出万物来。既然他们能这样做,相论岂不是也可以如此吗?

于是我们看到,经过一番曲折,在通种论建立起来之后,柏拉图的哲学就越来越全面地同毕达哥拉斯主义接近和融合了。当然不必说,这仍是同毕达哥拉斯主义有别的,因为柏拉图哲学的主干毕竟是相论,融合的结果乃是一种用相论解释数论,又用数论解释相论的复杂学说,也许我们可以称之为"相论 — 数论"的哲学。

关于这种哲学的基本特点,我们主要依据亚里士多德所提供的论述,同时也可在《菲力布篇》等柏拉图自己的著作中得到基本的证据。当然,我们只能讨论其中最要紧的地方。

三、从亚里士多德的论述来考察 柏拉图后期哲学中"相"和"数"的关系

1."相"是否等同于"数"?

亚里士多德指出柏拉图在许多方面继承了毕达哥拉斯派学说,并且有许多相似之点之后,说了这样的一段话:

> 因为相是其他一切东西的原因，他就认为相的元素是一切东西的元素。作为质料，"大和小"是本原；作为根本的实在，"一"是本原。因为从"大和小"里，并由于分有了"一"，就产生了各个相——即各个数。①

接着，亚里士多德还进一步说，柏拉图同毕达哥拉斯派都把"一"当作本体，都认为数目是其他事物的实在性的原因。差别只是毕达哥拉斯派把"无规定者"当做一个东西，而柏拉图提出了"不定的二"，从"大和小"里构造出"无规定者"来。毕达哥拉斯派认为感性事物本身就是数目，而柏拉图认为两者是分离存在的，数学对象在相和感性事物之间。②

这里就出现了一个问题：后期柏拉图是否把相等同于数？它们的关系究竟如何？还有没有区别？两者一致和区别究竟何在？

罗斯（W.D.Ross）对这个问题作了许多具体的考察（这些我们下面必须讨论到）之后，认为"亚里士多德的说法包含着十分确定的意思，就是一切的相都是数"。③我认为这种说法基本上是对的，符合亚里士多德的意见和柏拉图的实际，但同时也不能简单化，因为亚里士多德也指出柏拉图的"相"同毕达哥拉斯派的数毕竟仍有值得注意的区别。柏拉图确实要把"相"同"数"结合或融合起来，但这里是有区别的东西的结合，并非简单的等同。

我们还是就一些重点问题来具体讨论一下这种结合。

---

① Aristotle,Met.987ᵃ18-22，以下均引自 W.D.Ross,*The Works of Aristotle*,Vol.8,Metaphysica,Oxford，1908。
② Aristotle,Met.987ᵃ23-30.
③ W.D.Ross 译 *Aristotle's Metaphysicas* 的 Introduction,p.lxvii,及以后各页。

2.最高的"数"和"相"的关系

毕达哥拉斯派的数,同柏拉图的相一样,都是一种系统。数是一切的本原,而数里又有最原初的或最高的数作为其他的数目的本原,柏拉图的相更有一种分类和层次。所以相和数的结合,首先要从最高点着手。

我们知道,毕达哥拉斯派最根本的本原是"有规定者"和"无规定者"。前者是"一",是"善",后者是分离、变动和产生"多"的根源,又是质料,是属于"恶"一边的。这二者对立又相互统一,彼此发生作用,就能从"一"里产生出各种数来,进而产生或形成各种形体和感性事物。这好不好结合呢?

看来柏拉图几乎完全接纳了这些观点:(1)柏拉图一贯追求的是绝对的根本的"存在"和"一",还有"善",采取毕达哥拉斯派的"有规定者"即"一",就能把本体论、逻辑和道德的最高要求都统一起来;(2)采纳他们的"无规定者"也很必要,并且在通种论之后,主要障碍也消除了,因为现在既然承认了"异"于"存在"的"非存在"也存在,那么很自然的,作为"异"于"有规定者"的"无规定者",也可作为相对于前者的本原而存在,并成为另一个原初的本原。而更加重要的是这个本原对柏拉图来说现在也是十分需要的:它能说明"一"怎么能产生出"多"和各种性质的相来,又能说明异于"一"和"善"的那些相(如"不善"、"非存在"、"不正义"、"不美"等与前者相异的、否定的相的存在,这是通种论之后也要承认和说明的);还有,它能提供原初的质料因,为更具体的相或数产生感性事物作了准备,所以亚里士多德明白指出柏拉图也以"无规定者"作为质料的本原。至于柏拉图把这个"无规定者"说成是

"不定的二"和"大和小",我觉得同毕达哥拉斯派的说法精神是吻合的,其区别很细小,因为毕达哥拉斯派讲"无规定者"也是"不确定"和分离作用的意思,而且作为质料本原的含义用"大和小"来表示,其精神也没有什么不同(实际上他们两派都把质料主要指空间形状体积)。

尽管如此,有一点仍是柏拉图不能接受的。这就是:毕达哥拉斯派把感性事物本身就当作数,而柏拉图认为数(包括作为相的数,和在相和感性事物中间的数)是同感性事物分离的存在。[①]柏拉图虽然也承认物体里有数,物体和它们的原因都是数,但认为有分别:可知的数才是原因,而在可感觉事物中的数和形虽可感觉到,却不是原因,不是可知的数只是可感觉的数。[②]后一说法读来不好理解,甚至容易使人误解,以为柏拉图也承认数是可感觉的事物,其实与上一种说法是一样的。因为在柏拉图看来,数的本性是永恒不变的、可知的存在,同感性事物绝不相同,所以他不能同意毕达哥拉斯派说数也就是感性事物的意见。至于说到可感觉的数,那是指具体的感觉事物里面的形和数,比如树干的圆形手指头的数等等,同作为物体的原因的数是不同的,那种可感觉的数在柏拉图看来算不上真正的数,只是真正的数的影子而已。

柏拉图坚持数是抽象的存在,不是感性的东西,这一点他比毕达哥拉斯派强。但是他是从更彻底的客观唯心主义出发的,他否认抽象的数来自对感性事物的数与形的抽象,颠倒了具体和抽象的关系。

---

① Aristotle, Met. 987^{a}25-30.
② Aristotle, Met. 990^{a}30-32.

3. 各种等级的数同相的关系

从前,柏拉图对"数"的地位的处理是相当简单化的:"数"只是"相"与感性事物之间的中间物。现在情况就变得非常复杂起来。

首先,有最高的"数 — 相":"有规定者" = "一" = "善",它是一切存在和规定性的最高本原;"无规定者" = "不定的二" = "不善"或"恶",它是一切异于前者的原则,或分离、变动,无规定性、质料以及"非存在者"存在的本原。两者相通,后者使前者分离、变动、具有多样性、使它有广延,使它异于自身;反之,前者又给后者以规定、存在和秩序,因而造成多数的、有各种种类的相和数和形。这样就产生了整个的相、数、形的系统,这就是第二层(其中又有种属的多层次区分)。最后,这些相、数、形及其相通结合,才产生出了可感觉的事物及其世界中的各种可感觉的性质、可感觉的形和数。

罗斯曾讨论过这一问题。[①]他首先谈到罗斑(L.Robin)的看法,罗斑认为柏拉图的"相"—"数"系统是:

$$\begin{cases} \text{理想的数}(\text{Ideal numbers},\text{或可译为"作为相的数"}) \\ \text{理想的形}(\text{Ideal figures},\text{或可译为"作为相的形"}) \\ \text{相}(\text{Ideas}) \end{cases}$$

罗斑认为,柏拉图后来已把数分为两种等级,一种是作为相的数即作为哲学最高本原的数,一种是数学的数。这一点罗斯是赞同的。不过他认为罗斑把作为"相"的数同"相"分开,似不符合亚里士多德的说法。罗斯认为系统是:

---

① 见 W.D.Ross, "Introduction", *Aristotle's Metaphysica*, Oxford, 1953, pp.lxvi-lxvii.

$$\text{作为相的} \left\{ \begin{array}{c} 数 \\ 大小 \end{array} \right\} = 相$$

$$\text{数学的} \left\{ \begin{array}{c} 数 \\ 大小 \\ 可感觉者 \end{array} \right\} = 中介者$$

他们的意见有道理。把柏拉图的"相"和"数"的一致、区别和层次加以较具体的整理说明,对于进一步了解他的哲学的最终形态是很有好处的。不过情况似乎还要复杂些,例如在作为相的数、形和相之间,还有最高本原的和由之产生的两大类;另外如上所述,关于"可感觉者"本身就更复杂了,其中有质料,它分有相和数和形,又呈现出可感觉的相、数和形来。特别是可感觉事物是物质东西,究竟如何与相、数、形相通,由它们构成? 我们知道,柏拉图在这一点上不同于毕达哥拉斯派,后者说感性事物就是数,而柏拉图不同意,认为真正的数是可知的(作为相的数和数学的数)即抽象永存的数,那么问题就更需要弄清才行。这里面都涉及一个问题:柏拉图对物质东西究竟是怎么理解的,他的质料究竟是什么? 不研究这一点,我们也不好真正理解和具体说明柏拉图的系统。

四、如何理解亚里士多德所说的柏拉图的"质料"

照亚里士多德的看法,柏拉图学说的最后发展形势,是从相或数里引出两个本原,一是形式的本原,它是"一";另一个是物质的(质料的)本原,亚里士多德用许多名称来称呼它,如"大和小"、"多和少"、"不定的二"或简称为"二"、"不等"、"多",其实如我们下面考察柏拉图的《菲力布篇》会看到的那样，还可以有无数的叫法和含义，但总是指两个对立的在一起不能确定的意思，所以"不定的二"是个恰当的总称法，柏拉图称它是无规定者的本原或原则是最概括的。名称之多本身也表明它的无规定性、无限性，以及可以包容各种性质以及数与形的意思。

柏拉图在《菲力布篇》谈到四种元素或范畴、原则。首先谈的就是这个"无规定者"（ἄπειρον，infinite，unlimited），它是同另一个本原"有规定者"（πέρας，fnite，limit）相异的。柏拉图首先问：人们说到"冷些热些"时，这些性质里有什么限定吗？还有"多些少些"的本性有什么终点吗？它们只是相对的，没有一定的量，只是些不定量的东西。给予一定的量，就不再有"热些"或"冷些"，"多些"或"少些"了，因为只有一定的量的东西才有静止、持存，不再变动的性质。这就证明，这些相对的比较的东西，如"热些"和"冷些"是属于"无规定者"一类里的。[①]此外还有"干些"和"湿些"，"快些"和"慢些"，等等。

柏拉图认为只有用"有规定者"的本原加于"无规定者"之上，才有确定的东西。然后就出现了第三个原则或元素，即"尺度"（比例），把这些受到了规定的东西再按一定数量的比例关系结合起来，构成和谐和有秩序的东西和世界，这才是真正的对立面（已规定了）的统一（和谐的事物和世界秩序）。

由此可见，柏拉图讲的"无规定者"是一种纯然混沌的、没有任何确定性的东西，还算不上真正的对立统一，因为真正的对立统一首先要把握住这些对立的东西，而这已经是规定了，而"无规定者"还没有任何规定。所以严格说来它还不能叫作"二"或**两个**"对立

---

① Plato，Philebus，24 a-d，Jowett 本，*The Dialogues of Plato*，Vol. 3。

的东西"在一起,只能叫作"不定的二",模模糊糊的对立的东西在一起。可是它却包含了各种感性的质(冷热、快慢、苦乐等等)以及大小、多少等等。而柏拉图还认为这些之所以不能确定,主要是它们的量不能确定。

于是我们看到,柏拉图的"不定的二"原是从阿那克西曼德的"无规定者"来的,并且是经过了毕达哥拉斯派的重新理解和吸取之后的"无规定者"来的。它有长久的思想来源。这个"无规定者",在阿那克西曼德那里是一个素朴原始的物质概念,他是从感性的质的水平上来规定物质本原的,因为难以用特定的质来规定物质本原,所以得出最初的抽象"无规定者",但里面却包含着一切可能的质的规定性。到了毕达哥拉斯派手里,数的规定性被提出来了,并置于首位,但他们仍需要各种感性的质作材料,还需要说明分离、运动和各种数与形的形成,所以也承认了"无规定者",以便从"有规定者"和"无规定者"这两个原初的本原来构造他们所需的一切东西,直至感性事物。毕达哥拉斯派由于把"无规定者"引入他们的数论哲学,就能牵强地说明整个数和世界,这里当然已经改变了原来阿那克西曼德的观念,因为"无规定者"变成了数的一个成分,受数来决定和制约了;同时,毕达哥拉斯派最重视的还是感性事物和空间的数和形(空间性质),他们从"无规定者"里产生出来的首先是数,而各种数就是点子,就是线、面、体,并且还素朴地认为空间的界限就有颜色之类的感性的质。这一套现在被柏拉图拿过来了:"无规定者"好像一个什么都有的大仓库,不过没有任何成形的确定的东西,但我们手里有一个"有规定者"、"一",就用它来从仓库里取东西,这样,取出来的由于加上了规定或"一"就成了一个一个的有规定的数、形和相(确定的性质和本质之类的共相)了。柏拉图同毕达哥拉斯派现在只留下一点区别,后者认为数和形就是感性事物本身,柏拉图认为不是,但这种区别是关系不大的。因为经过这一番加工之后,柏拉图的相和数里,已经有了各种确定的形(空间大小和几何图形,他认为这是一切感性事物和世界首先需要的性质和材料),还有各种确定的性质和本质(这些又各个按种与属的关系确定下来,它们也是感性事物和世界必备的因素或材料),于是就可以着手创造、构造(实际上是作唯心主义的解释)整个可感知的世界了。至于感性事物里面呈现出来的数、形和性质,它们只是永恒的数、形和相在构成的事物中的再现或影子,并非原来的数、形和相本身 —— 这是柏拉图对毕达哥拉斯派的一个修正。

无论如何,柏拉图现在接纳了“无规定者”,一个取之不尽用之不竭的原料大仓库。因为没有它是不行的,寸步难行。这就是亚里士多德为什么说柏拉图后来有了一个物质的或质料的本原的缘故。

但是,这是不是说柏拉图真的承认了物质本原,有唯物主义的方面或者主张了二元论呢? 完全不是这么一回事。

第一点,把柏拉图的“不定的二”或“无规定者”概括表述为“质料”(或“物质”,即 matter)的是亚里士多德,并非柏拉图本人。我赞同汪子嵩同志的这个说法:“物质”或“纯质料”的概念是到亚里士多德才正式形成的,它是“在人类认识发展史上第一次比较明确提出来的物质概念”。[①] 亚里士多德是从感性的个别事物出发,在讨论“形式”和“质料”的关系中得到这个纯质料的抽象概念的,所以他的“质料”或“物质”概念里包含着唯物主义的成分。这同柏拉图的看法是正相反的。因为柏拉图是从数和相出发来构造世

---

① 汪子嵩:《亚里士多德关于本体的学说》,三联书店 1982 年版,第 102 页。

界,决非从感性事物出发。但柏拉图需要在"数—相"理论中吸取构造世界所需的材料,就在这种形式下吸收了"无规定者",所以虽然同亚里士多德的"质料"含义有根本区别之处,又有内容相同之处。因此亚里士多德在得到"质料因"的概念以后来看柏拉图,把他的"不定的二"称之为"质料"也是有道理的。

所以,我们不应该只从字面相同就把柏拉图(以及毕达哥拉斯派)的"无规定者"完全等同于阿那克西曼德的物质本原,也不能等同于亚里士多德的"质料"概念。这些意思虽然相通、一脉相承,却因他们的立场和哲学体系不同,具有不同的意义。

第二点,我们必须分别古代人的"质料"或"物质"同近代哲学所说的"物质"概念。我们现在所理解的物质概念,是同主观的思想、感觉相对立的,即是指被我们感觉到,却完全不依赖于我们的感觉和思维而独立自存的客观实在。古希腊人对此却没有明确意识,只有一种天真朦胧的感觉。他们素朴地认为存在着的一切都有一种客观的存在,包括感性的东西、抽象的共相,以至有时把思想、言谈等等也看作一种东西或客观存在物,所以他们始终未达到我们今天所理解的"物质"概念。即使亚里士多德也是如此,他所说的"质料"只是同"形式"相对立的东西,两者都是客观存在的,"形式"的客观存在性决不比"质料"少些,甚至是更真实的客观存在。因此,他所说的"质料"主要只是我们现在所说的"原材料"的意思。

可见,古希腊哲学家是不是唯物主义者,决不能只从字面上看他是否承认"质料"。问题还在于他们如何理解这种"质料"。那素朴地从感性事物出发来肯定"质料"是本原的,是素朴的唯物主义者;那从唯心主义立场出发吸取"质料"并给以加工解释的,仍然是唯心主义者。在毕达哥拉斯派和柏拉图那里,"质料"最主要的是指空间和各种性质,待用形式的东西("一"、"有规定者")加以规定,就能从中得到各种数、形状和"相"来,然后这些规定了的质料才能进一步用来构造感性事物和现实世界。

　　总而言之,柏拉图的"质料"还不是亚里士多德的"质料",也不是原始素朴唯物主义者的"质料"即感性事物或感性的质,更不是我们今天所理解的"物质"概念,它只是客观唯心主义者为了构造自己的相、数、形和感觉事物,从原始唯物主义者那里偷运过来并加以唯心主义改造之后的"原材料"。

五、《菲力布篇》中哲学的(或神学的)
创世说的四元素框架

　　学者们公认《菲力布篇》是柏拉图最后写的对话之一。这篇对话,主人公又是苏格拉底了,主题是讨论人生最有价值的是"快乐"还是"善",同时在内容上呈现了整个后期柏拉图哲学的基本面貌,包括"辩证法"、世界的本原(数与相),最高的原因 —— 神,等等。我们知道,柏拉图对话中的"苏格拉底",后来就是柏拉图本人的化身。在《巴门尼德篇》和《智者篇》乃至《蒂迈欧篇》里,"苏格拉底"降到次要地位甚至完全不出现了,主人公是"巴门尼德"、"爱利亚来的外邦人",进而转到"毕达哥拉斯派的蒂迈欧",显示出柏拉图本人的思想在否定中发展,并解决着他同爱利亚派和毕达哥拉斯派的关系。因此我们也许可以说,在《菲力布篇》中再度出现的"苏格拉底",表示了经过转折之后的柏拉图,以新的面貌来正面谈自己的哲学了。

1. 柏拉图"辩证法"的最后面貌

在《菲力布篇》里又一次谈到"辩证法",它简要地概括了以往谈"辩证法"的成果,同时显现出新的内容和形式:

> 我想,它是神通过一位新的普罗米修斯赐给人们的一份天上的礼物,带着闪光,那些比我们更靠近神的优秀的古人,传下了这个传统,即,无论什么存在的东西都是由"一"和"多"组成的,其中都有"有规定者"和"无规定者":这样,看到世界的秩序如此,我们的一切研究也应从设定一个东西开始,它是我们研究的主题(主体),这就是"一",我们在一切东西里都可以发现这个"一"。找到了"一",我们再来寻找"二",以及三和其他数目,把这些多数的点子(units,或单元)彼此再加划分,我们最后就看到我们由以开始的"一"不仅是"一"、"多"、"无限"(infinite,即"无规定者",或数目不确定的多。——引译者注),而又是一个确定的数目,直到介于"一"和"无规定"之间的各种数都全部找出来为止,"无规定者"都接受了规定而成为"多",但它此外就不能再忍受了——这样,我们就可以由于得到划分而得到休息,而不必烦恼于无止境的个体事物,可以把它们放到"无规定"之中。如上所述,就是我们思考、研究和教导别人的途径,它是神赐给我们的。①

这就是"数—相"的两个最初本原,通过结合与再划分来产生一切数目(其中包括形、相)的方法。"无规定者"是一种本原,它要用"有规定者"来规定,于是"一"变成二、三、多达无限,再加规定,就把二确定为一个"二",把三确定为一个"三",把多确定为某一个数目。但是"无规定者"并没有因此被用完了,规定完了,它还

---

① Plato, Philebus, 16c-e.

有没被规定的东西,那就是没完没了的个体事物,感性世界。"辩证法"止于有规定的相或数,它停留在这个领域里。然后,神再进一步用这个领域里的数(相)来创造感性事物即剩下的"无规定者"世界。

2. 四种元素及其相互关系

上面已经提到,《菲力布篇》首先讨论了"无规定者"的意义,然后说到"有规定者",它是"一"。用后者规定前者,即二者结合,就产生了它们的结合物,各种各样的数、相和形,以及它们之间的对立。[1] 对于这些东西,"一"和"二"再加以规定,就出现了对立的统一,不同东西之间由于数的关系产生了和谐和比例。[2]

因此,(1)"无规定者"是第一类东西,(2)"有规定者"是第二类的存在,由这两类出现了第三类,(3)它是由于混合或结合上述二者而产生的存在。[3] 这是按数的比例、尺度而产生的有规定的对立统一,或有秩序的一切东西。最后,(4)就发现了第四类的存在,因为一切东西的产生必有原因,第一类和第二类的结合和产生第三类的存在必有原因。[4] 我们称之为宇宙的,是由偶然的无理性的来统治呢,还是由一个神奇的理智和智慧来治理的呢?[5] 一切动物的身体都有水、火、气、土在里面结合,万物都有这些结合,把各种火、水、气、土等结合就成为一个身体、物体,整个宇宙秩序也同

---

① Plato, Philebus, 25 d.

② Plato, Philebus, 25 d-e.

③ Plato, Philebus, 27 b.

④ Plato, Philebus, 26 d、27 b-c.

⑤ Plato, Philebus, 28 d.

样,我们有理由认为它也是一个身体,由同样的元素造成。[①] 正像我们的身体有灵魂,整个世界及其秩序就是一个神,在宙斯的神性里就有最高的灵魂和心灵,他是本原或原因的力量所在。[②]

所以 —— 柏拉图说 —— 古人说过心灵支配着宇宙,他们给我们的研究提供了答案,他们的说法已经包含着心灵是万物的原因这种东西的意思。[③]

可见,"神"是最高的原因,它是"心灵",一种客观存在的宇宙精神。

不过,《菲力布篇》只说神是把"有规定者"和"无规定者"结合以产生一切的原因。至于神同这二者究竟是什么关系,却没有说;他没有说这两个本原也是神创造的。似乎这两个本原在神的面前已经有了,他的事情就是把两者结合起来,构造万物和有秩序的整个世界。

六、一个简略的小结

从以上所说,我们可以确定,柏拉图最后的哲学(以及他的门人柏拉图派的学说)是一种同毕达哥拉斯派哲学的结合或混合物,一种"数论 — 相论"的系统,并引向神学创世说。这里有社会历史条件的外部作用,这作用是通过"通种论"的相论哲学吸取毕达哥拉斯主义的基本思想这种内在过程完成的。

它的大体轮廓可能是这样的:

1. 最高的本原是:

---

① Plato,Philebus, 29a-e.

② Plato,Philebus, 30c-d.

③ Plato,Philebus, 30d-e.

A. 神,他是最高的心灵、理智,是善,是秩序。在他面前有：

B. "无规定者"。它是完全不确定的材料,包括空间和别的种种性质,即"质料"；

C. "有规定者"。它是"一",把它加于各种不定的材料上就确定了各种的数、形、性质和本质的相,所以是一种"形式"的本原。

2. 神创造世界,就是把 B、C 两项结合。首先,这就是产生确定的数和相,然后,又对众多的数再用"一"来规定,这样就区分出一个一个的数目(如作为整体的二、三、十等等)、一个一个的形、一类一类的种及其下面一类一类的属来。这是全部的多数的相、数、形的层次。

还有,神对 B、C 结合,又把这确定下来的各种数目、几何形状、种和属等等再加以结合,这就产生了对立面的结合与统一,神是按照数的对立统一的规律,即比例、尺度来这样做的。

3. 神把这些数、形、相按比例、尺度结合,就产生了我们所看到的感性事物及其整个世界。

感性事物是无限多样的,变化运动的,所以不是像数本身、相本身那样确定的存在。从这种意义上说,它仍然是"无规定者"。但同时,神用"有规定者"、"一"以及各种数,形、性质和本质的相来规定它们,赋予感性事物以一定的形状、性质、和谐和比例,这样感性事物及其世界才真正变成我们所见到的这种样子,所以它们又被规定了 —— 这就是神对世界的全部创造过程。于是可见的世界就有了秩序、美和善。它是运动的,所以同不变的相与数不同,后者是真正意义上的"存在",而感觉事物在这个意义上是"非存在",然而这"非存在"正是由"存在"来规定和创造的,所以它也存在,并且它正是通过永恒的运动这种方式来表现永恒不变的存在,所以它又像神。永恒不变的神和规定者,以及数和相,创造了可变动的世界来表现它们自己。

第十三章　略论智者、德谟克里特、苏格拉底和柏拉图在哲学发展中的地位

一、智者的哲学有相对独立的地位，在发展线索里有承先启后的转折点的意义

　　智者，粗粗看来似乎是一些互不相属的人们，他们没有什么严格的系统理论，甚至说不上是一个哲学派别，从古典时代的中前期一直延伸到中后期。所以我们从历史事实上说最好只称他们代表着一种文化或思潮，而不要说是"智者派"或一个独立的哲学系统。

　　不过这只是从现象上看是如此，若从实质上说，这种说法就不全对，甚至完全不恰当了。最明显的证据就是，德谟克里特，特别是苏格拉底和柏拉图，都是以智者的哲学思想为其主要批判对象的。柏拉图还力图给智者及其哲学下定义；尽管智者的思想好像散乱的一堆，难以抓住，柏拉图仍要把它规定下来，作为一个界限分明的独立的对象。这就证明，智者的哲学，在希腊哲学发展中是一个有重要意义的环节。它并不是杂乱无章的一片零散的东西。智者的思想是极其多方面的，不过有一个确定的核心，而这个核心同多方面的联结，正是它的本质特点的展现。

这个核心是什么呢？ 我想也许可以这样来规定：它是古典时代希腊哲学中的**现象论**和**感觉论**的最确定的形式。这一特点使智者的哲学思想同前后的其他基本环节联结起来同时又同它们明确划分开来，成为整个希腊哲学发展中的一个重要而独立的环节。

1. 我们首先应当承认，智者们所强调的现象和感觉，并不是单纯的素朴意识和原始素朴哲学里所理解的同样东西。他们是极其自觉地要站在比巴门尼德更高的水平上来反对他的本体论和认识论，重新强调和规定现象和感觉的意义的。所以才出现了这样的很有意思的奇怪特点：他们否认巴门尼德的共相或本质的"存在"，主张现象即感觉到的才是存在；他们否认抽象的思想是认识存在的标准，宣称人的感觉才是存在者存在的唯一尺度；一句话，把现象当作本体，把感觉作为思想的准绳。但是，请注意，他们在这样做的时候，恰恰是用本体论的概念（"存在"），用逻辑的思维和论证方式来进行的，也就是说，是用本体论和逻辑来反对巴门尼德和其他哲学家的本体（共相或事物的本质），规定自己的现象本体和感觉的。

2. 智者的哲学是从恩培多克勒到阿那克萨戈拉直至阿波洛尼亚的第欧根尼的发展，又是对它们的超出。

恩培多克勒开始了"拯救现象"的哲学运动，同时开始恢复了感觉在认识世界（"存在"）中的地位。这是反对巴门尼德的，但同时仍牢牢地被捆绑在巴门尼德的本体论和逻辑里面。他，还有阿那克萨戈拉和阿波洛尼亚的第欧根尼，都力图在保持巴门尼德的"存在"概念的基本含义的条件下，重新给予解释，以便建立一种能与现象相协调的本体来（如四根、种子、气）。我们说过，他们拯救现象和重申感觉的意义，是一个重要的进展，在古典时代哲学本体论和逻辑思维的基础上重新肯定了现实世界的"质"的规定性。所以他们似乎再现了米利都派哲学的发展过程,但水平不同,"存在"是有"质"的——他们恢复了现象和感觉的意义,但重点还在确立"本体",并认为这是与人无关的客观本体。

这里面就有了矛盾:现象和本体虽然力求一致,但矛盾还是尖锐存在着,阿那克萨戈拉的无规定(无限)的"部分",或"种子"的无限性、难以规定的性质就表明了这点:要想真正解释现象的无限多样性,那本体的或元素的"部分"或"种子"本身就难以规定。同时,感觉虽用人体与外物间的客观的交通(流射)来解说和规定,但由于这种交通的双方各处于无限多样的情况之下,所以感觉本身实际上已经被看作是相对的带有因人而异的主观性了;因此,想用感觉作标准来代替巴门尼德的概念标准也有问题。它好像更符合对客观事物的认识,但是同思想一样也是主观的,甚至更带主观随意性。因此,"恩培多克勒——阿那克萨戈拉——阿波洛尼亚的第欧根尼"的哲学,始终没有把"现象"和"感觉"放到哲学的首位来。他们的哲学属于本体论中的"质"的阶段,并只以此为限。

只有智者才完全打破了巴门尼德的"有"这个本体,同时否定了"思想"这个标准。他们看到人认识世界离不开人的认识本身,而人的认识首先就是感觉,与之相应的是人的利益、欲望所面对的各种对象,这是些感觉事物。所以他们的思想来了一个大解放:世界或存在就是我们人看见的、摸到的、意欲的感觉事物世界,这里的唯一标准就在人本身。人的感觉就是尺度,凭感觉来谈论一切,凭自己的好恶来评判一切,就是哲学的全部工作。

所以智者完成了恩培多克勒等要做却没能完成的事,真正肯定了现象和感觉。"拯救现象"达到了顶点,现象和感觉本身成了哲学的第一原理。

这就是他们同先前哲学的联系和界限分明的区别。

3. 智者哲学这一环节,在哲学发展中如上所说是有其必然性的。因为当人们要确立世界的本质时(本体范畴),最初只好舍弃现象才能把它抓住,这就是巴门尼德这个环节;接着人们就要求本质与现象重新一致,改造自己对本质的理解,重新确定本体,这就是恩培多克勒等人这个环节;最后终于认定现象本身就是本体,此外就再也无所谓本体,这就是智者这个环节。普罗泰哥拉正面说出了这一点,而高尔吉亚则以批判巴门尼德的"存在"的方式从反面证明这一点。这种对世界本体的认识进展,有认识上的必然要求,从这点上说是带有哲学内在必然性的。不过它的实现还要靠现实历史造成。提出"本体"和逻辑的哲学观点(巴门尼德),已经是古典时代希腊人有能力把握他们周围世界和对自己的思维力很有信心的表现,后来的"爱"与"恨"以及"心灵"说也一再透露出古典时代的历史精神,所以随着希腊人达到古典时代的全盛,他们的历史主动性也达到了高潮,哲学不能再满足于研究自然和肯定客体,而要求肯定人自己,从肯定自己的方面来看待客观。不过希腊人是自由的私有者,所以智者把人主要看作个体的人;古典的民主制生活也把彼此有对立的个人利益和看法突出出来,这也加强了智者对人的个人主义看法;最后现实的利益把人们引向注重感性事物,而对人的认识能力的重新考察,如恩培多克勒所证明的,也必须自感觉始。可见,历史的合乎规律的发展要求和保证了哲学的合乎规律的发展,哲学发展的必然性原来来自历史的必然性。

把现象当成本体(本质),把主观感觉当作哲学的标准,这说来是不大像话的,所以柏拉图说他们根本算不上哲学家,智者的论辩同真正的哲学完全不同,他们是把主观随意的东西当成客观实在了,只活动在虚假和"非存在"的领域里,并把这当作真实存在的和真理来骗人。不错,哲学必须讲客观的真理,必须靠科学的理性思维。任何一个普通的无知识的人都有感觉,都知道现象事物,可他决不是哲学家。只凭感觉和现象,就毁灭了科学和哲学。在这一点上柏拉图讲得有道理。

但智者的哲学并不这样简单,毫无价值。相反,它是大有价值的。这价值在于,(1)它是从本体论和逻辑的高度重新评价现象和感觉的理论,并不是素朴的现象论、感觉论。近代哲学重新复兴,也是从重新评价和恢复对感性事物和感觉经验的信任、重新研究它们开始的,培根、洛克和休谟做的事情也有类似性质。所以苏格拉底和柏拉图对智者的攻击有片面性,并不完全公正,他们看不到智者对巴门尼德批判的历史功绩。所以柏拉图总是把巴门尼德放在比智者要高贵得多的地位上;虽然在《巴门尼德篇》的第一组推论里实际上吸取了高尔吉亚的论点,这时他已开始批评巴门尼德本人的哲学了,但仍闭口不谈智者的功绩;到《智者篇》更进一步批判巴门尼德时,也只把智者当作反面的教师,这时实际上他已看到智者有功绩(他们"迫使"我们说巴门尼德有错误,等等),但仍不承认智者有哲学。我们则不应该以柏拉图的这种态度对待他们。(2)它是从人的主体出发的哲学。哲学从来只是人的世界观,是人在改造世界中对世界的能动认识和把握。这个真理是智者们第一次明白说出来的。要认识客观世界就要把认识人自己放在中心位置,就要研究人同事物的关系,认识人自己的活动和认识能力,——这难道不是千真万确的真理和极端要紧的事情吗?后来哲学,如苏格拉底和柏拉图就是从这里出发的。当然,对人的实践和认识中的主体能动性的研究,要到近代现代才能获得巨大的发展。但是从哲学史上说,智者却是一个明白的起点或开端。这个功绩我们不应忘记。

4. 但智者对人和人的认识能力的再理解,只能从个人的现实私利和感觉开始,所以它也必定要被否定。人不只是私利的个人,也有共同的利益和实践,世界不只是现象,现象里还有本质和共性,人认识世界要从感觉始,但还必须有抽象思维。人靠主观能动性认识和把握世界,但人自己还是客观的存在,世界和其中的共相或本质也是客观存在,人与这些的联系也有客观性作依据(真正说来,人的主观能动性正是人的实践的客观能动性的一个方面,又是对后者的表现)。智者们在建立了功绩的同时,把现象和感觉夸大为决定一切的东西,导致了相对主义、怀疑主义、个人主义和主观主义,产生了混淆是非、颠倒黑白、否认一切真理的恶果,的确毁灭了哲学和科学本身。

于是哲学又来到了一个重要的转折点。从巴门尼德的束缚下解放出来的"拯救现象"的运动,在取得了很大成功之后,到智者这里终于达到了顶点和极端,这时它也走进了死胡同:因为把现象当作了一切,就取消了本质和共相;把感觉当作唯一尺度,就毁掉了知识和哲学本身。物极必反,智者的观点也就同先前的巴门尼德一样遭到了人们的普遍抗议。而且随着雅典和整个希腊的衰落,智者们的黄金时代也过去了,他们炫耀的论辩术也同昔日的社会繁荣同样显示出相当丑恶的一面,招来人们的轻蔑和嘲笑。在衰落动荡的世界里,人们希望重新找到稳固的东西和精神支柱,以便重建生活的信念和理想,因此,一种与智者相反的哲学运动就兴起了,这就是恢复和重建本质(本体)的运动。我们如果借用先前的"拯救现象"一词来比较,也许可以称之为"拯救本质"的运动。

二、德谟克里特原子论与柏拉图相论的异和同

1. 哲学中出现的新情况

在智者之后发展出来的两种哲学形式,其区别和对立是很鲜明的。德谟克里特的原子论是唯物主义学说,而苏格拉底走的路线是唯心主义的,柏拉图的相论是客观唯心主义的典型,直至变为神学。它们难道还能有什么一致之处吗?

大体说来,从此以后,哲学的发展同以前有了一个很大的分别。以前它好像是一条单行线或一条河流,尽管有对立和曲折,但各派哲学都彼此前后相继,是一条线索上的各个阶段和环节;但从现在起,这条河流分岔了,好像是两条河了,以后更常常显得分成更多的水流,又互相穿插,有时好像进入了水网地带,并且分分合合,情况就复杂起来。在这种情况下要想抓住一条总的发展线索,就遇到了新的困难。不研究这种情况,我们就很容易迷路,或者陷于片面和支离破碎,把握不住那条人类哲学思维发展的总线索。

显然,如果我们只分别考察这些区别和对立的派别,从此只分别地看成是两条线索,彼此只有外在的绝对的对立,我们就丢掉了它们的联结,无法在一条总的人类哲学思想发展线索中来确定它们的地位。有的人就是这样主张的,他们甚至认为哲学史从头到尾就是彼此平行地对立着的两条线,唯物主义是自成一条线索的,唯心主义是另一条;但这是不合事实的形而上学的割裂抽象,而且很不利于我们弄清哲学的真正而生动的发展过程和规律,他们常常认为自己是唯物主义的一元论者,但是对哲学史这个研究对

象却主张双行线的理论,这不恰恰是二元论吗? 列宁就不是这样看的,他认为"人的认识不是直线(也就是说,不是沿着直线进行的),而是无限地近似于一串圆圈、近似螺旋的曲线"。[①]他还明确指出唯心主义是这一串圆圈或曲线中的成分或环节。可见他是反对双行线的意见的,他认为哲学发展中尽管有鲜明的对立,仍不失为整个人类认识世界过程中的有机环节。那些主张双行线的人也常爱引用列宁这句话,但是却没有好好想列宁的意思。因为,什么叫曲线、圆圈、螺旋? 岂不正是指对立的东西在联结和转化,形成一条总的运动线索吗?

不过如果只强调一致而忽视差别,或有意无意地贬低对立的意义,恐怕结果也不会更好一些。哲学史研究里也有这样的做法,只摆现象的事实不大讲区别对立,比这稍好一点的是多谈问题少谈主义。谈问题是对的,但不谈或少谈主义却不对,因为主义之间的对立正是哲学史上最重要的事实和哲学思想发展的形式,一切问题的提出和解决是同一定的观点或主义(因为主义正是观点的集中表现)不分开的。

所以我们还是按列宁的指示去研究才好,要力求在对立中把握同一和联结,还要在对立的同一里努力把握对立的意义;因为这才能符合实事求是的精神。

2. 共同的任务,不同的解决

回到刚才提出的问题,德谟克里特的唯物主义同柏拉图唯心

---

① 列宁:《哲学笔记》,《列宁全集》第38卷,人民出版社1959年版,第411页。

主义如此不同与对立,难道它们会有什么共同之处吗? 实际上是有的,因为首先他们面临的问题和任务有共同之处。他们都是反对智者的,智者只肯定现象和感觉而否认了本质和"存在",造成了思想危机,他们就针对这一点进行批判,努力拯救本质和"存在",并要在这一基础上设法解决本质和现象的一致。两派哲学都是在解决这一重大课题中产生和发展的,处在同一个阶段。

但是在解决这个共同问题时为什么会出现唯物主义和唯心主义的鲜明对立的两大派呢?

这种对立当然是有思想来源的。我们知道,早在泰勒斯那里就已经孕育着这种对立的胚芽了,后来这两种对立的成分在不断发展着,时隐时现,但始终还没有以彼此对立的形态表现出来。德谟克里特和柏拉图才第一次把唯物主义哲学同唯心主义哲学以明确的形式正式劈分开来。因此我们可以说这种劈分是由以前的发展准备起来的,但是为什么到这时候才实现了这种劈分呢?

我想问题首先可以从他们面临的课题本身来考察。智者否认本质和"存在"是从感觉出发的,导致了一种主观唯心主义的哲学,他们的相对主义,怀疑主义也是从此而来的。而反对主观唯心主义,是可以有两种办法的,一种是唯物主义地肯定和规定客观的存在和本质,另一种则可以是客观唯心主义,它用抽象的普遍的客观本质来否定现象论,用抽象的思维来反对主观感觉论。由于他们二者都是在智者的相对明确的主观唯心论之后产生的哲学,并且要确切地重新规定"客观存在"是什么,还要彼此区别和对立,所以他们两派各自也必须取得明白的形态,这样,明白的唯物主义形式和客观唯心主义形式就成为必要的了。

其次,这种哲学发展的必要性,两种答案的可能性,是由于德谟克里特为一方,苏格拉底和柏拉图为另一方,他们的社会环境、经历有重要区别,因此考虑问题的重点和方式大不相同,而成为现实的。

苏格拉底和柏拉图生活在雅典,这里是历史变动最剧烈的地方,也是智者们活动的集中之处;相比之下,德谟克里特虽然也感受到希腊社会的动荡不安和智者的思想错误,却不像前者的感受那样尖锐鲜明。

德谟克里特心中虽然也很关心社会人生问题,但是并没有感觉到必须大大改变以往哲学的传统形式,他仍然是从自然哲学出发来考虑一切问题的。但苏格拉底和柏拉图就不能这样做了,因为雅典的盛衰迫使人们把注意力集中到社会人事上来,这一点智者已经表明了,苏格拉底关注人事本是接着智者来的,而且更加强烈,以至达到排斥自然哲学的程度;这是由于雅典以往的繁荣和智者表现这种繁荣的感觉论现象论哲学,在雅典的急剧衰败里暴露出了它们的缺陷和丑恶那一面来,十分突出,因此苏格拉底和柏拉图就想救治。这样,从社会人事中寻求本质和可靠的"存在"或寻求"正义"和"善",就成为他们哲学的中心目标。这种追求一直贯穿在他们的研究里,后来柏拉图虽然也注意到了自然哲学方面,但也只能摆在次要附属的地位。

这两种不同的基础和方向,在当时的思维认识水平上,几乎必然地要导致唯物主义和客观唯心主义的划分。按照自然哲学来寻求和规定客观存在和本质,就要从自然中找本原、本体,所以德谟克里特得出了自然唯物主义的答案,他继承的正是前人的这一方面。如他对巴门尼德的"存在"继承的是有体积和形体的、不可分的因而是永恒实在的这一面,加上了留基波的重大修正和突破,即还应承认空间或虚空,以及承认"充实"的"存在"(原子)为多数的观点,而这又使他同阿那克萨戈拉的自然哲学联系起来,因为阿那克萨戈拉主张物质元素是无限多,不过德谟克里特认为不应用特质来规定。最后,这一切又使他回到了毕达哥拉斯派的观点上来,即认为元素是多数的一个一个的有空间性实在性的点子,它们本身几乎是一样的,只需考虑其数量而无须考虑它们的质或特质,可是从这些点子的数量结合中却可以规定和产生各种性质和感性事物来。这样,德谟克里特就找到了"原子"作为真正的自然实在和本质,并且用原子在虚空中的结合与分离解释了现象,从而既拯救了本质,使本质同现象区别开来又使之联结起来,回答了哲学所面临的课题。

苏格拉底和柏拉图就不同了,他们不能从自然哲学找到答案,便把人事问题作为哲学的中心,执着地要从这里寻求本质的"善"的存在,这在当时可以说必然会导致客观唯心主义。社会人事问题同自然的问题不同,更错综复杂,而且人的能动性和思维的作用问题一定会摆在面前并突出在首要地位,当时的人们怎么能达到对社会历史的唯物主义认识呢? 更何况他们是没落的希腊社会中的奴隶主思想家。这一点从苏格拉底早已倾心于阿那克萨戈拉的"心灵"本原这一点就表现出来了。同一个阿那克萨戈拉,但苏格拉底注意的重点同德谟克里特的就不一样。

苏格拉底同智者斗争,批判他们的现象论、感觉论和相对主义与诡辩,用"归纳论证和寻求一般定义"的方法来寻求"正义"和"善",开始了由现象返求本质的过程。他虽轻视现象又还没有完全否认现象,固然是一个优点,却表明他还没有完成拯救本质的过程。苏格拉底想肯定的本质如"善"、"美"等等还没有确定的存在形式,所以他的寻求和讨论常常以没有明确的结果而告终。柏拉图把这种一般定义或本质的存在确定为"相",制定了一种逐级按种和属来划分的"相"的理论,才完成了拯救本质的过程。

现在本质的"存在"有了一个确定的形式了。其核心是巴门尼德式的"存在",但不是像德谟克里特所注意的是其自然形式的方面(如体积形状方面的密不可分、绝对充实性等等),而只是"存在"的普遍性格、共相意义,或抽象思维所把握的绝对同一性、永恒自在性。柏拉图的每一个"相",都是这种意义上的巴门尼德式的"存在"、"一"。不过由于柏拉图是从归纳逐级上升得到"相"的,所以"相"的"存在"是多数的,不像巴门尼德只有一个,这里保留了恩培多克勒以来的"多"的看法,而他更倾向的是毕达哥拉斯派的数论哲学的"多"。

前期相论在一定意义上完成了重新抓住本质的任务。哲学不再在现象中感觉中任意飘荡了,人们的思想和理性逻辑现在又有了确定的支点。不过这是以客观唯心主义的方式完成的,并且由于想把本质和"相"绝对地确定下来,他在返回巴门尼德时把那一套孤立割裂的形而上学也一起吸取下来。这就造成了前期相论自身的严重危机:(一)把"相"同感觉事物完全分离割裂开来,抓住本质却再也回不到现象了。这个缺陷是致命的,结果柏拉图遭到了如同巴门尼德所遭到的一样的普遍抗议,而且"相"作为万物的原因这一基本观点本身也无法自圆其说了。(二)他还有一个巴门尼德所没有的困难,因为相是多数的,但在孤立地考察规定之下,这些相也彼此分离割裂了,其结果就会导致每一个相本身也无法存在,这个缺陷对柏拉图相论本身也是致命的,而且还影响到前一问题更不可能解决。

于是柏拉图不能不进行自我检查和批判。这个批判是在牢牢抓住"相"这种本质东西的"存在"的基础上进行的,因为柏拉图始终不懂得普遍东西的客观存在方式,把它当成在感性个别事物之外的一种绝对的因而是分离独立的存在,所以客观唯心主义的立场并没有改变,而是深化了。其发展结果就是"通种论",就是进一步同毕达哥拉斯主义的数论相结合的神创世界说。前者解决的是"相"与"相"的结合与区分的问题,后者解决的是相(数)与感性世界的结合与区分的问题。从而完成了他的客观唯心主义,在这个框架里解决了本质和现象的统一。

3. 德谟克里特哲学和柏拉图哲学在整个哲学史
线索中的各自贡献和共同特征

这两大哲学家都拯救了本质,从各自立场上理解和规定了本质或"存在",解决了本质同现象的关系,回答了智者的问题。但又是多么不同啊!

德谟克里特的原子论奠定了以后大约两千年的唯物主义哲学、无神论以及自然科学特别是物理学的唯物主义基础。"原子"的存在,使人们感到物质世界的存在是有可靠的牢固基础的,自然界是客观实在的,变幻的现象不能动摇这种客观实在性。这不仅给自然观提供了一种根据,而且也使人们在动荡的社会人生中感到毕竟有所依凭,因为有客观的物质规律在。所以德谟克里特感到有一种怡悦自得,后来的伊壁鸠鲁也是这样:人们不必畏惧神灵。原子论哲学是古代无神论的光辉旗帜,并不是偶然的。

与之相反,柏拉图的相论却给往后的神学奠定了理论基础。它经过新柏拉图派成了基督教的重要思想来源,并一直影响到整个中进纪的欧洲思想文化。把"普遍者"当作一种超感觉超现象的独立客观存在、唯一的真实,并能创造世界万物,这正是基督教神学中的神的根本特征。基督教的发生和中世纪的神学统治,当然是由社会发展所决定的,不能由柏拉图来负责。但是柏拉图哲学也起了作用。这种作用是不值得夸耀的,它并不光彩。但是这并不等于柏拉图没有光辉的贡献。那些只注意他的《蒂迈欧篇》里的神学的人,并没有理解这种贡献所在。

柏拉图的真正贡献,在于他在巴门尼德的本体论逻辑的水平之上又跃进了一大步,第一次以**普遍性的形式**表达了事物中的**普遍**东西、共相或本质,从而为逻辑思维奠定了全面的基础和要素。而由于这种本体论和逻辑的内在必然要求,他又是第一个在**逻辑水平上自觉批判**了他自己和巴门尼德逻辑中的形而上学局限性、开始发现和研究了**思维辩证法**的人,他证明了形而上学地理解"存在"、"相"和概念是绝对不行的,那就会毁灭这些本质、本体和逻辑自身,同时他也**用逻辑证明了辩证法**的必要性和正确性。这些都是极其困难的任务,柏拉图虽然只是开始做了这件事,还有不少牵强之处,却是有伟大意义的。这就使希腊古典哲学攀上了一个高峰,为人类思维形式和逻辑的深刻发展,提供了十分重要的财富。

在这个方面,柏拉图的贡献比德谟克里特要大得多。一个人、一种学说的长处和短处往往是密不可分的,这个道理在这里表现得相当明显。

德谟克里特把普遍的存在(本体)规定为自然的原子和虚空,否定了智者的现象论、感觉论;并且他在宣布"一切都是意见,真实的只有原子和虚空"时,并没有走向极端,而同时保持住了本体和现象、理性同感觉的联系。这是他在拯救本质时比前期柏拉图优越之处,但正因为如此,他也就不像柏拉图那样必须经过一种较深刻的自我批判和转折过程了,因而他的学说中的内在矛盾因素也没能得到充分的发展、暴露和解决。还有,德谟克里特哲学里提出了"虚空"这个本原,也是极有意义的,它打破了巴门尼德的唯有"存在"、绝对否认有"非存在"的形而上学,这是哲学史上第一次提出来的相对的"非存在"的观念,"有"和"无"不再绝对不相容了,这又是他优于柏拉图前期相论之处。这种辩证法的因素帮助了他能比较合理地解释各种自然现象,使他在回到巴门尼德的"存在"时避免了巴门尼德所遇到的不可克服的困难。但是正因为如此,这种辩证法因素在他那里也就没能得到进一步发展,停留在外在的辩证法阶段,因为好像已经够用了。

所以,德谟克里特的优点 —— 肯定自然本体的存在,本体和现象的一致,思维和感觉的一致,以及肯定"虚空"这种"非存在"的存在的辩证法因素,等等,恰恰又阻碍了思想的深入。原子论哲学除了以后伊壁鸠鲁给予了一点修正而外,一直基本上没有变化地延续到了近代。近代自然哲学和自然科学在接受这种原子论后,也接受了"原子"那种巴门尼德式的"不可分"、"不可入"、宇宙的最终绝对微粒状存在物的形而上学观念(当然有近代人自己的形而上学观的原因);直到19世纪之后,人们才发现实际上并不存在这种形而上学的物质。德谟克里特没有深入发展辩证法,没有深入发展思维的逻辑形式,这个缺点同他的优点正是同一件事的两方面。反之,柏拉图的发展显得轮廓分明,因为他前进中缺点暴露得明显突出,迫使他否定自己,所以他的思维深入了,他的"辩证法"即逻辑也得到了深思熟虑的改造加工,他后来对"存在"和"非存在"的辩证联结的观点,显然比德谟克里特的要深刻得多,初步达到了对立面内在统一的观点,具体否定的观点,否定即规定的观点。因此柏拉图的缺陷恰好推动了他的发展,促成了他的优点和重要贡献。

4. 共同的特征表明这两派在希腊古典时代哲学发展中处于同一阶段,构成为一个环节

如上所述,这两派是对立的哲学,各有自己的贡献和缺陷。但总的来说,他们都是伟大的哲学家,他们的贡献和错误都深刻地影响了后代,影响了哲学、科学和文化。

现在要问,他们在哲学史的发展中地位如何? 我们能否加以确定?

第一,他们都是古典时代的希腊哲学,本质上不是原始素朴哲学,这是十分显然的,几乎不必多说。最明白的就是,他们的哲学都是从巴门尼德的"存在"本体论和逻辑出发的,是在这个水平基础上更高水平的哲学。

第二,他们是对从恩培多克勒起直到智者止的哲学的否定,其发展方向是正好相反的。从恩培多克勒起的哲学运动,目标是否定巴门尼德的绝对的"一"存在和弃绝现象的学说,以"拯救现象"为目的,这个运动到智者达到顶点。德谟克里特和苏格拉底、柏拉图则反过来,目标是否定智者的现象论和弃绝本质的观点,以"拯救本质"。

第三,但是,在经过这一曲折之后,不能简单地返回"本质",同时还必须使本质同现象结合起来。所以他们既是向巴门尼德的"存在"复归,又必须批判巴门尼德完全否认现象存在的意见;他们既要否定现象论和感觉论(像智者那样的绝对讲现象和感觉的观点),也要适当尊重和考虑恩培多克勒和阿那克萨戈拉的主张"多"、主张本体同现象联结的意见。因而他们的再回到本质,是一种否定之否定,是对巴门尼德以来的两种对立意见运动发展的综

合与总结。

第四,因此,他们一方面,要吸取巴门尼德的逻辑以肯定本体的"存在",又必须进到批判巴门尼德的形而上学,否定他的绝对主义"存在"观。德谟克里特主张"虚空"存在以及"原子"为多,柏拉图主张相是"一"—"多"系统,以及"非存在"是异于"存在"的存在,表明他们在自然、社会和思维中引进了辩证法因素。另一方面,当他们恢复了或在新的基础上发展了先前的辩证法时,他们又要同赫拉克利特的辩证法、特别是智者的主观辩证法划清界限。赫拉克利特的辩证法是客观的,柏拉图不得不承认它的意义,但他认为这决不能运用到"相"的世界里来,只能限定它在现象即感性事物里运用。后来柏拉图实际上在很大程度上运用它来理解世界和哲学的追求过程,乃至"相"与"相"的联结,取得了很大成功。但即便如此,他也没有在自己的通种论里承认赫拉克利特的辩证法,这是因为赫拉克利特学说毕竟是唯物主义的,而且它的辩证法也是相当彻底的,这两点柏拉图都无法接受;柏拉图的"相"与"相"的相通,还是极其有限的对立统一,因为相的绝对存在不变性还得保持住,而且他认为在感觉事物绝对变动不居的基础上不能建立知识,唯有用绝对的相的必然规定和联结才能给感觉世界以秩序。所以柏拉图还是没有能回到赫拉克利特。与此近似,德谟克里特也不赞成赫拉克利特的辩证法,因为他要把握绝对不变的物质"本体"即"原子",在这点上他不能承认"一切流逝"说。

第五,所以他们虽然各自都提出了一定的更高一层辩证法思想,打破了巴门尼德的绝对化的形而上学,却不能在总体上回到赫拉克利特的看法,如一切皆流变,都向自己的对立面转化,内在的斗争是发展的源泉等观点。想用一些绝对永恒存在的本质来说明现象,这种思想始终盘踞在他们的心里,他们认为这个核心是不可动摇的,所以只有在迫不得已的时候和程度内,他们才承认某些辩证法因素。—— 这种辩证法因素,大体上相当于毕达哥拉斯派的水平,终于达不到赫拉克利特的水平。

第六,于是我们在这里又一次发现了一个有意义的事实。正如我们在前面小结"恩培多克勒 —— 阿那克萨戈拉 —— 阿波洛尼亚的第欧根尼"的发展时,看到他们在古典时代哲学的水平上再现出米利都派的特征一样,现在我们发现德谟克里特和柏拉图再现了毕达哥拉斯主义的特征。古典时代的希腊哲学有自己的新水平、新基础,这新基础是通过否定全部原始素朴哲学而由巴门尼德建立的,然而它自身的发展又必须把被它否定了的东西再现一遍,才能使自身里包含的矛盾环节展开,以达到它自身的完成。

米利都派寻找的是"本原",首先是特质(水)的东西,然后进到否定特质的"无定质"(无规定者),然后进到既无定质又有定质的东西(气),完成了原始素朴哲学本原观的第一阶段。它的总特征是感性的质的阶段,来自对自然的观察和猜测。毕达哥拉斯派否定了用质作本原的哲学,因为质的特质和无定质是自相矛盾的,不足以规定本原。于是进到"数",用"有规定者"即"一"(单位、规定、形状)和"无规定者"即"多"(质料,感性的质的多样性等等)作本原,即"数"作本原,从最高的数的本原产生和规定一切的数和形,然后用这些数和形来产生和规定一切自然和人事的事物。这是原始素朴哲学的第二阶段,用较抽象的普遍性的"数"否定感性的质,使本原得到规定。它不仅来自对自然的观察,尤其来自对社会人事和音乐等等的观察和猜测。

对比一下,恩培多克勒到阿那克萨戈拉和第欧根尼的发展,正相当于米利都派的过程,也是从特质(四根)到无规定者("部分"或"种子")到既无定质又有定质(气)。但有区别,这里找的是巴门尼德式的"存在"本体,它是靠巴门尼德的本体论逻辑来规定的。不过本体不应只规定为孤立的本质,它要同现象相一致才行,所以这三位哲学家认为,本体应该自身是具有感性的质的东西,否则如何与现象一致? 但把本体(绝对永恒不变的存在)规定为带现象性的东西是自相矛盾的,阿那克萨戈拉特别尖锐地发现了这个矛盾,以致他的本体"元素"变得大小不定,性质不定(一切包含一切),只好说是"无规定者"。这岂不直接否定了绝对永恒不变的存在这种本体的原义了吗? 智者干脆全盘否定了这个"本体"的幽灵,宣布现象即存在,此外更无什么存在。

德谟克里特和柏拉图又回过来拯救本质和本体,力图抓住和牢牢规定"存在"。其意义同毕达哥拉斯派力图用"有规定者"来克服米利都派的质的无规定性一样。德谟克里特从自然哲学上抓住"存在",认为不该再是质的东西,应该否定质,只用数量来规定它们("原子"),作为巴门尼德式的存在不能只有一个,而是多数的(它们只是每一个才是"一"),这些原子是物质空间性的点子,凭形状、位置的排列,在虚空中构造万物,这正是毕达哥拉斯派早已素朴地说过的一切,——所以德谟克里特自觉地认为毕达哥拉斯学说是他喜爱的。柏拉图也类似,他以人事为主要出发点确立抽象的多数的相,每个相自身是"一"(绝对存在),用这些相来否定现象和感性的质,后来经过通种论又设法把相与相联结起来,接着发现还要靠毕达哥拉斯派的数论把一切形、相和感性事物联结起来,创造出来。柏拉图更自觉地再现了毕达哥拉斯主义,以至融合起来。

所以,我们看到,德谟克里特再现了毕达哥拉斯派的自然哲学和唯物主义因素方面,柏拉图再现了他们的社会人事、灵魂学说和抽象唯心主义方面,但合起来正是完全地再现了毕达哥拉斯主义的数论哲学的特征。

综上所述，我们可以认为，这两派虽然不同、对立，却正好表现了古典时代希腊哲学发展的第二个大阶段。从古典时代的哲学来说，这两派是恢复和进一步规定自然的本质、社会人事的本质和精神（心灵、灵魂）的本质的阶段。是对前一阶段即从现象来规定本体的阶段的否定。从人类认识世界的过程和规律来说，它再现原始素朴哲学的毕达哥拉斯派阶段表明，认识世界还得从现象和感性的东西开始，然后又必须进入本质，还应使本质同现象统一。

但是，他们是否真的使本质同现象统一了呢？

没有。

因为他们毕竟只是从抽象的本质出发来企图达到同现象的统一的。但抽象的本质本身究竟是以什么方式存在的？ 是不是一种绝对真实的独立自在的东西，这本身是有问题的。所以他们的学说基础并不真正牢固。要真正弄清什么是本质，如何把本质和现象统一起来，还应回到大地上来，从实实在在存在着的具体事物考察起，对什么是"存在"本体，再作规定。这就是亚里士多德该做的事情了。

第十四章 亚里士多德哲学（上）

一、评价问题

亚里士多德是柏拉图的学生，他继柏拉图之后成为一个伟大的思想家、科学家和哲学家。他于公元前384年生于斯塔吉拉，他的父亲是马其顿王阿明塔二世的御医，由于幼年父母双亡，由一个亲戚抚养长大，17岁时来到雅典（公元前367年）进柏拉图学园学习，后来又在这里从事研究和教学直到柏拉图去世，前后达二十年之久。雅典和柏拉图是他的真正教育者。柏拉图死后，斯彪西波成了学园的首领，亚里士多德就到吕底亚等地待过一段时期，后来他应马其顿王腓力的召请教育他的13岁的儿子亚历山大，到亚历山大十六岁成年。他同亚历山大在一起共七八年之久（公元前343—前335年）。公元前335年他回到雅典，在吕克昂建立了一所学校，形成他自己的"逍遥学派"（因有些教学是在他散步时进行的，故以此得名）。他在这里教学和从事研究著述直到前323年，这一年亚历山大大帝逝世，雅典人在进行反马其顿的活动中牵连于他，他被控以不敬神之罪而避难于他母亲的母邦优卑亚的卡尔西斯。他把吕克昂托付给德奥弗拉斯特，次年他就病逝于卡尔西斯（公元前322年），终年63岁。

亚里士多德生活在希腊历史的一个大转折点上，公元前338

年,马其顿王腓力打败了雅典军队,结束了希腊各邦的军事反抗,成了与希腊各邦订立同盟的霸主,实际上统治了希腊,于是希腊的古典时代就告终了。希腊人从此丧失了自己的独立,先后成为马其顿帝国和罗马帝国的领地,进入了希腊化时期。在这种转变时期,亚里士多德虽然由于同亚历山大有过师生之谊(这种关系后来冷淡恶化了,因为亚历山大处死了亚里士多德推荐的随他出征的侄儿加里斯芬),以及同马其顿官方有交往这些特殊关系,但是他仍然是一位地地道道的希腊人。他的一生是学者和教师的一生,他又长期生活在雅典,成为希腊以往一切文化、科学和哲学的集大成者。他的社会政治观点完全不是马其顿军事专制大国制度式的,而是古典希腊特别是雅典那种城邦式的,希腊的中等奴隶主阶级的温和民主制是他的理想。

作为古典希腊最后的而且是最大的一位思想家、科学家和哲学家,亚里士多德的历史地位的重要是无可怀疑的。他留下的著作由于动乱等种种原因不如柏拉图的那样完整。号称有千卷之多,实际只留存下了162卷(纸草卷)。但也是足够丰富的,而且我们可以认为保存了最重要的东西。它们是一些教学讲义,包括了他所研究的许多学科部门,如《诗学》、《修辞学》、《伦理学》、《政治学》和经济学著作;《物理学》即自然哲学以及有关的《论生灭》、《论天》、《气象学》、生物学著作和《论灵魂》等;还有许多逻辑学著作,最后是他关于第一哲学的论著,集中编纂为《形而上学》一书。他是古希腊的最伟大的百科全书式的学者,是许多门科学的奠基人,"哲学"这门学科到他手里才第一次正式同其他学科划分开来,成为一门独立的学科。

许多世纪以来,亚里士多德都是哲学家们的老师。但是同许多伟大人物的身后命运一样,后人都是从他们的时代需要和角度上来理解和研究他的,有时候把他抬上了天,奉为神圣(如中世纪),有时候又被人看成是充满了谬误的体系(特别在近代初期),加以贬低。一般说来,喜欢唯心论和纯思辨的哲学家往往崇尚柏拉图,认为亚里士多德太倾向于经验论了;而具有唯物论和经验论倾向的哲学家们则更重视亚里士多德一些。但是也不尽然,例如黑格尔认为:"实际上,亚里士多德在思辨的深度上超过了柏拉图,因为亚里士多德是熟识最深刻的思辨、唯心论的,而他的思辨的唯心论又是建立在广博的经验的材料上的。"[1] 黑格尔认为亚里士多德高于柏拉图,不过他是从自己的思辨客观唯心论出发的,并且特别推崇亚里士多德的神学。反之,主张逻辑经验主义的罗素却说:"亚里士多德的作品是批判的、细致的、平凡的","他的前人(柏拉图)的错误是青年人企求不可能的事物而犯的那种光荣的错误,但他的错误则是老年人不能使自己摆脱于习俗的偏见的那种错误。他最擅长于细节与批评;但由于缺乏基本的明晰性与巨人式的火力,所以他并没有能成就很大的建设工作。"[2] 并且断言,亚里士多德的本体论,是由于把用主语谓语构成的语句结构当成世界的结构而形成的形而上学错误;他的逻辑学说"是完全错误的,只有三段论式的形式理论是例外,而那又是无关紧要的。今天任何一个想学逻辑的人,假如要去念亚里士多德或者是他的哪一个弟子的话,那就简直是在浪费时间了"。[3] 罗素认为亚里士多德"对演绎法估计过高",虽"一再承认归纳法的重要性","可是他也和其他的希腊人一样,在他的认识论里给予了演绎法以不适当的

① 黑格尔:《哲学史讲演录》第2卷,三联书店1956年版,第270页。
② 罗素:《西方哲学史》上卷,商务印书馆1982年版,第211页。
③ 罗素:《西方哲学史》上卷,商务印书馆1982年版,第261页。

重要地位"。[①] 按照罗素的看法，亚里士多德实际上还不如柏拉图，他认为亚里士多德逻辑只是三段论法的演绎法，而对归纳法却没有什么贡献。这个看法，我以为是值得商讨的。罗素说希腊人特别是亚里士多德只重视演绎法而不重视归纳法，在我看来并不符合事实，我想这是因为我们对什么是真正的归纳法理解不同。人们谈论亚里士多德的演绎法和三段论太久了，而且给予了片面的理解和发展，但是对他和古希腊人的归纳法并没有作深入的理解和研究。近代人所理解的归纳法只是从培根开始、由穆勒加以发展的那样一种归纳法；培根就认为亚里士多德只注意演绎法而不重视获得新知识的归纳法，所以他批判前人只遵循亚里士多德逻辑就只会辩驳争论，而不能在知识之树上结出真正的果实来。培根批判经院哲学和他们所讲的亚里士多德，那是对的。但是他自己并没能从希腊人、从柏拉图，特别是从亚里士多德学到更多的东西。近现代的逻辑科学得到了很大的发展，但是某些形式的发展却不能掩盖这一事实，那就是近现代的逻辑科学对于归纳法始终视为一个不好解决的悬案。他们那种经验主义的归纳法本身是不会有更好的出路的，他们对这种状况不满，却又受这个框框限制得无法解放，所以无法理解古希腊哲学里的归纳法逻辑思想，对于康德之后的新的归纳法思想也视而不见，就像身在宝山之中却不见宝那样。他们没有去想：会不会有另一种与自己所理解的归纳法大不相同的归纳法。罗素生活到20世纪，但他对亚里士多德逻辑的说法，在基调乃至语言上却仍同三百年前的培根相似。可见这种习俗成见之深。

如果说黑格尔和罗素虽然都是大哲学家，却各有其特殊的派

---

① 罗素：《西方哲学史》上卷，商务印书馆1982年版，第257页。

别之见,我们不必过于注意的话,那么像罗斑(L.Robin)这样重要的哲学史专家的看法就更值得注意了。他的评论是:"亚里士多德作为哲学家的气味是太重、同时又太轻了,这或者不算是不公平的按语。他是一个精明而狡狯的辩证法家,但既不深刻,也没有创见。他最明显的发明,是在一些陶铸得很好的公式,在一些容易把握的用语上的区别。他装好了一架机器,它的发条一经开动,就使人产生了以为有什么深入的思考和真实的知识那种幻觉。但最大的不幸是,他用了这架机器同时去攻击德谟克里特和柏拉图。因此,在一个很长的时期内,他使科学背离了正道,循着那正道本来是可能相当快地就有决定性的进步的"。[1] 罗斑认为亚里士多德有较高名声和威望,是因为他具有他那个时代的全部知识,并能以很好的技巧教学并在论著上使之系统化,不过"这和在科学以及哲学上的研究精神本身是两回事"。[2]

按照罗斑的看法,亚里士多德哲学只是一些公式和用这些公式模铸的知识和教条,没有什么深刻创见或能启发人们思考的科学精神。他对德谟克里特和柏拉图的批评非但不是前进,反而是极大的不幸和倒退,阻碍了科学的进步。

这种说法,我们应如何对待呢? 柏拉图和德谟克里特都有自己的重大贡献,亚里士多德也有这样那样的缺点错误,在许多具体之点上他们各有长短是自然的,几乎无须争论。但是有一点却是应该弄明白的,这就是从总体上说,从哲学和科学的发展基本线索上说,亚里士多德比他的前人究竟是前进了,还是半斤八两,甚至后退了? 本书要研讨的正是这个事情,所以免不了要试图给予一

---

[1] 罗斑:《希腊思想和科学精神起源》,商务印书馆1965年版,第363页。
[2] 罗斑:《希腊思想和科学精神起源》,商务印书馆1965年版,第363页。

个考察。

对待亚里士多德的评价可以说是各式各样分歧众多的,我们不能一一列举来讨论。我想我们应该把握住主要的问题来讨论,而讨论时主要应以亚里士多德本人的思考和论述为依据。那么如何着手呢?

二、我们研讨亚里士多德的方法首先应注意他的哲学体系和方法的关系

同罗素和罗斑讲亚里士多德学说的方式不同(他们只是一一讲述这个学说的各点内容),另外一些学者则一开始就注意到和强调了亚里士多德的方法。我觉得这是最值得注意的一点。因为任何时代的哲学或科学,从其讲述的知识来看都有它的历史局限性,都不免会变得陈旧,显出错误来,但问题在于这种知识体系有没有内在的灵魂。那不注意或者看不到它的方法和灵魂的人,自然不免对它要持简单否定的态度,而特别注意到这方面的人就能看到有生命的东西,从而受到教益,并能对这种认识体系作出更深入的分析。当然,这首先要看亚里士多德本人是不是有这样的方法和它的水平如何。

黑格尔是这样说的:"**首先得谈谈亚里士多德方式的特性**。…… 对于他,最重要的是处处去关心确定的概念","他竭力把每个对象加以规定;但他更进而思辨地深入到对象的本性里面去。"① 简言之,亚里士多德最多地把握了现象,对经验的事实逐一

---

① 黑格尔:《哲学史讲演录》第2卷,三联书店1956年版,第281—284页。

加以考察,但并不是经验式的考察,而是"思辨的"即深刻理性的考察和规定。

W.D. 罗斯在为亚里士多德《形而上学》所写的导论中,也首先讲到他的方法。罗斯说亚里士多德的方法有三个特征:第一,他是从考察先前的哲学思想史开始其研究的。这是亚里士多德经常采用的方法,他总是面对历史事实的发展和在历史上前人提出的种种问题来开始研讨的。第二,"他的方法是怀疑的方法",即总是无偏见地对每一个重要问题先摆出对立的观点来,再对它们作考察,"《形而上学》作为整体,其表述不是一种教条独断的体系,而是一个心灵在寻求真理中的进展"。第三,"他所采取的方法,大多不是形式的三段论式的论证方法,即以一个已建立的大家知道的前提来推出结论"。而是从通常的见解出发,从不精确的表述中区别出较确切的真理,对这种真理的确认是靠指明与之相对立的看法会导致错误的结论来进行的。①

罗斯的这一看法是很重要的,而且完全是以事实为依据的。他指明亚里士多德的历史主义和辩证法的探索态度和方法,关于第三点尤其是值得注意的,因为同上面说过的罗素的看法以及在某种程度上罗斑的看法针锋相对。亚里士多德并没有企图主要靠演绎来推论或模铸出科学和哲学的知识,他极重视逻辑,但并不像有些人说的只是重视演绎法,亚里士多德的哲学结论绝不是独断的所谓真理,他没有靠演绎加以证明,而是靠分析事实和问题,指明不同看法中的错误,来逐步上升或归纳的。所以,亚里士多德虽然也自信他找到了真理,却并没有认为这已是完全得到了证明的最后结论,而是在不断探索,继续前进。那种认为亚里士多德建

---

① W.D.Ross, "Introduction", *Aristotle's Metaphysics*, Oxford, 1924, pp.lxxvi-lxxvii.

立的是独断论体系的看法,并不是他本人的思想实质(从方法论上看),其实是后人特别是经院哲学家对他的看法所造成的。这种看法自然会阻碍科学和哲学的进步,也要遭到反对,但却不能由亚里士多德本人来负责任。

现代美国学者埃德尔(A.Edel)在其《亚里士多德及其哲学》这部大本著作中,对亚里士多德的方法也有一个很好的叙述(见该书第三章)。他写道:"亚里士多德思想的分析的特点,是他的方法所固有的。他不是首先得到一个观点,从这个观念中引申出其蕴含的东西,然后再来找证据。而是首先广泛汇集整理各种意见和报道,它们是以通常的信念的形式表现的,其中包括以往的各种学说,普通的语言用法和观察得来的报告。然后他以巨大的劳作使之形成一个问题,并系统地检查这些材料,在这时,他特别致力于把传统看法中所包含的困惑和明显的矛盾展现出来。然后他彻底地筛选哪些可取哪些不可取,加以区别,以找出解决办法来,这种解决办法能使各种学说、语言用法和无可否认的观察事实里的那种分歧的成分彼此调解或和谐起来,或者都加以重新解释过。"①埃德尔接着讨论了亚里士多德的结构和系统方法,即综合方法,以及其他方法论上的特征。

我认为罗斯和埃德尔的意见是正确的,黑格尔的看法也很有意义,这些看法符合亚里士多德的本来面貌。用马克思主义观点来研究亚里士多德的人尤其应该注意这一点。列宁说:

　　亚里士多德的逻辑学是寻求、探索 …… 但是,亚里士多德的
逻辑学却被变成僵死的经院哲学,它的一切探索、动摇和提问题的
方法都被抛弃。而这些提问题的方法就是希腊人所用的那一套试

① Abraham Edel, *Aristotle and His Philosophy*, London, Croom Helm Ltd, 1982, p.30 .

探方式,就是在亚里士多德学说中卓越地反映出来的质朴的意见
分歧。①

列宁的话说得何等好啊!他十分简洁生动地刻画出了亚里士
多德的面貌,这就是:寻求、探索、试探、动摇、提问题的方法,辩证
的方法。而这也就是亚里士多德逻辑的实质所在,并且是希腊人
一直采用的方法的集中的或"卓越的"表现。可是罗素却说亚里士
多德和其他希腊人只重视从一个设定的概念框框来推论出一切结
论的方法。罗素和直到今天的逻辑经验主义者只知道经验主义的
归纳法(从枚举法,到三表法即排除法,到概率方法,都只是在这个
范围内的改进罢了),他们不承认、不理解人类在科学和哲学的发
展和成就中,早已发展了真正的归纳法。这种归纳法同样从事实
和经验出发,但决不只在经验中爬行,而是人类在实践中能动地发
挥思想和理性作用的结果。它是辩证法的过程。它并不独断,永
远在探索中前进,它永远不把真理视为最后的无可改变的东西,而
总是在上升到一个水平时又批判否定它,突破这个界限又继续前
进。这种归纳法在人类的全部认识史、科学史、特别是在哲学史里
已经实际上发展了,并且还在继续发展着。问题是要在逻辑形式
上得到恰当的研究和规定,以形成一门崭新的逻辑科学,它的地位
和重要性当在演绎法逻辑之上,并彼此渗透。这是我们时代的哲
学和逻辑学的光荣的使命。当然这个任务又是特别艰巨繁重的,
不能单靠逻辑学家来完成,而主要应靠哲学家来完成,因为除了认
识论和认识史的浩繁研究外,还必须考察生物史,儿童行为和智力
的发展史,特别是要考察人类的全部实践的历史,用这些作基础。

① 列宁:《哲学笔记》,《列宁全集》第38卷,人民出版社1959年版,第417页。

我不打算在本书中详细讨论这个大问题,希望将来能有机会来稍为系统地探讨和阐明我的一些初步看法。这里说到它,只是为了试图打破一种偏见,因为它严重地束缚了探求真理的归纳逻辑(它是同演绎逻辑结合的)科学的应有的重大发展。而就这里研究亚里士多德的哲学来说,不打破这种偏见,我们就无法理解这种哲学探索的内在灵魂,那些"形而上学"(本体论)的种种范畴和结论,在我们面前,也就只能呈现为一些僵死的经院哲学的东西,的确就会是意义不大的了。

但是对亚里士多德的方法也不可孤立地加以研究。就像灵魂从来不脱离肉体那样,亚里士多德的方法主要存在和发展于他的科学研究之中,特别是哲学的研究之中。他是科学史上最早的最大的逻辑学家,但他并不认为逻辑学是一门独立学科,而是认为它同哲学不可分、并且是哲学本身的一个基本部分,这一点我们从他的《形而上学》B 卷提出的问题和后来的解答里就可以明白见到。"亚里士多德处处都把客观逻辑和主观逻辑混合起来,而且混合得处处都显出客观逻辑来。"[①] 这是亚里士多德仍然保存的希腊哲学的朴素之处,那时哲学还没有像近代那样把思维从存在中独立出来彼此对立,而是素朴地谈论存在。但本体论逻辑和认识论逻辑的素朴不分,也正是亚里士多德的优越之处!因为我们看到,近代所形成的彼此分离割裂的研究,在很大程度上,既损害了哲学也损害了逻辑学,其恶果至今犹在。从康德和黑格尔起,哲学才重新企图使两者结合起来,它带来了两者的同时的复兴 —— 但是这个任务还没有完成。

所以,要研究亚里士多德哲学我们必须从开始起就注意他的

---

① 列宁:《哲学笔记》,《列宁全集》第38卷,人民出版社1959年版,第416页。

方法,但我们又必须从研究他的哲学本身来理解他的方法。

三、为什么亚里士多德认为有必要批判柏拉图

亚里士多德是柏拉图最有天才的一个学生,他也很爱他的老师。他在学园里整整有20年之久,这不是一件小事,如果他不是认为柏拉图学说是一个宝藏,里面有许多真理的东西,是不可能这样做的。但是他终于同柏拉图及其学派的哲学分离了,并对它进行了批判。这是为什么?

在《形而上学》M卷第4章中,亚里士多德扼要地追溯了柏拉图相论的产生史。他认为那些主张"相"的存在的人是从研究事物的真理性出发而得到的结论,因为他们接受了赫拉克利特的学说,认为一切可感觉的事物在永远流逝之中,而对于流动的事物是不能有真实的知识的,因此,知识和思想不能以感觉事物为对象,只能以常住不变的本体为对象。苏格拉底在研究道德的事情上寻求普遍的东西,提出了一般定义的问题,而在自然哲学的领域,德谟克里特也触及了这个问题,此外毕达哥拉斯派在他们之前也企图用数来规定像机会、正义、婚姻等等事物。但是只有苏格拉底是在寻求事物的本质,而本质才是三段论的出发点。亚里士多德说,有两样东西要归功于苏格拉底,这就是归纳论证和一般定义,这两者乃是科学的出发点。①

从这段话可知,亚里士多德是深知相论的来由的。这就是要在变动不居的世界里寻求真实的知识。而苏格拉底的归纳方法和

———————
① Aristotle, Met. 1078^{b}10-30.

寻求普遍定义(本质)给寻求真知提供了基础,因为这是科学的出发点,三段论式的逻辑证明的出发点。于是他的后继人柏拉图就把这种普遍定义变成了"相",建立了相论。

但是苏格拉底虽然导致了后来的柏拉图相论,他自己却并没有把一般定义同特殊事物分离开来。亚里士多德评论说,苏格拉底这样做是对的,因为没有普遍就不可能得到知识,但分离就会引起异议。而柏拉图却认为是分离的,"相"是一种独立于可感觉的易变的实体之外的另一种实体,这样普遍者和个别事物就几乎成为一样的东西了。它也像感性事物一样有一种独立和分离的存在。这必然引起无数的困难。①

这种困难,我们知道后来柏拉图自己也充分意识到了。甚至亚里士多德在批判柏拉图相论时用的一部分论点,如对于否定性的相是否存在、分有说、"第三者"等问题,几乎同《巴门尼德篇》中柏拉图的自我批评都大体类似。当然亚里士多德的批判不止于此,他还有更多一些的论点,特别是花了很大气力来批判相论中的数论学说。但由于这个缘故,有的人就认为这个批判没有多少新东西,不过是重复《巴门尼德篇》里的说法加以进一步补充而已。这种看法对不对? 我以为是不对的,因为他们只看形似而没有抓住实质。亚里士多德并不是在单纯重复柏拉图已经作过的自我批判,而是认为他的自我批判最后并没有解决问题。柏拉图直到最后也没有放弃"相"(数)的独立存在,要用这些相和数来产生感觉事物,归根到底这是不能成功的,必然是牵强附会的。亚里士多德是站在新的立场上来重新探讨一般和个别、本质和现象、普遍的东西和感性事物的关系的,这个立场就是:感性事物才是真实的能

---

① Aristotle, Met. 1086^{b}1-12.

够分离独立的存在,普遍只存在于个别事物之中,除此之外,并没有什么独立的存在；因此必须从感性事物出发来研究和解决上述关系问题。

亚里士多德在批判柏拉图派时总是盯着问：设定这些相或数的存在,究竟对我们认识感性事物有没有帮助？ 一一检查的结果,是矛盾百出,没有什么帮助,还惹出了许多麻烦和根本错误。例如把相当作数,能不能说明和创造出感性事物？ 他指出："如果感性世界里事物是数的比例(例如和谐),那么显然这是指某一类事物,对这类事物来说它们才有比例关系。那么,如果质料是某种规定了的东西,显然数目本身也是某种事物对别的某种事物的比例。例如,如果加里亚是火、土、水、气的一种数的比例,他的相也将是某种异于数的基质东西的一个数。而人的相,不论它是否在某种意义上为数,都仍然是某种事物的数的比例,而不是一个数本身,不会仅仅因为有数的比例而成为一个数。"[1] 数或相都只是感性物质事物本身的一种性质或本质,不能单独存在,更不能用它们来造成感性事物。这个观点,不仅反对了早期相论,也反对了通种论之后的后期"相论 — 数论"。

亚里士多德的立场,在他逐点批判了柏拉图后总结如下：

> 一般说来,哲学是寻求可感知的事物的原因的,可是我们柏拉图派却放弃了这个任务,因为我们完全没有谈到引起事物变化的原因。当我们幻想我们说出了感性事物的本体时,我们却断言了另一类本体的存在。我们关于感性事物的本体的那种说明方式是空谈,因为"分有",如前所述,乃是毫无意义的说法。[2]

---

① Aristotle, Met. 991[b]9-21.
② Aristotle, Met. 991[a]24-28.

哲学的根本任务,是寻求感性事物的原因。亚里士多德在这里还是以柏拉图派中的一员来说话的,他认为"我们"以前放弃了这个任务,用那样的方式不能完成这个任务,所达到的只是幻想和空谈。这是唯物主义对唯心主义的批判。亚里士多德深深认识到必须改弦易辙,而其他柏拉图派还固守那一套唯心主义的幻想,所以他必须与之分手,以便把哲学的事业在新的基础上重新做过。当然这不是说他全盘否定了柏拉图的巨大贡献,情况恰好相反,他并不是白白地进了柏拉图这所学校的。但根本点上必须改变。

关于他对柏拉图的批判和继承的关系问题,不是这里能一下子说完说清的,因为它贯穿在一切方面,例如在对巴门尼德和毕达哥拉斯派的批判里实际上也加深了对柏拉图的批判,所以我们先说到这里。我们这里的目的是指明,他之所以认为必须批判柏拉图,是因为他发现了柏拉图相论的错误和遭到人们抗议的根源,并决心从根本立场上实行转变:柏拉图企图坚持相的与感性事物割裂的存在,以此为本体来演绎出感性事物来;亚里士多德认为这是绝对行不通的,要解决本质和现象的统一只能从感性事物出发,普遍、本质、本体只在感性事物世界之中,因此要重新从感性事物出发通过寻求它自身中的原因来归纳上升到普遍,并且这普遍在找到之后仍然不能脱离个别,要受经验事实的检查,他认为这样才能达到真正说明感性事物世界的目的,完成哲学本来应该承担的任务。—— 当然,他究竟能否彻底贯彻这条路线还是有问题的,他还有困难、摇摆,甚至在一定的关节点上终于陷入了某种程度上类似于柏拉图的唯心主义直至神学,这些下面再去讨论。但是亚里士多德毕竟有了一种同柏拉图有原则区别的路线和方法,它是带有唯物主义的基本倾向的,这是最重要的所在。亚里士多德的全部哲学,就是从这种倾向和立场上发生和发展起来的。

四、《范畴篇》中对本体的初步探讨和规定

《范畴篇》是亚里士多德的逻辑学著作,也是他的本体论著作。在这篇著作中,亚里士多德通过语言的分析规定这种看来非常简明的方式,澄清了以往哲学对"存在"一词的许多用法的歧义和含混之处,从而得出了他最初的"本体"概念。

亚里士多德认为语言是表述事实的,[1] 它有复合的,有简单的。前者如"人奔跑"、"人获胜",后者如"人"、"牛"、"奔跑"、"获胜"。单个的词无所谓正确和错误,只有在联合它们来进行某种肯定或否定的陈述时,即形成命题或判断时,才有真假正误的问题。

《范畴篇》的主要任务不是研究判断,而是研究形成复合的语言即命题和判断的基础的简单用语的。

1. 十范畴的学说 —— 关于"存在"的十种含义

亚里士多德对于简单用语进行了分析归纳,指出:

> "每一个不是复合的用语,或者表示本体,或者表示数量、性质、关系、地点、时间、姿态、状况、活动、遭受。"然后逐一加以说明。[2]

---

[1] Aristotle, Categoriae $4^b 8$-10, *The Works of Aristotle*, ed. by W.D.Ross, Vol. I, London, 1955.

[2] Aristotle, Categoriae $1^b 25$-$2^a 3$, *The Works of Aristotle*, ed. by W.D.Ross, Vol. I, London, 1955.

　　这十种范畴,每一个都是有所指的,是有客观事实作对象的,因此也都是指的一种"存在",所以十个范畴就是把人们通常所说的"有"或"存在"分成了十类。

　　　　"有"这个词是在各种不同意义上使用的。首先它用来说习惯、状态或任何其他的性质,因为我们被人说是"有"点知识或美德。再者它用来说数量,例如说一个人身高"有"三或四五比特。再者它用来说衣着,说一个人"有"一件外套或上衣 ……①

　　亚里士多德在《范畴篇》里把"有"加以区分,具有很重要的意义。不过这里的区分还是初步的,表述不大精确。到了《形而上学》第五卷(Δ)写作时,就进了一大步,那里的第七章(1017^a7-^b9)中把"存在"(being)分为四大类 :(1)偶性的存在,指那些同主词(主体)的联系是偶然的东西 ;(2)范畴所指的"存在",指主体,也指主体的性质、数量、关系、主动、被动、地点、时间,"存在"相关于其中每一个都有一种意义 ;(3)用于判断真假上,"非存在"指假而非真,"存在"即判断真 ;(4)潜能的存在和现实的存在。其(2)相当于《范畴篇》的规定,叙述也更确切了。但《范畴篇》的分析无疑是对"存在"含义加以区别的开端,有重要意义。

2. 本体是存在的中心

　　为什么要把存在分为十种? 目的在于指出它们并不是平列

---

①　Aristotle,Categoriae 15^b16-30,*The Works of Aristotle*,ed.by W.D.Ross,Vol. Ⅰ ,London,1955。

的,其中本体显然占有主要的地位,其余九个范畴都是用来表述它的。在陈述中,主词是一个主体、实体或本体,其他的范畴只是表述它的谓项。所以,本体是其他九范畴的基础,它们所表示的存在只是依附于本体的存在,而不能有同主体相分离的独立存在。例如"白的人"的"白"是不能离开这个人而存在的,其他如数量等也如此。

对"存在"的概念反复加以分析,是克服巴门尼德以来笼统地讲"存在",并以这种笼统而泛泛多义的"存在"来规定本体本原的一个重要方法。同时,后来亚里士多德把哲学的根本对象规定为"作为存在的存在"(being as being,或 being as such),虽然意义有进一步发展变化,但这种想法的基础已经在《范畴篇》奠定了。哲学本体论所要研究的"存在",并不是那些数、性质等等的"存在",它们只有相对于、依附于一个中心的"存在"的存在意义,不能像毕达哥拉斯派或柏拉图派那样把它们看作独立的存在。只有作为中心的"存在",才有资格称为本体。

3.个体事物是第一本体,种和属只能称作第二本体

但是在陈述中被当作主词的本体范畴,还有几种区别。例如,"我们说一个个别的人'通晓语法',这个谓项也同样适用于这个人所属的属和种。这条规律适用于一切场合。"[①] 因此,个体事物和它的属和种这三者都可作为本体,因为其他九个范畴都可用来表述它们并依附于它们的存在而存在。

---

① Aristotle,Categoriae, 3^a4-5 .

但这三者又是有区别的。只有个体事物才是最原初的存在，第一本体。

> 本体，就这个词的最真实、最原初、最确定的意义来说，是指既不能表述一个主体、又不存在在一个主体中的东西；如个别的人或马。但是在派生的意义上，像属（species）那样包括着原初本体的东西，也被称为本体；同样，包括着属的种（genera），也被称作本体。例如个别的人包括在"人"这个属里，"人"又包括在"动物"这个种里，"人"和"动物"就是第二本体。①

这里讲的划分的两个标准，第一，所谓"不能表述一个主体"，就是在语言中能不能作主词的谓项。运用起来：（a）其他九个范畴都是用来表述本体，而本体不能表述它们。（b）属和种也可以被其他九范畴表述，而不可用来表述它们；但属和种可以表述个别事物，而个别事物却不能表述属和种。例如我们不能说"人是苏格拉底"，而只能说"苏格拉底是人"，这是不能颠倒的。还有（c）"对于第一本体来说，没有一个比另一个是更真实的本体。一个个体的人并不比一头个体的牛是更真实的本体。"②它们都同样真实地独立存在着，一切个体事物都是第一本体，它们每一个都不能表述另一个。因此，任何一个个体事物都是独立自存的，它不能陈述别的东西，而属和种同其他九种范畴都是用来表述它的。

第二，所谓"不存在于一个主体里"。亚里士多德自己说明："所谓'存在于一个主体里'，我指的不是部分在一个整体里那种情形，而是指不能同所说的主体相分离而存在。"③因此，个体事物被

---

① 　Aristotle, Categoriae, 1^{b}11-18 .

② 　Aristotle, Categoriae, 2^{b}27-29。

③ 　Aristotle, Categoriae, 1^{a}23-24, 并见3^{a}30。

包括在它所属的属和种里,是作为"部分"在一个整体里那种情况,与这里的标准无关(已被排除)。说个体事物(第一本体)"不存在于一个主体里",就是说,它并不依赖其属与种而独立存在。相反,它的属和种却不能与个体事物相分离,分离了就不能存在。

所以,这两项标准讲的都是存在的**独立自存性**问题。亚里士多德认为这才是个体事物作为原初的本体的真正理由。他反复指出:

> "除原初本体外,一切东西都是既能表述一个原初本体又存在于一个原初本体之中的。"① "因而如果原初本体不存在,就不可能有任何东西存在。"②
>
> 原初本体之所以最适当地被称作本体,是由于事实上它们是承担一切别的东西的基础,而其他一切东西是陈述它们和存在于它们之中的。③

在确立了个体事物是第一本体的地位之后,亚里士多德讨论了"属"和"种"的关系问题。他认为由于属比种要更接近个体事物一些,所以属比种也更是本体一些。④ 由此可知,当我们在说明一个个别事物即第一本体时,用它的属来规定要比用种更加中肯、确切、清楚和适当些。⑤

这里提出了定义事物的问题。作为第二位的派生的本体,属和种还是非常重要的,其地位是本体之外的九范畴不可比拟的,因

---

① Aristotle,Categoriae,2ª34,并见3ª30。

② Aristotle,Categoriae,2ᵇ4-5.

③ Aristotle,Categoriae,2ᵇ15-17.

④ Aristotle,Categoriae,2ᵇ6-8.

⑤ Aristotle,Categoriae,2ᵇ9-14.

为它们毕竟还是本体。"在一切谓项中唯有这些属和种才能说明原初本体是什么。因为说出属和种,我们才能适当地规定一个个别的人;并且说出属比说出种能使我们的定义更确切。而其他的东西,如说他是白的,他跑,等等,对于定义他都是不恰当的。"①

4. 关于第一本体的几点规定

以上亚里士多德用语言逻辑的标准找出和确立了第一本体(即原初本体)是个体事物(感性的个体事物),这里已包含着从本体论上对真正独立的"存在"的规定的意思。接着他就从哲学本体论上对第一本体作进一步的规定和分析:

第一,"所有本体看来都表示'这一个'(τόσε τι)。对原初本体,这无可争辩的是真的,因为它是单一的东西"。对于第二位的本体,如"人"、"动物"这些属和种,人们用语中常常使人觉得在指某一个东西,但严格说来却不是真的。②

第二,"本体的另一标志是它没有相反者"。③ 一个人、一个动物等都没有相反者。数量也没有相反者,没有什么可以成为"三尺长"、"十"这类东西的相反者。④

第三,"本体也不容许有程度上的不同。…… 我的意思是指没有一个单一的本体容许自身中有程度的不同。例如一个特殊的本体,'人',不能比另一时候的他本人或比其他的人是多些或少些

---

① Aristotle, Categoriae, 2ᵇ30-35 .

② Aristotle, Categoriae, 3ᵇ10-15。

③ Aristotle, Categoriae, 3ᵇ24。

④ Aristotle, Categoriae, 3ᵇ25-32。

的人,一个人不能比另一个人更是人"。本体里可以有性质不同:
"在一个事物中的同一种性质,在不同时候是有程度上的不同变化
的。一个物体,它是白的,可以说它在某时比以前更白了,……但
是本体却不能说它更是它(本体)或较少是它(本体)"。①

这里,第一点是指明本体的单一性、个体性。第二、三点,是指
明个体事物是同一性的东西。它独立自存,没有它的相反者;只
有像颜色、热度等等性质才有相反者和程度上的不同和变化,但本
体是不变的、自身同一的,它内部的性质可以变化,却不影响它作
为本体的存在,仍然是同一本体、同一事物,同一的存在。

第四,"本体最显著的标志看来是:当它保持为数量的一和同
一性时,它能容许对立的性质。除了本体,别的东西不能具有这个
标志,如同一颜色不能既白又黑,同一行为不能既善又恶,这规律
适用于一切,但不能适用于本体。一个而且自身同一的本体,在保
持其同一性时,仍能容许对立的性质,如同一个人有时白,另一时
黑,有时热,有时冷,有时善,有时恶"。②

请读者高度注意:亚里士多德在这里开始涉及对立统一、变
化等辩证法的重大问题了。第一、二、三点讲的都是本体的确定
性、单一性、不变性、自身同一性,而第四点则强调了本体(特别是
个别感性事物)在保持其同一性时内部有性质的对立。

本体、感性事物是单一确定的,同时又处于内在性质的对立变
化中。这是《范畴篇》中亚里士多德本体论的最重要的思想。他用
前者反对了赫拉克利特和一切类似的观点,因为他们片面强调了
感性事物的质和变化流逝,这样就把感性事物看做"无规定者",全

---

① Aristotle,Categoriae, 3ᵇ33-49.
② Aristotle,Categoriae, 4ª10-20.

无法确定、无法加以认识的东西了,亚里士多德则把感性事物规定为**个体**事物,其中虽有性质变化,但在一定范围内"这一个"事物仍保持其为这一个,而不会变成另一个事物:本体是变中的不变者,所以可以确定,可以认识和把握,而且可以肯定它是最真实意义下的存在者、第一本体。另一方面,他用后者反对了巴门尼德和一切类似的观点,本体不是脱离感性个体的东西,因而也决不是铁板一块的只有同一性的东西,它在自身同一和确定不变中包含着性质上的对立和运动变化。

"本体由于自身变化容许相反的性质,因此那热的东西变成冷的,因为它进入了不同的状态。同样由于一种变化的过程,白的东西变成黑的,坏的东西变成好的,在所有其他场合下,都以同样的方式,由于发生变化,本体才能容许相反的性质。"[①] 这里他不是用事物自身本来有对立的性质来说明变化,而是反过来用感性事物有运动变化来说明它必须能容许对立的性质存在,这是不对的,颠倒的。这是他唯物主义和辩证法思想的不彻底性的一种表现,后来终于导致了外因论和他的神学,是应该注意的。不过关于这一点我们以后再谈。毕竟亚里士多德在这里强调了本体即感性个体事物有运动变化的本性,有容许对立性质的特征,在这一点上说,还是有辩证法意义的。

5. 语言逻辑与事实的关系

亚里士多德是通过语言和逻辑的分析来研究规定存在和本体

---

① Aristotle, Categoriae, 4ᵃ30-34.

的,他素朴地认为语言和逻辑是反映事实、同事实一致的。但是在规定了第一本体内部有性质的变化和对立之后,就出现了矛盾。他发现了这里有矛盾,就试图作出区别来。

> "谁都承认,同样的话可以又是正确的又是错误的,因为如果'他坐着'这句话是对的,当他站起来时同样的话就是错的了。"①但是这种情况的发生方式同本体里的情况不同,本体可以容许相反的性质,而自身还持存着。"但是陈述和意见本身在一切方面都保持不变:只是由于实际情况改变了,才使它们有了相反的性质。'他坐着'这个陈述没变,有时它对有时它错,要视情况而定。"②
>
> "因此,如果有人提出这个例外并认为陈述和意见能容许相反的性质,这种主张是不对的。因为陈述和意见被认为有这种能力,并不是由于它们本身有所改变,而是由于别的东西里发生了情况的改变。陈述的真或假依靠于事实,而不是依靠于陈述本身有什么容许相反性质的能力。简言之,陈述和意见的本性是决不会改变的。因此它们本身不会发生变化,不能说它们能容许相反的性质。"③

这里,(一)他认为语言陈述和意见的正确与否要看是否合于事实,这显然是正确的。(二)他认为语言陈述不会自己变化,只是事实变了它们才跟着变,也是对的。(三)他想划分语言陈述和事实的界限,目的是要使我们的陈述、命题、判断等等具有明确性,这也有道理。逻辑中的同一律、不矛盾律是思维的必要条件。如果陈述不管事实如何,它自己就能变化,自己就能既这么说又那么说,或同一陈述可以既正确又错误,那岂不是一团混乱,还有什么

---

① Aristotle, Categoriae, $4^a 24$-25.

② Aristotle, Categoriae, $4^a 34$-$4^b 1$.

③ Aristotle, Categoriae, $4^b 4$-12.

正确的思维逻辑可言？（四）同样,他也承认,既然本体自身中容许有性质的对立,情况的变化,那么语言逻辑受它决定也可以容许变化和对立。这表明亚里士多德不得不承认辩证法也必得渗进思维、语言和逻辑中来。但是他对此表现了一种很不情愿、无可奈何的态度。他一再强调语言陈述本身是不变的,就表示出这种态度。这对于反对主观任意地玩弄词句的诡辩(如智者的主观辩证法),坚持语言的逻辑含义的明确性虽然是必要的,但他大概正因为主要顾及这一方面,就把语言陈述本身的不变性强调过分了。语言当然不等于事实,它自己不能不顾事实地乱变,但语言**本身**如他自己所说正是由事实决定的,那么事实改变了,语言**本身**不也就又具有可变性了吗？ 亚里士多德在这里困惑了,他没有真正积极地正视和解决这个问题。他在逻辑学里总是把同一性、不矛盾律放在唯一的至高无上的地位,在这一点上他还不如柏拉图后来那样自觉(如"通种论"中对辩证法的逻辑论证)。但是有的人因此就认为亚里士多德的逻辑只是形而上学的逻辑,那是不对的。亚里士多德在讨论科学和自然哲学、第一哲学等实质问题时,处处都表现了深刻的辩证法,并且是用明确的逻辑方式来表达的,这一点也不可否认。所以恩格斯称亚里士多德是"古代世界的黑格尔",并说"辩证法直到现在还只被亚里士多德和黑格尔这两个思想家比较精密地研究过"[①]。这种复杂和重要的情形,我感到是十分值得注意的,这样将可尽量减少一些片面性,才能在批判地研究亚里士多德时得到应有的收获。

---

① 《马克思恩格斯全集》第8卷,人民出版社1961年版,第59、466页。

　　　　　＊　　　　　　＊　　　　　　＊

　　关于《范畴篇》的内容我们就先说这些吧。从其中的本体论和逻辑思想来看,我们可以认为它是亚里士多德全部哲学的一个出发点或开端。因为它已表明了亚里士多德同柏拉图及其学派的不同的立场与方法,不过分歧尚未点明也没有展开,同往后亚里士多德的学说和逻辑相比,在内容和形式上也都还粗略和初步。它却是极其紧要的一步:它给后来的全部发展奠定了基石,后来种种问题的提出、解决以及矛盾和动摇,在这里已经以或显或隐的形态初步表现出来,或以萌芽的形式潜伏着了。这就是我们为什么重视它和对它讨论这么多的原因。我想研究亚里士多德应该首先从他的《范畴篇》开始,才好把握他思想的发展脉络。

　　从这个角度,我感到《范畴篇》如下几点宜加注意。

　　(一)《范畴篇》是古希腊哲学史上对"存在"的含义第一次作科学分析的本体论著作。在分析中亚里士多德指明:

　　A.以往哲学家把数量、质和性质等等同感性事物本身混淆,从而把本原、本体当作数和质等等是错误的。只有属于感性事物的数、形、质和性质,而没有离开事物本身的这些东西的存在。这就为揭露批判以往的各派哲学,特别是毕达哥拉斯派、柏拉图派相论中的数论方面,以及单纯从质的观点上来考察本原本体的思想,等等,提供了重要的基础和武器。

　　B.由于这种澄清和划分,亚里士多德第一次把"本体"当作存在的中心,使之从其余的"存在"中提升出来。后来他进一步按照对存在进行划分的考虑,划分科学为各个部门,成为许多学科的创建者和奠基人,并且提出和确定了第一哲学的对象是"存在本身"(being as being,或译为"作为存在的存在"),使哲学从其他一切科学中划分出来成为一门独立的学科。这些贡献的思想基础，是在《范畴篇》里奠定的。

C. 在本体中进一步划分了第一本体和第二本体。这一划分是更加重要的，达到了核心所在。首先，亚里士多德确定了个体的事物是最真实、最原始、最确切意义上的本体，它才是独立存在的东西；而属和种相比起来还是第二位的，它们只能存在于第一本体之中，是个体事物之中的本质，虽然重要却不能离开个别而独立存在。这样，亚里上多德就明确表示了自己的哲学立场是同柏拉图及其学派断然有别，而且是针锋相对地对立的。柏拉图的"相"，不是感性个别事物，而是普遍者、共相即"属"和"种"，柏拉图把"相"作为本体，不承认感性事物的独立存在，颠倒了感性个别和普遍本质在存在问题上的第一位第二位的关系。亚里士多德否认这种颠倒，扶正了这种关系。其次，亚里士多德仍然承认属和种的高度重要性，它们是个别事物的本质，对于说明第一本体是最重要的，比其他九个范畴的规定意义更重要，所以它们仍然是本体，不过只是第二本体罢了，而且属比种对说明个别事物更重要。这表明亚里士多德并没有简单否定柏拉图相论的意义，但加以改造了，他一直坚持认为苏格拉底的归纳论证和寻求一般定义这两点是科学的基础，同时强调苏格拉底的一般定义并未脱离个别是正确的，就是为此；因此亚里士多德在批判柏拉图时并不否定普遍，相反仍特别重视普遍、共相、本质等等，问题只在于应该从事实和个别事物出发来寻求、规定和运用这种普遍的定义。

他把第一本体规定为感性个别事物，这是唯物主义的，或者说回到了以往的唯物主义传统上来了，但是**应注意**这里也有极大的不同。这种区别，在他把第一本体即感性事物说成是"**个体**"时就已经包含着了，在对第一本体进一步规定时就初步展示出来。可是以前许多学者对这一点却未给予足够的注意,这样就不容易从一开始就抓住和追踪他的唯物主义方面和这方面的长处和缺点,以致常常陷入模糊和困难之中。下面我们就通过他对第一本体的进一步规定来讨论一下这方面的问题。

(二)《范畴篇》把第一本体规定为一切的个体感性事物,如一个个体的人或马。这是什么意思呢? 它不是"人"、"马"、"动物"这些属或种,不是共相,而是个别,是感觉到的经验到的存在物;这听起来似乎是最普通的道理和常识,日常的"健全意识",算不上什么哲学。从古希腊哲学一开始发生,似乎就已经超出了这种意识,泰勒斯说万物的本原是"水",就要从个别性的万物中寻求比它们高的普遍东西。但是哲学绕了几大圈,到亚里士多德这里又回到了个体的感性事物。这岂不是倒退吗? 我说这又是又不是。说它"是",这是说亚里士多德认为必须把哲学和科学的事业再从头来做一遍,因此必须退到最后的根据上来,以便从无可怀疑的、最基础的个别感性事物出发;这就首先要肯定它们的真实存在,而这是同一切人的朴素健康的意识完全一致的。说它"不是",是因为亚里士多德十分明了以往哲学的丰富曲折的发展,自觉意识到只有把感性个体事物规定为第一本体才能批判以往的种种错误,同时在这个基础上来继承和加工以往种种成就。

上面我们已经概括了《范畴篇》把感性个体事物当作第一本体对于批判柏拉图(以及毕达哥拉斯派等)唯心主义的意义。下面我们着重来谈谈它同以往唯物主义传统的关系。

在把本体或本原看作感性事物这个基本点上,《范畴篇》同以往的唯物主义学说是一致的,但是在对感性事物究竟是什么,对它该如何规定这个大问题上,却是大不相同的。

A.《范畴篇》认为,第一本体作为个体事物,其中心的意义乃是严格的"**这一个**"。所谓"这一个",就是指它是界限分明的"**一**"个感性东西,这个东西不是单纯的质,因为质或性质是有对立的,会变化的,也就是说,不是"一"而至少是"二"。亚里士多德认为"这一个"本体里虽有质的变化对立,它本身却并不变灭,仍然能保持其存在,它是变中的不变者,差异对立中的同一者,如一个人可以由白变黑由少而老,而这个人仍然保持为这个人的存在。可见,亚里士多德所抓住的本体,不是以往唯物主义者所抓的单纯的质、性质那样的东西,而是自身中有数和形的规定("一"),有本质或定义(它们也是"一")所规定的"一"个感性事物,所以它能够有比较稳固的自身同一性。简言之,以往唯物主义者由于只从质和现象来看感性事物和寻求本原,不得不一再陷于"无规定"的困境;亚里士多德所理解的感性事物,乃是有本质规定(借种和属的系统来确定的本质、普遍)的"**这一个**"(当然还有数量的规定),这才确立了感性事物作为本体的地位。

　　这表明他高于一切唯质的唯现象的唯物主义,而是一种从感性现象开始又主要是本质的唯物主义。他批判地继承改造了毕达哥拉斯派、尤其是苏格拉底和柏拉图哲学中的合理之处;他在把握感性本体时,把一般和本质的东西放到了首位。这个一般和本质现在不再独立于个别事物之外了,只是个别事物自身的本质和普遍性;但正是靠这些而不是靠易变的质等等,感性事物才成为"这一个"个体的东西,成为自身同一的能独立存在的物或本体。

　　B. 但是接着《范畴篇》就突出强调了第一本体在自身同一不变中是容许有对立的性质的,理由就是个体感性事物中有性质的变化。不过亚里士多德又一再强调这种性质上的对立和变化,并不影响本质的持存、同一和不变。这里有些重要的思想,同时也表现了《范畴篇》的思想矛盾。

第一，表明亚里士多德是完全承认感性事物和世界中的运动变化的。这个思想在后来的《物理学》即自然哲学中有最明白的阐述，并得到了大量的深入研究。而要承认变化运动，就必须承认本体中是有对立的，这就牵涉赫拉克利特和阿那克萨戈拉的学说。赫拉克利特主张物质本原（火）是对立统一的，整个世界和一切事物都在流变之中，阿那克萨戈拉要抓住不变的"存在"本体，但看到一切都是相对的即对立的，所以他的"部分"或"种子"又难以规定了。亚里士多德的本体 —— 个别感性事物，既然是感性事物，就要承认其变化；但稍不留意，又很容易得出同赫拉克利特与阿那克萨戈拉一样的结果，这是亚里士多德所要极力避免的。他坚持本体必须有规定性，否则无法持存，人也无法得到关于它们的确切知识。因此，第二，《范畴篇》把变化与对立只限定在质和性质的范围里，而不涉及本体自身。本体是由个别事物的本质（即它的属和种）来规定的，这可以通过它的定义来表示。"一个人"作为本体的存在，是由"人"这个本质来决定的，所以他变白还是变黑了等等，并不影响他作为一个人的本体存在。这种区别显然是有相当的道理和意义的，因为本质的东西是比较稳定的，这就可以避免赫拉克利特辩证法的含混之处。这种含混使得像克拉底鲁那些赫拉克利特的后人把变动夸大到极点，赫拉克利特说人不能两次进入同一条河流，克拉底鲁则说一次也不行，以致人对任何事物都无法说话，只能晃动手指来表示一切，对此亚里士多德是坚决反对的。性质可变而本体（本质）不变的说法，抓住和坚持了感性个别事物的规定性稳定性，又承认了运动变化和辩证法的因素。既反对了赫拉克利特只强调一切皆变而缺乏稳定性存在的观点，也反对了巴门尼德把存在当作全然僵死的绝对不变的同一性的观点（当然，所有那些受巴门尼德这种观点不同影响的学说也在内，例如德谟克里特的"原子"也是内部没有质和性质区别、对立和变化的绝对的"一"；还有，像毕达哥拉斯派的数及其单位，自身中也没有运动的因素和条件）。所以我们应承认，《范畴篇》中的这一划分方法还是有意义的。但是，**第三**，这种划分毕竟是有根本缺陷的，因为感性个别事物不仅其中有质和性质的对立和变化，也有本质性的对立和变化，感性个别事物本身作为"这一个"也有生灭，也会变成"另一个"事物，换言之，作为"本体"也是会变的。这一点《范畴篇》还没有触及，这也反映出这时亚里士多德的本体论思想还有很大的素朴性。而随着研究的稍微深入，这问题也就必然地一步步提出来了，他没有回避，因而后来就发展出"四因"说，关于"形式和质料"的学说，特别是关于"潜能和现实"的学说，使《范畴篇》中的还相当素朴的本体学说大大深化丰富起来，以致后来关于本体的规定变得同《范畴篇》几乎完全改观了，几乎使人认不出同这里的规定的关系了。但实际上还是相关的，因为后来的一切发展，都是《范畴篇》中关于本体中**不变**和**变**这两个因素的矛盾进展罢了：对于运动变化的深入考察，使得亚里士多德的辩证法日益深化发展，占领了一个个原来认为是不变不动的东西的领域，但他又一定要在变动中寻求稳定的东西，这一方面产生了一系列的深入的辩证规定，同时又迫使亚里士多德要寻求一个最后的稳固不变的永恒的存在作为最终的本体和原因。于是在他的学说中就呈现出一种奇观：辩证法和形而上学、唯物主义和唯心主义并存、交错，在冲突中解决问题、又产生新的冲突，反复动摇而都得到了发展。亚里士多德哲学并不是折中主义的纷列并陈，而是沿着一条线索在矛盾中求统一，又在新的矛盾展开中前进的。

（三）《范畴篇》借分析语言的形式来研究和确定本体，但我们不可以以为这里的本体论思想只是语言逻辑分析的结果。其实如果没有他对哲学本体论的反复思考,这种语言分析本身就是不可能的。对语言的使用进行分析,只是亚里士多德表现他的本体论思想的一种方式。不过我们却不可轻视这种形式和方法。因为它是亚里士多德经常采用的一种研究和规定方法,它有一个很大的优点:从人们日常用语所表现的健全却又含混的意识出发,通过层层剖析和澄清,使核心的东西或问题的焦点明白呈现出来,从而引出可信的结论来。这样哲学的意识也就在不断归纳中上升了,从经验上升到普遍原理和关于本体的认识,并使这个普遍东西 —— 本体和第一本体得到相当确切的规定性。我们知道,亚里士多德在柏拉图学园时当过修辞学的教师,他对语言和逻辑的问题有高度修养。现在他把这变成了研究哲学和科学的重要工具,取得了成果,后来一直是他的有力武器。这方法在《范畴篇》里也已奠定了。

同时,他也发现了语言的逻辑同事实的逻辑、主观逻辑同客观逻辑(即客观规律等)之间,既相一致又有区别。《范畴篇》在承认事实中有对立和变化时,强调语言陈述本身不可对立和变化:它只能随事实的变动而改变,不能凭自身来改变。这个看法,应该说基本上是正确的,合乎唯物论也合乎唯物辩证法。所谓语言本身不能变,这就是说,语言的逻辑要保证用语和陈述本身的确定性,不可自相矛盾,含义不定,那样就不会有清晰的思想和语言,也无法反映和表现事实中的变动,因此,我们的语言、思维必须符合同一律、不矛盾律的要求;但客观事实里是有对立变化的,语言和思维也应随之而定,所以亚里士多德认为思维中同一律等等的要求是容许反映客观中的对立和变化的,不应把思维的同一律等强加于事实以造成形而上学世界观。这些应该说都是对的。这个思想后来在他的《形而上学》中和逻辑学著作中得到了进一步的阐述,其开端在《范畴篇》也显示出来了。

不过他对"语言本身不变"强调得也有些过分。其实,他的本意是指明语言和思维逻辑必须有确定性,不可不管事实而凭自身主观的变化,但用"语言本身不变"来表达就不很妥当。从更高层次上说,既然语言本身不过是事实的反映,那么事实中有变化和对立,语言本身也必有变化和对立,确切的语言和逻辑也应确切地反映和表现客观的辩证法规律,那样就会导致对较高级的思维辩证法的自觉承认和研究。我们看到,柏拉图在建立"通种论"时在某种程度上达到了这一点,后来的黑格尔对此更有充分的自觉,相比之下,亚里士多德似乎不那么自觉。但是,柏拉图和黑格尔却幻想似乎"相"或"概念"自身可以不管感性事实而自己对立统一、运动变化,因而有许多牵强附会之处,他们讲的辩证法也有不少不那么合于精密的逻辑之处,这种毛病亚里士多德就少得多。总的说来,这三位大哲学家都是逻辑和辩证法的大师、各有其优点和不足。批判继承他们的遗产,重新仔细地在不同层次上确切地研究逻辑和辩证法的关系,使之统一起来,至今仍是哲学的一大任务。

简言之,《范畴篇》在本体论和方法论上都奠定了亚里士多德学说往后发展的基础。由于以感性个别事物作为第一本体,亚里士多德就深入到自然科学、自然哲学和各种社会学说中去,从中进一步研究和发展本体论学说;由于注重语言、特别是其中的逻辑形式和方法问题,亚里士多德就深入研究了逻辑学。而这两方面是结合的,后者是前者的工具,于是亚里士多德研究和创立了一系列的科学部门,还写了许多逻辑著作。最后,在这一系列科学和逻辑学研究的基础上,他进一步研究了哲学本身,创立了第一哲学这门科学。

马克思说,让"我们回顾一位伟大的研究家,……这位研究家最早分析了许多思维形式、社会形式和自然形式,也最早分析了价值形式。他就是亚里士多德"。^① 所谓"思维形式",即他对逻辑方法和形式的规定;所谓"社会形式和自然形式",就是他对社会政治、经济、道德等等和对自然科学自然哲学的规律和形式的规定。这一切都是在研究哲学本体的过程中发展出来,又归结到哲学本体论上来的。亚里士多德对科学和哲学的贡献之大,的确是无与伦比的。

---

① 马克思:《资本论》第1卷,人民出版社1975年版,第73—74页。

第十五章 亚里士多德哲学（下）

一、第一哲学的总问题

我们现在来概略研讨一下表现在《形而上学》一书中的亚里士多德哲学。这是他的哲学展开和成熟了的形态，同原先在《范畴篇》里那样简单的形态大不相同，但二者实质上仍然一直关联着，理解这种联系和区别是我们认识亚里士多德思想发展的重要问题之一。

1. 学科的划分和第一哲学

包含在《范畴篇》中的亚里士多德的基本立场、关于存在和本体的观点和认识方法，在他的大量科学研究中得到了展开和发展，然后才有他的进一步总结起来的哲学。他根据研究对象的各种划分，建立了许多科学部门，这些划分方式是多种多样的。其中有一种划分带有特别基础性的意义，这就是把科学划分为生产的、实践的、理论的三大类。[①] 这种划分显然包含两个重要考虑。

①　Aristotle，Met.1026^{b}5 及其前后。

第一，他要把自然对象同一切与人有关的事物划分开来，以便突出自然哲学的地位，通过自然哲学来上升到第一哲学的研究。

他在《物理学》（Physica，"自然学"或"自然哲学"）第二卷第一节（参见《形而上学》E卷1025b19-28）里强调指出："凡存在的事物，有的是由于自然而存在，有的是由于别的原因而存在。"①前者如各种动物、植物和简单物体，土、火、气、水等等，其特点是每一个这样的事物都在自身里有其运动变化的本原；后者则不同，像床、衣服、房屋等这类东西，就它们是人工的技术的产品而言，其变化的动力就不在自身之内。②

每一个自然物都是一个本体，因为它都是一个主体，并且有自己的自然（nature，即"本性"）。自然物的存在是明摆着的，谁要想证明它们的存在是荒唐的。③

与自然物相比，一切人工制品和人的行为（生产技术学科的对象和社会经济、政治、伦理学科的对象）当然也存在，但其中人的活动和意识的作用成为主要原因。亚里士多德把"自然物"与之区分出来，强调自然的存在毫无疑问，而且是由于自己的本性存在和变化的本体，同床、房屋等靠外面的东西作原因有根本区别，表示出他的唯物主义倾向。这是同《范畴篇》把感性个体事物当作本体的思想相连的，并且是进一步的规定和确认。

所以他认为自然哲学是一门理论的科学，而生产的、实践的科学则不是，前者比后两者要高级。

第二，对三类学科的划分，是按照认识的水平进行的。照《形

---

① Aristotle，Physica，192^{b}8，W.D.Ross 主编英译本，*The Works of Aristotle*，Oxford，1930。以下有关亚里士多德的引文均见该译本。
② Aristotle，Physica，192^{b}9-19、28-30 .
③ Aristotle，Physica，192^{b}32-198^{a}8 .

而上学》A卷第一、二节所说的人的认识发展来说,生产技术的知识在普遍性和认识原因方面水平还比较低;各门科学较高;而最普遍的原理、第一本原的知识才是最高的。

可见,把学科分为"生产的"、"实践的"、"理论的"三种,是综合了上述两种考虑来做的。在"理论的"学科中有自然哲学、数学和第一哲学(有时又称为"神学")三项。其中数学的普遍性很高,不过它研究的并不能算作本体,只是本体的一种数量和形状的性质。因此,真正算作研究哲学本体论的学问只是两门:自然哲学,然后是比它更高级的第一哲学。

第一哲学主要来自对自然的研究,但不限于自然,也涉及其他事物、其他学科的研究。所以它比自然哲学更高级,所研究的原理更普遍。这是《形而上学》同《物理学》的区别。

我们知道,古希腊哲学的长期传统是自然哲学的形态,把自然作为最本原的东西,希腊人民的传统观念及其宗教世界观也是如此的;智者和苏格拉底把人事问题提到了哲学的首位,但主要是从对人们最有切身关系上着眼的;而在真正要考虑人事的最终本原时还是要回到自然上来,柏拉图最关心的是政治伦理问题,但还是以自然哲学的形式为其最后的依归,他所要确立的"相"和数,以及最高的"善",还是要说成是客观自然的东西。亚里士多德批判了柏拉图派和毕达哥拉斯派,认为数并不是本体,而只是本体的一种属性,"相"(种和属)也绝不能脱离第一本体而存在,他所强调的第一本体作为感性个体的东西,首先就是自然存在物。换言之,在亚里士多德的观点上看,柏拉图及其学派所说的相与数并非本体,这一点可从它们不是真正的自然物得到最明白的说明。自然物是感性个体事物,它自己存在、自己运动变化,无须外力,所以是真正的本体。从研究这些自然物出发来研究哲学本体论,在亚里士多德看来,当然是最正确可靠的途径。

不过话说回来,亚里士多德对于人事问题的研究当然仍是高度重视和关心的,并且十分重要的一点是,虽然他把技术知识乃至政治学、伦理学都不看作理论科学或哲学,实际上我们若不是表面地形式地看问题,就会发现这种研究的结果处处渗入了自然哲学和第一哲学之中,或者说,以一种加工过了的形态移到哲学的研究中,甚至构成了他的哲学的真正灵魂。这一点我们会一再看到。我们可以大胆地说,如果没有他对于生产技术的原理和经济学、政治学、伦理学的研究,那么他的自然哲学和第一哲学,就完全不可能是我们现在所看到的那种样子。

由此得到的一点结论是,(1)我们在研究《形而上学》时,必须注意它同《物理学》的联系。《形而上学》里的重要论述,大都源于《物理学》,亚里士多德自己也多次加以指明;(2)在理解《形而上学》和《物理学》的重要论述时,我们常常必须追到他对"生产的"、"实践的"学科的根本观点,否则,我们对《形而上学》就难以真正理解。

2.《形而上学》一书形式上的特点

《形而上学》一书本是亚里士多德讲"第一哲学"(这是他自己的叫法)的一些讲义、论文,后人将它们编纂在一起冠以这个书名:Metaphysics,即"在物理学(自然哲学)之后",倒也合于他本人的想法,中译为"形而上学"也较妥当。因为它不是亚里士多德自己有意识地系统写的完整著作,所以有许多不连贯、重复和矛盾之处,有些写作时期也不同。根据学者们研究,有四卷不应列入这个系统,但其中的思想也有关联。其余十卷是主要的,按其相互关联的程度又可分为几组。

有一个最简单明白的区别之点,我感到必须首先注意到。这就是《形而上学》的主要内容,是从 B(三)卷提出的十几个问题开始的;而在此之前的 A(一)卷是全书的序言或准备。亚里士多德自己也指明了这一点。他研究问题的方式,从他的许多其他著作看,也常常是先评述前人的有关看法,然后归纳出问题,再开始正式的研究。

A 卷的价值,不仅在于它实际上是古希腊最早的一篇哲学史著作,主要还在于这里结合认识论问题和哲学史,阐述了他在《物理学》中提出来的"四因"说,为《形而上学》的本体论学说提供了研究的起点和基础。"四因"说的重要意义,我们从 B 卷里提出的第一个问题就可以见到,不理解它,人们就不能理解亚里士多德的本体论思想从《范畴篇》以来的发展,也无法理解《形而上学》。

所以 A 卷是值得重视的,我们研究它还需联系到《物理学》,以便弄明白"四因"说的由来和意义。

3. 第一哲学的总问题 —— 哲学的对象

《形而上学》的主题,是在 B 卷正式揭开的。亚里士多德在 B 卷开头就说:在考察我们要寻求的这门学问时,首先要举出必加讨论的主要问题。因为要解惑最好是把困惑本身表达清楚,不知症结所在就不可能去解开这个结。我们思想上的困惑就是结,处在困难中就像被捆住了的人那样不能再前进。因此应该先通盘考察一下所有的困难所在,便于我们和其他人来思考判断。[①] 下面的问题,就是他认为研究哲学必须探究的。这些问题,B 卷第 1 章以最简单的语言陈述了一遍,然后在第 2—6 章中略为展开地又陈述了一遍,作了最初步的讨论。这些问题的进一步讨论和解决,见于其他各卷。为了研究方便,罗斯把它们标号分为 14 个问题[②](按第 2—6 章次序),简述如下:

(1)研究四因是不是一门学科的任务?

(2)研究本体的第一原理的学科,是否也应研究证明的第一原理?

(3)这门学科是否研究一切本体?

(4)研究本体的学科是否也研究本体的属性?

(5)除感性本体外有没有非感性的本体?

(6)种类或其组成部分,是不是事物的本原?

(7)是最高的种,还是最接近个体事物的属,更合于本原或本体的本性?

(8)个别事物之外还有别的东西存在吗?

(9)本原是数目上同一的还是种类上(定义上)同一的?

(10)有生灭的和无生灭的东西,其原理是否相同?

(11)"一"和"存在"是本体还是属性?

(12)本原是普遍的还是个别的?

(13)本原是潜能地还是现实地存在的?

(14)数学对象是不是本体? 如果是,它是否独立于感性事物而存在?

---

① Aristotle, Met. 995^{a}24 - 995^{b}4.

② W.D.Ross "Introduction", *Aristotle's Metaphysics*, Oxford University Press, 1953, pp.xvi-xvii.

（14a）相信"相"不同于感性事物和数学对象的人理由何在？（这一条显然附属于（14），B卷第1章未提到这一点。）

这里问题列出了十多个，让我们结合亚里士多德后面的处理和答案对它们作一点初步的分析，以便把握住这些问题的中心。

这里第（1）、（2）、（3）、（4）几个问题的答案基本上是肯定的，它们都是从正面提出哲学研究的对象是什么的问题。第一哲学研究的根本对象是"本体"——"作为存在的存在"或"存在本身"；第（1）个问题表明亚里士多德认为研究本体同研究四因不可分；第（3）个问题"一切本体"的含义不清，随着讨论各种对"本体"的看法而消解到其他问题中去了，我们这里可以先不管它，第（2）个问题的肯定答复表明亚里士多德认为逻辑原理（规律）问题是哲学的内在成分，也必须研究；第（4）个问题是指明研究本体也要研究它的本质属性。概括地说，第一哲学的对象是研究本体即根本原因的，这就是"存在本身"（being as being），同时也研究它们的本质属性，也要研究最根本的逻辑公理 —— 客观逻辑和主观逻辑的关系问题从一开始就提出来了。

第（13）个问题，即"潜能"与"现实"的问题是亚里士多德本体论研究中最要紧的问题，也是哲学研究的主要对象。

其他的问题，大都是同柏拉图派（包括毕达哥拉斯派和爱利亚派的）基本观点进行讨论，亚里士多德着重批判了把数和相看作独立于个别事物之外的存在和本体的观点；他认为关于"一"和"存在"是本体还是属性的问题（第11个问题）是一个很使人困惑的问题，其实巴门尼德所说的"存在"和"一"只是本体存在的本质属性，本身并不是独立存在和本体。当然，亚里士多德也认为这些抽象的普遍规定有其存在（作为本质属性的存在）和重要意义。这些问题的研究讨论，一方面否定了这些对象是本体，一方面又研究了一般和个别、抽象共相和感性事物、理性知识和感性认识之间的复杂关系问题，从而进一步明确了他所肯定的哲学研究的对象，丰富了哲学的内容。

所以总起来说《形而上学》中讨论的总问题还是本体论问题，同时与逻辑问题，从个别上升到一般的种种认识论、方法论问题紧密结合。这个基本路子还是接着《范畴篇》来的，但是批判的研究展开了、深入了、复杂化了，而这首先是由"四因"的发现引起的。下面就先来讨论一下四因说的问题。

二、"四因"说的由来和意义

"原因"一词在亚里士多德和古希腊人那里，用法和含义同我们近代人有些不同。我们不大用这个字眼来指本原、本体这样的大东西，他们则不分。这从《形而上学》A卷第1、2章讲人们认识如何从最初的感觉和经验上升到普遍原理就可以看出，亚里士多德认为人们由于惊异就要寻求问题的答案，这就要找原因，而最高的最后的原因必是一种最高最后的存在物，宗教神话认为是神，哲学家则认为是本原、本体。所以哲学里讲的根本原因，也就是本原、本体。我们在教学中发现有的学生常常感到"四因"同"本体"连不起来，是由于对古希腊人的思维方式不习惯所造成的。

A卷追溯和总结了以前哲学的发展。亚里士多德认为，最初的哲学家就是从探求世界万物的本原(ἀρχή)开始的，但这个词的含义是不清楚的，除了毕达哥拉斯派的"数"和爱利亚派的"存在"而外，他们都把本原看做物质性的东西，即质料因。但是这些物质东西为什么能运动生灭，还是一个大问题，这就产生了动力因的问题,于是提出了"爱"与"斗","心灵"来作解释。还有,阿那克萨戈拉说"心灵"是安排万物秩序的本原,苏格拉底发展了这个看法,提出"善"作为解释一切事物和伦理的"目的";而毕达哥拉斯和柏拉图则用抽象的一般,即"数"和"相"来作为解释一切的根本原因。这样最初的"本原"在含义上就变得复杂起来,需要重新加以分析和说明。简言之,他认为以前的哲学家实际上已经提出了四种关于本原的看法,不过比较模糊不清,他们自己明白认识到的只有质料因和动力因,而毕达哥拉斯派乃至柏拉图派对形式因有了一些不很清楚的暗示和意识(因为他们不是把数和相看做个别事物本身的形式),至于目的因,阿那克萨戈拉的"心灵"说等虽然提出来了,但还没有真正研究和理解它的意义。亚里士多德认为关于本原的问题,应该明确地归纳为这四种来加以研究,从古人所说的来看,也就只有这四种,不会再多了。

这种历史的说明是有道理的。但真正地企图在科学和哲学上证明确实有四因,还在《物理学》中。在 A 卷中,亚里士多德多次提到他在论自然的著作(即《物理学》)中已充分研究过这四因。[1] 为了认识"四因"说的真正说明,我们必须谈谈《物理学》中的有关论述。

1. 自然物必有"四因"

关于"四因"的学说,集中表现在《物理学》第二卷里。亚里士多德认为,从自然中的感性事物及其本性(即"自然",φύσις,nature)出发,来讨论本原和四因,是很必要的:他首先区别了自然

---

① Aristotle, Met. 983^{b}1, 以及 993^{a}11 等处。

物同人工产物,指明自然物是由于自己的本性而存在,其根本标志是能运动变化,而这运动变化的原因不在外部,就在自己的本性即自然之中。所以从这里出发来研究和确定四因是最可靠的、最根本的。

但究竟什么是自然物呢? 有两种看法。"读古人的作品,自然哲学家们似乎只谈到质料。"① 这是一种看法 :自然是质料,他们很少谈到形式即本质。另一种看法认为,"自然"就是事物的定义所规定的它的形状或形式,但是数的定义里是不包括运动的,"相"要同自然对象分开如何能单独存在? 亚里士多德认为,这样,"'自然'就有了两种意义,即形式和质料"了。但是,给自然物下定义只能够像给"塌鼻子"下定义那样,而不能像给"直"、"曲"等等数的形状下定义那样。"塌鼻子"是自然物,它既有质料,又有形式 ;但"曲"、"塌(凹)"只有形状或形式,正像数学的线同光线不同一样。

> "因此,这种东西(即'塌鼻子'之类自然物)既不能脱离质料,也不能仅仅用质料来定义。"② "自然哲学家应研究事物中可以分离的形式,但它从存在上说并不同质料分离。"③ "至于存在的形态和分离的本质,这是第一哲学加以研究规定的任务。"④

显然,亚里士多德既不满意于以往的自然哲学家把自然只说成是质料的看法,也不满于把自然说成是脱离了感性事物的形状和形式的看法。前者使自然物成为无规定的质料而不成其为可定义可确立的"这一个"感性个别事物 ;后者所抓住的形式又脱离了

---

① Aristotle,Physica, 194ᵃ19-20 .
② Aristotle,Physica, 194ᵃ14 .
③ Aristotle,Physica, 194ᵇ12-13 .
④ Aristotle,Physica, 194ᵇ15 .

感性事物,不能说明它们的真实存在和运动。他认为这两种看法各有其道理,但必须结合起来,形式和质料不能分离乃是自然物的根本特点。这种想法,在《范畴篇》里把本体规定为个体感性事物时已经有了,现在通过分析个别事物(如"塌鼻子")是由它的质料和它的形式这两者的结合,就展示得更明白了。

关于"动力因"的问题的分析,是《物理学》的一个主题,《物理学》的绝大部分(第三卷之后)都是讨论自然中的运动变化问题的。第三卷一开头就说,"自然已被我们定义为'运动和变化的本原',这是我们研究的主题"。[①] 因此,自然,作为一切感性个别事物自身里运动变化的本原,也是自然哲学研究的对象。关于动力因问题的讨论,是亚里士多德的自然哲学和第一哲学里最富于成果、同时又最终导致神学错误结论的复杂事情。亚里士多德把它提出来作为"四因"之一,是容易理解的。

此外,他还提出了"目的"因,自然是目的或"为了什么"的本原。

这样他就概括出"四因":质料、形式、动力和目的。这四种都是自然,都是原因或本原。[②]

2. 自然中的"目的因"问题

说自然物里有质料、形式和动力,或说,这些自然物里的质料、形式和动力本身是自然的东西,这是有道理的,也是容易理解的。

---

① Aristotle, Physica, 200^{b}12.

② 对四因的逐个说明见 Physica, 194^{b}23-195^{a}3。在 Met. Δ 卷第二章几乎逐字重复了这里的说法。

但是自然事物里怎么会有什么"目的"呢？ "目的"这种东西是只有人才具有的,怎么会成为"自然"或自然本原的呢？

亚里士多德是这样说的：

> 但是,自然还是目的或"为了什么的东西"。因为如果一个事物经过了连续变化而有一个终点的话,这个终点就是目的或"为了什么的东西"。①

这里我们可以注意的一点是,在希腊文中, "目的"和"终点"是一个词：τέλος,就像英文中的 end 一样。亚里士多德把这两个含义混为一谈,即把作为意识的"目的",同自然事物的必然发展过程有一个终结或完成的形态,说成是一回事。

不过亚里士多德并非只是由于素朴性而混同了这二者的含义。因为他是看到了区别的,但是他正是从这种区别里,即通过与自然过程不同的人的生产活动过程,来类比地论证了自然有目的；所以他讲的自然有"目的",并不是单纯指自然过程有完成(如一个自然物通过自然过程形成了),有"终点",恰恰指的是这种完成或"终点"证明了里面有一种"目的"——不过不是像人那样的意识的目的,而是一种客观自然的目的,或者正如他的神学结论中所说,是一种神(它是"最自然的"、自然的最高本体或本原)的目的。

我们来看看他的论证：

> "在一种有完成的过程里,前面的一切阶段都是为了达到完成。就像在理智的行为里那样,在自然中也确实知此；……理智

---

① Aristotle, Physica, 199^a8-18.

的行为总是为了某种目的,因此事物的自然(即本性)也是为了某种目的。例如假定一所房屋是自然物,它的造成也必如靠技术造成那样,有同样的方式;而如果由自然造成的事物也是由技术造成的,它们的产生也会同由自然造成的那样,有同样的方式。""一般说来,技术一方面完成着自然所不能完成的事;另一方面技术也模仿着自然。因此,如果技术产品是为了一个目的,那么,显然自然的产物也是这样。"①

这是一段相当有意义的分析和类比,既深刻又错误。其论点具体说来是:

第一,自然过程和人的生产过程在一点上完全相同:过程的先前阶段都有一个终点,在终点上,一个事物形成了、出现了、完成了、实现了。

第二,自然过程同技术过程当然又不同。技术过程是人为了一个目的有意识地去做的,而自然过程里却没有意识。这一点亚里士多德是极其明白而且强调的。他说过这样的两段话就可以证明。

A. 在《尼哥马可伦理学》一开头他就指出:

"每一种技术、每一种研究,同样每一种行为和事业,都被认为目的在于达到某种善(好);因此善被看作一切事情的目的,这是正确的。"② 如医药技术的目的是健康,造船技术的目的是一条船,战术的目的是胜利,经济活动的目的是财富。

B. 在《物理学》中,接下去的一段说:

---

① Aristotle,Physica, 199ª8-18.

② Aristotle,*Ethica Nicomachea*, 1094ª1-3,Ross,Oxford, 1954,Vol. Ⅸ.

在人之外的动物里,它们造成各种事物,既不靠技术,也不靠研究,也不是出于什么深思熟虑,这一点是最明显的。①

第三,虽然如此,亚里士多德又相当深刻地看到两者的一致性。技术同自然过程不同,能实现单凭自然所做不到的事,这是人的极大优点,因为人有思想有目的,能为此把某事或产品做好;可是归根到底,"技术也模仿着自然"。——这话是很深刻的:因为人还是按照自然的性质和规律来改造自然做出产品和事情的,并且人自己终究也是一个自然物。所以,从这一根本方面来说,人的生产和其他活动也是自然过程的一部分和表现形式,并非完全无关的另一种过程。

第四,但是亚里士多德却从这种一致得出了错误的结论,认为自然过程也像技术过程那样有一个"目的",一个虽不是像人那样的有意识的"目的"的另一种"目的",并认为这一点用两者的过程都有一个终点、结果或产品的实现,就可以证明。他举例说:燕子做窝、蜘蛛结网、植物长叶子是为了结出果实等等,既是出于自然,又是在实现一种目的。②"如果由于我们没有观察到能思考的主动者,就不承认有目的,那是错误的。技术也不思考。如果造船的技术存在于木头里,木头也会'由于自然'造出同样的结果来。因此,如果目的出现在技术里,它也出现在自然里。"③

这样,他就把人的能动的生产过程同自然过程画上了等号,得出了自然目的论的客观唯心主义结论。从这里再得出自然的神学结论就极其容易了。

---

① Aristotle,Physica, 199ᵃ20-21.
② Aristotle,Physica, 199ᵃ25-33.
③ Aristotle,Physica, 199ᵇ26-30.

相当**深刻**地看出人的活动从最根本上说也还是一种自然过程；就这样稍微翻一翻，就得出了认为自然过程也像技术过程一样的**荒唐**的自然目的论。我们又一次看到这样一个真理：真理只要向前再走一步，哪怕很小的一步，迈出了它应有的界限，就立刻转化为谬误，而且甚至于是最荒唐的错误。

第五，这种错误当然有历史的和认识上的深刻根源。希腊古典时代人的能动性的重大发挥，把"心灵"和"善的目的"的意义一再提到了哲学的首位，但希腊和雅典的无可挽回的没落，又不能不使人们对自己的能动性的作用究竟有多大发生疑问，人们不得不再次求助于神的力量，而在哲人的思想里就不得不再次返回于自然中冥冥存在着的一种"善"、"目的"那样的东西，即哲学的神，并认为它就是自然本身。

第六，他的自然目的论尽管是错误的，里面还是包含着深刻的东西。

因为，人们对自然的认识，本来只能是通过实践（包括生产、技术、知识的探究，社会的经济、政治、伦理活动等等），通过自身能动作用来实现的。离开人的利益、目的与活动这一方面，自然**对于人**来说只是无，没有意义也不可能有任何认识。其实，把自然看做质料，又在自然中寻求动力因，又把自然看作有本质、形式的东西，等等，哪一个认识不是来自人的活动特别是生产劳动呢？哲学家们所作的不过是进一步的加工和思考研究罢了。亚里士多德一再用雕像、医疗、建筑房屋等作例子，来规定和说明什么是四因，研究它们的关系，就可以表明这一点。然后他才把这些分析规定，再运用于非人工的自然物和自然过程本身。自然"目的"论不过是最突出的表现罢了，这种错误的观点，暴露了哲学的秘密、古希腊哲学和亚里士多德本人哲学的深刻秘密。

亚里士多德在自然哲学和第一哲学里,以客观自然的规定形式讲本体论,却处处渗透着对人的能动作用本身的理解和规定。不把握这一点,就无法真正理解他的哲学。

3."四因"为何又可归结为二因?

亚里士多德说:既然原因有四个,自然哲学家就应都加以研究,并用质料、形式、动力和目的四者来回答"为什么"。但是,"后三者常常是相符合的;因为形式和目的是同一的,而运动的原始源泉与这二者是同种类的(如人生人),一般说来,凡是自身运动而引起(别事物)运动的都如此;不属于这类的动因就不在自然哲学范围内,因为它们引起运动不是由于自身中有运动或有一个运动的源泉,而是由于自身不能运动。"①(后一种指人工技术产品的动因在该事物之外,同时它的形式因、目的因也在该事物之外)

例如一尊雕像,它的原因是(一)质料,如铜;(二)形式,如某人的形状;(三)动力,雕刻匠;(四)目的,雕刻的技术过程是为了达到这样一座雕像;这后三者是相关的,甚至是同一的,即主动者(他是动力,他按一个目的和形式把这块铜作成一座雕像,这里动力、目的和形式是结合在一起不能分离的)。把这说法移到自然物的生成过程则是,例如人生人,当然有质料,而动力和形式都是"人"(父亲),而目的也在父亲这个人的形式里,表现在结果(儿子)的"人"的形式上,父亲作为产生儿子的动力和形式,还是由目的来支配的。

---

① Aristotle,Physica,198ª25-29.

把形式因、动力因和目的因概括为一个,在亚里士多德哲学里有多方面的重大意义。首先,他一般地是把这三者都概括为“形式”因,这样研究四因之间的关系就概括简约为研究形式和质料的关系了;所以形式和质料的关系成为他的哲学的一个中心问题。其次,这并不等于抹去了三者各自的特点和意义,相反,每一个又都用另外两个来加以充实理解:形式本身就指动力和目的,这样形式因就变为能动的推动者;目的也不再是抽象僵死的东西、单纯的结果或终点,它变为一种能支配运动过程推动事物变化的动力,并且具有形式的规定性;最后,动力也就被归结为是有目的的和有形式的了。

《形而上学》里写道:智慧这门学问,“就其最有权威性,其他一切学科是它的婢女不能违背它而言,它是关于目的和善的学问,这是智慧的本性。因为其他一切都是为了目的。但是就它被看做研究第一原因和最高意义上的知识的对象而言,关于本体和本质的学问必是智慧的本性。”① 可见,“形式”(本质)和“目的”两者虽然被看作实质一致,仍有差别和不同意义。“形式”是研究事物“是什么”的,因此从对事物的认识和知识上说,是最重要的,不知道“形式”就谈不上智慧。这是亚里士多德在强调三因一致时通常把“形式”放在首位,称它们都是“形式”的理由。但是从权威性上说,“目的”又显得更根本,人从自己的一切行为中知道目的是起决定作用的,投射到自然,便把所谓的自然或宇宙的“目的”(也就是神)当作最根本的决定力量。目的是有形式的,靠形式来发挥作用实现目的;而形式是由目的支配的,它本身就包含目的,就是目的。

———————
① Aristotle, Met. 996 ᵇ10-15.

我们看到,他所说的"目的"和"形式",都是指的能动的因素,是对于运动变化生成的规定者或决定者。这分明是从人的能动活动中得到理解,然后再说成是自然本身的本原。所以,对于自然界的事物的运动和动力因本身,亚里士多德也必然作这样的理解。

4. 亚里士多德的运动观和"第一推动者"

亚里士多德把人的生产和各种事业活动中的"目的"和由此规定的"形式",移植于对自然和整个宇宙生成变动过程的理解里,必然形成关于自然过程中"动力因"的客观唯心主义见解,把运动的源泉归结为自然的"目的"和"形式"。《物理学》最后的结论,就是最终的"动力"——"不动的第一推动者"。《形而上学》第十二(Λ)卷里发挥的神学,认为世界的最后本体是最高的目的、形式、自身不动而推动一切事物运动发展的"第一动因",就是直接来自他的《物理学》上述结论的。

但用"目的"、"形式"来理解"动力"问题,只是问题的一方面;反过来说,这种观点正是在他研究自然中运动过程本身里来证明的。他明确地认为:自然是运动和变化的本原,[①] 没有什么离开或超越于事物之上的运动,[②] 并论证了自然中的运动及其条件——时间的永恒性(见《物理学》第八章第一、二节)。这都是很对的,表明他对运动问题也持有强烈的唯物主义和辩证法的倾向和因素。他对自然中的运动问题极为重视,《物理学》的五分之

---

① Aristotle, Physica, 200^{b} 12 .

② Aristotle, Physica, 200^{b} 330 .

四的篇幅都讨论这个问题,涉及许多重要的具体问题,对各种自然运动形式和条件作出了许多有重要价值的分析规定。后来在《形而上学》中从运动的角度讨论本体问题的部分,即关于"潜能"和"现实"的研究,也是他的第一哲学中最核心和精彩之处。所以我们也可以说,不着重研讨他的运动观,就不可能真正明白他的"四因"说和整个哲学,包括他的自然哲学和第一哲学。亚里士多德哲学中唯物主义与唯心主义,辩证法和形而上学并存交错,既深刻又充满错误,其秘密不仅在于坚持从感性自然出发而又把它拟人化,而且在于他对运动的基本观点上。

他对运动的看法,在《范畴篇》中已经最早表现出来了:第一本体(感性个别事物)里容许有对立的性质,其理由是它是有性质上的变化的。《物理学》有了一个重要的发展,表现在这句话里:

> 没有什么超于事物之上的运动。变化者的变化,总是本体的,或数量、性质、地点的变化。如我们所说过的那样,要想找到什么既不是"这一个"的变化,又不是数量、性质等范畴的变化,而还有什么一般的变化,那是不可能的。因此运动和变化都不会超于上面提到的这些事物,因为超于这些东西之上就没有什么东西存在。①

这里译作"事物"是很勉强的,因为指的不只是感性个别事物,还指它的性质、数量、地点等等,是很宽泛的,中文里有时叫作"东西"还更好一点。但毕竟是指某一客观存在。亚里士多德反对除了这些东西的运动变化之外还有什么抽象的运动变化。这似乎是反对柏拉图的抽象的"动"和"静"那样的最高的"种"的观点的。

---

① Aristotle, Physica, 200^{b}33-201^{a}3 .

他认为运动变化必定有具体所指,才能具体地进行研究规定。这是正确的。

这里同《范畴篇》中的一个重大区别是,肯定了本体的变化(此外也肯定了数量的变化),而《范畴篇》讲的是本体不变,唯有它的性质可以变(那里还说数量也不会变,虽然承认人们对此有另外说法)。这就是说,《范畴篇》所承认的运动变化和对立是极有限的,而在《物理学》中,他承认了一切自然物及其种种属性运动变化的普遍性,其中的关键一点是承认了一切自然物的本体也在永恒的变化中(至于这些本体中的最后本体 —— 最高的动力因、最终目的或形式不变,那是第一哲学研究的主题,不在自然哲学的研究范围之内)。

关于本体的变化,他在《物理学》中提出了"潜能"和"现实",作为对这种变化的规定。[①]"潜能"的东西,就是指那些可能成为"现实"但尚未成为"现实"的东西,它还不是"这一个",而只是**能够成为"这一个"**,但现在仍是另一种东西。所以从"潜能"向"现实"的运动变化是**本体**的变化或生成。一切本体的变化,都是由"潜能"向"现实"的运动过程。这个观点是《范畴篇》不能有的,在《形而上学》里具有极其关键的意义。

亚里士多德承认运动的普遍性,也承认事物中对立的普遍性,并且由于现在承认了本体的运动变化,他也就承认了本质的对立。这使他的辩证法因素达到了相当深入的程度。往后我们会看到,他在某种程度上实际承认和回到了赫拉克利特,并且作了更概括的逻辑性的规定。但是,他又是始终反对赫拉克利特学说的,除了种种别的理由之外,同他的一个基本上是不正确的观点有关,这就

---

① Aristotle, Physica, 201ᵃ10-11.

是,他是从承认运动来承认对立的。他不是从承认事物自身的对立和统一出发来解释运动及其动力,而是反过来,先承认运动,先找它的动力,然后再去解释运动变化和事物中的对立,解释"潜能"向"现实"的运动。他只是不得不容许和承认对立统一而已;他没有把对立统一看作最根本的客观规律,用这规律来说明运动和动力,所以他还是陷于形而上学的外因论,并没有真正达到在更高水平上复归于赫拉克利特的辩证法。

这种看法或思维方法,在《范畴篇》里已有萌芽。在《物理学》中就表现得很明白了:他认为,"任何一种运动都必须有能运动者的存在为先决条件",[①] 但这些能运动者是产生来的,那么在我们考察它的运动之前,必然已发生过另一种变化和运动了,因为现在考察的这个事物及其运动正是从先前的变化来的。[②] 所以自然事物的运动变化,就成为一个系列,前面的推动后面的,有推动者和被推动者,亚里士多德认为,人和动物能自己运动起来,不过这只是有生命的东西所特有的情形,"在无生命的东西里我们看不到这种情形,它们总是由另一个外物来推动的"。[③] 这就出现了问题,如果一个推动一个,那么真正的动力是什么呢? 每一个推动后者,但它自己还是由别的来推动,就没有什么真正的推动者了;因此要肯定有推动者(动力因),就必须肯定有一个第一推动者。[④]

"因此,如果运动着的一切事物都必定为某物所推动,而这个推动者必定又被另一东西推动或者无须再为另一东西推动,并且

---

① Aristotle,Physica, 250^{b}10-11.
② Aristotle,Physica, 251^{a}18-20.
③ Aristotle,Physica, 252^{b}21-22.
④ Aristotle,Physica, 256^{a}4-14.

在被另一东西推动的情况下,终究必有一个不再被别的东西推动
的第一推动者",“那么,运动着的一切事物都是由某物推动的,
而第一推动者则不是由任何别的东西推动的,它必定是由自身推
动的"。①

进一步的推论结果就是:

第一推动者是不动的:因为运动系列或者要追溯到一个不动
的第一推动者,或者要追溯到一个能自己运动又能使自己静止的
东西,才能结束,在这两种假定下,我们都得到如下结论:在事物运
动的一切情况下,第一推动者都是不动的。②

自然界中运动变化确实呈现为一个无限的彼此作用的因果系
列,亚里士多德思考了这个系列,要找它的根本原因或原初动力。
但他显然不是从自然本身中的对立统一关系里寻求这种根源,而
是停留在现象的追溯之中;他承认事物有对立甚至承认有本质性
的对立,却没有从这里寻找动力因的说明;因而还是外因论,只能
靠假定一个“第一推动者”来说明。这是他的反辩证法的形而上学
思想。这种说法又是从人和动物得到启发的,生物能自己开始一
个运动,可以自己推动自己,推动别的东西。不过他认为生物的这
种最初推动者的意义只是相对的,因为每一个生物本身还是由别
的东西产生和形成的。因此,整个自然和宇宙必有一个最高意义
上的不动的第一推动者。形而上学就这样同客观唯心主义结合在
一起了。—— 所以,第一哲学里,最后的动力因就同最终的“目的”
和“形式”即“善”,成了一个东西。

---

① Aristotle,Physica, 256ᵃ13‑20.
② Aristotle,Physica, 256ᵇ‑9.

5.《物理学》关于质料和形式关系的初步考察

以上我们讨论了《物理学》关于自然物的"形式因"、"目的因"和"动力因"的看法,这三者各有自己的意义与说明,又彼此为一。但自然物如"塌鼻子"乃是质料与形式的结合,这两方面关系如何(实际上也就是质料因同其他三因的关系)? 亚里士多德在《物理学》中也基本上有明白的看法了。他说,对什么是"自然",一种解释是把它看作是水、火、土、气等质料,它们永恒存在着,而别的事物则由于这些质料的作用、状态和安排而不停地生灭;另一种解释则认为,"自然"是事物的定义所规定的它的形状或形式。因为"自然"一词用于自然的事物同"技术"一词用于人工的事物和产品是一样的,如果一物只潜在的是一张床,还没有床的形式,我们就不会说它是技术的产品,这道理对自然的组合物来说也是对的,只是潜在的肉或骨头还没有自己的"自然"(本性),不能称之为"由于自然"的存在物,"所以,按照第二种解释,'自然'乃是事物的形状或形式 —— 它同事物不分离,只有在定义中才能分离,它在自身中有运动的源泉"。①

因此他说:

> 同质料相比,真正说来形式更加是"自然";0因为一个事物被称作这个事物,还是在它成为现实的时候,而不是在它潜在地存在的时候。②

---

① Aristotle,Physica, 193ª31-193ᵇ5,并见193ª10-30。
② Aristotle,Physica, 193ᵇ7-8 .

这是同《范畴篇》把第一本体规定为"这一个"一致的。"这一个",就是在本质或定义上是有规定的,明确的同一性的东西,它不是无规定性的质料,不是仅有可能性的潜在的东西。换言之,即是有"形式"(本质)的现实的东西,这样的事物才能算作"这一个"。但是《范畴篇》还没有把这个意思明白说出来,而在这里就说出来了。

这里,第一,他强调自然物中形式与质料不能分离(只是在我们下定义时,即思想上认识它时,才可以加以分离即分析开来考察)。这是正确的,同柏拉图不同;第二,他强调自然事物是有规定的确定东西,把"形式"的意义加以突出,这也有重要意义;但是,第三,他所说的"形式"虽然声明不能脱离质料,但实际上指的并不是质料自身就有形式,而是指的与质料并列的本原,另一个"自然";并且在这个二元论、两个"自然"里,质料只是"潜能"的自然,形式才是"现实"的自然。这就导致了客观唯心论。说是不能分离,实际上只是彼此并列,还是分离了;第四,他还是用类比人的生产过程来看这个问题的,在生产技术过程里,人用一种形式加工一种材料,如木头,才形成了"这一个",如床,所以他认为自然物的"这一个"也必如此,由形式加于质料而成。"形式"(以及"目的",作为工匠的"推动者")的观点,在人的实际生产和其他活动中,在人的思想理论中已经如此突出,显出其决定意义,表现在哲学家们的思想上也就把"形式"因看作比物质更重要的方面,并转化为自然观本身。亚里士多德不过看到了"形式"毕竟不能离开质料罢了。但他还不能真正理解"形式"本身——这个问题从此之后一直萦怀于哲学家的头脑里,他们看到"形式"以及一切能动因素的决定意义,但不了解它的来源就在客观的物质及其运动本身,因为人对人自身的能动性从何而来之谜一直难以解开,直到马克思才弄清了这个历史之谜和理论之谜。从这一点来说,亚里士多德固然有重大错误,却也是必然会发生这样错误的,这一点毫不足怪;此外我们还应承认这里有宝贵的东西、合理的成分,不能简单地对待。

以上我们讨论了亚里士多德在《物理学》中的有关"四因"的学说,这是继《范畴篇》之后本体论思想的重大发展。弄清了这些思想,再来看《形而上学》里的本体论学说,就会顺利多了。但是这还不够,亚里士多德的哲学本体论思想的发展(包括他的《范畴篇》、《物理学》和《形而上学》),以及科学思想的发展,从来都是同他在认识论、方法论及其总结 —— 逻辑方面的发展,紧密相关不可分割的。这一点在我们一开始研究《形而上学》里的本体论的正文时就会见到。

三、在进一步分析"存在"或"是"中确定哲学研究的对象,研究什么是本体、什么是逻辑的根本原理

1. 哲学是研究"作为存在的存在"的学问

继《形而上学》第三(B)卷提出了十多个问题之后,第四(Γ)卷就从哲学研究对象这个高度入手,概括它们并进行了初步的基础性的讨论,正式进入了主题。Γ卷一开头就说:

"有一门学科,它研究作为存在的存在(bing as being)和由于

本性而属于它的那些属性。"^①

他指出,研究"作为存在的存在"及其本质属性,这不是任何具体门类的科学的任务,因为它们只割取"存在"的一些部分来研究它和它的属性。如数学只研究事物的数与形这方面的抽象存在,把它们从整个存在中分离出来研究它们及其属性。所以这些学科都不研究存在本身,存在何以是存在,何以能存在,即"存在"作为存在究竟是什么意思。只有第一哲学才研究这件事。它寻求一切存在的本原、最高原因,就是做这件事,即研究"作为存在的存在"及其本质属性。

这是对哲学对象的一个根本性的概括,从此在哲学史上,哲学就同其他一切学科区分开来,确立了它作为一门独立学科的地位。

这一概括有重大意义和丰富而复杂的内容,只有了解亚里士多德的多方面具体分析之后,我们才能适当地把握住它的含义。

2. 对"存在"的含义的反复分析是哲学研究的入门处

从《范畴篇》起,他再三再四地对"存在"一词的含义作分析。显然这始终是他的本体论研究的基础和入口处。他总是指出对"存在"的含义可以有多种多样的理解,不加辨析就一定会由于混淆而搞不清哲学到底该研究什么,并且一定会造成无数的重大错误。我们知道,从巴门尼德以来的所有古典时代的希腊哲学派别,都是研究什么是"存在"即研究世界的本体的;亚里士多德发现了

---

① Aristotle, Met. 1003ᵃ21.

他们的错误都是没有弄清哲学要研究和规定的存在究竟是什么，所以他要通过这一辨析来批判总结他们，并确立哲学应该研究的是存在本身，存在何以是存在。

《范畴篇》通过十范畴的分析，把存在分为本体和其他九个范畴两大类，确定本体是感性个别事物及其属和种，特别是确定了感性个别事物是第一本体的中心地位。这一分析奠定了他的本体论思想的研究基础，并在往后得到了进一步的发展。《形而上学》第五（Δ）卷是《范畴篇》之后的较早作品，其中对"存在"（"是"）的进一步分析有几点新的发展值得注意：（一）区别了偶然意义的存在与本性的存在，一个事物可以由于本性而有各种范畴（陈述语），但也可以由于偶然而有某种陈述语，如说"一个白色的（人）是有教养的"，或"一个有教养的（人）是白的"，"白"和"教养"虽也"存在"，但彼此没有本性的即必然的联系，这个"是"（"有"）不表示必然的关系。这是由于亚里士多德研究了科学，认为科学要讲的是必然性，故需排除那些偶然性的"是"或"存在"，只注意本质的"是"或"存在"。这也是批评诡辩论的需要。（二）"存在"（是）表示一个命题为真，"非存在"（"不是"）指不真，是假的，前者指肯定（确定），后者指否定。这表明存在论同逻辑的联系，古希腊人所谓的"存在"本来与"是"是一个词，巴门尼德就把存在论当作逻辑；亚里士多德在Γ卷讨论"作为存在的存在"时，用了大部分篇幅讨论逻辑公理问题，也说明二者关系的紧密。通过讨论他看出逻辑虽与本体论关系密切，但有基本区别，逻辑是关于人的思想和认识问题的，本体论讲的是客观事实中的问题。所以第六（E）卷中再次讨论"存在"含义辨析时，他指出在语言和逻辑中讲的"是"（存在）与"否"只是关于思想中的真与假，与事物中的"存在"、"不存在"

是两回事。①（三）区分了"潜能的存在"与"现实的存在"，它的重大意义我们后面会见到。可见，Δ卷的考虑，比《范畴篇》深入细致多了，它保持了《范畴篇》的核心思想，提出了许多新的方面再加注意分析。

在《物理学》第一卷第二、三节中，也分析了"存在"的多义。这里主要批评了巴门尼德和爱利亚派的麦里梭，指出他们关于"存在是一个而且不运动变化"的看法全不合事实，也不合逻辑，因为巴门尼德等把本体的存在同数量、性质的存在都混淆了，当作一个意思来看。但是"存在本身"只是本体即各个自然物，它们和它们的种种性质分别来看都是"一"（作为整体），当然也是"多"（分别的总和、整体的部分）。所以他们的看法是很错误的。

注意到这些发展之后，再来看Γ卷中关于"存在"（"是"）的分析就更明白了。亚里士多德说，"一个东西被称作'存在'有许多含义，但这些含义都是相关于一个中心点的，这个中心点就是一个确定种类的事物，而不仅仅是一般的性质形容词的'存在'。"②这个中心点，又可叫作"出发点"。"存在"有时指本体；其他的，或是作为本体的性质而称作存在，或者指实现本体的过程，或指本体的性质的消灭或缺失，或指本体的产生或造成，或指关于本体的东西，或指本体以及上述这些的否定。这一切的"存在"，哲学都要研究，但主要研究的是根本的、其他的都依赖于它、并由于它才被称作存在的那个对象，这就是"本体"，它才是哲学家必须抓住的东西，哲学家要抓住本原和原因必须抓住本体来研究。但"存在本身"即本体又有许多种属，分别研究它们的是各门学科（如语法研

① Aristotle, Met. 1027ᵇ25-34.

② Aristotle, Met. 1003ᵃ33-34.

究语言)的事情,唯有哲学才研究一切种类的"存在本身"。[①]

这里有两点须注意 :(一)"存在"决不是一种一般的性质形容词。这是针对巴门尼德以及柏拉图派的抽象一般"存在"而言的。把存在看作抽象一般的形容词或陈述语,就会导致脱离实际存在的个别感性物,把"存在"即本体抽象化,把一切都混淆起来。毕达哥拉斯派把数作为本原、本体,还有许多自然哲学家用质或性质作本原、本体,智者以感觉现象作本体,都是把依附于中心存在的其他存在,同中心的存在混淆了。亚里士多德认为"存在本身"指的是我们感知到的、真正独立存在的事物,这才是本体。他严格区别了客观的"存在自身"同概念上的抽象一般的"存在"(如巴门尼德、柏拉图和后来黑格尔等所谓的"存在自身"),具有很大的重要性。(二)他还指出各门学科都是研究本体(即"存在本身")及其性质的,不过它们只研究各个具体种类的本体,谁也不研究全体的本体,所以他们也就不研究这些本体何以存在,何以是本体。如语法只研究语言,医学只研究健康及其缺失(疾病),气象学只研究气象,都不研究这些对象本身何以能存在,其本原或最高原因是什么,而只在各自范围内从这些对象(当做既成事实)出发来研究它们的性质与规律。而要弄清这些对象本身何以存在的本原,便是哲学的任务,因为哲学研究的是一切种类的本体何以能存在的原因。

亚里士多德接着强调,"存在"和"一"在真实本体的意义上(而不是在分别加以定义的意义上)是相互联结的,意义相同。例如"一个人"的意义和"存在着的人(单数)"与"人(单数)"指的是一回事,如果重复这些词,说"这人是一个、是一个人",并没有添加任何意义。在这里,显然"这个人"的自身同一性同他作为"人"的

---

① 　Aristotle,Met. 1003^{b}5-23 .

本性的生灭是不能分开的,因而,这个人的"一"的性质也不能脱离他的"存在"("是");可见"一"全不能与"存在"分开。①

这里亚里士多德坚持了本体作为存在是单一的、同一性的事物,即个别事物的观点。从语言上说"存在者"是"一"好像同巴门尼德的说法类似,实质正好相反:巴门尼德主张抽象的存在是一,而亚里士多德是主张具体事物(分为种与属)的存在都有"一"的性质。他也是从普遍的高度来考察本体的存在和一的关系的,但包含特殊与个别,并且正是从个别出发得到的普遍结论,而巴门尼德说的"存在"和"一"只是抽象的普遍。

亚里士多德认为本体有属性、有形成过程、有生灭、缺失和否定等相关的东西,这些也因与本体相关,可以叫作"存在"。因此,我们甚至谈到不存在的东西时,可以说有(是)非存在。② 他说,由于它们都联系到原初的那个存在,那么,像"同"和"异","相反者",在我们区别清楚其意义后,也应联系到它们所指的本体,研究它们如何与之发生关系。这也属于哲学研究的范围。③ "研究这些的人,他们的错误不在于脱离了哲学的范围,而在于他们对本体没有正确的观念,忘记了本体先于其他这些东西。"④ 例如数作为数有其特性和相互关系,数学可加以研究,这些特殊性质里的真理,哲学也要研究。但不可像毕达哥拉斯派和柏拉图派那样以数为本体。亚里士多德在这里也批评了智者,说他们只是貌似哲学家,智者和"辩证法家"(指芝诺等人)把一切都当作存在,他们虽然研究的主题与哲学相同,但是"哲学求知而辩证法只管批评〔别人〕,智者

---

① Aristotle,Met.1003ᵇ24-31.

② Aristotle,Met.1003ᵇ5-10.

③ Aristotle,Met.1003ᵇ25-30.

④ Aristotle,Met.1004ᵇ8-10.

的诡辩只貌似哲学终非哲学",①因为智者的生活目的与哲学不同。

从以上论述可知,进一步分析"存在"的含义,以本体为存在的中心、原初的实在,是确立哲学研究的对象的关键,也是批判前人错误的关键。

3.哲学也要研究逻辑规律,首先是最根本的原理 :(不)矛盾律

Γ 卷在谈过哲学是研究本体的学问之后,立刻转向了逻辑问题。亚里士多德认为思维的根本原理也是哲学该研究的,他用了 Γ 卷的大部分篇幅(三至八章)讨论了这个问题,很值得我们注意。

他说,显然研究诸如数学中被称作公理(axiom)的那些真理,同研究本体,属于同一学科,即哲学。因为这些真理运用于一切"存在",而不是只适用于"存在"的某些彼此有别的种类。一切人都运用这些真理,因为它们对存在本身(包括每一个种类)都是真的 ;但人们只使用它们而不研究它们,所以研究存在本身的哲学家也要研究它们。那些研究特殊学科的 —— 如数学家、几何学家 —— 也不研究这些真理的真假。他说,自然哲学家某些人研究过这一问题,不过"自然"也还只是存在的一个种类 ;另一些人讨论过它,不过只当作一种说话和思维的训练,而不是专门研究它。所以哲学家,研究一切本体的本性的人,也应研究三段论法即证明学说的原理。②

---

① 　Aristotle , Met. 1004^{b}25 - 26 .

② 　Aristotle , Met. 1005^{a}19 -^{b}8 .

对每一种类的事物知道得最好的,必能说出他研究的对象的最确实的本原(原理),所以研究作为存在的存在的哲学家,必须能说出一切事物的最确实的本原(原理),这原理是绝不会错的,非假设的。显然,下述原理是最确实的,这就是:"同一属性不能在同一时候既属于又不属于同一主体的同一方面。"他强调,"面对辩证法的质难,我们必须事先设想到各种需要加上去的进一步的限定。"[①] 他说,对于任何人,要他相信某物既是什么又不是什么,如某些人认为赫拉克利特说过的那样,那是不可能的。如果相反的属性不可能同时属于同一主体(在前提中必须事先加以限定),如果与某一意见相反的意见真的与它相反,那么很明白,对于同一个人来说,要同时相信同一事物既是什么又不是什么,那是不可能的;因为一个人要是在这一点上弄错了,他就会在同时有相反的意见了。正是由于这个理由,所有进行合理思考、说法和论证的人,都把这一点作为一个绝对的信念,因为这自然是出发点,甚至是一切其他公理的出发点。[②]

亚里士多德在这里郑重地提出来的最终最确实的原理,不是别的,正是形式逻辑最根本的思维规律:〔不〕矛盾律。

一切事物中最确实的本原,是本体(being as being, 或 substance)。但谈到认识上的正确与错误时,则是我们语言、逻辑判断中的"是"与"否"(is, is not)的问题了。这是两回事,却又彼此紧密相连。因为说某事物"**是**"什么"**不是**"什么,也就是在我们的认识和语言上确定这个对象"**有**"什么"**没有**"什么。这样,关于存在的问题就同逻辑问题联结起来了,所以亚里士多德认为研究本

---

① Aristotle, Met. 1005^{b}19-21.
② Aristotle, Met. 1055^{b}23-34.

体论的最高原理的哲学,也必须研究逻辑的最高原理。他虽然研究和写了许多逻辑学著作,却始终不把逻辑学作为一门独立的学科,而认为它是适用于一切科学的内在成分,主要由哲学来研究,就是为此。这一方面同当时哲学还没有把思维与存在对立起来,分别开来加以研究有关,所以亚里士多德尽管已发现思维(及其规律)同存在(及其规律)有别,实际上已注意到区别并分别研究了本体论和专门的逻辑学问题,还是把二者处处混在一起讨论;另一方面这也正是他的卓越之处,他总是把存在的问题同思维的问题结合起来,使二者的研究都获得生动的生命,不像后来许多人把哲学与逻辑割裂,致使两方面都受到极大损害的情形。近代哲学在康德和黑格尔那里,才又把这二者重新结合起来,可惜这种结合的意义后来多数哲学家和逻辑学家们未予充分重视和发展,反而不以为然,以致许多根本性的弊病依然流行。在这种情况下,我觉得重新钻研亚里士多德的逻辑是很有价值的,会给人们以启发。自然,我们说的"亚里士多德逻辑",不是指被经院哲学所歪曲僵化了的,在后来一直被人们所误解的(例如认为他只是在提供三段论演绎法上有贡献之类的看法),而是指它的本来面貌。

　　从亚里士多德在 Γ 卷中的论述来看,他所说的最根本的逻辑原理就是不矛盾律;而他所说的不矛盾律,表示的意思是人们思维和语言必须有确定性,对于同一个人来说,他不可能在同一时刻对同一事物的同一方面(注意:这里"同一方面"指各种必要的限定)发表正好相反的意见,自相矛盾。不能自相矛盾,就是思维的确定性。因为一个人若是说些自相矛盾的话,就等于什么意义也没有说出来,就等于没有说话,没有思想。所以不矛盾律,是思维和语言的最起码最根本的要求,绝对不可违反的。

4. 亚里士多德对〔不〕矛盾律的论证

Γ 卷第四章进一步来说明这个意思。他认为这个原理是无法从正面来证明的,但可以通过否证相反的看法来证明它是正确的:"只要我们的论敌说了某些东西,我们就能进行反证",[①] 如果他什么也不说,那同他讲道理就毫无意义,因为这样的人不比单纯的草木好些,而只要他说出某种对他本人和别人有意义的话来,我们就能证明这个原理,因为我们就会已经得到某个确定的东西。[②]

"首先至少这一点明显地是真的,即'是'(有)和'不是'(没有)有一种确定的含义,所以任何事物不会'既如此又不如此'。"[③] 如果"人"有一个意义,设它是"双足动物",那么"有一个意义"就可理解为,如果"人"指"X",那么如果 A 是一个人,"X"就是指明他"是一个人"的意义的东西。如果人们说一个词有几个含义,只要这些含义在数目上有限定,也是同样的,我们可以一个一个地加以确定;但如果没有限定,说这个词有无限多的含义,那么显然就不可能理解它,因为没有一个确定的含义,就是没有意义,而如果一个词没有能让别人理解的意义,自己也不理解,它就是无。

亚里士多德强调,所谓确定一个意义,是指本质的东西。一物是"人"还是"非人"呢? 因为"人"是有本质和定义的,所以"人"与"非人"是对立的,只能确定一个。但是同一事物,可以既是人,又是白的……无数别的东西。如果有人问:称之为人是真,还是称之为白的、高个子的等为真? 这是无法讨论的,因为偶性是数

---

① Aristotle, Met. 1006ª 12-13.

② Aristotle, Met. 1006ª 25.

③ Aristotle, Met. 1006ª 29-30.

不尽的；抛开了本体和本质，就是无视论证的法则，把一切偶性、属性同本体、本质混淆在一起，就把思想搞乱了。所以亚里士多德说，这样的论敌必定认为事物没有什么本质和定义，一切都是些偶性，而偶性无限，陈述就无限，全无确定性了。这里他批评了普罗泰哥拉和阿那克萨戈拉：前者认为对任何事物可以任意肯定和否定，那么说同一事物既是一艘船舰，又是一堵墙，又是一个人，他也必须承认；但是人当然不是一艘船。如果他又是一艘船，那相反的陈述才会都是真的。阿那克萨戈拉说万事万物都混合在一起，那样也不会有什么东西真实存在，他说的是"无规定者"，所以他以为在说"存在"时，实际上说的乃是"非存在"，因为潜能的存在才是无规定者，它还不是现实的存在。无规定者就是其本质或本体还没有确定、还没有成为现实，而只是可能性的一种状况，亚里士多德在这个意义下指明它还不是真正的存在，这种可能的存在也就是相对的"非存在"。事实上，任何现实存在着的事物，都是有确定性的，这就是它们的本体、本质。阿那克萨戈拉没有抓住现实存在的确定性，只看到潜能的存在这一面，所以他的观点也是错误的。

　　这是从本体论即客观方面来说不矛盾律的根据的。第九卷（Θ）第十章又一次回到这个问题，并且更明确地说，"存在"（"是"）与"非存在"（"不是"）这两个词，首先是指范畴的划分（即指本体、本质是最真实的存在，其余的只是相对的存在，与前者相比也可说是非存在，即非独立的存在。—— 引者注）；其次指"现实"与"潜能"，而在最严格的意义上说，是指真实和虚假。真假问题依对象是结合还是分离而定，把分离的认作分离的，把结合的认作结合的，这就是真，反之，思想与对象中的情况相反，就是错误。并不是我们真的想你的脸是白的，你就**是**白的；只是因为你是白的,我们说的才是真的。^① 他在《分析后篇》还说过这样的话 :"我们对一事物的根本性质有怎样程度的知识,取决于我们觉察它的真实存在的意识达到怎样的程度。"^② 他经常指出逻辑规律的认识和运用并非万能,关键还要对于对象本身有真知、知道得多,否则难免发生错误。这些都是《范畴篇》中关于语言和思想必须符合存在的事实的唯物主义立场的继续。

可见亚里士多德在确立逻辑规律时,首先是从本体论出发的。思想和语言的确定性,不能自相矛盾与混乱,首先是因为事物的本体、本质有规定性或确定性,尤其是因为现实存在的事物其本体本质有确定性。—— 也正因为如此,他在肯定不矛盾律时,可以并不否认客观存在中有真实的对立和矛盾,不过他认为那是潜能的存在里的事情。这一点下面再谈。

但是对不矛盾律这个逻辑原理的确立,不限于上面这一方面。他更强调的是,从人的认识和实践方面来说,人总是必须对事物有所肯定和否定。他说 :

> 如果一个人不作判断,"想"与"不想"没有区别,他与草木何异? 因此,最高程度的明证是,无论赞成这种看法的任何人或是别人,都不会真的站在这种立场上。因为,为什么一个人想去麦加拉时就走向麦加拉而不待在家里呢? 为什么他在路上遇到一口井或悬崖并不跳下去呢? 为什么我们看到他防止这种事,显然不认为跳下去也一样好,而认为不好呢? 显然他判定一种事要好些,另一种要坏些。同样,他也必须判定一物是人而另一物是非人,一物甜而另一物不甜。他不把一切等量齐观,他想饮水或去看一个人时,

---

① Aristotle, Met. 1051^a34-^b9 .

② Aristotle, Analytica Posteriora, 93^a27-28, Ross, *The Works of Aristotle*, Oxford University Press, 1955, Vol.I .

他就走向这些事物。[①]

　　人说话、思想、行动总是有意义的,他有目的、追求,有意之所在,所以总是有规定性、确定性的,否则人就同草木无异了。亚里士多德再三说这一点,他看到人的思想、行为是能动的,这能动性必须有确定性才会有意义。说话总要于己于人有意义,这已经肯定了某种东西,因而就不是既肯定又否定这个肯定,否则他等于什么也没说没想,或说了些毫无意义的话。行动更证实了这一点,不会把到某处去同待在家里,把走路与跳井,把要访的人与不是人的东西等量齐观。

　　亚里士多德的这一论述,实际上触及到了人类逻辑思维的真正起源的问题。人的逻辑能力看来是不能脱离主体的实践需要来产生的。人在实践中,从而在思想中,必须对外物有辨别,有肯定和否定,才能得到确定的意义,否则人就不能行动,不能思想。可见,人们对事物的规定或确定,不单在事物本身中有根据,还在人自身中有根据;人们是通过自己的目的,追求对他好的避开坏的等等实践的要求,才达到在思想和逻辑上对客观事物方面的分辨与确定的。无论亚里士多德本人对这一点自觉程度如何(他显然达不到实践唯物主义的认识水准),但他素朴地洞察到了这个真理,这是非常可贵的。

---

① Aristotle,Met.1008^{b}10-23.

5. 逻辑的〔不〕矛盾律同客观现实中的矛盾律即辩证法的关系

　　亚里士多德哲学的可贵之处,不仅在于他第一次明确表述了和论证了逻辑的不矛盾律,还在于他同时认真地分析了相反的看法,包括那些否认逻辑不矛盾律的想法的错误根源及其合理之处。同有些人的说法相反,亚里士多德并不是不承认矛盾辩证法的简单的形而上学家。

　　他说:"那些真正感到困惑而导致这种意见的人,是由于观察了感性世界。(1)他们认为对立的方面同时都真,是因为他们见到由同一事物中产生出对立物来。因为,如果'不是者'(不存在者)不能产生出来,事物就必定在早先存在时就有对立物双方,如阿那克萨戈拉所说,万物混合在万物中, …… 对这些以此为根据建立信念的人,我们要说在一种意义上他们说的是对的,在另一意义上是错的。因为'是(存在)者'有两个含义,所以在某种意义上一事物能从'不是(不存在)者'中产生,而在某种意义上则不能;同一事物能在同一时刻既是(存在)又不是(不存在)—— 但不是在同一方面。因为同一事物能潜在地同时是(有)两个对立面,却不能现实地是(有)。""(2)有些人从感性世界里推论出'现象的真理'。他们认为真理不能由或多或少的人们的信念来决定,同一物有些人尝了觉得甜,另一些人则认为苦 …… 许多别的动物从同样对象得到的印象同我们相反;甚至对每一个人的感觉来说,事物也不总是同一的。这些印象孰真孰假是弄不明白的,因为一个并不比另一个更真些,都是同样的。因而德谟克里特说,在这里没有什么真理,至少对我们来说是暧昧的。总的说来,由于这些思想家以为知识是感觉,而感觉是身体的变形,他们就说显现于我们感觉里的东西必是真的。"[1]

　　亚里士多德说,照这个方向来讨论问题是最为困难的,如果这样来寻求真理,那就像追逐空中的飞鸟似的了。他分析说,这原因在于:(1)他们把"是(存在)者"等同于感性世界,而在感性世界里,大量呈现的是无规定的东西,即潜能意义下的存在,因此他们说的似乎有理,却没有说出什么是真实的存在。(2)他们持这种看法,是因为他们看到整个自然界处于运动中,而对于变动的东西无法作出真实的陈述,至少对于那些在一切地方和一切方面都变化的东西,是无法真正予以肯定的。这种见解发展到极点,就是所谓赫拉克利特派的观点,如克拉底鲁,他最后认为要谈任何东西都是不行的,只动动手指头来表示一切,他还批评赫拉克利特所说人不能两次进入同一条河流的话,因为他想,一个人连一次也不能进入同一条河流。[2] 对于这一点亚里士多德回答如下:他们认为变化的东西就其正在变化而言,还不是存在的,这个看法里有些真实的意义,但整个来说是可争议的,因为那正在失去什么的东西,毕竟有某个东西它才能失去什么,而说到产生的东西,那必有某种东西已经存在着了。一般说来,如果一物正在消灭,必有某物现存着;如果一物正在产生,它也必从某物产生。[3] 这就是说,变化毕竟是事物的变化,而事物终究是有确定性的。他说,我们可以向他们指出这一点并说服他们,有某种东西本性不变,如果他们说事物同时既在(是)又不在(不是),他们就会得出结论万物是静止不动的,

---

① 　Aristotle, Met. 1009ª 22 - 36 .

② 　Aristotle, Met. 1010ª 1 - 14 .

③ 　Aristotle, Met. 1010ª 15 - 21 .

因为这里将没有什么东西可以变动。^①亚里士多德相信有一种永恒的非感性东西存在,这是他的错误看法,但他指出变动毕竟是事物的变动,是有规定者在变动,还是很对的。所以他要求对变化运动本身作出规定,而不要笼统地谈变化,谈无规定,这样一切就会全搞乱了,没有任何确定的东西和认识了。

然后他再回到讨论感觉论和现象论上来。他指出,(1)现象并不都是真的;(2)现象也不是同感觉等同的。^②人们对同一现象感觉不同,如靠对象近的同距离远的人看到的它的大小颜色不同,病者和健康者拿同一物体感到轻重不同,这并不是对象的原样变了,而是人们的状况不同,在这个问题上,人们的感觉所具有的权威性是不同的。对于一个人是否会康复的问题,医生的意见当然胜过无知的人。我们对熟悉的亲近的对象的感觉,其权威性也胜于对陌生的对象、成为问题的对象的感觉。可见感觉到的并不等于现象本身。他说:"感觉确实不是对感觉自身的感觉,而只是因为有某种东西在感觉〔者〕之外存在,它必先于感觉而存在,因为推动者在本性上先于被推动者。"^③这里显然主要是批评普罗泰哥拉和智者的主观唯心论,他们把主观感觉的变幻不定,完全等同于客观的现象。亚里士多德认为现象中也有确定的东西,如质或性质,现象虽然不像本体、本质那样真实稳固,但仍与之相联系,它们是客观的,并不等同主观感觉;不是感觉决定现象,而是相反,现象决定着我们的感觉。

Γ卷还讨论了排中律的问题,我们就不去谈它了,因为这个规律本质上是不矛盾律的进一步延伸。

---

① Aristotle, Met. 1010ª34-37.
② Aristotle, Met. 1010ᵇ1-4.
③ Aristotle, Met. 1010ᵇ35-36.

　　总起来说,不矛盾律和排中律都以客观存在中的规定性、确定性或稳定性为基础。这种确定性有层次和程度上的不同,首先是本体和本质,然后是它的属性。那些偶然的性质由于没有必然性所以不稳定。如果把上述这些都混为一谈,就会导致认识上的不确定性,导致否认不矛盾律的错误看法。正确的看法就是要辨别它们,限定所论的东西,以及其时间、地点、方面,从而加以确定,这样说话才有意义,而不矛盾律本身也得到了说明。其次,他也承认客观中有对立、运动变化和不确定的状况,但这些不确定的变化总是确定东西的变化,所以变化运动本身还是可以认识和规定的(与克拉底鲁的观点对立);他还认为对立和变动的存在属于现实存在的潜能状态,而不矛盾律所讲的对象乃是现实的东西,它们总是在本体和本质上确定的存在。这样,亚里士多德就在潜能的存在中,在从潜能向现实的运动中承认了对立统一的辩证法,其重要意义在 Θ 卷我们可以看到。—— 这是从本体论来看不矛盾律的根据。另一方面,他从人的主体方面探讨了根据,人的思想、言语、行为必有目的,必有意义,这就必定要求指向一个确定的对象,否则就是一团混乱。这一点从人们无数日常实践中都可得到证实。但人们确实在认识和行为上也有不确定性:智者们因为生活目的(为了私利,或代表各种不同人的私利)而喜欢主观随意性;一般人相信感觉而感觉确有不确定性;还有人们因为对于对象无知而抓不住确定可靠的本质东西。亚里士多德分析了诸种情况,指出要抓住真理就不应像智者那样生活。要区别感觉与现象,感觉不应停留在主观方面而应注重对象,并由现象进而掌握本质。最后重要的还是求知,对于对象有了充分的知识,对于对象在一定时间、地点、方面和意义上的各种情况都知道了,都限定了,我们对于所论的东西就能完全确定下来,可以对它进行肯定或否定的判断。这也就证实了不矛盾律毕竟是正确的。

我感到亚里士多德的以上分析论述,绝大部分都是合理的。它的不足和毛病之处也有,其一是他因为极力想抓住确定的东西,就有一个想法,即认为世界上终究有一种绝对永恒不变的最终存在或最高本体;虽然他已经从《范畴篇》说本体不变前进很多了,现在肯定具体事物的本体有潜能到现实的变化,所以绝对不变本体的观念已经退到很远处了,但他心目中毕竟还有这种想法,并想加以确立。这是他思想方式中形而上学性的一个根子,并未去掉。另一点是,他虽然肯定客观存在中有对立运动的辩证法,并且认为我们思想上也必须承认,例如他在《物理学》中批评巴门尼德的"存在"和"一"时就说过:事实上"存在"无论在定义上和可以分割上都可以是"多",如整体和部分的关系那样,"一"就是"多",同一事物既是"一"又是"多"其实并不矛盾,因为"一"可以指"潜能的一"也可指"现实的一"。[1] 这就是说,从现实的存在来看,一个事物就是这同一个,若从潜能的存在角度来看,它里面可以分解为各部分、对立的成分,因而可以变化为另一种不同的现实事物。这实际上已经讲到了概念和逻辑中的辩证法问题。但是亚里士多德只把单纯确定性的逻辑原理 —— 不矛盾律等 —— 当做最高的规律,却不承认逻辑规律本身里也要有辩证法的地位。人们误解亚里士多德的逻辑只是形而上学的逻辑,这固然不对,但他自己的上述想法和他只表述不矛盾律为根本原理,也给人们的误解和片面看法提供了来源。

一般说来亚里士多德总是把事物和思想的规定性、确定性放在首位的,这一点同毕达哥拉斯派特别是柏拉图有联系;但由于

---

[1] Aristotle, Physica, 185^{b}32-186^{a}3.

他有强烈的唯物主义倾向,又总是从事实、自然和个别事物出发,所以他同时也承认事实中有矛盾、运动变化、无规定、不确定性的存在,即承认客观中的辩证法,并认为我们的思想也应反映它。而在这二者 —— 确定性和不确定性 —— 之间的关系上,他总是力图用确定性的东西来说明和规定不确定性的东西,这就产生了他的哲学、科学和逻辑学中种种有深刻意义的辩证规定,这是辩证法而且是有规定的、带唯物主义性质的辩证法。可以说这是亚里士多德哲学中精华之处,继承了前人并且高于前人的辩证法,包括赫拉克利特的在内。但另一方面,他在作这种规定时,又限制了辩证法。他过分强调找寻确立的东西以至幻想终究有一种绝对永恒的本体或原因,因而把辩证的不确定的东西一直置于从属的地位,这是他为何把不矛盾律视为绝对确实的原理,放在首位的缘故(虽然实际上他对此作了使用范围的限制)。所以尽管他的学说在具体内容上到处都有卓越的辩证法成分,从总体上说,辩证法没有被他自觉地当做他的全部学说的基础,他的学说仍保留着形而上学并导致了唯心主义。从这一方面说,可以认为他又不是一个自觉的辩证法家,不如赫拉克利特;这一点从他时时激烈攻击赫拉克利特也可得到证明。

亚里士多德的逻辑当然绝不只是不矛盾律、排中律的论述,更主要而丰富的成果是他的归纳法、演绎法,以及与之相关的认识论、方法论的研究。这些同他的哲学本体论研究是血肉相连的,我们也应从哲学思维发展的角度加以注意;不过我们还是先研讨一下他的本体论阐述,到下一章再来讨论这个问题吧。

四、"本体"的含义和确定它的标准

　　亚里士多德关于本体的真正深入的分析和规定,在《形而上学》的第七(Z)、八(H)、九(Θ)卷中。这三卷是他的哲学本体论的核心部分,主要研究了两个紧密相关的问题:形式和质料何者是第一本体,以及二者的关系;现实和潜能何者是第一本体,以及二者之间的转化。以前谈本体,是通过讨论"存在",来寻找和确定其中心是本体;现在则是进一步通过讨论"本体"何以是本体(其根本原因何在),来寻找和确定到底什么是真正的本体,第一本体,所以说它深入了。

　　正如"存在"有多种含义一样,"本体"(substance)一词也有多种含义。亚里士多德在 Z 卷就是从这里入手讨论本体论问题的。他又简要地从"存在"的分析谈起,把它区分为个别事物和表述它依附于它的种种范畴这两部分,强调根本的存在是个别事物(the individual thing)或一物所是、所指的那个"什么"("what","what a thing is")[①],唯有它才能独立地分离地存在,而质、数量等等都没有这种性能;所以个别事物才是本体,而本体在许多意义上同其他那些范畴相比都是第一性的,接着他就郑重地说:

　　　　因此,关于存在是什么这个古老而又常新、永远是人们困惑而要去研究的主题的问题,确实正是如下的问题:什么是本体?[②]

　　新的深入的研究,正是从"什么是本体"这问题入手的。 Z 卷

---

① Aristotle, Met. 1028ᵃ 10 - 15 .

② Aristotle, Met. 1028ᵇ 3 - 4 .

第二、三章谈到人们对"本体"的几种看法,另外 Δ 卷第八章也专门讨论了"本体"的几种含义,可以参照起来看。

在 Δ 卷中说,"本体"一词的含义是指 :(1)单纯的物体,如土、火、水等以及由它们组成的物体,包括动物、植物等等以及神圣的存在物(指日月星辰等)以及它们的部分。所有这些叫作本体,是因为它们都不是用来表述别的主体,而别的东西是用来表述它们的。(2)指存在于上述事物里,但不是用来陈述一个主体,而是它们的原因的东西。如灵魂,它是动物存在的原因。(3)指限定和标志出上述事物之为个体事物的东西。如存在于上述事物之中的面、线,或一般说来,数,就被认为是这样的东西。因为如果它们消灭了,事物也就不能存在。(4)本质,它的公式是一个定义,也被称作是每一事物的本体。亚里士多德说,由此得出结论,本体有两个意义,(a)最终的基质(the ultimate substratum),它是把一切有关它的陈述都去掉以后的东西 ;(b)"这一个"和独立存在的东西,它的本性是每个事物的形状和形式。[①]

对照一下 Z 卷的有关说法,我们可以看到彼此的一致和区别。Δ 卷写得较早,关于"本体"亚里士多德先列出的四种看法他未加评论,似乎都表同意,而在 Z 卷里,关于(1)的说法完全相同,但认为柏拉图提出的"相"和数学对象是不是本体是有问题的,后来在各处都批判了柏拉图的这种观点。这就是说,否定了关于(3)这种含义下的本体。亚里士多德坚持了本质或形式是本体的看法,但它不是柏拉图那种脱离了个别事物的"相"。Δ 卷中的这一模糊不清之处,在 Z 卷以后澄清了。另外,在 Δ 卷中得到的是关于本体的两个结论,在 Z 卷第三章开头得到的是四个说法,归纳仍是

[①]　Aristotle, Met. 1017^b 10-26 .

两方面：一方面是"本质"、"一般"和"种"这三个东西，另一方面是第四个即"基质"，①不过实际上讨论的只是本质和基质这两个本体；至于一般和种，涉及柏拉图的学说，他放到别的地方去分析批判地讨论去了。

两处的说法尽管有些不同和发展，但总的说来，有两点是一致的，并且是重要的：

第一，单纯的物体，都首先被看作是本体。这是研究本体的出发点。这一点，是通过分析"存在"，把个体事物作为本体存在，把它的性质范畴作为附随于它的存在来达到的。但是研究不能停留在这里，这些个别事物只是感性特殊的东西，在问到这些个别事物（what）何以能存在的原因时（why），就要从个别特殊向普遍的东西上升，这些个别事物作为"本体"其存在还有根据，这些原因就成为进一步要寻找的"本体"了。

所以，初学者常常弄不清亚里士多德怎么一会儿说个别事物是本体，一会儿又说原因、本质等等是本体，这是因为他们没有注意到这样一个思想进展的线索。**个别事物是本体**，这是相对于种种依附于它的范畴的存在而言的，**原因、本质是本体**，这是因为它们是说明个体事物作为本体存在的原因、根据而言的。**后者更进了一层，探求个别事物的存在何以能存在，即最根本的存在。**

这样"本体"的含义就改变了，或者还不如说，是更进了一步，上升到了更高的层次。它不再只指个别事物，而是指它的原因或本原了。这正是本体论深入的标志及其研究的主题。

但是这些原因作为本体的含义，仍然同由以出发的个别事物的本体含义紧密联系着。因为这里讲的原因本体，指的正是个别

① Aristotle, Met. 1028^{b}33-35.

事物得以存在的原因,所以它们究竟是不是本体,如何判定,仍要以是否能说明个别事物的存在为标准。

因此,第二,亚里士多德的结论是,在考察什么是本体时,应从个别事物赖以存在的(a)"基质"和(b)使它成为"这一个"的原因即"形式"或"本质",这两方面入手,这是同他把"四因"归结为二因一致的。这样就可以首先把本体认作这两个东西,然后再进一步分别地和综合地考察它们,这两者究竟哪一个是第一本体,能真正回答个别事物为什么能作为个别事物的存在问题呢? 它们之间的地位和关系应该怎么摆才对呢? 这就进入了亚里士多德本体论研究的核心范围了。

详细的论述接着就在下面展开了。但是他对这个问题的答案,在提出问题中已经隐含着了。Z 卷第三章在分析和判定谁是第一本体时讲到的标准是 :(1)本体的本性在于它不是陈述某个主体,而是别的都来陈述它。[1] 但光有这一条还不够。(2)本体的主要之点是可分离性(独立存在性)和(3)个体性。[2] Δ 卷($1017^b24\text{-}26$)和 Z 卷($1038^b23\text{-}35$)把基质和本质(形式)提出来讨论时,是联系到如何说明个别事物的,而判定本体的三条标准也是从这个考虑得来。抓住他的这种看法和思考线索,理解他的下面的论述就会清楚得多。

他在 Z 、H 卷中主要讨论了形式和质料的问题,Θ 卷主要讨论的是潜能和现实的问题。关于他的形式与质料的学说,由于大多数有关读者都比较熟悉,我将只简略讨论一下要点。

---

① Aristotle, Met. $1029^a7\text{-}10$.

② Aristotle, Met. 1029 a 26 - 28 .

五、关于形式和质料的问题

1. 关于"质料"（matter，即"物质"）的概念

亚里士多德首先讨论"质料"是不是本体。一切个别事物都由质料和形式结合而成。质料作为事物存在的原因，是它们的基质。从质料不是用来陈述一个主体，而总是被别的东西陈述而言，它应是本体。"但这是不可能的，因为可分离性（独立性）和个体性这二者应被认为是本体的主要特征。"[1] 亚里士多德坚持存在的事物是单独存在的个别事物，"这一个"，但"质料"不是一个特殊的东西，它甚至没有任何数量和一切其他范畴的规定性，"当一切都拿开时，显然只剩下质料"。[2] 这里亚里士多德是根据质料的含义所作的一种抽象：既然它是不能陈述别的规定性东西，而一切规定性都是用来陈述它的，那么纯粹的质料就得把一切陈述它的东西都抽象掉，剩下的才是这个纯质料。但是这样一来，它就不可能再有任何规定性——这就是物质一般。这是一种真正彻底的"无规定者"，亚里士多德就这样总结和回到了从阿那克西曼德以来的（ἄπειρον）观念。这观念自阿那克西曼德提出之后，一直被继承下来用以表示物质、质料，但有两条路线：毕达哥拉斯派和柏拉图继承了这个观念，但是总认为它是从属于数和形状、相这些"有规定者"的；而阿那克西曼德、阿那克萨戈拉则把它当作真正的本原，认为在它里面包含着、混合着一切有规定的东西。我们看到，亚里

---

[1] Aristotle, Met. 1029 a 27-28.

[2] Aristotle, Met. 1029ᵃ 12-13.

上多德否认质料是第一本体,认为它本身毫无规定,而且本身中也不能包含任何规定,规定性只能从形式等方面来,这是继承了柏拉图派的这条路线的看法,因而终究会导致类似的客观唯心主义的结果。

亚里士多德不能理解,形式和各种规定性,乃是物质自身所具有的、包含着的东西。所以物质(或质料)被视为纯粹消极被动的东西。这种观点影响甚为深远,一直影响到近代,近代的机械唯物主义和唯心主义,都是以这种纯粹消极被动的物质观作为基础的。亚里士多德讲的形式与质料的结合,终究是两个无关东西的外在结合,虽然他认为这二者必然要结合不能分开。亚里士多德的这种物质观,是他的唯心主义和形而上学观点的一个集中表现之点,又成为这种观点的基础和支柱。

不过这种物质一般的抽象,在哲学史和人类认识史上仍是重要的,因为它是第一次明白提出来的物质抽象的概念。只是我们必须注意到它的形而上学性质,这并不是真正正确的物质抽象,反而有些类似巴门尼德那个"存在"的抽象。此外,它与近代的同思维相对立的物质概念也有原则性的区别。

2. 事物的本质即"形式"是第一本体

亚里士多德认为质料虽是事物存在不可缺少的基质,但从本体是分离独立的"这一个"来看,质料不能说明其原因。而能说明这一点的是形式,所以"形式因"就比"质料因"更重要更根本,它才是第一本体。

他说:"每一事物的本质,就是由其本性所是的东西。"① 本质与偶性不同,偶性不是事物本性如此的东西,而是可有可无的,例如"白"对于人是偶性,"两足动物"才指出了人的本质,只有本质才规定了那个事物是什么,"因为本质是一个个别东西的模型",而像"白"这样的性质则不是,例如"白的人"就不是一个"个别"的模型。② 所以本质是事物的形式,它决定着某个事物是它而不是别的事物。在逻辑和语言中,本质或形式就表现为事物的定义。

"定义"也有几种含义,但根本的定义是说明本体的,说明个体性的,它不是其他范畴(如数、质等等)可以胜任的。所以定义里不能包含与本体本身不同的东西或表述的范畴,因此唯有"种的属"(a species of a genus)才有本质,③ 或者说唯有它才能表示一事物的本质。按照亚里士多德逻辑中的定义方法,定义就是指出一事物的"种"加"属差",如"人"的定义 = "动物"(种)+ "两足的"(属差)。《范畴篇》说"种"和"属"也是本体,个体事物是第一本体,但它要靠种和属来规定,而属由于比种更接近于个体事物,所以用属来规定它更加中肯、确切、恰当,所以属的本体性比种更大些。这个看法,在《形而上学》中直到这里的论述中大体还保留着,因为本体还是指个别事物,而个别事物的本质由其"种的属"来表示,凭它们作出定义。但就在这里,已经发生了微妙而根本的变化。

这里因为发现个别事物是由质料和形式两方面组合而成,现在要问两者中谁才能真正说明它,特别是说明它的个体性,这样就把质料给排除掉了,认为只有形式即本质才是真正的原因或本原。这种割裂形式与质料然后二者择一的思维方式,就决定了个体事

① Aristotle, Met. 1029^b 13-14.

② Aristotle, Met. 1030^a 2-5.

③ Aristotle, Met. 1030^a 2-18.

物之所以能作为个体事物存在的真正本体是"形式",而个体事物本身反而不能再是第一本体或真正本体了,因为它是个复合物,只能在有了形式和质料两者之后才能形成,那么它当然就不是原初的、根本的存在或本体了。于是《范畴篇》中的第一本体和第二本体(特别是"属")的关系,现在颠倒过来了;属(种的属)成了第一本体,而个体事物不再是第一本体,反而成为依赖于属而存在的东西。

"属"这个词在希腊文中与"形式"是一个词:εἶδος,也就是柏拉图的"相"所用的词。亚里士多德以"属"或"形式"作为第一本体,表现了他向柏拉图主义方面的动摇和接近,因为柏拉图就企图用"相"(种和属)来定义事物,并由此幻想用"相"这种所谓最真实的存在、原因来创生感性事物的世界。现在亚里士多德也迈上了这条路,用"形式"即"属"来作第一本体,并把定义的方式说成造成个别事物的真正原因。

但亚里士多德仍坚持他同柏拉图相论的对立。在 Z 卷第十三至十七章中,他驳斥了把一般作为本体的观点,并专门驳斥了以"相"为本体,以及以"一"、"存在"这些一般共性作为本体的观点,其根据就是这些一般都不能脱离个别而单独存在,种不能脱离属而存在。他甚至看到个别事物是不能下定义的,"两足的动物"只是"人"的定义或本质,不是"苏格拉底"的定义和本质,因为下定义的词,无论种和属仍然总是一般的。如果这样彻底分析下去,他应该承认"属"毕竟也不能单独存在,也还只是存在于个别事物之中的东西。那么他就应该批评自己以"形式"为第一本体,而个别事物反而不是第一本体,也犯了同柏拉图类似的错误。并且既然个别事物不能定义,那也就说明"种的属"、"形式"终究也不足以说明个别事物的个体性,独立存在性。但他没有做到这一点,他只以个别事物由于既有形式又有质料来解释其不能定义的理由，就不了了之。

所以亚里士多德就在一般和个别之间动摇不定。在看到个别要由一般来规定时，他表现了柏拉图主义的倾向；但他又看到柏拉图使一般脱离个别事物的错误，因而又表现了尊重个别的唯物主义倾向。他认为把事物本身的形式作为本体，就能避免柏拉图式的错误，这一点我们自然应给予评价，不可把他的"形式"与柏拉图的"相"混为一谈。但是应该说这还不是真正解决问题的办法，因为所谓事物本身、个别事物，已经被他仅仅视为形式和质料的组合物，也就是说，"形式"这个一般的东西（种和属），已经在个别事物里面被分离独立化了。按照他批判柏拉图的逻辑来说，这同样也是不能允许的。这种错误，从其最深的观点上来说，并没有本质的不同。

可见问题的症结是在于他把形式和质料分离割裂了。物质（质料）自身就是有形式的，并非消极接受外来的另一个东西"形式"的规定的东西。只有这样看问题才能真正避免柏拉图式的错误，也才能真正贯彻"一般"决不可脱离"个别"的正确观点。亚里士多德未能达到真正唯物的哲学。

3. 形式和质料的具体统一，以及亚里士多德这种学说的实践来源

亚里士多德把形式当做第一本体，质料与个别事物则不是第一本体，只是第二和第三位的本体，这是错误的，是割裂了形式和质料所造成的结论。但是他坚持个别事物是形式和质料的结合仍

然是重要的,尽管有外在性,任何具体事物都不能只有形式而没有质料,也不能只有质料而没有形式;实际上他主张形式总得有质料,而质料总得有形式,并且有相对性。例如砖瓦对于泥土来说是形式,对于房屋来说它就是质料了。所谓全无形式的质料实际上是找不到的,只是一种无限的抽象(即不断去掉事物中的形式)的最后结果,全无质料的形式也是同样的(即不断去掉它的质料的最终设想的结果)。亚里士多德在讨论一切具体对象和科学时,认为这二者在具体事物中都是结合的、相对的,抽象的"形式"与"质料"并不实际存在;所以,这种划分只有一种方法论上的意义。这样,他就避免了柏拉图相论运用中的那些荒谬和困难,比较符合事实。

　　形式和质料的区别和结合,从纯思辨的意义上说包含了真正的谬误;但作为方法论来说仍有重大的意义和价值:它实际上是对人类实践活动的一种哲学表现和概括,而实践活动也是这种观点与方法的真正根源。我们在谈到他在《物理学》中的四因说时,已经讨论了这个问题。《形而上学》Z 卷第七、八、九章又一次论述到这一思想,他从事物的生成中分析了形式和质料的作用、关系,他指出,人工造成事物就是靠制造者心中有这事物的形式(即本质),用这形式加工质料造出产品的。显然,"形式"在技术过程中是最重要的,起决定作用的,质料只接受形式的加工规定,不能起决定作用。房屋固然少不了砖瓦木石,但房屋之所以成为房屋,是形式,是人的目的、对房屋本质的把握、人的能动活动。自然生成的事物也可作类似的分析。可见亚里士多德还是把人的生产等活动当作了范本来观察一切,总结出哲学观点来的。他还认为本质、形式是事物固有的,不是由人主观随意造成,这都是很对的。因而他认为对技术过程中的这种分析方法也能适用于考察自然物本身的生成过程。他对人的生产活动作出的这种客观分析是他的形式质料学说的真正源泉，其正确与错误都来于此。关于这些我们在此不多赘述，一来我们前面在讨论四因说时已说了许多，二来在下面讨论"潜能"与"现实"时还会在更深刻的程度上涉及这个问题。现在我们就来研讨一下他的潜能与现实的学说。

六、关于潜能和现实的学说

Θ 卷集中讨论了这个问题。关于潜能和现实的学说，是亚里士多德哲学本体论里最深刻的地方。

我们在前面讨论四因说的动力因时，曾简略说过他在《物理学》中研究运动问题时，注意到了个别事物在本体上也有变化，在那里他提出了潜能和现实的问题；另外，他在 Γ 卷里谈到事物和思想的确定性（不矛盾律）和不确定性（承认矛盾、对立、不同一等等）时，也用潜能与现实来说明。可见这个问题的高度重要性，它是亚里士多德从运动生成的角度来考虑本体论问题的主要形式或解答各种问题的关键所在。

潜能与现实这两个范畴，同质料和形式是联系着的。如果比较简单地说，质料是潜能，形式是现实。但为什么又要区分为两对范畴呢？ 这是因为，质料和形式是从个别事物的构成因素来分析的。光作这种分析还没有深入到事物的运动变化里去，只给研究运动变化提供了要素。而亚里士多德最重视的是事物的运动、变化和生成的问题，这也是传统哲学的中心问题，人们从哲学里希望能找到答案的问题。因此，他要从本体论上来考察运动变化，在考察运动变化中来进一步研究和规定本体；这就是提出"潜能"与

"现实"来研究的原因和任务。

所以，Θ 卷又一次从头谈起，从"存在"谈起。尽管亚里士多德对"存在"的含义作过许多分析讨论，但是在这里他说，主要的只是两种区别："因为'存在'按一种方式区分为本体和性质、数量等，而按另一种方式，从作用上看，则区分为潜能和完全的实在，那么我们就应讨论潜能和现实。"① 这两种区分方式不是随意列举，而是一种基本的划分；Δ 卷第七章可为佐证。② 前者是静态的分析，从中突出个体事物是存在的中心；进一步分析则是事物的本质或形式是第一本体，是个体事物之所以有独立性个体性的根据，质料则是不可缺少的基质。后者是动态的划分，是从发展来看个体事物的由来：事物的存在方式是由潜能的东西变为现实东西的过程。真正意义下的存在，即具有形式和质料的完全意义下的个别事物，只属于"现实"的存在；"潜能"的东西还只是可能的、处在形成过程之中的存在，它还没有取得确定的"这一个"的形式，相比起来还是非存在，但现实的存在正是由它发展而来的，所以也必须研究。

1. "潜能"(potency)的全面含义

真正说来，把"潜能"看作质料只是它的含义之一；这种含义下的"潜能"同"现实"的关系，只是在 Θ 卷第六至九章里讨论的。而在第一至五章里讲的"潜能"则是作为"能够"、"能力"而言的，

---

① Aristotle, Met. 1045^{b}32-34 .

② 那里讲的四种区分，排除掉偶然性的存在和作为人的认识上的真假问题那种"是"与"否"的问题，就剩下这两种基本的区分。

并且实际上主要讨论的是作为主动者的能力的意义。亚里士多德在 Θ 卷第一章里说，"首先，让我们来说明最严格意义下的潜能，虽然它对我们当前的目的不是最有用处的。…… 当我们谈过这第一种潜能之后，我们再在讨论现实时说明另一些种类的潜能。"①

从表面上看，第一种"潜能"的含义说明似乎同主题没有多大关系，其实却不然；对这一点我感到宜细心注意研究。

他说，"潜能"和"能"（can）有许多意义，不过除了对词义含混的我们可不予考虑外，"所有合于同一类型的潜能都是些出发点，并且它们之所以称作潜能都是关联于一类根本的潜能，它是在另一事物中或在事物中把该事物自身当作异者来引起变化的出发点。"②

这里讲的"潜能"，是这个词所表示的根本含义，它指的是变化运动的出发点或根源、本原。它又分为主动的能力和被动的能力两种。主动的能力是主动者，它作用于某事物引起变化，或作用于事物本身使它变为另一物；被动的能力是被动者，它能接受主动者的作用而变化自身。没有这二者，运动变化就不可能发生。

2．"潜能"作为主动者的含义

在第四、五两章里讨论的，实际上是作为主动者的能力。亚里士多德说："某些这样的本原出现于无灵魂的事物中，另一些出现在有灵魂的事物中，出现在灵魂中，出现在灵魂的理性部分中；因

---

① Aristotle, Met. 1045^{b}35 - 1046^{a}3．

② Aristotle, Met. 1046^{a}9 - 11．

此显然,有些潜能是无理性的,而有些则伴有理性,由于它有一种理性的公式 ① 的知识。这就是为什么一切技术都是潜能的道理,例如一切生产的知识形式都是潜能;它们是在另一事物中引起变化的本原,或在制造者自己里把自身当作另一事物引起变化的本原。"② 所谓在另一事物中引起变化,有如木匠造床便木头变成床;所谓在自身中把自身当作另一事物引起变化,如通过学习和训练把自己培养成诗人、音乐家之类,就是使自己变成与原来状况不同的事物。

亚里士多德强调有理性的能力与无理性的能力有别。一个无理性的力量只能产生一种结果,例如热只能引起热。但有理性的能力则能产生不同的或相反的结果,如医疗技术既能产生健康,也可产生病灾。理由是人有知识,他的产品包含在一个变动的本原之中,这就是理性的公式 —— 逻各斯,逻各斯说明对象是凭对象的本性,就能得到肯定的结果;而如果缺失,灵魂未能掌握理性的公式,就会得到相反的结果。

那么有理性的能力,在产生结果时是否会同时产生相反的结果呢? 这是不可能的。决定这一点的是意志或愿望。③ 动物在遇到两个东西时也要凭欲望来抉择。所以有理性潜能的,当他愿望时他就有一个潜能,在有适合他的受动对象时,在一定的条件下他就施展他的潜能,否则他就不会行动。

这里亚里士多德实际上又谈到了目的因、形式因、动力因。对人来说,作为主动的能力,由目的、意志、愿望支配,并通过形式(理性的公式)使自己的目的和行为符合客观事物的本性,才能成功,

---

① "理性的公式"即 λόγος。
② Aristotle, Met. 1046ᵃ37-ᵇ3 .
③ Aristotle, Met. 1048ᵃ10 .

而意志和愿望使人具有选择或抉择的能力。同时也谈到了对象是被动的东西,即质料因的东西,没有它人的能动性也无从发挥,潜能(这里指主动的能力)不能得到实现。

此外,他还说到人的主动能力有几种:感觉,它是天赋的;由实践获得的能力,如吹笛子的能力;由研究、学习获得的能力,如技术或艺术的能力,它来自实践,以及由先前的实践所获得的理性公式(逻各斯)。[①] 他对人的能力的看法是很有见地的:除了人天生有感官因而有感觉能力之外,其他能力均来自实践;人的学习研究能力来自实践和理性,而理性能力仍来自先前的实践。这看法在古代是难能可贵的。亚里士多德高度重视人的能动作用,特别是理性的能动作用,认为这是人的根本特点;同时他又强调理性必须合于事实合于事物的本性或本质,来自实践和先前实践经验的积累;这是与我们讲的实践的唯物主义观点相合的。正是由于他有这种认识,所以他的哲学(包括本体论,认识论和逻辑)里有许多深刻的东西;而且因此他认为人的活动终究是符合自然规律的,或如《物理学》中所说,是"对自然的模仿"。因而他把人的活动当做自然的一部分,从中理解整个的自然和宇宙的规律。

3."潜能"与"现实"的第一种分析

Θ 卷第三章批评了麦加拉学派的一种观点,他们说一事物只在它正在起作用时才"能"起作用,在它不发挥作用时它就"不能"起作用。例如一个建筑师只有在正从事建筑时,他才算"能"建筑,

---

① Aristotle, Met. 1047^{b}32-34 .

在他未建筑时就得说他"不能"建筑。这种观点显然是巴门尼德学说的一个变种,巴门尼德说只有"存在"存在,"不存在"是不存在的,因而否认了运动变化。麦加拉派也如此,只有正在做的才算是"能"做,不在做的,"能"也不存在。

亚里士多德说,这当然是荒谬的看法。因为建筑师就是能建筑的,他有这种能力,这种能力是他在某个时候学到的,如果他没有失去(如忘掉等等)这种能力的话,他在未从事建筑时仍将保持这种能力。如果说这时他就没有这种能力的话,他在从事建筑时那能力从何而来呢?　人不能永远不停地建筑,总是有时建筑有时不建筑,难道他一会儿"能"一会儿又"不能"吗?　"所以这种观点取消了运动和变化。因为这样站的就得永远站着,坐的就得永远坐着;正在坐着的就站不起来,因为照他们所说:没有站起来的能力,所以不可能站起来。但是我们不是这样看的,因为潜能同现实是不同的。可是这种观点把潜能与现实等同了,他们要取消的,不是一件小事情。"①

这是一个非常重要的辩证法问题。亚里士多德坚定地维护了事物运动变化的观点,反对巴门尼德和麦加拉派的形而上学观点。但他不是用赫拉克利特式的素朴辩证法来谈问题的,而是用有规定性的"潜能"存在与"现实"存在的区别来谈问题的。

他说:"因此,一事物能存在又还不存在,或能不存在却仍然存在,这是可能的;同样其他性质也如此,能走的可以还不走或能不走的可以还在走。"② 这并不违背逻辑的不矛盾律,因为运动变化生灭的客观事实就是如此,并且可以用"潜能"的存在和"现实"

---

① 　Aristotle, Met. 1049ᵃ 14 - 19 .

② 　Aristotle, Met. 1047ᵃ 20 - 24 .

的存在来分别规定它们：潜能（能力）的存在和"现实"的不存在，或"潜能"的另一种存在和"现实"的这种存在，可以同时并存不悖，互相联结。

至此为止，亚里士多德的观点都是对的：存在的事物都有"现实"和"潜能"的两方面，而且现实事物的产生消灭，由一物变成另一物，其本原正在于"潜能"。它是一种能动的或主动的变化能力。当然，这种能力总是存在于现实事物中（又与之不同），并且按照前面亚里士多德的论述，它应是现实中更深刻的东西：因为它是现实存在中运动变化的本原。可是亚里士多德说到这里，却没有得出这个结论，而是转了个一百八十度的弯子，把能动性、运动变化的根源归于"现实"这一方面，从而贬低了"潜能"的意义，并把它理解为一种非存在的、消极被动的东西。

在 Θ 卷第三章末尾处他写道：

> "现实"（ἐνέργεια，英译 actuality）—— 词，我们是把它同"完全的实现"（ἐντελέχεια，英译 complete reality）联系起来理解的，严格地说"现实"是把运动延伸到其他事物上；因为现实的严格含义是同运动等同的。①

希腊词 ἐνέργεια 是"正在动作"的意思，而 ἐντελέχεια（"隐得来希"，是这个词中文直接音译）是"完成目的"的意思。亚里士多德注意到人们用"现实"这个词时，里面包含着运动的含义，实现了目的的含义，他强调了这一点是有深刻见解的：所谓"现实"存在的事物并不是僵死固定的存在，而是在运动中生成的，人们在生产和各种实践活动中达到了自己的目的，造出了产品，这就是"现

---

① Aristotle, Met. 1049ᵃ30-33.

实"。所以"现实"与运动是不可分割的,在人工产品里同目的及其完成的动作是不可分割的,甚至是一回事;他说出了现实特别是人事方面的现实事物的真正灵魂所在。他要用这一观点来观察一切事物和世界,使之成为普遍的客观原理,这自然带来了错误,但包含深刻的合理因素。

恰恰因为这一包含正确因素的看法,导致了他把主动的能力、这种意义下的"潜能"都归结到"现实"里去了的观点。这样,"潜能"的含义实际上就改变了,它被剥夺了主动能力的方面,变成了消极被动的东西。在上面引文底下他就接着说:"因此人们不把运动归于非存在的事物","因为在非存在的事物里有些就指潜能地存在的,不过它们还没有存在,因为它们还没有以完全实现的方式存在"。[1]

4. 关于"潜能"与"现实"的主要分析:(一)什么是 "现实",与之相应的"潜能"是什么含义

在 Θ 卷第六至九章,亚里士多德提出了他的潜能与现实的学说。在这里,"潜能"一词的含义有了变化。他说:我们已经谈过了与运动相关的潜能,现在该讨论"现实"了,在这里的分析中所说的"潜能"这词有另一种含义,同前面说过的那些含义不同。[2] 他首先分析了在两者相关中各自的含义。

主要之点是两者的存在方式不同。

---

[1] Aristotle, Met. 1047ª33 -ᵇ2 .

[2] Aristotle, Met. 1048ª25 - 30 .

他认为对"现实"和"潜能"不好下定义,只能从各种事例中归纳出它们的意义。"现实的含义指事物的现存,同'潜能地'存在在方式上不同;所谓潜能地存在,例如,一尊黑尔梅的雕像存在于一块木头里,半条线段在整个线段里,因为它们可以被分离出来",[①]又如正在建筑的与能建筑的、醒与睡、正在看与闭着眼而有视力的,以及已经由质料成形的东西与质料、已经加工了东西与未加工的东西。现实是这些对子的一方,潜能是另一方。[②]

这些具体事例是很不同的。他自己也说,有些是运动同潜能的关系(正在建筑、正在看,同能建筑、有视力却闭眼不看),其他则是有规定的本体对于它的质料的关系,所以只能类比地加以归纳。[③]

可以看出,他所说的前一种情况里,潜能还是表示一些能主动起作用的东西,只是还没有发挥出来;但多数情况属于后一种,潜能只是被动的质料,而现实则指有形式的个别事物。他的基本想法无疑是:把"现实"理解为当下已经实现、完成了的东西,一个有规定性的(有形式的)存在者;因而还未具有这种存在方式的东西,都可称作潜能——它主要指的是质料,还未具有形式的质料。

也许正因为如此,他接着特别分析了"无规定者",认为"无规定者"只能是潜能的东西,不会变成现实的东西。因为,"无规定者"无论怎样分割(分离)也不会停止其无规定性;因为分割永远可以进行下去,没有终结。所以我们只能在思想中有关于它的分离性,[④] 实际上却无法分离。—— 这指的还是质料:"无规定者"指的

---

① Aristotle, Met. 1048^{a}30-33.

② Aristotle, Met. 1048^{b}1-5.

③ Aristotle, Met. 1048^{b}5-8.

④ Aristotle, Met. 1048^{b}9-17.

就是还没有取得某种形式的质料,而这里所说的潜能的"无规定者"乃是纯质料,所以永远不能分离确定出来成为一个个别的东西。

他还分析了运动与现实的关系。运动有两类情况。一类如看、理解这些动作,它的活动本身就实现了目的:看(动作)就是看见了(达到了看的目的),现解就是理解到了,想就是想到了,等等,所以这些运动过程本身就是现实;但是还有另一类运动则与之不同,如"减肥法过程"在进行中还未实现其目的,正在治疗还没有治愈,这里运动还不是现实。[①] 这里亚里士多德讲的意思是:只有在运动达到了目的时,或只有完成了目的的运动,才能称为现实。

他还强调"潜能"是指最靠近"现实"的东西。例如我们不把土说成是潜能的人,只有在土已经变成了人的种子(或胚胎)时才能这样说。种子同卵子结合(在卵子中经历变化),若无内外的阻碍,就能变成现实的人。又如铜像的潜能不能是土,土得先变化为铜才能算作铜像的潜能;箱子是木制的,尽管土是木头的潜能,但只有木头才是箱子的潜能,并且特定的箱子要以特定的木料为潜能。[②] 这里主要说明要具体地考察和确定潜能与现实的关系,从而确定什么是某个现实的潜能;并且谈的"潜能"是质料,最接近的质料。

5. 关于潜能与现实的主要分析:(二)"现实"先于"潜能"

在上述分析的基础上,Θ 卷第八、九章才阐述了他的关键性观

---

① Aristotle, Met. 1048ᵃ 18-34.

② 见 Θ 卷第七章。

点。他说：

第一，从定义上看，现实先于潜能理由是，潜能作为潜能的本义，就是能成为现实的东西，所以在潜能的公式里已经包含了现实。例如"能建筑的"就包含了"建筑"。[1] 换言之，我们是用现实的东西来说什么是潜能的东西；潜能的就是还未完全具备形式的规定性的，所以若要给予它一个公式或规定，只能用现实的东西来规定它。

第二，从时间上来说，一个"属"的现实东西先于这个"属"的潜能东西，虽然个别事物是潜能的先于现实的。[2] 例如种子先于谷物，在时间上要先有种子（潜能），然后才有谷物（现实）。但种子还是从谷物来的："永远有一个最初的推动者，而这个推动者已经现实地存在着了。"[3]

这是一个鸡生蛋还是蛋生鸡的问题。亚里士多德承认这两种情况，但他显然认为最初的推动者应是现实的存在者，因为——按照他的观点——规定性是属于现实这一方面的，它才有确定的"属"即形式。他总是把确定性放在第一位，用确定的东西来规定还不确定的，用形式来规定质料。所以他还是得出在时间上现实先于潜能的看法。

他还用这个观点分析了一个辩证法的问题。他说，一个从没有建筑过的人或从未弹过琴的人，人们不会认为他是一个建筑师或琴师，就是这个道理。[4] 他的意思是说，一个人被称作建筑师或琴师，可以指他是有这种潜能但尚未发挥的（如他现在并不在建

① Aristotle, Met. 1049^b 12-17.

② Aristotle, Met. 1049^b 18-19.

③ Aristotle, Met. 1049^b 25.

④ Aristotle, Met. 1049^b 29-30.

筑或弹琴），但这还得由他学过建筑、进行过建筑，已经现实地成为
建筑师这件事为前提；换言之，他作为潜能还是由现实来规定的。
接着他又说，但从这里就出现了诡辩的问题：一个正在学习还不
懂得一门科学的人，怎么能做这件事即学习这门科学呢？[①] 学习
就是对于对象还不了解、不懂，可是不了解、不懂这个对象，又怎样
学习它呢？ 这是一个矛盾：学习本来就是不懂与懂的矛盾发展过
程，上述问题揭示了这种矛盾。亚里士多德是这样回答的：变化
生成的事物，一般说来在变化中，总是某些部分先已变化了，正在
学习的人必定已经懂得了这门科学的某些部分了。[②] 他这个说法
是对的，一个对一门科学毫无所知的人，确实不会去学习它；但是
让他知道一点之后，例如向他作些初步的介绍，或讲一堂绪论课，
他就可以开始学习了，然后不断知道更多的部分，就能一步步深入
学习它。一切事物从潜能变成现实都是这样的，不是一下子突然
变的，而是一个部分又一个部分的变化过程，一部分先变成现实，
然后这一部分现实的又作用于其余潜能的部分使之向现实变化。
从这里，亚里士多德又回到他的基本观点上来："因此，用这种方
式，在这个意义上，即，在变化和时间的秩序中，现实确实也先于潜
能。"[③] 这就是说，现实即确实的东西，领导着潜能的东西向它变化。

　　第三，"从本体上看，现实也先于潜能"。[④]

　　这一条从本体论上确立了"现实"才是真正的本体、本原；并
且把现实与潜能的关系问题，同他以前的种种基本观点联系起来
加以总结概括，所以是关于现实与潜能的讨论的核心所在，也是《形

---

① Aristotle, Met. 1049^{b}32-35.

② Aristotle, Met. 1049^{b}35-1050^{a}1.

③ Aristotle, Met. 1050^{a}2-3.

④ Aristotle, Met. 1050^{a}4.

而上学》一书中关于本体学说的高潮之处。我们宜细心加以考察。

为什么从本体上说现实也是在先的呢？首先，因为它已经具有了形式，而潜能的东西还不具有；如成人之于小孩，前者在形式上，因而也在本体上先于后者。其次，因为现实是潜能所为了的目的，一切事物都向它的目的运动，为了这个目的而变化；而目的是本原，为了现实这个目的潜能才作为潜能，才需要有潜能。例如动物不是为了有视力（潜能）才去看（现实、目的），相反，是为了看才有视力的。还有，质料是以潜能状态存在的，就因为它可以获得形式；当它以现实的方式存在时，它已有了形式。①

这里讲的三点理由简单地说就是：“现实”同潜能相比是“形式”，是后者运动变化的“目的”，而“潜能”是尚未取得形式的“质料”，尚未达到目的的不确定的状态的东西。

这样，亚里士多德就把能动性（主动性）完全归于“现实”，而潜能只能算作接受推动（被动的）东西。他说，“因此甚至‘现实’这个词也来自‘行动’，并指向完全的实现”。② 现实，ἐνέργεια 原来由 ἐν（in）与 ἔργου（work，工作、动作）所构成，并指向“目的”的到达，即 ἐντελέχεια（εν+τέλος，达到终点、目的）。

接着他说，“一般地讲，运动是在一个被推动的事物里”，③ 而现实存在于一个做成的事情里，它同过程分开，是一个结果，④ “但是如果没有一个分离的结果，现实就在主动者里，例如看的行为就在看的主体里……生命在灵魂里”。⑤

① Aristotle, Met. 1050ª4-16.
② Aristotle, Met. 1050ª21-23.
③ Aristotle, Met. 1050ª33.
④ Aristotle, Met. 1010ª30-31.
⑤ Aristotle, Met. 1050ª34-ᵇ1.

亚里士多德意识到"现实"一般说来是活动、运动的对象化，一个产品；但有时无须产生一个产品，行动（如看、生物的生命过程）就是目的，那么这种运动过程本身就是"现实"：能动者及能动的运动本身就是根本的东西。这种看法虽然表述得很不清楚，但他是意识到了，而这一点是深刻的。可是他不能唯物地看待这一点，而是排斥了质料，把形式和目的、主动的推动作用，当作了根本的本体，并由此抽象出一个"永恒的第一推动者"来。他说："显然，因此本体或形式是现实。照这个论点，现实在本体上先于潜能而存在，这是明白的；并且如我们曾说过的那样，一个现实在时间上总先于另一个现实，如此追溯，直到永恒的第一推动者这个现实。"[①]

6.关于潜能与现实的主要分析：（三）"潜能" 是对立,既存在又不存在的东西

亚里士多德接着上面得到如下结论："现实在一个更高意义上也是在先的；而永恒事物不是潜能地存在的。"[②] 这当然是一种通过抽象所幻想出来的东西，同纯形式纯目的一样的纯现实，即亚里士多德的神学中的最终本体。

不过他在说明理由时却谈到了一个重大的问题。他说："这理由就是：任何潜能都在同一时刻是对立的潜能，因为不能出现于一个本体中的东西是不能出现的，而任何能出现的可以还没有

---

① Aristotle, Met. 1050^b 2 - 5 .

② Aristotle, Met. 1050^b 6 - 8 .

现实地出现。因此,那能存在的可以既存在又不存在;因此同一事物能既属于存在又属于不存在。"[1]

注意:按照这个说法,赫拉克利特的辩证法观点岂不是在这里又恢复了、得到了承认了吗? 确实有这情形。不过亚里士多德把它只限定在"潜能"中,而且主要地只是从两种可能性的角度来说的:潜能就是不定性,无规定者,它不是现实,现实的事物在他看来是确立不移的,不能既是这又是那,不能是对立的因而无法规定和确定的东西。在他的哲学里,确定性总是放在第一位的东西,是最终本体的根本特征;因此他想象或抽象思辨地主张有一个完全无须质料或潜能的、自身永恒的现实。一个有合理性的想法夸大到极端就成了谬误。但在这种谬误里,也还有合理的因素。例如,他在实际观察研究事物的发展时,并且在一般的理论上都仍然主张:现实是不能同潜能割裂的,它来自潜能;而且他主张现存的现实总是未来的现实的前身与原因,还具体说过现实里总包含着、产生着潜能(人生种子或精子)。照这种看法,一切现实事物本身或它里面,不也就是未来现实的潜能或包含着潜能,在确定的事物里不也就必然包含着对立,不确定的东西了吗?

显然,亚里士多德本人没有得出这样的结论,他也不可能得出这种结论。但是,他的哲学里无疑也包含着这种因素;不过被他自己的另一想法扼杀了。因为他想牢牢地抓住确定性,就把这一方面绝对化,不能容许在确定性里再指出它有不确定。他无疑有辩证法的因素,而且是力图加以规定的辩证法,但终于被形而上学的想法所限制、贬抑,打发到次要的地位上。

最后,他在第九章里又一次回到了"好"与"坏"这个目的论

---

[1]　Aristotle, Met. 1050^{b}8-13 .

的考察上来 :"好的现实比好的潜能更好更有价值,这是明显的 :因为我们说到能做什么的东西,就是能做相反的事情,例如,说能为善的也是指能为恶的,它同时有两种潜能 ;同一潜能可以使人健康也可使人生病,可以致静也可致动,可以建筑也可破坏。相反的能力是同时存在的 ;但相反的〔事实〕不能同时出现,〔相反的〕现实也不能同时出现,如健康与疾病〔不能并存〕。因此,对立中只有一个是善,但潜能则不分彼此地有(是)相反的两方面,或都没有(不是);因此,现实比潜能要好。"① 当然,坏的现实比坏的潜能更坏。但他又说,在原初的和永恒事物中是没有恶、没有缺点的。—— 这种思辨的神学目的论,我们无须多谈 ;里面唯一可指出还有意义之处,无非是人们在实践中,在一切生产和事业中,总是把自己的目的(对自己有好处)放在中心的地位 ;因此达到目的时的现实、产物,总比还没有达到时,还处于可能性状态时更好。这是有道理的,但把这一点变成了宇宙观自然观,就导致了唯心主义的目的论。

末了讲到现实对潜能的认识论方法论的意义,很有意思。他说,几何学的关系是靠现实性来发现的,因为人们是靠分解图形发现它们的,一旦分解了,关系也就明白了,而这些区别原是潜能地存在于图形里的。三角形三内角之和等于两直角,当我们画出同底边平行的直线时,这定理就显明出来。"所以,潜能地存在着的关系,显然是靠把它归结为现实被发现的(理由是 :几何学家的思想是现实的思想);因此,潜能是由现实来发现的(因此靠着一种构造的行动,人们获得了知识),虽然单纯的现实在生成上晚于与之

---

① Aristotle,Met.1051ᵃ4-15 .

相应的潜能。"①

　　亚里士多德的这一观点具有非常高的认识论方法论的价值。请把这里的论述同康德的认识论（见《纯粹理性批判》）联系起来，对照起来看就可以理解。亚里士多德的确抓住了人的形式、目的、具有客观规定性的思想的能动作用，指明它们在认识和发现事物的关系、规律中的巨大意义。

　　　　　　　　　*　　　　　　　*　　　　　　　*

　　可以说，关于潜能和现实的学说，是亚里士多德哲学的最高点。它从个别事物的存在出发，寻求它的原因或本体，在生成过程中说明现实事物，并把四因、形式与质料的学说综合在其中，完成了亚里士多德的本体论研究。至于他在《形而上学》第十二卷（Λ）中所讲的神学，乃是这种本体论研究中必然要蒸馏出来的唯心主义和形而上学的结果，这一点我们在前面各有关之处已经随时指出来了。不过这终究是一种副产品，虽然他本人认为十分重要，是最终的真理，我们却不必给予过多的关注和讨论；我们知道了它的根源和必然会发生，也就够了。因为它实在算不上什么精华，而是亚里士多德思想里抽象出来的糟粕。抛开这一点来看亚里士多德在《物理学》和《形而上学》中（即在自然哲学和第一哲学中）所不断发展的本体论学说，我们就会认识到，它是《范畴篇》中个别事物是第一本体这颗种子的发育和完成，终于变成了一株大树，一个大的体系。它的研究主体始终是个别事物，但通过了"四因"——"形式"和"质料"——"潜能"和"现实"的不断研究、分析综合，对

―――――――――――

①　Aristotle, Met. 1051^{a}29-33.

个别事物及其生成变化的说明展开了，得到了较深刻的规定，从而完成了他的说明。从单纯的个别事物出发，通过深入的分析与综合，回到了个别事物，使之成为一个包括了丰富的诸种规定的有机结构，再现于我们面前。所以我认为说他在《形而上学》的本体学说，同《范畴篇》的完全不同，完全改变了，恐怕是不大全面不大妥当的。我想，从基本内容或主体上看，还是同一的。

第十六章　亚里士多德的哲学研究同他的逻辑学

一、亚里士多德哲学中本体论同逻辑的一致

亚里士多德是逻辑学的真正创立者。他不仅仔细研究过自然和社会的种种形式,而且仔细研究过人类思维本身的各种形式,这个伟大贡献不是任何人能轻易抹杀得了的。我在这里当然不能详细讨论他的逻辑学里的种种规定,那是专门的逻辑学家的任务,这里我所关心的是他的逻辑学同他的哲学之间的关系问题,如,他是用什么样的认识方式或思维方式研究哲学问题的? 这种逻辑和认识论的基本观点,又是如何在他的哲学与科学的研究中形成的? 他的本体学说同逻辑学说究竟是怎样联结的? 研究这些问题,我想对于了解他的本体论和逻辑两者都是带本质性的,如果割裂开来,我们对这两者都难以求得真正的理解。事实上有研究的亚里士多德学者们都承认,他的逻辑并非只是单纯的形式,而是有内容的,是关于本体的逻辑。但是人们对他的哲学和逻辑学还是孤立地分别研究为多,而要点却在于抓住联结。

亚里士多德哲学中本体论和逻辑的紧密联系并不是偶然的,也不只是他个人的特色,而是从巴门尼德以来整个古典时代希腊

哲学发展的必然结果或总结,并且还有更广泛深刻的根源。

在古希腊,逻辑思维及其形式的确立和发展,当然并不是纯粹哲学的事情,在人们对社会生活尤其是政治、道德问题的辩论中,在修辞学和辩论术的研究中,在各门学术的探讨和建立中,到处都产生、运用和形成着逻辑的方法与形式。

在各门科学里,数学的长期研究和发展,起着一种特别重要的作用。泰勒斯就研究过几何学问题,从毕达哥拉斯起数学和几何学获得了极大的意义和长足的发展,在柏拉图和亚里士多德时代几何学已在系统化,比亚里士多德只晚一代人的欧几里得搞出了《几何原本》。希腊人所创造的几何学是用逻辑形式和方法研究一种客观对象(形与数)的卓越范例,它那种从普遍公认的一般定义、公理、公设出发,通过严格的证明来推论出一套科学知识体系的方法,令人惊叹,显示出逻辑是何等的有力量,多么值得人们信赖。不过尽管如此,这些从生活、实践和各门具体科学里到处生长起来的逻辑因素,若没有哲学之助,就还不足以形成真正的普遍的逻辑思维方式。这是因为,唯有哲学才研究最普遍的存在及其根本原因,所以也只有它才能给逻辑提供最终的根据和说明。不难看到,即使数学里的逻辑要素,最初也是在哲学研究中得到确立的,这一点从毕达哥拉斯派的历史就可以知道,他们是把数和形当作存在的本原,进行抽象的普遍的研究,才获得全部数学和几何学由以出发的根本前提的;并且由于把这些根本规定(本原的"数")当作一切数与形的根本原因,它们之间存在着必然的因果关系,当然就能形成证明、推理的方法了。——但是数学毕竟不能代替哲学,后人很快就发现毕达哥拉斯派的数论哲学牵强附会:数与形只是事物的一方面的规定性而不是事物本身,不能成为各种自然事物等等的根本原因;同样,数学中的逻辑方法与形式虽然很好,但还不是普遍适用于一切客观对象的逻辑思维,而且它本身(如那些原始的形与数的定义、公理等)还有待于哲学来说明。

真正普遍的逻辑思维,是从巴门尼德和爱利亚派才开始得到研究的,它就包含在他们的"存在"论里,是彼此不分的。为了抓住和确立世界的普遍本质"存在",他们必须用最普遍的思维来加以规定,这样他们的"存在"论也就是他们提出的最初的逻辑 —— 本体逻辑:"存在只是存在,非存在不存在"="是即是,否即否"(在西方语言文字中"存在"和"是"是一个词,如英文中都是 to be),两者必居其一。于是逻辑的根本规律,如同一律、不矛盾律、排中律,以及用普遍来规定(定义)对象,用理由(原因)来推论出结果和驳斥不同意见,这些逻辑的基本成分都以萌芽或胚胎的形态产生了。巴门尼德哲学的实质和重要意义,就在于用最普遍的思维来把握世界万物的最普遍的本质,加以规定:结果就是对世界(客观方面)产生了"存在"范畴即本体论学说,对思维本身形成了"是"与"否"的规定即逻辑。

巴门尼德的本体论逻辑对往后哲学和科学发展的巨大影响,我们已经看到了,同时我们也看到了人们对它的突破和批判。巴门尼德逻辑的根本错误是普遍脱离特殊,本质("存在")脱离现象,人们要求把二者结合起来,本质必须说明现象,普遍要能解释特殊;因此恩培多克勒和阿那克萨戈拉在保持巴门尼德"存在"逻辑核心的同时,着重研究了这种结合的问题,使哲学和逻辑都得到发展,并深入到认识论方面。

智者对哲学和逻辑都作出了一种很特别的贡献:他们在把"存在"归结为感官对象即现象的同时,把思维归结为感觉,从而取消了本质、普遍和稳固的东西,也取消了以这些为对象的普遍的有规定性的思维;可是他们并不是没有逻辑教养的人,不,他们很有逻辑教养,但由于取消了逻辑的真实依据,逻辑在他们手上就变成了相对主义和诡辩的工具。这是他们的反面贡献。但他们也是有正面贡献的,如高尔吉亚对巴门尼德的"存在"学说的批判,就包含着极有价值的某些逻辑和认识论思想;另外以前哲学家的逻辑主要只研究自然的"存在",智者们则主要从人事上来研究哲学和论辩术,给逻辑的运用和发展开辟了一个最重要的方面。

苏格拉底和柏拉图把哲学和逻辑的研究紧密结合,这是最明白不过的了。为了追求善和正义,苏格拉底反对智者,重新追求普遍和本质,形成了"归纳论证和寻求一般定义"的方法;柏拉图把本体论和逻辑的结合发展到更高水平:根本的"存在"和"原因"就是共相,"相"是"种"和"属"以及由之造成的定义的层次体系;这体系靠从特殊不断上升到普遍中得到归纳,在归纳中每一层次的"相"要经过演绎检查是否有自相矛盾,然而还只是"假定",因为它的存在的原因还要在更高一级的"相"里去找,这样一直上升到最高最普遍的"相",然后行程就倒转过来,用最高的"相"来推演地说明和产生下面的"相",直至产生个别事物,这个逐级下降的过程实际上就是演绎法,它使原先在归纳中得到的还是"假定"的相获得证明,从而确认了全部相论体系的真理性。"相论"和"辩证法"这两个东西在柏拉图哲学里不能分,本体论和逻辑都在他手里得到了巨大进展。

可见,全部古典时代的希腊哲学发展都表明:哲学和逻辑是一件事情的两方面,哲学的主要成果总是关于"存在"和"本体"的学说,但它借以建立的思维活动,包括探究、提问、思考、说明、证明和规定等等,总是逻辑的思维。它们好像机体同机体中的生命活动的关系那样,或者说,像产品同产品借以形成的活劳动的关系那样,彼此不能分离。正像物质产品是活劳动的对象化,而活的劳动本身也只能在制造物质产品才能得到规定和具体发展一样,逻辑是在哲学(包括科学)的研究中形成的,但无论如何,本体论作为人的精神劳动的产品,其本质终究是能动的精神劳动本身。所以,我们这样说大概是不会错的:古典时代希腊哲学主要是关于本体的学说,但它的内在本质是一种活劳动——希腊人那种生动的寻求关于世界的真理的思维劳动,这种精神的劳作在古典时代通过各种社会实践和科学的研究,尤其是通过哲学的研究,得到了锻炼和一步步的规定,从而提升并确立为逻辑思维,而这种逻辑思维又在进一步的哲学研究和其他实践与研究中越来越深入具体,终于形成了有系统的逻辑学本身。——最后这个成果是亚里士多德实现的。

因此,我们认为,亚里士多德批判地总结了以往全部哲学创立他自己的本体学说,固然是他的功绩,但是要真正理解他的本体学说,就不能不注意他的逻辑学。而且真正说来,一切哲学中的那些关于本体的即形而上学(按这个词的原意说)的结论,其意义终究是很有局限的,总是精华与糟粕并存,容易过时;所以最能使我们感兴趣和我们认为最有价值的地方,不在单纯的结论本身而在它是如何产生的。对于亚里士多德,情况也是如此,当我们弄清楚他的逻辑和认识论基本思想时,他的本体论结论的精神实质,其中精华、糟粕与混乱动摇的原因,就能更好地为我们所理解,而且是统一的理解。因而我想把探讨他的逻辑学基本观点与其本体论的关系,作为一个必要的部分。

二、亚里士多德研究逻辑学的大体过程

亚里士多德的逻辑学著作，主要有六篇，后人将它们编辑在一起称之为《工具论》。历来认为其中《范畴篇》和《解释篇》是写得比较早的。后面四篇中的《正位篇》大部分写于两个《分析篇》之前，但它的第八卷和《论诡辩的驳辩》可能在两个《分析篇》之后。罗斯认为《分析前篇》写于《分析后篇》之前，而《分析后篇》则写于《形而上学》主要各卷之前。[①] 我们也许可以相信这样的大体顺序。

《范畴篇》表明，亚里士多德开始独立形成他的本体论思想时，就把逻辑作为基本的思维工具，而他的逻辑思想一开始就是有事实和哲学内容的。

《范畴篇》从单个的实义词的含义着手讨论，指出它们都表示某种"存在"，并分析和确立了这些词表示的"存在"有十种，其中"本体"和其余九种范畴的区别是基础的划分，然后再区分出本体范畴里有个别事物、它的属、种，研究了它们的相互关系，这些划分奠定了他的本体学说的初步基础。《范畴篇》在确立了个别事物是第一本体和本体是存在的中心之后，接着讨论了数量、性质、关系等范畴，它们作为"存在"指何种意义，以及它们各自同本体的联系方式；其中特别值得留意的是他比较具体地研究了各种"对立"关系的含义，包括相关（相对性）、相反，实有与缺失，还有认识中的肯定命题与否定命题之间的对立，初步提出了逻辑上不能容许矛盾

---

① 关于这方面的讨论和较详说明，请参见 W.D.Ross, *Aristotle's Prior and Posterior Analytics*, Oxford University Press，1959, pp. 6-23，和他为英译本 *Aristotle's Meta-Physics* 所写的 "Introduction", Oxford University Press, 1953, P.xiv，还可参见阿·谢阿·赫曼诺夫：《亚里士多德逻辑学说》，上海译文出版社1980年版，第90页。

的思想；此外他还谈到科学或证明的知识中的顺序问题，事物中的原因问题；这些论述，既是关于存在和事实的规定，也是关于这些内容的逻辑形式的规定，所以《范畴论》可以说在本体论和逻辑学说上都为他后来的发展提供了元素。

《正位篇》是极有意义的方法论作品，对我们认识他研究哲学时所用的逻辑方法与形式，尤其有直接关系。

它开宗明义地指出，这篇论著的目的是要找出一条研究的线索，或探求的方法，使我们能够就各种问题从普遍为人所接受的意见出发，进行推理。①

他在这里区分推理 —— 推理是一种论证，在陈述某个事情之后，由此就能必然地得出关于另一事情的结论来 —— 为：

（a）证明的推理。它的前提是真实的、原初的，所以它的结论是可靠的知识；

（b）辩证的推理。它的前提是一个被人普遍接受的意见，特别是哲学家的重要意见；

（c）"好争辩的"推理。其前提是些似是而非的意见，它实际上不算是推理，不过貌似推理而已。②

此外还有些前提不真，又不是一般被接受的意见，也没有定义的错误推理，就更不必说了。

这些推理形式划分是根据内容，即主要是看前提的真实程度来定的。关于证明的推理，是《分析篇》研究的，对于好争辩的似是而非的推理（即智者的诡辩术），是《论诡辩的驳辩》中加以揭露批评的。《正位篇》的主题，是研究"辩证推理"，它是从重要的意见

---

① Aristotle, Topica, 100ᵃ18-20, Ross 主编, W.A.Pickard-Cambridge 英译, *The Works of Aristotle*, Vol. I, Oxford, 1955. 以下有关亚里士多德逻辑著作引文，均引此书。

② Aristotle, Topica, 100ᵃ25-101ᵃ4.

出发,探求哲学真理的主要方法。

　　辩证法的推理有三种功用:智力训练;用来考察各种意见;对哲学有用。① 实际上前两者都关系到第三点。"它对哲学的研究有用,是因为从一个问题的正反两方面提出探求的困难之点的能力,将使我们易于发现这些论点里的真理和错误。""因为辩证法是一个批判的过程,其中便有探求一切根本原理的途径。"② —— 这些表述表明亚里士多德对辩证法即辩证推理给予了多么重要的意义和地位。

　　这种"辩证法"的探求方式,从逻辑上说,中心之点是怎样提出一个"论题"(thesis)或"问题"(problem)。因为它要讨论一些重要的意见及其分歧,如多数人们同哲学家之间的分歧,人们之间和哲学家之间的分歧;所以讨论首先要把这些分歧的意见集合在一个"位置"(τόποι,《正位篇》篇名 Topica 的原意即"位置",也即"论题",研究如何把论题弄好,故译为"正位")上,使分歧意见相遇形成一个问题,才能通过讨论分辨真理与错误,有助于探究真理。"所以一个论题也就形成为一个问题,这是很显然的。"③

　　善于提出问题有重大意义:"一个辩证法的问题是这样一个探讨的主题,它给探讨提供了选择和避开〔的机会或条件〕,或提供真理的知识,还能靠提问题本身或借其他问题的解决来帮助该问题的解决。"④

　　这一概括之重要是明显的。善于提问题,安排问题的提法,在一切辩论中,特别是哲学和科学的研究中都是关键。因为不知道

---

① Aristotle, Topica, 100^b25-28.

② Aristotle, Topica, 101^a34-36, 101^b3-4.

③ Aristotle, Topica, 104^a31.

④ Aristotle, Topica, 104^b1-3.

问题所在的人就不可能解决问题,问题提得粗浅笨拙的人也不可能很好解决问题,一个问题提得恰当、深刻,这本身就会为问题的解决提供钥匙,开辟道路,推动思想去解决难题。亚里士多德本人是善于提出问题的伟大思想家、哲学家和科学家,古今中外的大思想家没有不注意提问题的。亚里士多德认为"辩证法"或辩证推理的方法,就是研究"问题"的提出和如何解决的形式与规则;这是对哲学和科学研究的根本方法或逻辑形式的很好总结。

他指出"辩证法"是探求哲学真理的基本途径和方式。所谓智力训练,批判地考察重要分歧意见,也都是为了研究哲学的真理这个目的的。为什么他强调的是对哲学研究的意义而不是对其他科学研究的意义呢?因为各门科学在设定了它们的基本前提之后就能通过证明而前进,如几何学那样,没有多少可争论的。但恰恰是它们的那些基本前提本身并未得到证明,只是假定或某些单纯的经验事实。这些基本原理是各门科学的先决条件、最终根据,但各门科学自己并不研究它;人们对这些原理持有不同意见,进行辩论,这是辩证法或辩证推理的事,也是哲学的事,因为唯有哲学才研究各门科学原理的最终根据。所以辩证法特别是探求哲学真理的方法,哲学研究也总是辩证推理的过程。① 研究哲学的真理,要从考察重要的分歧意见和各门学科的根本原理出发,通过对正反看法的辩证推理才能达到。"一个'论题'是某个卓越哲学家提出来的同一般意见有冲突的假定。例如,安提斯泰尼说矛盾是不可能的见解,或赫拉克利特一切皆运动的观点,或麦里梭说存在是一。因为对某个普通人发表与人们通常意见相反的看法加以注意

---

① Aristotle, Topica, 101^{a}38-^{b}1 .

是愚蠢的。"①

　　他说,这种辩证推理包括归纳法(induction)和推理两者在内,"归纳法是从个别到普遍的过程。……归纳法是更有说服力和清楚的:它更易于利用感官来学习,并一般适用于大众,尽管推理在反驳自相矛盾的人时更有力量和有效。"②辩证推理为什么包括归纳法呢?因为探索涉及的是(1)一个主题,它是论证由以开始的"问题",(2)这个主题是同"材料"一致的,要讨论的"问题"是关于事物的问题,所以要弄清楚它是关于哪些事物哪种事物的问题;每个问题或论题指的总是事物的种或属差、特性、定义或偶性的问题,这些都要一一弄清楚。③简言之,论题或问题都是关于事实的问题,这种逻辑的形式规定总是有事实作内容的,而把事实弄清楚,把对事实的不同意见作成论题或问题,这本身已经是归纳,只能靠归纳来达到。然后才能开始进行推理的讨论,当然辩证的推理由于能检查出和否定掉错误意见,它的作用也就是使正确的意见显示出来,从而有利于寻找到真理,因此在更广泛的意义上它也是归纳法的一部分,不过就推理本身的形式来说,它就是三段论,同证明的推理(三段论)并没有什么区别。《正位篇》主要研讨的是怎样提问题的事情,那纯推理的形式由于同证明的三段论无别,实际上并未多讲,而是在《分析前篇》中一并解决的。亚里士多德指出辩证推理包括归纳和推理,也就是说它包括归纳与演绎,不过同证明推理的归纳与演绎有所不同:辩证推理的归纳和演绎是从不同意见的问题出发探求真理的过程;而证明推理是从真实确定的前提出发演绎出确切必然的结论知识来,那真实确定的前

---

①　Aristotle,Topica, 104^{b}19-23.

②　Aristotle,Topica, 105^{a}10-19.

③　Aristotle,Topica,第一卷,第4—7章。

提本身要靠所谓"理性直观"从事实中归纳出来。探求带有不确定性，是从不确定中寻求确定的真理；这时演绎主要在于揭示错误意见之为错误，并使正确意见通过推理的检验而显示出来，以便成为真理，所以这里的演绎也有证明的意义，但不像在证明三段论中那样只是证明；这时归纳也带有讨论研究的性质，不像证明知识的前提由以获得的"理性直观"归纳那样确定。——可是，这里有什么绝对的区别、鸿沟呢？所谓"理性直观"又到底是什么呢？从亚里士多德的大量论述，特别是他的全部本体论研究过程来看，它们是相通的，而辩证的归纳实际上是命脉和灵魂。因为所谓"理性直观"所归纳得来的基本真理、自明真理，是不能离开辩证讨论的归纳的。所谓"理性直观"归纳一下子洞见到基本真理，只不过是要给辩证地探求到的真理赋予确实无疑的性质罢了，而所谓能"理性直观"地抓住基本真理这种说法本身，则表明他还说不清基本真理的确定性的认识来源。关于这个重要问题，我们到本章最后还必须讨论到，这里只先提醒一下，对读者们可能是有好处的（当然这是我的一个看法，可能不对，所以也应当申明）。

亚里士多德认为要靠归纳对事实和有关意见一一考察，另一方法则是通过推理，只有凭这两种方法来确认材料（事实）和与之一致的讨论主题。[①] 因此他说，要搞好辩证推理需凭借四种手段：（1）问题要提得恰当；（2）要把一个特定的表述语的多种含义或用法区别清楚；（3）要发现事物的差别；（4）要研究事物的类似。[②]

（1）把问题提好。他指出这不是一件容易的事，需要选出和把握那些最主要的意见及其分歧之点，加以整理安排于一定的论题

---

① Aristotle, Topica, 第一卷, 第8章。

② Aristotle, Topica, 第一卷, 第13章。

之下,这要通过归纳来考察才能做到。

他说,"为了哲学的目的,我们必须按照事物的真相来对待它们;但对辩证的目的而言,我们只需看看一般的意见。"①

这就是说,如果只是智力训练,或只以辩论的胜负为目的,那么常常无须考虑事情真相,可以只就意见本身或语言陈述来提问题;但是哲学的目的在于求真理,这就要求严肃地对待事实。用中国人爱说的话来讲,就是提问题和进行辩证的讨论都应"言之有物"。这实际上同柏拉图在《巴门尼德篇》中所说的哲学智力训练("大众称之为无用的闲谈")有关也有别。亚里士多德不否认搞哲学也要学会言辞的论辩,但强调哲学不可陷入空洞的词语之争,要实事求是,不尚空谈。他强调对于探索真理的辩证推理来说,问题提得是否恰当,关键在于是否有助于揭示事物的真相或真理。所以,在选择哪些意见及其分歧点以作成论题的时候,最重要的是要看它们是否关系到对事物本质和真理的认识。

从这里我们也可以看到,在他的心目中,探求哲学真理的这一类辩证推理和归纳,实际上是他的逻辑学中十分重要的一部分。因为单纯证明推理所涉及及解决的知识问题,只是科学中的知识问题,它的基本前提是靠哲学来解决的,所以关系到哲学真理探求的方法自然更重要。另外,由于研究哲学的辩证推理是关于事实和本质的,所以它无论是在内容和形式上都同证明的推理及其知识保持着深刻的联系,而与仅仅是一般意见的论辩,特别是言辞之辩、似是而非的论辩有原则区别。

(2)亚里士多德强调区别一个表述有多少含义是十分重要的事情:"考察一个词有几个含义是有用的,既是为了词义清楚(因

---

① Aristotle, Topica, 105ᵇ30-31.

为一个人在弄清一个词有多少含义后，就更容易知道他说的是什么），也是为了使他的看法能确保推理与实际事实相一致，而不致只是作字面的讨论。"① 词义用法不清，讨论双方心里所指的可能并不是同一事物，这就会出现可笑的错误；所以弄清含义所指，能帮助我们避免错误或陷入歧途。他说，这件事本身不属于"辩证法"，但很有必要很有用处。

（3）"发现事物的差别，既有助于同一和差异的推理，也有助于认识特殊事物是什么。有助于我们关于同一和差异的推理，这是明白的：因为当我们发现了对象间某种差异时，我们就指出了它们不是同一事物。它有助于我们认识一事物是什么，因为我们通常都是靠专属于某事物的属差来分辨出每个特殊事物的本质。"②

上面第（2）点讲的是分别词语的含义差别，而更重要的是分析和发现事物本身里的差别，这才是一切认识和逻辑分析的关节点。分析和发现事物的事实上的差别，是人类思维走出原始混沌状态，越来越深入确切地认识事物的关键，亚里士多德把它总结成逻辑的基本方法。归纳和综合，必须用分析即发现事实中的差别为前提，分析本身也是归纳，柏拉图已经强调划分的方法是他的"辩证法"中最重要的事情，不过他讲的只是"相"的种、属划分，亚里士多德则强调事物本身的划分，发现事物的差异，就能把事物划分为种和属，在种之下用发现的"属差"来定义事物，认识和规定特殊事物是什么。这是"定义"的基本方法和形式的依据。显然，发现事物的差异，把事物划分为种和属，给以定义（规定），这对于我们的全部认识和逻辑思维活动都是最基础的条件，这里既有分析也有

---

① Aristotle, Topica, 108ª 18-22.
② Aristotle, Topica, 108ª 37-ᵇ6.

综合,总的都属于对事实的归纳方法。

（4）最后,"考察类似,对归纳论证和假言推理有用,对提取定义也有用。它对归纳论证有用,因为靠着归纳个别事物的类似,使普遍得以显明,而如果不知道类似之点就不易做到。它对假言推理有用,因为通常的意见认为,在相似者里对其中之一是真的,对其他的也真。…… 它对提取定义有用,因为要是我们一眼看到个别事物在每种情况下都类似,就会不迟疑地在定义对象时把它们置于某个种之下：因为本质范畴里最确定的共同谓语最象是种。同样在对象差别很大的情况下考察类似,对定义也有用,如海的平静与空气里没有风,都是一种静止的形式,线中的一个点同数目中的单位,都是起点。因此,如果我们把一切情况下共通的种提出来,我们就得到可信的定义,这并非是不恰当的。"① 考察类似,在差别中发现类似,同在一致与类似中发现差别,本是同一个认识事物过程里的两个侧面,都是必要的。

以这些方法为指导并为了实现这些方法,《正位篇》以大量篇幅对于表述语、种和属、性质和定义等等一一加以分析研究,提出澄清和运用它们的种种方法与规则,然后再讨论关于如何提问题,如何进行问答讨论即辩证推理的问题,这些我们就不必详加评述了。显然,所有这一切都是为了使我们探求真理的人能考察弄清各种重要意见及其分歧点的实质,它们同事实真相的关系如何,正确和错误的程度如何,以便提出问题解决问题。这是一个不断弄清事实和相应的思想及表达形式的过程,也是从事实中进行归纳的过程。

整个来说,《正位篇》是从探求事物的真理这个目的出发来研

---

① Aristotle, Topica, 108 b 7-28 .

究逻辑的。这里讨论的逻辑主要是一种探索的方法和形式,中心是哲学研究的方法和形式。这种逻辑形式的特点是：

（1）它是"**辩证法**"的**方法**,与单纯的"证明"不同。单纯的证明方法只适用于基本前提是真实无疑的情况,可是一切科学的最终原理是否真实无疑恰恰只能在哲学的探求中得到。哲学的真理总是带探索性的,只有在对重要的意见分歧的辩证考察中不断深入弄清事物的真相、本质和本原,才能在不确定中达到确定,在分歧中抓住真理,最后达到一切事物的最终原理。因此研究逻辑的第一步不可能是建立"证明"的推理,而应是研究"辩证的"推理,因为只有它才是哲学探求的基本方法和入手的方法。—— 当然这不是其中没有"证明"的方面,辩证推理也是一种推理,也用三段论；只是前提与单纯证明推理不同,所以目的和结果的性质也不同；证明推理达到的是一个必然的结论；辩证推理则主要是在三段论及其结果中检查前提中的意见,进行辨别、证伪,使比较合于真理的意见显示其正确性,从而为最后把握真理提供依据。

（2）这种探求方式的基本**形式**是"论题"或"问题"。要善于把重要意见分歧加工为"问题",才能进行辩证推理的讨论。这种形式是以事实材料为内容的,因为分歧意见虽是用语词表达的,而语词是指事实的,所以根本之点还在事实。辩证推理中形式和内容、思想和事实的一致,对探求真理是最重要的事情。所以看起来似乎与推理本身无关的词义分析、种属划分、定义等等,恰恰是这种推理赖以存在和进行的基础和必要环节。

（3）这种推理同**归纳法**内在不可分离。因为归纳,只有归纳,才能给一切逻辑思维活动及其形式提供事实内容。归纳是对个别事物的本体、本质、性质、关系等等进行认识的活动,包括区别和比较、分析与综合等,借以从个别上升到普遍,于是事物在思维面前呈现为种和属,可以定义(规定)的东西。在这个条件下,我们就能识别、选取关于事物的意见哪些是重要的,哪些分歧点对我们认识事物的真相与本质关系最大,就能把我们所要讨论的"问题"或"论题"也归纳出来,并且安排得最好,最有利于发规错误和真理。当这一切事都做了,才能进入辩证推理的讨论过程,而这个过程中仍时时要不断辨析归纳;最后,这整个辩证推理过程及其结果也仍然是在归纳,因为结果证明了前提即"论题"中哪些意见错误哪些正确,或各自真假程度如何,就引向最高原理或最终真理的发现。可见,哲学探求的全过程,无论从内容和形式上看,始终都贯穿着归纳,由归纳提供材料和种种知识与形式,并且整个说来就是归纳 —— 从弄清个别事物的种种情况一直达到发现最高最普遍的本原或原理。

亚里士多德本人就是用这神方法研究哲学本体论的,这可从他的《物理学》第一卷、《形而上学》的第一、三卷(A、B 卷)看得明白,他为了探讨本体是什么,对前人的各种重要观点作了大量的特殊研究,这种认真细致的批判审查帮助了他提出四因说。而四因说从根本上说又是他独立地研究事实,从自然事物与人工产品的异和同的考察中获得依据的。这两者,包括对重要意见与分歧的辩证审查讨论和对事实的研究都是归纳。归纳是探索,探索也是归纳。

他这种哲学探索方式,显然是对于从巴门尼德和爱利亚派开始的方法的一个总结,尤其是对苏格拉底和柏拉图的"辩证法"的发展。诸如"归纳论证和寻求一般定义"、把"辩证法"认作智力训练和从事哲学的必备能力以及认"辩证法"是从特殊开始通过假设与检查逐步上升又从最高的"相"逐步下降的过程,这些亚里士多德都吸取了。不过他同柏拉图有重大区别:其一是他否认有离开个别事物而自在的相，所以他虽然同柏拉图一样重视普遍，却不像柏拉图那样"从相到相回到相"，而主张从个别事物出发寻求它的本质和普遍规定，然后还要回到说明个别事物；柏拉图的"辩证法"是纯粹共相领域之中的事，而亚里士多德的"辩证法"是对事物本身的个别和普遍关系的认识过程，时时要受实际的检验。其二是，他不认为"辩证"的归纳所获得的知识，有像柏拉图那样的绝对性，而是不断研究、探讨的过程。他虽然也没有完全分清相对、绝对的关系，但从方法论上看较少武断，富于实事求是的精神。这都是比较正确有价值的。"辩证法"的归纳法，还表现出人类求知的能动作用，同消极被动地反映事实接受知识不同；这种能动的求知活动，表现在人们对事物及其本质"是什么"**主动地提出问题，搜集事实材料和人们有关的重要意见和分歧加以研究**，以便把**问题定得恰当并找出答案**，以及**主动地**对各种意见、答案进行**检验**等等。由于亚里士多德重视经验事实的收集和用事例来检验普遍，有人就认为他的归纳法也是简单校举的或列举全部事例的经验主义归纳法，但这种看法是不完全的，本质上是不对的；因为如上所述，他的归纳虽从事实出发又回到事实，但主要凭借的乃是理性思维的主动活动而不是消极的反映。单纯枚举或全部列举只能就事论事，既不能从事实上升到原理，也无从说明事实，简言之，也就谈不到有什么归纳。经验主义者所讲的这种归纳法，其实是很不像样子的。实际上，完全没有认识主动性的归纳是不可能存在的。可是他们却不承认这个道理，所以他们常常不能理解古希腊人（苏格拉底、柏拉图和亚里士多德）所讲的归纳法,看不到探求、讨论、提问题、作假定和进行检查等等就是归纳法,反而认为古人没讲什么"真正的归纳法"。其实在这一点上,古希腊人比近现代某些人站得要高些。

现在我们来看看两个《分析篇》。

与《正位篇》以辩证的推理为研究对象不同,《分析篇》的研究对象是证明的推理或简称"证明"。亚里士多德在《分析前篇》一开头就说:我们现在要研究的主题,是证明和能产生证明的科学知识的功能。[①] 这实际上也概括了《分析后篇》的主题。关于两个《分析篇》的区分是我们要注意的,但首先要问:研究"证明"的逻辑学说同研究"辩证法"即辩证推理的逻辑学说有什么关系。

亚里士多德这里所说的"证明",是指能产生一个科学知识（又称为"证明知识"）的方法。从**形式**说,证明是一个完全的三段论:"三段论是论说,在其中某些东西陈述出来后,与之不同的另一个东西就由之必然地得出来。"[②] 那先陈述出的叫前提,那由前提能必然推论出来的叫结论,研究前提与结论之间必然联结的结构形式就是三段论。由于运用的种种情况,三段论演化为许多种类的格式,一套演绎法的形式。但其根本性质和特征,考察它的第一格这种最基本的形式就可以明白了。现代著名逻辑学家卢卡西维茨认真鉴定了亚里士多德三段论的标准形式,认为是这样的:

> 如果 A 表述所有的 B,
> 并且 B 表述所有的 C,

---

① Aristotle, Analytica Priora, 24ª10-12.

② Aristotle, Analytica Priora, 24ᵇ8-20.

那么 A 表述所有的 C。①

可以看出,三段论是一种很像代数学里的公式那样的抽象形式结构,这种形式很严密,它不问这里的 A、B、C 具体所指的是什么东西,只要一个陈述中的主谓项符合大小前提中的这种形式的关系,那么一个上述形式的结论就必然能够产生。其精确程度犹如一条精密的机器生产线,投入合格的原料,就会出来一个合格产品似的。

研究三段论的种种情况并加以规定,是《分析前篇》所做的事。

三段论给各种证明的科学知识提供了逻辑方法。希腊的数学,特别显示出这种逻辑形式的作用,只要确立了一些正确、必要的普遍性前提(如关于形与数的定义、公理、公设),那么按照三段论的形式和规则来进行推理,就能保证所证明出的每一个知识都是正确的。几何学就是按这套形式建立起来成为一个严格的科学体系的。人们感到,这才称得上是科学,是"证明"的知识。亚里士多德把这一套演绎方法概括提炼,建立了三段论的逻辑学说,这是他的一大贡献。

三段论在运用中当然要联系到各种内容,但它本身好像可以不管内容,只以一些形式存在和发挥作用,因而显得很确定、清楚、稳固和可靠。于是在我们带有各种不同程度的不确定性的知识和思维中,它仿佛成了一个牢固的支点,一个最有确定性的逻辑形式。三段论的确有这方面的意义:它是非常抽象的思维形式,好像舍弃了一切事实材料和思维或知识的内容,只是些格式和框架。但这是不是说它真是一种纯粹绝对的抽象形式,真是毫无内容

---

① 卢卡西维茨:《亚里士多德的三段论》,商务印书馆1981年版,第8—11页。请查阅亚里士多德《分析前篇》25ᵇ37、《分析后篇》96ª10等处。

呢？完全不是这么一回事。实际上亚里士多德说得很清楚，三段论的实质就是事物中的必然的因果关系在思维形式上的表现（关于这一点我们下面再说）。可见，舍弃了一些具体内容的三段论式，正是集中表现了事物中的、人的实践行为中的客观必然联系、因果性规律这个根本的内容，表现了我们思维中讲"理由"、由此及彼的必然性推理活动。

它决不是没有内容的：它的"前提"与"结论"的划分与必然联系的形式本身就是因果关系这个内容的形式（这里讲的因果关系，实际上包括了普遍与特殊，本质与现象，全体和部分等等的联结关系），所以三段论随之还有许多格式。

我们要注意，《分析篇》讲证明的逻辑，是同科学知识相联系的。对于一切科学知识来说，它们必须是得到了证明的，因此三段论的**形式**方面绝不可少，但科学知识总是有**内容**的，因为只有关于事实的科学知识，并且科学知识不是些不确定的没必然性的意见，更不是错误的看法，而是关于事实的正确的必然的知识。这表现在逻辑形式上，就是：**证明的三段论**，**前提**必须是一个**真实的原初的知识**，以便推出一个虽然是**间接的派生的**却是必然的、同前提一样**真实的知识**。三段论的格式本身能保证结论同前提联结的必然性；所以结论这个知识里的真实内容，全看前提而定。前提的真实内容保证着结论的内容真实，所以研究"证明"更重要的是研究它的**前提**本身；科学知识都是从该科学的若干原始的前提、原则出发进行推演所得的知识，问题在于这些科学中的原始前提本身怎样才可能是真实的，它有什么保证，又如何获得。研究这些，是《分析后篇》中所做的事。

于是我们看到，"证明"推理有（1）形式，即三段论；（2）内容，即关于对象的真实的知识，其关键在前提。这二者缺一不可。但这二者还是有别的。

第一，三段论作为因果必然联系的逻辑形式，它本身是不管前提是否真实或真实程度如何的，所以证明的推理固然用它，辩证的推理也同样用它，不仅可以而且必要。这两种推理都用三段论，区别只在于前提不同：

> 证明的前提不同于辩证的前提，因为证明的前提是确认两个矛盾命题之一的（证明者并不追问这个前提，只是把它设定下来），而辩证的前提却要看对方在两个矛盾命题中如何选择而定。但两者在建立一个三段论上并无区别，因为证明者和论辩者都在陈述了某个东西是否属于另一东西之后，用三段论来作论证。如果三段论的前提是真实的，是由这门科学的第一原理得来的，它就是证明的前提；而一个辩证的前提则是由问题入手在对立的两个命题中择定，不过当使用三段论作论证时，它还是对明显的和一般承认的看法的一个认定，如《正位篇》中已说过的那样。①

这就是说，对于"证明"和科学知识来说，前提的内容是一个真实的知识，因此它不研究矛盾的问题或不同意见，只是从一个被认作无疑真实的原理往下推演出知识来。对于"辩证法"和它要探求的哲学知识来说，前提则不那么确定，是问题，是对立的意见，认定其中选择的一个来用三段论作推论，那么结论也是可真可假的，它的作用是暴露设定的前提（某一意见）的真实性和虚假性来。

从这里可以看出，证明推理比辩证推理有一种优越之处，就是它能获得真实确定的知识，而辩证推理则还不能获得这种真实的

---

① Aristotle, *Analytica Priora*, 24ᵃ22-ᵇ13 .

知识,带有不确定的探索性质。

　　第二,这又恰恰是辩证推理优于证明推理之处。因为证明推理必须从真实的前提出发,但各门科学在追溯到自己的第一原理时就只好停止了。这些科学部门里的第一原理本身又从何而来,什么前提能证明它呢? 于是追溯的研究就必须进入哲学的范围了,因为只有哲学才研究一切存在的最高原理。在这个范围里,证明就不中用了,因为最高原理不可能有比它更高的原理作它的前提。在这里只能靠辩证推理来讨论、探索,加上"理性直观"的洞见予以确定。

　　证明推理只有确定性,不容探索,所以它只适用于形成具体科学的知识,它的优点也成了它的局限。辩证推理有不确定性,所以它能突破上述局限,来进一步为科学寻求最终的根据。

　　第三,但是二者又是相通的。辩证推理虽有不确定性,但正是通过推理暴露对立意见中的正确与错误,从而走向确定的真理；它通过科学的证明知识来进一步上升,用这些知识来帮助检查各种哲学意见及其分歧,使我们能在不确定中越来越获得比较真实和确定的内容。哲学高于科学,但这只是因为它能够解决科学的最终根据,所以它的问题还是来自科学,从科学中归纳出来的,并且要受到科学的检验；只有在哲学原理能回答科学向它提出的最终根据是什么,并且这个回答能同全部科学知识相一致的时候,它才能称得上是真理,同时也得到了确定。这一点反映在逻辑上,就表现为辩证推理也离不开证明推理(这不仅指形式上它也使用三段论,而且指内容上也如此,哲学的辩证探求讨论离不开科学知识的证明)。只研究辩证推理,就还只是处于"问题"即意见分歧和争论之中；只有进一步研究科学和科学证明的推理,从中再进一步追向它的最终前提,才能真正引向哲学原理的解决,同时也解决原先辩证推理中的不确定性,使之成为确定的真理。

所以我们看到亚里士多德在写了《正位篇》之后,转入对证明的研究,写了《分析篇》。这个逻辑学研究进程同他的哲学本体论研究进程是相应发展的：在《范畴篇》初步提出他自己的本体论看法后,他首先考虑的是研究哲学的方法——"辩证法"的推理,但这个方法指的只是讨论各种分歧意见的方法,这同他仔细地批判审查以前的哲学家看法是一致的；但光是这样做还不够,还搞不清楚本体究竟是什么。由于存在、本体是个别事物和事实的必然根据和原因,所以必须从科学着手,联系到科学来研究哲学；这时他对各门科学作了大量的深入具体研究,与此同时,他着重研究了科学的方法——"证明"的推理。这似乎不是研究哲学的方法,但恰恰是通过研究科学里的逻辑形式,解决了单纯辩证推理的不足,真正解决了研究哲学的方法。研究哲学,既离不开对前人哲学思想的批判考察,继承改造,更不能离开科学和科学向哲学提出的问题,因此在逻辑的思维方法和形式上既离不开运用辩证的推理,更离不开证明的推理。所以,从他的本体论的思想内容上看,是从讨论前人的观点进到对自然和社会种种科学本身的研究,再来讨论本体论本身,从他的本体论研究的思维形式上看,是从讨论范畴、判断(《范畴篇》、《解释篇》)和辩证推理(《正位篇》)进到讨论科学证明的推理(《分析篇》),然后汇总二者,在《形而上学》一书中完成他对本体论哲学的研究。

两个《分析篇》都以证明推理为主题,但前篇讨论的是三段论形式,后篇讨论的是三段论的前提,即证明的内容和根据,有所不同。自然,形式是有内容的,内容也是有形式的,前后篇又彼此联结,是有机整体的两个环节。并且,三段论形式,特别是对证明前提的追溯,都与哲学研究有关,并引向哲学,还同归纳与演绎以及整个认识论的基础联系起来。因此,《分析后篇》比《分析前篇》更值得注意,它是亚里士多德逻辑著作里内容最重要和丰富的一部,直接为《形而上学》作了准备。以它为主深入考察亚里士多德哲学思想同逻辑的关系,是很有益处的。

三、科学与哲学、本体论和逻辑的本质,都在于事物有其必然原因,因而它们能够相通和一致

1. 科学知识的本性

当我们认为我们知道了事实所依据的原因就是该事实的而非别的事实的原因,并且事实不能是别的样子时,我们就认为我们具有了关于某事物的不受限制的科学知识,且与智者以偶然的方式对它的认知相对立。①

这是亚里士多德关于科学知识的本质所说的最集中的一句话。什么是科学知识呢? 它是关于事物的“原因”的知识,这里讲的原因只是该事物的原因,由于这个原因,该事物就只能如此而不能是别的样子。换言之,该事物的原因,同该事物之间的关系,是一种必然性的原因和结果的关系,事物是作为它的原因的结果而

---

① Aristotle, Analytica Posteriora, 71^b9-22.

必然如此存在的。所以,知道某事物的原因,才知道了它必然如此的理由,才算真正理解了它,说明了它,证明了它必定如此存在,一句话,才算对该事物有了科学的知识,不再只知其然而不知其所以然。这里所说的"不受限制的",也就是普遍适用的意思。亚里士多德认为,知道了事物的必然原因,也就知道了在任何情况下这事物都将如此,说的是科学知识因必然性也有普遍性。最后,他指出关于事物的必然原因的知识是同只认知偶然性断然不同的,只抓住偶然联系的,不是科学,不是真理,而只是意见,甚至是智者的诡辩。因为智者全靠对偶然性的认知来进行诡辩,否认真理的。

对于亚里士多德的这句话,我谨请读者给予高度的注意。因为它不仅指明了科学知识的本质,从而揭示了科学知识的一系列特点,而且它是我们理解他的证明推理学说,以及全部逻辑学的一把钥匙。并且不仅如此,它还是我们理解他的科学学说和哲学本体论一致的关键,本体论和逻辑学一致的关键。

让我们分别地作出具体讨论,就能说明我这里提出的理解的意义。

2.证明推理形式的本质

亚里士多德说,知识的对象无非有四种:
(1)一个属性同一个事物的联系是不是事实;
(2)这种联系的原因(理由);
(3)一事物是不是存在着;
(4)它的本性是什么。

"当我们知道事实时,我们就要问原因。" ①

这里讲的四种,更概括地说可说是两种:其一是,一事物是否存在,它是否有某属性,这是**事实**问题;另一是,该事物为什么能存在,为什么有某属性与之相联系,这是事物的**原因**或本质(本性)是什么的问题。一个认识或知识,首先自然是肯定所说的事实是否存在,但更重要的是要找到事实的原因,方能说明这个事实,这个事实才不被认为只是偶然的,才真正得到了必然的证明与确定。所以在这个意义上说,事物和事实的存在本身有赖于它的原因。原因就成了认识和知识的关键。

这个"**原因**",在逻辑中就是"**中辞**"。

他说:

> 我们的知识就在于对上述四种问题的回答。当我们问某种联系是不是事实,或一事物是不是没有限制地(或可译为"无条件的"更易理解。—— 译者注)存在时,我们实际上是问:这联系或这事物是否有一个"中辞";而当我们已确认了这联系是事实或这事物的存在(确认该事物的部分的或没有限制的存在),进而探求这联系的理由或这事物的本性时,我们探求的就是它的"中辞"是什么。②
>
> 我们的结论是:在一切探讨中,我们都是在寻求是否有一"中辞",这"中辞"是什么,因为在这里"中辞"正是原因,而原因是我们一切研究所要寻求的东西。③
>
> 很清楚,一切问题都在于寻求一个"中辞"。④

---

① Aristotle, Analytica Posteriora, 89^b23-30.

② Aristotle, Analytica Posteriora, 89^b36-90^a2.

③ Aristotle, Analytica Posteriora, 90^a5-6.

④ Aristotle, Analytica Posteriora, 90^a35.

让我们记住：亚里士多德是把事实和思想、科学知识同证明逻辑联系在一起的,思想和逻辑只表现事物和事实里的关系,结合点就是"原因"：事实里的必然原因,在知识里就是证明的理由,在逻辑形式里就是"中辞","中辞"就是原因。

现在我们来研究一下"中辞"在逻辑形式中的地位和作用。

什么是"中辞"？

一个完全的三段论是："如果 A 表述所有的 B 并且 B 表述所有的 C,那么 A 表述所有的 C。"这里首先区分为前提与结论两个部分。在前提里又区分为大、小前提,这是两个命题,但借 B 联系起来了：因为这里共有三个词项 A、B、C,第一个命题里陈述了 A 与 B 的联系,第二个命题里陈述了 B 同 C 的联系,B 是居中联结两端的,就叫作"中辞"(middle term),A 和 C 则叫作端辞,亚里士多德说,在前提中,只要这三个辞相互间如此联结,以至最后一个辞被包含在中辞整体里,而中辞又包含于或被排除于第一个辞的整体里,那么两个端辞就必然靠一个完善的三段论而发生关系,[①] 而这就是结论。

可见,三段论演绎的必然性,就在于结论本来就蕴含在前提中三个辞的必然关系中,而前提的三个辞的必然关系又是靠中辞来实现的。在结论"A 表述所有的 C"里,中辞看不见了,但它正是靠前提里中辞的作用,才从前提推来。

以上是他在《分析前篇》中对中辞在逻辑形式上的作用的规定。

在《分析后篇》里,他从三段论的形式转入对内容的考察。证明三段论的结论是一个推得的关于事实的真实知识；它的根据来

---

① Aristotle, Analytica Priora, BKI, 4.

自前提,证明的前提在**形式**上必须符合三段论格式的要求;而从**内容**上说,则更有严格的要求,正是这种要求的符合,才会有形式上对三段论格式的符合。

> 被证明的知识的前提必须是真实的、原初的、直接的,比结论要知道得更清楚,并且先于结论而知道,而且它同结论的关系必须是因和果的关系。①

这里讲了几个条件:

"真实的",即前提知识讲的必是合于事实的。

"原初的",即同结论相比它是"在先的"、"直接的",我们已经知道的知识;因为结论是由它推出的,是间接的。还有一层重要意义是,如果某一结论有它的前提,这前提又是另一前提的结论,就应继续追寻,但终究这种追溯不能是无限的,那样还是没有原初的前提;所以,必定有一个最原初的前提,它不是别的前提的结论,它没有前提,自己就真实无疑地存在,这是前提的原初性的最终含义,最重要、最本质的含义。—— 从这里就引起了一系列的哲学和认识论的根本问题,因为它关系到科学知识是否可能的最终根据问题。关于这个方面以后另谈。

"比结论知道得更清楚",这是从它的"真实"和"原初"性质来的,也是因为既然要从它推得结论,自然对它的认识应当比对结论的认识更好。

最后,"它同结论的关系必须是因果关系",前提讲的是事物中的必然原因,由此才能得到真实的结论知识,因为结论就是根据原因得出的结果。

---

① Aristotle, Analytica Posteriora, $71^{b}20\text{-}22$.

所以，要建立一个证明的三段论，就必须先知道它的前提那个知识，而前提又是关于一个事物的原因的真实的知识，从形式上说就是大辞、中辞和小辞必然关系的一种结构，其中"中辞"是关键，也就是事物关系中的那个必然原因所在。

"中辞"即原因，所以三段论逻辑形式同科学知识的本性是一致的。

"中辞"的确立，对于建立演绎的三段论形式是关键；而寻求事物的原因，就是寻求三段论前提及其中的"中辞"，这只能靠归纳来实现。归纳就是探求事物的原因，从科学的原理直到哲学的最高本原；然后才能演绎地证明一切科学知识。所以，原因、中辞，又是归纳和演绎的本质所在，是它们相通相连的关节之点。

3. 事物的根本原因是"四因"

从逻辑上说是"中辞"的东西，从实际上说是事物的原因，各门科学研究的就是它们各个对象中的因果关系（普遍必然的，不是偶然的），因而它们是证明的知识。科学表明，事物的原因虽然多种多样，但有其共同性。亚里士多德认为归结起来无非只是四种，这就是他在《物理学》和后来的《形而上学》上所说的"四因"。这一点在《分析后篇》也同样说到了，并联系到逻辑：

> 当我们知道原因时，我们就认为我们有了科学知识。原因有四种……

他一一列举讨论了我们已经熟悉的"四因"之后说：

这四种原因里的每一个都能作为一个证明的中辞。[1]

从以上亚里士多德的论述,我们可以清楚看到,《分析后篇》以科学知识为基础,用事实中的必然原因说明科学知识的本质;然后以此为据,指明证明的逻辑形式的本质也在于此(其形式是三段论前提中的中辞);然后又从科学知识的原因,概括出四因,为哲学本体论打下了基础,我们知道,他所说的本体就是存在着的个别事物及其原因,尤其是最终原因(本原);本体的四因是一切科学知识借以建立的根据、最终前提或理由,也是一切证明推理中的“中辞”。于是很明白,认识和寻求**事物里的必然原因**,乃是亚里士多德全部学说里的台风眼、中心点,从这里便可了解他的哲学和科学的联结和一致,本体论和逻辑学的一致,客观事实和主观认识的一致之所在。

四、对普遍必然原因如何探求和确立的过程

1.科学知识的特点是客观必然性和客观普遍性

亚里士多德一再强调科学知识这两个特征,在《分析后篇》第一卷第四章里就说:纯科学知识的对象是靠证明得来的真理,它是必然的,它有这样的根本性质,在与对象有关的一切事例中都是真实的,是事物的本质属性,一种共同普遍的属性。[2]

---

[1]　Aristotle, Analytica Posteriora, 94ᵃ20-23.

[2]　Aristotle, Analytica Posteriora, 73ᵃ21-27.

所谓必然性,是指科学知识有必然的理由,它是事实的必然原因,这借证明就能表现出来。所谓普遍性,是指在一切事例中都有效、真实。这两点都很重要,其所以如此,是因为事物里有本质;认识到本质就认识到了事物普遍必然如此的原因。

讲必然性,就是说科学知识不能以偶然性为依据。《分析后篇》第一卷第三十章专门讲到科学知识是排除偶然联系的:"因为一切〔证明的〕推理都从必然的或普遍的前提出发,如果前提是必然的,结论才是必然的;如果前提是普遍的,结论才是普遍的。偶然的联系既非普遍又非必然,所以它们是不可证明的。"①

知道必然的原因,我们对事实才不仅知其然还能知道所以然,所以,"关于事实的知识同关于推得的事实的知识不同"。② 有经验的观察家了解事实,但往往因此而不重视寻求原因和证明;而数学家常常拥有原因和证明的知识,了解推得的事实,却对事实本身无知,各有偏弊。亚里士多德认为必须结合起来才有科学的知识:"比较确实和在先的科学知识,是既知道事实又知道推得的事实的,而不是只知事实而不知推得的事实的。"③

普遍性的特点是同必然性相关的,但更加值得注意,因为它涉及经验事实中的个别与一般、特殊和普遍,以及认识论中的感性认识和理性认识的更多的关系问题。

普遍性表现在科学知识"在一切事例中都是真实的"。也就是说,它要适用于一切特殊的场合与事例而仍然有效,所以它也要受每个事例的检验。有人认为亚里士多德这样说,同他把归纳看作事例的枚举或全部列举法相关,其实都不对。不错,他是重视事实

---

① Aristotle, Analytica Posteriora, 87ª22-27.
② Aristotle, Analytica Posteriora, 78ª23.
③ Aristotle, Analytica Posteriora, 87ª31-32.

和经验的,他的归纳法也常常来自对事例的收集比较,归纳得来的普遍必须受事实的检验,这一点是他不同于柏拉图的重要之处；但他决不是单纯狭隘的经验论者,他知道单靠列举事例,就事论事是得不到普遍的,**归纳的本质**在于**对事物原因**的思考,要能动地运用各种方法(比较、分类等等)把握事物的本质才行。所以他强调要抓住事物的本质、本体、原因,这才是**真普遍**。

2. 普遍的知识优于特殊知识

《分析后篇》第一卷第二十四章详细讨论了在科学知识中普遍与特殊的关系问题。

他说,特殊的证明知识能较好说明特殊的个体,尤其因为有人认为普遍的知识可以脱离实际事物这种错误看法,使人们以为认识与证明特殊要比普遍性的证明知识更好。但这是不正确的,他列举了八点理由来说明普遍的知识优于特殊知识。

例如,如果一个人只知道证明等腰三角形的内角和是两直角,这虽然对,却显然不如知道一切三角形的内角和是两直角的人,后者知识就比前者好。"所以,知道普遍性联系的人,实际上比只知道特殊的人有更多的知识；由此推论的结果是,共同普遍的证明比特殊的证明优越。"①

理由还很多。大概是这样一些：

从逻辑上说,三段论的前提总是普遍而不是特殊的,越接近基本真理的原因或中辞就越普遍、越确实；

———————————

① Aristotle, Analytica Posteriora，85^{b}12-14．

从本体论上说,最根本的原因是"目的因",它是最后的原因,也是最普遍的和必然的;

再从知识来看,"掌握共同普遍证明的人也能很好地认知特殊,可是会特殊证明的人则不知道普遍。"[①]

下面这个理由,我觉得尤其应当注意:

"证明越是特殊,就越陷入不确定的多样性之中,而普遍的证明则趋于单纯和确定。但对象,就它们是不确定的多样性东西而言是不可理解的,就它们是确定的而言是可以理解的。因此,说它们是可以理解的,乃是就它们是普遍东西来说的,不是就它们是特殊东西来说的。"[②]"共同普遍的证明是彻头彻尾地可以理解的,特殊证明却来自感官知觉。"[③]

这里讲到两个问题:第一,普遍的东西才是确定的,特殊东西是不确定的。科学知识是确定的知识,所以必依赖于对普遍的认识和证明,而不能依赖特殊;第二,普遍、确定的东西才是可理解的,特殊、不定的是不可理解的,只能感觉。科学知识和真理靠的是理解而不是感觉。第一点讲的是认识对象有无确定性的问题,属于科学知识的客观可能性问题,第二点讲的是我们认识本身的可能性条件问题,科学知识所必需的认识形式是理解(即思维、论证)而不是感觉。这两个条件都与普遍和特殊相关联,所以普遍优于特殊。

因为这两点很要紧,而且有问题,我们需要再作一点讨论。

---

① Aristotle, Analytica Posteriora, 86ª 11 - 13.

② Aristotle, Analytica Posteriora, 86ª 4 - 7.

③ Aristotle, Analytica Posteriora, 86ª 29 - 30.

3. 科学和真理的对象必须有确定性, 而有确定性的东西必定是普遍者

我们知道, "有规定者"和"无规定者"这两个范畴或本原观念, 在整个古希腊哲学发展中起着多么重大的作用。这在原始素朴哲学的发展阶段已经奠定: 阿那克西曼德以感性物质为本原, 相当深刻地看出物质东西的无限多样性、对立和不定的本性, 所以认为只能称之为"无规定者", 毕达哥拉斯派则要求规定性, 认为只有"有规定者"才能稳定常在, 只有以它为对象才有科学, 这只能是抽象普遍的东西, 最初只被确定为数, 这是一种形式的东西, 同时他们仍保留着"无规定者"的本原地位, 因为还需要物质质料, 需要对立、区别的因素, 不过只能放在第二位, 居于"有规定者"之下。从此之后, 这两个东西就一直影响和贯穿下来了。

巴门尼德同赫拉克利特和整个原始素朴哲学作斗争, 提出"存在"这个唯一的普遍本质, 就是为了抓住有规定者。为了确定, 他抛弃了一切不确定的东西: 特殊、感觉、意见等等。而逻辑思维的基本核心因素就是靠这个"存在"的论证形成的。古典时代的各派哲学都是在这个影响下发展的, 从恩培多克勒、阿那克萨戈拉直到德谟克里特和柏拉图, 都为现象与本质、感性事物与一般共相、同一与对立、稳固与变动、形式和质料、一和多, 等等, 一句话, 确定(有规定)者和不确定(无规定)者之间的关系, 感到苦恼而苦苦探求着。

苏格拉底和柏拉图在寻求真善美中特别发展了这种研究。他们认为人要想摆脱罪恶和混乱的生活和行为方式, 摆脱智者的诡辩, 必须从感性特殊中摆脱出来追求普遍绝对不变的东西, 只有抓

住本质和原因中最高最普遍的东西（一般定义，相，尤其是至善、至美的相），人们的生活与行为才有明确的目标，国家、社会才有秩序，自然也是由最高的普遍原因来支配的。

亚里士多德研究了以往的全部哲学，深刻看到这问题的意义。**事实上他的哲学，同样也是以"有规定者"和"无规定者"，确定与不定为核心的**，这一点我们从他的形式质料说，现实潜能说就可以明白。他在唯物主义和唯心主义、辩证法和形而上学之间摇摆，就是从这个问题上引出来的。这种摇摆，并非他主观上的任意行为，而是他遇到许多深刻问题不得不如此才造成的。实际上更重要的——在我看来——并不只在于这些摇摆混乱，而在于他解决了前人的大量摇摆混乱和谬误之处，前进了巨大的一步。如果我们只说他在摇摆混乱，那他岂不是没有什么成就和贡献甚至是倒退了吗？

亚里士多德是一位伟大的科学家，既尊重经验事实更重视科学思维。他肯定认识从感觉同外部对象的接触开始，肯定事物里面有多样性、对立、不断的运动和变化，肯定物质（质料）和感觉有不确定性；但他总是把确定的、普遍必然的东西放在首位，因为舍此即无科学知识，无真理，无理性的思维，人也无法生活、生产和行动。这一点我们在研讨他的本体学说时已着重说过，现在在他的逻辑学说中又一次得到证明。

科学知识必须是确定的知识，它不能是关于现象的杂乱不定的描述，其对象只能是事物中稳定的、有普遍性必然性的关系，如客观的本质规律等等。这个看法无疑是正确的，我们今天也是这样看的，因此这是全部认识史、科学史所证实了的真理。亚里士多德明确强调这一点，决不是他的过错而是他的功绩。

比较麻烦和使人感到困惑的是他对个体事物的看法。他在反对柏拉图和毕达哥拉斯派以及巴门尼德时,认为他们把普遍共相当作脱离个体事物的独立存在物是完全搞错了,并一直主张普遍只存在于个别事物之中,个别事物是真正的独立存在者,而且它是一个感性事物;这同样是亚里士多德哲学中的一个基本观点。

于是就出现了这样的疑问;说有确定性的东西必是普遍者,这种说法到底是否正确? 个别事物究竟是确定的还是不确定的? 它们各在什么意义上说是对的,什么意义上说不对? 个别和普遍究竟是什么关系?

关于这些问题我们还是不要轻率地给亚里士多德下结论为好。实际上他在反复遇到这些问题,并按照他自己的方式作出了不少相当深刻的答复,当然也确实有错误和混乱。那么,我们的正确态度,就应该在他本人的思想进程中逐个地具体加以考察和评定才是合适的,最后考察完了再给予总的评价不迟。

4. 科学知识只能靠对普遍的思维来建立,而不能靠对特殊的感官知觉

上面我们已经讲过他这个观点,现在看看他所说的理由:

靠知觉行为不可能有科学知识。即使知觉是关于"如此"而不仅是关于"某个东西"的知觉能力,仍然必定是实际知觉到某个地点、时间中的"某个东西";可是人们不能知觉到共同普遍的、在一切情况下都是真实的东西,因为它们不是"这一个"也不是"现在",如果它们是,它们就不是共同普遍的了 —— 这个词指的是时时处处存在的东西。因此,鉴于证明总是共同普遍的,而普遍是知觉不到的,那么显然我们不能靠知觉来获得科学的知识:这是不行

的,很明显,即使我们可能知觉到三角形三内角之和等于两直角,我们还得寻求证明,因为我们还没有掌握关于它的知识;知觉必定是关于特殊的,科学知识才包含着关于共同普遍东西的认识。①

简单地说,知觉不能认识普遍性必然性的东西,只能知觉个别东西,所以它不可能建立科学知识。这些话说得对不对? 当然是对的。只有一点,这里讲的"这一个"只是感觉的对象,只与感觉相联系,还不是用普遍来加以规定了的东西;还有,关于普遍的知识和理性思维本身是怎么来的,它同感官知觉又是什么关系,也还是问题。但亚里士多德这里讲的只是科学知识同哪种认识能力相关的问题,所以在这里否认知觉的意义并不算错。别的问题后面再说。

以上四节所说的亚里士多德观点是:科学知识的特点是普遍必然性,普遍知识优于特殊知识,而且从根本上说:唯有普遍东西(本质、原因、共相、形式等)才是确定的,因而才是可理解的(即可以思维、可以规定、可以论证的)东西,可以成为科学的对象;那特殊的东西就它是不确定者(现象、杂多、变动、无规定的)而言,是不能被理解、思维、论证的东西,不能成为科学知识的对象,只是我们感觉的对象。总之:

> 共同普遍的东西是可贵的,因为它弄明白了原因;所以在谈到诸如事物有其原因之类的事情上,普遍的知识比感官知识和直观更可贵。②

这里界限和道理都讲得很清楚,请注意:这些都是在科学证

---

① Aristotle, Analytica Posteriora, $87^b 27$-39.

② Aristotle, Analytica Posteriora, $88^a 5$-7.

明知识的范围内来讲的,一旦达到这个界限并超出它时,情况就向另一方面变化。下面就来考察亚里士多德如何研究后一种情况的。

5. 科学证明知识的可能性,有赖于独立于它的
关于原始前提的知识

《分析后篇》第一卷第五章专门讨论了这个问题。他是从讨论两种错误看法谈到这问题的。

有两种意见都涉及科学知识的可能性问题。第一种否认科学知识是可能的,其理由是:任何证明的知识都必须有其前提,这样追溯下去,一种情况就是无限追溯而没有一个最终的原始前提,这就等于找不到一个前提,因为能无限追溯的意思,就是每个前提都是别的前提的结论,所以实际上就只有结论,而始终没有真正的前提;另一种情况是有一个原始前提,追溯的系列终止于它,但由于它不再有前提,它本身就不可证明,由于不可证明的知识是不可认识的,这个前提的真实性就只是假定的;这两种情况都使科学知识的建立成为不可能。问题出在前提上,于是整个科学知识就动摇了。第二种意见则认为,上述困难是不存在的,因为证明是可以循环交替的,即前提也可以由结论加以证明。

亚里士多德认为,循环证明是无意义的,也是不可能证明的。他说第一种意见里有合理的成分,因为他们证明了前提不能是无限的系列,而必须终止于一个原始前提,而且指出这原始的前提是不可证明的;这些亚里士多德都同意,但是指出他们的结论是错误的。他们的错误(第二种意见也同样)原因在于,他们以为除了证明之外别无其他的认知方式;所以他们在发现原始前提不可证

明时,就以为它是不可靠的、不可认识的,仅仅是假定,从而否认了
科学知识本身的可能性。

> 我们自己的学说是:并非一切知识都是证明的知识;与之相
> 反,关于直接前提的知识乃是独立于证明的知识……我们还认为
> 除了科学知识,还有科学知识的原始来源的知识,它能使我们认识
> 各种定义。①

这是一个关节点。亚里士多德是从坚信和维护科学的立场和
考虑作出结论的:必须肯定证明知识(和证明推理)有原始前提,
它的特点是(1)**真实**的,而且不是假定的真实,否则由它推出的科
学证明知识的真实性就没有保证;(2)它不能"证明",无可"证
明",因为它再没有前提可以证明它了,它本身是原始的直接的就
表明它**不可证明**。这两个特点似乎是相互矛盾的,对于这种看法,
亚里士多德指出,实际上并非如此,因为可以有独立于证明的关于
原始前提的真实知识,这就是通过归纳得来的知识(这一点我们下
节再考察)。

应该注意的是,这里说的"不可证明",指的是不能用三段论的
演绎来证明,因为"证明"一词在这里只限于这种明确的含义;也
可说,原始前提之所以原始、直接是因为它不能再有关于它自己的
前提,这里也应注意所指的"前提"一词只限于证明三段论里的那
种"前提"的含义,"原始"、"直接"也同样是在这个意义上说的。
亚里士多德并不是说,这里所讲的"原始前提"就没有自己的来源
了,这里讲的"不可证明"就是指它的存在和建立没有什么根据了,

---

① Aristotle, Analytica Posterioa, 72ᵇ18-24。这里"定义"(ὅροι)一词,Zabarella 认为
等于"中辞"之义。见 Ross 主编英译本脚注。

事实上,他认为是有认识来源、事实依据的,而且是真实必然的,换言之,就词的宽泛意义来说,原始前提也可说是有前提、有证明的,不过那是**归纳**所依据的事实与认识的前提和证明罢了,决不是演绎证明中严格含义的"前提"和"证明"。我认为注意到这些,将能使我们避免好多对亚里士多德的误解。

这一点从他对"循环论证"的批评上也可以明白。他批评了认为原始前提可以用结论来证明的观点,认为这是不可能的;这个批评也是从演绎证明的意义上说的,并不包括归纳法。① 广义地说,归纳法也是一种证明,而且的确是由事实找原因,同演绎的顺序相反,所以也可以说是由演绎的结论寻求和论证演绎的前提。不过这只是貌似循环论证,实际上决不是循环论证,因为归纳法有不同于演绎法的规律,是不能混淆的。

6."证明"的原始前提靠归纳法从特殊的感觉发展而来

证明的原始前提好像是一个边界,它是证明推理和科学知识的出发点,但它本身不属于证明的知识。现在要问它是怎么得来的,就越出了证明的边界,研究它如何得来只能靠归纳法,这种归纳法得到的不能只是假定为真实的知识,而应是有保证地真实的知识才行。在《分析篇》里不少地方都谈到这个和归纳法相关的问题,集中谈到的见于《分析后篇》第一卷第十八章,尤见于第二卷第十九章,后者是专门针对证明的原始前提怎么得来的问题进行讨论的,此外我们还应结合《形而上学》A卷第一、二章的论述来看。

---

① Aristotle, Analytica Posteriora,72ᵇ25-33.

这里就《分析后篇》里的主要论述来简要讨论一下。

A. 人没有天生的知识，只有从感觉开始得到的认识和发展认识的能力。

这无疑是针对柏拉图的天赋知识、灵魂回忆说而发的。我们知道，柏拉图在确立最高的"相"和关于它的最高知识时，发现自己找不到任何现实的依据；因为他否认知识来源于对个别特殊事物的感觉；而这又是因为他认为个别特殊事物是不确定的，人的感觉是相对的、主观的，更加不确定；所以他认为知识只能来自共相和理性思维对共相的认识，但这二者都是感觉不到的，所以我们人的这种知识只能来自某个与现实感性世界不同的"相"世界，来自灵魂对原先生活在"相"世界时所得知识的回忆。显然这套天赋知识论是错误的，不过它是由要确定最高普遍知识而在来源上又感到困惑所引起的。

现在亚里士多德也面临着如何确立最高、最普遍的知识（它被规定为一切证明的科学知识的原始前提），如何说明它的来源和根据的大问题。他的全部哲学和科学的观点，决定他对这个问题的解决完全不同于柏拉图并与之相立，而在这样做时，他是相当正确地解决了使柏拉图困惑的问题的。当然他自己也有毛病和欠缺之处。

首先他反对了天赋知识说：

> 如果说我们生下来就有这种知识，那是奇怪的事；因为这意味着我们具有了比证明更精确的知识却没有注意到它。
> 但另一方面，如果我们不是事先就具有它而是获得的，那么，要是没有先前的知识基础，我们又如何认识和学到它呢？这是不可能的，……所以我们既不能生而具有这种知识，也不能完全没

有这种知识的发展状态就获得它。因此我们必定具有某些能力,不过只是些发展状态的能力,在精确性上没有达到更高的程度。①

他说,有些动物已经生来具有了某些感官,可以感觉,这是一种天生的辨别能力;其中有的动物还能把感觉的重复固定下来获得知觉和记忆,有的还进一步能整理感觉记忆发展为经验。人具有上述这些能力,并能进而从经验产生技术和知识(这些都可参照《形而上学》A 卷第一章来看)。所以,"我们的结论是:知识的状况既不是天赋的、在一种确定形式中的知识,也不是从另一种更高的知识状态发展来的,只是从感官知觉发展来的。"② 只要最初的感觉站住了,接着就能步步发展起来,直到最高最普遍的知识。

B. 个别中包含普遍,特殊感觉中包含着普遍知识的成分。

上面是从知识产生的主观能力方面说的,现在要问:普遍知识是怎么来的? 这就要联系到客观对象。感觉到的只是个别、特殊的东西,如何得到普遍的知识?

他的答复是:

"当一些在逻辑上不可分辨的特殊东西站住时,最初的普遍就出现在灵魂里了:因为尽管感官知觉是关于特殊东西的,它的内容是普遍的。"—— 例如加里亚是特殊的人,知觉到的是加里亚,其中也就有"人"这个普遍的内容了。不过最初还是混杂不清的,粗糙不成形。"从这些未成形的普遍里迈出新的步子,不停前进,直到不可分的概念、真正的普遍被建立起来。"例如,从各种各种的动物里产生属,再形成种的知识,等等。③

---

① Aristotle, Analytica Posteriora, 99^{b}25 - 33.

② Aristotle, Analytica Posteriora, 100 a 9 - 11.

③ Aristotle, Analytica Posteriora, 100 a 15 - b 3.

　　我们看到,亚里士多德不同于柏拉图的一个关键之点,就在于他认为个别特殊中包含着普遍,所以从特殊感觉就能发展出普遍知识来;柏拉图否认普遍就存在于个别事物之中,加以割裂,就不可避免地走向共相唯心论和天赋知识的唯心论认识论。同时,亚里士多德也认为,个别事物中的普遍只是包含在其中的东西,不是直接呈现出来的东西,不是直接可以用感觉得到的;感觉只能认识个别和特殊,思想才能认识普遍。不过个别里却包含(潜伏着)普遍,思想的能力是从感官知觉发展而来的;所以在发展中,特殊感觉可以走向普遍的知识,这就深入了一大步,辩证地解决了二者的统一问题。

　　C.“理性的直观”。

　　最后,他总结说:

　　　　因此很明白,我们必领靠归纳法来认知原始前提;因为从感官知觉中生长出普遍的方法是归纳的。我们借以把握真理的思维方式,有的是不会错地真实的,另外一些如意见、计算容许有错误,而科学知识和直观则永远是真实的,并且,除了直观就没有别的知识比科学知识更精确,原始前提是比证明更可知的,一切科学知识是推理得来的。根据这些考虑可以推知:关于原始前提是不能有科学知识的,并且由于除了直观没有比科学知识更真实的,那么把握原始前提的就是直观。这个结论也可以由这样的事实来得出;证明不能是证明的原始来源,所以,科学知识不能是科学知识的原始来源。因此,如果除科学知识外只有另一种真实的思维即直观,那么直观就是科学知识的原始来源。这个科学的原始来源抓住了原始的基本前提,而科学作为整体,同原始来源一样与全部事实①

①　“事实”(fact),英译本注,即 conclusion,指证明推理的结论知识,即关于事实或推得事实的知识。W.D.Ross 理解为我们知识的对象。

发生关系。①

这里所说的"直观"(intuition)在88ᵇ30–89ᵃ5有另一名称"理性的直观"(rational intuition)。在那里亚里士多德区分知识为科学的知识、意见和理性的直观,并指明"理性直观的含义,我指的是科学知识的原始来源"②。显然这两个词完全同义,而"理性的直观"比"直观"所指的要更清楚恰当些,所以上边引文中说到"直观"一词之处都可用"理性直观"加以代替。

这段总结说,证明知识的原始前提只能靠归纳从感觉中发展出来。值得注意的是:

第一,他反复强调这种原始前提的知识同全部科学及其所述事实相关联。我认为这是最重要的一点:原始前提之所以被称作原始前提,真实无疑,而且比科学知识更精确,固然因为它比科学知识更普遍更高级,但这还只是问题的一方面(因为普遍高级的知识如柏拉图的最高的相,并不见得一定是正确的),主要之点在于:它是同全部事实、全部科学事实相关联的。也就是说,只有在它真的足以说明一切事物、事实的时候,真的足以作为科学知识和一切证明的根据的时候,受到这一切检验而表明它是正确的时候,它才能真正确立其自身。

由此我感到,对于他所说的"原始前提不能由证明和科学知识得来"这个说法,决不可作片面绝对化的理解,那就是对他的误解。上面我已经强调,他这个话**只是从证明三段论的形式上**说的;**或从科学知识只能从比它们更高更普遍的原始前提得到演绎证明**,而原始前提**不能**从比它低、较少普遍性的东西里得到**演绎证明**这

① Aristotle, Analytica Posteriora, 100ᵇ4-17.

② Aristotle, Analytica Posteriora, 88ᵇ35.

样的意思上来说的。这里我想再次强调这一点。除此而外,如果还认为他否认原始前提来自科学,就是错误地理解了他。

因为很显然,他在说原始前提只能靠归纳法,从感觉发展而来时,他举出了知觉、记忆、经验、技术(实践)、科学家的知识等发展阶段。这是从特殊感觉逐步上升到普遍知识的过程,最后才是哲学真理的知识,即"原始前提"。请注意:这里他也谈到了"科学家的知识",[①] 这种知识对整个归纳过程来说,显然是相当高的阶段。可见,从原始前提的**归纳获得过程**来说,它并不是同科学知识无关的,或不是从它来的;正好相反,科学知识、证明知识,对于我们获得原始前提即哲学知识来说,是最重要、最直接的来源。这道理不是显而易见吗?

第二,由此可见,亚里士多德讲原始前提要靠"理性的直观"来把握一语,我们也应具体分析。望文生义地认为他主张一种神秘直观,我认为是不足取的,我们不能只看"理性直观"这个词本身,因为他明明是说原始前提靠归纳法从特殊事实中得来,从感觉经验发展而来,并同全部科学全部事实相关。

但是"理性的直观"毕竟是有问题的:人们不免要问,既然他强调归纳事实和经验,尊重科学,又为什么还主张要凭"理性直观"的能力才能把握最高原理呢? 并且,所谓"理性的直观"又是什么意思呢,它从感觉起经过无数的曲折一步步发展而来,可谓间接而又间接,又何谓"直观"? 这种能力究竟是什么呢? 他本人并无详细的说明,因而我们不明白,还不免有神秘之感。

从亚里士多德的用法和思想发展来看,"理性的直观"是同把握原始的直接前提相连的。因此我们似乎可以这样来了解:**从演**

---

① Aristotle, Analytica Posteriora, 100ᵃ 5-10.

绎法的意义上说，结论总是在后的、间接的，前提与之相比而言则总是在先的直接的，所以原始前提同科学证明知识相比，它是最**直接**的，后者则总是**间接**的；因此，抓住原始前提的能力，不同于通过证明来求知的间接性能力（推理的能力），应该是直接性的把握的理性能力。另一方面，**从归纳法的意义上说**，原始前提的知识和把握它的理性能力，虽然是从感觉、经验、知识等等发展而来，但又仍与这些阶段的知识与能力有所不同：是一个**最高点**；终于在这一点上抓住了最高的普遍知识，"理性直观"好像就标志着这个最高点，把它确定下来。我想这样来理解，也许不至于有多大的偏差。—— 不过，即使如此，还是不免使人感到有点神秘之感：因为人们不知道理性的这种能力的规定性。它好像有点像柏拉图所说的那种最高的领悟或人们说的"顿悟"境界，诗人们灵感到来的时候那样，不可言传，只能心领神会的东西。

　　也许亚里士多德也有点这种意思，他的本体学说的最高点上确实有神学。达到神学的人不免有一种神秘的"得道"之感，故名之曰理性直观，以为自己修炼到能一下子直接洞察最高真理的能力。但是，我们毋宁相信作为科学家和哲学家的亚里士多德。在上一章里，我们曾说过这样的看法，神学目的论终究是他的全部哲学的一个副产物，整个说来，他的观点还是从个别事物的真实存在出发又回到个别事物的，他的基本面貌还是科学家和尊重事实与科学思想的哲学家。他很明白哲学的最高原理绝不是凭空而来，单凭理性能够直观到的东西，而是靠艰苦努力，研究全部事实的结果。所以，即使他有点神秘得道感，也决不会是基本的，更不能想象他会把它规定为逻辑学和认识论中的一个最高级的思维形式、认识形式。

　　由于"理性直观"这个概念后来长期发生重大影响，被不少哲学家、思想家奉为至宝。因此我认为还有批判研究它的必要。我们不赞成有所谓"理性直观",就应从亚里士多德的这个概念批判起。批判不能就这个词的表达本身来批判,上面我已经作了不少分析,但还有问题存在。我认为一切有某种神秘性的东西,终究并不神秘,一旦弄清其根源,也就能扫清迷雾。关于还留下的这点问题,我想下面作小结性的讨论时再来考察,因为放在全局里有些问题可能看得更明白些。

五、对于亚里士多德的小结性探讨:他的哲学同他研究哲学的方法

我们分别对亚里士多德的本体学说和他的逻辑学说作了一些研究,我们看到他的学说已经发展到相当丰富具体和深刻的程度。他的学说好像一张网,分别来看各个方面都有许多规定,进一步看,这些规定又到处联立贯通着,没有一个可以孤立地看待;因此我们对它的认识就不易,当从一个角度上弄明白某一点时,就会常常遇到从另一角度来看时很不同的甚至相反的规定。他的论述的确使人不时地感到有矛盾,可是这在多数情况下是对象本身使然,并不是认识上的错误,因为网上的结本来通向各处,正是由于同多方面的联结才使它成为网上的一个结;所以矛盾往往是一个结子的多重规定引起的。他的思想是博大精深的,全面具体的,所以击其首而尾应,击其尾而首应,用简单的方法难以把握。

在这个小结性的探讨里,我想就他的哲学作一个整体的了解和考察,意思也就是想总的看看这张网是怎样结成的。我们只能抓住网上的几个最大的结子(如端点或首尾)和彼此联系的大路

子,从结子看联系,从联系看结子,才能大体有个概念。当然,这只是我自己的一些探讨性的看法,仅供讨论。

1.他的学说的总的精神:弄清和确定**事实**及其**原因**

从他的一切哲学的、科学和逻辑学的著作中,从对于每一实际事物直到每一概念乃至言辞的研究和规定中,我们到处都可以看到这个精神:不厌其烦地反复分析考察每一个研究对象,从各种角度设法明确事实,寻找它的原因,努力加以说明。所以,"**事实**"及其"**原因**",实际上是一条命脉,它们本身也凝结成为哲学范畴和方法论上的基本规定和形式,并在各种具体的对象、场合和层次上,变为种种特殊的规定和形式。这是我认为非常重要的第一点。

在本体论上,对**事实**的澄清和确立,最重要的就是研究什么是真正意义上的"**存在**",他认为"存在"首先不是脱离事实的巴门尼德式的"存在",而只是客观事实。存在的事实及其表述是很多的,分析它们,就得到了本体的存在和其他九种存在的区别,从而把握和确定了个别事物才是最根本的东西,其次是它的种和属,再次是它的数量、性质等等;这是些把握事实的分析方法,从而产生了第一个关于本体的概念:**本体是个别事物**。

但个别事物是有本质和种种属性的,事物是多样的,同本质、属性有种种必然的、偶然的联系,有同、异、矛盾种种关系,反映在人们的概念联系中是陈述、命题、各种肯定、否定和可能性的判断(意见)。所以分析了的还要联系起来,考察种种联系的性质,判断的性质,然后才能恰当地把事实综合地再现出来。这样,事物就呈现为种、属和为"种加属差"所定义的东西,有必然联系和规定的东西,等等。

对事实的确立和规定,更重要的事情是弄清和确立它的**原因**。这首先是各门具体科学的事,还要研究关于推理的逻辑形式,最后才能上升到研究最高的"原因"本身:存在何以能存在的根据。这就是他在《形而上学》中的本体学说:在**本体是个别事物**的规定的基础上,产生了关于本体的更高层次的概念:**本体是个别事物**(和全部存在事实)的**根本原因**("四因"——"形式和质料"的分析,形式是第一因,"现实和潜能"的分析,现实是第一因,这也都以目的因为最高因;然后又把质料、潜能等与之联结综合起来)。

可以说,亚里士多德的全部哲学和全部学说,都是由对事实及其原因的知识探求所织成的大网,这个大网在对具体事实及其因果关系的考察上,端点是科学;在如何用思维来研究、表达、确切加以规定的方法论上,端点是他的逻辑学;而在总体上把握的端点是哲学。在哲学本体论上,就表现"个别事物"和"最高原因"这样联结着的两个本体概念,两个端点,它们又合为一个,即"**本体**"。于是全部关于事实及其原因的知识,整个世界观,就综合在一起了。"本体"是一个总的结,打开来也是全部的网。无论你抽出他的学说的那一点来看,里面都有本体,都有事物、事实和原因,就好像在全息摄影里摄取的有机体的任何一个切片似的,一粒沙里表现着整个世界。而这不过是因为整个世界本来就是由事物的事实及其因果联结所组成的网。希腊哲学一开始就是从在事物中寻求本原开始的,亚里士多德把它具体化了,提高了,希腊人经过长期历史发展所形成的认识、知识和世界观,被他精细地考察规定下来,织成了一张大网。

他讲的因,是事物、事实本身的因,所以事实是出发点,从里面发现原因来说明事实本身。这是亚里士多德哲学具有唯物主义和辩证法性质的所在,不同于柏拉图企图用割裂个别和一般(即割裂事物和原因)的方法来抓住原因,又想用这种脱离事物而独立的"相"(原因)来说明事物(分有说)和创生事物。亚里士多德的辩证法主要是关于事物的原因的辩证法。

不过在事实和原因这两端里,事实固然是出发点,原因的探求比单纯的事实更重要;知其然而不知其所以然,就没有知识和科学,人就不能思维对象,不能改造对象,不能有主动的活动,反过来,事实本身也不能得到真正理解和确定。所以只有知其所以然才算真的知其然;否则事实仅仅是感觉的、偶然的、不确定的、可以如此也可以不如此的一个事实或对象。原始时代的人难道不是同事物整天打成一片吗? 但他们不知道事物的原因,一切都呈现为浑沌一团,所以他们对事实也不能认识和把握住。人类的认识史表明,原因观念是思维发展的真正关键和起点,真正明白事实和事物反而是在认识事物的原因之后。当然从客观方面说,原因总是事物本身里的东西,所以事实是最根本的出发点;人本来生活在事物里,但人是在认识和探求事物的原因之后,再来确认事物本是原因的出发点的。

所以亚里士多德学说中,事实固然是基础和归宿,原因则是更中心的环节和本质。他的科学研究、逻辑学研究都如此,在本体学说上,**"个别事物"**本身无须过多研究,指出它是存在的中心,一切普遍的本质的东西、原因都来于事物本身就够了,主要研究的对象还是事物的原因、四因,原因中的**"第一因"**,这才是他的哲学**本体**概念的主要所在。

在研究亚里士多德以及希腊其他哲学学派时,普遍和特殊、一般和个别、一和多、同一和对立、本质和现象等等大问题总是出现在我们面前,尤其是一般和个别、普遍和特殊的对立显得突出。所以有人想把这个问题当作那时全部哲学的基本问题,也有人想用别的某个问题作为纲,他们的想法里都有很多道理。但是,我们在那么多重要问题里,为什么只选择某一个作为核心呢? 这道理就不那么清楚了,例如,本质和现象的问题难道就不基本吗? 我们如何决定和选择这一个而不是那一个问题作为基本问题呢?

其实,这些重大问题都是有所依附的,都是从一个地方产生出来的,是这个问题的种种侧面的表现和规定。这个问题亚里士多德本人讲得明白,这就是:事物及其原因究竟是什么?

所以我认为这是亚里士多德以至整个希腊哲学的关键。这是他的科学研究的灵魂、是他的**因果思维的逻辑学**研究的灵魂,也是他的关于**"个别事物"**及其**"第一因"是本体的哲学**研究的灵魂。他的全部学说的精神和价值就在于此。另一方面,他的全部学说的缺陷和动摇、错误也是从这个根子上,即当时希腊人所可能达到的对原因的认识水平上发生的。关于他对"原因"所能达到的认识及其根源,是我们揭示和批评他的错误的根据。

2. 他的哲学研究方法

这种方法已经是经过自觉研究和规定了的东西,是一套方法论,表现为他的逻辑学。

在他之前,希腊人探求世界万物的原因或本原已经走过很长的曲折道路,柏拉图达到了高峰,他把原因规定为一般定义即普遍本质的东西,并且理解为一个相当条理分明的具体而系统的体系,不过却与个别事物相分离独立,即规定为"相"、"相"的有秩序的系统。这就是说,柏拉图对于什么是原因已经有了相当深入具体的认识,但这原因却脱离了事物本身。但这样一来,他所说的原因、本体就统统成了空中楼阁,谬误重重了。亚里士多德看到了这个要害之处,所以认为对原因的研究,还得从确立基础做起。这样他就自觉地按照"事实 —— 原因 —— 事实"来重新研究全部认识、知识、科学和哲学的问题。

联系到研究事物及其原因的内容(各门科学直至本体论),他研究了我们考察这些内容的思维方法和形式,就有逻辑学的作品产生。

如果极其粗略地说,《范畴篇》、《解释篇》研究语言和思维中的概念(他本人用的是主词、谓词、范畴等词,没有"概念"一词)和判断(有意义的陈述命题等等),主要是分析"事实",弄清"事实"。这里包括确立一切存在的中心是个别事物,本质(种、属、定义)是个别事物之所以是它的核心,各种性质同本体存在的联系,联系的各种情况等等,把事实中的各种要素分别定下来的是概念(主词和陈述词等),把这些要素的联系分别定下来的是命题或判断(肯定和否定,必然和或然,全称和特称等等;如定义是一个最本质的肯定陈述,把种和属差联结起来规定特殊事物是什么)—— 这一切都是为研究和确立"事物"与"事实"提供基础性的逻辑方法。

在研究和确定事实里,实际上已在讨论原因了(如本质与普遍,种与属、必然联系等等),不过原因这环节本身还没有专门展开来研究,只当作事实里的要素在讨论。

确立了事物和事实作为研究原因的基础之后,重点就在于研究这个原因了。从方法论和逻辑上说,原因就是事物如此如此的必然理由,探求原因的思维形式就是"推理"(指辩证推理和与证明推理相联系的归纳法,至于证明推理本身只是由因求果的演绎法)。哲学是研究事物的根本原因的,就全靠推理来讲道理。于是逻辑学的研究,就从概念、判断进到对推理的研究。

哲学对根本原因的研究,主要有两种方式,两种推理形式。这是由于对象不同造成的:

第一种对象是各种哲学的意见和这些意见的对立,对它的研究方法是"辩证法"的推理形式。这些哲学意见和分歧,都是研究万事万物及其根本原因(本原、本体)中发生的,所以辩证推理研究的对象从根本上说还是事物的原因,不过是间接的。这种哲学研究方式是必要的,因为任何人研究万物的本原都不能不考虑前人和别人的重要看法;但同时这种方法必须是为了事实和真理的,否则就会成为词句之争,单纯的思维游戏,而且必须是批判的、分析的、讨论的,通过正确恰当的提问题、弄清词句的事实真相所指来澄清思想,通过事实和三段论推理来鉴别、检查这些意见是否正确恰当、或在什么程度和意义上有什么正确和错误。

辩证推理形式是研究哲学的必要准备,同时也贯穿在整个哲学研究中,要时时通过讨论有关的意见,讨论自己同别人观点的异同,使问题明确,思考生动深入起来,同时避免武断和片面性。

每个人在研究哲学时都要同别人讨论辨析,但最后判定正确错误的根据,并不是任何意见,而是事实及其真实的原因本身。各种意见是否正确要以是否合于事实为准,每个人作出独立的判断,进行独立的思考探索也要以事实为准。所以对哲学研究来说,第二种推理方式更重要。

第二种哲学研究的对象是实际存在的万事万物及其真实必然的原因。寻求这种原因,首先是科学的工作,然后是在这基础上的哲学的工作。关于事物的原因的确定知识是科学的知识,证明的知识,所以科学的逻辑方法就是从前提证明结论的推理方法。

于是哲学的第二种研究方法首先是同证明的推理相联系的,

不过证明推理形式本身只是形成科学知识的方法,还不能算是哲学研究的方法。证明推理是下行线,从原因走向结果,从前提走向结论,从普遍走向特殊事实;可是这种证明之所以可能,显然全依赖于原因或前提,从这就蕴含着一种完全与下行线相反的上行追溯过程。这就是说,要证明结论的事实,就必须找到能必然说明结论事实的原因或前提。可见,证明推理的进一步研究,就是研究它的前提问题,这也就是从事实本身里找原因的过程 —— 它恰恰是哲学研究的真正目的和精神所在。

可见,证明推理形式本身虽然是科学的逻辑方法与形式,但进一步研究就导致了哲学研究的方法。这里哲学的研究方法和逻辑形式就在于:从结论追溯前提,直到原始的前提(从内容上说,就是从科学所确认的事实的真理知识,推出科学知识所赖以建立的最高最普遍的原理)。

在亚里士多德看来,显然只有把这两种推理都把握住和运用起来,我们才能从中得到研究哲学真理的方法。他自己就是这样做的。

3. 他的归纳法,以及同演绎法的关系

人们都承认他强调归纳法重要,他视归纳法为科学的基础的观点,但是又觉得他没有在什么著作里系统论述过归纳法,而对演绎法、三段论却作了系统仔细的研究和形式规定,所以不少人就认为他虽然强调归纳法,实际上是空的,很少贡献。关于这个问题,我在开始讨论亚里士多德时就提出了一些不同的想法,我认为像罗素那样的看法是不能同意的;在经过一番具体的研讨之后,我

想再进一步谈谈这个问题。

诚然,亚里士多德没有在一部著作里以归纳法为题系统专门讲它,如果有的话当然就无须讨论这个问题了。但是这能否证明他没有系统地研究和思考过归纳法及其逻辑形式呢? 我认为不能,并且情况恰恰相反。

归纳法就是从特殊求普遍,从经验事实中找一般规律,这一点是任何人都同意的。亚里士多德也是这样说的,所有读过他的著作的人,包括罗素等在内,也都是承认的。但是实际上对于特殊和普遍的关系问题,对于如何从个别事例里获得一般知识的问题,人们看法并不相同。不同时代不同倾向的哲学家对问题看法不同并不奇怪;但要评论人就要先理解那人的观点,然后再加批评不迟,不应只从自己的观点出发来强求他人。对于像亚里士多德这样的大哲学家、大逻辑学家,更应注意有正确的态度。

柏拉图对归纳的理解,表现在从特殊的"相"向普遍的"相"上升的道路中,已经明显地表示出重视理性的能动作用,如假设与求证的逻辑功能。而从更根本的特征来说,苏格拉底的"归纳论证、寻求一般定义"的本质,就是寻求事物的原因,或寻求在特殊的、不确定的东西中的普遍的、确定的原因。这特征是整个古希腊人,以前的希腊哲学都有的,他们都是为了解惑而进行探索,寻求世界万物的根本原因来从事研究的。这一切在亚里士多德《形而上学》的第一卷里都概括得很清楚。亚里士多德继承和发展的,正是直到他以前为止的整个哲学传统,在为万物寻求其真实原因中研究哲学,在走向普遍原理中研究逻辑的,这是一个能动的"寻求原因"的过程,而归纳法的本质正在这。

请读者们再读一读《形而上学》的第一卷(A),尤其是它的前两章。从这里和无数别处的论述里,我们都能发现,他总是把从特殊中寻求普遍看做就是从事物里寻求原因；[①] 认为这是一回事而不是两回事。这是因为，凡原因（科学知识和哲学真理中所阐明的必然性原因）都是普遍性的，都有普遍性这个根本特点（本质等等都是普遍东西）。但是相比来说，寻求事物的原因则是更根本的，因为，人们为什么要去寻求普遍呢？

　　一个最明白不过的事情就是：人们是不会无缘无故地去费力寻求普遍的。他们是在生产中、行动中要改变事物，为此而产生要认识事物的原因的想法的；他们又对世界万物和自己有许多疑问，为了解决疑问，弄清原因，才想到要求知识、求智慧的；从这里他们才寻求普遍的知识。很显然，普遍知识之所以被人称作智慧，只是因为它能更好更多地说明事物的原因。假如有一个人尽管能讲许多的普遍东西，却既不能说明特殊事物的原因，也不能说明一类事物和整个世界的原因，恐怕古人不会认为他有任何智慧。其实，这一点古今中外从根本上说都一样。实际上，只是在探求事物原因的过程中，普遍东西的意义才显示出来，并得到越来越专门的研究；最后才成为专门的逻辑问题。

　　寻求原因是寻求普遍的根源和动力，这是显然的。不仅如此，寻求原因也是解释特殊和普遍之间的必然联结，解释我们关于它们的知识如何能相互运动和过渡的关键。按照亚里士多德观点，事物必有它的原因，这两者是必然联系在一起的，所以抓住原因就能必然演绎出对事实的证明，这也就是从普遍到特殊；反之，从事实出发寻求它的必然原因，这也就是从特殊上升到普遍，也就是归纳法。亚里士多德和古人素朴地、然而本质上正确地理解和解决了普遍和特殊的必然联结问题，道理就在于他们把对事实的经验

[①]　　Aristotle, Met. 982 a 5 - 30.

同求原因(即理由)的思维统一起来。他们并没有感到近现代的经验主义者所感觉到的那种解释不了归纳法本质的困难,就因为他们素朴地认定事物必有原因;问题只在于把原因找得恰当,能恰当地说明事实。

了解到这一点,我想我们就易于理解为什么他并没有集中论述归纳法。因为实际上他的哲学研究过程,科学研究过程,都是在寻求普遍原因,也就是都在进行对事实原因的有内容的归纳;而作为逻辑方法和形式的归纳法,则表现在他的全部逻辑著作中,因为这些著作研究的,都是关于哲学和科学的方法论和思维形式,即给事物求原因的方法。

我认为对于亚里士多德的归纳逻辑应该而且可以重新作一番研究。过去人们过于强调他的演绎法的方面,但对他的归纳法却研究得太不够了,这是一个很大的损失。其实这是片面的,他的演绎法同归纳法是内在联系的,这问题也没能得到注意。

举例来说,我觉得他讲的辩证推理,特别是作为探求哲学真理的一种方法,总的来说,就是归纳法的一个重要逻辑形式。这个归纳形式就是"问题"或"论题",其归纳的对象是人们关于事物及其原因的各种重要的意见,和彼此分歧的要点,《正位篇》中详细讨论的如何把这些意见和分歧作成"论题"的方法,如分析词义、定义、发现差异,寻求类似等等,都是这种归纳法形式中的逻辑因素。其次,这种归纳里也包含着演绎,即把"问题"或"论题"中的各种意见作为假定的前提,放在三段论中推出结论,来检查鉴别这些意见真假如何,但这演绎的检验目的只在于使真理得以显明,所以还是为了归纳,或者说也就是归纳的一部分。这是把特殊的看法、观点、意见、分歧上升为普遍的过程,里面包含着能动的收集、整理、分类、联结、比较、怀疑和鉴别,直到鉴定出符合真理的普遍原理为止。试问,这为什么不能认为就是在研究和论述归纳法逻辑呢? 难道归纳的本质不应当是生动的探索,反复地检查,而只能是死死板板的罗列事例,甚至成为只是求其概率的无思想的行为方式吗?

证明推理,直接看来它好像只是演绎法,但其实亚里士多德如此重视证明演绎法的研究,主旨正在于找到最严格的归纳法形式。证明演绎具有严格的必然性的形式,它的经过反复认真考察和规定下来的格式,保证了前提必能推出真实的结论。人们会说,这不就是演绎法吗? 它同归纳法风马牛不相及,能有什么关系! 可是人们难道没有看到亚里士多德正是从这里考察到归纳法的一些必要规定与形式的吗?

这只要把从前提到结论的顺序反过来就行了,就能得到真正的归纳法。反过来就是“逆推”,也就是由果求因,由特殊结论追问它的普遍前提,让我们来具体解释一下 :(1)由因及果的演绎与由果及因的归纳自然不同。演绎法的前提是一个真实的原始的关于某事实的必然原因的知识,通过三段论的形式必然性的保证,得到了一个关于该事实的必然性知识 ;归纳法则从一个真实的、必然确定无疑的事实出发,寻求一个关于该事实的必然原因的知识。前者在**前提本身里已经包含了**结论知识,后者在结论知识中当然不会有前提的知识,**还得去寻求**。这是决不能混淆的。但是(2)这种寻求,由于要寻求的前提同演绎证明及其结论有必然联系(因为它是作为证明的前提而被寻求的),就有了一些严格的必然要求 ;如亚里士多德所说的,它必定是真实的、原始的、同结论事实有必然联系的、我们对它应能知道得更确实的、更普遍的原因知识。

如果我们泛泛谈归纳法,从特殊里归纳出普遍,我们就不知道如何保证这归纳是正确的。但是当我们把归纳同证明演绎联结时,情况就不同了：因为这里归纳是演绎本身的要求,要寻求的普遍是要充当演绎证明的前提的,这前提必须能满足科学的要求,即必须能够必然地证明事实、说明事实,满足演绎证明的严格要求,那么,归纳本身也就要符合严格的条件。这样的逆推,因而也就成为严格的归纳法形式。

所以我认为,亚里士多德的严格意义上的归纳法逻辑是同证明演绎逻辑不能分开的；或者可以说,它就在关于证明的学说之中,此外没有什么单独的归纳法。《分析后篇》讲的不正是这种归纳法逻辑吗？ 我的这些看法,或许有人以为是奇谈怪论,但我请他们想想有没有道理,是不是合于亚里士多德的学说的实际情况,不要轻易地否定。

因为他的全部哲学探求都运用着归纳法(里面包含着演绎法),所以他的全部逻辑学都贯穿着归纳法,到处都讲到了归纳法。那么他不专门讲归纳法,我以为不是一个什么严重的毛病或大问题。

4. 对于"个别事物"是本体的理解

在亚里士多德的本体学说、逻辑学说和认识里,对于"个别事物"、"个体性"、"这一个"、"特殊",有时把它说得非常重要,有时又说得很低,所以显得比较混乱,许多人认为他是自相矛盾、动摇不定。我想这些情况的确是存在的。但情况似不像有的人认为那样严重,因为他也是有分析的,如果我们注意到他是在不同意义下来谈它们,有许多就不能称之为他自相矛盾和混乱。

"个别事物"是他的本体论中对本体的一个规定,从《范畴篇》

定之为存在的中心起,一直是他坚持的。我在上一章曾主张《形而上学》中的本体学说虽然大有发展,进入了原因本体的研究,但仍然保持了"个别事物"作为存在本体的地位,而原因本体的研究(形式、质料等)正是从它出发,又回到它的。所以这里亚里士多德虽有动摇(如关于纯形式、神的说法),但基本上同《范畴篇》还是一致的。

"个别事物"同"最高本体(第一因)"是他的本体论的两端,好像一个在地上,一个在天上。所以把握住这两个端点是十分要紧的。但是对于它们,我们也要如亚里士多德本人那样去了解,不能孤立去看亚里士多德有关它们的说法。因为他是看到这两者的联结的,或者更恰当地说,他本是从个别事物中归纳寻求到第一因,然后又用这第一因来说明一切个别事物的。所以他说的并不是**两个东西**如何连在一起,**而是从一个推移到另一个**,彼此本来是联结的,我们是从因果关系的内在探求知道两者统一的。一张大网,由事实求原因的过程织就:事实,从根本上说到底,就是个别事物;原因,从根本上说到底,就是第一因(本原)。这两个关于本体的规定本来相连,是统一的。

亚里士多德哲学最可贵之处,是他把最珍视的普遍者当作本是存在于个别事物之中的东西,不是独立自在的。所以普遍只能从个别中来,从个别中去探求普遍。这是第一点。但是第二,他认为在个别特殊之中虽有普遍和本质存在,然而这时还是未分辨的,不确定的,即潜在的;我们对个别事物最初的认知方式只是感觉和知觉,其中有普遍知识的因素潜存着,但感觉本身只是特殊而决不是普遍知识。第三,为了认清个别事物和一切特殊事实,认识和逻辑方法的任务就是寻找事实的原因,一直上升到最高的原因、最普遍的知识。第四,确定这个最高的普遍原因及其知识,就成为全部关于事物、存在的科学知识得以建立的关键。第五,然而这一切只是为了真实地说明事物和现实世界。第六,在这个时候,原先作为知识出发点的"个别事物",就成了真正确定了的东西,一个由普遍者以系统的方式加以规定和说明了的东西。它不再是单纯感性的、不定的"这一个"而是用从最高本原起往下一层层的原因(形式)来确定的"**这一个**"。

他本人没有以有条理的方式归纳叙述这样的考察过程。但事实上他是这样做的,我们上面归纳的要点,在他的著作里都可找到说明和根据。因此,我认为他的有些貌似自相矛盾的说法,其实大多数并非混乱;我们研究他时,应把不同的说法放到所论的情况里去,就常常能发现它们原是可以统一的。

5. 再论"理性的直观"

认识"个别事物"与特殊东西这一端,最初的方式是感官知觉,这是容易理解的;然后随着寻求它们的原因,我们逐步上升到科学和哲学,用越来越普遍的知识或形式回过来认识个别事物,赋予它以越来越明确和必然的规定性,这一点也还容易理解。但从个别上升到一般,这**一般的东西**和知识,如何加以确定却不大好把握。让我们解释清楚这里所指的意思:一般的、普遍的东西,在我们人的思想上总是更明白清楚的,因为它就是我们对事物的杂多进行比较分辨的结果,我们去粗取精,抛开偶然抓必然,透过现象抓本质,于是一个清楚明白的观念或概念就呈现出来了,它指的总是事物里的一个比较稳固的普遍规定或本质。

由于这种普遍的知识和所指的对象比较清楚确定,又能说明事物（因为它指的是事物的原因），不像感觉和现象那样混乱不定，所以柏拉图（毕达哥拉斯派和巴门尼德也如此）就陷于幻想，以为他们找到的"相"和"数"，或抽象的"存在"等等普遍东西本身就是最真实可靠的，可以凭自身的确定性来确定自己的独立存在，并以此傲视客观事物和关于事实的知识。亚里士多德就不同了，他虽然高度重视普遍的意义（见前面评述过的他关于普遍知识优于特殊知识的许多论点），特别强调它有确定性，因而可以理解的优点，但是断然批评了柏拉图等人的幻想，指明：普遍原来来自个别，它是没有权利自封为真实、自己确定自己的存在的。普遍东西的确定性本身还必须靠事实来确定。例如科学的确立要看它是否能恰当说明某类对象的事实，哲学的确立要看它能否正确说明科学的前提和一切事物；尤其是我们看到他在讨论形式和质料谁是第一本体（第一因）时，完全是以谁最能说明"个别事物"的本性，特别是"个体性"和"独立分离性"为准的。

　　但是尽管如此，问题是否完全解决了呢？ 还是没有完全解决。因为这里还存在着一个循环论证：我们认识是从个别事物和对它的知觉开始的，个别特殊的东西和知觉是**不确定的**，归纳寻求是**从不确定里找确定**，反过来用这个普遍的确定来规定特殊和个别事物本身，使他成为**确定**的东西；然后又用这**确定的事物**来**确定普遍者本身**，这样的论证是有毛病的。也就是说，还是在用普遍的确定性来确定事物。普遍者及其知识的确定性的最终来源与保证何在呢？

　　亚里士多德并没有能真正解决这个困难。他显然有所意识：普遍来自对特殊的归纳，而个别特殊的总是在本性上不确定的，因而结论必然是：或者普遍也还是不确定的；或者它是确定的，但必定另有来源；二者必居其一。亚里士多德在尽一切努力把普遍建立在特殊事实之上时,发现终究还有无法解决的这一困难,在这一点上,他只好转向神和"理性的直观",同他的自然哲学最后不得不设立"第一推动者",和本体论最后不得不蒸馏出神学一样,在逻辑上不得不设定"理性直观"能力作为把握最普遍原理的确定性标准。

6. 亚里士多德逻辑学和本体论背后的
决定者 —— 人类的实践活动

"理性的直观",它的对象是"原始前提",它是不可"证明"的最普遍的原理。所谓"不可证明"就是无法用比它更确定的东西来确定它的意思,然而又必须把这个原始前提本身当作最确定的,否则一切科学知识就全都动摇了。亚里士多德解决的办法就是直接的肯定,他把这种直接肯定它是最确实的真理的能力就称作"理性直观"。他认为要想给这种对象再加以证明是不可能的,在《形而上学》里,他称这种要求是无知的表现,没有受过教育的表现,因为这些真理是不证自明的。①

这些说法,从理论上讲,乃是一些遁词,是要肯定而又没办法和根据来肯定时的无可奈何的表示。但这种"不证自明"和"理性直观"说,在后来哲学史上却起着很大的作用和影响。它并非完全没有理由的:因为我们必定要肯定有真理,有确实可靠的东西。它带来两方面的大问题:(1)当有些哲学在找不到根据时,就以"不证自明"等来搪塞,或用神秘的"理性直观"来自封其正确,还

---

① Aristotle, Met. 1006 a 5 - 11.

用来抵制人们的怀疑,甚而以此傲视于人(像谢林就有这种味道,不少这类人物)。它成为一些武断学说的防空洞。(2)它就从反面引起了怀疑主义,怀疑主义认为根本就不存在什么确实的东西,一切想建立这种知识的企图都是一种武断和妄想。

亚里士多德理论上的确没有解决这个问题。他的全部学说,尽管注重事实和经验,注重探求,分析和归纳论证,终究在好多方面表现出想建立一个绝对真理体系的思想,实际上也是一个包含着不少武断成分的体系。这是他的大弊病。

现在我们来对他的学说的正确和错误,有价值和无价值的两方面的根源作一个统一的分析讨论。

他的学说归结到一点上简单地说,就是研究事实及其原因。这事实,就是希腊人的世界,这"原因",就是希腊人的世界和他们自己成为自己的原因。那么这"原因"到底是什么呢? 是他们的实践:包括他们的生产、社会生活和一切行动,希腊人正是靠他们自己的历史实践创造他们自己和他们的世界的。所以他们的"原因"观念或概念,其实不过是对他们的一切实际行为、认识和知识上的行为(科学与哲学研究)的抽象。但他们自己并没有自觉地认识到这一点,而把"原因"本身当作了抽象真实的存在物。

为什么他把第一因、最高本体规定为目的、形式和第一推动者,质料虽不可少,却只能是第二位的原因本体? 这正是他们的实践和实践观念造成的,不是很明白吗? 可见,亚里士多德的四因说和形式质料、潜能现实说,其真正的秘密无不在于希腊人的实践之中。希腊人直到古典时代末期,仍然把自己看作主人,自由人,他们是质料的主人,因为不仅自然物,而且奴隶也不过是他们的质料而已,质料是不能有能动性的,因为奴隶也只是"会说话的工具"—— 这是他们的世界观,希腊人作为一种奴隶主的民族和阶级,其实践决定了他们必然要把自己的"目的"、"形式"、"推动者"的作用看作是主要的东西,而物质则不能有这种能动作用的任何余地。亚里士多德不能避免这种看法。

希腊人的历史和文化的实践,创造了西方古代最灿烂辉煌的文化和种种成就。把这种实践成就加以高度的提炼概括总结,就是研究事实和世界的根本原因(本体)的亚里士多德哲学。他的第一因本体,其实不过是希腊人实践的"对象化"凝结物。这一点,从他对四因、形式和质料的关系、现实与潜能的关系的具体分析论证中也可以看出来,他一再地引用生产、技术之类及其事例(木匠造床、医生治病、雕像之类)就是明证。但古希腊人的实践毕竟不同于资本主义近代的大生产和社会变革,这种人类的实践能动性的发挥还是相当有限的:个人没有能完全从城邦集体里分离独立出来,他们的个人高度自主性只在雅典有过昙花一现的发展,而且暴露出极大的不确定性和先天不足,所以主观性的环节被人们普遍地视为是坏东西,没有能在哲学中获得如同近代西方的那种崇高的地位;人类的实践终究不能真正被视为高于自然的力量。所以亚里士多德虽然从实践里实际上汲取了思考"原因"的依据,在理论上他始终认为实践的科学不能有像自然哲学和第一哲学那样的地位,一切人工的产物被认作只是自然产物的模仿,而"形式"、"目的"、"动力"也终究自然化或物化为神,独立于人的"第一推动者"和"至善"的"最高目的"。

关于所谓最高最确定的原理,他在用"理性直观"来加以说明,即等于没有说明的同时,有时也用实践来加以说明,这一点我们在讨论他对逻辑公理(同一律、不矛盾律)的看法时也看到了。这实际上对我们是最有启发意义的。它证明:我们的逻辑形式、格、规律等等,归根到底既不是来自单纯的事实本身,也不是来自单纯的主观思维,而是人类在思维方式上对自己历史实践形式和规律的抽象表现。亚里士多德所说的从事实寻求原因的方法,最高本原的内容和把握它的方法,其实都是实践造成的,或就是实践本身的方法。只有真正研究具体实践,我们才能理解哲学学说的本质。关于最高原理究竟是否真实,或者真实确定到什么程度,这些重大问题,不都是如此吗?

　　亚里士多德哲学非常全面深入地反映和概括了希腊人的历史活动,他从中汲取了知识和逻辑的源泉,不自觉地常常引用实践来说明许多重大问题,但是他完全不可能自觉认识到实践就是哲学的基础。这我们怎么能苛求他呢? 对于他,这位古代最伟大的人物,我们只能抱着深深的敬意。因为任何人只能做到他那个时代所能允许做到的事情,而亚里士多德达到了最大的可能限度。

哲学和人类思维发展的童年

—— 第一编代总结

　　亚里士多德完成了古典时代的希腊哲学,同时也就完成了哲学在古希腊从产生到正式形成一门学科的全部历程。这是西方哲学史的第一个大的阶段,我们可以简略地称之为西方哲学的童年时期。

　　我们对人类最初的认识发展总是非常关怀喜爱的。古希腊哲学不仅是西方人的珍宝,也是人类的共同财富,因为它记载了人类早年求知的生动创造过程。就像成人常常善意的嘲笑孩子的天真幼稚那样,古代哲学家的观点和结论许多是错误的,思想是充满稚气的。但是在稚气里却包含着最有生气的活动和精神,智慧的种种萌芽和源泉,那总是能给我们以启示和力量。我们之所以是我们,是因为我们有历史,而首先是指:我们都是从童年过来的。

　　说它是"童年"当然是一种比喻,但也不仅是诗意的比方,而是有科学根据的比喻。现代的儿童心理学的科学研究证明,人们的认识和思维能力有一个发生发展过程,其基础是在儿童时期奠定的。皮亚杰(J.Piaget)以他的"发生认识论"学说为指导,进行了大量的科学实验工作,对儿童的智力发展作出了相当深刻的研究。他所发现的儿童思维发展的规律及其阶段划分,同我们这里所研究的对象,有一种惊人的类似。按照他的研究和划分,六七岁以前的儿童处于前逻辑的阶段;然后,从六七岁到十一二岁间,处于"具体运演"(即感性具体的思维活动)阶段,其特点是儿童获得和发展了同具体事物相联系的逻辑思考能力;到了十一二岁至十四五岁时,儿童的思维能力就超出了具体的感性事物及其表象,能够设想假定的事物以从事"形式思维"了,这个极其重要的特点使思维具有崭新的能力,得到了自由的反省和解放。—— 与之对比,整个人类在历史上的认识发生和思维能力的发展也是如此,以古希腊人为例,我觉得是相当典型的:他们在到英雄时代结束之前的漫长时期里的思维发展,表现在原始思维和神话史诗里,就大致同儿童从出生到六七岁时的情况相当;而从泰勒斯起到赫拉克利特的原始素朴哲学阶段发展的思维能力,同六七岁到十一二岁的儿童中期水平相当;最后,在古典时代的哲学,则同儿童后期(向成人过渡的前青年期)的"形式思维"形成时期相当。

儿童智力发展同古代人从原始状态中逐步挣脱出来、摸索着曲折发展,当然大不相同。但是这里确实有相似之处,有一些从根本上说来是共同的特点与规律,这是因为个体的智力也必须有一个发生发展过程:它以凝缩的形式进行,以便在较短的时间里走过人类在漫长历史里走过的路,使儿童在到成年时就能在智力上达到与现实生活相一致的水平。这是有必然性的,其情形很像胚胎的发育必然要再现千百万年中生物演化的进程。所以,胚胎学和古生物学的规律有惊人的类似,而研究儿童智力的发育就是人的精神的胚胎学,研究古代人类的思想发展形态就是精神的古生物学。这两方面的研究是可以相互启发与印证的。

所以我们很可以认为,从泰勒斯到亚里士多德的哲学发展,是人类认识和思维发展的儿童中期和后期(原始思维和神话传说时代则是幼童时期），或西方人的童年时期中最重要的思维发展阶段。

一、古希腊古典时期的哲学也是一个圆圈式的发展过程。它同原始素朴哲学的关系

　　原始素朴阶段的哲学家们，大多直接陈述自己的见解，到了古典时代就不同了，各派哲学要论证自己的观点，就常常比较自觉地要涉及前人和同时代的哲学，进行讨论，表示赞同、反对、继承和新的加工。这种情况，越往后就越加复杂，有时使人感到眼花缭乱，搞不清这些错综的批判继承关系。但这是值得研究的，因为它表现出具体的联系和线索上的特点。过去一些研究者爱用师承关系之类来划分和整理，我曾对此谈过一点看法，认为这是绝对不够的，而且只注意这种关系就容易流于形式化、表面化。我想还是要深入到内容和内在发展里多做具体分析，才能把那些错综的联系理出头绪，找出线索和规律性来。

　　1.古典时期的希腊各派哲学是在巴门尼德奠定的形式思维方式与成果的水平上前进的圆圈

　　古典时期的各派希腊哲学，差不多都要回到原始素朴哲学和巴门尼德，但是这两种情况的性质不同，我们应该作出区别：一般说来，他们回到原始素朴哲学是在内容和特征上，而在思维方式上则不会再回到它们了。他们对巴门尼德和爱利亚派的态度则正好相反，都注意其逻辑思维和论证的方式（和与之相关的"存在"即本体观念），但在内容上则加以改变，大多持否定性的批判和发展的态度。

　　这是相当明白的事实：后来的哲学家们无论对巴门尼德的

"存在"论怎样尊重或激烈攻击,都必须在这种逻辑论证的水平之上来进行,这就把他们的水平都提高到"形式思维"的基础之上去了。所以巴门尼德和爱利亚派之后的哲学,是形式思维自身的否定性发展过程,当人们不满意于巴门尼德的"存在"的空洞抽象性和逻辑论证还缺乏内容而努力地进一步规定它们时,他们就在发展"存在"论的同时,使巴门尼德和爱利亚派那种简单粗浅的逻辑思维得到了一步步的改造,直到亚里士多德建立起相当具体和细致的系统逻辑学说为止。无论如何,他们的思维方式都不再是原始素朴哲学里的那种感性具体的思维了,那里虽也有逻辑的萌芽和成分(逻各斯),但总是同具体的感性事物、感性表象浑然不分的。

很显然,古典时代希腊哲学各派都属于形式思维的逻辑阶段。从本体的规定上看,巴门尼德的普遍而空洞的"存在"概念越来越具体,终于变成了亚里士多德的"作为存在的存在",即个别事物和第一因;从逻辑思维方式上看,巴门尼德和爱利亚派的缺少具体分析的论证与反驳,也逐步增加了内容和形式,终于变成了亚里士多德的逻辑学:这两方面是同时并进,互为作用的。这个发展过程构成为一系列的转变环节所联系起来的阶梯。

这个特征有重要意义。它同儿童思维发展的这种阶段的特征类似,皮亚杰指出儿童后期(即少年时期或前青年期,指十一二岁到十四五岁阶段)的最新奇之处是从具体思维过渡到形式思维;以前儿童的智力只涉及为真实行动所支配和接触的感性事物,如果对象不在眼前,思维就想到那些事物的感性表象,但总不是抽象的观念,但现在思维就用语言符号而不再只凭感觉经验和信念来支持了。儿童这时已能正确地推论一些纯属假定的命题去得出结论,而不只局限于实际的观察去求认识。这样,思维就从具体事物里解放出来,有可能进行反思和建立理论,使人能面向未来,同时也出现了脱离现实的错误幻想。"随着形式智力的发展,思维生长了翅膀,而且这种意外的能力开始为人类所利用,甚至滥用,这也就不奇怪了。""这是一个典型的形而上学的年龄时期:自我十分强壮,足以改造宇宙;而且十分巨大,足以吸收宇宙。"① —— 我感到皮亚杰对这年龄的儿童智力发展的特征描述是重要的,并且几乎完全可以适用于我们这里所讨论的对象。

希腊古典时代的哲学的根本特征是形式思维,它是一种历史上新产生的思维方式,也有一个发生发育的过程。

这种新的思维方式是借着它同感性具体思维的区别而显示其优缺点的。感性具体思维不离开直接事实和感性表象,形式思维则摆脱了这种束缚,它思维的不再是直接东西而是表现直接东西的思维规定,即思维那些概念、判断(命题)和推理,思维感性事物中的普遍和本质的规定本身,间接地思维现实世界及其感性表象,简言之:思维的对象是思维(规定)本身。形式思维是第二级的思维,它对表象思维中的内容和形式进行再思维、再加工。这样它就有了一种极大的优越性,在摆脱了直接东西的束缚之后,能专心致志地思考本质和普遍的东西了;同时它也获得了一种形式上的独立性和自由,使思维本身得到反省的考察和发展。但同时也就带来了一系列的新问题、大问题,它变得容易脱离现实了,就产生了唯心主义和形而上学,这在一开头表现尤其突出。巴门尼德思考的对象已不再是感性具体的事物和世界,只是这个世界的普遍本质规定 —— 存在,他只把这作为思维的对象,于是第一次确立了哲学的本体概念:"存在",这是一大进步,但同时也极其明白地表

---

① 皮亚杰:《儿童的心理发展》,山东教育出版社1982年版,第89页。

现了这种思维方式可能脱离现实的毛病,他的"存在"只是抽象普遍同一性的"一",不仅抛开了而且否定了现实里的多样性和运动变化。这"存在"也就是"是"(两者都是一个词 to be),只不过前者是从事物和世界的客观内容上看的,指抽象普遍同一的本质;后者是从与之相应的人在行动和判断中的主观形式上看的,指一种抽象普遍的肯定或确定:"是"就是"是",不能又是"否"。正像"存在"只是"存在",决不是"非存在"一样(两者都可以表述为 to be 和 not to be 的绝对对立)。我们看到,"存在"论正是靠"是"与"否"的绝对对立和各自在对立中孤立地自我同一的逻辑公理(同一律、不矛盾律、排中律)来建立。所以巴门尼德"存在"论的优点和错误,本来与这种逻辑不可分,来自这种逻辑。这些逻辑公理,就像亚里士多德说的那样,是人们进行思维和判断绝对不可少的。因为只有根据它我们的思维才能有确定性,我们才能下判断,才能有确定的行为:其实它本来就是人们行动的逻辑,现在由于人在思想上抓住了事物中的本质和普遍,并在对立中给以确定,这种行动的逻辑要求就产生了思维中的逻辑原理。对于一切都抓住本质,给予肯定或否定的明确判断,人们才能有明确的行动 —— 这表现了希腊人进入古典时代的历史活动的相应思维水平。可见,这种新的形式思维及其逻辑原理的建立,是积极的,有很大的历史优越性;但在刚产生时其缺陷和毛病也是严重的,这毛病从根本上说就表现为对于思维所论的对象(只归结为一个"存在")的抽象了解,脱离具体事物和实际情况的分析,以及空洞的同语反复,运用同一律、不矛盾律时不分时间、地点、方面和多种含义中的择定。

新的形式思维方式一出世就在显示其优越性时把自己的青春粗暴性表现出来,它还很幼稚。以后的发展,就是要在这个新的基础上完善它自身。人们发现在思考"存在"这个普遍本质的抽象思维规定时,毕竟不应脱离事实和现象、特殊,必须改进和加工这种规定,使之与现实和现象统一起来,于是就从孤立地强调普遍本质转向现象和特殊,同时寻求形式思维同感觉表象的联系。恩培多克勒和阿那克萨戈拉等人做的事就表示了这个方向。

抓往"存在"这个本质规定,又要"拯救现象",就要否定巴门尼德"存在"的抽象性的方面。这个方向的顶点就是智者:他们把思维的对象、即思维规定的本质普遍本身就理解为现象,把形式思维能力本身就理解为感觉。这就威胁到了形式思维本身及其对象("存在"规定)的合法根据,结果在使形式思维同现象一致时候,正好走向了唯物主义的反面,产生了主观唯心主义和诡辩逻辑,因为形式思维失去了自己的可靠对象和基础(它的对象即本质)。它本身也就瓦解了。于是就有反过来的运动,使思维规定再次从现象、特殊走向本质和普遍。然而这一次再也不能靠巴门尼德那样的简单办法了。现在要自觉地把握思维规定和本质普遍,所谓自觉就是要对现象和众多的个别与特殊一一加以审查,以便通过归纳搞清楚人们常说的那些观念和言辞(即思维规定的形式)究竟有哪些含义,说明为什么个别、特殊的东西不足以表示这些规定,只有本质和普遍才能表达。这就是苏格拉底的"归纳论证和寻求一般定义",它是形式思维及其成果哲学在经过曲折痛苦后总结经验教训,企图再重建其自身。由于这种努力高度自觉,而且苏格拉底寻求的一般还未脱离个别事物,所以亚里士多德高度评价了这一贡献,认为这给科学提供了基础。德谟克里特也在一定程度上做了这件事,不过他致力的主要是在自然哲学的内容方面。

柏拉图继续了苏格拉底的工作。他把哲学的对象规定为"相"即普遍者,最清楚地表现了形式思维的本质特征:思维所思的对象就是思维的普遍规定。他还系统地考察了形式思维过程的规律性,这就是他的"辩证法"。他的贡献很大,但他在把握形式思维的本质,自觉给予说明论证时,又一次犯了与巴门尼德类似的错误：由于把思维规定的确定性和知识的确定性看成绝对的,而这种确定性是靠本质和普遍作根据的,他使"相"同感性事物(有不确定性)割裂而独立化。

把思维的对象看作是本质和现象、一般和个别的统一,把思维规定的形式普遍性看作是有质料内容的,把哲学本体论看作是对事实、个别事物和原因直到最高原因的普遍必然联结的知识,这是亚里士多德的大功劳。他终于完成了这个时期的形式思维方式及其成果科学和哲学知识的发展。

亚里士多德终于清楚地认识到,形式思维的意义归根到底在于认识事物和事实本身,我们研究和论证的思维规定,包括本体论和科学中的各种内容规定,也包括概念、命题、推理等各种形式规定,都不过是指对事物及其原因的认识。所以他反对了柏拉图和巴门尼德的脱离事物的共相,另一方面又反对了以智者为代表的现象论,实现了这个时期形式思维方式和哲学本体论的最高综合。

同时我们也应指出,亚里士多德终究是形式思维的哲学家、科学家和逻辑学家,没有超出这个范围。他始终把事物中的形式方面,即思维可以明白确定的方面放在第一位,就明显表示出来这一点。这本身是有重大意义的,因为没有确定性就谈不上科学的思维和知识,只要科学存在一天这就是必要的条件。问题在于亚里士多德还是不能认识形式只是物质(质料)自身的形式,确定的形式在一定意义上高于不确定的内容,可以规定后者,但在更根本的意义上说,它本身也还有辩证法的不确定性。确定性不是自身绝对的确定,终究也有不定性(任何根本的普遍者、本质虽然确定,但它仍然内部外部有对立,有运动变化,整个宇宙终究是辩证法的而不是形而上学的）。近代高级形式的理性具体思维（如在黑格尔和马克思那里）认为：确定和不确定既分明又联结，认识的任务既要从感性的特殊中抓住一般规定，又还要从一般规定返回和再现具体，这种返回既是用确定性或一般来规定不确定的感性具体，同时也表明确定的一般规定本身也是辩证的，有一种更高级的不定性。这种根本的不定性（不是指单纯感性表象中的不定性）也还是可以规定的，即关于对立、运动和变化发展的世界辩证法图景，我们能够用确切的思维规定、言辞来理解和表达，这才是高级的理性思维方式，它并不陷于思维的混乱，无谓的自相矛盾，而是要清晰地表现事物和世界中本质性的内在的必然矛盾运动；这些要求是十分合理的。——这一点亚里士多德还不能理解和把握住，因为他怕不定性会影响到思维和知识的确定性。他不能区分开感性水平的不定性和更高理性水平的不定性，所以他对确定性还不免有形而上学绝对化的理解。形式思维：（1）同感性的具体思维有根本区别，它摆脱了直接性的感性事物及其表象，使思维上升到一个新水平。（2）但同理性的具体思维也有根本区别：形式思维在其发展中越来越多地把握了感性东西的内容，加以规定使它们具有形式而成为确定的东西，从而使形式思维方式自身有了越来越多的内容和形式，变得具体起来，这一点我们对照巴门尼德和亚里士多德的哲学和逻辑就可以明白；但是即使在亚里士多德那里，也还只是形式思维，同真正辩证法的理性具体思维仍然不同。所谓理性具体思维，是指把辩证法同形式思维统一起来，扬弃了形式思维的绝对化性质，使思维终于能在更高形态上再现感性世界的、有规定的自我发展和全部运动。按照康德或黑格尔的语言来说，这是"知性"和"理性"的区别。不过亚里士多德虽然仍在"知性"的形式思维的总范围内活动，里面已包含着"理性"的具体思维的许多因素和成分（柏拉图也如此，其"通种论"和理性的"辩证法"，同亚里士多德的"潜能与现实"以及辩证的探求、具体的分析与综合、归纳与演绎的结合等等，都有这种成分），这是十分可贵的。

可见，古典时期的希腊哲学也是一个有机整体的、有内在生命运动的发展过程，并且也是一个圆圈。这个圆圈无论在基础和水平上都高出原始素朴哲学的那个圆圈，在深度、规模上也比前一个圆圈要大得多：它从巴门尼德的形式思维方式及其本体学说"存在"论出发，最初是相当空洞的；因此必须再次从现象获得内容，走向现象，然后又从现象返回本质，取得具体可知的内容和相应的形式；最后，在普遍的形式规定中把本质和现象，原因和事实统一起来。这还是一个否定性的辩证运动过程，即否定之否定，使形式思维方式及其认识的最终成果 —— 本体学说达到了自己的建立形成。

现在我们来谈另一方面的特点，即古典时代的各派希腊哲学为什么常常要回到原始素朴哲学去的问题。

2. 形式思维及其认识的发展过程要再现感性具体思维及其认识过程的基本特征

古典时代的许多哲学家都回到原始素朴哲学去，有的还十分明白自觉，例如阿那克萨戈拉之于阿那克西曼德的"无规定者"，阿波洛尼亚的第欧根尼之于阿那克西美尼的"气"，德谟克里特和柏拉图之于毕达哥拉斯派的"数"（以及"虚空"、"有规定者"和"无规定者"的对立本原等），这是一个很可注意的现象。如我们上面所说，这些哲学家都是巴门尼德之后的、注重形式思维逻辑的人们，就这一基点而言，他们是不会再退到原始素朴哲学那种感性具体思维的方式和水平上去的。那么，他们为什么觉得有必要回到原始素朴哲学去呢？这种再现有什么含义？

我想这主要是因为两轮发展虽然水平不同,仍有共同的规律性。我在前边小结"恩培多克勒——阿那克萨戈拉——阿波洛尼亚的第欧根尼"时,曾分析了他们类似米利都三位哲学家发展过程的意义,在小结德谟克里特和柏拉图时,也谈到他们向毕达哥拉斯派回复的各自与共同的含义。从这些情况来看,古典时代哲学家中的许多人再现早期哲学的一些显著特点的确是带有必然性的,不是随便的比附。早期哲学家用感性具体的思维方式来认识世界确定本原时,必须首先从直接的感性性质("质")开始,然后进入带有普遍性、本质性和某种间接性的规定("数"与"形"),然后才能进入感性性质与本质、直接和间接、特殊和普遍的统一(感性形象的"火"所体现的"逻各斯";一切是一,一是一切)。这种认识的必然的基本的过程,在人们开始创立新思维方式之后,也必得重走一遍,才能达到新哲学及其思维方式的完成,所以两轮过程就有相似之处了。

但是在用形式思维来走这种过程时有两个特点与前一轮不同:

第一,由于它用明白确定的形式规定和论证方式来走这个认识过程,所以各个环节就取得了比前一轮中的环节更明白的形式,各环节间的推移或否定性的联系转变也更明白清晰了,而在前一轮中大多是以直接陈述哲学家个人看法的方式说出的,好像一个一个地跳出来那样。

第二,因此,两轮发展的圆圈在特征上也不完全一样。如第二轮里有明白的起点、发展的转折点,前一轮则很模糊或没有,还有一点是特别应当指出的,这就是我们发现,重要的古典时期哲学家们虽然都非常重视赫拉克利特学说的意义,却没有一个人明白表示要向他回复,包括亚里士多德在内。事实上柏拉图和他都对赫拉克利特作过深入的钻研思考,吸取了他们能吸取的东西,这对"通种论"和"现实与潜能说"的建立有重要意义,但是他们都不仅不能回到赫拉克利特,而且都一再地明白表示不同意他的学说,认为他的辩证法不可能成为知识的基础。

这就表明,新的一轮发展,毕竟在赖以建立的思维方式上有决定性的区别。整个新的发展阶段是对上一阶段的否定,是它的对立物。形式的思维逻辑根本不同于感性具体思维,也达不到更高发展阶段上的理性具体思维。所以作为希腊古典时代哲学最高发展的亚里士多德哲学,虽然在"潜能"、"质料"、"不确定东西"的范围内肯定了赫拉克利特素朴辩证法的意义,但总体上决不能回到他。在亚里士多德的哲学与逻辑学里,"形式"的确定性是决定者,尽管他尊重感性事物和事实,认为形式不能没有质料,思维形式不能没有内容,但这是**两个**东西或成分的结合,不是从一个东西(质料或物质自身)里来理解,区分和发展出来的,这就是说,他终究在核心之点上还是把形式和质料分离割裂了,最后结论是所谓纯形式和纯质料的对立;从而证明他毕竟还是一位形式思维的哲学家,把形式的自身确定性放在一切的首位,脱离了物质。他没有超出形式思维方式这个大范围。

3.两个圆圈的否定性联结和彼此相似,构成了一种开放性的螺旋曲线

以上对古典时期哲学发展过程的小结梳理,让我们在看到它自身又是一个圆圈或螺旋式曲线的同时,还须回溯其前身原始素朴哲学那个圆圈及其种种特征与神秘。这样,我们从结果追溯了源头。本书第一编要研讨的是希腊哲学从产生到作为一门学科的正式形成。如本书前言所说,我们重在线索,即重在理解哲学的生动的生命过程。因此我在根据史料陈述过程时,随时都要分析探

讨其来龙去脉的线索,并在每一个阶段都着重分析小结这种线索。现在,就能对这一全程的发展线索作一个总结性的讨论了。

很明白,哲学史,即人类对世界的认识和规定的发展史,包含着人类思维能力和思维形式的发展史。它们紧密联系着,都一再地以圆圈或螺旋的形式在运动着。贯穿在每一环节、每一圆圈里的东西都是否定性的辩证法,因为每一个新的环节、新的圆圈都是孕育在前面的环节和圆圈之中的,并借否定性的力量从其中产生出来;而新的环节和圆圈又开始了自身的否定性的发展史。每一次新的圆圈式的发展都有自己的新基础新水平,那是不会倒退的;但同时又会再出现原始的圆圈里的基本规律性,并使之更加明白、具体和丰富起来。

这种螺旋上升一次比一次深刻,因而会一次比一次更清楚地展现出原先圆圈里以胚胎状态潜伏着的成分。但新的圆圈是从原先的圆圈来的,已经总结了以往的基本经验教训,其起点是对原先圆圈的基础的决定性的批判否定,所以新的一轮发展又不可能简单地再现原先的东西,它必须受新的基础的约束。

这种规律性对我们研究哲学史、思维史有一种颇可注意的方法论意义。我愿提出来供有兴趣的读者们考虑,看看有没有一些道理。

由于每一新阶段的哲学和思维方式在其诞生时总是对前一阶段的否定(因为不否定旧的,新的就无法诞生,所以否定在这里是最有决定性的动作,并具有最明白的形式)。这种否定虽然是前一轮发展的继承总结,但由于主要是以否定的形式来总结的,所以从前发展成果的积极内容虽然实际上保存在它里面,却不可能明白表现出来。而这也是必要的,因为那些积极的因素如不以新的基础给予批判改造,就没有存在和发展的意义和价值了。新阶段哲学刚出生时,好像一种日出,那以往的一切东西在它面前一下子都黯然失色了,淹没在日出的光芒之中看不见了。但是新阶段的哲学不会停留在这种情景里,因为这时它还只奠定了新基础,还只是起点,还不是丰富具体的东西。只有通过它自身再度回到现实事物和世界并能具体地加以把握和规定时,它自身才能成为具体的东西,完成它自身。而只有在这时,即在新阶段哲学越出自己的起点而发展时,那些实际上以否定的形式包含在起点里的那些先前阶段的要素才会再度显现出来,即以新的形式通过加工改造再度发展出来。这时向旧哲学的回复就构成为新哲学发展的内在特征。例如,原始素朴哲学的各个环节,还需在巴门尼德奠定的新基础上,通过后来哲学家发展和否定巴门尼德的形式再一次得到展现、改造和规定。这样古典时代的希腊哲学才能完成它自己,也才能真正批判克服原始素朴哲学。仅仅有巴门尼德这个开端是绝对不够的,虽然它有极重大的意义。

从这里我们得到一个启发和结论:一切新时期的哲学,都因基础更高而决定性地优于旧哲学,但这又不是绝对的:新时期中那些开端和较前的哲学,又常常是贫乏空洞的,常常只有简单原则而缺乏具体的规定,在不少地方往往并不比先前的哲学好, ——因为事情又得从头来做起。这种规律性我们会一再看到,所以当人们发现后来的某些哲学并不见得比前人高时,我们不必诧异;例如近现代的一些哲学派别,从某种意义上、局部见解上当然远远高于古代,但从另一意义上或从某种整体性的见解上往往大不如前人或古代人,我们看到这种情形就不必诧异。对这些我们都应作具体分析,尤其是要放在哲学史的大小螺旋中去作具体分析。那种比较单纯地认为新的总要比老的进步的观点,虽然大体说来不算错,在具体运用时若不用上述理解加以修正,往往就用处不大,甚至会碰大钉子,理由就在于此。人们要想真正发展哲学、科学和思维,就需具体了解我们时代新哲学的新的基础和水平何在,为什么高于先前的哲学,同时又不要停止在这个出发点上,而应该研究还存在哪些问题,努力发展这个出发点使之具体化,解决新哲学诞生之后面临的一系列重大任务。而要做到这一点,我们又须从新水平上再度考察先前哲学的种种发展过程和环节,看看它们是怎样解决问题的,又有哪些必然的限度和错误,以便利用和发展它们,真正克服和超过它们。老实说,简单重复一种新的哲学的基本命题是没有用的,当然模仿和照抄前人更没多大意义,两种办法都无助于新哲学的真正建设与形成。

这对我们研讨哲学发展的线索也带来一种方法。例如我们在看某个哲学的历史地位时,就应看(1)它处在什么阶段上,(2)在这个阶段的圆圈里又处于怎样的环节上。这时我们可以参照上一个圆圈里各个环节的相互关系与它的对应性,即把上一个阶段的发展作为考察的参考系坐标。这个参考坐标不会是完全对应的,因为新阶段的发展毕竟有不同的崭新特点(例如古典时代希腊哲学里就不可能有与赫拉克利特恰好对应的环节)。所以关于新阶段的各派哲学究竟在整个发展中的地位是什么,还得从各阶段的发展本身中作具体分析,不能靠单纯的类比来定。但有此参考坐标毕竟是很有益处的。不用说,我们研究的依据还是实际的哲学史实,其背后又以实际的社会历史发展作基础。实际的历史常常要出现种种意想不到的事件,来加速、延缓甚至中断这种发展,或使之变形,从而修正哲学史有规律的发展形态,因此我们始终要忠于事实。不过哲学的发展终究必有它自身的内在规律性,无论怎样曲折总得表现出来。所以我们的方法还是有意义的,只是万不可变成一种简单的套子。

二、古希腊哲学的发展同宗教和科学的关系

西方哲学的童年,包括古希腊的原始素朴哲学同古典时代哲学两阶段在内,都同宗教和科学有不解之缘,其关系是十分内在的。

哲学最初(1)是从原始的宗教神话里分离产生的,而(2)这种分离的力量来自人对自然的观察,求原因的思考。求原因就是就事实本身寻找解释或理由,这就孕育着科学和逻辑。所以哲学为科学的发生发展开辟道路,同时又从中赢得了摆脱宗教,与之分离和对立的力量。简言之,哲学的诞生就同宗教和科学二者不可分,有内在联结。

因此我们发现哲学的各个环节的发展,都包含和推进着科学和理性的因素:不仅像米利都派到德谟克里特的唯物主义各派有这个特征,而且那些唯心主义和形而上学缺点错误突出的各派也给科学做出了贡献,甚至在某种意义上更突出。例如那个古代最重要的一门科学 ——“数学” —— 是由毕达哥拉斯派创立和发展的,它还影响到天文学、音乐、医学等等,影响到抽象思维力的形成。巴门尼德的贡献,柏拉图的贡献,更不必说了。最后哲学对科学和逻辑学的发展的巨大意义,在亚里士多德那里表现得最明白。当然,这些反过来推动了哲学本身的发展和形成。

可见,哲学在本性上同宗教神话有别,与后者相反,哲学是建筑在观察事实和理性思考的基础之上的,即在科学基础之上(在古希腊的科学发展中,对实验的重大意义还没有明白的认识,所以与近代科学不同)。这种特点,使不少哲学家对神话和宗教开展了批判,有的甚至表现了无神论的意识。哲学是借科学之助同宗教区

别开来的。

但这只是问题的一个方面,另一方面是:我们又分明见到哲学不仅从原始宗教神话里诞生出来与之分离,而且也不断地返回宗教,毕达哥拉斯派和柏拉图表现得最突出,赫拉克利特同亚里士多德也在相当程度上如此,他们在两个阶段里都是最重要的代表。一般说来,在两个圆圈里的第一段上,总表现出较多的唯物主义和科学的倾向(米利都派,恩培多克勒 —— 阿那克萨戈拉 —— 阿波洛尼亚的第欧根尼)。但到了第二段,科学因素以抽象形式进一步得到发展时,特别是不仅研究自然而且注意到人事时,就强烈地表现出回到宗教的动向。到第三段在对事物的本质有较丰富的科学性的理解时,则表现出把科学和宗教结合起来的泛神论或自然神学的动向,使两方面并存共生。这些向宗教的返回,一方面是哲学从宗教里一再吸取某些思想和智慧来建立哲学本身;另一方面,宗教也随着哲学的发展得到了许多深刻的内容,使宗教本身演变出新形态。

事实上宗教也有发展过程。从古希腊人来说,原始的宗教神话中有许多神彼此并存纷争,神的观念同人甚至自然物混淆,有一大堆杂乱无章、混沌幼稚的崇拜意识和感性神秘的仪式。后来人被分为肉体和灵魂,自然物也渐渐分为现象和本质、特殊和普遍等两个方面,于是神也变得抽象化普遍化起来(主要只同灵魂、本质等打交道了),塞诺芬尼已经提出了唯一的神的观念,并加以抽象化、普遍化、理性化,柏拉图和亚里士多德进一步进行了哲学加工和精炼,终于把神规定为单一的、最高的善,或最终的世界目的、形式、第一推动者、最高的理性,从而给未来的基督教神学的产生提供了理论的核心。这个过程几乎是同哲学的发展过程平行的。

哲学同宗教联结,又同科学联结。宗教和科学是正好相反的,可是哲学却同二者联结,而且在很长的历史时间里,好像确实是必然的,这应如何解释?

罗素看到这一点,他说：

哲学,就我对这个词的理解来说,乃是介乎神学与科学之间的东西。①

他的解释是这样的：哲学必须同科学一致,因为它是诉诸人类的理性而不是诉诸权威的,但又必须同神学一致,因为科学只是些确切的知识,可是人类还有许多确切知识无法肯定的事物,对此也必须思考。"科学告诉我们的是我们所能够知道的事物,但我们所能够知道的是很少的；而我们如果竟忘记了我们所不能知道的何等之多,那么我们就会对于许多极重要的事物麻木不仁了。另一方面,神学带来了一种武断的信念,说我们对于事实上我们是无知的事物具有知识,这样一来就对宇宙产生了一种狂妄的傲慢。在鲜明的希望与恐惧之前而不能确定,是会使人痛苦的；可是如果在没有令人慰藉的神话故事的支持下,我们仍然希望活下去的话,我们就必须忍受这种不确定。无论是想把哲学所提出的这些问题忘却,还是自称我们已经找到了这些问题的确凿无疑的答案,都是无益的事。"②

罗素看法里有许多合理的东西。他显然是信任科学的,只是科学能告诉我们的还是太少了,所以人类还应在哲学中研究许多更重要的事情,尽管它不能得出像科学那样确定的答案。他还认为宗教自称能对这种不确定的事物给予答案是武断和无益的行

---

① 罗素：《西方哲学史》(上卷),商务印书馆1982年版,第11页。
② 罗素：《西方哲学史》(上卷),商务印书馆1982年版,第12—13页。

为,这也是对的。

这里涉及的既有认识论方面,也有人们的生活命运问题的方面。罗素的看法虽有正确之处,但他把确定和不确定的区别和对立看得太过分了,因而还是把人们对宗教的需要看作永远难以避免的东西(因为总有永远不能认识的事物,而一般人做不到像哲学家那样能够忍受在希望与恐惧之间的不确定状态)。所以他实际把他所不喜欢的宗教永恒化了,并断言哲学总是宗教和科学之间的东西。在宗教同哲学与科学的关系上,他既有对宗教估计过高之处,也有对其积极意义估计不足之处。我觉得他对宗教还缺少历史的具体分析。

在我们看来,宗教至今也还有它的深刻的根源,并非全属认识问题。即使人们能科学地认识更多的东西,不仅自然事物,而且对社会历史和人的命运也获得科学知识,还不足以消灭宗教。但是,只要人类终于能实现科学的共产主义实践,真正消除了剥削压迫和异化的实际根源,宗教还是可以消灭的,并且那时人们也才能说真正科学地理解了历史和人类本身(当然这种理解还是一个继续发展的过程,不过是崭新基础上的再度发展)。不管这件事还要花费人类今后多少个世纪的艰苦努力,终究是可能做到的。宗教并不是永恒的,它是历史性的现象。在我们现代人的生活里,宗教的需要主要已不是由于科学知识不足了,而是现实生活里人们还难以真正支配自己的命运,许多人还生活在贫困或各种人为的颠倒错乱之中。这是单用科学知识不能完全说明的,更不是它能解决的。其实未来的人类也必然永远是知识不足的,决不会有一天什么问题都认识完了,但是却并不必须有宗教和神学,那时人类就可以如罗素正确设想的那样,在有认识不清的问题时就提出来继续探求好了,科学知识不够就到哲学里去探寻好了,有什么必要非得对不能确切知道的事物下武断的结论,进行宗教崇拜呢？ 何况过去和现在的哲学里一直有无神论的派别,也可证明一种完全不谈神学的哲学是完全可能的。所以我想罗素把哲学定义为介于神学和科学之间的学问是不恰当的。

不过这种情况在**古代**还是有充分的必然性的。这就涉及另一方面,我们也不能同意罗素和某些科学主义者,以及某些有局限性的唯物主义者的看法,他们只看到宗教的消极意义,例如他们认为宗教只是一种武断、编造,目的是使人盲从权威,以便在实践上维护压迫和剥削者的利益和制度。这看法虽然抓住了本质的重要一面,却不足以真正解释宗教的产生、发展和在人类相当长的一个历史时期中发生如此巨大作用的根源,丢掉了本质的另一重要方面。他们的看法的缺陷在于,他们没有充分注意到宗教在人类早期生活里和认识发生里,也曾起过必要而很积极的作用；而一个事物如果从来只有错误和反动的方面,那它就根本不会在历史上产生和存在。这种看法不过表明我们对它就还没有真正认识,对它的存在除了不满和单纯的攻击之外就无可奈何。其实我们应当承认在历史上出现过的一切重大的、普遍的或带有必然性的事物,都不会只是片面性的东西,它们都会有其产生和存在的必然理由,然后才会逐步地同样由于必然性而过时,走向消灭。特别像宗教这样的长达多少万年(原始宗教神话)和数千年(文明以来的宗教)、支配过几乎一切民族和人们的头脑、影响过许多重大历史事件的意识形态,如果说它在历史上根本不曾有过积极的意义,那是不能设想的。所以,我们不能满足18世纪法国唯物论的无神论,他们对宗教的怒斥虽然痛快淋漓却未能弄清问题；后来康德、黑格尔,特别是费尔巴哈和鲍威尔等深入到宗教自身里去进行批判,从历史演变中来认识宗教的本质,才把问题引向深入；最后,马克思和恩格斯才对宗教及其历史基础进行了真正历史唯物主义的批判研究，例如恩格斯就研究了早期基督教的反压迫的巨大历史意义和后来的蜕变过程。恩格斯告诉我们，即使像基督教（青年时代的黑格尔称之为"实证性"的宗教，即异化的、压迫人的宗教，它同希腊人的宗教，即黑格尔称之为"人民宗教"的有根本区别）也曾有过自己产生的理由和光荣，并不是少数人单凭捏造可以产生出来的：它是罗马帝国下受压迫民族和人民进行斗争的精神武器和组织手段，所以会有广大群众追随和有力量，然后压迫阶级和罗马统治者才加以利用和改造，越来越多地加进编造的谎言。我们对于宗教应该继续这样的历史唯物主义的研究，对于古代希腊人的宗教，更应作具体的历史分析。

我在本书里由于探讨哲学的发生发展，不得不涉及宗教问题。既然古希腊哲学从原始神话里产生出来，与之分离对立，然而又不断回到宗教，我们就应给以一定的说明，读者不难看到我想说明的大约有如下几点：

（1）原始的神话宗教，是原始时代人们对自己的生活（它是自然性质和社会性质尚未分化的血缘组织制度）和周围世界的总看法，是原始思维发展的较高成果（更远古的蒙昧人群还没有宗教意识），所以在后人看来极幼稚混乱，充满幻想和谬误，仍然凝结着千百万年原始人类的经验和认识，包含着极可注意的原始丰富性，古希腊的神话传说和原始宗教尤其是生动活泼的，它是希腊人后来文化艺术、伦理道德、科学和哲学的母胎，各种智慧的深刻丰富的源泉，其原因就在于它本是希腊人民的历史创造活动的结晶。

（2）原始神话宗教里的神 —— 创生世界的父母，这种观念是人类认识史上最初的原因或本原的概念，不过它还蒙在混沌的神秘之雾里，不是清楚明白的原因或是本原观念（即还不是真正意义上的,只是一种模糊的意识,一种追求原因的意向)。把这一点明白说出来,即用事实和理性的理由来说出,就产生了哲学:哲学是从明白的原因或本原观念开始的。

(3)由于神话和宗教同人民生活有深厚联系,它总以感性表象的形式来谈论重大的问题,通俗易懂而富于群众性,所以它在很长的历史时代里必定要比科学和哲学更有力量,并且能在神秘形态里包含着人民中较多较深的历史经验和智慧;当人们遇到重大疑难或陷入迷途困境时,往往在科学里找不出答案,哲学里还在探求争辩,就只能从这里希望得到启示和教导。我们看到一个十分明显的事实,就是由于人事方面的科学知识难寻,古希腊哲学就不得不一再回到宗教上去,后来也往往如此。此外,当哲学、科学与宗教发生重大冲突时,前者常常不得不一再屈从于后者——理由就在于哲学和科学虽然讲事实和理性的真理,但在长久的历史里这只是少数有知识的人的事业,而在宗教则有大得不可比拟的势力和影响,这种情况,到近代和现代才逐步有所变化。

(4)除去以上个各点,古希腊社会的奴隶制城邦制度的根本规定性,它必然要衰亡的历史限定性,人们创造过光辉历史又终归掌握不住自己的命运等情况,也注定了这个时代的哲学所能理解的科学和理性毕竟是极其有限的,它对人们最终关怀的事情还是无能为力。所以,从宗教里分离独立出来一度繁荣过的哲学,还得让位于宗教的统治,也是绝不可免的。但同时,它也为更高形态的宗教准备了理论条件。

于是,"原始宗教——古希腊哲学——更高的宗教",就表现为又一种人类思想史上的圆圈式的运动。所以仔细看去,在人类文明初期,在古希腊的奴隶制时代,哲学同宗教不仅有对立,也有深刻的统一。这种一致,既有消极面,也有积极面;有社会历史的原因,也有认识和知识发展的原因。在宗教对哲学的影响上,不仅有反动的一面,也有进步的意义。这些都只有在具体分析中理解到人类历史和思维发展的童年特点时,才能搞得比较清楚一些。

三、人类哲学思想的发生发展同人类 社会实践的发生发展的关系

对古希腊哲学发展过程的研究,实际上就是对人类认识发生史的研究。因为哲学是人类对各种事物和整个世界的根本认识,也是与之相应的认识能力和思维方式的形成。古希腊哲学的发生发展是人类思维发生学上的一个典型,它清楚地告诉我们"**认识来源于实践**"这条马克思主义认识论的根本原理是对的,而且使之**具体化**。

马克思的新唯物主义即历史唯物主义的认识论同一切旧唯物主义和唯心主义的认识论不同,它认为:认识既不是来自单纯的**客体**,也不是来自单纯的**主体**;既不是来源于单纯的客体对主体的作用(如经验论者所说的主体单纯接受外部刺激而引起的**感觉**),也不是来源于纯粹主体自身中的先验的认识结构和功能(如唯理论者所谓的天赋理性能力和知识,或如康德所说的能给感觉材料以必然联结的**先天形式**),认识的真正起源地和秘密只在于**人的客观必然的感性活动**,即**实践**。在实践中,主体的对象和主体本身实际地联结起来,彼此作用(互相肯定和否定),同时都得到了改造。从而对象才成为我们认识的对象,被我们逐步认识,而人本身才成为认识的主体,逐步发展和形成自己作为人的感觉能力和思维能力。

　　说认识起源于感觉,这观点似乎是十分唯物主义的,旧唯物主义也总是抓住感觉来讲认识论并用以论证唯物主义。但休谟已经相当严格地证明这是不中用的,只抓住感觉同样可以导致唯心主义,更彻底地说只能得到不可知论。这一点狄德罗也懂得,所以他发现只讲感觉根据还没有解决难题。马克思才解决了这个问题:他认为费尔巴哈想用感性来证明世界的物质客观存在性是有道理的,但费尔巴哈所讲的感性只是感觉、感情、感性的直观,同感性的既成对象相对的主观形式活动,这样主客观之间的全部对立统一问题(包括本体论和认识论两方面)还是没能解决。马克思批判了他,指出我们的感觉等等和认识客体都是在人实践中产生和形成的,"五官感觉的形成是以往全部世界历史的产物"。[①]这就是说,人的感觉器官、功能和感觉,是(1)生物进化的长期产物;(2)不仅如此,**人的感觉**和感官功能**同动物的还有原则区别**,文明人的感觉同原始人的也有原则区别,人的感觉能力本身乃是靠人的特有的实际活动造成的,它就是人类自己的实践或历史活动。马克思在批判费尔巴哈时所阐明的学说,划清了历史唯物论同一切旧唯物论的根本界限,突破了经验论在认识论上的决定性观点,有极大意义。连感觉都是来源于实践的,那么唯理论和康德主义所说的人的理性先天结构或逻辑功能更加如此是自不待言的。经验主义克服不了先验主义,先验主义也克服不了经验主义,他们时时互相冲突,却又不得不时常互相让步和并存;只有马克思的认识源于实践的学说,才能克服两者,同时给两者以各自的适当地位。不过这一点还有待马克思的后人来继续研究和加以阐明。这原因很简单,马克思提出了这个认识论的根本原理,但他的精力有限,还顾

------

① 《马克思恩格斯全集》第42卷,人民出版社1979年版,第126页。

不上系统地论证和规定这种新的认识论和逻辑。

皮亚杰虽然不是马克思主义者,但他在对儿童认识发生问题的科学研究中,却接近了马克思的上述观点,特别有意义的是他能在一个重要的科学部门里证实和发展马克思的上述观点。他以大量的实验事实和理论上比较深刻的批判研究,证明了一个核心思想:儿童认识得以发生和发展的真正起源是他们的活动、**行动**;一切认识及其形式,从感知经验直至逻辑功能,都是在生理机体成长的基础上,通过儿童的各种活动而发生和发展起来的,由最原始的吸奶、抓东西起,到游戏、家庭和学校中的社会性交往,学生生活等等。

但儿童的行动,正像他们的智力一样,无非是再现漫长历史发展中的**人类社会实践**和认识的一种凝缩化或简约化的形式。也就是说,是**摹本**对于**原本**的关系。所以我认为皮亚杰的学说是接近和符合马克思的观点的,但还没有达到那样的高度和深度;因为抓住人类的历史实践就能正确理解所谓的"行动"的含义,但抓住儿童的"行动"却不能理解人类的真正实际的历史实践。儿童的"行动"只是实践的一种特定表现。

所以研究儿童认识发生是重要的,但研究人类历史上认识的发生发展更重要。一切认识、情感、意志、宗教和伦理的意识形态、科学知识、表现时代精神的世界观和哲学、思维方式、逻辑能力,等等,一句话,人的精神的东西,其最终根源无不是人类真实的客观历史的实践活动;因而探求精神发生学秘密,主要还需在历史的研究之中来进行。

本书尤其是本卷所谈的正是这种对象,我也努力试图作这样的探讨。从哲学在古希腊的产生起直至亚里士多德哲学止,无非都是古希腊人的伟大历史活动的精神表现。要对这些研究再加总结似乎是不必要的,因为总结起来,无非是马克思早已阐明过的历史唯物主义和认识论的基本观点;而问题或我们的任务只在于把这些基本理论**具体化**:从古希腊哲学和古希腊人的历史实践的具体联系中找出这种认识发生过程的线索或规律性来。这在我们的一步步探讨中,一个层次一个层次的小结中,已经做了相当详细的说明和论证。这些具体化的说明究竟是否妥当,还要请读者通过自己的独立研究之后进行进一步的探讨再看。我并不奢望自己已做出了多大成绩,只不过想借此表示一种我认为是有意义的研究方向,以便自己(同大家一道)努力。我认为,我们的努力是会获得成果的,因为这项工作意义十分重大是显然的,它必能吸引有识之士来做这项艰巨光荣的事情;还因为我们研究的对象本身是最吸引人的,那是我们的光荣的祖先们的英雄业绩,我们热爱他们 —— 如中国先秦的、西方古希腊的人民和他们的光辉创造 —— 是极自然的,我们感谢他们留给我们后人如此宝贵的财富,我们今人的血管里还流着祖先的血液,头脑里还保存着他们留给后人的知识、智慧、情感和思维能力;最后,还因为我们的研究是为了我们的今天的未来,因为我们的研究有马克思主义的指导,我们在这个真理的指引下有充分信心面对今天和未来,有充分信心使马克思主义的基本原理得到具体深入的发展。那么,就让我们一道努力工作吧。

〔附录〕
资料来源和参考所用的文献书目

为了读者自己阅读时查检方便起见,现在我把本书中比较常用的文献书目和缩略语介绍如下。

一、资料来源(Source Book)

列维–布留尔:《原始思维》,丁由译,商务印书馆1981年版。

亚里士多德:《雅典政制》,商务印书馆1978年版。

Hesiod, *Theogony*, tr.by Richmond Lattimore, the University of Michigan Press, 1959.

G.S.Kirk & J.E.Raven, *The Presocratic Philosophers*.〔缩称P.P.〕Cambrige University Press, 1962.

Diogenes Laertius〔缩称 D.L.〕, tr.by R.D.Hicks, London, 1925, 1938.

C.H.Kahn, *The Art and Thought of Heraclitus*.〔缩称 A.T.H.〕Cambridge, 1981.

Kirk, Heraclitus, *The Cosmic Fragements*, Cambridge, 1954.

Sextus Empiricus, *Against the Logicians*, tr.by R.G.Bury, London, 1935.

Thucydides, tr.by B.Jowett, Oxford. 1881. 参见谢德风译,修昔底

德：《伯罗奔尼撒战争史》，商务印书馆 1961 年版。

Plato：Apology，Phaedo，Protagoras，Gorgias，Meno，Cratylus，Theaetetus，Republic，Symposium，Parmenides，Sophist，Philebus，Timaeus，tr.by B.Jowett，*The Dialogues of Plato*，Oxford.

Aristotle:Categoriae，Ethica Nicomachea，Physica，De Anima，De Generatione et Corruptione，De Caelo，Metaphysica〔缩称 Met.〕，Topica，Analytica Priora，Analytica Posteriora，tr.by W.D.Ross，*The Works of Aristotle*，Oxford.

陈康译注：《柏拉图的〈巴曼尼得斯篇〉》，商务印书馆 1982 年版。

北大哲学系外国哲学史教研室编译：《古希腊罗马哲学》（原著选译），商务印书馆 1961 年版；《西方哲学原著选读》，商务印书馆 1981 年版。

二、其他文献书目

马克思：《资本论》，人民出版社 1975 年版。

马克思、恩格斯：《马克思恩格斯全集》，《马克思恩格斯选集》（四卷本），人民出版社。

列宁：《哲学笔记》，人民出版社 1974 年版。

摩尔根：《古代社会》，商务印书馆 1971 年版。

顾准：《希腊城邦制度》，中国社会科学出版社 1982 年版。

《世界上古史纲》（下册），人民出版社 1981 年版。

埃斯库罗斯：《奥瑞斯提亚》，灵珠译，上海译文出版社 1983 年版。

黑格尔：《哲学史讲演录》，三联书店1956年版。

罗素：《西方哲学史》，商务印书馆1982年版。

黑格尔：《小逻辑》，商务印书馆1974年版。

汤姆逊：《古代哲学家》，三联书店1963年版。

罗斑：《希腊思想和科学精神的起源》，商务印书馆1965年版。

皮亚杰：《儿童的心理发展》，山东教育出版社1982年版；《儿童心理学》及《发生认识论原理》，商务印书馆1981年版。

阿·谢·阿赫曼诺夫：《亚里士多德逻辑学说》，上海译文出版社1980年版。

J.Burnet, *Early Greek Philosophy*〔缩称 EGP〕, London, 1955.

Guthrie, *History of Greek Philosophy*〔缩称 HGP〕, Cambrige, 1978.

Cornford, *Plato and Parmenides*, London, 1939.

W.D.Ross, *Plato's theory of Ideas*, Greenwoods press, 1951.

W.D.Ross, *Introduction of Aristotle's Metaphysics*, Oxford, 1953.

A.Edel, *Aristotle and his Philosophy*, London, 1982.

M.E.Reesor," *The Problem of Anaxagoras*", see *Essays in Ancient Greek Philosophy*, New York, 1971.

W.Windelband, *A History of Philosophy*, tr.by J.H.Tufts.New York, 1931.

E.Zeller, *Plato and The older Academy*, London, 1976.

Kant, *Kritik der reinen Vernunft*, Frankfurt, 1968.

陈康：《柏拉图曼诺篇中的认识论》，见《哲学批评》第六卷第二、三期，民国二十四年。

叶秀山：《前苏格拉底哲学研究》，三联书店1982年版。

汪子嵩：《亚里士多德关于本体的学说》，三联书店1982年版。

汪子嵩：《古希腊哲学中关于一般和个别的问题》，见《外国哲学史研究集刊》(4),上海人民出版社1981年版。

　　汪子嵩:《古希腊哲学史研究中的一些问题》,见《外国哲学》第1期,商务印书馆1981年版。

后　记

　　我在北大讲西方哲学史课程中,有机会对我所关心的哲学发展线索问题作一些大略的探讨,在有些点上还陆续做过些较细心的研究。有些学生、听众和看过我文章的读者曾几次建议我整理发表,因为他们觉得有些意义和启发。不过这件事情要想系统地认真去做实在不易,我犹豫了很久。1982年中国社会科学出版社的边金魁同志约我写一部这方面的作品,寄予了很大的热情和希望。刘福堂同志也来听过我的课。开始我还没打定主意,谈了几次之后,我才渐渐想试着做做看。我想这对于我至少是一个很好的学习机会,可以把自己多年来想搞清楚又还不大清楚和很不清楚的问题,借此攻它一攻。就这样开始动手,到现在才搞出这一部分来,作为探讨哲学史发展线索的开始。回过头来看,若不是他们两位的推动促进,就是这一卷也是难以完成的。因为这工作做起来实在是非常艰苦繁重的,要游过如此广阔的思想海洋,我时时感到畏惧,因为自己的力量是太薄弱了,但欲罢不能,既然上了马,就只好硬着头皮往前攻了。所以现在我能写出这点东西,应当首先感谢许多鼓励我的学生们、听众们和读者们,感谢边金魁同志和刘福堂同志,他们使我感到这项工作有意义,也给我不少勇气。

　　在写作中我得到我的老师们的热情支持和帮助指导,齐良骥老师和汪子嵩老师在繁忙中看过我一部分稿子,给了我不少鼓励。

尤其是王太庆老师时时对这一写作给予关怀,我同他经常讨论有关的大大小小的问题,他对哲学史有一个实实在在的发展线索是坚信不疑的,有不少有意义的考虑,经验也丰富,我写出来的稿子几乎都请他过目批评过,这种得益和精神上对我的工作的支持,对于我能完成这一卷起了不小的作用。在这里我谨向我的这几位老师致以深深的敬意和谢意。

杨　适

1985 年 7 月

于北京大学蔚秀园